Forschungen aus Staat und Recht 95

Herausgegeben von
Univ.-Prof. Dr. DDr. h. c. **Günther Winkler**
im Zusammenwirken mit
Univ.-Prof. Dr. Dr. h. c. **Walter Antoniolli**
und Univ.-Prof. Dr. **Bernhard Raschauer**
Universität Wien

Springer-Verlag
Wien · New York 1991

Studien zum Verfassungsrecht

Das institutionelle Rechtsdenken in Rechtstheorie und Rechtsdogmatik

Günther Winkler

Springer-Verlag
Wien · New York 1991

Verfasser: Univ.-Prof. Dr. iur. Dr. iur. et phil. h. c. GÜNTHER WINKLER, Institut für Staats- und Verwaltungsrecht, Universität Wien, Österreich.

Gedruckt mit Unterstützung der „Hochschuljubiläumsstiftung der Stadt Wien“.

Die Deutsche Bibliothek – CIP-Einheitsaufnahme

Winkler, Günther:
Studien zum Verfassungsrecht : das institutionelle Rechtsdenken in Rechtstheorie und Rechtsdogmatik / Günther Winkler. – Wien ; New York : Springer, 1991
(Forschungen aus Staat und Recht ; 95)
ISBN 3-211-82338-7 (Wien) brosch.
ISBN 0-387-82338-7 (New York) brosch.
NE: GT

ISSN 0071-7657

ISBN 3-211-82338-7 Springer-Verlag Wien–New York
ISBN 0-387-82338-7 Springer-Verlag New York–Wien

Dem Verfassungsgerichtshof
zum Verfassungstag 1991

Scire leges non haec est
verba earum tenere
sed vim ac potestatem
(CELSUS)

Non deficiunt leges
deficit executio
(N. CUSANUS)

Geleitwort

In meiner Studie „Rechtstheorie und Erkenntnislehre" habe ich die rechtstheoretischen, wissenschaftstheoretischen und erkenntnistheoretischen Prämissen meines rechtswissenschaftlichen Denkens zu Papier gebracht. Mein Hauptanliegen, die Begründung einer notwendigen Synthese der a priorisch-begrifflichen Denkansätze nicht nur von Raum und Zeit, sondern auch von Sein und Sollen im transzendental-logischen Vorverständnis und im gegenstandsgebundenen Rechtsdenken, zieht sich wie ein roter Faden durch jenes Buch. Diese Synthese wird veranschaulicht einerseits durch eine kritische Auseinandersetzung mit der problematischen erkenntnistheoretischen Fundierung der „Reinen Rechtslehre" KELSENS und andererseits durch Idee und Begrifflichkeit der sogenannten „transzendentalen Logik" oder kritischen Erkenntnislehre von KANT. Meine Hauptgedanken sind in jenem Werk vielfach in Abbreviaturen abstrakter Begrifflichkeit verpackt und trotz der Dialektik kritischer Auseinandersetzung mit Methodologie und Begrifflichkeit der Rechtstheorie KELSENS vor allem für den „Normalverbraucher" rechtswissenschaftlicher Reflexionen schwer verständlich. Anspruchsvolle Wissenschaft ist gewiß nicht für jedermann geschrieben. Ihre Abstraktionen sind ebenso unerläßlich wie dem fachgebildeten Leser zumutbar. Dennoch soll es dabei nicht sein Bewenden haben. Auch das Abstrakte bedarf der Erklärung, der Veranschaulichung und der Offenlegung der Voraussetzungen eines gegenstandsgebundenen Rechtsdenkens. Dieser Zielsetzung soll mit dem vorliegenden Band Rechnung getragen werden.

Die in diesem Band veröffentlichten Studien wurzeln in der Entstehungszeit meines Buches „Rechtstheorie und Erkenntnislehre". Gleichlaufend mit meinen theoretischen Überlegungen arbeitete ich über mehrere Jahre, mehr oder weniger aufeinander bezogen, an mehreren verschiedenen Studien zum Verfassungsrecht. Dabei nahm ich die Gelegenheit wahr, mein erkenntnistheoretisches, wissenschaftstheoretisches und rechtstheoretisches Vorverständnis für mein rechtswissenschaftliches Bemühen in den rechtsdogmatisch angelegten Studien zum „Staatsvertrag“, zur „Versammlungsfreiheit“, zu den „Institutionen personaler Selbstverwaltungskörper“ und zur „Autonomie der Universität“ zu erproben, auf seine Sinnhaftigkeit zu hinterfragen und anzuwenden. Damit folgte ich der Wegweisung KANTS[1] für ein kritisches, empirisches wissenschaftliches Denken. „Weil (aber) die bloße Form des Erkenntnisses, so sehr sie auch mit logischen Gesetzen übereinstimmen mag, noch lange nicht hinreicht, materielle (objektive) Wahrheit dem Erkenntnis darum auszumachen, so kann sich niemand bloß mit der Logik wagen, über Gegenstände zu urteilen, und irgendetwas zu behaupten, ohne von ihnen vorher gegründete Erkundigung außer der Logik eingezogen zu haben ...“. Denn „Ohne Sinnlichkeit würde uns kein Gegenstand gegeben, und ohne Verstand keiner gedacht werden. Gedanken ohne Inhalt sind leer, Anschauungen ohne Begriffe sind blind. Daher ist es notwendig, seine Begriffe sinnlich zu machen (d.i. ihnen den Gegenstand in der Anschauung beizufügen), als, seine Anschauungen sich verständlich zu machen (d.i. sie unter Begriffe zu bringen). Beide Vermögen, oder Fähigkeiten, können auch ihre Funktionen nicht vertauschen. Der Verstand vermag nichts anzuschauen, und die Sinne nichts zu denken. Nur daraus, daß sie sich vereinigen, kann Erkenntnis entspringen“[2]. Ferner: „Wir können uns keinen Gegenstand *denken*, ohne durch Kategorien; wir können keinen gedachten Gegenstand *erkennen*, ohne durch Anschauungen, die jenen Begriffen entsprechen. Nun sind alle unsere Anschauungen sinnlich, und diese Erkenntnis, so fern der Gegenstand derselben gegeben ist, ist empirisch. Empirische Erkenntnis aber ist Erfahrung. Folglich *ist uns keine Erkenntnis a priori möglich, als lediglich von Gegenständen möglicher Erfahrung*[3]“. Ein wichtigstes Anliegen KANTS in seiner „Transzendentalen Logik“ ist die Erklärung der Möglichkeit und der Notwendigkeit synthetischer Urteile im empirischen wissenschaftlichen Denken. „Das oberste Principium aller synthetischen Urteile ist (also): ein jeder Gegenstand steht unter den notwendigen Bedingungen der synthetischen Einheit des Mannigfaltigen der Anschauung in einer möglichen Erfahrung“[4].

Die hier vorgelegten, verschiedenen verfassungsrechtlichen Fragen gewidmeten dogmatischen Studien bieten nachprüfbare und beispielhafte

---

[1] Kritik der reinen Vernunft I (Suhrkamp 1977) 104.
[2] Kritik der reinen Vernunft I, 98.
[3] Kritik der reinen Vernunft I, 157 (Hervorhebung von KANT).
[4] Kritik der reinen Vernunft I, 201, 198 ff.

Anwendungen meines theoretischen Vorverständnisses. Gleichzeitig werden in ihnen Möglichkeiten und Grenzen des vielgestaltigen „institutionellen Rechtsdenkens“ dargetan. Formen des Denkens und gegenständliche Begrifflichkeit werden mit Hilfe der Denkformen „Rechtsinstitut“ und „rechtliche Institution“ zu einer wissenschaftlichen Synthese geführt, ohne das Denken durch den Gegenstand und umgekehrt, ohne den Gegenstand durch das Denken zu substituieren.

In diesem Sinn bilden die zwei weiteren Abhandlungen über „Verfassungsrecht und Verfassungsrechtsdenken“ und über „Begriffe der Rechtswissenschaft“ den Rahmen für die erwähnten rechtsdogmatischen Studien. Sie liefern Veranschaulichungen der notwendigen Synthese von Denkformen und Rechtsinhalten sowie der kritisch-reflektiven Verbindung eines gegenstandsgerechten theoretischen Vorverständnisses mit der sogenannten „dogmatischen“ Verfassungsrechtswissenschaft oder Verfassungsrechtsdogmatik.

In meinen teils theoretischen und teils praktischen Bemühungen um eine rechtstheoretische und rechtsdogmatische Standortbestimmung für positivrechtliches Arbeiten waren mir meine Assistenten hilfreiche und kritische Wegbegleiter. Sie nötigten mich durch inhaltliche und sprachliche Kritik an meinen Gedankenentwürfen zu einer Leistung bis an die Grenzen meiner juristischen Erfahrung und meiner Fähigkeiten. CHRISTIAN KOPETZKI, EWALD WIEDERIN, CHRISTOPH GRABENWARTER, Vertreter der älteren Assistentengeneration, sowie HELMUT BINDER, WOLFGANG AIGNER, KURT RETTER und ULRICH ZELLENBERG, Angehörige der jüngeren Assistentengeneration, gaben ihr Bestes, um mich zu fordern und mich zur Klärung meiner eigenen Gedanken zu bringen. Ihnen allen sage ich meinen herzlichen Dank. Diesen Dank verbinde ich mit dem Wunsch, sie mögen später einmal auch für sich vergleichbar kritische wissenschaftliche Gesprächspartner finden, wie sie selbst es für mich so beunruhigend und herausfordernd gewesen sind.

SUSANNE SEYFANG zeichnet für die Herstellung und für das Layout des Buches verantwortlich. Ihr Fleiß, ihre Gewissenhaftigkeit und ihre ungewöhnlichen Fähigkeiten gaben diesem Buch ästhetische Form und Gestalt. Auch ihr sei herzlich Dank gesagt.

Wien, im Herbst 1991

GÜNTHER WINKLER

Inhaltsverzeichnis

Seite

Verfassungsrecht und Verfassungsrechtsdenken

Eigenarten der Verfassung und deren Erheblichkeit für die Wissenschaft vom Verfassungsrecht *)

I. Die „Verfassung", die „Gesetze" und die „Regierung" nach Aristoteles[1]

Die Verfassung ist die Ordnung für den Staat als Vielheit von Bürgern (80). Die Verfassung regelt die Staatsämter, vor allem das (die) oberste(n) von allen, denn das (die) oberste(n) von allen Staatsämtern bedeutet(n) „Regierung" (Staatsgewalt in drei Teilen, 149 ff), und diese wiederum bedeutet Verfassung (91 f). Die Verfassung ist die Ordnung der Staaten in Bezug auf die Verteilung der Regierungsämter (149 ff). Sie bestimmt die oberste Regierungsgewalt im Staat, wie auch Ziel und Zweck der jeweiligen Gemeinschaft (124 f). Eine Verfassung umschließt „drei Teile" (drei Gewalten) (151): die Beratung (Gesetzgebung), die Wahrnehmung der öffentlichen Angelegenheiten (Regierung im engeren Sinn) und die Gerichtsbarkeit. Zu deren Ausübung gibt es die verschiedenen Staatsämter. Für die Gerichtsbarkeit gibt es beispielsweise acht Arten von Gerichtshöfen. Unter ihnen auch einen für „Fälle, welche die Verfassung betreffen" (160).

Die Verfassung ist die Lebensform des Staates, an der die meisten Menschen teilzunehmen imstande sind (144). Die richtige Verfassung dient dem gemeinsamen Nutzen aller und nicht dem Vorteil der Regierenden (93). Sie gründet sich auf die Tugend der Bürger als Gemeinschaft (86 ff, 122, 186 ff, 239 ff). Sie ist ausgerichtet auf Freiheit, auf zahlenmäßige (politische) und werthaft verhältnismäßige (sachliche) Gleichheit (95,

---

*) Diese Abhandlung gibt auch den Inhalt meines aus ausgewählten Kapiteln bestehenden Vortrages „Über einige Eigenarten unserer Verfassung" wieder, den ich am 1. Oktober 1991 auf Einladung des Verfassungsgerichtshofs zum „Verfassungstag" gehalten habe.

[1] Die Zitate mit den Seitenangaben stammen aus der „Politik" in der Ausgabe RoRo 171, 172, 173, Rowohlts Klassiker der Literatur und der Wissenschaft. Griechische Literatur 8 (1965). Deutsche Übersetzung in Anlehnung an den Oxford-Text nach Ross, besorgt von Susemihl, redigiert von Tsouyopoulos und Grassi. Zur Erleichterung des Nachschlagens wurden zu den Zitaten Seitenzahlen und nicht Randzahlen angeführt. Die Randzahlen können den zitierten Seiten unschwer abgelesen werden.

105, 164, 189, 209 f) sowie auf Gerechtigkeit (187 ff, 226 ff, 232 ff, 255 ff). Sie ist bestimmt von praktischer und theoretischer Vernunft (256 ff). Die Bürger sollen in gleicher Weise und abwechselnd am Regieren Anteil haben (255, 233), das bedeutet zahlenmäßige (politische) Gleichheit. In der Zuteilung von Sachen muß Gleichheit herrschen (164). Gleiches muß gleich sein und Ungleiches darf nicht gleich sein (105, 209 ff, 233). Das bedeutet Gleichheit nach dem Wert (164) oder sachliche (verhältnismäßige) Gleichheit.

Die Verfassung soll Bestand haben. Wenn sie Bestand haben soll, müssen alle Teile des Staates wollen, daß sie dieselbe sei und bleibe (67). Der Staat ist durch die Verfassung ein Verfassungsstaat (121). Wann der Staat noch derselbe und wann er ein anderer ist, richtet sich nach seiner Verfassung (84 f). Einen, zwei oder drei Tage hält man es unschwer in jeder beliebigen Art von Verfassung aus. Alle Verfassungen werden entweder von innen oder von außen zerstört (181). Daher muß man auf ihre Festigung hinarbeiten, indem man das zu ihrer Zerstörung Geeignete vermeidet und solche geschriebenen und ungeschriebenen Gesetze gibt, welche möglichst das zur Erhaltung der Verfassung Dienliche in sich schließen (216). In diesem Sinn ist es eine Hauptaufgabe des Gesetzgebers, der Verfassung Bestand zu verschaffen.

Die Verfassung allein genügt also nicht. Zu ihrer Ausführung muß es noch Gesetze geben. Diese müssen sich nach der Verfassung richten und nicht die Verfassung nach den Gesetzen (115). Wo nicht die Gesetze regieren, da ist auch keine Verfassung (124). Die Gesetze müssen wohl geordnet sein (104). Gesetze müssen das Richtige treffen (115). Gesetze gewährleisten Gleichheit gemäß der Verfassung (132). Das Gesetzesrecht schließt eine gleiche Zuteilung von Sachen an Personen in sich, es muß für Gleiches gleich sein (105). Das Recht bedeutet seinem Wesen nach eine gewisse Gleichheit (105). Das Recht beruht nicht nur auf einer zahlenmäßigen (formalen) Gleichheit, sondern auch auf einer verhältnismäßigen (materiellen) Wertgleichheit (164).

Der Gesetzgeber muß seiner Sache kundig sein und darf nicht dem Übermaß Raum geben (187 f). Die zum Übermaß hintreibenden Gesetze vernichten die Verfassung (188). Für die geschriebenen Gesetze ist es besser, daß sie nicht immer unverändert gehalten werden. Wie in allen anderen Künsten so ist es auch in der Staatsordnung unmöglich, Vorschriften zu erlassen, die überall genau zutreffen, denn alle Vorschriften sind notwendig von allgemeiner Natur, während die Handlungen der Regierung auf das Einzelne gehen (62). Dennoch müssen Gesetze von einer gewissen

Dauerhaftigkeit sein, denn allzu leicht von den bestehenden Gesetzen zu neuen übergehen, heißt die Macht (Autorität) der Gesetze schwächen (62 f) und damit auch der Verfassung. Man soll aber auch darum besorgt sein, daß keine Gesetzwidrigkeiten vorkommen. Denn viele kleine Gesetzwidrigkeiten zehren schließlich das Ganze auf. Das Ganze ist zwar nicht klein, aber es besteht aus kleinen Teilen. Man muß daher den Anfängen wehren (182).

Durch die Gesetze werden zu den allgemeinen Verfassungsbestimmungen noch Anweisungen hinzugefügt, wie die Regierenden regieren und allen Übertretern wehren sollen (125). Aber auch die Gesetze sprechen nur das Allgemeine aus (115). In diesem Sinn sollen die Regierenden nur über das Gewalt haben, was die Gesetze nicht genau zu bestimmen vermögen, weil man nicht leicht allgemeine Regeln geben kann, die alles erfassen (104). Die Gesetze müssen über das Allgemeine gebieten, die Regierenden hingegen über die einzelnen Fälle. Nur wo dies geschieht, kann die Rede von einer Verfassung sein (134). Es wäre aber eine Torheit der Regierenden, würden sie ihre Anordnungen bloß nach dem Buchstaben der Gesetze treffen. Eine Verfassung, welche an den Buchstaben der Gesetze gebunden ist, ist nicht die beste (115).

Diese Aussagen stammen von einem Verfassungslehrer, der gleichermaßen juristische und praktisch-politische Erfahrung hatte. Er war Staatsmann, Staatslehrer und Philosoph. Für seine kritische, empirisch angelegte Studie über die beste Verfassung hat er zahlreiche (weit mehr als hundert) Verfassungen der Geschichte und seiner Gegenwart verglichen. In seiner vergleichenden Verfassungslehre knüpfte er an bedeutendste Vorbilder kritisch an: unter diesen vor allem an PLATON und SOKRATES (37 ff). Sein Name ist ARISTOTELES und seine Studie heißt „Politik". Die verschiedenen, hier annähernd wortgleich wiedergegebenen Aussagen des ARISTOTELES finden sich verstreut über das ganze Werk, das insgesamt einer kritisch wertenden Erfassung von Inhalten der damals vorhandenen Verfassungen und auf Grund von kritischen Analysen der Ermittlung von Wesen und Funktion der richtigen Verfassung, der Verfassung der Mitte (Misch-Verfassung 139 ff, 144 ff)[2] aus vergleichender Sicht gewidmet ist.

Kein einziger der hier wiedergegebenen Aristotelischen Gedanken hat seine Aktualität eingebüßt. Das gilt auch für die lapidare Feststellung des ARISTOTELES, daß es acht Arten von Gerichten geben muß, unter ihnen

---

[2] Siehe dazu aus jüngerer Zeit die subtile geistesgeschichtliche Studie von CHAIMOWICZ, Freiheit und Gleichgewicht im Denken Montesquieus und Burkes (1985).

als dritte Art einen Gerichtshof für Fälle, welche die Verfassung betreffen (160). Dennoch will ich mich hier nicht in diesen allgemeinen Gedanken zur Verfassung ergehen. Ich will mich auch der verfassungspolitischen Kritik weitgehend enthalten, obwohl es mehr als reizvoll erscheint, an den Aussagen des ARISTOTELES das aktuelle Verfassungsverständnis in unserem politischen Alltag zu messen. Ich will aber auch von einer Begründung der Notwendigkeit des Bestehens eines Verfassungsgerichtshofs absehen. Nicht zuletzt deshalb, weil die schon von ARISTOTELES erkannte Notwendigkeit eines Verfassungsgerichtshofs jedem kundigen Beobachter der österreichischen politischen Landschaft längst unmittelbar einsichtig geworden ist. Der von mir ausgewählte Fragenkreis ist bescheidener angesetzt. Er rührt nicht von einer Wesensschau auf die Verfassung her, sondern setzt beim Formalen und beim Technischen der Verfassung als sprachlich gefaßtes Regelungsgefüge an und weist in die Eigenarten unserer Verfassung als demokratisch-rechtsstaatliches Gesetzeswerk. Allerdings finden auch diese Eigenarten ihre Erklärung letztlich nur aus dem Wesen, aus dem Inhalt und aus der Funktion der Verfassung, wie sie von ARISTOTELES so einprägsam und zeitlos vorgezeichnet wurden.

II. Der Begriff der Verfassung in der Rechtsdogmatik

Was liest man zum Begriff und zum Wesen unserer Verfassung in der zeitgenössischen österreichischen Lehre? ADAMOVICH – FUNK[3] verstehen unter der Verfassung im formellen Sinn das als Verfassungsrecht gekennzeichnete Recht. Die „Verfassung" umfaßt nach ihnen ganz allgemein jene *Rechtsvorschriften, „die insbesondere grundlegende Bestimmungen über Ziele und Aufgaben des Staates*, über die *Organisation des Staatsverbandes*, die *obersten Staatsorgane*, die *Grundsätze für die Ausübung der Staatsgewalt*, sowie das *Verhältnis von Staat und Gesellschaft* enthalten". Die Verfassung im materiellen Sinn ist nach ihnen die Grundordnung des Staatsverbandes. Die Verfassung im formellen Sinn umfaßt die Gesamtheit jener Rechtsnormen, in denen die Verfassung im materiellen Sinn verankert ist[4]. ADAMOVICH – FUNK meinen damit die Verfassung im juristischen Sinn (also das Verfassungsrecht) und halten sich dabei an die traditionelle Lehre im Anschluß an JELLINEK[5] ua.

---

3 Österreichisches Verfassungsrecht^3 (1985) 2 f.

4 Österreichisches Verfassungsrecht^3 (1985) 4 f.

5 Allgemeine Staatslehre^3 (1913/1960) 508 ff, insbes 532.

Nach WALTER – MAYER[6] handelt es sich bei der Verfassung im materiellen Sinn um „jene Normen, die – ohne Rücksicht auf ihre Form – dazu ermächtigen, Normen zu erzeugen (und aufzuheben); die also regeln, *wer* zur Normerzeugung und -aufhebung berufen wird und *wie* er dabei vorzugehen hat". – Den Begriff der Verfassung im formellen Sinn kennzeichnen sie durch eine besondere Form, dh durch eine eigene Art der Erzeugung. WALTER – MAYER stützen sich dabei auf KELSENS formalen Verfassungsbegriff.

KELSEN[7] verstand in seiner wohl letzten Äußerung zum Thema aus dem Jahr 1964 unter *der Verfassung im formellen Sinn „die Verfassungsform"*. Er meinte damit *das Verfahren (dh die erschwerten Bedingungen) der Erzeugung der Verfassung im materiellen Sinn. Unter der Verfassung im materiellen Sinn, als Verfassung schlechthin, verstand er „die Ermächtigung zur Erzeugung genereller Rechtsnormen"*. KELSEN bezeichnete die Verfassung als ein „Dokument", welches eine solche Ermächtigung beinhaltet. Den „Zweck" der Verfassung im formellen Sinn sah er in der Erschwerung des Verfahrens der Erzeugung der Verfassung im materiellen Sinn zur Sicherung der Staatsform. Seinen Begriffsbestimmungen setzte KELSEN die Definition vom *Recht als ein System von Normen* voraus. Die *Normen* verstand er als *Sinn von Willensakten*.

Welch ein Kontrast zu den Vorstellungen des ARISTOTELES vom Wesen der Verfassung! Was für eine Anschaulichkeit von Zweck und Sinn der Verfassung bei ARISTOTELES und welcher Grad an formaler Abstraktion in der „reinen" Theorie von KELSEN, der jede weitere Bedachtnahme auf die Tatsache fehlt, daß alle modernen demokratisch rechtsstaatlichen Verfassungen vom klassischen Verfassungsdenken formal und inhaltlich geradezu geprägt sind. ADAMOVICH – FUNK kritisieren eine solche theoretische Denkweise höchst anschaulich als formalen Reduktionismus[8]. Für das Verfassungsdenken des ARISTOTELES fand KELSEN im Grunde nur eine abwertende Kritik[9]. Wie viele Stellungnahmen KELSENS zu den Lehren anderer, so ist auch sein Kommentar zur „Politik" des ARISTOTELES eklekti-

---

6 Grundriß des österreichischen Bundesverfassungsrechts[6] (1988) 2.

7 Die Funktion der Verfassung, Forum (1964) 583 ff, WRS II (1971) 1973 ff. Siehe dazu auch KELSEN, Allgemeine Staatslehre (1925) 248 ff. Vgl dazu aber auch die noch an JELLINEK angelehnten Definitionen der Verfassung im formellen und im materiellen Sinn, Allgemeine Staatslehre (1925) 252 ff.

8 Österreichisches Verfassungsrecht[3] (1985) 41 f.

9 KELSEN, Die hellenisch-makedonische Politik und die „Politik" des Aristoteles, ZÖR XIII (1933) 625 ff, abgedruckt auch in: KELSEN, Aufsätze zur Ideologiekritik (1964) 293 ff, insbes 312 ff.

zistisch. Ihm fehlt die systematische und systemimmanente Durchdringung. Er ist getragen von einer vorurteilsträchtigen Ablehnung der Monarchie, die sich schon in den Frühschriften zum Verfassungsrecht der Republik nachweisen läßt und die mangels entsprechender historischer Fundierung kaum einmal an das Wesentliche des Anliegens von ARISTOTELES heranreicht. Die Ideologiekritik KELSENS an der „Politik" des ARISTOTELES ist selbst ideologisch. Dennoch schließt die formale Denkrichtung KELSENS die inhaltliche des ARISTOTELES nicht aus. Denn abgesehen davon, daß KELSEN außerhalb der Reinen Rechtslehre auch „politisch" zu denken wußte[10], ist zwischen beiden kein Widerspruch feststellbar. Durch seine formale Begriffsbestimmung erfaßt KELSEN unausgesprochen nämlich auch alle Inhalte der österreichischen Verfassung, deren gesetzessprachlicher Festlegung er in der Entstehungszeit, unterstützt von FRÖHLICH und MERKL, redaktionell erheblich beeinflußt hat. Die zwei Arten des wissenschaftlichen Denkens sind allerdings grundsätzlich voneinander verschieden. ARISTOTELES denkt zuallererst empirisch und inhaltlich, KELSEN denkt zuallererst normtheoretisch und formal.

Meine nun folgenden Überlegungen knüpfen zunächst an der Verfassung im formellen Sinn und an den Gesetzesqualitäten der Verfassung an: Mit ADAMOVICH – FUNK[11] beziehen sie sich aber auch auf den Inhalt der „Gesamtheit jener Rechtsnormen, in denen die Verfassung im materiellen Sinn (als rechtliche Grundordnung des Staatsverbandes) verankert ist".

Nach allgemeiner Auffassung ist das Verfassungsrecht im formellen Sinn durch eine *besondere Form* gekennzeichnet. Es umfaßt durch eine eigene Art der Erzeugung „nur wesentliche Teile des Verfassungsrechts im materiellen Sinn", meinen WALTER – MAYER[12]. Damit ist die Denkrichtung angegeben: zuerst formell, dann aber auch materiell. Eine Begriffsanalyse will ich hier unterlassen. Sie ist für die Themenstellung auch nicht erforderlich. Die hier zitierten Verfassungsbegriffe dienen nur einer grundsätzlichen Orientierung und einem begrifflichen Vorverständnis für den Untersuchungsgegenstand, der in meinem Vortrag populärwissenschaftlich als „unsere Verfassung" ausgegeben wurde. Ich will mich also an die geltende Verfassung halten, an deren Form und Inhalt.

---

[10] Siehe dazu die zahlreichen Abhandlungen in: Die Wiener rechtstheoretische Schule II, 3. Buch, 1501 ff. Diese Aufsätze repräsentieren in ihrer Ideologiekritik keineswegs ein ideologiefreies Denken KELSENS; sie sind vielmehr selbst ideologisch geprägt von KELSENS eigener Weltanschauung. Ferner KELSEN, Aufsätze zur Ideologiekritik (1964).

[11] Österreichisches Verfassungsrecht[3] (1985) 5.

[12] Grundriß des österreichischen Bundesverfassungsrechts[6] (1988) 2.

Was ist mit dem Begriff „Verfassung" gemeint? Zunächst einmal die österreichische *„Verfassung" in ihrer formalen Erscheinung als „Gesetz"*. Aus dieser österreichischen *„Verfassung"*, die nicht nur aus der „Bundes*verfassung*" (im Sinn des Art 10 Abs 1 Z 1 B-VG) und aus den „Landes*verfassungen*" (im Sinn des Art 15 Abs 1 und des Art 99 Abs 1 B-VG), sondern darüberhinaus auch noch aus zahlreichen *Verfassungsgesetzen*[13] und geradezu zahllosen, in einfachen Gesetzen enthaltenen *Verfassungsbestimmungen* besteht, ragt das *„Bundes-Verfassungsgesetz"* als Kernbestand der *„Bundesverfassung"* im umfassenderen Sinn des Art 44 Abs 3 B-VG hervor.

Unter der Verfassung im materiellen Sinn versteht die Lehre aber nicht nur, was in der Verfassung im formellen Sinn enthalten ist. Zu ihr gehören auch noch alle jene zahlreichen und zumeist umfangreichen *Gesetze, die zu ihrer näheren Ausführung unerläßlich sind*. Denn eine Verfassung ist ohne Gesetze wohl nicht sinnvoll vorstellbar, das wußte schon ARISTOTELES. Mein Thema erstreckt sich allerdings nur grundsätzlich auch auf diese. Die einfachgesetzliche verfassungsausführende und die allgemeine Gesetzesmaterie bleiben hier allerdings abgesondert. Betrachtungsgegenstand ist im Grunde nur das sogenannte „Bundes-Verfassungsgesetz" von 1920, in der Fassung von 1929, BGBl 1930/1, einschließlich des Finanzverfassungsgesetzes und der Grundrechtsregelungen nach dem heutigen Stand: die *„Bundesverfassung"* nach Art 10 Abs 1 und Art 44 Abs 3 B-VG in Verbindung mit den Ausführungsgesetzen zum B-VG. Man könnte daher auch sagen, *es ist von den Eigenarten unserer „Bundesverfassung" in der Begriffsweite des Art 44 Abs 3 die Rede*. Immerhin ist das „Bundes-Verfassungsgesetz" der Kernbestand des österreichischen Verfassungsrechts im formellen Sinn, der auch das Verfassungsrecht im materiellen Sinn in sich schließt. Die Einbeziehung der grundsätzlichen materiellen Qualitäten der Verfassung im allgemeinen und über das Rechtstechnische hinaus erscheint aber auch für einen formalen Denkansatz unerläßlich. Denn selbstredend bedeutet die von KELSEN redigierte österreichische Verfassung nicht nur Form, sondern auch Inhalt[14]! Regelungsinhalt der Verfassung ist der Staat. Der Staat ist vom Verfassungsrecht geprägt und findet darin auch seine Begrenzung.

---

[13] ERMACORA, Österreichische Bundesverfassungsgesetze (1989) 21 ff, listet 47 Änderungen des „Bundes-Verfassungsgesetzes" auf.

[14] KELSEN, Österreichisches Staatsrecht (1923), insbes 163 ff.

Diese Spezifizierung setzt ein grundsätzliches Vorverständnis voraus. Meine Überlegungen zum Thema sind im Ansatz zwar rechtstechnischer Natur. Doch auch rechtstechnische Fragen werden in ihrer Sinnhaftigkeit und Tragweite nur erkennbar, wenn man sie vor dem Hintergrund eines allgemeineren materiellen Vorverständnisses zum üblichen zweifachen Verfassungsbegriff abhandelt. Dazu sei nicht nur auf die Grundgedanken des ARISTOTELES zum Gegenstand der Verfassung verwiesen: Wer eine Untersuchung über die Staatsverfassung führt, muß zuallererst feststellen, was der Staat ist. Der Staat ist eine Vielheit von Staatsbürgern[15].

In einem ersten Denkansatz zum Gegenstand beginne ich mit einer rechtstechnischen Analyse. In diesem Sinn seien zunächst die äußeren und formalen Charakteristiken „unserer Verfassung", dh des „Bundes-Verfassungsgesetzes" von 1920 in der Fassung von 1929 dargestellt.

III. Die formalen Eigenarten des „Bundes-Verfassungsgesetzes"

Die Definitionen der herrschenden Lehre von der Verfassung im formellen Sinn betreffen *die Gesetzeseigenschaften der Verfassung in ihren formalorganisatorischen Erzeugungsbedingungen*, dh in ihrer Herkunft von einem qualifizierten, demokratisch legitimierten Gesetzgeber, sowie in ihrem äußeren und äußerlichen Gepräge als ein Gesetz von besonderem Rang. Dazu zählen formale und äußere Eigenschaften:

- Die Verfassung ist *schriftlich* niedergelegt. Ihr kommt von ihrem historischen Ursprung her der Charakter einer *Urkunde* zu. Sogar das „Bundes-Verfassungsgesetz", welches als ein durch Einzelheiten überfrachteter Kodex in Erscheinung tritt, läßt noch immer diesen Charakter erkennen.
- Die Verfassung hat *Gesetzescharakter*, dh sie ist ein teils kompakter (B-VG), teils aber diffuser (Verfassungsgesetze, Verfassungsbestimmungen) Komplex generell-abstrakter Vorschriften.
- Das „Bundes-Verfassungsgesetz" und die „Bundesverfassungsgesetze" erhalten durch die ausdrückliche Anordnung im Art 44 Abs 1 B-VG über die *verbindliche Kennzeichnung* eine formale und äußerliche Unverwechselbarkeit; trotz vieler Überwucherungen durch Neben- und Sonderverfassungsgesetze wirken sie daher als eine Einheit.
- Das „Bundes-Verfassungsgesetz" erhält durch seine Bindungen an qualifizierte *Erzeugungsbedingungen* gemäß Art 44 Abs 1, 2 und 3

---

[15] Politik 80 ff.

B-VG seinen besonderen Rang und seine differenziert gewährleistete Bestandskraft.

Leider gibt es keine Verpflichtung für den Verfassungsgesetzgeber, verfassungsändernde Verfassungsgesetze in den Kodex des „Bundes-Verfassungsgesetzes“ zu integrieren[16]; es geschah in der Vergangenheit allerdings immer wieder[17]. Der Text des B-VG beinhaltet neben den fortlaufend gezählten 152 Artikeln überdies noch weitere 34, mit a, b, c ... gekennzeichnete Nachtragsartikel und zeigt auch darin Spuren der in vielen Einzelheiten entwicklungsgeschichtlich vollzogenen, vielfach heterogenen Umformungen der Verfassung zu einer verhängnisvollen Kasuistik. Die Verfassungsänderungen erfolgten bisher also teilweise deklariert innerhalb des B-VG und treten überdies in zahllosen Verfassungsgesetzen außerhalb des B-VG ausufernd zutage.

Im „Bundes-Verfassungsgesetz“ ist zunächst festgelegt, daß Verfassungsgesetze und in einfachen Gesetzen enthaltene Verfassungsbestimmungen als solche zu bezeichnen sind (Art 44 Abs 1 B-VG). Im Zusammenklang mit dieser Kennzeichnungsvorschrift ist im *„Bundes-Verfassungsgesetz“* von der *„Bundesverfassung“* die Rede (Art 10 Abs 1 Z 1, Art 44 Abs 3, Art 99 Abs 1 und Art 142 Abs 2 lit a), von *„Bundesverfassungsgesetzen“* (Art 13 Abs 1, Art 79 Abs 3, Art 102 Abs 2, Art 120), ebenso von der *„Landesverfassung“* und von *„Landesverfassungsgesetzen“* (Art 99 Abs 1, Art 95 Abs 4). Es ist aber auch die Rede vom *„Verfassungsgesetz“* (Art 3 Abs 2, Art 13 Abs 1, Art 44 Abs 1 und 2), vom *„Verfassungsrecht“* (Art 50 Abs 3), von der *„Verfassung“* (Art 62), von *„verfassungsgesetzlich“* (Art 18 Abs 5, Art 20), von *„verfassungsmäßig“* (Art 47 Abs 1, Art 79 Abs 2 Z 1 lit a, Art 102 Abs 2, Art 140 Abs 2), von *„landesverfassungsgesetzlich“* (Art 97 Abs 4, Art 144 Abs 1) und von *„verfassungswidrig“* (Art 140 Abs 1 und 3, 4, 5, 6, 7, Art 140 lit a). *„Verfassung“*, *„Verfassungsgesetz“* und *„Verfassungsrecht“* sind verbindliche Termini des verbindlich als *„Bundes-Verfassungsgesetz“* bezeichneten Kodex.

Vom gesetzesförmigen Verfassungsrecht im formellen Sinn werden im „Bundes-Verfassungsgesetz“ die (einfachen) „Gesetze“ begrifflich und terminologisch unterschieden. Das „Bundes-Verfassungsgesetz“ handelt an

---

16 Vgl demgegenüber Art 79 Abs 1 des Bonner Grundgesetzes: „Das Grundgesetz kann nur durch ein Gesetz geändert werden, das den Wortlaut des Grundgesetzes ausdrücklich ändert oder ergänzt.“

17 Siehe dazu die tabellarische Übersicht bei SCHÄFFER, Österreichische Verfassungs- und Verwaltungsgesetze, B-VG 1 (1991) 3 ff, wo 53 verfassungsändernde Verfassungsgesetze aufgelistet sind.

verschiedenen Stellen vom Bundes„gesetz", vom „Gesetz" und vom Bundes„recht". Es bringt damit den besonderen Rang des „Verfassungsgesetzes" gegenüber den „einfachen Gesetzen" zusätzlich zum Ausdruck.

Zum Schutz dieses formal besonders zu kennzeichnenden und so auch gekennzeichneten Verfassungsrechts gibt es einen eigenen Verfassungsgerichtshof – wie er nicht erst von JELLINEK[18], sondern längst vorher schon von ARISTOTELES[19] gefordert worden war und keineswegs als „Erfindung" KELSENS gelten kann. Der Verfassungsgerichtshof wurde durch die Verfassung im formellen Sinn zum Garanten dieses durch den Terminus „Verfassungsgesetz" verbindlich gekennzeichneten und geschützten Gefüges von qualifizierten Rechtsvorschriften bestellt. Das „Bundes-Verfassungsgesetz" regelt den Verfassungsgerichtshof im 6. Hauptstück unter den „Garanten der Verfassung"[20].

Das „Bundes-Verfassungsgesetz" ist also durch die qualifizierten Beschlußvoraussetzungen, durch die Schriftlichkeit und durch die ausdrückliche Kennzeichnung als Verfassung im formellen Sinn charakterisiert. Darüberhinaus gibt es aber noch andere formale Eigenarten unseres „Bundes-Verfassungsgesetzes". Worin liegen diese?

- Das „Bundes-Verfassungsgesetz" ist nach seinem Aufbau ein *Kodex*.
- Das „Bundes-Verfassungsgesetz" ist in thematisch festgelegte *Hauptstücke* eingeteilt und diese sind in *Artikel* gegliedert.
- Die meisten Vorschriften in den Artikeln des „Bundes-Verfassungsgesetzes" sind wie Gedankenfragmente als *thesenhafte Feststellungen* formuliert: „Österreich *ist* eine demokratische Republik" (Art 1) oder „Österreich *ist* ein Bundesstaat" (Art 2) oder: „Der Verfassungsgerichtshof *erkennt* über ...." (Art 137, 138, 139, 139a, 140, 140a, 141, 142, 144 und 145).
- Manche der thesenhaften Feststellungen des „Bundes-Verfassungsgesetzes" haben ihrem Wortlaut nach einen *zukunftsweisenden Charakter*. Einige Artikel haben Staatszielbestimmungen zum Inhalt (zB 9a über die Umfassende Landesverteidigung etc). In vielen Artikeln wird auf einfach-gesetzliche Ausführungen verwiesen: „Die näheren Bestimmungen werden durch Bundesgesetz getroffen" (Art 8a, 9a, 21, 23, 26,

---

18 Ein Verfassungsgerichtshof für Österreich (1885).

19 Politik, 4. Buch, 16. Kapitel: Über die richterliche Gewalt.

20 Siehe dazu ERMACORA, Der Verfassungsgerichtshof (1956) und MARCIC, Verfassung und Verfassungsgericht (1963); siehe insgesamt auch die Festschrift „Hundert Jahre Verfassungsgerichtsbarkeit, fünfzig Jahre Verfassungsgerichtshof in Österreich" (1968).

30, 37, 46, 49, 49a, 51, 54, 55, 60, 77, 79, 81, 83, 95, 99 iVm 15 Abs 1, 115, 128, 136, 148, 148j).

- Zahlreiche Vorschriften beinhalten höchst abstrakt *determinierte Ermächtigungen für das Handeln des Gesetzgebers.*
- Viele Vorschriften regeln *Handlungsbefugnisse und Handlungspflichten anderer Oberster Staatsorgane* (zB Art 65, Art 66, Art 69, Art 77 Abs 4, Art 78, Art 137 ff).
- Zahlreiche Vorschriften sind direkt oder indirekt als *Pflichten von Organen* formuliert (Art 23, Art 81 lit b), und zwar zumeist im Sinn entweder:
  von *Geboten* (zB Art 22 „sind .... verpflichtet ....“) oder
  von *Verboten* (zB Art 4 „dürfen .... nicht ....“) oder
  von *beiden zugleich*: „kann nur so“ bedeutet immer wieder auch „darf nicht anders“ (zB Art 11 Abs 2, Art 15 Abs 10 „.... können nur ....“).
- Nicht selten ist ein *rechtliches „Können“* gemeint, das auch ein *„Dürfen“* und ein *„Sollen“* bedeutet: *„Bundessache ist die Gesetzgebung ....“* (Art 10 bis 15).
- Die *imperative Form des Gebots* kommt immer wieder vor: „der Bund hat den Ländern Gelegenheit zu geben“ (Art 10 Abs 3); „sind als solche ausdrücklich zu bezeichnen“ (Art 12 Abs 4, Art 44 Abs 1) etc.

Die vielen thesenhaft formulierten, apodiktischen Feststellungen des „Bundes-Verfassungsgesetzes“ im Präsens, entweder in der Einzahl oder in der Mehrzahl: „ist“, „wird“, „besteht“, „kann“ „steht zu“, „verbleibt“, „trifft“, „wirkt“, „fungiert“, „wählt“, „beschließt“, „obliegt“, „erfolgt“, „ergeht“, „dauert“, „beginnt“, „endet“, „erstreckt sich“, geradeso als handle es sich nur um vollendete Tatsachen, prägen den sprachlichen Stil des „Bundes-Verfassungsgesetzes“. Sie beginnen bereits mit dem Artikel 1: „Österreich *ist* eine demokratische Republik. Ihr Recht *geht* vom Volk aus“. Derartige thesenhafte Aussagen muß man zunächst wohl als den Willen des historischen Verfassungsgesetzgebers (der Konstituante) deuten, Inhalte mit Sollensbedeutungen verfassungsrechtlich so und so gewollt zu haben, daher ist es auch so rechtens. Sodann bedeuten sie aber auch, daß sie für die Zukunft verfassungsrechtlich so auch gesollt sind.

Die anscheinend zufällig gewählten sollenshaften Anordnungen („sind zu“, „hat zu“, „kann“, „muß“, „darf nicht“) und die Abwechslung im sprachlichen Ausdruck dürfen nicht zu dem Schluß verleiten, daß das „Bundes-Verfassungsgesetz“ weitgehend nur eine Ansammlung von unverbindlichen Bekenntnissen ist, ausgedrückt in apodiktisch formulierten Feststellungen von Handlungsermächtigungen, immer wieder ungleich mehr von Geboten als von Verboten durchsetzt. Gerade den thesenhaft feststellenden Formulierungen ist der autoritative Sollenscharakter des „Bundes-Verfassungsgesetzes“ unschwer abzulesen. Die apodiktische Feststellung von einem unbedingten Gewolltsein: „so ist es“, impliziert auch den Schluß auf das autoritative Gesolltsein: „so soll es sein“.

Ob nun die Sätze im Präsens („ist“, „sind“) oder im Futurum („wird“, „werden“) formuliert sind, ob es „kann“, „wird“, „muß“, „hat zu“, „darf“, „darf nicht“, „gilt“ heißt, macht aber letztlich keinen Unterschied. Denn ihrem Sinn nach haben die thesenhaften Sätze in den Artikeln des „Bundes-Verfassungsgesetzes“ samt und sonders Sollensbedeutungen. Sie implizieren ein gewolltes, je und je unterschiedliches, inhaltlich gebundenes Sollen, gerichtet auf das Handeln von jemandem. Sie bedeuten bedingte oder unbedingte Handlungsmacht, dh Handlungsauftrag, Handlungsbefugnis und Handlungspflicht, gebunden an Werte, gerichtet auf Zwecke und Ziele der Wirklichkeit menschlichen Verhaltens, häufig als Gebote und etwas seltener als Verbote formuliert.

Gäbe es an der Verbindlichkeit derartiger thesenhafter Feststellungen einen Zweifel, dann würde jedenfalls allein schon ihre Aufnahme in die verbindlich *als „Bundes-Verfassungsgesetz“ gekennzeichnete qualifizierte Rechtssatzform eines besonderen Gesetzes* den Sollenscharakter evident machen. Den vielen als gewollt erkennbaren, feststellenden Aussagen des Verfassungsgesetzgebers ist das Gesolltsein des in sie eingeschlossenen Geregelten unschwer abzulesen.

Wie bei allen rechtsquellenmäßig formalisierten Rechtsvorschriften, so hat auch in den Vorschriften des „Bundes-Verfassungsgesetzes“ das sprachlich zumeist verdeckte Gesolltsein von Regelungsinhalten unterschiedliche Funktionen:

- man registriert des öfteren ein ausdrückliches oder bloß gemeintes positives Sollen für Organe (gerichtet auf ein Tun = Gebot)
- man registriert aber auch ein ausdrückliches oder bloß gemeintes negatives Sollen für Organe (gerichtet auf ein Unterlassen = Verbot)
- man registriert für Organe aber auch ein negatives und positives (ein alternatives) Sollen zugleich (also den Sinn von Gebot und Verbot in einem)
- man registriert immer wieder auch ein Dürfen als Ermächtigung, entweder bloß in der Bedeutung als rechtliche Möglichkeit zum Organhandeln oder auch in der Bedeutung einer rechtlichen Verpflichtung zum Organhandeln, das teilweise auch ein Nicht-Dürfen oder ein Nicht-anders-Dürfen in sich schließt

- man registriert schließlich und endlich in den Grundrechten, konzipiert als verfassungsrechtlich festgelegte Freiheiten, aber auch das verfassungsrechtlich geschützte Dürfen des Einzelnen, jenseits und innerhalb gesetzlicher Schranken, gewährleistet über den Umweg staatlicher Unterlassungspflichten.

IV. Die Verfassung, ein Gefüge von „Normen" oder von „Vorschriften"?

Wenn nun im Text des „Bundes-Verfassungsgesetzes" das Sollen des öfteren nicht sprachlich unmittelbar in Erscheinung tritt und wenn es dennoch dessen Sinn ist, wo bleibt dann die sogenannte „Norm" (der Rechtssatz)? In der jüngeren Rechtslehre (WALTER – MAYER[21]) versteht man in Gefolgschaft nach KELSEN das positive Recht nämlich als ein System von „Normen" (Rechtssätzen in diesem Sinn). Das Verfassungsrecht ist nach dieser Lehre ein abgegrenzter Teil davon: *Normen, die das Wer und das Wie der Normerzeugung (und Aufhebung) regeln*. Die theoretischen Positionen scheinen klar:

- Das Recht ist ein Sollen.
- Das Sollen bedeutet Norm.
- Die Rechtsordnung ist eine Normenordnung.
- Man unterscheidet zwischen „vollständigen" und „unvollständigen" Normen.
- Vollständige Normen beinhalten Sanktionen und bauen sich (baut die Theorie) aus vielen Teilen des Rechtsmaterials auf, diese Teile werden Rechtsvorschriften genannt.
- Unvollständige Normen zeigen sich in der Rechtsordnung als Rechtsvorschriften (so WALTER – MAYER)[22].

Doch was ist eine „Norm" oder ein „Rechtssatz"? Die Rechtstheorie bietet zwei formal-logische Grundformen dar:

- ENGISCH[23] versteht mit der traditionellen Lehre den Rechtssatz als *Imperativ*, als Gebot oder Verbot (er meidet den Terminus „Norm"): jemand soll etwas tun (nicht jedoch: etwas soll geschehen!)

---

[21] Grundriß des österreichischen Bundesverfassungsrechts^{6} (1988) 1, 3. Siehe dazu die aufschlußreiche Grundlegung bei WALTER, Österreichisches Bundesverfassungsrecht (1972) 1 ff.

[22] Grundriß des österreichischen Bundesverfassungsrechts^{6} (1988) 3.

[23] Einführung in das juristische Denken^{8} (1983) 12 ff, 22 ff.

- KELSEN[24] erklärt die „Norm" durch ein *normatives hypothetisches Urteil,* als Verknüpfung von Rechtsbedingung und Rechtsfolge (vollständige Norm): wenn jemand etwas Bestimmtes tut, soll er bestraft werden (wenn die Rechtsbedingung erfüllt ist, soll die Rechtsfolge eintreten). Das ist die logische Form der „vollständigen" Rechtsnorm als Sanktionsnorm, von KELSEN durch den „Rechtssatz" gedeutet. In seiner „Allgemeinen Theorie der Normen" sieht er mit EISLER und KANT in der Norm aber auch den Imperativ[25].

Dabei ist bemerkenswert, daß der Strafrechtler ENGISCH den Rechtssatz als einen Satz des Rechts und als einen Imperativ versteht. Der Staatsrechtslehrer KELSEN hingegen versteht den Rechtssatz als Denkform und begreift durch sie die Rechtsnorm letztlich noch immer als Sanktionsnorm eines „normativen" hypothetischen Urteils. Der Strafrechtler ENGISCH läßt sich durch das Naheverhältnis von Tatbestand und Sanktion im Strafgesetz in seiner logischen Analyse nicht beirren. Der Staatsrechtler KELSEN nimmt offensichtlich diesen äußeren Zusammenhang als einen Ansatz für seine Art, „rechtslogisch" zu denken.

Was die Lehre als „*Imperativ*" deutet, ist im Text des „Bundes-Verfassungsgesetzes" dann und wann sprachlich erkennbar ausgedrückt. Die normativen Denkformen von Geboten und Verboten sind dem Text des Bundes-Verfassungsgesetzes immer wieder ablesbar. Was die Lehre hingegen als „Sanktionsnorm" oder als „vollständige Norm" in der logischen Struktur eines „normativen hypothetischen Urteils" versteht, tritt im Text des „Bundes-Verfassungsgesetzes" nicht in Erscheinung. „Sanktionen" kommen im „Bundes-Verfassungsgesetz" kaum (Art 23, Art 63, Art 74, Art 142, Art 146) und in der Verfassungspraxis bisher eigentlich nicht rechtswirksam vor. Das ist verständlich. Das „Bundes-Verfassungsgesetz" ist schließlich keine Strafrechtsordnung, sondern vor allem eine zweckgebundene Organisations- und Verhaltensordnung für die Staatsorgane. Im Sinn der Reinen Rechtslehre besteht daher das „Bundes-Verfassungsgesetz" nicht nur in seiner sprachlichen Erscheinung, sondern auch nach den Inhalten seiner rechtlichen Anordnungen nicht aus vollständigen „Nor-

---

[24] Reine Rechtslehre² (1960) 52 ff, 55 ff; Allgemeine Theorie der Normen (1979) 1 ff. Siehe dazu die kurzgefaßte anschauliche Darstellung bei WALTER, Verfassung und Gerichtsbarkeit (1960) 11 – 17.

[25] KELSEN, Allgemeine Theorie der Normen (1979) 2 ff, 11 f, mit einer völlig inkonsistenten Kritik an KANTS Lehre 234 FN 19. Siehe dazu aber auch seine Ausführungen über den Rechtssatz als hypothetisches Urteil 15 ff, 25 ff, 215 f.

men“, sondern nur aus „unvollständigen Normen“ (WALTER – MAYER), aus einzelnen „Rechtsvorschriften“.

Die logische Struktur des Imperativs ist dem Sinn zahlreicher Verfassungsvorschriften gewiß unschwer abzulesen. Dennoch kann die „Norm“ als Imperativ (KANT), als eine Denkform, nur zur Erklärung der zentralen und charakteristischen, unzählige Male verbindlich festgelegten Funktion des Rechts verstanden werden. Eine Rechtslehre, die den Rechtsbegriff auf die „Norm“ als Denkform reduziert, weiß die vielfältigen Rechtsinhalte durch die Denkform nur zu orten, aber nicht zu deuten. Sie tut sich daher sogar schwer, auch nur die funktionellen Eigenarten des Rechts zu erfassen. Die späte Reine Rechtslehre konstruiert zwar die „Erlaubnis“, die „Ermächtigung“ und die „Derogation“ als Arten bzw als Funktionen von „Normen“, sie ist aber nicht in der Lage, dafür entsprechend differenzierte logische Formen anzubieten. Solche „Normen“formen gibt es aber wohl auch nicht. Entweder lassen sich nämlich „Erlaubnis“, „Ermächtigung“ und „Derogation“ aus den Sinnzusammenhängen von unbedingten oder bedingten Imperativen ganz allgemein als Elemente des Rechts selbst erklären, oder aber sie nehmen im Normschema keinen eigenen Stellenwert ein. Dieses Dilemma wird in manch einer Lehre, die der KELSENschen Denkweise folgt, weitgehend durch eine umgangssprachliche juristische Terminologie verdeckt. In der Lehre ist oft auch von der „Norm“ im Sinn von „Rechts-Satz“ oder von „Rechtsvorschriften“ die Rede. Vor dieser Ungenauigkeit ist wohl niemand gefeit. Doch solcherart bedienen sich sogar die an der „Norm“ als Denkform orientierten Lehren eines sprachlichen Kunstgriffs zur Überbrückung von Normenlogik und Rechtsdogmatik. Sie verweisen damit allerdings ihren eigenen, bekenntnishaft beschworenen Denkansatz am Normschema in die bloße Theorie und betreiben gegenstandsgebundene Rechtsdogmatik wie sie allgemein üblich ist.

Das „Bundesverfassungsrecht“ besteht in seiner sprachlichen Erscheinungsform aus rechtlichen Sätzen, aus „Rechts-Sätzen“, enthalten in den „Rechtsvorschriften“. Diesen kann zumeist ein konditionaler Charakter abgelesen werden, er ist aber jedenfalls immer wieder wenigstens impliziert: *Wenn – dann*. „Gesetzesvorschläge gelangen an den Nationalrat als Anträge seiner Mitglieder oder des Bundesrates sowie als Vorlagen der Bundesregierung“ (Art 41 Abs 1 B-VG). MaW wenn Mitglieder des Nationalrats oder des Bundesrates oder wenn die Bundesregierung Gesetzesvorschläge machen wollen, sollen sie solche an den Nationalrat richten. Wenn sie Gesetzesvorschläge derart eingebracht haben, sind diese vom Nationalrat in Verhandlung zu nehmen etc. Diese Vorschrift beinhaltet sprachlich verkürzt formulierte bedingte Verhaltensanweisungen, abgestellt auf die Handlungsmöglichkeit, Handlungsfähigkeit, Handlungspflicht und auf tatsächliches Handeln von Menschen als Organe an und für sich und in ihrem Zusammenwirken. Das Recht gibt zu erkennen, daß die angesprochenen Verhaltensweisen gesollt sind und daß die Setzung von bestimmten Verhaltensweisen Voraussetzung der Zulässigkeit von bestimmten anderen Verhaltensweisen ist. Das Recht ist seiner Funktion nach ein differenziertes, bedingt angelegtes Richtmaß, das zugleich als Maß für tatsächliches menschliches Verhalten fungiert. Der Mensch soll sich nach den Vorschriften, nach den Rechts-Sätzen verhalten, auf daß weiteres menschliches Verhalten rechtlich zulässig werde. Sein tatsächliches Verhalten kann und soll demgemäß von ihm und von anderen auch auf Übereinstimmung und Diskrepanz mit dem vorgeschriebenen Verhalten gemessen werden.

Die Rechtstheorie der sogenannten „Wiener Schule“, die sich als eine „positivistische“ versteht, geht gewissermaßen a priorisch vor. Sie setzt zunächst den Begriff des rechtlichen „Sollens“ als „Norm“ fest. Dann ordnet sie diesem Begriff die Vorschriften der Rechtsordnung zu. Der an das positive Recht gebundene Denkvorgang ist aber wohl umgekehrt. Danach ist das Recht ein gegebener, ein vorgegebener, ein der Erfahrung zugänglicher Gegenstand (wie alle Kulturphänomene). Empirisch und in diesem Sinn positivistisch-analytisch gesehen, besteht das „Bundes-Verfassungsgesetz“:

- aus einem Kodex als Gesetzeswerk
- aus Hauptstücken mit Überschriften und Unterteilungen
- aus Artikeln und Absätzen
- aus Sätzen und Wörtern

die als Rechts-Sätze, als Rechtsvorschriften mit bedeutungsvollen Inhalten in Erscheinung treten.

Ihnen allen kann im Einzelnen und in vielen ihrer sinnhaften zweckgebundenen kleinen und großen Funktionszusammenhänge ein allgemeiner normativer Sinn, die Bedeutung eines inhaltlich bestimmten Sollens abgelesen werden, dh die Funktion des Rechts, ein je und je bestimmtes menschliches Verhalten zu regeln; und zwar in vielfältigster Weise und in unterschiedlichen Sinnzusammenhängen. Im sprachlichen Ausdruck der Rechtsvorschriften wird als formal-logische Struktur und Erkenntnishilfe gewiß immer wieder die *Denkform der Norm als Imperativ* erkennbar.

Doch das Recht erschöpft sich seiner Funktion nach keineswegs in Imperativen[26].

Das Recht kann in den gedanklichen Verknüpfungen von Vorschriften als „Tatbestand“ und „Rechtsfolge“ gewiß auch durch das sogenannte hypothetische Urteil seiner Eigenart oder Zweckhaftigkeit gemäß makrojuristisch beschrieben und erklärt werden, dh in seinen charakteristischen zweckhaften-funktionellen Zusammenhängen, vielfach auch in der Bedeutung von zweckhaft miteinander verbundenen Imperativen, aber es erschöpft sich darin nicht. Das Recht ist mehr und differenzierter als ein bloßes System von Zusammenhängen, darstellbar in der logischen Form von Imperativen oder/und von hypothetischen Urteilen (Rechtssätzen). Vor allem im Verfassungsrecht ist der Zusammenhang von Tatbestand als Verhaltensregelung und von Rechtsfolge im Sinn einer Sanktion kaum einmal sichtbar (zB Art 23, 63, 74, 76, 142, 146). Das „Bundes-Verfassungsgesetz“ ist seiner Zweckbestimmung gemäß ein Gefüge differenzierter, zukunftsgerichtet bedingter und unbedingter Regeln, in der Gestalt von Sätzen, mit sollenshaften Wenn-Dann-Beziehungen, als formaler Sinn von inhaltserfüllten Vorschriften, dargeboten in Hauptstücken, Artikeln, Absätzen, Sätzen und Wörtern als Begriffs- und Sinnträger. Zwischen den Inhalten dieser sprachlich-gedanklichen Ausformungen, vom Kodex bis zum einzelnen Wort, herrschen konditionale Wechselbezüge und gegenseitige Abhängigkeiten in ihrer zweckhaft-funktionalen Vielfalt des gesollten Früher und des Später von Verhaltensweisen, von gesollten Handlungen als Bedingungen und von ebenso gesollten Handlungen als deren Folgen. Doch weit und breit ist keine Sanktion im Sinn von Strafe oder Zwang sichtbar.

Rechtliche Konditionalbeziehungen in den Vorschriften sind zweifellos nicht mit den Imperativen und schon gar nicht mit normativen hypothetischen Urteilen identisch, sie überschreiten diese. Theoretische Denkfiguren von der „Norm“ vermitteln daher nicht mehr an Erkenntnis, als die Einsicht in eine Eigenart des Rechts, das als zweckhaftes Kulturprodukt, als Hervorbringung des menschlichen Geistes zwar auch formal-logisch geprägt ist, aber formal-logisch allein nicht erklärt werden kann.

Wer bloß auf das kategoriale „Sollen“ als Formalkategorie abstellt, wer das Recht mit irgendeiner formal-logischen Denkform „Norm“ gleichsetzt und nach dieser das Verfassungsrecht normativ „beschreiben“ will, wird sich daher nicht nur schwer tun, diese Kategorien im Verfassungs-

---

26 Siehe dazu die theoretische Begründung bei WINKLER, Rechtstheorie und Erkenntnislehre (1990).

recht, dh im „Bundes-Verfassungsgesetz“ aufzufinden, sondern er versperrt sich allein schon terminologisch die Sicht auf den differenzierten Inhalt des Verfassungsrechts. Dieser ist weder in seiner Entstehung noch in seiner Zweckhaftigkeit auf die Formen des Denkens ausgerichtet. Ihm sind die Formen des Denkens nur als gedankliche Gestaltungs- und Ausdrucksmittel für zweckhafte, sozial-kulturelle Hervorbringungen untergeordnet. Es braucht daher nicht zu verwundern, wenn dann und wann im rechtsdogmatischen Sprachgebrauch aus der „Norm“ der „Rechtssatz“ wird, aus dem „Rechtssatz“ die „Rechtsnorm“, die als „unvollständige Norm“ mit der „Rechtsvorschrift“ gleichgesetzt wird. Die Rechtsvorschrift wird zwar immer wieder auch als „Rechtsnorm“ oder „Norm“ bezeichnet, sie hat aber mit der formalen Denkform „Norm“ kaum noch Wesentliches gemeinsam. Dem mit dem positiven Recht befaßten Juristen bietet sich das Recht in bedeutungsvollen Begriffen dar, getragen vom sprachlichen Ausdruck. Die Sätze des Rechts sind zumeist feststellend thesenhaft, immer wieder auch anordnend (verbietend, gebietend). Die Sätze des Rechts sind sogar in ihren Bruchstücken häufig konditional lesbar und in unterschiedlichen Sinnzusammenhängen jedenfalls auch so leicht zu verstehen. Sie lassen zumeist einen bedingten Verbindlichkeitscharakter ihrer Inhalte erkennen, der sich sichtbar auf ein tatsächliches Wollen gründet, welches das Gefüge bedingungshafter (hypothetischer) Sinnzusammenhänge zu einem Gesollten macht, nicht selten in der logischen Bedeutung von bedingten Imperativen. Im Recht gibt es überdies kein bloßes Sollen, sondern nur ein Gesolltsein der Form, ein Gesolltsein des Inhalts, als eine mögliche und als eine reale Wirklichkeit eines gesollten Seins, schließlich auch als das verwirklichte Gesolltsein menschlichen Verhaltens.

Unter dem Einfluß einer Rechtstheorie, die auf eine analytische Normentheorie gegründet ist, werden sogar die Sprach- und Denkgewohnheiten der Juristen irregeleitet. Man spricht heutzutage vom „Sollen“ schlechthin und meint damit gar nicht die *a priorische Kategorie* nach KANT, sondern den Sinn des positiven Rechts schlechthin. Man spricht von der „Norm“, von der „Rechtsnorm“ schlechthin, und meint dennoch nicht die formale Denkform, sondern bloß den *Rechts-Satz als Satz des Rechts,* die Rechtsvorschriften, das Gesetz, das Gesetzeswerk. Dennoch schickt man sich immer wieder an, das Sollen mit dem Recht und die Norm mit dem Rechts-Satz, mit der Vorschrift des Rechts zu identifizieren. Dadurch wird der Rechtswissenschaft der Zugang zum unvoreingenommenen gegenstandsadäquaten Rechtsdenken aus praktischer Anschauung und Gegenstandserfahrung erschwert. Die Ausdrucksform und der Inhalt des

Rechts, aber auch der Adressat, auf den sich der Inhalt des Rechts bezieht, durch dessen Existenz und Handeln der Rechtsinhalt erst sinnvoll wird, werden durch die formal-logischen Strukturen verdeckt.

Inhaltsbegriffe des Rechts gehören offensichtlich nicht zu den sogenannten Rechtswesensbegriffen[27]. Das scheint verständlich. Ist es doch ungleich verlockender, sich in der Reinheit und scheinbaren Klarheit konstruierter formaler Kategorien zu ergehen, statt sich mit den vielfältigen, mitunter sogar sprachlich ungereimt oder verkürzt festgelegten Rechtsinhalten regelungsgerecht auseinanderzusetzen. Wer würde nicht gern von logischer Exaktheit und Geschlossenheit des Rechts träumen, wie etwa der Mathematiker von der Natur als einem strukturierten Zahlengefüge oder als einer geometrischen Ordnung? Wer könnte sich nicht an einem formallogischen Glasperlenspiel berauschen? Doch das wäre dann wohl nur ein Traum. Eine kritische, eine selbstkritische Standortbestimmung zum Gegenstand macht das unmittelbar sichtbar. Das Verfassungsrecht tritt in seiner äußeren Gestalt dem Betrachter weder als bloße „Norm" noch als bloßes „Sollen" entgegen. Das Verfassungsrecht hat gewiß Sollensbedeutung und normativen Sinn. Doch „Norm" und „Sollen" sind nur erkenntnistheoretische Verständnishilfen. Sie sind nicht der Gegenstand. Gegenstand ist das „Bundes-Verfassungsgesetz" in seiner empirisch erfaßbaren gesetzestechnischen Erscheinung als Kodex, als systematisch angelegtes, geschriebenes Sprachgebilde. Es ist Ausdrucksform für vielfältig konzipierte, zweckgebundene und zweckgerichtete Sinngehalte und Bedeutungen in konditionaler, zweckgebundener Verflechtung, in welchen allen seinen Adressaten (in erster Linie den Obersten Staatsorganen) ihr Verhalten thesenhaft, erkennbar autoritativ verbindlich vorgeschrieben ist.

Was ergibt sich daraus für die Verfassungsrechtsdogmatik? Zunächst einmal negativ: Weder das „Sollen" noch die „Norm" kann sinnvollerweise konkreter Ansatz eines positivrechtlichen Verfassungsrechtsdenkens sein. Das „Sollen" ist eine a priorische Kategorie, die „Norm" ist eine formallogische Denkform. Diese Begriffe gehören zum allgemeinen erkenntnistheoretischen Vorverständnis für das Rechtsdenken, sie gehören zur Rechtstheorie. Als solche sind sie gewiß erkenntnisfördernd, und zwar in zweierlei Hinsicht: einmal bezogen auf das Rechtsdenken der Wissenschaft

---

[27] KELSEN beruft sich für diese Unterscheidung in seiner Allgemeinen Staatslehre (1925) 18 und 375 ausdrücklich auf SOMLO. Vgl daher auch SOMLO, Juristische Grundlehre² (1927/1963). Die Arten der Rechtsbegriffe 26 ff, mit aufschlußreichen Hinweisen auf AUSTINS „notwendige Rechtsbegriffe", 32 ff. Siehe dazu aber auch meine Abhandlung in diesem Band „Begriffe der Rechtswissenschaft".

als Vorstellung von der Eigenart des Gegenstandes und das andere Mal bezogen auf die formalen Eigenarten des Rechts als Erzeugnis menschlichen Denkens. Sie sind aber nicht der Gegenstand „Verfassungsrecht", mit dem sich die Rechtsdogmatik befaßt.

Das Verfassungsrecht bietet sich dem Betrachter in „Vorschriften" mit regelhaftem Charakter dar. Die Vorschriften stehen ihrem Sinn nach in unzähligen Wenn-Dann-Beziehungen zueinander. Das Verfassungsrecht ist ein Gefüge von derartigen konditionalen Rechts-Sätzen, mit erkennbaren Sinngehalten, mit Bedeutung und Zweckhaftigkeit. Das Verfassungsrecht hat gewiß primär formale, es hat aber auch wesentliche inhaltliche Seiten. Allein schon deshalb wäre es eine Sünde wider den Geist, es mit der einen oder anderen bloßen Denkform zu identifizieren. Konkreter und realer Ansatz des Verfassungsrechtsdenkens ist das „Bundes-Verfassungsgesetz". Dieses ist ein Kodex, ein Gesetzeswerk mit einem Gesamtzweck. Darin eingeschlossen sind die Hauptstücke mit ihren Teilzwecken und die Artikel mit ihren zweckhaften Regelungszusammenhängen und Regelungseinheiten. *Das „Bundes-Verfassungsgesetz" besteht aus Vorschriften, dh aus regelhaften Anordnungen des Verfassungsgesetzgebers, die funktionsgerichtete zweckhafte und wertgebundene Regelungseinheiten bedeuten.* Dem „Bundes-Verfassungsgesetz", in seiner unmittelbar erkennbaren Gesamtheit, aber auch in seinen Einzelheiten und in deren zweckhaften Zusammenhängen, und nicht der „Norm" ist der verbindliche Sinn, sind die unzähligen verbindlichen Sinngehalte abzulesen. *Zweck der Verfassung ist es, dem Staat eine Ordnung zu sein.* Das hat schon ARISTOTELES gewußt. Nur so finden auch Judikatur und Praxis Oberster Staatsorgane den für sie plausiblen Zugang zum Verfassungsrecht und nur so findet ihr Wirken die ihm gebührende rechtliche Erklärung.

Die Frage nach den Eigenarten der Verfassung richtet sich daher sinnvollerweise nicht auf die Vollständigkeit oder Unvollständigkeit einer „Norm" (etwa als Imperativ oder als hypothetisch konzipierte Sanktionsnorm), sondern sie richtet sich auf die Vollständigkeit oder Unvollständigkeit von Regelungsinhalten an und für sich und in deren jeweiligen Struktur- und Funktionszusammenhängen, im Hinblick auf die den Regelungen beigegebenen Zwecke und nach den in sie eingeschlossenen Werten. Dabei kann der Interpretationsbedarf nach „Vollständigkeit" jeweils verschieden sein, je nachdem, ob die Fragestellung abstrakt oder konkret angesetzt ist. Ist sie abstrakt angesetzt, dann richtet sich der Vollständigkeitsbedarf nach dem Sinn der Regelungseinheiten an und für sich und in ihren abstrakten systematischen Zusammenhängen, in der Reichweite der Fragestellung. Ist sie hingegen konkret angesetzt, dann richtet sich der Vollständigkeitsbedarf nach den erheblichen Funktionszusammenhängen der Inhalte von Vorschriften in deren grundsätzlichen Bezogenheiten auf die Wirklichkeit von zu beurteilenden konkreten Sachlagen und zu lösenden Rechtsfragen[28].

Demgemäß kann die Funktion einer Verfassungsrechtswissenschaft auch unabhängig von einer Fixierung auf das Denkschema „Norm" niemals bloß „Beschreibung" sein. Die Verfassungsrechtswissenschaft kann das Verfassungsrecht gewiß darstellen und beschreiben. Sie richtet sich vor allem aber auf das „verstehende Erkennen" und auf das „Erklären" von Sinngehalten, von Bedeutungen, von Werten, von Teleologien, von Finalitäten und Intentionalitäten der zukunftsweisenden rechtlich verbindlichen Regelungszusammenhänge. Dafür vermag ein formal-logisches Instrumentarium von Denkformen nicht mehr zu leisten als eine ebenso formal-logische Charakteristik. Es kommt daher gar nicht von Ungefähr, wenn WALTER – MAYER in ihrem gewiß anerkennenswerten Lehrbuch zum Verfassungsrecht zwar die „Norm" in ihrer angeblichen „Unvollständigkeit" und in ihrer von der Lehre angeblich noch zu konstruierenden „Vollständigkeit" der Verfassungsrechtsdogmatik voranstellen, sie dann aber von Anfang bis zum Ende ihrer Darstellung gar nicht benötigen. Sie nennen bloß die Sätze und Vorschriften des Verfassungsrechts immer wieder „Normen", ohne dann tatsächlich die vollständige „Norm" im rechtstheoretischen Sinn zu meinen oder jeweils zu benötigen. Die „Norm" ist eben bloß eine Form des Denkens. Diese kann zwar auch beschrieben und dargestellt werden. Doch selbst wenn die „Norm" als Form des Denkens die Rechtsinhalte tragen sollte, dann müßten diese Inhalte an und für sich noch immer verstehend gedeutet und erklärt werden. Dazu verhilft nicht die „Norm" als Form, auch nicht in der Mehrzahl. Wer die Rechtsdogmatik schlechthin an den „Normen" (an der Norm) orientiert und nicht am empirisch erfahrbaren und erfaßbaren Rechtsmaterial, der sieht in Wahrheit das Recht primär durch die Form seiner formal-logischen Deutung und verstellt so der historisch-genetischen, inhaltsgebundenen teleologischen Betrachtungsweise durch eine ahistorische formal-logische Denkweise den Weg. Damit sei der formalen Logik keineswegs ihre Bedeutung abgesprochen. Sie ist aber nicht Gegenstand des Rechtsdenkens, sondern eine seiner erkenntnisfördernden Hilfswissenschaften. Daher kann die

---

[28] Vgl zu dieser Unterscheidung im Denkansatz zur Sinnermittlung des Rechts WINKLER, Die Wissenschaft vom Verwaltungsrecht (1979) 1 ff.

„Norm“ auch niemals Erklärungsgrund der Geltung des Rechts sein. Der Erklärungsgrund der Geltung des Rechts liegt nicht in seiner logischen Form, sondern in seinem Inhalt, in dessen Qualität, in der Art und in der Tatsache seiner Erzeugtheit und in seiner Wirksamkeit. Die logische Form ist nur ein formales Ausdrucksmittel für das Recht und eine diesem adäquate Denkform der Rechtswissenschaft.

V. Die Inhalte des Verfassungsrechts

Den Kernbestand der österreichischen „Bundesverfassung“ bildet der Kodex des „Bundes-Verfassungsgesetzes“, und zwar sowohl als historisch gewordene „Bundesverfassung“ wie auch als Verfassungsurkunde. Das „Bundes-Verfassungsgesetz“ bietet sich dem Betrachter in Rechts-Sätzen dar, dh in Sätzen des Rechts, die auf Teilzwecke oder Gesamtzwecke, auf begrenzte oder umfassende Regelungseinheiten und über diese auf den Gesamtzweck *„Staat“* gerichtet sind. *Inhalt der „Bundesverfassung“, das unerläßliche gegenstandsbezogene Vorverständnis vom Staat vorausgesetzt, ist demnach ein differenzierter, die Einheit des Staates begründender Regelungszusammenhang des geltenden Rechts, formell und materiell.* Teleologisch gesehen beinhaltet das „Bundes-Verfassungsgesetz“ nach seinen verschiedenen Vorschriften vor allem Regelungen über:

- die Staatsform in Leitbegriffen
- die Staatszielbestimmungen
- die Staatsaufgaben
- die Staatsfunktionen
- die Organisationsform des Staates
- die Obersten Organe des Staates und deren Kompetenzen
- Ermächtigungen für den Gesetzgeber zur Ausführung der Verfassung
- Ermächtigungen für die anderen Obersten Organe zum Handeln
- Ermächtigungen für den Gesetzgeber zur Schaffung einer Gemeinschaftsordnung
- Richtwerte für alle Staatstätigkeiten: in der Legalität und in der Gleichheit, in den Grundwerten und in den Leitideen
- qualifizierte subjektive öffentliche Rechte des Einzelnen, formal und materiell, als geschützte Individualwerte, mit Ermächtigungen und Schranken für den Gesetzgeber im öffentlichen Interesse, zu verstehen als Limitierung des Staatshandelns auf höchster Ebene (die den sich mitunter unbeschränkt gebärdenden Repräsentanten des Volkes nachdrücklich in das Bewußtsein gerückt zu werden verdient).

Diese kargen Inhaltsangaben, durch verschiedene Begriffe und Regelungszusammenhänge des „Bundes-Verfassungsgesetzes“ belegbar, bedürfen aber noch der Erklärung ihrer Bedeutung im Gesamtgefüge der Verfassung. Der Verfassungsgesetzgeber wollte zwar derartige Inhalte in ihrer jeweiligen Einheit regeln. Sie haben aber je und je für sich keine selbständige Bedeutung. *Dem Gesetzeswerk des „Bundes-Verfassungsgesetzes“ liegt als Gesamtzweck der „Staat“ zugrunde und innerhalb dieses Gesamtzweckes gibt es Teilzwecke, die letztlich die synthetische Betrachtungsweise eines systematisch und analytisch angelegten Rechtsdenkens erfordern*:

- Der Verfassungsgesetzgeber will dem Staat eine legitime rechtliche Form geben: die Staatsform der rechtsstaatlichen Demokratie.
- Der Verfassungsgesetzgeber will dem Staat eine rechtliche Struktur geben. Er versteht den Staat als juristische Gesamtperson, gegliedert in verschiedene Arten juristischer Personen, strukturiert in Organe und Kompetenzen.
- Der Verfassungsgesetzgeber will dem Staat eine föderalistische Organisationsform geben.
- Der Verfassungsgesetzgeber will Staatsaufgaben regeln.
- Der Verfassungsgesetzgeber will Staatsfunktionen regeln und durch Aufteilung von Staatsaufgaben für den Staat ein gewaltenteiliges Organisationsgefüge schaffen.
- Der Verfassungsgesetzgeber will dieses Organisationsgefüge an Staatszwecke binden (Aufgaben).
- Der Verfassungsgesetzgeber will mit der Verfassung für den Staat ein strukturiertes Ordnungsgefüge schaffen, das dem materiellen Recht in seinen Zwecken und Regelungszusammenhängen Rahmenbedingungen geben soll.
- Der Verfassungsgesetzgeber will dem einzelnen Menschen in diesem differenzierten Organisations- und Funktionsgefüge des Staates durch einen wohldurchdachten Rechtsschutz eine Rechtsposition und einen garantierten Freiraum schaffen.
- Der Verfassungsgesetzgeber will der Grundrechtsordnung in ihrer materiell-rechtlichen Regelungsfunktion für das Verhältnis zwischen der staatlichen Gemeinschaft – dem Gesetzgeber – und dem Einzelnen Grundlagen und Grenzen vorgeben.
- Öffentliches Interesse und Individualinteresse sind im Staat nach Sachlichkeit und Verhältnismäßigkeit zum Ausgleich aneinander gebunden, zur Garantie der Freiheit des Einzelnen aus Verantwortung.

Was der Verfassungsgesetzgeber will, selbst indem er nur feststellt, daß es so ist, das ist auch so gesollt! Verfassungsstruktur, Verfassungsrechtsinhalte und -funktionen sind zwar in Sätzen des Rechts ausgedrückt und daher über sie erkennbar. Sie sind aber das Einzelne übergreifende, sprachlich gefaßte zweckhafte Gesamtheiten in großer Fülle und daher auch als solche zu verstehen und ordnend zu deuten. *Die Verfassung beinhaltet organisatorische, verfahrensrechtliche und materiell-rechtliche Regelungseinheiten.* Sie beinhaltet komplexe und einfache Rechtsbegriffe, rechtliche Tatbestände, dh abstrakt typisierte Lebenssachverhalte als differenzierte Regelungszusammenhänge, gerichtet auf Rechtsverhältnisse, auf subjektive Rechte und Pflichten der Menschen entweder als Organe oder bloß als Angehörige der staatlichen Gemeinschaft. Wie wenig vermögen angesichts dessen doch das bloße Sollen und die formal-logische Denkform der „Norm" zur Sinnermittlung der zweckhaften organisatorischen und materiellen Regelungseinheiten des Verfassungsrechtes, vor allem als Vorgaben für die Gesetze zu leisten! Die „Vorschrift" oder der „Rechts-Satz" ist nicht gleichbedeutend mit dem „Sollen" und mit der „Norm". Nur einzelne Sätze des Verfassungsrechts sind durch einen begrenzten imperativ-normativen Sinn, dh durch eine gewollte, sollenshafte, Gehorsam fordernde Bedeutung formal geprägt. Entscheidend ist dennoch ihr Inhalt. Ein Rechts-Satz kann zwar für sich allein rechtliche Bedeutung haben, er erfährt aber seinen vollen Sinn dennoch nur durch prägende Begriffe und aus dem Regelungszusammenhang, in den er zweckgebunden eingefügt ist. Der Hauptzweck des Rechts, der in der Regelung des Verhaltens von Menschen in einer bestimmten staatlichen Gemeinschaft liegt, beherrscht direkt und indirekt auch das „Bundesverfassungsrecht". *Zweck der „Bundesverfassung" im besonderen ist die rechtliche Regelung des Staates. Der Staat wird durch sie zur rechtlich organisierten Gemeinschaft von Menschen als Bürger.*

VI. Das Verhältnis von Verfassung und Gesetz

ARISTOTELES unterscheidet zwischen der Verfassung als Grundordnung des Staates und zwischen den Gesetzen, durch welche die Verfassung konkreter umgesetzt wird und durch welche sie erst ihre Qualität erlangt. Er meint damit zweifellos die allgemeinen Gesetze. Das formelle und materielle Verfassungsrecht bedeutet für ihn Verfassung schlechthin. Für die Überlegungen zur Verfassung im materiellen Sinn sind hier aber nur die verfassungsgesetzlich geforderten Ausführungsgesetze beachtlich (Geschäfts- und Wahlordnungen sowie Errichtungsgesetze für die Obersten Organe). Die Verfassung hat ihrer Eigenart gemäß insofern hauptsächlich eine Rahmen- und Grundlagenfunktion. So gesehen wirkt die Verfassungsmaterie relativ klein und die verfassungsbezogene Gesetzesmaterie relativ groß, ja geradezu überwuchernd. JELLINEK meinte, daß sich die Grenze zwischen Verfassung und Gesetz nur durch äußerliche Merkmale ziehen lasse und daß wegen des Mißtrauens gegen den einfachen Gesetzgeber die „Verfassungen mancher Staaten zu kleinen Gesetzbüchern herangewachsen“ sind[29]. JELLINEK kannte damals weder eine Wesensgehaltsgarantie für die Verfassung noch die Unsitte des österreichischen Verfassungsgesetzgebers, das formelle Verfassungsrecht uferlos auszuweiten; vor allem nicht die Mißachtung des für den Gesetzgeber verfassungsrechtlich gebotenen Verzichtes auf instrumentalen Mißbrauch der Form des formellen Verfassungsgesetzes[30]. Das österreichische „Bundes-Verfassungsgesetz“ selbst ist zwar auf das Grundsätzliche beschränkt geblieben, es ist aber neben den Ausführungsgesetzen noch durch Dutzende Verfassungsgesetze und hunderte in einfachen Gesetzen enthaltene Verfassungsbestimmungen bereits zu einem voluminösen Gesetzbuch überwuchert. Darauf hat zunächst KLECATSKY mahnend aufmerksam gemacht und neben anderen haben dann ADAMOVICH jun und NOVAK besorgt darauf hingewiesen[31].

Aufgrund von ausdrücklichen Anordnungen des „Bundes-Verfassungsgesetzes“ sind zahlreiche Verfassungsmaterien ausführungsbedürftig. Demgemäß gibt es auch noch Dutzende einfacher Gesetze, die der Verfassung konkretere Gestalt geben und die daher zum Verfassungsrecht im materiellen Sinn gezählt werden. In der Abfolge der Artikel des „Bundes-Verfassungsgesetzes“ sind es an die dreißig Gesetze. Und zwar Gesetze über:

- die Staatsbürgerschaft (Art 6)
- das Staatswappen und andere Hoheitszeichen (Art 8a)
- die Wehrpflicht (Art 9a)

---

29 Allgemeine Staatslehre[3] (1960/1913) 533.

30 Siehe dazu die jüngere kritische Literatur: FUNK, Formenmißbrauch und Verfassungsumgehung durch die Legislative (1990) 67 ff; KOBZINA, Die rechtsstaatliche Verfassung und was daraus geworden ist (1991) 331 ff.

31 KLECATSKY, Hat Österreich eine Verfassung? JBl (1965) 544; KLECATSKY, Die Republik Österreich, Gestalt und Funktion ihrer Verfassung (1968); KLECATSKY, Bundesverfassungsgesetz und Bundesverfassungsrecht, in: Das österreichische Bundes-Verfassungsgesetz und seine Entwicklung (1980) 83; ADAMOVICH jun, Zur Lage des österreichischen Bundesverfassungsrechts, JBl (1975) 629 ff; NOVAK, Reform oder Ruin der Bundesverfassung, FS 200 Jahr-Feier der Rechtswissenschaftlichen Fakultät der Universität Graz (1979) 549 ff.

- die Amtstitel (Art 21)
- die Amtshaftung (Art 23)
- die Nationalratswahl (Art 26)
- die Wählerevidenz (Art 26)
- die Geschäftsordnung des Nationalrates (Art 30)
- das Volksbegehren (Art 46)
- die Volksabstimmung (Art 46)
- das Bundesgesetzblatt (Art 49)
- die Wiederverlautbarung (Art 49a)
- die Bundesfinanzen und den Staatshaushalt (Art 51)
- die Mitwirkung des Nationalrates bei Tarifen und Preisen (Art 54)
- das Zustimmungsrecht des Hauptausschusses zu VO (Art 55)
- die Bundespräsidentenwahl (Art 60)
- die Bundesministerien (Art 77)
- das Wehrrecht (Art 79)
- die Mitwirkung der Länder betreffend das Bundesheer (Art 81)
- die Gerichtsorganisation (Art 83)
- die Landtagswahlordnungen (Art 95)
- die Landesverfassungen (Art 15 Abs 1 und Art 99)
- die Gemeindeordnungen (Art 115)
- den Rechnungshof (Art 128)
- den Verwaltungsgerichtshof (Art 136)
- den Verfassungsgerichtshof (Art 148)
- die Volksanwaltschaft (Art 148j).

Hinzu kommen noch die nicht gesetzesförmigen autonomen Geschäftsordnungen des Bundesrates (Art 37), des Verwaltungsgerichthofs (Art 136) und des Verfassungsgerichtshofs (Art 148). Andere Oberste Staatsorgane sind durch das Bundes-Verfassungsgesetz nicht ausdrücklich beauftragt, eine Geschäftsordnung zu erlassen. Der Ausschluß einer Ermächtigung kann aber darin wohl nicht erblickt werden. Das gilt vor allem für die Landesregierung, für welche im Art 103 Abs 2 B-VG die „Aufstellung einer Geschäftsordnung" als selbstverständlich vorausgesetzt erscheint. Die Geschäftsordnungs-Autonomie der Kollegialorgane scheint ihrer Eigenart anzuhaften.

Das „Bundes-Verfassungsgesetz" weist also die nähere Ausführung seiner ureigensten Materien in zahlreichen Vorschriften vielfach dem einfachen Gesetzgeber, ausnahmsweise aber auch dem einfachen Verfassungsgesetzgeber zu: „werden ..." oder „wird in einem besonderen Bundesgesetz ... geregelt", „die näheren Bestimmungen werden durch Bundes-

(verfassungs)gesetz getroffen" etc. Darüberhinaus gibt es für Geschäftsordnungen eine Art von Organautonomie innerhalb reduzierter verfassungsgesetzlicher Determinanten. Die Verfassung ist demnach kraft ihrer eigenen Anordnung weitgehend ausführungsbedürftig. Bedeutet das aber auch, daß sie insofern bloß programmatischen Charakter hat, und daß sie vielleicht gar nicht unmittelbar anwendbar ist? In dieser Allgemeinheit ist die Frage zu verneinen. Trotz aller Ausführungsvorbehalte und trotz aller Programmatik sind alle Verfassungsvorschriften für die von ihnen erfaßten verfassungsunmittelbaren Organe verbindlich und von diesen auch anzuwenden, sofern sie nicht, wie Art 145 B-VG und Art III Abs 2 der Novelle 1988 zum Art 6 B-VG, einer verfassungsgesetzlichen oder einfachgesetzlichen Ausführung zwingend vorbehalten sind.

Trifft das nur auf die ausdrücklich vorgeschriebenen Ausführungsvorbehalte zu oder gilt das auch für die Unbestimmtheiten und für die zum Teil auch vorbehaltsfreien ermessensförmigen Ermächtigungen an den einfachen Gesetzgeber und an die anderen Obersten Staatsorgane? Die ausdrücklichen Ausführungsvorbehalte sind nämlich offensichtlich nicht die einzigen „programmatischen" Vorschriften des „Bundes-Verfassungsgesetzes". Neben ihnen gibt es noch die nicht mit Ausführungsvorbehalten verknüpften Grundsätze der Art 1 und 2 B-VG sowie die Staatszielbestimmungen der Umfassenden Landesverteidigung im Art 9a B-VG, des Umweltschutzes, der Neutralität, der öffentlichen Aufgabe des Rundfunks, der Pluralität politischer Parteien etc, und in besonderen Verfassungsgesetzen.

Dazu gehören aber auch die als Staatszielbestimmungen zu deutenden Aufgabenregelungen in den Kompetenztatbeständen nach den Art 10 bis 15 B-VG, in Verbindung mit den Gesetzesvorbehalten der Grundrechte, dh einerseits die Eingriffsermächtigungen, andererseits die institutionellen Gewährleistungen und Schranken für den einfachen Gesetzgeber. Der formale Begriff „Kompetenztatbestand" bedeutet inhaltlich Aufgabe und wesensgemäß erfaßte Zielsetzung für die Gesetzgebung. Seine materiellen Grenzen ergeben sich aus den institutionellen Garantien und Eingriffsermächtigungen der Grundrechte. Die aufgrund der Kompetenztatbestände erlassenen gesetzlichen Vorschriften dienen allerdings nicht der Ausführung des „Bundesverfassungsgesetzes". Die Kompetenztatbestände bilden die Grundlage für die allgemeinen Gesetze der Rechtsordnung.

In den Kontext des „Bundes-Verfassungsgesetzes" muß man gewiß in erster Linie die wenigen verfassungsergänzenden *Verfassungsgesetze*[32] einbeziehen, die entweder auf Grund von besonderen Ausführungsvorbehalten des „Bundes-Verfassungsgesetzes" oder auf Grund der Rezeptionsklausel des Art 149 zu Bestandteilen des „Bundes-Verfassungsgesetzes" erhoben worden sind. Dazu gehören vor allem die für einen Staat essentielle Finanzverfassung und die ebenso essentiellen Grundrechtsregelungen. Nicht zu vergessen sind in diesem Zusammenhang aber auch die verbindlichen „Rechtssätze" des Verfassungsgerichtshofs zum Zweck der Kompetenzfeststellung auf Grund des Art 138 B-VG. Schließlich sind aber überhaupt rechtsförmliche Manifestationen des verfassungsrechtlich relevanten Verhaltens der Obersten Organe in ihren Kompetenzbereichen miteinzubeziehen, unter ihnen insbesondere jene des Verfassungsgerichtshofs. Doch dazu weiter unten. Darin liegt aber nicht die einzige Eigenart des österreichischen „Bundesverfassungsrechts".

VII. Formen und Funktionen des Verfassungsrechts

In der älteren Lehre (vor 1945) wurde das Verfassungsrecht noch eindimensional gesehen. Man begriff es schlechthin als die höchste Schicht oder als die Grundlage der Rechtsordnung. Auf die Bedeutung der besonderen Kennzeichnung dieser höchsten Schicht der Rechtsordnung hat MERKL[33] bereits im Jahr 1919 verdienstlich hingewiesen. Im Entwicklungsgang von den ersten konstituierenden Verfassungsakten der Republik aus dem Jahr 1918 über die provisorische Verfassung aus dem Jahr 1919 bis zur Konstituierenden Nationalversammlung wurde das Verfassungsbewußtsein geschärft und die vorbereitenden Verfassungsakte von 1918 – 1920 wurden zu qualifizierten Inhalten des Bundes-Verfassungsge-

---

[32] Vgl dazu etwa die Ausführungsvorbehalte zugunsten des Bundesverfassungsgesetzgebers in den Art 54, 79 und 120. Zu veranschlagen sind aber auch noch die Ausführungsvorbehalte in besonderen Verfassungsgesetzen, etwa für die Staatsangehörigkeit oder für den Rundfunk.

[33] Die Verfassung der Republik Deutschösterreich (1919) 61. MERKLS Verdienste um die legistische Vorbereitung des Bundes-Verfassungsgesetzes sind bisher kaum gewürdigt und von KELSENS Rolle als Gesamtredakteur weit überschattet. „Seit Gründung der deutschösterreichischen *Staatskanzlei* in ihr *beamtet*, hatte ich wie nicht allzu viele Gelegenheit, die Staatswerdung Deutschösterreichs fast als eigenes Schicksal mitzuerleben und die Verfassungsschöpfung, die zum großen Teil auf dem Konzepte des Staatskanzlers Dr. KARL RENNER beruht, aus nächster Nähe zu beobachten", Vorwort VI. Siehe zur Formulierung des B-VG von 1920 auch KELSEN – FRÖHLICH – MERKL, Die Bundesverfassung vom 1. Oktober 1920 (1922) 121 ff. MERKLS und FRÖHLICHS Verdienste um das Zustandekommen des B-VG harren noch der Untersuchung.

setzes aus dem Jahr 1920 gemacht. Sie wurden zu Leitbegriffen der Art 1 und 2 B-VG und erfuhren eine Gewährleistung durch die Einbindung in den Wesensgehalt der „Gesamtänderung der Bundesverfassung" nach dem damaligen Art 44 Abs 2 (jetzt Art 44 Abs 3 B-VG). In diesen Kernbestand ist auch die Staatsform eingeschlossen, die KELSEN durch die qualifizierten Regelungen über das Zustandekommen von Verfassungsgesetzen allgemein gewährleistet sah.

Dennoch wurde innerhalb des Verfassungsrechts noch nicht zwischen zweierlei Verfassungsrecht unterschieden. Eine differenzierte Sicht bahnte sich erst mit der Verfassungsnovelle des Jahres 1929 an. Kurz vorher hatte C. SCHMITT[34] offenbar gemacht, daß man zwischen der Verfassung und den Verfassungsgesetzen sowie zwischen dem Träger der verfassungsgebenden Gewalt und dem Verfassungsgesetzgeber unterscheiden muß.

Weitere richtungweisend klärende Gedanken stammen nach 1945 von NAWIASKY[35]. In Gefolgschaft nach C. SCHMITT und belehrt durch die schweizerische Hervorhebung der sogenannten „Revisionsnorm" erkannte NAWIASKY im Verfassungsrecht eine grundsätzliche *Zweistufigkeit*. Nach ihm gibt es im Verfassungsrecht eine „oberste Norm", die er „Staatsfundamentalnorm" nennt. Sie beinhaltet nicht nur besondere Regeln über ihre eigene Erzeugung, sondern auch oberste „politische" Grundsätze für den Inhalt der Verfassung, *die auf rechtlichem Weg nicht geändert werden können* (Baugesetze nach MERKL). Diese „Staatsfundamentalnorm" ist den Verfassungsgesetzen zwar vorausgesetzt; sie ist aber ihrerseits mit der Staatsbildung auch gesetzt und bildet – die Kontinuität von Staat und Verfassung vorausgesetzt – von da an die dauernde und richtungweisende Grundlage für das dadurch nur begrenzt veränderbare Verfassungsrecht. Die „Staatsfundamentalnorm" ist die positivrechtliche Grundnorm des Staates. Sie ist nach NAWIASKY eine gesetzte Norm und zum Unterschied von KELSENS Grundnorm nicht fingiert.

Seine eigenartige Grundnormkonzeption mag wohl auch der Grund dafür gewesen sein, daß KELSEN den inneren Rangverhältnissen des Verfassungsrechts eine kaum erkennbare Aufmerksamkeit zuwandte. Für ihn lag die Grundnorm als höchste Norm außerhalb der Verfassung. Er sah sie überdies bloß gedacht (erdacht) und so auch der Verfassung vorausgesetzt.

---

34 C. SCHMITT, Verfassungslehre (1928) 20 ff, der offensichtlich vom französischen Verfassungsrechtsdenken beeinflußt war.

35 Allgemeine Rechtslehre^2 (1948/1945) 31 ff.

NAWIASKY war es also, der in Anlehnung an C. SCHMITT die Wegweisung für ein differenziertes Verfassungsrechtsverständnis gegenstandsgerecht formulierte. NAWIASKY ging empirisch vor, KELSEN hingegen formal-logisch spekulativ. Einer empirischen Sicht offenbaren sich auch die Eigenarten unserer Verfassung nach den Formen und Funktionen der sie konstituierenden Rechtsvorschriften.

Die *Formen des Verfassungsrechts* sind einfach zu erfassen. Die zentrale Form verkörpert das „Bundes-Verfassungsgesetz" als Kodex. Darin eingeschlossen sind die Novellen zu einzelnen Artikeln dieses Kodex sowie die durch Art 149 B-VG als Verfassungsgesetze rezipierten älteren Rechtsvorschriften. Eine andere Form verkörpern die im Verfassungsrang beschlossenen Staatsverträge. Eine weitere Form repräsentieren die neben dem „Bundes-Verfassungsgesetz" ergangenen „Verfassungsgesetze". Eine letzte Form manifestiert sich in den „Verfassungsbestimmungen", die in einfachen Gesetzen oder in Staatsverträgen enthalten sind.

Diese *Formen des Verfassungsrechts*, die in zahlreichen Verfassungsgesetzen in Erscheinung treten, sind dem Verfassungsgesetzgeber nach Art 44 Abs 1 B-VG zuzurechnen und bilden insofern eine Einheit. Das Parlament erscheint daher trotz Mitgliederidentität zunächst als ein zweifaches Organ: als einfacher Gesetzgeber und als Verfassungsgesetzgeber. Das Erzeugungsorgan „Verfassungsgesetzgeber" wird auf solche Weise zum tragenden Wesensmerkmal der Rechtsquelle „Verfassungsgesetz" als Rechtssatzform (MERKL). Verfassungsgesetze (Verfassungsbestimmungen) und einfache Gesetze sind die beherrschenden Rechtssatzformen im legistischen Alltag. Danach scheint es über dem einfachgesetzlichen Recht nur ein einheitliches Verfassungsrecht zu geben, mögen auch die entsprechenden Vorschriften zahlreich sein und den Kodex des B-VG überwuchern. Doch schon ein Rückblick auf die Entstehungsgeschichte des B-VG zeigt, daß es trotz dieser äußerlichen Einheit einen qualifizierten Kernbestand im Verfassungsrecht gibt, in welchem die Souveränität des Volkes durch die Konstitutionalität zur Legitimität verknüpft sind: die politischen Grundentscheidungen über Staatsform und Organisationsform[36]. Aus dem historischen Hintergrund der Verfassungsentstehung im Jahr 1918 läßt sich auch die Bedeutung des Begriffs „Gesamtänderung der Bundesverfassung" schlüssig ermitteln. In diesem Begriff ist die Staatsfundamentalnorm einge-

---

[36] StGBl 1918/1 „über die grundlegenden Einrichtungen der Staatsgewalt"; StGBl 1918/5 „über die Staats- und Regierungsform"; StGBl 1918/7 „über die Kundmachung von Gesetzen und Verordnungen durch das Staatsgesetzblatt"; ferner StGBl 23, 24, 38, 40, 74, 91, 114, 115 und 139, als Brücke zum B-VG aus dem Jahr 1920.

schlossen. Sie ist durch das obligatorische Referendum letztlich der Entscheidungsmacht des Volkes anvertraut. Die Staatsform ist solcherart letztlich gar nicht zu ihrer verfassungsimmanenten Aktivierung bestimmt. NAWIASKY meinte, sie könne nicht auf rechtlichem Wege geändert werden.

Nach der äußeren Erscheinungsform ist ein gesamtänderndes Verfassungsgesetz von anderen Verfassungsgesetzen nicht verschieden. Es ist wie dieses als Verfassungsgesetz zu bezeichnen. Doch die organisatorischen Voraussetzungen seiner Entstehung sind andere. Für die Gesamtänderung ist ein obligatorisches Referendum vorgesehen. Das Parlament ist dabei nur ein vorbereitendes, ein Antragsorgan, das Volk ist das Entscheidungsorgan. Diese obligatorische Kompetenz des Volkes hat aber eigentlich nur eine Sperrfunktion, denn eine Verfassung ist nicht auf ihre eigene Gesamtänderung abgestellt. Das Volk als besonderes Organ, als Souverän, und das qualifizierte Entscheidungsverfahren als Sperrkompetenz machen den vom Begriff „Gesamtänderung der Bundesverfassung" umschlossenen Verfassungsinhalt zum höher(höchst)rangigen Verfassungsrecht. Diese positiv-rechtliche Analyse bestätigt NAWIASKYS Vorstellungen unwiderleglich: das Verfassungsrecht ist mehrstufig[37] (nach NAWIASKY zweistufig) und es gibt zwei verschiedene Verfassungsgesetzgeber.

Nach der *Funktion und nach dem Erzeugungsorgan des Verfassungsrechts* unterscheidet man daher zu recht zwischen dem „einfachen" und dem „qualifizierten" Verfassungsrecht. Das *qualifizierte Verfassungsrecht* bildet die richtungweisende Grundlage für das *einfache Verfassungsrecht*, das dem einfachen Verfassungsgesetzgeber zur Gestaltung anvertraut ist. Konsequenz daraus ist, daß der einfache Verfassungsgesetzgeber an die Erzeugungsvorschriften und an die Inhalte des qualifizierten Verfassungsrechts gebunden ist, und zwar bis an die Wegscheide zwischen Legalität (Konstitutionalität) und Revolution.

Die damit verbundenen Verfassungsfragen wurden im Jahr 1952 aus Anlaß des Föderalismus-Streites vor dem Verfassungsgerichtshof deutlich sichtbar[38]. Sichtbar wurde vor allem aber auch die geradezu ängstliche Zu-

---

[37] Es gibt jedenfalls noch eine dritte positivrechtliche Stufe, wenn Verfassungsgesetze durch Verfassungsgesetze auszuführen sind, was dann und wann ausdrücklich angeordnet ist.

[38] VfSlg 2455/1952. SPANNER, Landesbürgerschaft und Bundesbürgerschaft. Eine offene Verfassungsfrage, ÖJZ (1952) 449 ff; ERMACORA, Landesbürgerschaft oder Bundesbürgerschaft. Eine offene Verfassungsfrage, JBl (1953) 280 ff; WERNER, Die Beseitigung der Landesbürgerschaft, JBl (1953) 277 ff; PERNTHALER, Der österreichische Bundesstaat im Spannungsfeld von Föderalismus und formalem Rechtspositivismus, ÖZÖR 19 (1969) 361 ff; PERNTHALER – ESTERBAUER, Der Föderalismus, in: Das österreichische Bundes-Verfas-

rückhaltung des Verfassungsgerichtshofs und manch einer Lehre gegenüber den Unbestimmtheiten von Inhalten der höchst abstrakten Schicht des qualifizierten Verfassungsrechts und gegenüber dem darin eingeschlossenen Vorverständnis vom Wesen des Staates, unter den Perspektiven von Staatsform und Organisationsform. Das Bundesstaatsbewußtsein war damals noch verkümmert. Der Verfassungsgerichtshof erklärte sich zwar für zuständig, die Einhaltung der Verfahrensvorschriften für die Erzeugung des qualifizierten Verfassungsrechtes zu prüfen, er ging tatsächlich auch in eine inhaltliche Prüfung des bundesstaatlichen Prinzips ein, versagte sich dann aber letztlich dennoch die aus der Sache gebotene Konsequenz. Das ist erstaunlich, ging es doch um eine verfassungswidrige Außerkraftsetzung der föderalistischen Zweiteilung in Bundes- und Landesbürgerschaft durch den Bundesverfassungsgesetzgeber. Es ging also um eine klare qualitative Verletzung des bundesstaatlichen Prinzips und nicht bloß um eine quantitative Beschränkung des durch die „Gesamtänderung“ garantierten Wesensgehaltes der „Bundesverfassung“. Infolge der unterdessen erfolgten Verstärkung des föderalistischen Prinzips im „Bundes-Verfassungsgesetz“, aber auch infolge der unterdessen herbeigeführten Stärkung eines differenzierten Verfassungsbewußtseins und der völlig offenkundig gewordenen Verantwortung des Verfassungsgerichthofs für den Schutz der Grundprinzipien gegenüber den wiederholten Grenzüberschreitungen durch das Parlament, in der Form einfacher Verfassungsgesetze, könnte heute die Entscheidung des Verfassungsgerichtshofs wohl auch anders ausfallen. Seit einigen Jahren steht einer möglichen Verfassungsgerichtshofentscheidung in diesem Fragenbereich allerdings ein ähnlich qualifiziertes Hindernis entgegen. Durch die Novelle 1988 zum B-VG wurde die Unterteilung in eine Bundes- und in eine Landesbürgerschaft sogar mit Zustimmung des Bundesrats „einer besonderen bundesverfassungsgesetzlichen Regelung“ ausdrücklich vorbehalten[39].

Der Begriff „Gesamtänderung der Bundesverfassung“ ist nicht nur unbestimmt, sondern noch immer nicht ausreichend hinterfragt[40]. Zwar ist

---

sungsgesetz und seine Entwicklung (1980) 325 ff; PERNTHALER – ESTERBAUER, Die Entstehung des österreichischen Bundesstaates als geschichtlicher Vorgang und als staatstheoretisches Problem, Montfort (1973) H 2/3.

39 Bundes-Verfassungsgesetznovelle 1988, BGBl 685, Art III Abs 2.

40 Zur Thematik der Gesamtänderung siehe zunächst grundsätzlich NAWIASKY, Allgemeine Rechtslehre^2 (1948/1945) 31 ff und C. SCHMITT, Verfassungslehre^6 (1983/1928) 20 ff; BACHOF, Verfassungswidrige Verfassungsnormen? Recht und Staat 163/164 (1951) und LOEWENSTEIN, Über Wesen, Technik und Grenzen der Verfassungsänderung (1961).

völlig unbestritten, daß etwa die Aufhebung des demokratischen Prinzips oder des bundesstaatlichen Prinzips einer Volksabstimmung bedürfte. Ein einfaches Verfassungsgesetz, bloß vom Parlament beschlossen, durch welches das demokratische oder das bundesstaatliche Prinzip aufgehoben würde, wäre eindeutig verfassungswidrig. Doch eine so einfache Sachlage gibt es kaum einmal wirklich. Sie ist vom B-VG auch gar nicht intendiert. Das Problem liegt im Alltagsgeschehen. Der einfache Gesetzgeber beschloß bisher Dutzende von Verfassungsgesetzen und hunderte von Verfassungsbestimmungen. Die Frage nach dem verfassungswidrigen Verfassungsrecht, inhaltlich gesehen, scheint sich daher im Quantitativen, in der Fülle der Einzelheiten aufzulösen. Punktuelle und geringfügige Verstöße gegen die Leitbegriffe (Baugesetze nach MERKL), wie etwa der Verstoß gegen die Gewaltenteilung durch die Regelungen des Art 59a B-VG über inkompatible Dienstausübung und Bezüge der Abgeordneten oder die zwingende Suspendierung der Zweiheit von Bundes- und Landesbürgerschaft durch eine Verfassungsbestimmung, scheinen an den Begriffsinhalten der Gesamtänderung nicht meßbar zu sein. Neben der Unbestimmtheit der Leitbegriffe der Bundesverfassung bereitet aber auch ein formalisierter Interpretationszugang zum Verfassungsrecht zusätzliche Schwierigkeiten, obwohl im Gefolge MERKLS die „Baugesetze" als Verfassungsinhalt allseits ausdrücklich außer Streit gestellt sind. Die immer wieder zutage tretende Scheu vor einer differenzierten teleologischen Interpretation des Bundesverfassungsrechts am Maßstab der Leitbegriffe (Baugesetze), verwurzelt in einer mehr oder weniger unreflektierten Ängstlichkeit vor einem fälschlich als tages- und parteipolitisch gedeuteten „Politischen" in der Lehre und in der Judikatur des VfGH, trägt nicht unwesentlich dazu bei.

Der Staat darf nicht in einem formalisiert gedachten und daher tagespolitisch instrumental manipulierbaren Verfassungsrecht seine Auflösung finden! Der Staat ist eine historisch gewordene und politisch objektivierte Zweckschöpfung der Staatsgründer. Deren objektivierte politische Grund-

---

Zum österreichischen Verfassungsrecht siehe KELSEN, Die Verfassungsreform, JBl (1929) 453 ff; KELSEN, Wer soll Hüter der Verfassung sein? Die Justiz 6 (1930/31); MARCIC, Verfassung und Verfassungsgericht (1963); KAFKA, Der gesetzgebende Richterspruch (1967) 35; HELLBLING, Bundes-Verfassungsnovellen und Verfassungskontinuität, Salzburger Universitätsreden 23 (1967); ANTONIOLLI, Die rechtliche Tragweite der Baugesetze der Bundesverfassung, FS Merkl (1970) 32 ff; ERMACORA, Die österreichische Bundesverfassung, in: 50 Jahre Republik (1968) 29 ff. Siehe aber auch die zahlreichen Stellungnahmen von WALTER, neben anderen: Der Stufenbau nach der derogatorischen Kraft im österreichischen Recht, ÖJZ (1965) 169 ff; WALTER, Österreichisches Bundesverfassungsrecht (1972) 101 ff; WALTER, Verfassung und Gerichtsbarkeit (1960) 14 ff, Diskussionsbeitrag auf dem Ersten Österreichischen Juristentag II/2 (1961) 59 f.

entscheidung ist in ihrer Wertträchtigkeit begrifflicher Inhalt des qualifizierten Verfassungsrechts, das ebenso interpretationsbedürftig wie interpretationsfähig ist. Die substantiellen Bestimmungsgründe des historisch gewordenen „politischen“ Gemeinwesens, genannt „Staat“, liegen innerhalb der Rahmenbedingungen der Bundesverfassung und sind daher durch ein entsprechendes Verfassungsrechtsdenken zu erfassen. Diese Feststellung richtet sich vor allem an den Verfassungsgerichtshof als Oberstes Staatsorgan, das nicht nur zur Verfassungskenntnis, sondern auch zur Gewährleistung der Verfassung gleichermaßen verpflichtet ist. Es richtet sich aber auch an den Bundesrat und an den Bundespräsidenten als verantwortliche Mitwirkende an der Verfassungsgesetzgebung. Sieht man den Staat nur als Sollen und als Norm des Rechts, dann wird man zu einer solchen Denkweise wohl kaum einen Zugang finden. Begreift man ihn hingegen durch die Bundesverfassung eingerichtet und als wert- und zweckgebundenes Regelungsobjekt der diese Bundesverfassung ausführenden Verfassungsgesetze und einfachen Gesetze, dann öffnet man sich den Weg zu einem inhaltlichen Verfassungsrechtsdenken, gerichtet auf verbindliche Zwecke und Werte. Ein solches Denken ist in der staatlichen Praxis gewiß mit großen Schwierigkeiten verbunden, doch diese Schwierigkeiten dürfen nicht zu einer Flucht in die scheinbare Exaktheit formal-logischer Vereinfachungen führen, die eine Unmeßbarkeit von einzelnen Verfassungsverstößen gegen das Wesen der „Bundesverfassung“ (Art 44 Abs 3 iVm Art 10 Abs 1 Z 1 B-VG) zur Folge haben.

Mehr als alles andere Recht bedarf das qualifizierte Verfassungsrecht einer ihm adäquaten Interpretation. Diese ist aus einer Synthese von systematisch angelegtem Wissen, von verfassungsrechtlichem Vorverständnis, von praktischer Erfahrung aus staatlichem und staatspolitischem Organhandeln in Verfassungsunmittelbarkeit sowie vom Wissen der Repräsentanten des Staates um die Verantwortung gegenüber der sozial-kulturellen Wirklichkeit unseres staatlichen Gemeinwesens geboten. Sie ist sowohl grundsätzlich als auch von Anlaß zu Anlaß und in der Reichweite menschlicher Einsichtsfähigkeit und sinnvollen Wirkens für den Staat ohne Zweifel auch bewältigbar.

VIII. Die Verfassung und die Obersten Staatsorgane

Die ausführungsgebundenen Verfassungsvorschriften sind gewiß zunächst als Handlungsanweisungen und Handlungsermächtigungen bloß für den (Verfassungs)Gesetzgeber aufzufassen. Doch auch die Ausführungsvorbehalte gehören mit ihren Determinanten zum allgemein verbindlichen Verfassungsinhalt und bestätigen nicht nur formal, sondern auch inhaltlich die Eigenart der Verfassung. *In ihrem Kernbestand beinhaltet die Verfassung nämlich überhaupt die Regelung der Kompetenzen der Obersten Staatsorgane an und für sich, aber auch in ihren verfassungsunmittelbaren Rechtsbeziehungen zueinander. Die Verfassung ist das Organisationsgesetz des Staates mit materiellen Bestimmungsgründen.* Die Verfassung ist naturgemäß von hohem Abstraktionsniveau. Sie ist voll von Abbreviaturen, von kompakten und komplexen Begriffen. Sie ist reich an Impliziertem und Unausgesprochenem, bloß Vorausgesetztem. Sie ist zumeist zwar sprachlich klar, aber inhaltlich dennoch unbestimmt. Trotz ihrer Unbestimmtheit sind aber die Verfassungsvorschriften, bloß weil sie ausführungsbedürftig erscheinen, dennoch nicht durch Gesetze anwendbar zu machen.

Beispielsweise werden die unbestimmten Regelungen des „Bundes-Verfassungsgesetzes" betreffend den Bundespräsidenten seit jeher als unmittelbar anwendbares Verfassungsrecht verstanden[41]. „Der Bundespräsident vertritt die Republik nach außen", heißt es im Art 65 B-VG. Einige rechtsförmliche außenpolitische Handlungsmöglichkeiten unter diesem Rechtstitel werden in derselben Vorschrift noch ausdrücklich angeführt. Nichtrechtsförmliche Handlungsmöglichkeiten sind traditionellerweise darin eingeschlossen! Für das staatspolitische Verhalten des Bundespräsidenten, das nicht rechtsförmlich ist, gibt es keine ausdrücklichen Kompetenzen und es bedarf auch keiner. Der Handlungsauftrag des Bundespräsidenten liegt im Begriff „Bundespräsident", zu deuten als „Staatsoberhaupt" nach innen und nach außen, in Verbindung mit seinen formellen Kompetenzen.

Die wichtigste Kompetenz des Bundespräsidenten ist überhaupt nicht ausdrücklich erwähnt und dennoch verfassungsgesetzlich geregelt. Der Bundespräsident hat vor seiner staatsrechtlichen und staatspolitischen Verantwortung zahlreiche positive Handlungsbefugnisse. Diese schließen aber jeweils auch die negative Befugnis der Handlungsverweigerung in sich. Positive und negative Kompetenz setzen zwangsläufig ein Prüfungsrecht aller Vorschläge voraus, die zur Kompetenzwahrnehmung an ihn in ordnungsgemäßer Form herangetragen werden. Aber auch die unbestimmten Regelungen für das Verhalten des Bundespräsidenten als sogenanntes Verfassungsorgan oder Oberstes Staatsorgan, in seinen Rechtsbeziehungen zu

---

[41] BERCHTOLD, Der Bundespräsident (1969) 48 ff, 61 ff, 116 ff; PERNTHALER, Das Staatsoberhaupt in der parlamentarischen Demokratie, VVDStRL 25 (1967) insbes 139 ff.

den anderen Obersten Staatsorganen sind für ihn unmittelbar anwendbar (self-executing). Darin wird der Doppelaspekt der Gewaltenteilung sichtbar: Trennung und Verbindung zur Förderung und Kontrolle von Staatstätigkeiten. Darin wird aber auch die große staatspolitische Bedeutung des Amtes des Bundespräsidenten erkennbar, der man in unseren Tagen mangels ausreichender Verfassungskenntnis kaum ein Verständnis entgegenzubringen vermag.

Noch stärker wird das Konzept der Gewaltenteilung in der bundesstaatlichen zweiten Kammer erkennbar. Gewaltenteilung und Föderalismus fügen sich zu einer beachtlichen staatspolitischen Wirkungsmöglichkeit aufgrund der Verfassung. Der Bundesrat kann gemäß Art 42 B-VG gegen Bundesgesetze einen Einspruch erheben. Wenn durch Bundesgesetz die Zuständigkeit der Länder in Gesetzgebung und Vollziehung eingeschränkt wird, dann hat der Bundesrat gemäß Art 44 Abs 2 B-VG sogar ein Zustimmungsrecht. Daneben gibt es von altersher das Zustimmungsrecht zur Änderung der Art 34 und 35 B-VG auf Grund des Art 35 Abs 4 B-VG. Ein Einspruch des Bundesrats gegen ein Bundes(verfassungs)gesetz oder die Verweigerung der Zustimmung bedarf keiner wie immer gearteten rechtlichen Begründung. Der Bundesrat hat allerdings von den ihm durch das Bundes-Verfassungsgesetz zugewiesenen Behinderungsrechten kaum einmal ernstlich Gebrauch gemacht. Der Möglichkeit, durch negative Kompetenzwahrnehmung zumindest nachdrücklich verfassungspolitisch zu wirken, zog der Bundesrat bisher die stille parteipolitische Gefolgschaft zum Nationalrat vor.

Gewiß bedarf ein großer Teil des „Bundes-Verfassungsgesetzes" der gesetzlichen Ausführung, weil es die Verfassung so vorschreibt. Die Verfassung ist aber auch unabhängig davon ganz allgemein auf Konkretisierung durch Gesetze gerichtet. Die Qualität dieses Gesetzesrechtes bestimmt daher zunächst auch die Qualität der Verfassung. Wie recht hatte doch ARISTOTELES! Er meinte allerdings nicht nur das Verfassungsrecht im formellen und im materiellen Sinn, als Organisationsrecht mit inhaltlichen Bestimmungsgründen, sondern auch das einfachgesetzliche Recht als allgemeine Verhaltensordnung für die Bürger, dem das Parlament seine Qualität zu geben hat.

Die Verfassung scheint im wesentlichen nur programmatischen Charakter zu haben und allein schon deshalb vom theoretischen Rechtsbegriff und Normbegriff weit entfernt zu sein. Doch ein solcher Schluß wäre wohl zu einfach. Jedenfalls aber ruft er die Frage nach den rechtlichen Qualitäten des „Bundes-Verfassungsgesetzes" hervor. Es wäre höchst problematisch anzunehmen, daß das „Bundes-Verfassungsgesetz" in Wahrheit nur ein normatives Programm in verschiedenen sprachlichen Gestalten und daher kein echtes Gesetz sei und daß daher das Nähere jedenfalls in einfachen Gesetzen geregelt sein müßte.

Zu meinen, daß verfassungsrechtliche Nebengesetze und einfache Ausführungsgesetze zum „Bundes-Verfassungsgesetz" schlechthin unerläßlich sind, um die sprachlich zumeist klar formulierten Unbestimmtheiten des „Bundes-Verfassungsgesetzes" zu bereinigen und daß sich daher eine Interpretation erübrigt, wäre ein verhängnisvoller Irrtum. Soweit sie vorhanden sind, bedeuten sie gewiß Verbindlichkeit. Das Fehlen nicht zwingend verfügter Ausführungsvorbehalte macht das „Bundes-Verfassungsgesetz" jedoch nicht unanwendbar. *Die „Bundesverfassung" ist auf jeden Fall ein Verhaltensregulativ und daher auch ein Interpretationsgegenstand für alle verfassungsunmittelbaren oder Obersten Organe, und sie bedarf auch der Interpretation durch diese*:

- Einerseits kann ein Gesetz (Verfassungsgesetz) sinnvollerweise immer nur abstrakt sein, und insofern muß es auch unbestimmt sein.
- Andererseits ist die Verfassung von höchst beschränkter Determinierbarkeit. Sie ist daher von einer ihr eigenen und eigenartigen offenen Legalität (Konstitutionalität) beherrscht, die sie sich selbst vorschreibt.
- Schließlich und endlich sind Verfassungen nicht nur in ihren „programmatisch" formulierten Bereichen, sondern geradezu wesensgemäß, dh nach ihren spezifischen Regelungszwecken, überhaupt von großer Abstraktheit, Allgemeinheit und Unbestimmtheit.

Das Verfassungsrecht im formellen Sinn ist einem Eisberg vergleichbar. Gewiß sind die Obersten Staatsorgane, deren Kompetenzen und wesentliche materielle Bestimmungsgründe für ihr Verhalten festgelegt. Doch der Wortlaut bringt nur einen Bruchteil seiner Regelungsinhalte unmittelbar zum Ausdruck[42]. Das meiste ist nur angedeutet und vieles ist selbstverständlich vorausgesetzt und begrifflich eingeschlossen (impliziert):

- Die Leitbegriffe, die Verfassungsgrundsätze, wie etwa „Staat", „Bundesstaat", „Demokratie" und „Republik".
- Der Wesengehalt von Staatszielen, wie etwa der des Umweltschutzes, der umfassenden Landesverteidigung, der Neutralität, der öffentlichen Aufgaben des Rundfunks etc.

---

[42] Siehe zur Begrenztheit des Gesetzesrechts ganz allgemein schon EHRLICH, Soziologie und Jurisprudenz (1906), in: Freie Rechtsfindung und freie Rechtswissenschaft^2 (1987) 3 f.

- Die abstrakten Bestimmungsgründe der zahlreichen Staatsaufgaben in den Kompetenztatbeständen.
- Die institutionellen Komponenten des Wesensgehaltes der Grundrechte.
- Die Gesetzesvorbehalte mit den Eingriffsmöglichkeiten und Eingriffsbeschränkungen der Grundrechte.
- Die Ermächtigungen zum Handeln der Obersten Organe zur eigenen Kompetenzwahrnehmung und in ihren Rechtsbeziehungen zueinander.
- Das Legalitätsprinzip des Art 18, mit seinen Determinanten zu allererst für die Gesetzgebung, sodann auch für die Vollziehung.
- Der Begriff der „Gleichheit" als ein unbestimmter aber doch interpretierbarer Bestimmungsgrund des Unbestimmten und des Werthaften von Sachlichkeit und Verhältnismäßigkeit in der Verfassung.

Daran kann man noch konkretere Beispiele anfügen:

- Die Bundesregierung als Kollegialorgan ist ohne vorgeschriebene Geschäftsordnung (ausgenommen Vorsitzender, Kompetenzen).
- Die Handlungsverweigerungsmöglichkeiten des Bundespräsidenten bei beantragter Kompetenzwahrnehmung sind unbestimmt.
- Die negative Kompetenzwahrnehmung durch den Bundesrat ist zwar differenziert aber dennoch nicht determiniert.
- Die Bestellung der Bundesregierung durch den Bundespräsidenten ist in den Voraussetzungen und im Verfahren unbestimmt.
- Die Kompetenz eines Landtages zur Bestellung der Landesregierung ist klar formuliert und scheint dennoch problematisch.
- Der Verordnungsbegriff im Art 139 ist offen.
- Der Gesetzesbegriff nach Art 140 ist gleichfalls offen.
- Der Begriff der „Bundesverfassung" nach Art 44 Abs 3 und Art 10 Abs 1 Z 1 ist unbestimmt. Er erweist sich nicht nur im Hinblick auf den wiederholten Rechtsformenmißbrauch durch das Parlament, sondern ganz grundsätzlich als deutungsbedürftig (Gesamtänderung, Baugesetze).

Die Verfassung ist am Legalitätspostulat des Art 18 Abs 1 B-VG nicht meßbar. Sie muß gewiß einen Mindestgehalt aufweisen: Organe, deren Aufgaben und deren Beziehungen zueinander nach dem Konzept der Gewaltenteilung. Dennoch kann sie wohl nur relativ bestimmt oder unbestimmt sein. Ihre Anforderungen an die Interpretationsfähigkeit in der Organpraxis, in der staatlichen Entscheidungspraxis von Gesetzgebung, Verfassungsgerichtsbarkeit und Regierung als Handlungswelt zwischen den Obersten Staatsorganen, sowie in der Lehre sind daher trotz aller gesetzlichen Ausführungen enorm. Wichtigste Verfassungsinhalte sind vorausgesetzt, wie etwa die Staatsqualität als Rechtsperson, die Leitbegriffe von Demokratie, von Rechtsstaat und Bundesstaat, von Struktur und Funktion der Gewaltenteilung zwischen den Obersten Staatsorganen; ferner die Staatsaufgaben in ihrer Bindung an das zweiseitige Prinzip der Gleichheit, die Grundfreiheiten und Individualwerte der Menschen. Sie erfordern zu ihrem Verständnis nicht nur Staatserfahrung, Rechtserfahrung und Staatsverantwortung, sondern auch ein entsprechendes Vorverständnis aus politischer Allgemeinbildung[43]; vom staatspolitischen Ethos ganz zu schweigen. Unter den Obersten Staatsorganen kommt dem Verfasssungsgerichtshof und dem Bundespräsidenten in unterschiedlicher Weise ungleich mehr die Rolle des Hüters der Verfassung zu als den anderen Obersten Staatsorganen.

IX. Die Adressaten des „Bundes-Verfassungsgesetzes"

Die Eigenarten der Verfassung bedeuten nur scheinbar in erster Linie ein Interpretationsproblem. Viele von ihnen indizieren zunächst nämlich nur den formalen Aspekt der Geltung. Diese hat zwar vier Seiten. Sie mündet aber letztlich in eine einzige: in den Adressaten des Rechts. KELSEN[44] unterscheidet in Anlehnung an JELLINEK vier Geltungsbereiche: den örtlichen, den zeitlichen, den persönlichen, den sachlichen.

KELSEN kann zwar die Geltungsbereiche, die zum Wesentlichen allen Rechts gehören, eigentlich nicht schlüssig in sein System einfügen, weil sie sich nicht auf das Formale der Norm zurückführen lassen, weil sie zu dem von ihm methodologisch vernachlässigten Materiellen oder Inhaltlichen des Rechts gehören. Sie verlieren aber deshalb nicht an Bedeutung. Neben der Lehre vom Stufenbau gehört die Lehre von den Geltungsbereichen wohl zu den beachtlichsten, wenn auch – wie so vieles andere – keineswegs originellen[45] Teilen der „Reinen Rechtslehre". Sie ist (wie so viele andere tragende Gedanken der Reinen Rechtslehre) weder radikal neu

---

[43] ARISTOTELES, Politik 80 ff; PERNTHALER, Allgemeine Staatslehre und Verfassungslehre (1986) 22 ff, weist zu Recht darauf hin, daß das Verfassungsrechtsdenken die Kenntnis der Staatslehre voraussetzt.

[44] Reine Rechtslehre^2 (1960) 9 ff. Der erste noch eingeschränkte Ansatz findet sich schon in der Allgemeinen Staatslehre (1925) 137 ff, 148, 149 ff, mit Hinweisen auf Anregungen von JELLINEK, GERBER, SANDER und MERKL. Die Erweiterung erfolgte in der Reinen Rechtslehre (1934) 7 ff.

[45] EISENMANN, Sur la Théorie Kelsenienne du Domaine de Validité des Normes Juridiques, FS Kelsen (1964) 62.

noch wirklich originell (EISENMANN), wie etwa der „Rechtssatz“, der „Stufenbau der Rechtsordnung“, „Zentralisation und Dezentralisation“, die Perhorreszierung der „Anthropomorphismen der Rechtswissenschaft“ etc. EISENMANN, ein „Schüler“ KELSENS und Übersetzer der „Reinen Rechtslehre“ ins Französische, meinte schon in den fünfziger Jahren in einem persönlichen Gespräch mit mir nicht zu unrecht, es gebe nur einen einzigen Geltungsbereich, nämlich den persönlichen oder personalen. Im Mittelpunkt des Rechts steht der Mensch als Adressat. Die anderen Geltungsbereiche seien nur nähere Bestimmungsgründe des persönlichen Geltungsbereiches[46]. Das hat viel für sich. *Im Mittelpunkt allen Rechts steht nämlich der Adressat, der Mensch.* Das Recht ist nach allgemeiner Auffassung eine Ordnung, ein Gefüge von regelhaften Vorschriften für das Verhalten der Menschen in einer durch die Verfassung und auf ihrer Grundlage organisierten Gemeinschaft. Diese wird durch die Verfassung zur organisierten Rechtsgemeinschaft des Staates. Zweifellos hat auch die „Geltung“ des Verfassungsrechts vier Seiten. Auch in ihrem Mittelpunkt steht trotz aller Mediatisierungen durch Gesetze immer der Mensch als Adressat. Das wurde auch aus der vorangehenden Analyse bereits deutlich sichtbar. Das zentrale Element und Kriterium des Verfassungsrechts ist der Mensch als sein Adressat, mag er auch vordergründig rechtlich unsichtbar sein. Danach bestimmt sich auch die Anwendbarkeit. Wer ist aber des näheren der Adressat, wer sind die Adressaten des Verfassungsrechts?

Adressaten des Verfassungsrechts sind nicht die Menschen schlechthin, sondern die Menschen in bestimmten rechtlichen Eigenschaften: als Staatsbürger, als Fremde, als Aktivbürger, als Mitglieder eines Staatsvolkes, als Repräsentanten von Einzelorganen oder als Mitglieder von Kollegialorganen. Das kann man schon bei ARISTOTELES mit reichlichem Erkenntnisgewinn nachlesen (89 ff). Die Verfassung eines Staates erfaßt unausgesprochen und mittelbar zuallererst zwar alle Bürger, sie betrifft letztlich aber auch alle Menschen, die sich in ihrem Geltungsbereich aufhalten mittelbar (Fremde, qualifiziert unter ihnen die Asylwerber). Die allgemeine Geltung der Verfassung für die Bürger und Menschen ist aber eine unspezifische, weil sie überwiegend nicht unmittelbar auf ein Verhalten der Bürger abstellt. Das direkt oder unmittelbar geforderte Verhalten von Menschen ist in der Verfassung weitgehend Organverhalten und nicht Bürgerverhalten. Demgemäß muß man zwischen dem Organbereich, dem

[46] EISENMANN, Sur la Théorie Kelsenienne du Domaine de Validité des Normes Juridiques, FS Kelsen (1964) 63 ff. Siehe dazu das Einschwenken KELSENS in der „Allgemeinen Theorie der Normen“ (1979) auf die Bedeutung des Menschen als Adressat des Rechts.

Grundrechtsbereich und dem demokratischen Legitimierungsbereich unterscheiden, ferner zwischen dem Gesetzgebungsbereich, dem Ausführungsbereich, zwischen dem Vollziehungsbereich oder Anwendungsbereich und zwischen dem bloßen Befolgungsbereich, welcher sowohl ein Berechtigungs- als auch ein Verpflichtungsbereich ist. In diesen Bereichen ist der Bürger vorwiegend nur mittelbar Adressat der Verfassung.

Ein wichtiger Aspekt der Unbestimmtheiten des Verfassungsrechts ist also zweifellos der einzelne Mensch als Adressat. Doch dieser kann der Zielsetzung der Verfassung gemäß, die Organisation und das Funktionieren des Staates in dessen machtmäßigen politischen Grundvoraussetzungen zu regeln, naturgemäß nur im Grundrechtsbereich, im Wahlrecht und im Volksabstimmungsbereich direkt angesprochen sein, und selbst dort ist er in seinem Verhalten als Adressat des „Bundes-Verfassungsgesetzes" durch Gesetze vielfach mediatisiert. Der freie und verantwortliche Mensch als Person ist mit seinen Grundwerten aber dennoch der Mittelpunkt, das substanzielle Maß der „Bundesverfassung".

Die Verfassung ist das Organisationsstatut für den Staat. Adressaten der Verfassung sind daher in erster Linie und unmittelbar die Obersten Organe, die höchsten politischen Amtsträger; die Regierenden, wie ARISTOTELES meint. Unter diesen kommt als Interpreten dem qualifizierten Verfassungsgesetzgeber ein erster, dem einfachen Verfassungsgesetzgeber und dem Verfassungsgerichtshof ein zweiter Rang, dem Gesetzgeber und dem Bundespräsidenten ein dritter Rang, der Bundesregierung, den Ministern, den Landtagen, den Landeshauptmännern, den Landesregierungen, den Vollzugsorganen der Gerichtsbarkeit, dem Rechnungshof und der Volksanwaltschaft gewissermaßen ein Nachrang zu.

Die Verfassung hat in ihrer Gesamtheit das Staatsvolk im Grunde nur leitbildhaft und politisch zum Adressaten. Grundsätze, Staatszielbestimmungen, Staatsaufgaben oder Kompetenzen und Ausführungsanweisungen richten sich zuallererst an den Gesetzgeber als Adressaten. Die Verfassung beinhaltet aber auch sonst zahlreiche Handlungsermächtigungen für die Obersten Einzelorgane und Kollegialorgane. Sie hat unmittelbar diese Organe zu Adressaten, sei es, daß sie diese Organe zur Erlassung von Geschäftsordnungen beauftragt oder bloß ermächtigt, sei es aber, daß sie die Organe zu deren Verhalten als Kompetenzwahrnehmung unmittelbar ermächtigt und verpflichtet (Verfassungsunmittelbarkeit). Dabei ist das Entscheidungsverhalten vor allem des Bundesrates überhaupt nicht determiniert. Das Verhalten des Bundespräsidenten ist verhältnismäßig gering gesetzlich mediatisiert. Es ist zwar durch die notwendigen Initiativen anderer

Oberster Staatsorgane auch indirekt gesetzlich geregelt. Dh es ist soweit gesetzlich mediatisiert, als deren Verhalten gesetzlich geregelt ist.

Die Handlungsverweigerungskompetenz des Bundespräsidenten und die Negativkompetenzen des Bundesrates sind aber so selbstverständlich, daß sie nicht ausdrücklich geregelt sind. Sie gründen unmittelbar in der Volkssouveränität und ergeben sich aus der Zweiseitigkeit der Handlungsbefugnisse im Interorganverhältnis der Gewaltenteilung, die sowohl ein positives Tun als auch eine Handlungsverweigerung ermöglichen.

Bemerkenswert ist aber auch noch, daß dem Bundespräsidenten keine Kanzlei- und Verfahrensordnung vorgeschrieben ist; weder in der Form eines Gesetzes noch als ausdrückliche Kompetenzzuweisung für eine autonome Organentscheidung (einen Organbeschluß), und daß etwa dem Rechnungshof keine ausdrückliche Bindung an rechtsstaatliche Verfahrensgrundsätze verpflichtend auferlegt ist. Das bedeutet aber weder für den Bundespräsidenten noch für den Rechnungshof in personenbezogenen Handlungen eine Freistellung von den allgemeinen rechtsstaatlichen Verfahrensgrundsätzen.

Die Rechtsordnung ist der Entstehung und Geltung ihrer Rechtsquellen gemäß unter dem Vorrang der Verfassung stufenförmig (BIERLING, MERKL, C. SCHMITT, NAWIASKY) oder schichtenmäßig aufgebaut. Nach der Verfassung hat auf Grund der Legitimität (Schutz der Gesamtänderung durch das Volk als Souverän) und aufgrund der Legalität ihrer Erzeugtheit und ihrer Geltung die jeweils höherrangige Rechtsquelle grundsätzlich den Vorrang. Nach der praktischen Wirksamkeit kommt jedoch, vorbehaltlich der Beseitigungsmöglichkeit von Widersprüchen, der jeweils vorhandenen konkreten Rechtsquelle vor allen anderen ein „Vorrang“ zu. Die Verfassung ist daher in allen ihren Schichten und Inhalten auch von konkreter Geltung und Wirksamkeit getragen. Das bedeutet, daß die Rechtmäßigkeit des Verhaltens von Verfassungsorganen, der politischen Machtträger des Staates, zunächst nach jener Rechtsquelle zu beurteilen ist, die sie unmittelbar bindet: das ist nur in begrenzter Hinsicht primär die höchste Schicht der Verfassung. In erster Linie ist es das einfache Verfassungsrecht. Hinzutretend zu diesem sind es aber weitgehend sogar bloß regelhafte Gepflogenheiten der Obersten Staatsorgane.

Trotz Ermangelung von vorgeschriebenen oder vorhandenen näheren Determinierungen ist die Verfassung für die Obersten Staatsorgane jedenfalls unmittelbar anwendbar. Das wurde bei der Überleitungsproblematik der Jahre 1918, 1920 und 1945 besonders deutlich. Die Verfassung ist aber für die allgemeine staatliche Vollziehung quantitativ überwiegend nicht unmittelbar anwendbar; sei es wegen der Eigenart ihrer Regelungen (Leitbegriffe, Staatsziele, Handlungsbefugnisse Oberster Staatsorgane), sei es wegen ausdrücklicher Ausführungsvorbehalte. Dabei scheint es eine zwar diskussionswürdige, aber doch eher theoretische Frage zu sein, ob die verfassungsunmittelbaren Organe unmittelbar auf Grund der Verfassung handeln dürfen, wenn der Gesetzgeber – falls er beauftragt ist – untätig geblieben ist, oder wenn sie andernfalls selbst es verabsäumt haben, die für sie verfassungsgesetzlich entweder vorgesehenen oder doch ermöglichten Geschäftsordnungen (Nationalrat, Bundesrat, Landtage, Bundesregierung, Landesregierungen, Bundesminister, Bundespräsident, Oberster Gerichtshof, Rechnungshof, Verwaltungsgerichtshof, Verfassungsgerichtshof) zu erlassen. Diese Frage scheint vor allem für die Zeit der Entstehung einer Verfassung besonders sinnvoll. Unmittelbar nach ihrer Erlassung bedarf die Verfassung jedenfalls der Aktivierung durch Schaffung der entsprechenden institutionellen Einrichtungen und ihrer personellen Voraussetzungen. Allerdings sind die wenigsten Ausführungsvorbehalte des „Bundes-Verfassungsgesetzes" als zwingende Ausführungsaufträge formuliert. Wenn keine Organgesetze erlassen sind, gibt es dann auch keine Organe, ausgenommen das Ursprungsorgan, die Konstituante? Wie kommen dann der Nationalrat und der Bundesrat zu ihren ersten Geschäftsordnungen? Wie ist das für später zu sehen, dh wenn alle Organe längst eingerichtet und aktiviert sind? Darf der Gesetzgeber dann die Ausführungsgesetze, die zugleich Einrichtungsgesetze sein können, aufheben, beliebig abändern, verbessern? Man erinnert sich dabei vor allem an die „Reform" des Verfassungsgerichtshofs im Jahr 1929 und ihre Folgen[47]. Man erinnert sich aber auch der Ausschaltung des Verfassungsgerichtshofes im Jahr 1933[48]. Willkür und Verfassungsbruch sind Vorstellungen, die sich dabei unabweislich aufdrängen.

Die Verfassung scheint danach vielfach nur in ihren vorbehaltsfreien Anwendungsbereichen unmittelbar anwendbar zu sein. Dennoch ist sie in allen ihren Reichweiten von Geltung und Anwendbarkeit für die verfassungsunmittelbaren Adressaten, die Obersten Staatsorgane, eben auf ihre

---

47 KELSEN, Die Verfassungsreform, JBl (1929) 453 ff; MERKL, Verfassungsreform und Verfassungslegende, Volkswirt (1929) 209, 237, 293; MERKL, Zur Verfassungsreform. Die Verfassungsnovelle im Licht der Demokratie, JBl (1929) 469; MERKL, Der rechtliche Gehalt der österreichischen Verfassungsreform vom 7. Dezember 1929, ZÖR (1931) 16; BERCHTOLD, Die Verfassungsreform von 1929 (1979); WALTER – MAYER, Grundriß des österreichischen Bundesverfassungsrechts[6] (1988) 26 f.

48 Siehe dazu ua den Diskussionsbeitrag von MERKL auf dem Ersten Österreichischen Juristentag, Verhandlungen II/2 (1961) 72 ff.

eigene Art verbindlich. Doch unabhängig davon sind alle Gesetze von allen Staatsorganen (im Zweifel) verfassungskonform auszulegen. Alles gesetzesgebundene Staatshandeln ist im Zweifel nach der Verfassung auszurichten, vor allem im Hinblick auf die Leitgedanken oder Baugesetze und auf den Dualismus von Staatsaufgaben einerseits und Grundfreiheiten des Einzelnen andererseits. Der darin liegende Antagonismus und sein Zusammenklingen über den allgemeinen zweiseitigen Gleichheitssatz, als Prinzip demokratischer (formaler) Gleichheit und verhältnismäßiger (materieller) Gerechtigkeit, über das verfassungsgesetzlich gewährleistete Recht auf Gleichheit, über die Gesetzesvorbehalte der Grund- und Freiheits- oder Menschenrechte, ist in der gesamten Staatstätigkeit allgegenwärtig verbindlich gesollt. Der Verwaltungsgerichtshof richtet sich danach. Diesem Aspekt wird aber auch der Oberste Gerichtshof in seiner Judikatur noch eine größere Beachtung zuwenden müssen. Die große Last von Verfassungsbindung ruht aber auf dem Verfassungsgerichtshof, der als exponiertestes Grenzorgan eine der Hauptverantwortungen für die Verwirklichung der Verfassung nach ihren Zweckbestimmungen trägt und daher seine Irrtumsfähigkeit mit einem Höchstmaß an Staatsverantwortung und Verfassungskenntnis neutralisieren muß.

Die Verfassung hat kaum einmal den Einzelnen zum unmittelbaren Adressaten, obwohl die Grundrechte in ihrem Kernbestand und Wesensgehalt ohne Zweifel für den Einzelnen unmittelbar gelten. Der Einzelne ist als Mitglied eines demokratischen Organs und als Bürger weitgehend gesetzlich mediatisierter Adressat der Verfassung. Und dennoch hat die *Verfassung allgemeine Rechtsqualität* auch für ihn. Sie hat vor allem aber unmittelbare Verbindlichkeit für einen zentralen Adressaten: für den Gesetzgeber! Für diesen ist sie unmittelbares Maß und Richtmaß. Zwangsläufig hat daran auch der Verfassungsgerichtshof einen beachtlichen Anteil, obwohl er durch Gesetz und nur mittelbar auf Grund der Verfassung eingerichtet ist. Als eigens zur Kontrolle berufener „Hüter der Verfassung" ist er kraft seiner Zuständigkeiten in hervorragender Weise Schützer der Grundprinzipien von Demokratie, Republik, Bundesstaat, Rechtsstaat und Gewaltenteilung und darf die Verfassung sogar im Rang eines Verfassungsgesetzes authentisch interpretieren. In dieser Funktion hat er ein stärkeres Gewicht als der Bundespräsident, dem durch seine positive oder negative Kompetenzwahrnehmung (durch Handlung oder Handlungsverweigerung) gleichfalls die Rolle eines „Hüters der Verfassung" zukommt. Er hat aber auch ein stärkeres Gewicht als der Bundesrat. Die Verfassung hat also überwiegend drei vorrangige zentrale Anwendungs- und Auslegungsadressaten: den Gesetzgeber, den Verfassungsgerichtshof und den Bundespräsidenten. Die dafür maßgebliche Legalität bedeutet *Legitimität durch Konstitutionalität* aus der verbindlichen Leitidee von der Volkssouveränität. Daneben könnte auch die Leitidee des Föderalismus zur Wirksamkeit gelangen, würde der Bundesrat seine Möglichkeiten als verfassungsunmittelbares Grenzorgan bewußter aktivieren.

Der Verfassungsgerichtshof hat einmal in einem vereinzelt gebliebenen Erkenntnis ausgesprochen, daß Art 11 der EMRK nicht unmittelbar vollziehbar, non self-executing sei[49]. Das ist richtig und falsch zugleich. Falsch, weil das Grundrecht unmittelbar verbindlich ist, richtig aber insoweit, als seine Einschränkung der gesetzlichen Regelung bedarf. Wenn aber die Verfassung ihre Adressaten hat, unmittelbar zumeist den Gesetzgeber, den Verfassungsgerichtshof, den Bundespräsidenten und die anderen Obersten Organe, mittelbar aber auch die sonstigen Vollzugsorgane in Gerichtsbarkeit und Verwaltung, sowie schließlich den Einzelnen, insbesondere im Wahlrecht sowie in den Grundrechten und deren Fernwirkung, dann stellt sich auch das Interpretationsproblem, wenn auch entsprechend den Adressaten und ihrer unterschiedlichen Betroffenheit, unweigerlich vielschichtig und differenziert. Die Verfassung ist insofern jedenfalls interpretierbar und interpretationsbedürftig, als ihre Unbestimmtheit bezogen auf das durch sie jeweils unmittelbar erfaßte Verhalten bestimmt werden muß. Das gilt besonders für den Gesetzgeber, für den Verfassungsgerichtshof und für den Bundespräsidenten. Das gilt aber überhaupt für alle verfassungsunmittelbaren Obersten Staatsorgane. Das gilt jedenfalls immer dann, wenn ein Zusammenhang der Verfassung mit einem individuellen Verhalten, sei es unmittelbar, sei es bloß mittelbar gegeben ist.

Die Unbestimmtheiten der Verfassung bedeuten also keineswegs eine Nichtinterpretierbarkeit, die nur durch den Gesetzgeber oder durch den Verfassungsgerichtshof bereinigt werden dürften. Das gilt vor allem für die abstrakten Wertgehalte der Verfassung in den Bereichen der Leitbegriffe (Grundprinzipien, Baugesetze) des B-VG und der Grundrechte. Der Interpretationsbedarf der Verfassung ist je nach den Adressaten und deren Stellung zur Verfassung zwar unterschiedlich, aber unausweichlich. Die Verfassung ist vor allem für die Obersten Staatsorgane in der Deutung und Wahrnehmung ihrer eigenen Zuständigkeiten und für die Handhabung ihrer Rechtsbeziehungen zueinander nicht nur interpretationsbedürftig, sondern auch interpretationsfähig. Das gilt auch für die verfassungsgesetz-

---

[49] VfSlg 4885/1964.

lich angeordneten Ausführungsermächtigungen an den Gesetzgeber. In diesem Sinn müssen sowohl der Handlungsrahmen als auch die inhaltlichen Ermächtigungen des ausführungsermächtigten und beauftragten Gesetzgebers zuallererst durch diesen selbst interpretiert werden, mögen sie auch von noch so großer Allgemeinheit und Unbestimmtheit sein und mag es auch dem Gesetzgeber im konkreten Alltag am Bewußtsein seiner Verfassungsbindung und der darin eingeschlossenen Interpretationspflicht mangeln. Die begriffsoffene Regelungstechnik der Verfassung entzieht sich als Konstitutionalität selbstredend den engen, fast zum Schema gemachten Anforderungen des unterverfassungsgesetzlichen Legalitätsprinzips[50]. Man hüte sich davor, die Verfassung bloß wegen ihrer Abstraktheit und Unbestimmtheit ebenso determiniert verstehen zu wollen oder gar gesetzesförmig ausgestalten zu sollen wie den Inhalt einfacher Gesetze. Je konkreter und kasuistischer die Gesetze gestaltet werden, desto schwieriger wird ihre Interpretation. Die Beispiele von Übertreibungen in der hypertrophen einfachen Gesetzgebung sind längst abschreckend genug[51].

X. Die Interpretation

Zweck der Verfassung ist es, dem Staat eine funktionskräftige Ordnung zu sein. Angesichts verschiedener normtheoretischer Verfremdungen des Rechtsdenkens kann man das nicht oft genug feststellen. *Diese Ordnung hat geradezu wesenhafte Eigenarten. Aus diesem Grund ist eine besondere, institutionell gebundene Verfassungsinterpretation geboten*[52]*. Eine solche folgt gewiß den allgemeinen Interpretationsregeln. In ihrem Mittelpunkt steht jedoch die Sinnermittlung aus systematischer Sicht und in differenziert institutioneller, dh systematischer, zweckgebundener und historischer Denk-*

---

[50] Siehe auch ANTONIOLLI, Probleme um das Legalitätsprinzip, Schriftenreihe Niederösterreichische Juristische Gesellschaft 1 (1974).

[51] Siehe dazu WINKLER, Gesetzgebung und Verwaltungsrecht, in: Gesetzgebung, Forschungen aus Staat und Recht 50 (1981) 100 ff.

[52] Vgl dazu die Studie von SCHÄFFER, Verfassungsinterpretation in Österreich, Forschungen aus Staat und Recht 18 (1971), die für die österreichische Verfassungsrechtsdogmatik eine wegweisende Pionierleistung wurde. Siehe aber auch jüngste Ausführungen von KORINEK, Zur Interpretation von Verfassungsrecht (1991) 363 ff mit weiterführenden Hinweisen; ferner meine Ausführungen zur Verfassungsinterpretation in der Abhandlung „Staatsverträge" in diesem Band.

Siehe dazu aber auch die erkenntnistheoretisch begründeten Ausführungen über das Rechtsdenken bei WINKLER, Rechtstheorie und Erkenntnislehre (1990); WINKLER, Die Wissenschaft vom Verwaltungsrecht (1979); WINKLER, Wertbetrachtung im Recht und ihre Grenzen (1969).

weise[53]. Das Rechtsdenken knüpft an die verfassungsgesetzlich objektivierten, verbindlichen Zweckgebungen an. Das hat mit subjektivem Nützlichkeitsdenken überhaupt nichts gemein. Zweckgebundenes Verfassungsrechtsdenken ist objektiv. Es ist daher vom subjektiven, zweckhaften Nützlichkeitsdenken grundverschieden. Die formalen grammatikalischen und logischen Regeln haben dabei nur eine Hilfsfunktion. Das Besondere der Verfassungsinterpretation rührt hauptsächlich vom mehrschichtigen Rang der Verfassung als Rechtsquelle, von ihren spezifischen Funktionen, von ihren regelungstechnischen Eigenarten und von den abstrakt umrissenen Organkompetenzen, Zielsetzungen und Werten her. Das Besondere des Verfassungsrechts liegt vor allem:

- in der verbindlichen Allgemeinheit und Unbestimmtheit
- in seiner eigenen Mehrschichtigkeit als einfaches und qualifiziertes Verfassungsrecht
- in den zahlreichen Ausführungsabhängigkeiten kraft ausdrücklicher Anordnungen
- in den unbestimmten, zukunftsgerichteten und gestaltungsbedürftigen positiven und negativen Handlungsermächtigungen für die Obersten Staatsorgane als ihre Adressaten
- in der Zielsetzung, dem Staat eine richtungweisende organisatorisch-funktionelle wertgebundene Grundlage zu geben
- vor allem aber im Rang der sie anwendenden und gleichzeitig interpretierenden Obersten Staatsorgane als Adressaten und Grenzorgane: des Verfassungsgesetzgebers selbst, des einfachen Gesetzgebers, des Verfassungsgerichtshofs, des Bundespräsidenten, aber auch der Bundesregierung, der Landtage, der Landesregierungen und der Landeshauptmänner, des Rechnungshofs und der Volksanwälte, als oberste Verfassungsvollzugsorgane, denen in ihrem Wirken und in ihrem Zusammenwirken miteinander, mit dem Parlament und mit dem Volk als Staatsorgan die staatspolitische Verantwortung für das in die Verfassung eingebundene Gemeinwesen zukommt.

Alle Obersten Staatsorgane sind in ihren Handlungsermächtigungen verfassungsunmittelbare Staatsorgane. Während jedoch dem Gesetzgeber, repräsentiert durch den Nationalrat und durch den Bundesrat, als einfachem Gesetzgeber und als Verfassungsgesetzgeber nicht nur die Bestimmung seiner eigenen Organposition, sondern auch die Durchführung der

---

[53] RINGHOFER hat in seinem Referat zur Selbstverwaltung durch die Gegenüberstellung von Privatautonomie und Selbstverwaltung geradezu ein Schulbeispiel dafür geliefert. Verhandlungen des Dritten Österreichischen Juristentages 1967, II/3 (1969) 28 ff.

Verfassung durch gesetzesförmige Gestaltung in gleichzeitiger Bindung an die mehrschichtige Verfassung zugewiesen ist, kommt den anderen verfassungsunmittelbaren Staatsorganen in der konkreten Wahrnehmung der ihnen durch die Verfassung unmittelbar zugewiesenen Handlungsmacht keine genuine Rechtssetzungsfunktion, sondern nur eine Interpretationsfunktion zu, in erster Linie bezogen auf ihre eigenen Kompetenzen. Unter ihnen verfügt allerdings der Verfassungsgerichtshof zum Teil auch über verfassungsgesetzgebungskräftige Kompetenzen. Darunter vor allem über die Zuständigkeit zur authentischen Interpretation gemäß dem Kompetenztatbestand des Art 138 und zur verfassungskräftigen Gesetzesprüfung gemäß Art 140, in einem Vorrang nicht nur vor allen anderen Obersten Staatsorganen der Verfassungsvollziehung, sondern sogar noch vor dem einfachen Gesetzgeber. Aber auch die Kompetenz des Bundespräsidenten zur präventiven Gesetzeskontrolle bedeutet einen Vorrang.

Trotz unterschiedlicher Verbindlichkeit und Gewichtung möglicher und gebotener Interpretationen durch die Obersten Staatsorgane in der Wahrnehmung ihrer Zuständigkeiten, die zugleich auch *Verfassungsergänzung (Konkretisierung) als verbindliche Entscheidung bedeuten*, ergibt sich also für alle verfassungsunmittelbaren Staatsorgane geradezu unvermeidlich immer wieder die Notwendigkeit, die Allgemeinheit und die Unbestimmtheit verfassungsgesetzlicher Regelungen für ihre eigenen, immer wiederkehrenden Verhaltensarten gestaltend auszudeuten, in erster Linie um sich selbst verfassungsgebunden funktionsfähig zu erhalten. – In diesem Sinn schaffen sie organautonom ihre Geschäftsordnungen. – In zweiter Linie aber auch, um einander zu kontrollieren und zur Gewährleistung der Verfassung beizutragen.

Die Notwendigkeit zur Verfassungsergänzung durch qualifizierte Interpretation wird besonders deutlich sichtbar bei der Bundesregierung und der Art und Weise, wie sie sich ohne verfassungsgesetzlich vorgeschriebene Geschäftsordnung in einer zweckentsprechenden Weise mit Selbstverständlichkeit regelhaft immer wieder neu als Kollegialorgan aktiviert. Vergleichbares gilt aber auch für die Tätigkeiten des Bundespräsidenten und für die Abwicklung seiner Geschäfte mit Hilfe der Kabinettsdirektion, nach regelhaft angewachsenen, kanzleimäßigen ständigen Gepflogenheiten. Gewiß im Sinn der Verfassung, doch ohne daß eine Kanzlei- und Verfahrensordnung verfassungsrechtlich vorgeschrieben wäre. Für ihr eigenes Organ- und Kompetenzverständnis und für die unerläßlich immer wiederkehrende Selbstaktivierung als Staatsorgane, aber auch für die Art der Wahrnehmung der Kompetenzen im Interorganverhältnis zu den jeweils anderen Obersten Staatsorganen (positiv oder negativ), *entwickeln alle verfassungsunmittelbaren Organe regelhafte Verhaltensgepflogenheiten, die den Charakter und die Bedeutung von verfassungsergänzendem Gewohnheitsrecht haben*. Wie die geradezu vollständige Vernachlässigung rechtsstaatlicher Verfahrensgrundsätze durch den Rechnungshof zeigt, bedeutet das allerdings nicht selbstredend auch schon Verfassungsmäßigkeit.

WALTER – MAYER[54] verneinen das Gewohnheitsrecht als Rechtsquelle des Verfassungsrechts mit Hinweisen auf das Fehlen seiner Anerkennung als Rechtsquelle durch die Verfassung und auf die allgemein übliche Definition vom Gewohnheitsrecht, als die von den Rechtsgenossen ständig gepflogene, qualifizierte Übung. Zur weiteren Begründung berufen sie sich aber auch noch auf die Grundnorm, der die Einsetzung des Gewohnheitsrechts als Rechtsquelle nicht unterstellbar sei. ADAMOVICH – FUNK[55] beantworten diese Frage realistisch zurückhaltend. Sie schreiben von „Verfassungspraxis" und von „ungeschriebenen Normen des Verfassungsrechts", die vom Verfassungsgesetzgeber mitgedacht worden seien und bringen als Beispiel die Einstimmigkeit in der Bundesregierung. Den gewohnheitsrechtlichen Rechtsquellencharakter verneinen sie aber mit der Begründung, daß Organgepflogenheiten dem geschriebenen Verfassungsrecht nicht derogieren können.

Zunächst ist dazu zu bemerken, daß für das Verfassungsrecht die Gepflogenheiten der Rechtsgenossen gewiß keine Bedeutung haben können, da durch die Verfassung nur die verfassungsunmittelbaren Organe zu Rechtshandlungen unmittelbar ermächtigt sind. Dennoch ist unbestreitbar von Bedeutung, daß es die regelhaften verfassungsergänzenden Gepflogenheiten der Obersten Organe in ständiger Wiederkehr gibt und daß diese Gepflogenheiten verbindlich sind. Im System des positiven Rechts sind sie gewiß dem gesatzten Verfassungsrecht nachgeordnet. Ihre unentbehrliche verfassungsergänzende Funktion als Interpretation und Entscheidung ist aber immer wieder nachweislich feststellbar.

Hervorragende Beispiele sind die Voraussetzungen nicht nur für die Handlungsverweigerungen und für die staatspolitischen Staatsoberhauptsakte (Tagesbefehl an die Soldaten, Ansprache an die Nation, richtungweisende Reden mit staatspolitischem Gehalt), sondern auch für die rechtlich verbindlichen rechtsförmlichen Handlungen des Bundespräsidenten, etwa bei der Erlassung von individuell-konkreten Rechtsakten (Ernennungen

---

54 Grundriß des österreichischen Bundesverfassungsrechts^6 (1988) 42 f RZ 105.

55 Österreichisches Verfassungsrecht^3 (1985) 48 ff.

von höchsten Beamten) oder bei der Neubestellung der Bundesregierung. Das „Bundes-Verfassungsgesetz" beinhaltet keine ausdrückliche Ermächtigung zur Handlungsverweigerung. Es schreibt dem Bundespräsidenten aber auch kein Verwaltungsverfahren vor. Das „Bundes-Verfassungsgesetz" schreibt ferner weder erfolgte Wahlen als Anlaß für die Neubildung der Regierung vor, noch erwähnt es die Designierung, noch zeichnet es das Verfahren zur rechtswirksamen Ernennung oder Entlassung des Bundeskanzlers und der Regierung in allen rechtlich erheblichen Phasen vollständig vor. Ein Ausführungsvorbehalt für gesetzliche Regelungen des Verfahrens ist in der Verfassung aber auch nicht vorgesehen.

Ein weiteres Beispiel ist die Konstituierung, die stets wiederkehrende Aktivierung und das Funktionieren der Bundesregierung als Kollegialorgan. Eine Organkonstituierung nach erfolgter Organbestellung ist nicht ausdrücklich vorgeschrieben. Die Verfassung schweigt aber auch über die Willensbildung und deren prozedurale Voraussetzungen, wie etwa die Einberufung, die Anwesenheit, die Antragsrechte, die Reihenfolge der Wortmeldungen, die Willensbildung durch Abstimmung und die Zuständigkeit zur Geschäftsführung. Das „Bundes-Verfassungsgesetz" liefert nur Anhaltspunkte, die wie Ecksteine den Verfahrensgang kennzeichnen. Unter der Überschrift „Bundesregierung" heißt es: „Sie bilden in ihrer Gesamtheit die Bundesregierung unter dem Vorsitz des Bundeskanzlers" (Art 69 Abs 1). Das Wesen des Kollegialorgans in zweckgemäßer Existenz und Funktion ist dieser Vorschrift als selbstverständlich zugrundegelegt. Die Verfassung setzt offenbar auch eine regelsetzende Autonomie des Kollegialorgans (Geschäftsordnung) und seines Vorsitzenden (Organaktivierung und Geschäftsführung) selbstredend voraus[56].

Aber auch die Kompetenzartikel für den Verfassungsgerichtshof bieten Anhaltspunkte in dieser Richtung. Der Verfassungsgerichtshof muß beispielsweise nach Art 140 B-VG seine Kompetenz selbst interpretieren. Zwar ist diese sprachlich, grammatikalisch und logisch völlig klar geregelt. „Der Verfassungsgerichtshof erkennt über die Verfassungswidrigkeit eines Bundes- oder Landesgesetzes ...". Diesen Satz versteht auch ein Laie. Das Auslegungsproblem liegt aber nicht im sprachlichen, sondern im Begrifflichen. Die Reichweite des Rechtsbegriffs „Gesetz" überschreitet den engeren Wortsinn des allgemeinen Sprachgebrauchs. Was bedeutet „Gesetz" nach Art 140 im Systemzusammenhang des B-VG? Zunächst wohl das so-

---

[56] Siehe zu dieser Thematik die Studie von WELAN – NEISSER, Der Bundeskanzler im österreichischen Verfassungsgefüge (1971).

genannte „einfache Gesetz“, und zwar sowohl ein „Bundesgesetz“ als auch ein „Landesgesetz“. Sodann bedeutet „Gesetz“ aber wohl auch „Landesverfassungsgesetz“ im Sinn des Art 99 und „Verfassungsgesetz“ vor allem nach Art 44 Abs 1 und Art 149 B-VG. Der Begriff „Verfassungswidrigkeit“ im Art 140 B-VG verweist aber nicht nur auf das „Bundes-Verfassungsgesetz“ in diesem Sinn, sondern letztlich wohl auch auf den weiteren Begriff „Bundesverfassung“ im Sinn der Art 44 Abs 3 und 10 Abs 1 Z 1 B-VG als Prüfungsmaßstab, und zwar nicht nur hinsichtlich des Verfahrens, sondern auch hinsichtlich des Wesensgehaltes der Leitbegriffe (Grundprinzipien oder Baugesetze).

Ein anderes Beispiel bietet der Art 139 B-VG: „Der Verfassungsgerichtshof erkennt über Gesetzwidrigkeit von Verordnungen einer Bundes- oder Landesbehörde ...“. Auch diese Vorschrift ist sprachlich, grammatikalisch und logisch eindeutig. Doch der Begriff „Verordnung“ ist deutungsbedürftig. Was bedeutet „Verordnung“ nach Art 139 B-VG? Nur „Durchführungsverordnung“, auch „Notverordnung“, auch „autonome Satzung“, auch „Kollektivvertrag“? Wie weit reichen Determinierungspflicht und Gesetzesbindung des Verordnungsgebers? Der Unterschied zwischen Staatsverwaltung und Selbstverwaltung wird dabei neben anderen Verfassungsinhalten zum unausweichlichen Beurteilungskriterium[57].

An Hand solcher Beispiele wird ein Umstand deutlich sichtbar. Die Interpretation der Organkompetenzen durch die verfassungsunmittelbaren Obersten Staatsorgane selbst knüpft zwar an geschriebene Verfassungsvorschriften an. Diese sind jedoch begrifflich teilweise offen und unbestimmt. Vieles ist gar nicht ausgesprochen, sondern als selbstverständlich vorausgesetzt, wie zB der Staat in seinen bekannten allgemeinen Eigenarten. Die Sinnergänzung erfolgt daher zwangsläufig durch eine rechtswirksame organautonome Begriffsdeutung in der Wahrnehmung der eigenen Zuständigkeit, von Fall zu Fall regelhaft gleichförmig. Eine solche Begriffsdeutung hat zunächst eine systematische Gesamtorientierung aus den jeweils einschlägigen Vorschriften des „Bundes-Verfassungsgesetzes“ zur Voraussetzung. Durch diese wird der Interpretationsansatz über den bloßen Wortlaut einer bestimmten Kompetenzregelung hinaus erheblich erweitert und die Interpretationsproblematik zweifellos wesentlich eingeschränkt. *Der systematische Sinnzusammenhang der „Bundesverfassung“ als Einheit gibt den Unbestimmtheiten der abstrakten verfassungsrechtlichen Begriffe*

---

[57] Siehe dazu meine Abhandlung über die Institutionen personaler Selbstverwaltungskörper in diesem Band.

weitgehend faßbare Inhalte. Doch die verfassungskonforme Ausgestaltung des begrifflich Unbestimmten und Offenen durch eine systematisch angelegte teleologische Deutung als Organentscheidung ist noch immer gefordert. Das zeigt sich am augenscheinlichsten in dem regelhaft verbindlich in Erscheinung tretenden organschaftlichen Selbstverständnis des Bundespräsidenten, der Bundesregierung und des Bundeskanzlers, hinsichtlich ihrer eigenen verfassungsrechtlichen Organpositionen und der in sie eingeschlossenen Handlungsermächtigungen. Das zeigt sich auch in der Handhabung ihrer Rechtsbeziehungen zu den anderen Obersten Staatsorganen[58]. Das zeigt sich aber auch und vor allem in den Kompetenzwahrnehmungen durch den Nationalrat und durch den Bundesrat als Gesetzgeber und in deren Kontrolle durch den Verfassungsgerichtshof und durch den Bundespräsidenten.

Die Reichweite der Interpretation, als systematisch angelegte, zweckgebundene Verfassungsdeutung, als verbindliche Ausgestaltung und Spezifizierung der Verfassungsvorschriften nach Sinn und Bedeutung, getragen von *Organgepflogenheiten, im Rang von verfassungsergänzendem Gewohnheitsrecht*, wird aber auch sonst in allen Schwerpunktsbereichen der Verfassung deutlich sichtbar. Dabei kann es wohl kein Kriterium sein, daß die ständigen regelhaften Gepflogenheiten der Obersten Staatsorgane der gesatzten Verfassung nicht derogieren können. Entscheidend ist vielmehr, daß diese Organgepflogenheiten als verbindliche, regelhafte Eigen- oder Fremdinterpretationen in den begriffsoffenen Bereichen der „Bundesverfassung" ähnlich Rechtswirksamkeit entfalten wie ein Gesetz, und daß sie nur durch diese Organe selbst, durch den Verfassungsgerichtshof und durch den Verfassungsgesetzgeber abgeändert werden können.

Dabei nimmt der Verfassungsgerichtshof in der unterschiedlichen Reichweite seiner Kontrollmöglichkeiten eine überragende Stellung ein. Seine rechtssatzförmigen Interpretationen gemäß Art 138 B-VG haben sogar einen verfassungsergänzenden Rang vor den Gesetzen[59]. Aber auch aus seiner Gesetzesprüfungskompetenz versteht es sich von selbst, daß er im Sinn des Art 44 Abs 3 B-VG sogar den einfachen Verfassungsgesetzgeber auf die Einhaltung der „Bundesverfassung" kontrollieren kann. Aus die-

---

[58] Anschaulich dafür aus jüngster Zeit ist die Befassung des Nationalrates durch die Bundesregierung mit der Frage der „Anerkennung" von Slowenien und Kroatien.

[59] Der Verfassungsgerichtshof schreibt den Rechtssätzen nach Art 138 B-VG den Rang von Bundesverfassungsgesetzen zu, VfSlg 3055/1956, 4446/1963 ua. AM ohne überzeugende dogmatische Begründung MORITZ, Zur Zulässigkeit von Kompetenzfeststellungsanträgen nach Art 138 Abs 2 B-VG, ÖJZ (1988) 4.

sem Grund sind aber auch mögliche Irrtümer und ein mögliches politisch-instrumentales Denken des Verfassungsgerichtshofs im Grunde irreparabel.

In diesem thematischen Zusammenhang wird offenbar, daß der Mißbrauch der Form des Verfassungsgesetzes durch den einfachen Verfassungsgesetzgeber im Hinblick auf die Schranken einer möglichen „Gesamtänderung der Bundesverfassung" (Art 44 Abs 3 B-VG) noch einer tiefschürfenden verfassungsgerichtlichen Untersuchung harrt[60]. Der Begriff „Bundesverfassung" ist der Maßstab. Er bedeutet mehr und Grundsätzlicheres als nur „Bundes-Verfassungsgesetz" (mit Gedankenstrich) oder „Bundesverfassungsgesetz" (ohne Gedankenstrich). Kriterien dafür liefern die mit dem Verfahren der „Gesamtänderung" wesensgemäß verbundenen Grundsätze zumindest der Art 1 und 2 B-VG: „Demokratie", „Republik", „Rechtsstaat", „Bundesstaat" und „Gewaltenteilung". Diese sind ihrerseits geprägt vom allgemeinen, zweigestaltigen „Gleichheitsgrundsatz" als Wesensmerkmal. Das gilt aber nicht nur für die Verfassungsinhalte, sondern auch für die Rechtssatzform der Verfassung als Gesetz. Dafür muß man sich weder auf KANT[61] noch auf ARISTOTELES berufen. Die Gleichheit ist ein selbstverständliches Wesensmerkmal des Gesetzes, als Ausdrucksform sowohl für den repräsentierten als auch nicht repräsentierten, unmittelbar geäußerten Volkswillen. Sie gibt daher auch für die Willkür eines offenkundigen Rechtsformenmißbrauchs durch das Parlament (Nationalrat und Bundesrat in ständiger Wirkungseinheit), in der Form von Gegenmaßnahmen zum Anlaß, dh gegen eine bereits erfolgte oder gegen eine anlaßmäßig zu erwartende Judikatur des Verfassungsgerichtshofs keine Ermächtigung ab. Sie bedeutet aber auch Bindung des Volkes selbst an die Gesetzesform und Verwehrung von Einzelfallentscheidungen als Individualgesetze (Ostrazismus und Scherbengericht) und von bloß tagespolitisch instrumental konzipierten Maßnahmengesetzen. Darin wird letztlich auch der Qualitätsunterschied zwischen rechtsstaatlicher Demokratie und gesetzesentbundener Ochlokratie (willküroffener Basisdemokratie) deutlich sichtbar.

Das bedeutet aber im besonderen, daß der Verfassungsgerichtshof nicht nur dem einfachen Gesetzgeber, sondern auch dem einfachen Verfassungsgesetzgeber ein bloß anlaßbezogenes Unterlaufen einzelner Verfassungsgerichtshofserkenntnisse verwehren kann. Maßnahmegesetze bloß

---

[60] Siehe dazu das oben unter Punkt VII. FN 40 angeführte Material.

[61] Metaphysik der Sitten (Suhrkamp VIII, 1977) 336 ff.

zum konkreten Anlaß mißliebiger Verfassungsgerichtshofserkenntnisse oder zur Verhinderung von zu erwartenden verfassungsgerichtlichen Gesetzesaufhebungen sind zum Unterschied von objektiven und allgemeingültigen Reformen des einfachen Verfassungsrechts reine Willkür. In ihnen liegt nämlich nicht bloß ein Rechtsformenmißbrauch, sondern durch diesen vor allem auch ein Verstoß gegen das durch Art 44 Abs 3 B-VG verfassungsgesetzlich gewährleistete, gewaltenteilende Demokratie- und Rechtsstaatsprinzip und damit gegen das allgemeine Willkürverbot des im Demokratieprinzip des Art 1 B-VG enthaltenen und durch das Grundrecht des Art 7 B-VG auf Gleichheit als subjektives öffentliches Recht abgestützten fundamentalen Gleichheitsgrundsatzes, der auch ein Bestimmungsgrund eines jeden Gesetzes, also auch eines einfachen Verfassungsgesetzes ist. Der allgemeine Grundsatz der Gleichheit ist ein essentieller Bestimmungsgrund eines jeden Gesetzes als Rechtserzeugungsform, daher auch eines Verfassungsgesetzes als Rechtsquelle. Er ist durch die Sperre der „Gesamtänderung der Bundesverfassung" nach Art 44 Abs 3 B-VG in einem fundamentalen Verfassungsrang gewährleistet. Er ist sozusagen unmittelbar vom Volkswillen getragen und bindet daher auch den einfachen Verfassungsgesetzgeber. Diesem ist Willkür gegen das Wesen der Verfassung nicht nur formell, sondern auch materiell verboten.

Das Unterlaufen von gegebenen oder zu erwartenden Verfassungsgerichtshofserkenntnissen durch den einfachen Verfassungsgesetzgeber *bloß zum Anlaß* bedeutet gewiß keine „Gesamtänderung" der Bundesverfassung im allgemeinen Sinn des Wortes. Es bedeutet aber einen Mißbrauch der durch den Begriff „Bundesverfassung" wesensgemäß geschützten Gesetzesform. Es bedeutet in seinem Umfang und aus dem jeweiligen historischen Zusammenhang als „Fall" eine qualifizierte Verfassungswidrigkeit, einen eklatanten Verstoß gegen den durch den Begriff „Gesamtänderung" geschützten Wesensgehalt der „Bundesverfassung" (Art 44 Abs 3), welcher durch das obligatorische Referendum unmittelbar auf die Volkssouveränität gegründet ist. „Volkssouveränität" bedeutet „Demokratie" und „Demokratie" bedeutet fundamentale „Gleichheit": entweder „zahlenmäßig", dh *politisch*, oder „axiologisch", dh *werthaft*, wie ARISTOTELES es sagen würde.

Das Parlament ist nicht der Souverän, sondern nur ein konstitutionell beschränkt ermächtigter Vertreter und Treuhänder des Volkes, und daher an den verfassungsgesetzlich wesensgemäß vorausgesetzten Gesetzesbegriff gebunden. Daran würde auch eine fallbezogene Volksabstimmung zu einem vom Parlament (Nationalrat und Bundesrat) beschlossenen, fallbezogenen

Verfassungsgesetz nichts ändern. In einer solchen Volksabstimmung, die im übrigen von der Verfassung gar nicht intendiert ist, würde letztlich nur der Qualitätsunterschied zwischen rechtsstaatlicher Demokratie und gesetzesformentbundener Ochlokratie sichtbar[62]. Sie würde eine Verletzung und nicht eine Änderung der Staatsform bedeuten. Die grundsätzlich vorgesehene Volksabstimmung impliziert daher nicht nur die Kontrolle durch den Verfassungsgerichtshof, sondern auch eine Handlungsverweigerung des Bundespräsidenten durch Unterlassung der Anordnung einer Volksabstimmung. Dieser Umstand scheint dem Bewußtsein des immer wieder zur Arrogierung einer unbegrenzten Souveränität tendierenden Parlaments entrückt zu sein[63]. Aber auch die Lehre hat dem eine gebotene größere Aufmerksamkeit bisher vorenthalten.

Die Rechtswirkungen der regelhaften Praxis der Obersten Staatsorgane als verfassungsergänzende Rechtsquelle, vor allem der Judikatur des Verfassungsgerichtshofs, sind offenkundig. Sie werden auch immer wieder verfestigt und dokumentiert:

- in der Frage der Leitbegriffe (Baugesetze), bezogen auf die Gesamtänderung
- im Sinnverständnis des demokratischen Prinzips und der darin eingeschlossenen Gleichheit
- im Sinnverständnis des Bundesstaatsprinzips
- im Sinnverständnis des Rechtsstaates (Legalität)
- im Sinnverständnis der Gewaltenteilung (Verhältnis von Justiz und Verwaltung)
- in der Frage der Kompetenztatbestände
- in der Frage des Legalitätsprinzips
- in der Ausdeutung der Selbstverwaltung
- in der Frage der grundrechtlichen Gesetzesvorbehalte
- in der Reichweite des Gleichheitssatzes für die Staatsbürger
- in der Gleichheit als Verbot staatlicher Willkür auf allen Ebenen des Rechts uvam.

---

62 Siehe dazu „Verfassungswidrige Verfassungsgesetze", unten XV.

63 Siehe zu dieser Thematik die zahlreichen begründeten Mahnungen: ADAMOVICH sen, Die verfassungsmäßige Funktion des Richters, ÖJZ (1954) 410 f; WINKLER, Das Höchstgericht für Österreichs Richter? Die Presse (vom 15./16. Juni 1963); ANTONIOLLI, Herrschaft durch Gewaltentrennung (1964) 21 ff; KLECATSKY, Hat Österreich eine Verfassung? JBl (1965) 549; WINKLER, Das österreichische Konzept der Gewaltentrennung in Recht und Wirklichkeit, Der Staat 6 (1967) 293 ff; FUNK, Formenmißbrauch und Verfassungsumgehung durch die Legislative (1990) 67 ff; KOBZINA, Die rechtsstaatliche Verfassung und was daraus geworden ist (1991) 331 ff.

Die Grundthemen des Verfassungsrechts im formellen Sinn, welches nicht nur nach ADAMOVICH – FUNK, nach WALTER – MAYER und nach KELSEN das Verfassungsrecht im materiellen Sinn in sich schließt, sind noch keineswegs alle zur Sprache gekommen und noch lange nicht erschöpft. Der Zweck der Verfassung im formellen Sinn, der auch nach KELSEN in der Sicherung der Staatsform liegt, harrt noch der weiteren höchstgerichtlichen Klärung und Absicherung.

XI. Kriterien der Verfassungsinterpretation

Worin liegen die Kriterien der höchst anspruchsvollen Verfassungsinterpretation? Sie liegen im Wesen und in den Eigenarten der „Bundesverfassung", insbesondere in ihrer begrifflich entscheidungsoffenen und gestaltungsbedürftigen Konstitutionalität, als spezifische Legalität, und in einem ihrem Regelungsgegenstand entsprechenden Sinnverständnis. Die Verfassung ist gestaltungsoffen. *Regelungsgegenstand der Verfassung ist der Staat*. Was ist der Staat und wer ist der Staat? Die Verfassung nennt ihn bloß, definiert ihn aber nicht. Gibt es ihn daher nicht? KELSEN[64] meint, der Staat sei gleich der Rechtsordnung. Die Rechtsordnung gibt gewiß dem Staat seine Grenzen an. Der Staat ist aber nicht bloß ein komplexer normativer Sinnzusammenhang. Der Staat ist notwendigerweise auch eine Wirklichkeit. Er ist zu allererst eine vom Sinngefüge des Verfassungsrechts geprägte sozial-kulturelle Wirklichkeit einer Gemeinschaft von Menschen (Bürgern). Mit Recht sieht daher ARISTOTELES in der Verfassung die Lebensform des Staates.

In der Lehre besteht nicht der geringste Zweifel daran, daß der Staat eine Gebietskörperschaft, eine juristische Person öffentlichen Rechts von besonderen Qualitäten in Recht und Wirklichkeit ist. Der Staat ist zunächst eine organisatorisch-funktionelle Einheit. Er wird daher von der Lehre als eine *rechtliche Institution* verstanden. Und zwar sowohl in seiner rechtlichen Konzeption als auch in der Realität seiner rechtlich erheblichen Existenz. Der Staat ist eine zweckhafte organisatorische Einheit, nach der Lehre eine differenzierte Gesamtinstitution, die institutionelle Untergliederungen in sich schließt; zunächst den Bund, die Länder und die Gemeinden, sodann aber auch die personalen Selbstverwaltungskörper und deren Ausgliederungen in weitere juristische Personen, mit ihren jeweiligen inneren Organ- und Kompetenzstrukturen.

---

[64] Allgemeine Staatslehre (1925), Reine Rechtslehre[1] (1934), Reine Rechtslehre[2] (1960).

Der Staat, als eine rechtliche Institution, ist in seiner Anlage ein in sich strukturiertes, bedeutungsvolles normatives und wirklich existierendes organisatorisch-funktionelles Gesamtgefüge. Seine Verfassung fungiert als Grundlage und als Rahmen für die gesamte Rechtsordnung. Diese Rechtsordnung deutet die Lehre als ein umfassendes *Rechtsinstitut*, als ein „Gesamtinstitut", gegliedert in die großen Bereiche des materiellen Rechts, mit ihren als differenzierte Rechtsinstitute verstehbaren materiell-rechtlichen, zweckhaften Ordnungszusammenhängen (des Zivilrechtes, des Verwaltungsrechtes, des Strafrechtes) mit ihren typenhaften Tatbeständen, einschließlich der die materiell-rechtlichen Bereiche jeweils garantierenden Verfahrensordnungen[65].

Die einfachgesetzlich zu schaffende allgemeine Rechtsordnung erfährt richtungweisende materielle Determinanten nicht nur aus den Leitbegriffen (Baugesetzen oder Grundprinzipien), sondern auch durch die verfassungsgesetzlichen Staatsaufgabenregelungen in den Kompetenztatbeständen der Art 10 bis 15 B-VG, in ihrer Verbindung mit den institutionell gewährleisteten wertgebundenen Grundrechten und deren Gesetzesvorbehalten. In ihnen liegen die Rahmenbedingungen und Schranken für den Gesetzgeber und damit für die materiell-rechtlichen und verfahrensrechtlichen Verhaltensordnungen der Rechtsgemeinschaft im Staat, konzipiert für Rechtsbefolgung und Rechtsanwendung. Die „Bundesverfassung", beherrscht von den leitenden Grundwerten der Demokratie und der Gleichheit, der Republik, des Rechtsstaates und der Gewaltenteilung, des Bundesstaates und der Selbstverwaltung sowie der Legalität in konstitutionell fundierter Legitimität, ist die Grundlage des Staates in Organisation und Funktion. Sie ist gewiß zuallererst durch den Gesetzgeber, sodann aber, nicht zuletzt Dank der den Mängeln der Gesetzgebung wirksam wehrenden Judikatur des Verfassungsgerichtshofs, ein vitales Ordnungsgefüge geworden, das auch für das Parlament verbindlich ist.

Der Staat ist eine verfassungsrechtlich als Einheit konzipierte, zweckhafte, organisatorisch-funktionelle Einrichtung einer sozial-kulturell existierenden Gemeinschaft von Menschen. Die auf Grund der Verfassung gesetzlich gestaltete allgemeine Rechtsordnung ist eine von dieser organisatorisch-funktionellen Einheit „Staat" getragene, komplexe und differenzierte materiell-funktionelle Regelungsgesamtheit, auszurichten nach den verbindlich gesetzten verfassungsrechtlichen Zwecksetzungen und Werten.

---

[65] Siehe dazu meine Abhandlung „Begriffe der Rechtswissenschaft" in diesem Band.

Jeder Interpret der „Bundesverfassung“ wird daher trotz seiner zumeist nur begrenzten, partiellen Deutungsbedürfnisse den für seinen Erkenntnisbedarf erheblichen, objektiviert zweckhaften Regelungseinheiten der „Bundesverfassung“ von *rechtlicher Institution* einerseits und *Rechtsinstitut* andererseits je und je auch ein bundes-verfassungsgesetzliches Gesamtverständnis zugrundelegen müssen. Der Gesetzgeber schafft nämlich die einzelnen Regelungen und Regelungseinheiten nicht um ihrer selbst willen, sondern um durch sie die vielfältigen Werte und Zwecksetzungen der verfassungsrechtlich grundgelegten Staatsgemeinschaft verbindlich festzulegen. Diese Regelungseinheit ist daher nicht bloß formal, sondern nach den Vorstellungen des Verfassungsgesetzgebers vor allem als Einheit konzipiert, in geplanten Zusammenhängen auch substantiell und funktionell gedacht. Ein bloß analytischer, formal-logischer Interpretationssatz genügt daher keineswegs. Ein synthetisches, institutionelles Rechtsdenken ist unerläßlich[66]. Der Verfassungsinterpret muß zur Analyse auch die Synthese fügen. Er muß durch die einzelnen Rechts-Sätze und Rechtsvorschriften den vom Verfassungsgesetzgeber gemeinten und oft nur vorausgesetzten Sinngehalten nachspüren. Das kann nicht nur ein „Beschreiben“ sein. Es geht vielmehr um ein gegenstandsgerechtes, kritisches „Erfassen“, „Verstehen“, „Wägen“, „Werten“, „Deuten“ und „Erklären“ der vielfältigen zweckhaften Verbindlichkeitsgehalte der Verfassung. Dabei sind die Perspektiven von objektiviert zweckgebundener Legalität, von sachangemessener und verhältnismäßiger Gleichheit, nach den Regeln systematisch angelegter und historisch fundierter teleologischer Interpretation in Analyse und Synthese etwa so zu veranschlagen, wie es der Verfassungsgerichtshof vor allem in seiner jüngeren Judikatur zunehmend praktiziert[67]. Den Leitbegriffen (Grundprinzipien oder Baugesetzen) wäre nicht nur in der Judikatur des Verfassungsgerichtshofs, in der Praxis der anderen Obersten Staatsorgane, sondern auch in der Lehre endlich der ihnen gebührende Stellenwert für die systematische Interpretation einzuräumen. Alles Einzelne ist aus der Sicht auf das Ganze zu deuten. Das Ganze ist getragen von den Sinngehalten seiner Einzelheiten in deren strukturellen und funktionellen Zusammenhängen. Das gilt nicht nur im Hinblick auf die einfa-

---

[66] Siehe dazu meine Studie in diesem Band über die „Begriffe der Rechtswissenschaft“.

[67] Dazu jüngst KORINEK, Zur Interpretation von Verfassungsrecht (1991) 363 ff. Ferner NOVAK, Verhältnismäßigkeitsgebot und Grundrechtsschutz (1989) 39 ff, mit weiterführenden Hinweisen auf für Österreich beispielgebende deutsche Lehre und Judikatur. Allgemein richtungweisend schon seit zwanzig Jahren SCHÄFFER, Verfassungsinterpretation in Österreich, Forschungen aus Staat und Recht 18 (1971).

chen Gesetze, sondern auch im Hinblick auf die einfachen Verfassungsgesetze, das gilt aber auch bezogen auf alle Vollzugsakte des Staates.

Der verständnismäßige Zugang zu den Inhalten der Verfassungsvorschriften ist sowohl deduktiv als auch induktiv. So kann man beispielsweise einerseits aus dem demokratischen Grundsatz des Art 1 B-VG implizierte Grundelemente der Demokratie erschließen (deduzieren), wie etwa die Gleichheit, die Repräsentation, die Mehrheit und die Erheblichkeit der Minderheit. Man kann andererseits aber auch aus einer Synthese aller einschlägigen Vorschriften der Verfassung, soweit sie sich auf die Demokratie beziehen, Kriterien für den konkreten Inhalt des demokratischen Leitbegriffs im Art 1 B-VG induktiv ermitteln. Dabei erfolgt die Sinnermittlung *lege artis* zunächst auf Verfassungsebene, mit Hilfe eines verfassungsgeschichtlichen und staatstheoretischen Vorverständnisses. Daran fügt sich zumeist auch die Sinnergänzung aus der Erheblichkeit des Wesentlichen und Typischen einfacher Gesetze, unter der Voraussetzung ihrer Konformität mit der Verfassung, zur Veranschaulichung möglicher und zulässiger Verfassungsdurchführungen. Über die Gesetze und durch sie sind aber auch die geregelten, dh die durch die Gesetze erfaßten typischen Sachzusammenhänge der rechtlich erheblichen Handlungen der Obersten Staatsorgane in der sozial-kulturellen Wirklichkeit des Staates als Verfassungswirklichkeit nach ihrer jeweiligen Eigenart für die Rechtserkenntnis erheblich. Gewiß sind niemals bloß die einfachgesetzlichen Regelungszusammenhänge oder ist niemals die bloße rechtserhebliche sozial-kulturelle Wirklichkeit eines Organhandelns für das Sinnverständnis des Verfassungsrechts bestimmend. In erster Linie ist es deren Eigenart und deren grundsätzliche Erheblichkeit im Hinblick auf die gebotene Verfassungsentsprechung. Das Gesollte des Rechts und die Verwirklichung des Rechts sind in ihrer Grundsätzlichkeit und Dauerhaftigkeit, in ihrer notwendigen gegenseitigen Abhängigkeit auch für das Sinnverständnis des Verfassungsrechts von wesentlicher Bedeutung[68]. Dabei geht es, wie auch sonst im Recht, selbstredend nicht um konkrete einzelne Sachverhalte, sondern um das Eigenartige, um das Grundsätzliche und um das Typische der vom Verfassungsrecht erfaßten nachgeordneten Rechtsebenen, einschließlich der rechtlichen Handlungswelt der Obersten Staatsorgane und der von ihr geprägten rechtserheblichen sozial-kulturellen staatlichen Wirklichkeit. Indem das Recht die sozial-kulturelle Wirklichkeit regelt, setzt es sie zu-

---

[68] Methodologisch veranschaulicht etwa bei WINKLER, Das österreichische Konzept der Gewaltentrennung in Recht und Wirklichkeit, in: Der Staat 6 (1967) 293 ff.

nächst auch in ihrer Eigenart zwangsläufig voraus. Nicht die Verfassung gibt dem Zusammenleben der Menschen seinen Grund, sondern umgekehrt, das Zusammenleben der Menschen in seiner Eigenart und Notwendigkeit gibt der Verfassung ihren Grund, die nur so gesehen als Lebensform der Gemeinschaft der Bürger (ARISTOTELES) verstanden werden kann, in deren Mittelpunkt der Mensch als Person in Freiheit aus Verantwortung steht. In der Rechtstheorie nennt man diesen dualistischen Denkansatz vom Abstrakten zum Konkreten und umgekehrt einen „hermeneutischen Zirkel".

XII. Auslegungsbedingungen des Gegenstandes Verfassung und die Wirklichkeit

Wie alles positivierte gesatzte Recht, so manifestiert sich auch die „Bundesverfassung" in Worten und Sätzen, die eine Welt von begrifflich gefaßten Sinngehalten tragen. Allein schon der formale Aufbau des „Bundes-Verfassungsgesetzes" läßt trotz aller „Überwucherungen" den Plan eines einheitlichen, systematisch angelegten Gesamtgefüges einer Grundordnung für den Staat erkennen. Worte und Sätze, Rechts-Sätze sind in gezählte 152 Artikel gefaßt. Darüberhinaus gibt es im B-VG noch 34 mit a, b, c bis j gekennzeichnete zusätzliche Artikel aus zeitlich verschiedenen Novellierungen des Kodex[69]. Alle diese Artikel bilden Einheiten von acht Hauptstücken und die Hauptstücke hinwiederum bilden die Einheit des Verfassungsgesetzeswerks, genannt „Bundes-Verfassungsgesetz". Sie sind dem allgemeineren Begriff „Bundesverfassung" gemäß Art 10 Abs 1 Z 1 und Art 44 Abs 3 B-VG sinn- und zweckhaft verbindlich zugeordnet. Gewiß gibt es neben dem „Bundes-Verfassungsgesetz" noch Dutzende von zusätzlichen Bundes- und Landesverfassungsgesetzen, von denen das Finanzverfassungsgesetz und der zersplitterte Grundrechtskatalog zu den integrierenden Verfassungsbestandteilen gehören und gemäß dem Begriff der Bundesverfassung den Kodex erst vollständig machen. Sie alle sind durch das „Bundes-Verfassungsgesetz" zur Einheit des verbindlichen Regelungssystems der „Bundesverfassung" verbunden. *Der geschriebene Kodex bedeutet also nicht nur eine formale äußere Form der Verfassung, sondern er ist trotz aller Ausuferungen noch immer als eine geplante Ordnung, als ein System verbindlicher objektiver Sinngebungen und objektivierter*

[69] Art 8a, 9a, 14a, 15a, 49a, 49b, 51a, 51b, 51c, 81a, 81b, 87a, 102a, 116a, 119a, 123a, 126a, 126b, 126c, 127a, 131a, 138a, 139a, 140a, 148a, 148b, 148c, 148d, 148e, 148f, 148g, 148h, 148i, 148j B-VG.

Zwecksetzungen für den Staat als Rechtsgemeinschaft erkennbar, verstehbar und auch so zu deuten. Daran vermag auch die Tatsache nichts zu ändern, daß die Verfassung in ihrem äußeren Erscheinungsbild – wie vor allem KLECATSKY immer wieder klagend und anklagend festgestellt hat – das Bild einer Zerrissenheit darbietet und heutzutage weniger denn je als Produkt einer glanzvollen Gesetzgebungskunst gewertet werden kann. Ganz allgemein aber gerade deshalb: Welch eine Herausforderung für die Staatspraxis und für die Verfassungsrechtswissenschaft zu einer gegenstandsgerechten Interpretation!

Worte und Sätze sind nicht nur allgemeine, nach den Regeln der Grammatik und der Logik sprachlich geordnete Elemente der geschriebenen Verfassung. Sie sind je und je für sich vor allem Sinnträger von Begriffen. Diese verkörpern in den sprachlich verfaßten, grammatikalisch-logischen Ausdrucksformen des Geschriebenen zweckhafte Sinnzusammenhänge. Kompakte Begriffsinhalte, ausgedrückt in sprachlich gefaßten Sinnbezügen und Bedeutungsgehalten, konstituieren die Verfassungsvorschriften als Einheit der „Bundesverfassung". Sie geben ihnen die substantielle Bedeutung der formalen und materiellen Einheit eines strukturierten rechtlichen Gesamtgefüges, welches Wert- und Zweckeinheiten organisatorischer, funktioneller und materieller Provenienz umschließt. Die sprachlich gefaßten Regelungsinhalte der Vorschriften des „Bundes-Verfassungsgesetzes" bedeuten in der Wissenschaft gewiß auch „Grundbegriffe" mit Leitfunktionen (Grundsätze – Baugesetze nach MERKL – wie etwa Demokratie, Republik, Rechtsstaat, Bundesstaat), Ziele, Werte und objektivierte Zwecke. Sie umschließen „Tatbestände" als „abstrakt typisierte Sachlagen", „Verhaltenstypen", ferner „Rechtsinstitute" als materiell-funktionelle (verfahrensmäßige) Regelungseinheiten und -zusammenhänge, sowie „rechtliche Institutionen" als organisatorisch-funktionelle Regelungseinheiten und -zusammenhänge. Die Verfassung ist aber trotz ihrer äußeren Zerrissenheit als ein mehrschichtiges differenziertes Erzeugnis einer als Einheit geplanten Rechtssetzung von höchstem Rang zu deuten, mag auch manch einer ihrer Bestandteile wenig planhaft aussehen. Die Verfassung ist in ihrer eigenartig differenzierten, zweifelsfrei autoritativen Ausrichtung auf eine anhaltende Verwirklichung des Staates als eine in sich widerspruchsfreie Einheit zu verstehen. Sie gilt formal und inhaltlich als eine systematisch und schichtenmäßig angelegte rechtsverbindliche Gesamtheit. Sie ist als ein System und als ein Ordnungsgefüge von rechtlichen Institutionen und von Rechtsinstituten deutbar. Sie ist als ein System von werthaften und zweckgerichteten Leit- und Grundbegriffen und Tatbeständen verstehbar, letzten Endes bezogen auf Rechtsverhältnisse, auf Rechte und Pflichten Einzelner. Die Verfassung richtet sich zwar in erster Linie an die staatlichen Träger von Obersten Organpositionen. Sie ist vor allem dem Verfassungsgerichtshof und dem Bundespräsidenten zum besonderen Schutz anvertraut. Wie alles Recht, ist sie aber auf den Menschen abgestellt.

Die Verfassung ist nicht nur sinn-, zweck- und werthaft gesollt. Sie ist in ihrer wertgebundenen objektivierten Zweckhaftigkeit auch wirklichkeitsgegründet gewollt. Das bedeutet nicht, die Wirklichkeit zum Maß zu machen. Das heißt vielmehr, sie in ihrer Erheblichkeit für die Herkunft, für die Geltung und für den Zweck des Verfassungsrechts mitzuveranschlagen. Wenn in den Art 1 und 2 B-VG von „Österreich" die Rede ist, dann ist damit nicht etwa ein „System von Normen" gemeint, sondern der Staat Österreich als eine historisch gewordene, rechtlich verfaßte, als eine gegenwärtig existierende, zweckhafte organisatorisch-funktionelle Einheit. In der Spannweite von Vergangenheit, Gegenwart und Zukunft ist der „Staat Österreich" auch als eine tatsächlich existierend gesollte, rechtswirksam zu errichtende und tatsächlich auch errichtete und funktionierende Gebietskörperschaft zu verstehen. Wenn im Art 2 B-VG vom „Bundesstaat" die Rede ist, dann ist damit nicht nur ein „gesollter Föderalismus" gemeint, sondern auch ein tatsächlich errichteter und als solcher gesollter Verband von Bundesländern in ihrer geschichtlich gewordenen Existenz. Für diesen existierenden „Staat Österreich" regelt die „Bundesverfassung" die Staatsform, die Regierungsform, die Organisationsform, das Organgefüge, die Kompetenzgeflechte, die Aufgabenstellungen, die Werthaftigkeiten, die Zweckbestimmungen und die Zweckbegrenzungen, mit der Grundentscheidung zwischen den Notwendigkeiten der Allgemeinheit und den vitalen Interessen des Einzelnen, letztlich für die Freiheit des Einzelnen aus Verantwortung. Die Verfassung gebietet den Ausgleich zwischen der Ordnung der Gemeinschaft einerseits und der Freiheit des einzelnen Menschen aus Verantwortung andererseits. Sie limitiert dadurch die Aufgabenerfüllung durch den Gesetzgeber. Das kann angesichts der zunehmend ausufernden Gesetzgebung nicht nachdrücklich genug betont werden.

Der Staat „Österreich" bedeutet nicht nur eine Verfassungsordnung, sondern auch eine verfassungsgemäße, sozial-kulturelle, geschichtlich gewordene und geschichtlich andauernde, organisatorisch-funktionelle Wirklichkeit von unbestreitbarer rechtlicher Erheblichkeit und Wirksamkeit, in deren Mittelpunkt der freie Mensch in Verantwortung als Person steht.

Seine Konkretisierung erfährt das „Bundes-Verfassungsgesetz“ zuallererst durch sich selbst. Innerhalb seiner verbindlichen Vorgaben, zunächst nach Maßgabe des Begriffsinhalts der „Gesamtänderung“ durch die einfache Verfassungsgesetzgebung, durch die einfache Gesetzgebung und schließlich durch die Vollziehung (zugleich als Rechtsanwendung) und Befolgung, mit denen sie als höchstrangiges normatives Gefüge von Regelungseinheiten ein komplexes Ganzes bildet. Erst durch die Konkretisierung, vor allem über die Gesetze, letztlich aber auch durch Befolgung und Anwendung seitens der Obersten Staatsorgane, erfährt die Verfassung ihre jeweils aktuelle Sinnerfüllung und erhält so auch ihre inhaltliche Qualität, ihren Wert als Ordnung und Lebensform (ARISTOTELES) für das politische Gemeinwesen. Es kommt daher auch nicht von ungefähr, wenn die Kompetenztatbestände der Art 10 bis 15 B-VG durch den Verfassungsgerichtshof nach den institutionellen Eigenarten der ihnen vorgegebenen einfachgesetzlichen Lage gedeutet werden, wenn für zentrale Grundbegriffe der Grundrechte, wie etwa das Eigentum, das notwendige Vorverständnis nur im ABGB gefunden werden kann. Was bedeutet schließlich überhaupt eine bloße Gesetzeskenntnis ohne Kenntnis der von den Gesetzen erfaßten Lebenswirklichkeit? Deduktives und induktives Rechtsdenken, normatives und wirklichkeitsorientiertes Rechtsdenken gehen auch bei der Verfassungsinterpretation Hand in Hand. Gewiß, es ist der Text des „Bundes-Verfassungsgesetzes“, der in seiner Abstraktheit und Unbestimmtheit die Sinngehalte der Verfassung trägt. Deren Ermittlung, Verfestigung und Konkretisierung an Hand des Textes ergibt sich aber ausreichend nur aus dem notwendigen grundsätzlichen Vorverständnis und aus dem Blick auf die Wirklichkeit der Lebensverhältnisse in ihren Eigenarten, aus dem Blick auf das politische Gemeinwesen genannt Österreich, im Hinblick auf die zweckgerechte Verwirklichung des Verfassungsrechts vor allem durch die Obersten Staatsorgane[70].

Dabei mag es wohl Probleme schaffen, daß die Vorschriften des „Bundes-Verfassungsgesetzes“ nicht nur unterschiedliche sprachliche Ausdrucksformen, sondern auch unterschiedliche Regelungstechniken darbieten, wie etwa die funktionellen Bedeutungen von Gebot, Verbot, Ermächtigung, Erlaubnis und Freiheit, positiv und negativ formuliert, zumeist nur in schlichten thesenhaften Feststellungen. Eine andere Schwierigkeit liegt in der großen Zersplitterung des Verfassungsrechts. Eine weitere Schwie-

---

[70] Siehe dazu meine Ausführungen in diesem Band „Begriffe der Rechtswissenschaft“.

rigkeit gründet im wesensgemäßen Abstraktionsniveau verfassungsrechtlicher Begriffe und in deren notwendiger Allgemeinheit. Eine weitere Schwierigkeit ergibt sich aus der Mehrschichtigkeit des Verfassungsrechts. Schwierigkeiten rühren aber auch von der Gesetzestechnik her. Im Verfassungstext, in den Verfassungsvorschriften, ist ungleich mehr impliziert – dh eingeschlossen und vorausgesetzt – als expliziert, dh ausdrücklich ausgesprochen. So ist zB von der Gewaltenteilung nirgends ausdrücklich die Rede, und dennoch ist sie der Staatsorganisation erkennbar verbindlich zugrundegelegt. Selbstredend nur in ihrem Wesen, nicht in irgendeiner historischen Konkretheit. Die Gewaltenteilung ist im „Bundes-Verfassungsgesetz" der allgemein vorausgesetzte, institutionell zu deutende Sinn einer größeren Anzahl von Verfassungsvorschriften in deren regelhafter Bedeutung und in deren Funktionszusammenhängen. Daraus wird deutlich, welche Wichtigkeit dafür dem Vorverständnis zur Verfassung zukommt. Man muß um den Staat und um die Gewaltenteilung grundsätzlich Bescheid wissen, um die Bedeutung der einschlägigen Verfassungsvorschriften zu verstehen. Man muß das gewaltenteilende Konzept für die Regelungsfunktion der Verfassung im Hinblick auf die Organisation des Staates grundsätzlich voraussetzen[71].

XIII. Engen im wissenschaftlichen Denken

Angesichts solcher Überlegungen stimmt es nachdenklich, wenn man feststellen muß, daß in der wissenschaftlichen und in der praktischen Befassung mit dem Verfassungsrecht vielfach weder den rechtstechnischen, noch den formalen, noch den inhaltlichen Eigenarten des Verfassungsrechts die gebührende Aufmerksamkeit zugewendet wird. Die Regelungstechnik des „Bundes-Verfassungsgesetzes" und dessen formale Besonderheiten werden da und dort ebenso vernachlässigt wie die Mehrschichtigkeit und das Spezifische der unterschiedlich zweckhaften Einheiten seiner Inhalte. Anknüpfungspunkt der Judikatur und der Rechtsdogmatik ist überdies zumeist nicht der Gegenstand in seiner Gesamtheit. Oft sind es bloß dessen Einzelheiten, die zum isolierten Rechtsdenken verleiten.

Ausgangspunkt „moderner" Rechtsdogmatik ist mitunter auch eine dem Gegenstand vorgegebene Methode, mit dem formal-logisch fixierten analytischen Denkansatz der „Norm", die nur ein formal-logisches Deutungsschema ist. Im Vordergrund eines solchen Rechtsdenkens steht ein

---

71 Dazu bereits ARISTOTELES, Politik 149 ff.

vorgefertigtes formal-logisches Konstrukt und nicht der Regelungsinhalt des „Bundes-Verfassungsgesetzes". Die „Norm" wird dabei in unkritischer Weise zugleich als Denkinstrument und als rechtlicher Begriff verwendet. Das positive Recht wird dieser formalen Denkweise formal zugeordnet. Im Grunde trifft diese Denkweise daher methodologisch nur die Form. Der zweckgebundene und werthafte Inhalt des Verfassungsrechts wird überdies den absoluten Werten zugeordnet und diese werden als nicht erkennbar abgetan, weil sie einer wissenschaftlichen Erfassung nicht zugänglich sind. Dabei geht es gar nicht um absolute Werte, sondern um die positivierten relativen Werte. Für die Inhaltsbewältigung relativer, verbindlich gesetzter Werte der „Bundesverfassung" werden keine methodologisch durchdachten Denkmittel angeboten. Die dann dennoch praktizierte teleologische Verfassungsrechtsdogmatik funktioniert aber trotzdem, wenn auch wissenschaftlich unerklärt, weil anscheinend unerklärbar. Doch wohl nicht aus bloßer intellektueller Willkür oder unreflektiert gepflegter Rechtstechnik?

Der andere problematische Ansatz in manch einem gängigen Verfassungsrechtsdenken ist der bloße Wortlaut. Gewiß ist das Wort (der Wortlaut) der Verfassung auch für die Verfassungsrechtswissenschaft von größter Bedeutung. Der Verfassungsstaat der Neuzeit ist geprägt durch Urkundlichkeit und sprachliche Gesatztheit des Verfassungsrechts. Das setzt das schriftlich niedergelegte Wort notwendigerweise voraus und gibt ihm ein besonderes Gewicht. Doch das Wort ist nur ein Sinnträger von Begriffen und viele Sinngehalte des Verfassungsrechts sind im Wortlaut der Verfassung entweder nur angedeutet oder sprachlich überhaupt nicht ausgedrückt. In dieser Hinsicht gleicht die Verfassung einem Eisberg. Ihr weitaus größter Teil ist sprachlich „unsichtbar". Die zwangsläufige Wortgebundenheit des juristischen Denkens legitimiert daher nicht zur Sinnentpflichtung. Das hat schon ARISTOTELES erkannt.

Die Verfassung ist weder eine bloße „Norm" – auch nicht in deren Wiederholung und Pluralität – noch ist sie eine bloße Wortansammlung, ein satzförmig und schriftlich-textlich niedergelegtes grammatikalisch angelegtes Sprachgefüge, das bloß formal-logisch erfaßt oder diskurstheoretisch überhöht zu werden bräuchte. Grammatik, Logik und Diskurs der Theoretiker sind gewiß erkenntnisfördernd, sie haben aber im Rechtsdenken nur eine Hilfsfunktion. Für Sinn und Bedeutung des Rechts geben sie weder ein Richtmaß noch einen Maßstab ab.

Die Verfassung trägt als Rechtsquelle einen verbindlichen Gesamtsinn. Sie ist ein im „Bundes-Verfassungsgesetz" im Sinn des Art 10 Abs 1 Z 1 und des Art 40 Abs 3 B-VG als „Bundesverfassung" systematisch angelegtes Gefüge verbindlicher Bedeutungsgehalte, dargeboten durch die an die Regeln der Grammatik und an die regelhaften Formen logischen Denkens gebundenen Ausdrucksmittel der Sprache.

- Wort, Wörter und Wortzusammenhang
- Satz, Sätze und Satzzusammenhang
- Absatz, Absätze und Textzusammenhang
- Artikel, Hauptstücke und Gesamtkodex,

sie alle tragen sinn- und zweckhafte Ordnungselemente von Rechtssätzen, geprägt durch einfache und komplexe Begriffe. Diese stehen in Funktionszusammenhängen von Bejahung und Verneinung, von Identität, von Widerspruchsfreiheit, von Spezialität und Homogenität, aber auch von Disparität und Kontradiktion (Nämlichkeit, Verschiedenheit und Widerspruch), geprägt durch verbindliche Namen oder Terminologien. Die Verfassung umschließt Sinngehalte und Bedeutungen in verbindlichen objektivierten Zweckhaftigkeiten (Intentionalitäten, Finalitäten, Werten, Tendenzen, Verwirklichungszielen), als Ausdruck menschlicher Wertungen, Zwecksetzungen und autoritativer sollensgebundener zukunftsoffener Bedarfe. Die Verfassung ist trotz ihres vorherrschend formalen Charakters in ihren Inhalten, in den Motiven und Zielen ihrer Geltung ein Träger von rechtlich verbindlichen Werten. Durch sie ist zweckhaftes menschliches Verhalten „vorgeschrieben", dh durch sie ist zweckhaftes menschliches Verhalten als ein zu setzendes, als ein gesetztes, als ein sich vollziehendes und als ein anhaltend verwirklichtes Verhalten verbindlich erfaßt. Weder die von den Regeln der Grammatik beherrschte Sprache, noch das von den Regeln der Logik beherrschte Denken, wie sie in den Vorschriften der Verfassung sprachlich (grammatikalisch) Verwendung finden, sind im geschriebenen Verfassungsrecht um ihrer selbst willen vorhanden. Sie sind in bloßer Dienfunktion nach ihren eigenen Regeln selbst vielfach deutungsbedürftige formale Ausdrucksmittel für das Wollen des Verfassungsgesetzgebers, welches ein Sollen für die Adressaten des Rechts bedeutet. Demgemäß sind auch Logik, Grammatik, Semantik, Semiotik und Hermeneutik in ihren Regelhaftigkeiten niemals primäre Ansätze für die Interpretation. Primärer Ansatz ist die Rechtsquelle als Form und Inhalt in ihrer Erzeugtheit, Geltung und Wirklichkeit. Dabei kommt es selbstredend nicht nur auf die äußere und äußerliche Form des gewollten Sollens der Rechtsvorschriften an, sondern vor allem auf Sinn und Bedeutung regelhafter Sinnzusammenhänge, als Inhalte von Rechts-Sätzen oder Rechtsvorschriften in Recht und Wirklichkeit.

In den alten römischen Rechtsweisheiten ist verständlicherweise nicht von der „Norm" die Rede, sondern vom „Gesetz": „Lex posterior derogat legi priori" (Das spätere Gesetz hebt das frühere auf). Heute wird statt mit dem „Gesetz" mit der „Norm" argumentiert und vom „Widerspruch der Normen" geredet, als gäbe es einen solchen tatsächlich[72]. Die logische Form ist jeweils doch nur sich selbst identisch. Sie kann daher in ihrer Wiederholung nicht sich selbst widersprechen. Also kann es nur der Inhalt der Vorschriften sein, auf den es ankommt. Dieser kann aber durch eine formal-logisch orientierte analytische Rechtstheorie, gestützt auf das Denkschema „Norm", wenn überhaupt, dann nur formal-logisch eingegrenzt werden.

Die alten Römer sagten aber auch: „Scire leges non haec est, verba earum tenere sed vim ac potestatem". Sie sprachen von „Gesetzes"kenntnis – synthetisch – würde ich sagen, und nicht von der „Norm"kenntnis – analytisch – würde ich meinen. *Die „Gesetze" sind es auch, die kraft ihrer Form „Sinn" (vis) und kraft ihres Inhalts „Geltung" oder „Autorität" (potestas) haben und nicht die „Normen".* Der formal-logische Reduktionismus (zu dem sich MERKL für die Reine Rechtslehre ausdrücklich bekannte), den SANDER schon sehr früh anprangerte und den ADAMOVICH – FUNK in ihren Lehrbüchern zum Verfassungsrecht und zum Verwaltungsrecht den Juristen unserer Tage so anschaulich und kritisch vor Augen führen), wie er der normtheoretischen analytischen Denkweise der Reinen Rechtslehre geradezu kennzeichnend anhaftet, führt zur Entfremdung der Rechtswissenschaft auch von ihrem Gegenstand „Verfassungsrecht". Dessen Eigenart liegt nicht in den methodologischen Mitteln seiner Erkenntnis, sondern im formalen Gepräge der Rechtsquellen seiner Erzeugtheit und in deren bedeutungsvollen verbindlichen Inhalten.

Der Trend zur Gegenstandsverfremdung von normtheoretisch angelegten analytischen Rechtstheorien ist aber auch der Weg zu einer ausweglosen Selbstentfremdung des rechtswissenschaftlichen Denkens. Eine Ver-

---

[72] Zum theoretischen Hintergrund dieser Thematik siehe die kritischen Überlegungen bei PAULSON, Zum Problem der Normenkonflikte, ARSP (1980) 487 ff und WIEDERIN, Was ist und welche Konsequenzen hat ein Normenkonflikt? Rechtstheorie (1990) 311 ff, mit reichlichen Literaturhinweisen. Dabei sollte KELSENS These besonders nachdenklich stimmen: da „nur zwischen einem Sein und einem Sein oder zwischen einem Sollen und einem Sollen, nicht aber zwischen einem Sein und einem Sollen – als Gegenstand von Aussagen – ein logischer Widerspruch bestehen kann" (Reine Rechtslehre² 1960, 102). Im Recht steht doch immer ein abstrakt gesolltes Sein einem sollenshaften Sein gegenüber. Der Widerspruch ist daher im Verhältnis von abstraktem Gesolltsein und konkretem sollensgebundenem Sein zu suchen und nicht bloß zwischen Sollen und Sein.

fassungsrechtswissenschaft, die Sollen, Norm und Recht, Denkform und Gegenstand des Rechtsdenkens synkretistisch miteinander vermengt, welche die Formen des Denkens und den Gegenstand des Denkens nicht unterscheidet und nicht auseinanderhält, irrt ab vom Weg der rechtswissenschaftlichen Wahrheitssuche. Jede wissenschaftliche Wahrheitssuche steht unter dem uralten Wahrheitsgebot der „adaequatio rei et intellectus“, dh unter dem Gebot der Übereinstimmung des Gegenstandes als Objekt des Denkens und der Art und Weise des Denkens über den Gegenstand.

Die analytische Denkweise eines formal-logischen normtheoretischen Reduktionismus setzt an den Beginn des Rechtsdenkens die Formalisierung und die Schematisierung ihrer konstruierten Begriffe. Sie gibt der Denkform den Vorrang vor seinem Gegenstand. Diese Denkweise versperrt sich allein schon terminologisch den Weg zur unvoreingenommenen Erkenntnis vom Inhalt des Gegenstandes. Die formal-logisch (normlogisch) angelegte Analytik paart sich solcherart in einer sonderbaren Weise mit der auch in der Verfassungsrechtslehre modern gewordenen Diskurs- und Argumentationstheorie. Deren Wahrheitskriterium liegt nicht im Gegenstand, sondern im Konsens der sich gegenseitig anerkennenden, der sich reichlich gegenseitig anerkennend zitierenden und auf diese Weise anerkannten Diskursteilnehmer. Er liegt nicht in der Übereinstimmung der Mittel und Formen des Denkens mit dem Gegenstand, sondern in der übereinstimmend gepflegten Kunst der Argumentation. Darin zeigt sich auch eine merkwürdige Alternative zwischen Ästhetik und Reinheit, zwischen formaler Konsequenz und logischer Geschlossenheit einerseits und der Mühsal gegenstandsgebundenen Denkens andererseits. Ein selbstgenügsames, bloß theoretisches und scheinbar exaktes Denken steht der Offenheit, der Unsicherheit, der Unexaktheit sowie der begrenzten Gewißheit, der einbekannten Irrtumsfähigkeit und der Pluralität primär dem Gegenstand und nicht primär den Methoden verpflichteten Rechtsdenkens des Alltagsjuristen gegenüber. Dem praktisch orientierten Rechtsdogmatiker bleibt eben keine andere Möglichkeit, als sich mit menschlich begrenzter Leistungsfähigkeit dem keineswegs exakten Verfassungsrecht, einem empirisch wahrnehmbaren unvollkommenen Kulturphänomen, dogmatisch und pragmatisch zugleich zuzuwenden. Das Verfassungsrecht ist nicht exakt, warum sollte man dann eine Exaktheit des Verfassungsrechtsdenkens formal-logisch erkünsteln?

XIV. Verfassung und Wirklichkeit

Die Festlegung normtheoretisch (normlogisch) angelegter analytischer Rechtstheorien auf das formal-logische Strukturelement der „Norm", in der Reichweite des Logischen am Recht und im Recht, hat aber nicht nur eine Distanz zu Rechtsinhaltsfragen, insbesondere zur Wertbetrachtung im Recht zur Folge[73]. Soweit sie selbst rechtsimmanent wertet und teleologisch vorgeht, und das tut sie erfreulicherweise häufig und völlig traditionell-professionell, findet sie nämlich für ihr eigenes Tun weder eine wissenschaftstheoretische noch eine erkenntnistheoretische Erklärung. Die theoretische Hilflosigkeit der analytisch angelegten, formal-reduktionistischen Denkweise, vor allem gegenüber den Inhalten des Verfassungsrechts mit seinen Zweckhaftigkeiten und Werten, offenbart aber noch einen weiteren fundamentalen Mangel.

Das Sein des Verfassungsrechts und das konzipierte mögliche Sein im Verfassungsrecht sowie das Verfassungsrechtliche im konkreten Sein der sozial-kulturellen Wirklichkeit wird zwar praktisch veranschlagt, es findet aber keine theoretische Erklärung und Begründung. Wer auf die formallogische Form der „Norm" (Rechtsnorm) festgelegt ist (sei es als Imperativ oder als „normatives" hypothetisches Urteil), vor allem aber wer die „Norm" mit dem „Sollen" gleichsetzt, verschließt sich auch vor der Tatsache, daß in der empirisch erfaßbaren Wirklichkeit, dh in der sozial-kulturell bedeutungsträchtigen Existenz des gesatzten Rechts das Sollen zwar die prägende Charakteristik liefert, daß alles Recht aber in seinen Voraussetzungen, in seinem Inhalt und in seinen Zielrichtungen notwendige Seinsbedingungen hat. Gewiß liegt für das Recht im Gesollten das Eigenartige und daher auch das Kriterium der Abgrenzung des Rechtlichen vom Nichtrechtlichen. Doch es gibt im Recht kein bloßes oder reines Sollen. Im Recht ist immer ein Etwas, ein mögliches Sein gesollt. Aber auch das Sollen des Rechts selbst trägt das Sein seiner Erzeugtheit an sich. Das Recht besteht aus geschaffenen regelhaften Vorschriften für menschliches Verhalten. Es ist erzeugt durch menschliches Verhalten und findet seine Erfüllung gleichfalls in einem normativ bedeutungsvollen tatsächlichen menschlichen Verhalten, durch das es in die Wirklichkeit umgesetzt wird. Sein und Sollen sind zwar kategorial voneinander wesensverschieden, sie sind aber auch im Recht als Gegenstand der ihm gemäßen Erfahrung, in allen Schichten seiner Geltung und Verwirklichung untrennbar miteinander ver-

[73] Winkler, Wertbetrachtung im Recht und ihre Grenzen (1969).

bunden[74]. Diese unmittelbar einleuchtende Einsicht in die Notwendigkeit der Synthese des Kategorialen im Denken, bezogen auf die empirisch erfaßbare (kausale und soziale) Wirklichkeit, verdanken wir nicht erst KANT[75], sondern schon ARISTOTELES[76].

Österreich ist vermöge seiner Verfassung nicht bloß als Staat gesollt. Österreich ist nicht nur als Staat in der Staatsform einer demokratischen Republik und in der Organisationsform eines Bundesstaates gesollt. So will es der Verfassungsgesetzgeber, das ist der Sinn der Verfassung, das ist der Sinn ihrer Grundwerte. Österreich ist als Staat auch eine sollensgeprägte sozial-kulturelle Wirklichkeit. Daher ist der existierende Staat „Österreich" in der entsprechenden sozial-kulturellen Wirklichkeit auch rechtlich erheblich. Der Staat ist also auch in seiner Existenz von normativer Qualität, von sollenshafter Bedeutung im Sinn des Verfassungsrechts und durch das Verfassungsrecht. Das zeigt sich besonders anschaulich in der rechtlichen Erheblichkeit des verfassungskonformen regelhaften Verhaltens der Obersten Staatsorgane, als sollensgeprägte, als normativ verbindliche und als rechtserhebliche staatliche Wirklichkeit. Die „Republik Österreich" ist demnach nicht nur ein verfassungsrechtlicher Sinngehalt, sondern sie hat auch eine sollensgeprägte, sozial-kulturelle Existenz von geschichtlicher Dimension in Dauerhaftigkeit und Dynamik.

Die grundsätzliche und notwendige kategoriale Verknüpfung von Sein und Sollen im Rechtsdenken, gewiß unter dem Vorrang des gewollten Sollens, ist daher nicht bloß Spekulation und Theorie, sie ist von allergrößter praktischer Bedeutung. So gesehen kann die Verfassungsauslegung nur sinnvoll betrieben werden, wenn man sich die demokratische „Republik Österreich" nach der „Bundesverfassung", nach dem „Bundes-Verfassungsgesetz", nicht als ein bloß gesolltes, sondern auch als ein angeordnetes Gesolltes und als ein angeordnet (gesollt) existierendes, sozial-kulturelles Sein vorstellt. Das gewollte Gesolltsein des Staates verlangt nach seinem Sein. Das Fehlen des dem Recht entsprechenden Seins entwertet den Verbindlichkeitsanspruch des Rechts zu einem bloßen literarischen Wunsch.

---

[74] Siehe dazu grundsätzlich WINKLER, Rechtstheorie und Erkenntnislehre (1990). Siehe zum Verfassungsrecht die noch immer beachtenswerte Schrift von HESSE, Die normative Kraft der Verfassung (1959).

[75] Kritik der reinen Vernunft I (Werkausgabe Weischedel 1977).

[76] Elemente der aristotelischen Logik, zusammengestellt, übersetzt und kommentiert von TRENDELENBURG, Texte zu Logik 220/221 (1967).

Von daher wird es auch erklärlich, warum auch das Verfassungsrecht, obwohl es von höchstem Rang und vielfach durch Gesetze mediatisiert ist, nicht nur über die Gesetze, sondern an und für sich schon, in der Allgemeinheit und Unbestimmtheit seiner Vorschriften, auch aus dem Grundsätzlichen und Typischen seiner Verwirklichung, vor allem im entsprechenden Organverhalten, lebendigen Sinn und Bedeutung erhält. Das Verfassungsrecht gibt Impulse, es erfährt aber auch maßgebliche inhaltliche Bestimmungsgründe aus den grundlegenden Eigenarten seiner regelhaften und regelmäßigen Verwirklichung. Das zeigt sich unabweislich bei der Unterstellung konkreter Sachverhalte, etwa unter eines der Grundrechte. Das zeigt sich grundsätzlich im abstrakt-dogmatischen, dh in dem bloß auf systematische (theoretische) Erkenntnis gerichteten Rechtsdenken. Auch das Verfassungsrecht als Einheit gilt nicht im luftleeren Raum, sondern in der sozial-kulturellen Wirklichkeit. Das Verfassungsrecht gibt dieser das Maß und das Richtmaß vor. Es erhält aber von ihr auch wesentliche Bestimmungsgründe des Besonderen, Wesentlichen und Typischen, weil und soweit das Leben mit seinen vielfältigen Eigenarten und Formen seiner Existenz und seiner dynamischen Verwirklichung vorausgesetzter Gegenstand auch des Verfassungsrechts ist. Der Mensch, das Leben und die Lebenszusammenhänge des Menschen als Person werden nicht durch das Recht erzeugt. Das Recht hat diese zur Voraussetzung und soll mit dem Ziel ihrer Gewährleistung das friedliche Zusammenleben der Menschen lenken und steuern.

Diese Überlegungen führen zum Thema „Die Verfassung in Recht und Wirklichkeit", in seiner Vielschichtigkeit und im Hinblick auf die existentiell unausweichliche, dh notwendige Verbindung von Sein und Sollen im Recht und im Rechtsdenken. Diese Überlegungen führen aber auch zu einem komplexen Rechtsbegriff, der in schichtenmäßig angelegten Rechtssatzformen von der höchsten Verfassungsvorschrift bis zum konkreten Staatshandeln und zur rechtserheblichen Wirklichkeit alles verfassungsrechtlich erfaßten Staatlichen reicht. Doch hier will und muß ich innehalten. Das mir aufgegebene Thema habe ich nach Maßgabe der beschränkten Zielsetzung und meiner begrenzten Einsichten weitgehend ausgeschöpft. Eines sei aber noch festgestellt. Angesichts der Perspektive der notwendigen Verknüpfung von Sein und Sollen im Rechtsdenken – weil es im Recht so ist und daher im verfassungsrechtlichen Denken auch so zu beachten ist – erscheint die Definition von der Verfassung bloß als ein „Normengefüge zur Regelung der Rechtserzeugung" ebenso elegant wie auskunftsarm, ebenso klar und einfach wie dürftig, ebenso rein und formal wie inhaltslos, keineswegs schlechthin unrichtig, doch keinesfalls hinreichend für einen wissenschaftlichen Anspruch auf Ausschließlichkeit und Vollständigkeit einer methodologisch am Gegenstand orientierten, positivrechtlichen Darstellung der Eigenarten unserer Verfassung als einer qualifizierten Ordnung für den Staat „Republik Österreich".

XV. Verfassungswidrige Verfassungsgesetze

Im österreichischen Parlament (Nationalrat) waren wiederholt Bestrebungen im Gang, bereits gefällten oder aller Voraussicht nach zu erwartenden Erkenntnissen österreichischer Höchstgerichte rechtswirksam zu begegnen. Das Parlament ließ sich dann und wann sogar dazu verleiten, einen Akt der einfachen Gesetzgebung in den Verfassungsrang zu heben, zumeist um eine rechtswirksame Gesetzesprüfung zu verhindern. In den wenigsten Fällen, wie etwa bei der Regelung der Entschädigungen im Gefolge der zwei Verstaatlichungsgesetze, konnte es ein existentielles Staatsinteresse für sein Tun reklamieren[77]. Die Anhebung von einfachen Gesetzen in den Verfassungsrang erfolgte zumeist bloß aus vordergründigen, völlig unverhüllten tagespolitischen Interessen. Die Rechtserzeugungsform des Verfassungsgesetzes wurde zum interessenpolitischen Instrument gemacht und auf solche Weise ihrem fundamentalen Zweck entfremdet, bleibende Regel für das alltägliche Staatshandeln zu sein.

In zwei politisch besonders brisanten historischen Sachlagen waren in der Öffentlichkeit Bestrebungen in Gang gesetzt worden, das Parlament zu bewegen, durch besondere Verfassungsgesetzgebungsakte nicht nur das politische Dilemma rechtskräftiger höchstgerichtlicher Entscheidungspraxis aufzulösen, sondern vor allem einer mit gutem Grund zu befürchtenden Gesetzesaufhebung durch den Verfassungsgerichtshof entgegenzuwirken. Volksabstimmungen sollten diese Akte „demokratisch" absichern. Diese politisch brisanten Sachlagen waren einerseits der „Fall Habsburg" und andererseits der „Fall Zwentendorf". Im „Fall Habsburg" sollte in erster Linie ein Erkenntnis des Verwaltungsgerichthofs in seinen Rechtsfolgen verfassungsgesetzlich paralysiert werden. Eine Volksabstimmung war angestrebt. Im „Fall Zwentendorf" sollte durch ein verfassungsänderndes Verfassungsgesetz ein durch eine Volksabstimmung abgelehnter Vorschlag eines Maßnahme- und Individualgesetzes durch ein verfassungsrechtliches Maßnahmengesetz im Wege der Volksabstimmung saniert werden. Die

---

[77] Dieses Staatsinteresse erscheint durch die Art jüngerer Reprivatisierungen allerdings in einem grellen Licht.

Aufhebung der Wesensgehaltssperre des B-VG (Art 44 Abs 3), gewährleistet durch den Begriff „Gesamtänderung der Bundesverfassung", sollte durch das Volks selbst herbeigeführt werden, dh das Volk selbst sollte eine bloß fallbezogene Dispens von der Einhaltung der Staatsfundamentalnorm beschließen und unter dem formalen Prätext der Achtung vor der verfassungsgesetzlich qualifiziert geschützten Gesamtänderung einen Verfassungsbruch nicht nur legalisieren, sondern auch legitimieren.

In beiden Fällen wurden höchst problematische verfassungsrechtliche und staatspolitische Konsequenzen sichtbar. Mir scheint es daher mehr als sinnvoll, aus Anlaß meines Vortrages zum Verfassungstag 1991 darauf hinzuweisen. Zwei meiner damaligen Stellungnahmen zu diesen beiden politischen Fragenkomplexen dienen der Veranschaulichung von Möglichkeiten und Grenzen der Verfassungsgesetzgebung gemäß den Ermächtigungen und Schranken unserer „Bundesverfassung".

1. Zum „Fall Habsburg"

Der mit der Familie HABSBURG seit dem Jahr 1919 durch Verfassungsgesetz des Landes verwiesene Sohn des letzten österreichischen Kaisers, Dr. OTTO VON HABSBURG, wollte wieder nach Österreich zurückkehren. Er gab die dafür vom Habsburgergesetz geforderte Verzichtserklärung ab und beantragte bei der Bundesregierung die Feststellung, daß diese Erklärung im Sinn des Habsburgergesetzes ausreichend sei. Da die Bundesregierung untätig blieb, wandte sich Dr. OTTO VON HABSBURG an den Verfassungsgerichtshof. Der Verfassungsgerichtshof erklärte sich für unzuständig und wies die Beschwerde gegen den nicht erlassenen Verwaltungsakt, wenn auch mit einer problematischen Begründung, aber völlig rechtens als unzulässig zurück. Daraufhin richtete Dr. OTTO VON HABSBURG an den österreichischen Verwaltungsgerichtshof eine Säumnisbeschwerde und begehrte von diesem eine positive Erledigung seines Antrages. Der Verwaltungsgerichtshof gab dem Antrag statt und schuf so die rechtlichen Voraussetzungen für die Rückkehrmöglichkeit Dr. OTTO VON HABSBURGS. Dieses Erkenntnis des Verwaltungsgerichtshofs wurde von politisch Mächtigen nicht nur heftig kritisiert, sondern es sollte in seinen Rechtswirkungen sogar durch eine „authentische Interpretation" des Habsburgergesetzes in Verfassungsform und mit rückwirkender Kraft paralysiert werden[78]. Dieses Verfassungsgesetz wurde zwar erlassen, von

---

[78] Bundesverfassungsgesetz vom 4. April 1963, mit dem das Gesetz vom 3. April 1919, StGBl Nr 209, betreffend die Landesverweisung und die Übernahme des Vermögens

der Anordnung einer Rückwirkung wurde jedoch infolge massiver öffentlicher Kritiken Abstand genommen. In der ministeriellen Praxis wurde er jedoch durch längere Zeit hindurch als verbindlich betrachtet. Eine meiner Stellungnahmen zum „Fall Habsburg" wurde in der Tageszeitung „Die Presse"[79] unter dem Titel: „Das Höchstgericht für Österreichs Richter?"[80] abgedruckt. Darin ist folgendes wörtlich ausgeführt:

„Der Streit um das Erkenntnis des Verwaltungsgerichtshofes schlägt hohe Wellen. Gegen einen unanfechtbaren und endgültigen Spruch des Höchstgerichtes wird in einer unerhörten und nicht mehr zu verantwortenden Weise Sturm gelaufen. Man wirft dem Gericht vor, es habe das Parlament entmachtet, obwohl es nur von seiner verfassungsgesetzlichen Zuständigkeit Gebrauch machte, die von ihm anzuwendende Rechtsvorschrift nach allen Regeln alter österreichischer Rechtskunst auf ihre Geltung zu prüfen, weil es entschied, da die anderen Instanzen – auch das Parlament – untätig blieben. Daß der Verwaltungsgerichtshof das Parlament entmachtet hat, ist daher rechtlich und tatsächlich nur ein billiges Schlagwort unter den vielen völlig haltlosen Rechtsbehauptungen, diskriminierenden Anwürfen und politischen Wünschen.

Und obwohl das Schlagwort von der Entmachtung des Parlamentes unwahr ist, ragt unter den politischen Wünschen die Forderung hervor, das Habsburg-Gesetz rückwirkend zu interpretieren. Für den bereits entschiedenen Fall soll dem Parlament zugewiesen werden, was es gar nicht beanspruchte und was ihm nach dem heutigen Stand der Verfassung nicht zukommt. Es soll *rückwirkend* festgestellt werden, daß der Hauptausschuß des Nationalrates bei der Loyalitätserklärung mitzuwirken habe und daß das Erkenntnis des Verwaltungsgerichtshofs, welches sich auf diese Frage gar nicht hätte einzulassen brauchen, weil sie für die Zuständigkeit des Gerichts gar nicht präjudiziell sein kann, als aufgehoben anzusehen sei. Das soll der Nationalrat als Verfassungsgesetz beschließen, das soll ferner eine nachfolgende Volksabstimmung bestätigen.

---

des Hauses Habsburg-Lothringen, authentisch ausgelegt wird, BGBl 1963/172. Siehe dazu WINKLER, Fußtritte für den Rechtsstaat, Forum X 115 – 116 (1963) 343 ff und KAFKA, Der Fall Dr. Otto Habsburg, AÖR 88 (1963) 451, in Anlehnung an einen meiner ursprünglichen Vorträge.

[79] Die Presse, 15./16. Juni 1963.

[80] ADAMOVICH sen schrieb in seinem Aufsatz „Die verfassungsmäßige Funktion des Richters", ÖJZ (1954) 409 folgende lapidare Worte: „Ohne unabhängige Organe gibt es keinen Rechtsstaat, keine Freiheit, keine wahre Demokratie, der unabhängige Richter ist geradezu der Grundpfeiler unserer gesamten Kultur."

Was ist damit angezielt? Der verfassungsgesetzlich berufene unabhängige Richter soll durch politische Instanzen ausgeschaltet werden. Der Nationalrat soll in einem bereits entschiedenen Fall Richter über dem Höchstrichter sein und das Volk Richter über dem Nationalrat und dem Richter.

Das Volk soll – ein erstaunliches Vorhaben – über die Freiheit eines einzelnen Staatsbürgers entscheiden. Damit würden Gesetzgeber und Richter in einem Organ vereint. Und welch eine Ironie – es soll dem Parlament jenes Recht zugewiesen werden, um das es sich gar nicht gekümmert hat, als es an der Zeit gewesen wäre.

Es war einmal ... Zur Zeit der absoluten Monarchie konzipierte ein Gelehrter namens Montesquieu die moderne Form der Gewaltentrennung(-teilung). Er ging davon aus, daß dem Staat drei Aufgaben zukommen: Gesetze zu geben, Richter zu sein und zu verwalten. Und er forderte, daß diese drei Aufgaben auf verschiedene Organe aufgeteilt werden sollen. Diese Organe sollen voneinander getrennt sein und begrenzt an den Aufgaben der anderen Organe mitwirken. Das nennt man die Lehre von der Gewaltentrennung und Gewaltenverbindung.

Was hat Montesquieu dazu bewogen, eine solche Forderung aufzustellen? Die Antwort ist einfach: die Verhältnisse seiner Zeit. Damals herrschte der Absolutismus. Das heißt, der Monarch war höchster und als solcher einziger Träger der gesamten Staatsgewalt. Er war zugleich Gesetzgeber, Richter und Verwaltungsorgan in höchster Instanz. Darin lag die Wurzel für Willkür und Machtspruch, für Kabinettsjustiz oder politische Justiz und für die willkürliche Aufhebung von Sprüchen unabhängiger Richter. Diese Gewaltenvereinigung zur Willkürübung hatte Montesquieu vor Augen und er schrieb aus eigener Anschauung die gewichtigen, zeitlosen Worte:

‚Die politische Freiheit des Bürgers ist jene Ruhe des Gemüts, die aus dem Vertrauen erwächst, das ein jeder zu seiner Sicherheit hat. Damit man diese Freiheit hat, muß die Regierung so eingerichtet sein, daß ein Bürger den anderen nicht zu fürchten braucht. Wenn in derselben Person oder der gleichen obrigkeitlichen Körperschaft die gesetzgebende Gewalt mit der vollziehenden vereinigt ist, gibt es keine Freiheit. Es gibt ferner keine Freiheit, wenn die richterliche Gewalt nicht von der gesetzgebenden und vollziehenden getrennt ist. Ist sie mit der gesetzgebenden Gewalt verbunden, so wäre die Macht über Leben und Freiheit der Bürger willkürlich, weil der Richter Gesetzgeber wäre. Alles wäre verloren, wenn derselbe Mensch oder die gleiche Körperschaft der Großen, des Adels oder des

Volkes diese drei Gewalten ausüben würde: die Macht, Gesetze zu geben, die öffentlichen Beschlüsse zu vollstrecken und die Verbrechen oder die Streitsachen der einzelnen zu richten.‘ (De l'Esprit des Lois, Buch IX, Kap. 6)

Wir Verfassungsjuristen betrachten es als ein Vermächtnis der Schöpfer unserer Verfassung, daß sie nicht nur die Demokratie, sondern auch die Gewaltentrennung(-teilung) in der Verfassung verbindlich niederlegten, gegen Willkür und im Dienste (an) der Freiheit des Einzelnen. Sie gaben neben dem Volk dem Parlament die Gesetzgebung, dem Bundespräsidenten, der Bundesregierung und den Bundesministern die Verwaltung und den drei Höchstgerichten, nämlich dem Obersten Gerichtshof, dem Verwaltungsgerichtshof und dem Verfassungsgerichtshof, die Gerichtsbarkeit in höchster und letzter Instanz. Unsere Verfassung unterscheidet und trennt die Gewalten. Sie verbindet aber auch Gesetzgebung und Verwaltung auf besondere Weise, ohne die Gewalten zu schmälern. Sie stellt aber die Gerichtsbarkeit den zwei anderen durch die Unabhängigkeit gegenüber, auch dem Volk.

Als Verbindung von Gesetzgebung und Verwaltung erscheint z. B., daß dem Parlament die Gesetzgebung zugewiesen ist und daß der Bundespräsident an ihr durch die Beurkundung mitzuwirken hat. Der Bundespräsident ist zwar Verwaltungsorgan, er übt aber insofern Gesetzgebungsfunktion aus. In vergleichbarer Weise ist es der Regierung übertragen, Verordnungen zu erlassen und dem Parlament zugewiesen, in bestimmten Fällen daran mitzuwirken; es übt insofern eine Verwaltungsfunktion aus. Anders ist das Verhältnis von der Gerichtsbarkeit zu Gesetzgebung und Verwaltung. Diese sind nicht durch eigentliche Mitwirkungsbefugnisse verbunden. Die Gerichte sind ja unabhängig, sie fällen ihre Entscheidungen allein. Die Gerichte sind zwar dem Gesetz unterworfen, in dessen Auslegung und Anwendung haben sie jedoch allein tätig zu werden, und zwar abschließend und endgültig. Was das Gericht in Auslegung der Gesetze – dazu gehört auch die Verfassung, sofern sie anzuwenden ist – im Einzelfall entscheidet, soll für diesen Fall Recht sein und bleiben.

Was strebt man nun aber an? Das Konzept der Gewaltentrennung, wie es in unserer Verfassung verbindlich niedergelegt ist, soll gegen den Verwaltungsgerichtshof durchbrochen werden, und zwar durch das Parlament unter Anrufung des Volkes. Damit will man gerade das wieder verwirklichen, wogegen man sich durch die geltende Verfassung eindeutig gewendet hat. Der Gesetzgeber soll auch Richter sein. Er soll für einen einzelnen Menschen ein Gesetz beschließen, und dieses soll wie ein Richterspruch gelten, einen weiteren Richterspruch unmöglich oder zur Farce machen, ja sogar einen bereits bestehenden Richterspruch beseitigen. Als Vorwand gilt ein Widerspruch zwischen dem Verfassungsgerichtshof und dem Verwaltungsgerichtshof, der rechtlich gar nicht besteht, weil der Verfassungsgerichtshof in der Sache überhaupt nicht abgesprochen hat; eine Zurückweisung ist nämlich keine Sachentscheidung.

Generationen von Demokraten haben für unser Verfassungskonzept gearbeitet, gekämpft, gelitten. Mit einem Schlag soll es nun gebrochen werden. An Stelle des absoluten Monarchen soll das absolute Volk treten. Genügt es denn nicht, daß man von 1918 bis 1920 mit der extremen parlamentarischen Demokratie so schlechte Erfahrungen gemacht, daß man die Gewaltentrennung(-teilung) im Jahre 1920 wieder eingeführt hat? Kelsen war es, der erfahrene Staatslehrer und Meister, der das neue Konzept gegen den Extremismus und die Macht der Einorganherrschaft des Parlamentes schuf. Er sorgte für den Ausgleich und die Teilung der Gewalten. Kann man denn wirklich nicht aus der Geschichte lernen? Ist jedes Experiment erlaubt?

Heute ist es der Fall Habsburg, den man dem Richter entziehen will, nachdem man zu einer Entscheidung nicht fähig war. Morgen wird das Recht irgendeines Staatsbürgers ein Spielball der Politik, sei es, weil man dem Richter die Entscheidung entzieht, sei es, weil dieser dem politischen Druck aus einer solchen Möglichkeit nicht mehr standhalten kann. Es kann kein Zweifel daran sein, daß die Ausübung des Richteramtes durch das Parlament oder das Volk mit einem verschleierten Richterspruch in der Form einer rückwirkenden authentischen Interpretation die Trennung der Gewalten aufheben würde. Das wäre aber ein eindeutiger Verstoß gegen die Bundesverfassung, der als Gesamtänderung im Sinn des Art. 44, Abs. 2 B.-VG.[81] zu werten wäre. Und schließlich, was Willkür ist, wird dadurch nicht besser, weil es von einem irregeleiteten Volk kommt.

Der allseits geachtete und anerkannte Präsident des Verfassungsgerichtshofes, Dr. LUDWIG ADAMOVICH sen, warnte bereits im Jahre 1954, in seiner letzten Lebenszeit, in geradezu prophetischer Voraussicht davor, den Richter herabzusetzen oder zu entrechten. Er berief sich auf die richterliche Unabhängigkeit als einer Verfassungseinrichtung und sagte, daß sie, historisch gesehen, zweifellos in erster Linie gegen Einflüsse der Regierung, gegen Kabinettsjustiz und politische Weisung gerichtet ist. Die Unabhängigkeit wende sich aber nicht nur gegen Einflüsse der Verwal-

---

[81] Jetzt Art 44 Abs 3 B-VG.

tung, sondern auch gegen die Gesetzgebung. Diese habe gewiß den Gerichten die Gesetze zu geben, aber *nur für die Zukunft und nicht für den Einzelfall*:

‚Als eine unzulässige Einmengung in die Unabhängigkeit der Rechtsprechung muß es aber angesehen werden, wenn ein Akt der Gesetzgebung sich ausschließlich die Aufgabe stellt, ein bereits gefälltes richterliches Urteil zu vernichten oder die Entscheidung eines konkreten, bei einem Gericht anhängigen Rechtsstreites durch einen Akt der Gesetzgebung unmöglich zu machen. Daß dem Gesetzgeber in dieser Richtung nach dem österreichischen B.-VG. Schranken gezogen sind, daß er nicht befugt ist, durch solche Maßnahmen in die unabhängige Rechtsprechung der Gerichte einzugreifen (und sie zu verhindern), beweist schon die Überlegung, daß andernfalls die einzelne Bestimmung des Artikels 93 B.-VG. überflüssig wäre, die den Gesetzgeber ausdrücklich (und damit nur ausnahmsweise) ermächtigt, allgemeine Amnestien wegen gerichtlich strafbarer Handlung durch Bundesgesetz zu verfügen. Vor unberechtigten Eingriffen der Gesetzgebung in die Unabhängigkeit der Rechtsprechung kann nicht genug gewarnt werden, da jeder solche Akt an den Fundamenten der ganzen Rechtsordnung rührt (für deren Durchsetzung und Entwicklung im Rahmen der Verfassung zu sorgen die hohe Aufgabe der gesetzgebenden Gewalt bildet).‘

Und als hätte ADAMOVICH den beschämenden Streit um den Verwaltungsgerichtshof vorausgeahnt, schrieb er wörtlich: ‚... niemand wird ernstlich daran denken, richterliche Urteile einer sachlichen, kritischen Stellungnahme entziehen zu wollen. Aber eine sachliche Kritik muß es eben sein und bleiben, sie darf nicht in persönliche Angriffe und Verdächtigungen ausarten, die nicht nur die Autorität des richterlichen Amtes, sondern auch die wahre innere Unabhängigkeit der Richter ernstlich zu gefährden und die ganze Rechtsordnung in ihren Fundamenten zu erschüttern vermögen‘[82].

Wer bis nun noch nicht belehrt war, muß es sich durch ADAMOVICH sagen lassen: der Plan einer solchen rückwirkenden Interpretation ist mehr und anderes als ein bloßer Vorschlag zur Rechtsreform und -bereinigung. Er trägt Zeichen eines Auswegexperimentes an sich, das vielleicht erzwungen werden könnte, das (aber) unweigerlich in die Auflösung unseres Staates und in das angeblich bereits gegebene Rechtschaos führen muß, das demagogisch beschworen wird. Man spürt die Heimatlosigkeit aller Argu-

---

82 Die verfassungsmäßige Funktion des Richters, ÖJZ (1954) 410 f.

mente, die diesen politischen Wunsch schützen sollen. Ernüchtert begreift man nun, daß für manche Exponenten politischer Parolen die Verfassung mit ihrem Rechtsstaatskonzept keine Heimstätte ist. Nicht wohnlicher will man sie gestalten, sondern ihre Grundsäulen zum Einstürzen bringen, weil politischer Zorn und Haß keinen anderen Ausweg mehr zeigen.

Man muß sich nicht einer höheren Ordnung verpflichtet fühlen, um das Menschenwerk, das unsere Verfassung darstellt, als einen Wert zu begreifen. Die Verfassung verkörpert die für richtig erkannten Vorstellungen der Begründer unserer Republik über die Gestaltung des Staates. Sie ist nicht nur das Prunkgewand unserer Gemeinschaft, das man zerreißen will. Die Verfassung ist *Recht* und, wie alles Recht, verbindlich. Das aber bedeutet, daß die Wertvorstellungen und Ordnungsgrundsätze unserer Verfassung verpflichtende Kraft haben. Wer sie verletzt, verletzt die Verfassung. Wer gegen die Verfassung handelt, handelt also rechtswidrig, und zwar in einem stärkeren Maß als jeder andere Rechtsverletzer, weil er den höchsten Gemeinschaftswert angreift.

Wer einen unerwünschten Besucher, sei es auch einem ausgestoßenen, aber versöhnungsbereiten Kind, das Haus verwehren will, wird doch nicht deshalb das Haus umbauen oder gar Türen und Fenster zumauern. Er mag ihn ersuchen, dem Haus fernzubleiben. Ähnliches gilt für den Rechtsfall. Man wird doch um Himmels willen nicht wegen eines Einzelfalles experimentieren und unser Verfassungsgefüge im Grund verändern. Es ist der Vorzug dieser Ordnung, dem Menschen Sicherheit zu geben. Der Durchbruch zum Richterspruch durch das Volk und die Aufhebung der Unabhängigkeit des Richters und der Unantastbarkeit seines Spruches wären der Todesstoß für diese Ordnung und die Sicherheit, die unsere ohnedies so vielfach gefährdete Verfassung noch bietet.

Schließlich darf man aber eines nicht vergessen. Es gibt heute nur einen allseits verbindlichen Richterspruch in der Sache Habsburg. Auch nicht die höchsten staatlichen Organe dürfen sich weigern, ihn zu akzeptieren. Hätte der Verfassungsgerichtshof sich nicht für unzuständig erklärt, sondern in der Sache entschieden, dürfte ihm niemand ungehorsam sein. Was soll man aber an einem Spruch (finden), in welchem er ausdrücklich sagt, daß er selbst *unzuständig* ist. Über die Zuständigkeit anderer Organe hat er nicht abgesprochen, es wäre ihm dies unter den gegebenen Voraussetzungen auch gar nicht zugekommen. Nur der Verwaltungsgerichtshof hat in der Sache entschieden. Jeder Jurist weiß daher, was das bedeutet: Sein Spruch ist bindend und verpflichtend.

Wird das Verwaltungsgerichtshof-Erkenntnis vernichtet, so können wir sicher sein: Die ganze Welt wird uns mit Recht verhöhnen, wenn wir dann noch für Österreich das Prädikat ‚Rechtsstaat' in Anspruch nehmen wollten."

Meine auch in anderer Form damals und vielfach schriftlich und mündlich geäußerte Kritik war nicht die einzige. Die meisten Professoren des Verfassungsrechts protestierten gemeinsam mit mir in der Öffentlichkeit. Der damalige Präsident des Verfassungsgerichtshofs ANTONIOLLI erhob unter anderem in offiziellen Vorsprachen beim Bundespräsidenten und beim Präsidenten des Nationalrates warnend seine Stimme. Doch der Nationalrat beschloß das Verfassungsgesetz zur authentischen Interpretation des Habsburgergesetzes am 4. Juli 1963. Gleichzeitig richtete der Nationalrat an die Bundesregierung die Feststellung als Willenskundgebung der österreichischen Volksvertretung, daß „eine Rückkehr von Dr. Otto Habsburg-Lothringen nach Östereich nicht erwünscht ist ...", und forderte die Bundesregierung auf, dieser Feststellung in geeigneter Weise zu entsprechen, weil die Rückkehr „ohne Zweifel mit schwerwiegenden Konsequenzen für die Republik Österreich verbunden wäre und wegen der Gefahr daraus entstehender politischer Auseinandersetzungen auch zu wirtschaftlichen Rückschlägen führen würde"[83]. Der Bundesrat bestätigte in seiner Sitzung vom 19. Juli 1963 die authentische Interpretation im Verfassungsrang. Er faßte jedoch die Entschließung an die Bundesregierung, sie möge unter Bedachtnahme auf das Erkenntnis des Verwaltungsgerichtshofs vom 24. Mai 1963 mit allem Nachdruck darauf achten, „daß die Grundsätze der Rechtsstaatlichkeit gewahrt und gesetzeswidrige Maßnahmen verhindert werden"[84]. Gegen die authentische Interpretation des Nationalrates erhob er keinen Einspruch.

Entgegen der ursprünglichen Absicht unterblieb schon im Nationalrat die ausdrückliche Anordnung einer Rückwirkung. Dennoch eröffnete der Bundesminister für Inneres dem Ministerrat bereits am 9. Juli 1963, daß er die Landesverweisung Dr. HABSBURGS durch das Verwaltungsgerichtshofserkenntnis nicht als beseitigt ansehe und daß er die ihm unterstellten Dienststellen entsprechend anweisen werde. Der „Fall Habsburg" blieb in der Folgezeit noch lange eine machtpolitisch und willkürlich offen gehalte-

---

[83] 157 der Beilagen zu den Stenographischen Protokollen des Nationalrats X. GP. Siehe dazu die Stenographischen Protokolle des NR X. GP, 21. Sitzung vom 4. Juli 1963, 1031 ff.

[84] Stenographische Protokolle des BR, 206. Sitzung vom 19. Juli 1963, 4984 ff.

ne Streitfrage. Dr. HABSBURG konnte längere Zeit nicht nach Österreich einreisen. Nach mehr als vierzig Jahren huldigte man dem politischen Stil des Ostrazismus mit maßlosen Überteibungen. Wenn Dr. HABSBURG nach Österreich komme, werde eine Arbeitslosigkeit hereinbrechen. Die politische Willkür feierte einen ihrer beschämendsten Triumphe.

2. Zum „Fall Zwentendorf"

Die Bundesregierung hatte den Bau des Kernkraftwerks „Zwentendorf" im Konsens mit den führenden politischen Kräften des Landes bewilligt. Das Kernkraftwerk wurde gebaut und man harrte der Betriebsbewilligung seitens der zuständigen Behörde. Zu dieser Zeit waren die Widerstände gegen die Atomkraft in der Öffentlichkeit stärker geworden. Durch den zunehmenden Widerstand motiviert und von wahltaktischen Opportunitätsüberlegungen geleitet, wurde das Parlament durch die Bundesregierung veranlaßt, ein einfaches Gesetz zu beschließen. Durch dieses Gesetz sollte künftig die Errichtung von Kernkraftwerken von einer durch Bundesgesetz zu erteilenden Erlaubnis abhängig gemacht und gleichzeitig für das bereits errichtete Kernkraftwerk Zwentendorf die Betriebsbewilligung erteilt werden. Der vom Nationalrat mit Datum vom 7. Juli 1978 gefaßte und vom Bundesrat nicht beeinspruchte Gesetzesbeschluß wurde durch Entschließung des Bundespräsidenten[85] vom 13. September 1978 einer Volksabstimmung zugeführt. Die beiden wesentlichen Paragraphen hatten folgenden Wortlaut:

„§ 1. Zur Inbetriebnahme eines Kernkraftwerkes in Österreich ist, außer den auf Grund anderer gesetzlicher Bestimmungen erforderlichen behördlichen Bewilligungen, eine durch Bundesgesetz zu erteilende Erlaubnis aus gesamtstaatlicher, volkswirtschaftlicher und energiepolitischer Sicht sowie unter Bedachtnahme auf Gesichtspunkte technischer und gesundheitlicher Sicherheit – soweit diese Kompetenzen durch den Bund wahrzunehmen sind – erforderlich.

§ 2. Für die Inbetriebnahme des Kernkraftwerkes Zwentendorf der Gemeinschaftskraftwerke Tullnerfeld GmbH. wird diese Erlaubnis gemäß § 1 erteilt."

Das Volk verweigerte diesem Gesetzesbeschluß des Parlaments mit knapper Mehrheit seine Zustimmung[86]. Das vorgeschlagene Gesetz kam nicht zustande. Daraufhin beschloß der Nationalrat mit Datum vom 15. Dezember 1978 ein Verbotsgesetz über die Nutzung der Kernspaltung für

---

[85] BGBl 1978/493.

[86] BGBl 1978/628.

die Energieversorgung in Österreich[87]. Der Bundesrat erhob dagegen keinen Einspruch. § 1 dieses Gesetzes hat folgenden Wortlaut:

„§ 1. Anlagen, mit denen zum Zwecke der Energieversorgung elektrische Energie durch Kernspaltung erzeugt werden soll, dürfen in Österreich nicht errichtet werden. Sofern jedoch derartige Anlagen bereits bestehen, dürfen sie nicht in Betrieb genommen werden."

Seinen Gesetzesbeschluß verband der Nationalrat mit einem Entschließungsantrag. Darin wurde die Bundesregierung ersucht, „in ihren energiepolitischen Planungen darauf Bedacht zu nehmen, daß eine Änderung des Atomsperrgesetzes vom 15. Dezember 1978 nach Auffassung des Nationalrates nicht ohne neuerliche Volksabstimmung in Betracht kommt, wobei der einer solchen Volksabstimmung zugrunde zu legende Gesetzesbeschluß mit einer Zweidrittelmehrheit beschlossen werden müßte"[88].

Diese Entschließung konnte allein schon infolge ihres „Ersuchenscharakters" gegenüber dem Nationalrat keine Rechtsverbindlichkeit entfalten. Seine politische Bindung fand überdies mit der darauffolgenden Beendigung der Gesetzgebungsperiode durch eine Neuwahl zum Nationalrat ihr Ende. Der Nationalrat hatte daher jedenfalls von da an die rechtliche Möglichkeit, das Verbot der Inbetriebnahme des Kernkraftwerkes Zwentendorf durch einfaches Bundesgesetz aufzuheben. Doch die Parlamentsmehrheit fand sich der darin liegenden politischen Verantwortung nicht gewachsen. Man brachte daher im Nationalrat den Entwurf eines Verfassungsgesetzes ein, um die legistisch eingefrorene Investition der verstaatlichten E-Wirtschaft aus Geldern der Strombezieher in der Höhe vieler Milliarden wirtschaftlich wirksam zu machen. Dem Verfassungsgesetzesbeschluß des Parlaments sollte eine Volksabstimmung folgen. Durch dieses Verfassungsgesetz sollte nicht nur das Kernkraftwerk Zwentendorf betriebsfähig gemacht werden. Man beabsichtigte sogar die Einführung einer Volksabstimmung zum Einzelfall und die Erhebung des Individual- und Maßnahmegesetzes vom 15. Dezember 1978 in den Verfassungsrang. Der Gesetzesantrag hatte folgenden Wortlaut[89]:

---

[87] BGBl 1978/676, „Bundesgesetz über das Verbot der Nutzung der Kernspaltung für die Energieversorgung in Österreich".

[88] Stenographische Protokolle des NR XV. GP, 14. Sitzung vom 5. Dezember 1979, 1160 und 1229.

[89] II-2375 der Beilagen zu den Stenographischen Protokollen des Nationalrats, XVI. GP (1985).

„Bundesverfassungsgesetz vom .... betreffend die Durchführung einer Volksabstimmung über die friedliche Nutzung der Kernenergie in Österreich (Inbetriebnahme des Kernkraftwerkes Zwentendorf). Der Nationalrat hat beschlossen:

Artikel I
Über die friedliche Nutzung der Kernenergie in Österreich (Inbetriebnahme des Kernkraftwerkes Zwentendorf) ist eine Volksabstimmung abzuhalten.

Artikel II
Dieser Volksabstimmung ist die in den amtlichen Stimmzetteln aufzunehmende Frage zugrunde zu legen:

> ‚Stimmen Sie der friedlichen Nutzung der Kernenergie in Österreich (Inbetriebnahme des Kernkraftwerkes Zwentendorf) zu?'

Artikel III
Auf die Volksabstimmung gemäß Artikel I sind die für Volksabstimmungen gemäß Artikel 43 und 44 B-VG geltenden gesetzlichen Bestimmungen des Volksabstimmungsgesetzes sinngemäß anzuwenden.

Artikel IV
Wird die Frage der friedlichen Nutzung der Kernenergie in Österreich (Inbetriebnahme des Kernkraftwerkes Zwentendorf) in der Volksabstimmung gemäß Artikel I mehrheitlich bejaht, dann tritt das Bundesgesetz über das Verbot der Nutzung der Kernspaltung für die Energieversorgung in Österreich, BGBl. Nr. 676/1978, mit der Verlautbarung des Ergebnisses der Volksabstimmung außer Kraft.

Artikel V
Wird die Frage der friedlichen Nutzung der Kernenergie in Österreich (Inbetriebnahme des Kernkraftwerkes Zwentendorf) in einer Volksabstimmung gemäß Artikel I mehrheitlich verneint, dann gilt das Bundesgesetz über das Verbot der Nutzung der Kernspaltung für die Energieversorgung in Österreich, BGBl. Nr. 676/1978, ab der Verlautbarung des Ergebnisses der Volksabstimmung als Bundesverfassungsgesetz weiter; in diesem Fall ist das Kernkraftwerk Zwentendorf in der ökonomisch zweckmäßigsten Weise zu verwerten.

Artikel VI
Mit der Vollziehung dieses Bundesverfassungsgesetzes ist die Bundesregierung betraut."

Zu diesem Antrag wurde mir aus dem Parlament die Frage vorgelegt, wie ein Bundesverfassungsgesetz staatsrechtlich zu beurteilen wäre, das einerseits eine „Volksabstimmung besonderer Art" über die Inbetriebnahme des Atomkraftwerkes Zwentendorf auf Ja oder Nein vorsähe und das andererseits für den Fall eines mehrheitlichen Ja zur vorgesehenen Volksabstimmung anordnen würde, daß das seinerzeit als einfaches Gesetz erlassene Atomsperrgesetz als aufgehoben zu gelten habe.

Die Antwort auf diese Frage hatte zwar verschiedene verfassungsrechtliche Ansatzpunkte, sie konnte aber dennoch einheitlich formuliert werden: ein solches Bundesverfassungsgesetz verstieße gegen die tragenden Grundprinzipien unserer Bundesverfassung. Dieser Rechtsmeinung gab ich in einem bisher unveröffentlichten Schreiben vom 25. Februar 1985, gerichtet an politisch verantwortliche Parlamentarier, die nachfolgende Begründung:

„*Zunächst zur Volksabstimmung besonderer Art.* Das B-VG sieht in seinem Art 43 als Gegenstand der Volksabstimmung einen *Gesetzesbeschluß* des Nationalrats vor. Das geplante Bundesverfassungsgesetz würde von einem solchen Gesetzesbeschluß Abstand nehmen. Gegenstand wäre eine einmalige Einzelmaßnahme. Art 1 würde also eine Sonderform der Volksabstimmung für einen Einzelfall schaffen, also eine Form der Rechtserzeugung einrichten, die nur einmal Anwendung fände. Für diesen Einzelfall würde demgemäß die Regelung des B-VG über Volksabstimmungen außer Kraft gesetzt werden. Damit würde nicht bloß eine Ausnahme geschaffen und die Form des Verfassungsgesetzes für eine Einzelmaßnahme mißbraucht; vielmehr läge darin überhaupt ein Bruch mit dem Rechtsquellensystem unserer Verfassung. Die Gesetzesform der Verfassung schließt wesensgemäß die Allgemeinheit ihrer Regelungen in sich. Das gilt zu allererst für die Vorschriften über die Rechtserzeugung. Diese sind zwangsläufig abstrakt. Das bedeutet, daß das Gesetzgebungs(Verfassungsgesetzgebungs)verfahren, wie es unser B-VG vorsieht, von bestimmten einzelnen historischen Anlässen unabhängig ist und für alle Materien und auf Dauer gleichermaßen und immerwiederkehrend anwendbar ist. Die Rechtserzeugungsregeln der Verfassung sind zwangsläufig abstrakt, die Einrichtung einer Volksabstimmung besonderer Art wäre aber konkret und an einen einzigen Fall gebunden. Sie wäre daher ein ganz extremer Rechtsformenmißbrauch, der die Verfassungsregelung über die Rechtserzeugung ad absurdum führen würde. In einem Rechtsstaat erzeugt man nicht Gesetzte, die nur für den Augenblick gelten, schon gar nicht Verfassungsgesetze, die eine Rechtserzeugungsregel nur für den Augenblick schaffen. Das wird völlig deutlich, wenn man in der Verfassung den ‚Spielregelcharakter' für politisches Verhalten erkennt und, für den vorliegenden Fall im besonderen, daß Regeln über die Rechtserzeugung demgemäß die Bedeutung von Regeln über die Erzeugung von ‚Spielregeln' haben. Die Verfassung steht über dem politischen Alltag. Sie gibt ihm einen beständigen und gleichförmigen Rahmen. Das gilt vor allem für die Vorschriften über die Erzeugung des Rechtes selbst.

Weil die Verfassung für den rechtlichen und politischen Alltag ein Rahmen sein soll, verbürgt sie den inneren Frieden im Staat und ist nur durch ihre Beständigkeit geeignet, das Vertrauen der Bürger in eine stabile und funktionierende Staatsordnung zu fördern.

Nun einige *Bemerkungen zum Gegenstand der geplanten Volksabstimmung.* Er besteht in einer Bewilligung zur Inbetriebnahme Zwentendorfs. Eine solche Bewilligung ist ihrem Wesen nach ein individuell-konkreter Akt, ein Verwaltungsakt, ein Bescheid. Das bedeutet, daß durch die vorgesehene verfassungsrechtliche Regelung ein Akt der Vollziehung auf die Verfassungsebene gezogen und einem Gesetzgebungsorgan zugewiesen werden soll. Offensichtlich um die Verletzung der Verfassung verfassungsgesetzlich zu neutralisieren. Eine solche Regelung würde sowohl der Gewaltentrennung des B-VG (der Teilung in Gesetzgebung und Vollziehung) widersprechen, den Rechtsschutz für eine Einzelperson suspendieren, als auch den Gleichheitssatz gröblichst verletzen. Damit würde, wie es der Verfassungsgerichtshof in seinem Erkenntnis Slg 2701/1954 ausgesprochen hat, letzten Endes der Rechtsstaat als solcher in seinen Grundfesten bedroht. Gleichheitssatz, Gewaltentrennung und Rechtsschutz bilden den Kern des rechtsstaatlichen Prinzips, das nach allgemeiner Auffassung unter der besonderen Garantie des Art 44 Abs 3 über die Gesamtänderung der Bundesverfassung steht (vgl dazu an Stelle aller anderen, WALTER, System, Seite 102 ff und Seite 111 ff).

Die geplante Regelung wäre aber nicht nur deshalb ein Verfassungsbruch, weil sie als Maßnahme- und Individualgesetz für einen Einzelfall das Verfassungssystem außer Kraft setzen würde, sondern weil auf solche Weise die Verfassung Schritt für Schritt immer dann außer Kraft gesetzt werden könnte, wenn es die politische Auseinandersetzung anempfiehlt. Dadurch würde der Verfassungszweck in sein Gegenteil verkehrt. Statt dauernder Rahmen für politisches Handeln zu sein, würde sie zum bloßen Objekt und Instrument für dieses. Das entspräche nicht einer rechtsstaatlichen Verfassung. Derartige Maßnahmen kennt die Verfassungslehre nur aus der Zeit von Staatsumbrüchen, aus diktatorischen Systemen und Volksdemokratien. Die österreichische Demokratie ist nach dem B-VG keine Demokratie beliebiger Art, keinesfalls eine totalitäre Demokratie, sondern eine rechtsstaatliche, die die Erlassung von Verwaltungsakten auf Gesetzesebene ausschließt. Die Judikatur des VfGH sagt nur scheinbar das Gegenteil aus, denn auch nach dem VfGH wären Gesetze, die sich nur auf einen Einzelfall beziehen können, jedenfalls verfassungswidrig. In diesem Sinn ist auch seine ständige Judikatur zu verstehen, die ‚verschleierte Verfügungen in Verordnungsform' als verfassungswidrig erklärt.

In diesem Zusammenhang drängt sich auch die Erinnerung an die Judikatur und die Lehre auf, wonach der Nationalrat keine Verordnungen erlassen kann und darf. Das muß wohl auch für Bescheide gelten und kann gewiß auch das Bundesvolk als Gesetzgebungsorgan davon nicht ausnehmen, da es nach unserer Verfassung neben dem Nationalrat als gesetzgebendes Organ und nicht als ein vollziehendes eingerichtet ist. Die Thematik der Erlassung von Verordnungen durch den Nationalrat hatte ihre Wurzel in der Rechtsquellenordnung einer Diktatur, die keine feste Rangordnung der Rechtsquellen kennt.

‚Der Zweck heiligt die Mittel' ist kein Grundsatz des österreichischen Verfassungsrechtes. Die Mittel zur Staatsgestaltung sind durch die Verfassung vielmehr erschöpfend und auf Dauer vorgeschrieben, sie geben den Staatszwecken den Rahmen. Gesetzgebung muß Gesetzgebung bleiben; Vollziehung muß Vollziehung bleiben; so will es die Verfassung des Rechtsstaates Österreich. Eine Regelung wie sie durch den geplanten Art 1 in Aussicht genommen ist, wäre daher zweifellos ein Verfassungsbruch. Daran würde auch der Verfassungsrang dieser Bestimmung nichts ändern, da sie gegen das Verbot einer Gesamtänderung der Bundesverfassung verstieße und daher an und für sich schon einer Volksabstimmung unterworfen werden müßte. Eine solche Volksabstimmung wäre allerdings ein Schritt von allergrößter staatspolitischer und verfassungsrechtlicher Tragweite, vor dem das Zwentendorf-Problem verblassen würde.

Des weiteren noch eine Bemerkung zum geplanten Art 2. Dieser wäre jedenfalls mit derselben verfassungsrechtlichen Problematik behaftet wie Art 1, da er mit ihm einen unlösbaren Sinnzusammenhang bildet, weil er von der Volksabstimmung besonderer Art erfaßt würde, durch die das geltende Rechtsquellensystem durchbrochen werden soll.

Zum Abschluß möchte und muß ich aber mit allem Nachdruck festhalten, daß ein solches Verfassungsgesetz nicht nur wegen seiner verfassungsrechtlichen Bedenklichkeit unterbleiben sollte, sondern weil es gar nicht erforderlich ist. Das Atomsperrgesetz ist zweifellos ein einfaches Gesetz, nur vom Nationalrat beschlossen. Es kann daher durch ein einfaches Gesetz, wiederum vom Nationalrat allein aufgehoben werden. Dabei ist es rechtlich völlig belanglos, daß dieses Atomsperrgesetz, wie zahlreiche andere Gesetze auch, seinerzeit einstimmig beschlossen worden ist. Für einfache Gesetze ist weder die Einstimmigkeit noch irgendeine qualifizierte Mehrheit verfassungsrechtlich vorgeschrieben. Dem vermögen auch politische Absichtserklärungen, das Atomsperrgesetz nur mit qualifizierter Mehrheit aufzuheben, keinen Abbruch zu tun. Verfassungsrechtliche Regelungen über die Rechtserzeugung können durch politische Erklärungen nicht ersetzt werden, mögen diese auch einstimmig gefaßt sein.

Durch die Volksabstimmung über Zwentendorf wurde seinerzeit kein Rechtsinhalt erzeugt, an den irgendjemand gebunden sein könnte. Denn wegen der Volksabstimmung ist der damals geplante Rechtsinhalt überhaupt nicht rechtsverbindlich zustande gekommen und die österreichische Rechtsordnung blieb insoweit unberührt. Sollte es aber dem Nationalrat sinnvoll erscheinen, eine gänzliche oder teilweise Aufhebung des Atomsperrgesetzes noch zusätzlich einer Volksabstimmung zu unterwerfen, so könnte man dagegen verfassungsrechtlich gewiß keine Bedenken haben, da es gemäß Art 43 B-VG dem Nationalrat unbenommen bleibt, jeden seiner Gesetzesbeschlüsse einer Volksabstimmung zuzuführen. Zur verfassungsrechtlichen Problematik der seinerzeitigen Volksabstimmung und des Atomsperrgesetzes wäre gewiß noch manches zu sagen, doch sie liegt außerhalb der an mich gerichteten Frage."

3. Vergessenes und Verschleiertes

Während diese beiden Fälle im wesentlichen nur verfassungspolitische Unruhe erzeugten und die angestrebten Volksabstimmungen zum Mißbrauch und zum Unterlaufen der „Staatsfundamentalnorm" (NAWIASKY) des Art 44 Abs 3 B-VG unterblieben, benutzte der einfache Verfassungsgesetzgeber zu wiederholten Malen die Form von einfachen Verfassungsgesetzen oder Verfassungsbestimmungen, um einen verbindlichen Verfassungsinhalt ad hoc in Kraft zu setzen und um dadurch einer mit gutem Grund zu befürchtenden Verfassungsgerichtshofsjudikatur einen Riegel vorzuschieben:

- Mit dem Bundesverfassungsgesetz vom 10. Dezember 1947, BGBl 11, verfügte er für die bereits bestellten Mitglieder des Verfassungsgerichtshofs eine zeitlich begrenzte Unanwendbarkeit der Regelung des Art 147 Abs 6 B-VG über die Altersgrenze der Richter.
- Mit dem Bundesverfassungsgesetz vom 18. Dezember 1946, BGBl 259, verfügte er die Unanwendbarkeit der Regelung des Art 147 Abs 6 B-VG über die Altersgrenze für bereits bestellte Mitglieder des Verfassungsgerichtshofs und ordnete die Erstreckung der Altersgrenze für jene Mitglieder um ein Jahr an, die ohne dieses Ausnahmegesetz wegen Erreichung der Altersgrenze ispo iure aus dem Amt geschieden wären.
- Mit Verfassungsgesetz vom 29. November 1983, BGBl 611, wurden den Abgeordneten zum Nationalrat ihre Doppelbezüge aus einem Dienstverhältnis in den Bereichen der Vollziehung und aus dem Abgeordnetenmandat gewährleistet. Durch Ermöglichung gleichzeitiger

Ausübung des Dienstes als öffentlicher Bediensteter und der Tätigkeit als Mandatar wurde die Gewaltenteilung grundsätzlich aufgehoben.

- Mit Verfassungsbestimmung vom 29. November 1988, BGBl 685, wurde in Fortsetzung einer ähnlichen älteren Vorschrift verfügt, daß eine Unterteilung der Staatsbürgerschaft in eine Bundes- und eine Landesbürgerschaft unter Beibehaltung der im Art 6 B-VG enthaltenen Zielsetzungen einer besonderen bundesverfassungsgesetzlichen Regelung vorbehalten bleibt. Dadurch wurde die Landesbürgerschaft auf unbestimmte Zeit suspendiert.

Damit seien die Beispiele abgeschlossen. Sie zeigen samt und sonders eindeutig, daß der einfache Verfassungsgesetzgeber die Form des Verfassungsgesetzes ohne Bedenken zum Instrument vordergründiger Tagespolitik zu machen bereit war. Einmal, weil er sich nicht rechtzeitig zur Ernennung von Mitgliedern des Verfassungsgerichtshofs entschließen konnte, ein anderes Mal, weil er eine Alibibestimmung für die allein schon aus der Perspektive sachlicher Rechtfertigung problematischen Doppelbezüge der Mitglieder des Nationalrats benötigte, ein weiteres Mal schließlich, weil er der seit 1946 andauernden, fundamentalen Verletzung des bundesstaatlichen Prinzips eine formal erneuerte Anstandsverkleidung umhängen wollte.

In der großen Dimension zwischen den verfassungspolitisch tiefreichenden Fällen „Habsburg" und „Zwentendorf" einerseits und zwischen diversen einzelnen Verfassungsverletzungen durch einfache Verfassungsgesetze von der geschilderten Art andererseits zeigt sich in beunruhigender Weise die Distanz politisch Verantwortlicher gegenüber Wert und Wesen des durch Art 44 Abs 3 B-VG in den Rang von qualifizierten Verfassungsrecht gehobenen Wesensgehalts der Leitgedanken, Grundprinzipien oder Baugesetze der „Bundesverfassung". Alle diese verbindlich gewordenen Verfassungsgesetze bedeuten gewiß keine Gesamtänderung der „Bundesverfassung". Keines von ihnen ersetzt ein „Baugesetz" der Verfassung durch ein anderes. Dennoch bedeutet jedes von ihnen einen offenkundigen Verstoß gegen den Wesensgehalt des qualifizierten Verfassungsrechts, weil jedes von ihnen in der Reichweite seiner Geltung die Verbindlichkeit der Baugesetze verdrängt.

XVI. Staatsverantwortung und Staatsethos

Mehr als alle anderen Ausführungen über einige Eigenarten unserer Verfassung und über ein ihr gemäßes Verfassungsdenken, das eine unabdingbare Voraussetzung für die verfassungsmäßige Verantwortung der Obersten Staatsorgane ist, offenbart das vorangehende Kapitel „verfassungswidrige Verfassungsgesetze" die Urfrage eines jeden Verfassungsstaates. Ihr kommt in der rechtsstaatlichen, gewaltenteilenden Demokratie eine größere Bedeutung zu als in anderen Staatsformen. Die Demokratie bedeutet die Herrschaft aller aus Freiheit und Gleichheit. Die verfassungsunmittelbaren Obersten Staatsorgane sind Repräsentanten und verantwortliche Beauftragte der demokratischen Gemeinschaft im Gefüge der geteilten Staatsfunktionen. Sie haben daher in ihrer Amtsausübung auch Anteil an der Gleichheit und an der Freiheit aller. Sie sind zugleich Regierende und Regierte. Für sie hat die Urfrage des Verfassungsstaates einen ganz hohen Stellenwert. Diese Urfrage scheint mit dem Verfassungsrecht nichts zu tun zu haben. Die Verfassung verschweigt sie, wie so vieles andere Selbstverständliche. Das Thema „Verfassungswidrige Verfassungsgesetze" macht diese Frage deutlich sichtbar. Es handelt sich um die Frage nach dem *Staatsethos* der Obersten Organe als staatliche Amtsträger.

ARISTOTELES hat aus reicher persönlicher Staatserfahrung und aufgrund seiner eingehenden verfassungsvergleichenden Studien ganz zu Recht wiederholt festgestellt, daß die Verfassung, zu verstehen als Lebensform für die im Staat zur Gemeinschaft zusammengeschlossenen Bürger, nicht nur vom Ethos der Bürger, sondern vor allem auch vom Ethos der „Regierenden" getragen sein muß. *Staatsethos* wird häufig mit der Alltagsmoral gleichgesetzt. An dieser werden die Repräsentanten so gemessen, als wäre sie ein besonders erhebliches Kriterium für die Amtsausübung im Staat. Die Gesellschaft erwartet von ihren Repräsentanten statt eines Staatsethos anscheinend bloß eine bessere Alltagsmoral, als sie selbst sie je zu verwirklichen bereit und in der Lage ist. Das Staatsethos ist aber von einer anderen Dimension als die Alltagsmoral. Es hat seine Kriterien in den durch die Verfassung geregelten Zielen, Zwecken und Werten. So gesehen ist es unabdingbare Voraussetzung der staatsrechtlichen und staatspolitischen Verantwortung aller Obersten Staatsorgane. Dieses Staatsethos scheint heute für manche Politiker und Akteure der Massenmedien nicht mehr begreifbar. Andernfalls würde man dem Amt des Bundespräsidenten, das trotz seiner Begrenztheiten von allen seinen bisherigen Inhabern als Wahrer, Hüter und Mahner des Staatsethos in hohem Maß staatsverantwortlich ausgeübt wurde, auch für die Zukunft die größte verfassungsrechtliche und staatspolitische Bedeutung zumessen. Die massenmediale Entwertung aller politischen Gemeinschaftswerte, Diffamierungen und internationale Denunziationen von politischen Repräsentanten Österreichs im In- und Ausland, zur Bewältigung der Herausforderungen des Wettbewerbs zwischen den politischen Parteien, sogar durch politisch Verantwortliche, hat in den letzten Jahren zur Abwertung auch dieses höchsten Staatsamtes einen verheerenden Beitrag geleistet. Das Staatsethos scheint nicht mehr modern zu sein. Dennoch weiß jeder politisch Denkende, daß keine menschliche Gemeinschaft auf die Beachtung ihrer existentiellen Grundwerte verzichten kann. Und wohl kaum jemand würde es ernstlich bestreiten wollen, daß die Obersten Staatsorgane das Staatsethos zur Richtungweisung und zum Maßstab ihres Verhaltens haben müssen, weil sie in ihrer Staatsverantwortung letztlich von niemandem wirksam kontrolliert werden können. Die Obersten Staatsorgane müssen sich selbst und sie müssen einander kontrollieren. Ihr Verhaltensregulativ ist gewiß die Wertordnung der Verfassung, doch als deren Kriterium ist das Staatsethos selbstredend vorausgesetzt.

Worin besteht dieses Staatsethos? Es besteht in der Objektivität der Amtsführung. Es besteht in der intellektuellen Redlichkeit. Es besteht in der Fairness und in der politischen Toleranz des Staatshandelns gegenüber politischen Minderheiten. Es besteht vor allem aber in der Verpflichtung zum Dienst am Nutzen der staatlichen Gemeinschaft. Staatsethos bedeutet eine verfassungsgebundene Staatsbejahung aus Amtspflicht und Verantwortung.

Werden damit naturrechtliche Werte beschworen? Keinesfalls, obwohl es sich anbietet, denn die Besinnung auf vor- und außerrechtliche Grundwerte hat sich in der Menschheitsgeschichte immer dann als unerläßlich erwiesen, wenn es galt, den durch eine unerbittliche Staatsgewalt erniedrigten Menschen aus einem menschenverachtenden, ideologisch-totalitären System zu befreien. Doch in den Zeiten des gewaltenteilenden demokratischen Rechtsstaates muß man nicht die absoluten Werte des Naturrechts bemühen, um die Unerläßlichkeit eines Staatsethos der obersten Amtsträger zu begründen. Die Verfassung ist selbst eine Wertordnung. Die Werte der Verfassung sind gewiß nicht zeitlos. Sie sind auch nicht großartig und sie sind keinesfalls absolut. Im Regelungszusammenhang der Verfassungsvorschriften erweisen sie sich als zeitgebunden und relativ. Sie sind geschichtsgebundene Hervorbringungen der menschlichen Vorstellungen von der Staatsräson, zur Bewältigung der Anforderungen des Gemeinschaftslebens, rechtsförmlich festgelegt in der Verfassung. Diese Werte sind gewiß relativ. Sie sind aber verbindlich und können keineswegs mit dem theoretischen Hinweis abgetan werden, daß oberste Normen (absolute Werte) nicht wissenschaftlich erkannt werden können. Die positivierten relativen

Werte des Verfassungsrechts sind vielleicht blasse Widerspiegelungen des ewigen Menschheitstraumes vom Wahren, vom Guten, vom Schönen und von der Gerechtigkeit. Diese relativen Werte der Verfassung sind aber dennoch rational erfaßbar. Sie sind anwendbar und auf ihre Reichweite, auf ihre Grenzen und auf ihre Vernünftigkeit in der sozial-kulturellen Wirklichkeit unserer staatlichen Gemeinschaft überprüfbar. Nur ein des Rechts unkundiger analytischer Rationalist mag in den verfassungsrechtlichen Grundwerten, etwa von Freiheit und Gleichheit der Grundrechte, bloße Leerformeln sehen und demgemäß auch der Verfassungsgerichtsbarkeit ihren rationalen Wert absprechen. Der Rechtskundige weiß es besser. Daran vermag auch der Umstand nichts zu ändern, daß man im Alltag staatspolitisch Verantwortlicher das Bewußtsein von einem an den verfassungsrechtlichen Grundwerten orientierten Staatsethos immer wieder vermißt.

Staat und Verfassung sind nicht nur vom Wollen ihrer Schöpfer getragen. Sie sind auch vom Volk anerkannt. Staat und Verfassung entspringen der staatspolitischen Überzeugung und dem Zukunftsoptimismus, nicht nur ihrer Schöpfer, sondern auch der von ihnen erfaßten Menschen, auf ein gedeihliches und dauerndes friedliches Zusammenleben aller in der Gemeinschaft. Der durch die Verfassung geregelte Staat fordert daher allein schon durch seine Existenz eine positive Grundhaltung der Obersten Staatsorgane in der Erfüllung ihrer Aufgaben, die man Staatsethos nennt. Gegründet auf die Legalität der Verfassung bedeutet das Staatsethos in seiner Konsequenz die Legitimität, dh die materielle Rechtfertigung ihres Denkens und Wirkens im Staat und für den Staat. Oberste Staatsorgane müßten daher für ihre Eignung an ihrem Staatsethos gemessen werden und nicht daran, wie sie ihre Privatsphäre, soweit diese ohne Erheblichkeit für die Allgemeinheit ist, recht und schlecht bewältigen. Darin müßten sie wohl allen Bürgern gleich sein dürfen und können. Im Staatsethos müßten sie den Bürgern jedoch ein Vorbild sein.

Die Repräsentanten des demokratischen Staates entstammen dem parteipolitischen Vorfeld der staatlichen Gemeinschaft. Das ist für die Demokratie typisch und legitim. Mit der Erlangung eines verfassungsunmittelbaren Staatsamtes als Oberste Staatsorgane stehen sie aber im rechtsverbindlichen Regelungs- und Verantwortungszusammenhang der Verfassung. Ihr Amt ist ein Staatsamt und kein Parteiamt. Das Staatsamt verpflichtet auch und gerade den parteipolitisch Gebundenen zur treuhändigen Wahrnehmung seiner Aufgaben und verbietet jede parteipolitische Inbesitznahme und parteipolitische Besitzherrschaft unter Mißbrauch der Handlungsmöglichkeiten des Staatsamtes. Was für einen totalitären Staat selbstverständlich ist, das ist für die gewaltenteilende, rechtsstaatliche Demokratie ausgeschlossen. Seit dem Bestehen des europäischen Verfassungsstaates der „Neuzeit" gab es dafür kaum einmal zuvor bessere zeitgeschichtliche Veranschaulichungen als das Wirken und den Untergang des Dritten Reiches, als die Existenz und die Auflösung totalitärer Staaten im Osten.

Für ARISTOTELES ist keine Staatsform an und für sich die beste. Das meint er auch für die Demokratie, obwohl er ihr gegenüber den anderen Staatsformen einen höheren Stellenwert einräumt[90]. ARISTOTELES sieht in seiner „Politeia", in seinem Verfassungsstaat, die richtige Staatsform. Die richtige Verfassung ist eine Mischverfassung aus mehreren Staatsformen, die Mitte zwischen Oligarchie und Demokratie[91]. Doch auch diese Verfassung der Mitte ist nach ARISTOTELES nur dann die „richtige" Verfassung, wenn sie dem gemeinsamen Nutzen aller und nicht dem „eigenen Vorteil der Regierenden" dient[92]. Darin liegt der Grundwert von Staat und Verfassung. Dieser Grundwert ist das beherrschende materielle Kriterium für das Staatsethos der Obersten Organe, ohne welche keine Verfassung auf Dauer funktionieren kann; am allerwenigsten eine gewaltenteilende, rechtsstaatliche, demokratische Verfassung. Denn sie gründet sich auf die Freiheit und auf die Gleichheit aller Bürger, die in der Lebensgemeinschaft des Verfassungsstaates nur in einer an das Staatsethos gebundenen Verantwortung der Regierenden zum friedlichen Ausgleich für alle gebracht werden können. *Videant Consules, ne quid res publica detrimenti capiat!*

---

[90] Politik 207 ff.

[91] Politik 52.

[92] Politik 93.

Literaturnachweis[93]

AARNIO, Denkweisen in der Rechtswissenschaft, Forschungen aus Staat und Recht 48 (1979).

ADAMOVICH sen, Die verfassungsmäßige Funktion des Richters, ÖJZ (1954) 409 f.

ADAMOVICH jun, Allgemeine Staats- und Verwaltungslehre, FS Marcic, Bd II (1974) 723 ff.

ADAMOVICH jun, Zur Lage des österreichischen Bundesverfassungsrechts, JBl (1975) 629 ff.

ADAMOVICH jun, Verfassung, in: Katholisches Soziallexikon^2 (1980) Sp 3179 ff.

ADAMOVICH – FUNK, Österreichisches Verfassungsrecht^3 (1985) 2 f.

AKZIN, Analysis of State and Law Structure, in: Law, State, and International Legal Order, FS Kelsen (1964) 1 ff.

ALEXY, Theorie der Grundrechte (1986).

ANTONIOLLI, Hände weg vom Verfassungsgericht, Stb F 7 (1959) 2.

ANTONIOLLI, Herrschaft durch Gewaltentrennung, Festvortrag zum Zweiten Österreichischen Juristentag, II/7 (1964) 21 ff.

ANTONIOLLI, Hans Kelsens Einfluß auf die österreichische Verfassungsgerichtsbarkeit, in: Law, State, and International Legal Order, FS Kelsen (1964) 21 ff.

ANTONIOLLI, Die österreichische Verfassungsgerichtsbarkeit 1945 – 1949, AÖR 94 (1969) 576 ff.

ANTONIOLLI, Die rechtliche Tragweite der Baugesetze der Bundesverfassung, FS Merkl (1970) 32 ff.

ANTONIOLLI, Probleme um das Legalitätsprinzip, Schriftenreihe Niederösterreichische Juristische Gesellschaft 1 (1974).

ARISTOTELES, Politik, RoRo 171, 172, 173, Rowohlts Klassiker der Literatur und der Wissenschaft. Griechische Literatur 8 (1965). Deutsche Übersetzung in Anlehnung an den Oxford-Text nach Ross, besorgt von Susemihl, redigiert von Tsouyopoulos und Grassi.

BACHOF, Verfassungswidrige Verfassungsnormen? Recht und Staat 163/164 (1951).

BADURA, Die Methoden der neueren Allgemeinen Staatslehre (1959).

BADURA, Verfassung und Verfassungsgesetz, FS Scheuner (1973) 19 ff.

BADURA, Staatsrecht (1986).

BADURA, Verfassung, in: Evangelisches Staatslexikon, Bd II^3 (1987) Sp 3737 ff.

BARFUSS, Ressortzuständigkeit und Vollzugsklausel, Forschungen aus Staat und Recht 7 (1968).

BARFUSS, Die verfassungsrechtliche Bedeutung von Volksabstimmungen, ZfV (1986) 425 ff.

BERCHTOLD, Der Bundespräsident, Forschungen aus Staat und Recht 9 (1969).

BERCHTOLD, Die Verfassungsreform von 1929, Bd I u II (1979).

BÖCKENFÖRDE, Geschichtliche Entwicklung und Bedeutungswandel der Verfassung, in: Staat – Verfassung – Demokratie (1991).

BRUNNER, Moderner Verfassungsbegriff und mittelalterliche Verfassungsgeschichte, Mitteilungen des Instituts für österreichische Geschichtsforschung, Erg Bd 14 (1939) 513 ff.

---

[93] Die nachfolgend angegebene Literatur dient nicht als Beleg für die vorausgehenden Ausführungen. Diese repräsentieren nur meine eigenen, seit vielen Jahren in meinen Vorlesungen und Seminaren geäußerten Gedanken zum Thema. Die Literaturhinweise sind als Wegweiser zur Vertiefung und zum kritischen Nachdenken über das Thema bestimmt. Das gilt auch für rein reproduktive Erörterungen zum Thema.

BURCKHARDT, Die Krisis der Verfassung, Schweizer Monatshefte 10 (1938).

BURDEAU, Zur Auflösung des Verfassungsbegriffs, Der Staat 1 (1962) 389 ff.

CHAIMOWICZ, Freiheit und Gleichgewicht im Denken Montesquieus und Burkes, Forschungen aus Staat und Recht 68 (1985).

DAU-LIN, Formalistischer und antiformalistischer Verfassungsbegriff, AÖR 22 (1932) 27 ff.

EHMKE, Prinzipien der Verfassungsinterpretation, VVDStRL 20 (1963) 53 ff.

EHRLICH, Soziologie und Jurisprudenz (1906), in: Freie Rechtsfindung und freie Rechtswissenschaft[2] (1987) 3 f.

EICHENBERGER, Der Staat der Gegenwart (1980).

EICHENBERGER, Sinn und Bedeutung einer Verfassung, 700 Jahre Confoederatio Helvetica, Referat zum 105. Schweizerischen Juristentag (1991) 143 ff.

EISENMANN, Sur la Théorie Kelsienne du Domaine de Validité des Normes Juridiques, in: Law, State, and International Legal Order, FS Kelsen (1964) 59 ff.

ENGISCH, Einführung in das juristische Denken[8] (1983) 12 ff, 22 ff.

ERMACORA, Landesbürgerschaft oder Bundesbürgerschaft. Eine offene Verfassungsfrage, JBl (1953) 280 ff.

ERMACORA, Der Verfassungsgerichtshof (1956).

ERMACORA, Verfassungsrecht durch Richterspruch, Juristische Studiengesellschaft Karlsruhe 44 (1959).

ERMACORA, Die österreichische Verfassungsgerichtsbarkeit seit 1945, JÖR NF 8 (1959) 49 ff.

ERMACORA, Quellen zum österreichischen Verfassungsrecht, Mitteilungen des österreichischen Staatsarchivs, Erg Bd 8 (1967).

ERMACORA, Die österreichische Bundesverfassung, in: Klecatsky (Hg), 50 Jahre Republik (1968) 29 ff.

ERMACORA, Österreichische Verfassungslehre (1970).

ERMACORA, Allgemeine Staatslehre I u II (1970).

ERMACORA, Österreichische Verfassungslehre I (1970).

ERMACORA, Grundriß einer Allgemeinen Staatslehre (1979).

ERMACORA, Staat als Rechtsordnung, in: Beiträge zum Verfassungs- und Wirtschaftsrecht, FS Winkler (1989) 3 ff.

ERMACORA, Österreichische Bundesverfassungsgesetze (1989) 21 ff.

ERMACORA – KLECATSKY – MARCIC (Hg), in: Festschrift Hundert Jahre Verfassungsgerichtsbarkeit, fünfzig Jahre Verfassungsgerichtshof in Österreich (1968).

ESSER, Grundsatz und Norm[4] (1990).

FLEINER-GERSTER, Allgemeine Staatslehre (1980).

FORSTHOFF, Einiges über Geltung und Wirkung der Verfassung, FS Huber (1973) 3 ff.

FORSTHOFF, Zur heutigen Situation einer Verfassungslehre, in: Epirrhosis, FS Schmitt, Bd I (1988) 185 ff.

FRIEDRICH D. J., Der Verfassungsstaat der Neuzeit (1953).

FRIEDRICH M., Zwischen Positivismus und materialem Verfassungsdenken (1971).

FRIEDRICH M. (Hg), Verfassung (1978).

FRISCH, Lehrbuch des österreichischen Verfassungsrechtes (1932).

FRÖHLICH, Die Bundesverfassung der Republik Österreich nach dem Stand vom 1. August 1930 (1930).

FUNK, Die Entwicklung des Bundes-Verfassungsrechtes, Schriften der Bundeswirtschaftskammer 26 (1975).

FUNK, Nutzloses Verfassungsrecht, FS Walter (1991) 145 ff.

FUNK, Formenmißbrauch und Verfassungsumgehung durch die Legislative, FS Klecatsky (1990) 67 ff.

GRILLER, Die Übertragung von Hoheitsrechten auf zwischenstaatliche Einrichtungen, Forschungen aus Staat und Recht 88 (1989).

GRIMM, Verfassung, in: Staatslexikon, Bd V[7] (1989) Sp 633 ff.

GRIMM, Die Zukunft der Verfassung (1991)

HÄBERLE, Die Wesensgehaltsgarantie des Art 19 Abs 2 Grundgesetz (1962).

HÄBERLE, Verfassung als öffentlicher Prozeß (1978).

HALLER, Die Prüfung von Gesetzen, Forschungen aus Staat und Recht 47 (1979).

HELLBLING, Bundes-Verfassungsnovellen und Verfassungskontinuität, Salzburger Universitätsreden 23 (1967).

HELLER, Staatslehre[3] (1963).

HENNIS, Verfassung und Verfassungswirklichkeit (1968).

HERZOG, Allgemeine Staatslehre (1971).

HESSE, Die normative Kraft der Verfassung, Recht und Staat 222 (1959).

HESSE, Begriff und Eigenart der Verfassung, in: Doeker (Hg), Vergleichende Analyse politischer Systeme (1971) 217 ff.

HOLLERBACH, Auflösung der rechtsstaatlichen Verfassung? AÖR 85 (1960) 241 ff.

HUBER E. R., Vom Sinn der Verfassung (1935).

HUBER E. R., Wesen und Inhalt der politischen Verfassung (1935).

HUBER H., Staat und Verbände, Recht und Staat 218 (1958).

ISENSEE, Staat und Verfassung, in: Isensee – Kirchhof (Hg), Handbuch des Staatsrechts der BRD, Bd I (1987).

JELLINEK, Ein Verfassungsgerichtshof für Österreich (1885).

JELLINEK, Allgemeine Staatslehre[6] (1913/1960) 508 ff, insbes 532.

KAFKA, Der Fall Dr. Otto Habsburg, AÖR 88 (1963) 451 ff.

KAFKA, Der gesetzgebende Richterspruch (1967).

KÄGI, Die Verfassung als rechtliche Grundordnung des Staates[2] (1971).

KANT, Kritik der reinen Vernunft 1 (Suhrkamp III 1977).

KANT, Metaphysik der Sitten (Suhrkamp VIII, 1977).

KELSEN, Österreichisches Staatsrecht (1923).

KELSEN, Allgemeine Staatslehre (1925) 248 ff.

KELSEN, Wesen und Entwicklung der Verfassungsgerichtsbarkeit, VVDStRL 5 (1929) 30 ff.

KELSEN, Die Verfassungsreform, JBl (1929) 453 ff.

KELSEN, Wer soll Hüter der Verfassung sein? Die Justiz 6 (1930/31) 577.

KELSEN, Die hellenisch-makedonische Politik und die „Politik" des Aristoteles, ZÖR XIII (1933) 625 ff.

KELSEN, Reine Rechtslehre[1] (1934).

KELSEN, Reine Rechtslehre[2] (1960) 52 ff, 55 ff.

KELSEN, Aufsätze zur Ideologiekritik (1964).

KELSEN, Die Funktion der Verfassung, Forum (1964) 583 ff, WRS II (1971) 1973 ff.

KELSEN, Allgemeine Theorie der Normen (1979) 1 ff.

KELSEN – FRÖHLICH – MERKL, Die Bundesverfassung vom 1. Oktober 1920 (1922).

KIMMINICH, Das Staatsoberhaupt in der parlamentarischen Demokratie, VVDStRL 25 (1967) 2 ff.

KIRCHHEIMER, Funktionen des Staats und der Verfassung (1972).

KIRCHHOF, Die Identität der Verfassung in ihren unabänderlichen Inhalten, in: Isensee – Kirchhof (Hg), Handbuch des Staatsrechts der BRD, Bd I (1987).

KJELLEN, Der Staat als Lebensform (1924).

KLECATSKY, Hat Österreich eine Verfassung? JBl (1965) 544 ff.

KLECATSKY (Hg), Die Republik Österreich, Gestalt und Funktion ihrer Verfassung (1968).

KLECATSKY, Bundesverfassungsgesetz und Bundesverfassungsrecht, in: Das österreichische Bundes-Verfassungsgesetz und seine Entwicklung (1980) 83.

KLECATSKY – MORSCHER, Das österreichische Bundesverfassungsrecht[3] (1982).

KLECATSKY – MORSCHER, Das Bundes-Verfassungsgesetz in der Fassung vom 15. 12. 1987, mit den seit 15. 3. 1982 verabschiedeten wichtigen Gesetzen und sonstigen Rechtsänderungen, zugleich Ergänzungsband zu: Das österreichische Bundesverfassungsrecht[3] (1988).

KOBZINA, Die rechtsstaatliche Verfassung und was daraus geworden ist, in: Staatsrecht in Theorie und Praxis, FS Walter (1991) 331 ff.

KOCH, Die juristische Methode im Staatsrecht (1977).

KOJA, Die Verfassung, in: Staatsrecht in Theorie und Praxis, FS Walter (1991) 349 ff.

KOPP, Das Verfassungsverständnis der sozialistischen Staaten, in: Recht und Staat, FS Küchenhoff (1972) 573 ff.

KORINEK, Verfassungsbewußtsein in Österreich, Schriftenreihe der NÖ Juristischen Gesellschaft (1980) H 33/34.

KORINEK, Die Verfassungsgerichtsbarkeit im Gefüge der Staatsfunktionen, VVDStRL 39 (1981) 7 ff.

KORINEK, Zur Interpretation von Verfassungsrecht, in: Staatsrecht in Theorie und Praxis, FS Walter (1991) 363 ff.

KRIELE, Einführung in die Staatslehre[4] (1990).

KRÜGER, Verfassung, in: HDSW Bd 11 (1961) 72 ff.

KRÜGER, Allgemeine Staatslehre[2] (1966).

LEISNER, Von der Verfassungsmäßigkeit der Gesetze zur Gesetzmäßigkeit der Verfassung (1964).

LERCHE, „Funktionsfähigkeit" – Richtschnur verfassungsrechtlicher Auslegung, BayVBl (1991) 517 ff.

LOEBENSTEIN, Rechtliche und politische Grenzen der Verfassungsgerichtsbarkeit, Referat auf dem Ersten Österreichischen Juristentag, II/2 (1961).

LOEWENSTEIN, Verfassungslehre (1959).

LOEWENSTEIN, Über Wesen, Technik und Grenzen der Verfassungsänderung (1961).

LUHMANN, Politische Verfassungen im Kontext des Gesellschaftssystems, Der Staat 12 (1973) 1 ff, 165 ff.

MARCIC, Verfassung und Verfassungsgericht (1963).

MARCIC, Verfassungsgerichtsbarkeit und Reine Rechtslehre (1966).

MAUNZ, Verfassungsinhalt und Verfassungswirklichkeit, BayVBl (1969) 1 ff.

MAYER – RILL – FUNK – WALTER, Neuerungen im Verfassungsrecht (1976).

MERKL, Die Verfassung der Republik Deutschösterreich (1919).

MERKL, Verfassungsreform und Verfassungslegende, Volkswirt (1929).

MERKL, Zur Verfassungsreform. Die Verfassungsnovelle im Lichte der Demokratie, JBl (1929) 469.

MERKL, Der rechtliche Gehalt der österreichischen Verfassungsreform vom 7. Dezember 1929, ZÖR (1931) 16.

MERKL, Hans Kelsen als Verfassungspolitiker, JBl (1931) 585 ff.

MERKL, Idee und Gestalt der politischen Freiheit, FS Giacometti (1953) 163 ff.

MERKL, Die Baugesetze der österreichischen Bundesverfassung, in: Die Republik Österreich (1968).

MOKRE, Zum Begriff der Verfassung im materiellen und im formellen Sinn, AÖR 21 (1932) 222 ff.

MORITZ, Zur Zulässigkeit von Kompetenzfeststellungsanträgen nach Art 138 Abs 2 B-VG, ÖJZ (1988) 2 ff.

MÜLLER F., Die Einheit der Verfassung (1979).

MÜLLER J. P., Die Verfassungsgerichtsbarkeit im Gefüge der Staatsfunktionen, VVDStRL 39 (1981) 53 ff.

NAWIASKY, Allgemeine Rechtslehre^2 (1948).

NAWIASKY, Allgemeine Staatslehre^2 I – IV (1958).

NOVAK, Die Fehlerhaftigkeit von Gesetzen und Verordnungen, Forschungen aus Staat und Recht 5 (1967).

NOVAK, Reform oder Ruin der Bundesverfassung, FS 200-Jahr-Feier der Rechtswissenschaftlichen Fakultät der Universität Graz (1979) 549 ff.

NOVAK, Verhältnismäßigkeitsgebot und Grundrechtsschutz, in: Beiträge zum Verfassungs- und Wirtschaftsrecht, FS Winkler (1989) 39 ff.

ÖHLINGER, Verfassungsgerichtsbarkeit und parlamentarische Demokratie, FS Melichar (1983) 125 ff.

ÖHLINGER, Aspekte eines Beitritts Österreichs zu den EG (1988) 23 ff.

ÖHLINGER, Verfassungsgesetzgebung und Verfassungsgerichtsbarkeit, ÖJZ (1990) 2 ff.

ORWELL, Animal Farm (1945).

PAULSON, Zum Problem der Normenkonflikte, ARSP (1980) 487 ff.

PERNTHALER, Das Staatsoberhaupt in der parlamentarischen Demokratie, VVDStRL 25 (1967) 95 ff.

PERNTHALER, Der österreichische Bundesstaat im Spannungsfeld von Föderalismus und formalem Rechtspositivismus, ZÖR 19 (1969) 361 ff.

PERNTHALER, Allgemeine Staatslehre und Verfassungslehre (1986).

PERNTHALER – ESTERBAUER, Die Entstehung des österreichischen Bundesstaates als geschichtlicher Vorgang und als staatstheoretisches Problem, Montfort (1973) H 2/3.

PERNTHALER – ESTERBAUER, Der Föderalismus, in: Das österreichische Bundes-Verfassungsgesetz und seine Entwicklung (1980) 325 ff.

PETERS, Geschichtliche Entwicklung und Grundfragen der Verfassung (1969).

RILL, Der Rang der allgemein anerkannten Regeln des Völkerrechtes in der österreichischen Rechtsordnung, ÖZÖR 10 (1959/60) 439 ff.

RILL, Gliedstaatsverträge, Forschungen aus Staat und Recht 17 (1972).

RINGHOFER, Referat zur Selbstverwaltung, Verhandlungen des Dritten Österreichischen Juristentages 1967, II/3 (1969) 28 ff.

SALADIN, Verantwortung als Staatsprinzip (1984).

SCHÄFFER, Verfassungsinterpretation in Österreich, Forschungen aus Staat und Recht 18 (1971).

SCHÄFFER, Österreichische Verfassungs- und Verwaltungsgesetze, B-VG 1 (1991) 3 ff.

SCHAMBECK, Der Verfassungsbegriff und seine Entwicklung, FS Kelsen (1971) 211 ff.

SCHAMBECK, Der Verfassungsbegriff und die Dezemberverfassung 1867, FS Eichler (1977) 549 ff.

SCHAMBECK, Zum Begriff der Verfassung im formellen und materiellen Sinn aus österreichischer Sicht, FS Klecatsky (1990) 247 ff.

SCHEUNER, Verfassung, in: Staatslexikon, Bd VIII^6 (1963) Sp 117 ff.

SCHLAICH, Das Bundesverfassungsgericht (1985).

SCHLAICH, Die Verfassungsgerichtsbarkeit im Gefüge der Staatsfunktionen, VVDStRL 39 (1981) 99 ff.

SCHLINK, Abwägung im Verfassungsrecht, Schriften zum Öffentlichen Recht 299 (1976).

SCHMIDT-ASSMANN, Der Verfassungsbegriff in der deutschen Staatslehre der Aufklärung und des Historismus (1967)

SCHMITT C., Der Hüter der Verfassung (1931).

SCHMITT C., Verfassungslehre^6 (1983/1928).

SCHNEIDER P., Prinzipien der Verfassungsinterpretation, VVDStRL 20 (1963) 1 ff.

SCHNEIDER P., Die Verfassung – Aufgabe und Struktur, Beiheft 1 zum AÖR 99 (1974) 64 ff.

SMEND, Verfassung und Verfassungsrecht (1928).

SOMLO, Juristische Grundlehre^2 (1927/1963). Die Arten der Rechtsbegriffe 26 ff.

SPANNER, Die richterliche Prüfung von Gesetzen und Verordnungen (1951).

SPANNER, Landesbürgerschaft und Bundesbürgerschaft. Eine offene Verfassungsfrage, ÖJZ (1952) 449 ff.

SPANNER, Rechtliche und politische Grenzen der Verfassungsgerichtsbarkeit, Gutachten für den Ersten Österreichischen Juristentag, II/1 (1961).

SPANNER, Aufgaben und Stil der deutschen und der österreichischen Verfassungsgerichtsbarkeit, FS Hundert Jahre Verfassungsgerichtsbarkeit (1968) 143 ff.

STARCK – WEBER, Verfassungsgerichtsbarkeit in Westeuropa, Bd I u II (1986).

STELZER, Das Wesengehaltsargument und der Grundsatz der Verhältnismäßigkeit, Forschungen aus Staat und Recht 94 (1991).

STERN, Das Staatsrecht der BRD^2, Bd I (1984) § 3.

STERN, Die Verbindung von Verfassungsidee und Grundrechtsidee zur modernen Verfassung, FS Eichenberger (1982) 297 ff.

STOURZH, Vom aristotelischen zum liberalen Verfassungsbegriff, in: Fürst – Bürger – Mensch (1975) 97 ff.

STOURZH, Verfassungsgerichtsbarkeit und Grundrechtsdemokratie – die historischen Wurzeln, in: Verfassungsgerichtshof (Hg), 70 Jahre Bundesverfassung (1991) 17 ff.

STRELE, Der Begriff der Gesamtänderung der Verfassung, JBl (1935) 465 ff.

STRELE, Verfassungswidrigkeit von Individualgesetzen, JBl (1936) 309 ff.

TRIEPEL, Wesen und Entwicklung der Staatsgerichtsbarkeit, VVDStRL 5 (1929) 2 ff.

VEROSTA, Richterliches Gewohnheitsrecht, ZÖR 22 (1935) 29 ff.

VEROSTA, Rechte und politische Grenzen der Verfassungsgerichtsbarkeit, Referat auf dem Ersten Österreichischen Juristentag, II/2 (1961).

VEROSTA, Rechtsgeschichte und Reine Rechtslehre: Zugleich ein Beitrag zum Problem der Beziehung zwischen Faktizität und Normativität, in: Law, State, and International Legal Order, FS Kelsen (1964) 347 ff.

VEZANIS, Verfassung und Verfassungsrecht, FS Leibholz, Bd II (1966) 139 ff.

WAHL, Der Vorrang der Verfassung, Der Staat 20 (1981) 485 ff.

WALTER, Verfassung und Gerichtsbarkeit (1960) 11 – 17.

WALTER, Die Gewohnheit als rechtserzeugender Tatbestand, ÖJZ (1963) 225 ff.

WALTER, Der Stufenbau nach der derogatorischen Kraft im österreichischen Recht, ÖJZ (1965) 169 ff.

WALTER, Derogation oder Invalidation, FS Hundert Jahre Verfassungsgerichtsbarkeit (1968) 209 ff.

WALTER, Österreichisches Bundesverfassungsrecht (1972).

WALTER – MAYER, Grundriß des österreichischen Bundesverfassungsrechts[6] (1988).

WEINBERGER, Verfassungstheorie vom Standpunkt des neuen Institutionalismus, ARSP 76 (1990) 100 ff.

WELAN, Die Lehre von der Gewaltentrennung und das B-VG, ÖJZ (1970) 449 ff.

WELAN, Konventionalregeln im Verfassungsleben, Stb F 22 (1970).

WELAN, Das österreichische Staatsoberhaupt, Österreichisches Jahrbuch für Politik, Sonderband 2 (1986).

WELAN – NEISSER, Der Bundeskanzler im österreichischen Verfassungsgefüge (1971).

WERNER, Die Beseitigung der Landesbürgerschaft, JBl (1953) 277 ff.

WERNER, Verfassungsrechtliches von der Gerichtsbarkeit öffentlichen Rechts, JBl (1965) 169 ff.

WIEDERIN, Was ist und welche Konsequenzen hat ein Normenkonflikt? Rechtstheorie (1990) 311 ff.

WIMMER, Materiales Verfassungsverständnis, Forschungen aus Staat und Recht 15 (1971).

WINKLER, Der Verfassungsrang von Staatsverträgen, ÖZÖR (1959/60) 514 ff.

WINKLER, Zur Frage der unmittelbaren Anwendbarkeit von Staatsverträgen, JBl (1961) 8 ff.

WINKLER, Fußtritte für den Rechtsstaat, Forum X 115 – 118 (1963) 343 ff, 412 ff und 478 ff.

WINKLER, Das Höchstgericht für Österreichs Richter? Die Presse (15./16. Juni 1963).

WINKLER, Die Entscheidungsbefugnis des österreichischen Verwaltungsgerichtshofs im Lichte der Gewaltentrennung, in: Staatsbürger und Staatsgewalt I (1963) 279 ff, wiederveröffentlicht in: Orientierungen im öffentlichen Recht, Forschungen aus Staat und Recht 46 (1979) 105 ff.

WINKLER, Das österreichische Konzept der Gewaltentrennung in Recht und Wirklichkeit, in: Der Staat 6 (1967) 293 ff, wiederveröffentlicht in: Orientierungen im öffentlichen Recht, Forschungen aus Staat und Recht 46 (1979) 229 ff.

WINKLER, Wertbetrachtung im Recht und ihre Grenzen, Forschungen aus Staat und Recht 12 (1969); wiederveröffentlicht in: Winkler, Theorie und Methode in der Rechtswissenschaft, Forschungen aus Staat und Recht 85 (1989) 178 ff.

WINKLER, Orientierungen im öffentlichen Recht (gesammelte Abhandlungen), Forschungen aus Staat und Recht 46 (1979).

WINKLER, Die Wissenschaft vom Verwaltungsrecht, in: Festgabe für Antoniolli (1979) 1 ff, wiederveröffentlicht in: Winkler, Theorie und Methode in der Rechtswissenschaft, Forschungen aus Staat und Recht 85 (1989) 1 ff.

WINKLER, Gesetzgebung und Verwaltungsrecht, in: Winkler – Schilcher (GesRed), Gesetzgebung, Forschungen aus Staat und Recht 50 (1981) 100 ff.

WINKLER, Die Rechtspersönlichkeit der Universitäten, Forschungen aus Staat und Recht 80 (1988).

WINKLER, Theorie und Methode in der Rechtswissenschaft (gesammelte Abhandlungen), Forschungen aus Staat und Recht 85 (1989).

WINKLER, Rechtstheorie und Erkenntnislehre, Forschungen aus Staat und Recht 90 (1990).

ZIPPELIUS, Allgemeine Staatslehre[11] (1991).

Staatsverträge

Ihre Erzeugung und Geltung in der Rechtsordnung Liechtensteins *)

I. Das Thema

Im Mittelpunkt der Ausführungen steht die Frage, ob nach der Verfassung des Fürstentums Liechtenstein vom 5. Oktober 1921[1] Staatsverträge der Volksabstimmung (Referendum) unterliegen. Mit ihr verbindet sich zwangsläufig die viel weitergehende Frage nach dem innerstaatlichen Zustandekommen und nach der Reichweite der Geltung von Staatsverträgen in der Rechtsordnung Liechtensteins überhaupt. Zur Beantwortung dieser Frage wird die Verfassung des Fürstentums Liechtenstein einer eingehenden systematisch angelegten Textanalyse und einer begrifflich-inhaltlichen Zusammenschau unterworfen. Die wichtigsten verfassungsrechtlichen Vorbilder der Verfassung Liechtensteins werden zum Vergleich und für das Sinnverständnis von Vorgeschichte und von Text und Sinn der Verfassung von 1921 herangezogen. Die Abänderungen der Verfassung Liechtensteins werden in der Sinnermittlung bis in die jüngste Vergangenheit berücksichtigt und das Liechtensteinische Verfassungsverständnis wird an Hand der öffentlich zugänglichen Literatur und der Praxis des Landes mitveranschlagt. Das unter solchen Prämissen erarbeitete systematisch-dogmatische Ergebnis erbringt in Verbindung mit einer eingehenden Textanalyse und an Hand von entwicklungsgeschichtlichen Überlegungen eine eindeutige Antwort auf die gegenständliche Verfassungsrechtsfrage. Staatsverträge unterliegen nach der geltenden Verfassung des Fürstentums Liechtenstein nicht der Volksabstimmung; sie sind nach ihrem Zustandekommen und nach ihrem Geltungsanspruch in das Rechtserzeugungssystem Liechtensteins differenziert eingefügt.

---

*) Diese Abhandlung erschien in ihrem vollen Wortlaut bereits in der Liechtensteinischen Juristenzeitung (LJZ 1990, 105 ff). Wegen der Grundsätzlichkeit der darin enthaltenen Ausführungen zu Fragen des Verfassungsrechts und mit dem Ziel der Erweiterung des Leserkreises wird sie hier mit Genehmigung der LJZ noch einmal abgedruckt.

[1] LGBl Nr 15, kundgemacht am 24. Oktober 1921, zuletzt abgeändert durch das Verfassungsgesetz vom 17. April 1985, LGBl Nr 57.

Zur Offenlegung der Gedankenführung seien in den folgenden zwei Abschnitten zunächst jene grundsätzlichen Gesichtspunkte für das (die) Verfassungsverständnis(-auslegung) angeführt und erläutert, die den Gedankengang der dogmatischen und historisch-vergleichenden Studie transparent und damit nachprüfbar machen sollen.

II. Die verfassungsgeschichtliche Orientierung

1. Die Verfassung von 1921 als Hervorbringung einer Liechtensteinischen „Revolution"[2]

Liechtenstein war als Staat bis 1918 stark an Österreich orientiert. Zwischen beiden Staaten gab es seit dem Jahr 1852 einen Zollvertrag. Der Fürst residierte in Wien und kam nur selten nach Vaduz. Für ihn handelte ein Landesverweser, der, wie die meisten Beamten und Richter erster Instanz, ein Österreicher war. Die *Gerichtsbarkeit zweiter Instanz* wurde vom Obergericht in Innsbruck ausgeübt. Das *Appellationsgericht* hatte seinen Sitz in *Wien*. Der Zollvertrag schuf zusätzlich ein enges wirtschaftliches und administratives Band zwischen den beiden Staaten.

Vor 1917 gab es in Liechtenstein keine politischen Parteien. Im Gefolge der Niederlage der Zentralmächte und der Unzufriedenheit mit den österreichischen Beamten wurde in Liechtenstein zunächst die „Volkspartei" gegründet. Sie verstand sich als gemäßigte Opposition zur Regierung. Die Anhänger der Regierungspolitik schlossen sich zu einer „Bürgerpartei" zusammen.

Im Land nahm die Opposition gegen die Regierung zu. Am 30. 10. 1918, also am Tag, an dem die Proklamation einer unabhängigen Republik „Deutsch-Österreich" verlautbart wurde, ernannte der neugewählte Landtag einen Sekretär. Nach mehreren Landtagssitzungen erfuhren die Liechtensteiner am 8. 11. 1918 aus dem „Liechtensteiner Volksblatt", daß tags zuvor ein *Regierungswechsel* stattgefunden hat. Der *Landesverweser* war zugunsten eines provisorischen Kommitees zurückgetreten. (Ein Protokoll über die Sitzung, in der der Rücktritt erfolgte, existiert nicht).

Dieser *verfassungswidrige Vorgang*[3] wurde von dem in Wien residierenden Fürsten zur Kenntnis genommen[4]. Er hatte wesentliche Änderungen

---

[2] Die folgende Darstellung orientiert sich an RATON, Liechtenstein. Staat und Geschichte, Vaduz 1969, 117 – 121.

[3] Nach § 27 der Verfassung von 1862 konnte nur der Fürst verantwortliche Staatsdiener in die Regierung ernennen. Diese waren dem Landtag nicht verantwortlich. Daher

der Innenpolitik zur Folge. Neben der Ernennung von Prinz KARL zum Landesverweser bestand die wichtigste darin, daß – abermals in verfassungswidriger Weise – vom Landtag am 17. 12. 1918 ein Verfassungsausschuß eingesetzt wurde. Nach zahlreichen Verhandlungen zwischen diesem Ausschuß und dem Gesandten des Fürsten kam schließlich ein Verfassungsentwurf zustande, der dem Landtag vorgelegt und von diesem im August 1921 angenommen wurde. Die Beurkundung der neuen Verfassung erfolgte am 5. Oktober, ihre Veröffentlichung am 24. 10. 1921 im Liechtensteinischen Landesgesetzblatt Nr 15.

Dank der Schweizer Hilfe konnte in Liechtenstein eine Hungersnot im Gefolge des Krieges vermieden werden. In dieser politischen und wirtschaftlichen Lage wurden die überkommenen Bindungen an Österreich zugunsten einer stärkeren Anlehnung an die Schweiz weitgehend aufgegeben. Außenpolitische Folge dieser Entwicklung war letztlich das Ende des Zollvertrages mit Österreich und der Abschluß eines Zollanschlußvertrages mit der Schweiz im Jahr 1923[5].

2. Der verfassungsgeschichtliche Vergleich

Verfassungen entstehen nicht aus dem Nichts. Sie haben ihre geschichtlichen Wurzeln und geben Antworten auf wesentliche politische Fragen. Dabei finden sie ihre Orientierung – positiv oder negativ, durch Anlehnung oder durch Ablehnung – an anderen Verfassungswerken. Ihr Sinn ist daher ohne Einbeziehung dieser Entstehungsvoraussetzungen nicht erfaßbar. Dabei ist für eine dogmatische Analyse der Rechtsform des Staatsvertrages nach der geltenden Verfassung zunächst zu prüfen, wie andere Verfassungen, an denen sich der Liechtensteinische Verfassungsgesetzgeber orientiert hat, Staatsverträge in ihr Rechtsquellensystem eingebettet haben.

Der Liechtensteinischen Verfassung von 1862 kommt hierbei eine vorrangige Bedeutung zu. Diese Verfassung war an Ausformungen der österreichischen Verfassungsentwicklung der Jahre 1848 – 1862, an der preußi-

---

konnte auch nur der Fürst ein Rücktrittsgesuch der Regierung entgegennehmen. Die Proklamation endetet allerdings mit folgenden, den Geist der „Revolution" gut wiedergebenden Worten: „Es lebe Fürst und Vaterland" (RATON, Liechenstein 119).

4 Telegramm der fürstlichen Kabinettskanzlei an den Landtagspräsidenten; Liechtensteinisches Volksblatt vom 22. 11. 1918.

5 Unterzeichnet am 29. 3. 1923, verlautbart am 28. 12. 1923, in Kraft getreten am 1. 1. 1924 (LGBl Nr 24/1923).

schen Verfassung aus dem Jahr 1850 und an der Verfassung von Hohenzollern-Sigmaringen aus dem Jahr 1833 orientiert.

Als Vorbild und als Kontrast ist aber in Grenzen auch die Bundesverfassung der schweizerischen Eidgenossenschaft vom 29. 5. 1874, in der Fassung der Novelle aus 1920/1921, betreffend den Art 89, bedeutsam[6].

Nach dem Ersten Weltkrieg war auch in Österreich eine neue Verfassung geschaffen worden, die nach Aussage einer ihrer geistigen Väter mit der konstitutionellen Gewaltenteilungsideologie radikal gebrochen hat und für eine neue, republikanische Konzeption der Gewaltentrennung beispielhaft ist. Eine Vorbildfunktion auch dieser Verfassung für Liechtenstein ist teilweise belegbar. Die Annahme eines gewissen Anschauungswertes des österreichischen B-VG liegt aber auch deshalb nahe, weil die Verbindung Liechtensteins zu Österreich nicht völlig abgebrochen worden ist, sie war aber für Staatsverträge nicht erheblich[7]. Gleichwohl vermögen sowohl die österreichischen Regelungen über die Staatsverträge als auch über das Budget, die im Oktober 1920 Verbindlichkeit erlangten, den durch systematische und historische Analyse gewonnenen Befund für Liechtenstein zu erhärten.

a) *Die konstitutionelle Verfassung des Fürstentums Liechtenstein vom 26. September 1862*

Nach der bis 1921 geltenden Verfassung von 1862 vertrat der Landesfürst „den Staat in allen seinen Verhältnissen gegen auswärtige Staaten" (§ 23 Abs 1). Er durfte jedoch „ohne Verwilligung des Landtages" keine Staatsverträge abschließen, in denen er Staatsgebiet oder Staatseigentum veräußert, auf ein Staatshoheitsrecht oder Staatsregal zugunsten eines auswärtigen Staates verzichtet oder darüber irgendwie verfügt, eine neue Last

---

6 Die – historisch nicht belegbare – Annahme, daß sich der Gesandte des Fürsten primär an der alten Verfassung von 1862 orientiert hat, der Verfassungsausschuß hingegen infolge der vom Landtag forcierten Annäherung an die Schweiz zunächst deren Verfassung als Vorbild heranzog, läßt sich durch eine Gegenüberstellung von Artikeln der betreffenden Verfassungen nur sehr begrenzt erhärten. Vgl einerseits zB § 23 der Liechtensteinischen Verfassung von 1862 und Art 8 der Verfassung von 1921; andererseits die Art 85, 89 Abs 2 der Schweizer Verfassung 1874 sowie die Art 62 und 66 Abs 1 der Liechtensteinischen Verfassung von 1921.

7 Die Liechtensteinische Verfassung ist wie das B-VG in „Hauptstücke" gegliedert; für Untergliederungen werden hier wie dort Majuskeln verwendet. Auch inhaltlich gibt es eine Reihe von Entsprechungen. Die Kompetenzen des Staatsgerichtshofes in der LV sind den Kompetenzen des österreichischen Verfassungsgerichtshofes nachgebildet. Auch die Bestimmungen über die Stellung der Mitglieder des Landtages (Art 56, 57 LV) finden zT eine wörtliche Übereinstimmung mit Art 57 der Urfassung des B-VG.

auf das „Fürstenthum oder dessen Angehörige" übernimmt oder in denen er eine Verpflichtung eingeht, „welche den Rechten der Landesangehörigen Eintrag thun" (§ 23 Abs 2).

Gesetze durften nach der Verfassung von 1862 ohne Mitwirkung und Zustimmung des Landtages weder gegeben, aufgehoben, abgeändert noch authentisch erklärt werden (§ 24 Abs 1). Das Recht der Gesetzesinitiative stand sowohl dem Landesfürsten als auch dem Landtag zu (§ 41); letzterer war nach § 40 lit a ua zur verfassungsmäßigen Mitwirkung an der Gesetzgebung berufen.

Bereits die Verfassung aus dem Jahr 1862 zählte die Ausschreibung und die Erhebung von direkten wie indirekten Steuern und anderen Abgaben nicht zur Gesetzgebung, sondern zur Vollziehung. Dem Landtag kam in Bezug auf diese Akte der Vollziehung (wie bei Staatsverträgen) lediglich das Recht der „Verwilligung" zu (§§ 40 lit b, 43).

Nach § 45 war dem Landtag für die nächstfolgende Finanzperiode ein Vorschlag über „sämmtliche Einnahmen und Ausgaben mit möglichster Vollständigkeit zur Prüfung, Beurtheilung und Beistimmung zu übergeben".

Staatsverträge, Gesetze, Steuerausschreibungen und Finanzvoranschläge wurden demnach thematisch und terminologisch strikt auseinandergehalten. Die Einbindung des Landtages war je und je verschieden geregelt. Bei *Staatsverträgen* und Steuerangelegenheiten war sie auf eine „Verwilligung" beschränkt, die überdies nur bei bestimmten Staatsvertragsarten erforderlich war. Die Gesetzgebung fiel zwar formal unter die Prärogativen des Fürsten; in der Ausübung stand sie jedoch ihm und dem Landtag gemeinsam zu. Bei ihr konnte der Landtag „mitwirken" und „zustimmen". Finanzvoranschläge hingegen waren reine Akte der Vollziehung, die dem Landtag zusammen mit einem Antrag auf die zu erhebenden Abgaben zugingen. Der Landtag hatte an ihnen nicht gleichgewichtig mitzuwirken, sondern zu kontrollieren. Er konnte daher, wie bei Staatsverträgen und anders als bei Gesetzen, wo ihm neben dem Monarchen auch das Initiativrecht zukam (§ 41), keinen direkten Einfluß auf den Inhalt nehmen. Obwohl die Verfassung dies nicht ausdrücklich anordnete, war das jährliche Budget gemäß der damals verbreiteten Staatenpraxis in die Gesetzesform gekleidet.

Eine direkte Einbindung des Volkes in die Staatswillensbildung war der Verfassung von 1862 fremd.

b) *Die Bundesverfassung der schweizerischen Eidgenossenschaft vom 29. Mai 1874*

aa) *Die Staatsverträge*

Nach Art 8 der heute noch geltenden Urfassung steht allein dem Bund das Recht zu, Bündnisse und Staatsverträge, namentlich Zoll- und Handelsverträge mit dem Auslande einzugehen. Diese Kompetenz nimmt nach Art 102 Z 8 der Bundesrat wahr[8]. Er allein ratifiziert die Verträge; er darf dies jedoch nur nach vorheriger Genehmigung durch die Bundesversammlung tun[9].

Staatsverträge sind nach ihrer Ratifikation und Publikation innerstaatlich verbindlich. Eine Ausführung durch Gesetze ist nicht erforderlich. Der Akt der Genehmigung durch die Bundesversammlung ist kein Gesetzgebungsakt[10] und bedeutet lediglich eine Ermächtigung für den Bundesrat, ohne diesen zum Abschluß zu verpflichten.

Die Schweizer Verfassung kennt schon in ihrer ersten Fassung aus 1874 umfangreiche unmittelbare Mitwirkungsbefugnisse des Volkes an der staatlichen Willensbildung. Eine der wichtigsten ist das *Referendum*, das auch für die Liechtensteinische Verfassung aus 1921 von Bedeutung war.

Die Schweizer Verfassung kannte damals schon ein Verfassungs- und ein Gesetzesreferendum[11]. Ein Finanzreferendum und ein Staatsvertragsreferendum waren zunächst nicht vorgesehen und daher auch unzulässig[12].

Dieser Zustand wurde von vielen Bürgern als unbefriedigend empfunden. Im Sommer 1913 reichten 64.391 Bürger das Begehren ein, den Art 89 um einen Absatz zu ergänzen, der auch Staatsverträge dem Referendum unterstellen sollte; jedoch nur dann, wenn sie nicht kündbar waren oder für die Dauer von mehr als 15 Jahren abgeschlossen wurden. Der Bundesrat stand dieser Initiative ablehnend gegenüber[13]. Die Bundesversammlung,

---

[8] „Er wahrt die Interessen der Eidgenossenschaft nach außen, wie namentlich ihre völkerrechtlichen Beziehungen, und besorgt die auswärtigen Angelegenheiten überhaupt."

[9] Art 85 Z 5; dazu ausführlich BURCKHARD, Kommentar 673 – 678.

[10] BURCKHARD, Kommentar 674; ähnlich FLEINER – GIACOMETTI, Bundesstaatsrecht 818, und HÄFELIN – HALLER, Bundesstaatsrecht RN 1043, die festhalten, daß die Bundesversammlung „den betreffenden Staatsvertrag nur gutheissen oder verwerfen kann".

[11] Art 89 Abs 2, Art 123 Abs 1.

[12] Noch heute kennt die Schweizer Verfassung – anders als viele Kantonsverfassungen – kein Finanzreferendum.

[13] Einerseits, weil die Stellung der Schweiz im völkerrechtlichen Verkehr erschwert würde, andererseits, weil die Vertragsdauer kein geeignetes Kriterium zur Ermittlung der Bedeutung des Vertrages bilden könne.

die kurz zuvor beschlossen hatte, das Volk über den Beitritt zum Völkerbund zu befragen, beschloß am 7. 10. 1920, das Begehren unverändert vor das Volk zu bringen. Das Volk nahm am 30. 1. 1921 die neue Bestimmung mit einer Mehrheit von 398.538 gegen 160.004 Stimmen und mit 20 gegen zwei Kantonsstimmen an[14]. (Erst im Jahr 1977 wurde Art 89 völlig neu gefaßt[15]).

Das Referendum der Liechtensteinischen Verfassung ist daher zweifellos eine dem damaligen Schweizer Vorbild eingeschränkt nachgeformte Rechtsfigur[16]. Die im Jahr 1913 begonnene und erst nach dem Weltkrieg stärker einsetzende[17] und intensiv geführte Schweizer Diskussion um die Unterstellung unkündbarer oder für mehr als 15 Jahre abgeschlossener Staatsverträge unter das Referendum war den Vätern der Liechtensteinischen Verfassung mit Sicherheit bekannt[18]. Das Fehlen eines eigenen Staatsvertragsreferendums in der Liechtensteinischen Verfassung aus 1921 läßt daher in Bezug auf Staatsvertragsreferenda nur den Schluß zu, daß ihre Zulässigkeit in Liechtenstein ausgeschlossen sein sollte.

bb) Das Schweizer Budgetrecht

Nach Art 102 Z 14 BV sorgt der Bundesrat für die Finanzen des Bundes und entwirft den Voranschlag. Der aus Nationalrat und Ständerat bestehenden Bundesversammlung obliegen nach Art 85 Z 10 die „Aufstellung des jährlichen Voranschlages und Abnahme der Staatsrechnung sowie Beschlüsse über Aufnahme von Anleihen".

Der Beschluß des Budgets ist nach der Schweizer Verfassung *kein* Gesetz[19]. Er ist wohl auch deshalb, wie die Beschlüsse über Nachtragskredite und die Abnahme der Rechnung, dem Referendum *entzogen*[20]. Anderes

---

14 Die Angaben stützen sich auf BURCKHARDT, Kommentar 703 f.

15 86. und 88. Änderung der BV, angenommen in den Volksabstimmungen vom 13. 3. und 25. 9. 1977.

16 Vgl vor allem Art 89 BV.

17 Während des Krieges war die Behandlung der Initiative von 1913 durch Bundesrat und Bundesversammlung unterblieben.

18 Unmittelbarer rechtspolitischer Hintergrund der Debatte in der Schweiz war die Frage ihres Beitritts zum Völkerbund. In diesem Zusammenhang sei darauf hingewiesen, daß Liechtenstein selbst einen Beitritt durch ein über die Schweiz 1919 eingebrachtes Gesuch betrieb. Es wurde vom Völkerbund abgelehnt (ausführlich RATON, Liechtenstein 65 - 75).

19 BURCKHARDT, Kommentar 689.

20 BURCKHARDT, Kommentar 689; FLEINER - GIACOMETTI, Bundesstaatsrecht 529; HÄFELIN - HALLER, Bundesstaatsrecht RN 735.

gilt für die Kantone, deren Verfassungen teilweise ein Finanzreferendum vorsehen[21].

Da das Budget kein „Gesetz" ist, darf es die Durchführung von Gesetzen auch nicht behindern[22]. Kommt ein Budgetbeschluß der Bundesversammlung nicht rechtzeitig zustande, dann hatte nach der älteren Lehre der Bundesrat dennoch die gesetzlich vorgesehenen Ausgaben zu tätigen; auch freie Ausgaben wurden für zulässig erachtet[23]. Diese Fragen sind nunmehr zT gesetzlich geregelt[24].

Zur Entpolitisierung des Budgets entwickelte sich eine Praxis, die verschiedene Ausgaben gesonderten Beschlüssen vorbehielt. Diese Finanzbeschlüsse sind von der BV nicht erwähnt. Da die Bundesversammlung für den Budgetbeschluß zuständig ist, ist sie es aber auch für Ausgaben außerhalb des Budgets[25].

Diese Praxis hat mitunter dazu geführt, für das fehlende Finanzreferendum einen Ersatz zu schaffen. Finanzbeschlüsse wurden demgemäß zum Teil in die Form der allgemeinverbindlichen Bundesbeschlüsse gekleidet und unterlagen damit, sofern sie nicht für dringlich erklärt wurden, dem fakultativen Referendum[26]. Infolge der Kritik in der Lehre scheint die heutige Praxis davon wieder abgerückt zu sein; in jüngeren Lehrbüchern ist die Umgehung des Ausschlusses des Referendums jedenfalls kein Thema mehr.

---

21 Dazu HANGARTNER, Grundzüge I 144. Die meisten Kantone kennen kein Budgetreferendum, sondern lediglich ein Ausgabenreferendum, das nur gegen Beschlüsse möglich ist, die rechtlich nicht gebundene Ausgaben zur Folge haben. Verschiedene Kantone, wie zB St. Gallen, kennen lediglich ein fakultatives Gesetzes-, aber ein obligatorisches Finanzreferendum. Das führt dazu, daß Gesetze, mit denen Ausgaben verbunden sind, dem obligatorischen Finanzreferendum unterliegen.

22 BURCKHARDT, Kommentar 689.

23 BURCKHARDT, Kommentar 689.

24 Das Finanzhaushaltsgesetz 1968 sieht vor, daß für Ausgaben ohne budgetäre Deckung ein Nachtragskredit anzufordern ist. Im Dringlichkeitsfall kann der Bundesrat Ausgaben auch sonst tätigen, wenn es die Zustimmung der Finanzdelegation der eidgenössischen Räte einholt. Diese Ausgaben sind nachträglich zu genehmigen. Genauer HANGARTNER, Grundzüge I 173.

25 HÄFELIN – HALLER, Bundesstaatsrecht RN 736 f.

26 Dazu FLEINER – GIACOMETTI, Bundesstaatsrecht 750 FN 52, die diesen „mißbräuchlichen Gebrauch" ablehnen. Ebenso schon BURCKHARDT, Kommentar 709, mit Nachweisen der älteren Praxis.

c) Das österreichische Bundes-Verfassungsgesetz vom 1. Oktober 1920

aa) Die Staatsverträge

Die etwa ein Jahr vor der Liechtensteinischen Verfassung beschlossene österreichische republikanische Verfassung (B-VG) läßt sich als Vergleichsobjekt nur mit Vorbehalten heranziehen. Sie brach, anders als die Liechtensteinische Verfassung, mit der Staatsform der konstitutionellen Monarchie, verwirklichte den Grundsatz der Volkssouveränität und hob damit – nach einer Aussage KELSENS[27] – den Grundsatz der Gewaltentrennung auf. Diese Aussage ist zweifellos unzutreffend. Aufgehoben wurde nur die monarchische Gewaltentrennung. An ihre Stelle trat eine demokratisch-parlamentarische.

KELSENS Aussage hält auch einer konkreten Überprüfung nicht stand. Das B-VG behält nämlich den Abschluß von Staatsverträgen dem Bundespräsidenten vor (Art 65 Abs 1) und räumt ihm damit eine ähnliche Stellung ein, wie sie der Kaiser in der österreichisch-ungarischen Monarchie innehatte[28]. Hinsichtlich bestimmter Kategorien von Staatsverträgen kann er diese Befugnis auf die Bundesregierung oder die zuständigen Mitglieder der Bundesregierung übertragen (Art 66 Abs 2).

Nach Art 50 Abs 1 der Urfassung des B-VG[29] bedurften politische und gesetzesändernde Staatsverträge zu ihrer Gültigkeit der Genehmigung des Nationalrats. Hatte der Vertrag einen verfassungsändernden Inhalt, so war auf den Genehmigungsbeschluß des Nationalrats Art 44 Abs 1 sinngemäß anzuwenden, der ein höheres Quorum und eine qualifizierte Mehrheit vorschreibt. Auf Art 44 Abs 2 der ursprünglichen Fassung, der eine Volksabstimmung über Verfassungsgesetze in manchen Fällen vorschrieb und sie ansonsten ermöglichte, wurde nicht verwiesen.

Die Frage, ob ein Beschluß des Nationalrats, der einen verfassungsändernden Staatsvertrag genehmigt, einer Volksabstimmung zugeführt werden darf, wird überwiegend negativ beantwortet. Die herrschende Auffas-

---

27 KELSEN, Staatsrecht 135.

28 Vgl Art 6 des österreichischen Staatsgrundgesetzes über die Ausübung der Regierungs- und Vollzugsgewalt vom 21. 12. 1867: „(1) Der Kaiser schließt die Staatsverträge ab. (2) Zur Giltigkeit der Handelsverträge und jener Staatsverträge, die das Reich oder Theile desselben belasten oder einzelne Bürger verpflichten, ist die Zustimmung des Reichsrathes erforderlich". Vgl dazu auch § 11 Abs 2 lit a des österreichischen StGG über die Reichsvertretung vom 21. 12. 1867, RGBl Nr 141/1867, idF des Gesetzes vom 26. 1. 1907, RGBl Nr 15/1907.

29 Im Jahr 1964 wurden die Bestimmungen des B-VG betreffend Staatsverträge grundlegend novelliert. Im Jahr 1984 wurde der Abs 2 des Art 44 B-VG zum Abs 3.

sung verneint sie aufgrund der Tatsache, daß Art 50 Abs 2 der Urfassung wohl auf Art 44 Abs 1, nicht aber auch auf Abs 2 verweist[30]. In einer jüngeren Auffassung[31] wird das Gegenteil vertreten. Anhaltspunkt für diese Auffassung ist der Wortlaut des Art 44 Abs 2, wonach „jede Gesamtänderung der Bundesverfassung, eine Teiländerung aber nur, wenn dies von einem Drittel der Mitglieder des Nationalrats verlangt wird", einer Abstimmung des gesamten Bundesvolkes zu unterziehen ist. Da Art 44 Abs 2 lediglich von einer *Änderung* der *Bundesverfassung* spricht, ohne danach zu differenzieren, ob eine solche durch Verfassungsgesetz oder durch verfassungsändernden Staatsvertrag erfolgt, sei die Bestimmung auch auf verfassungsändernde Staatsverträge direkt anwendbar. Eines gesonderten ausdrücklichen Verweises bedürfe es nach dieser Auffassung nicht.

Staatsverträge sind im B-VG nach einhelliger österreichischer Auffassung trotz der Mitwirkungsbefugnis des Nationalrats der Staatsfunktion „Vollziehung" zuzuordnen. Der Zustimmung des Nationalrats ist die Beschlußform vorbehalten; sie darf nicht in Gesetzesform erteilt werden. Beides erhellt nicht zuletzt aus der systematischen Stellung des Art 50. Dieser steht im Zweiten Hauptstück unmittelbar nach der Überschrift: „E. Mitwirkung des Nationalrats an der Vollziehung des Bundes."

Die Analyse der Stellung der Staatsverträge im österreichischen B-VG zeigt also, daß auch republikanisch-demokratische Verfassungen zwischen Gesetzen und Staatsverträgen unterscheiden und daß Staatsverträge nicht unter den Begriff „Gesetz" subsumierbar sind. Wenn dennoch ausnahmsweise auch die Auffassung vertreten wird, daß verfassungsändernde Staatsverträge einer Volksabstimmung unterzogen werden können, dann nur deshalb, weil der Text des B-VG – anders als jener der Liechtensteinischen LV – eine solche Leseart zuzulassen scheint.

bb) Das Budgetrecht Österreichs

Das Budget wurde im B-VG als Akt der Vollziehung aufgefaßt. Wenn im Art 51 Abs 2 der Verfassung vom Bundesfinanzgesetz die Rede ist, dann hat das nur die Bedeutung der förmlichen äußeren Kennzeichnung. Nach der Überschrift zum Abschnitt E des II. Hauptstückes der Bundesverfassung ist die „Genehmigung" des Bundesvoranschlages durch den Nationalrat dennoch nur eine Art der „Mitwirkung" des Nationalrates an der Vollziehung des Bundes.

---

30 So Kelsen – Froehlich – Merkl, Kommentar 137; Ermacora, JBl (1955) 321.

31 Öhlinger, Der völkerrechtliche Vertrag 212 f.

III. Leitende Gesichtspunkte für das Verfassungsverständnis

1. Der Sprachgebrauch einer Verfassung

Der Sprachgebrauch einer Verfassung entstammt der entstehungszeitlichen Fachsprache und der Rechtstradition, die nicht unbedingt an Landesgrenzen gebunden sind. Er ist beherrscht von den allgemeinen Regeln anerkannter Grammatik der Schriftsprache und weist in Satzführung und Wortlaut kaum einmal regionale Eigenarten auf. Verfassungen sind wegen ihrer Bedeutung und wegen ihrer zwangsläufigen sprachlichen Knappheit und begrifflichen Abbreviaturen, wegen ihrer Kompaktheit und wegen ihres Trends zur Klarheit, wegen ihrer Einfachheit und verständnismäßigen Erfahrbarkeit in Wortführung und Satzbau sprachlich zumeist auch klar und insoweit unproblematisch. Nur dann und wann findet man auch in einer Verfassung Sätze, deren Sinn deshalb nicht unmittelbar einschaubar ist, weil ihn ein überladener oder ein ungeordneter Satzbau verhüllt. Dennoch wäre es unrichtig, sich durch die sprachliche Klarheit zur Annahme verleiten zu lassen, daß sich deshalb eine Interpretation oder Sinnermittlung erübrige. Der korrekte Satzbau, die grammatikalisch-sprachlogisch richtige Wortführung erleichtert nur die Interpretation, von der schon CELSUS sagte: „Scire leges non haec est, verba earum tenere, sed vim ac potestatem". Die Klarheit des Sprachgebrauchs stützt daher Wortsinn und Begriffsbedeutungen, die es je und je nach den Regeln juristischer Auslegungskunst zu ermitteln gilt, macht ihn aber nicht von vornherein zweifelsfrei. Die Klarheit des Wortlautes kann aber auch in die Irre führen, weil der konkrete Text eines Satzes einen Regelungsinhalt vortäuschen kann, der sich in der systematischen Zusammenschau aller einschlägigen Bestimmungen als unhaltbar erweist.

2. Der Verfassungstext (Wörter, Sätze, Begriffe und Terminologien)

Die Verfassung ist zunächst ein förmliches, geschriebenes Gesetz; wie jedes andere. Zum Unterschied von den einfachen Gesetzen weist jedoch eine Verfassung einen größeren Grad an Abstraktheit auf als einfache Gesetze. Sie ist im Grund ein kompaktes Gefüge sparsamst gewählter Worte, die der entstehungszeitlichen Fachsprache der Staats- und Rechtswissenschaft, historischen Vorläufern und Vorbildern entstammen, die in Anlehnung an deren Sinngehalte *Begriffe* bezeichnen, die zu Gesamtvorstellungen gebündelt sind, deren Sinngehalt von juristischer und politischer Allgemeinbildung und von den staatspolitischen Verhältnissen der Entstehungszeit der Verfassung getragen ist.

Wörter, die in der Verfassung Begriffe, dh gebündelte Vorstellungen oder Sinngehalte bezeichnen, sind durch ihre Aufnahme in die Verfassung mit den Begriffen verpflichtend und daher unlösbar verbunden. Der Verfassungsgesetzgeber macht „Wörter", mit denen er Begriffe benennt, zu verbindlichen Kennwörtern oder Namen für diese Begriffe. So wird das Wort zum Kennwort und der Name eines Begriffes zum *Terminus*. Wort, Name, Terminus und Begriff, als Bestandteile einer geltenden Verfassung, sind verbindliche Grundlagen für jede Sinnermittlung vom geltenden Recht, weil sie das Recht in Inhalt und Form tragen, das der Verfassungsgesetzgeber – nach den anerkannten Regeln der Gesetzgebung – mit Rechtsverbindlichkeit oder Geltung versehen hat. Wörter, Termini und Begriffe der Verfassung spiegeln in ihrem Zusammenhalt kompakte Sinngefüge der Verfassung wider. Das gilt zuvörderst für die Grundordnung des Staates, in der die staatstragenden Organe, ihre Aufgaben, die Form ihrer Willensbildung, das Verhältnis dieser Organe zueinander und die Stellung des einzelnen Menschen in der Gemeinschaft geregelt sind. Ursprung und Zweckbindung machen daher Wörter, Termini und Begriffe zum Interpretationsmaterial, das für den Interpreten nicht substituierbar und weder vertauschbar noch disponierbar, sondern sinnverpflichtend ist.

3. Die Systematik einer Verfassung

Weder der klare Sprachsinn noch der klare Wortlaut einer Verfassung sind hinreichende Auskunftsmittel für den Interpreten. Das gilt vor allem für die in ihnen eingeschlossenen einzelnen Begriffe. Weder ein Wort noch ein Begriff noch ein Satz dürfen nur für sich allein gesehen werden. Weder ein Satz noch mehrere Sätze noch ganze Abschnitte einer Verfassung dürfen nur für sich allein gesehen werden. Gilt es, den Sinn eines bestimmten Begriffes oder eine bestimmte Rechtslage und damit den Sinn mehrerer Begriffe in ihrem Zusammenhalt zu ermitteln, dann kann ein gültiges Ergebnis nur aus einer thematisch orientierten Zusammenschau aller jener Wörter, Sätze, Absätze, Artikel und Abschnitte einer Verfassung gewonnen werden, die Bestimmungsgründe für Begriffe oder für eine Rechtsfrage beinhalten und sich daher zu Gesamtgedanken fügen, die den Willen des Gesetzgebers erkennbar machen. Für den Juristen ist die isolierte Rechtsbetrachtung eine Sünde wider den Geist. Es ist Aufgabe des Juristen, für das Ausgesprochene (Explizierte) und das Unausgesprochene

(Implizierte) Sinn und Zweck in ihrer verbindlichen Gegebenheit zu ermitteln, dh wie sie der Verfassung von ihrem Schöpfer beigegeben worden sind. Da der Sinn einzelner rechtlicher Phänomene sprachlich und begrifflich zumeist mehrmals und an verschiedenen Orten der Verfassung angesprochen ist, ist die vollständige Ermittlung aller für ein Thema in Betracht kommenden Regelungsinhalte unerläßlich. Das Ergebnis muß dann in einer sinnvollen Zusammenschau zur Gesamtheit der in der Verfassung sichtlich angelegten Gedanken und ihrer Sinngehalte führen. Dabei muß man sich darüber im klaren sein, daß eine thematisch orientierte Sinnermittlung von vornherein durch ihre Zielsetzung beschränkt ist und demgemäß auch nur innerhalb ihrer Begrenzung Aussagekraft hat. Das wird nicht selten von Höchstgerichten übersehen, die in ihrer Judikatur mitunter die Tendenz zeigen, trotz begrenzter Themenstellung mehr zu beantworten, als es die zu entscheidende Rechtsfrage verlangt, und daher eine „überschießende" Antwort geben, die nicht selten wie ein allgemein verbindlicher Rechtssatz in Erscheinung tritt. Mitunter geschieht es aber auch, daß die Lehre normativ formulierte Aussagen von Höchstgerichten vom Anlaßfall und seinem Thema loslöst und ihnen die normative Bedeutung eines allgemeinen Rechtssatzes beilegt.

Da die Verfassung ein sinnvolles Gesamtgefüge von verbindlichen Ordnungsgedanken für den Staat bildet, kann ihr nur eine Interpretation gerecht werden, die auf ihre Grenzen Bedacht nimmt. Das bedeutet aber, daß jede Antwort, auch nur auf eine einzelne Rechtsfrage, eine Gesamtschau der Verfassung derart voraussetzt, daß ihr allgmeiner Inhalt mit dem durch Interpretation zu ermittelnden besonderen Inhalt ein sinnvolles und harmonisches, zumindest aber doch ein in sich widerspruchsfreies Sinnganzes abgibt, das dem Verfassungsgeber begründbar zugerechnet werden kann.

4. Der äußere Tatbestand von Staatsakten und seine rechtliche Bedeutung

Staatliches Recht war seit eh und je an äußere „Tatbestände" gebunden. Das gilt in besonderem Maß für den sogenannten Verfassungsstaat der Neuzeit. Verfassungen haben mehr noch als andere staatliche Rechtserzeugungsformen Urkundscharakter. Sie fungieren als Verbriefungen des sozialen Friedens und tragen daher ein förmliches Gepräge von Kennzeichnung, Formulierung, Erlassung und Erscheinungsform an sich.

Die Verfassungen und die sie ändernden Verfassungsgesetze sind daher regelmäßig auch ausdrücklich als solche bezeichnet und bilden, so gekennzeichnet, die höchste Schicht von Rechtsvorschriften im Staat. Der äußere Tatbestand schafft die Voraussetzung des Vertrauens in ihn. Ähnlich wie die Verfassung verkörpern aber auch die anderen Staatsakte äußere Tatbestände. Ein Gesetz ist als Gesetz bezeichnet, ein Staatsvertrag als Staatsvertrag , eine Verordnung als Verordnung, ein Urteil als ein Urteil etc. Die Form des äußeren Tatbestandes ist ihnen von der Verfassung vorgezeichnet. Die äußere Erscheinungsform konkreter staatlicher Akte muß daher den Anforderungen der Verfassung genügen.

Wenn nun aber die Anordnungen der Verfassung unbeachtet bleiben und von Staatsorganen ein anderer als der vorgeschriebene äußere Tatbestand erzeugt wird, dann kann das verschiedene Folgen haben:

a) Der Akt hat formal die rechtliche Qualität, die der äußere Tatbestand erkennbar macht.
b) Der Akt ist unrichtig gekennzeichnet und daher verfassungswidrig, entweder nur seiner Form oder auch seinem Zustandekommen nach.
c) Der Rechtsformenmißbrauch bei der Rechtserzeugung im Einzelfall, entgegen verfassungsgesetzlichen Anordnungen, hebt die Verfassungsregel nicht auf, die für bestimmte Staatsakte auch bestimmte äußere Tatbestände vorschreibt.
d) Die Fehlerhaftigkeit des äußeren Tatbestandes führt entweder zur absoluten Nichtigkeit des Staatsaktes oder zur Rechtswidrigkeit und verpflichtet zu seiner Korrektur.

5. Der Sinn einer Verfassung in ihrem historischen Ursprung und in ihren Abänderungen

Verfassungen bilden den Kernbestand nationaler Rechtsordnungen. Meistens spiegeln sie in ihren Grundgedanken auch jene zentralen politischen Anliegen wider, die zu ihrer Entstehung geführt haben. Verfassungen sind daher gewissermaßen „geheiligte“ Spielregeln für die offizielle Politik eines Staates sowie für das Wirken und Zusammenwirken der politischen Kräfte in Staat und Gesellschaft.

Verfassungen sind in Struktur und Sinn wesentlich stabiler als Gesetze und erfahren, zum Unterschied von diesen, in traditionellen Verfassungsstaaten, wie den USA, über lange Zeiträume hinweg kaum erhebliche Änderungen. Wie modern, revolutionär und zukunftsweisend man eine Verfassung in der Entstehungszeit auch immer verstanden haben mag, sie wird mit ihrer Entstehung dennoch geschichtlich und zeigt sich in ihrem Gepräge auch insofern zeitgeistgebunden und verbindlich. Einmal entstanden, wird die Verfassung zum statischen Element im Staat, das der Dynamik von Staatspolitik und Staatswillensbildung (Gesetzgebung) als in sich verharrende, gleichsam unveränderliche Regel den Rahmen bietet. Der Sinn der Verfassung wird mit ihrer Verbindlichkeit ein bleibender, ein historischer; von der Zielsetzung der Verfassung her gesehen im Grunde also auch ein gleichbleibender.

Modifikationen dieses historischen Sinns ergeben sich nur aus den Abänderungen der Verfassung, die der Verfassungsgesetzgeber in der Folgezeit selber förmlich verfügt. Solche Verfassungsänderungen können punktuell und vordergründig, sie können aber auch von grundsätzlicher Bedeutung sein. Demgemäß liegt in ihnen unter Umständen auch eine Sinnveränderung der Verfassung, die als Einschränkung, Erweiterung, Modifikation oder überhaupt als eine Erneuerung bestehender Sinngehalte zu verstehen ist. Soweit der Regelungsinhalt solcher Verfassungsänderungen reicht, verändert er auch den Sinn der historisch gewordenen Verfassung, die auf diese Weise einen erkennbaren verbindlichen Wandel erfährt. Dabei ist zu beachten, daß auch die Abänderung einzelner Artikel der Verfassung immer im Gesamtzusammenhang des Sinngehalts der Verfassung zu veranschlagen ist.

So gesehen und mit dieser Einschränkung gilt die Verfassung in ihrer geschichtlichen Verharrung als Widerspiegelung eines staatstragenden Grundkonsenses der politischen Kräfte. So gesehen mag eine Verfassung veralten, sie wird aber dennoch ohne förmliche Änderung nicht unverbindlich. Eine gute Verfassung kann aber kaum veralten. Dazu zählt in vieler Hinsicht wohl auch die geltende Liechtensteinische Verfassung. Sie war zu ihrer Entstehungszeit im Jahr 1921 zukunftsorientierter als manche andere gleich alte Verfassung und erfuhr seit 1921 nur vierzehn kleinere Abänderungen. Die Liechtensteinische Verfassung hat sich dem sozialen Wohlfahrtsstaat und der freiheitlichen Demokratie bereits im Jahr 1921 so weit geöffnet, daß sie allein schon deshalb keinem erheblichen sozialen und politischen Druck ausgesetzt sein konnte, weil sie der Entwicklung von vornherein einen entsprechenden Entfaltungsraum geboten hat. In einer Zeitspanne von 66 Jahren erweist sie sich noch immer als funktionsstark. Dieser Umstand hat noch einen zweiten Erklärungsgrund. Die Verfassung Liechtensteins verfügt über ein Abstraktionsniveau, das in seiner Allgemeinheit den politischen Kräften im Staat ebenso weiten Raum läßt, wie der Anpassung der Rechtsordnung an die stetig sich verändernden realen

Bestimmungsgründe des Zusammenlebens der Menschen in der staatlichen Gemeinschaft.

6. Die historische Verfassungsvergleichung

Verfassungen spiegeln ihre Entstehungszeit wider. Sie drücken staatspolitisches Denken einer Zeit verkürzt aus, sie wurzeln aber auch in der Vorgeschichte dieser Zeit. Zum Text einer Verfassung treten daher auch noch Geschichtsquellen hinzu, aus denen die Verfassung gespeist wurde. Dabei kommt einer rechtlichen und politischen Nachbarschaft von Staaten mitunter größere Bedeutung zu als einer bloß geographischen. Zur Klärung von Zweifelsfragen in der Auslegung ist es daher legitim, jene Verfassungen in vergleichender Sicht heranzuziehen, die für die betreffende Verfassung entweder offenkundig oder nachweislich Vorbildfunktion hatten. Daher bleibt zu bedenken, daß schon die Liechtensteinische Verfassung aus dem Jahr 1862 im österreichischen (europäischen) Gesamttrend zum Konstitutionalismus entstanden ist. Schließlich aber ist für die Auslegung der Verfassung aus dem Jahr 1921 besonders bedeutsam, welche Verfassungslage die Schweiz und Österreich um diese Zeit aufwiesen, die mit ihrer jüngeren Verfassungsentwicklung für die Verfassungsgesetzgeber der damaligen Zeit im allgemeinen und für den Liechtensteinischen Verfassungsgesetzgeber im besonderen eine aktuelle Herausforderung waren. Die zeitgenössischen Verfassungen Österreichs und der Weimarer Republik können zusätzlich noch über den Zeitgeist und über das damals übliche Verfassungsdenken Auskunft geben.

Für das Verständnis der geltenden Liechtensteinischen Verfassung ist aber zunächst und zuallererst ihre eigene Verfassungsgeschichte beachtlich. Das gilt wohl für jeden Staat und hat sogar für Staaten Gültigkeit, deren Staatsform echt revolutionär geändert wurde und die daher – verfassungsrechtlich gesehen – neu entstanden sind. Sogar das österreichische B-VG aus 1920 ist trotz wesentlicher Neuerungen terminologisch und institutionell mehr von der österreichischen Verfassungsgeschichte gezeichnet als von ausländischen Vorbildern beeinflußt.

Für die Liechtensteinsiche Verfassung hat aber ihre eigene Verfassungsgeschichte deshalb die allergrößte Bedeutung, weil im Jahr 1921 der Staat derselbe war und die Staatsform gleichgeblieben ist. Die neue Verfassung wurde durch den bisherigen Verfassungsgesetzgeber erlassen. Der Staat blieb daher dasselbe Rechtssubjekt. Verfassung und Rechtsordnung Liechtensteins verharrten im Jahr 1921 in ihrer Identität und verblieben auch seither in staatsrechtlicher Kontinuität. Gewiß gab es in Liechtenstein nach 1917 „revolutionäre" Bewegungen und vorübergehende „Verfassungsbrüche", sie waren aber nicht von Dauer und führten nicht zur Zerstörung der Staatsmacht und der Kontinuität der Verfassungsentwicklung und der damit wesensgemäß verbundenen Identität des Staates.

Der verfassungsgeschichtliche Hintergrund der Liechtensteinischen Verfassung aus 1921 hat daher mehr als bloßen Anschauungswert. Er ist für die Verständnisermittlung von der geltenden Verfassung eine verbindliche Voraussetzung. Aus ihm wird der bleibende Sinn der Verfassung sinnfällig bestätigt; vor ihm, als Hintergrund, werden aber auch Neuerungen und Veränderungen der Verfassung aus 1921 und ihrer eigenen Entwicklung in klarem Kontrast erkennbar und bedeutungsvoll.

Der Sinngehalt sprachlicher und begrifflicher Verkürzungen einer Verfassung ist nach einer längeren Zeitspanne ihrer Geltung oft nicht mehr unmittelbar einsichtig. Spätere Generationen müssen sich daher das Gedankengut der Generationen vor ihnen neu erwerben, um über ein dem verbindlich gewordenen Sinn der Verfassung entsprechendes Geschichtsverständnis und dadurch über ein entsprechendes verfassungsrechtliches Vorverständnis zu verfügen.

7. Die geistesgeschichtliche Einbettung verfassungsrechtlicher Grundgedanken

Der geistige Gehalt einer staatlichen Verfassung wird aus zwei Wurzeln gespeist. Einerseits aus dem eigenen Staats- und Ordnungsgefüge, das durch Überzeugungen und Gepflogenheiten lang geübter Praxis von einer solchen Stabilität ist, daß es sogar revolutionären Konzepten noch sein Gepräge geben kann. Andererseits aber aus dem Geist, der in der politischen und staatstheoretischen Literatur der Zeit seinen Niederschlag gefunden hat. Neue Verfassungen bringen häufig weniger Neues, als man meinen möchte, und das alte Ordnungskonzept ist oft von einer größeren Stabilität, als man glauben wollte. Vor allem formale Strukturen der Organisation und die Verfahren der Willensbildung sowie die ganze einfachgesetzliche Ordnung dauern zunächst fort. Zwar mag die neue Verfassung ein neues Wort- und Satzgefüge sein. Begrifflich und terminologisch erscheint sie jedoch regelmäßig als Produkt derselben Rechtskultur wie ihre Vorläuferin. Traditionelles staatstheoretisches und staatspolitisches Denken drükken der neuen Verfassung ebenso ihren Stempel auf wie die überlieferte Rechtskultur. Daher ist jede jüngere Verfassung ebenso fortschrittlich wie traditionell; insbesondere dann, wenn die Verfassungsänderung in höherem Maß eine Entwicklung bedeutet als einen Bruch mit dem Überkommenen. Deshalb ist es auch legitim, für das Sinnverständnis der Liechtensteinischen Verfassung die Zeitdokumente ihrer Neufassung heranzuziehen und gleichzeitig auf jene Literatur zurückzugreifen, die sich mit der konstitutionellen Monarchie vom 19. zum 20. Jahrhundert befaßt. Dabei kommt vor allem der alten österreichischen und preußischen Literatur eine besondere Bedeutung zu, weil sie nicht nur zu konkreten Verfassungen geschrieben wurde, sondern nach 1862 auch das Beispiel der Verfassung Liechtensteins als Anschauungsmaterial zur Verfügung hatte. Die völkerrechtliche Verbindung zwischen Österreich und Liechtenstein und das staatsrechtliche Naheverhältnis beider Länder machen aber auch den Schluß unabweislich, daß vor allem österreichisches Verfassungsdenken auf die Verfassungsgeschichte Liechtensteins eine starke Ausstrahlung hatte.

8. Möglichkeiten und Grenzen des Verfassungswandels

Mit dem Vorangehenden sind die wichtigsten Antworten schon vorbestimmt. Die Verfassung ist zwar auf Zeitlosigkeit angelegt; sie entspringt ja schließlich der Überzeugung ihrer politischen Väter, in der Entstehungszeit die ideale Organisationsform für das Zusammenleben der Menschen in der politischen Gemeinschaft eines Staates für die Zukunft gefunden zu haben. Ihr wird ein Geltungsbeginn ausdrücklich zugewiesen, eine Begrenzung der zeitlichen Geltungsdauer fehlt jedoch regelmäßig. Eine Verfassung gilt gewissermaßen ewig und ist demgemäß nicht für Veränderungen bestimmt. Änderungen sind jedoch nicht ausgeschlossen und häufig sogar verfassungsgesetzlich vorgezeichnet. Die Gesellschaft entwickelt sich weiter, politische Kräfte verschieben sich. Die Verfassung muß der Entwicklung unter Umständen nachgezogen, dh abgeändert werden. Daraus ergibt sich in begrenztem Umfang ein legaler Verfassungswandel.

Eine Verfassung ist in höherem Maß abstrakt als andere Gesetze. Sie erscheint daher einer dogmatischen Betrachtung auch als mehr- oder vieldeutig, mitunter sogar als zu unbestimmt. Ein reiner Rechtsstaatstheoretiker könnte dadurch beunruhigt werden, nicht jedoch der Praktiker von Staatsrecht und Staatspolitik. Die Verfassung hat nämlich überwiegend nur eine Rahmenfunktion. Sie muß der politischen Machtentfaltung Raum geben, die sich in ihren Konstellationen, vor allem im Verhältnis parteipolitischer Kräfte zueinander verändern kann. Sie muß aber auch einer Organpraxis Raum geben, die mit je und je verschiedenen, nicht vorhersehbaren Veränderungen der Lebenssachverhalte konfrontiert sein kann. In diesem Sinn kann es einen verfassungskonformen Wandel ohne Abänderung der Verfassung geben, wenn und weil sich die Praxis des Organverhaltens in ihrer Vielfalt anreichert, den Raum ausfüllt und die Dynamik nutzt, die ihr die Verfassung in ihrer Abstraktheit und Unbestimmtheit bietet.

9. Die Bedeutung gesellschaftlicher Veränderungen

Gesellschaftliche Veränderungen aus dem Kräftespiel der Parteipolitik werden in einem Staat in aller Regel über die einfache Gesetzgebung abgefangen. Reichen sie in das Verfassungsgefüge, dann können sie sich unter Umständen neben der Verfassung eigenständig entwickeln, zu einer Verfassungsänderung führen oder sogar zum Verfassungsbruch und damit zu einer neuen Verfassung. Faktische Änderungen sozialer Verhaltensmuster, die in das Verfassungsgefüge reichen, finden ihre Grenzen am verbindlichen Wortlaut und am Sinn der Verfassung. Eine Umdeutung der Verfassung nach dem Trend gesellschaftlicher Veränderungen verbietet sich daher von selbst. Sie widerspräche nicht nur dem Rang und der Autorität einer Verfassung, sondern auch dem politischen Grundkonsens der staatstragenden Kräfte, der in die Verfassung eingebunden ist, der wohl auf Grund eines abermaligen Konsenses geändert werden kann, der seinem Wesen nach aber unverbrüchlich, dh dauernd verbindlich ist. Dem politischen Wollen, das von gesellschaftlichen Veränderungen getragen sein mag oder solche Veränderungen nur vorgibt, ist der „stille Weg“ in die Verfassung verwehrt. Es müßte sich daher durch förmliche Abänderungen verfassungrechtlichen Zugang verschaffen. Die Verfassung trägt also die Grenzen ihres Wandels in sich und bietet den gesellschaftlichen Veränderungen Schranke und Hindernis, die nur unter erschwerten Bedingungen verschoben werden können.

10. Der wissenschaftliche Fortschritt und das Verfassungsverständnis

Der Wissenschaft ist nicht nur die Rechtsdogmatik aufgegeben, sondern auch die Rechtspolitik. Wer die Verfassung gut kennt, muß auch um ihre Mängel wissen. Wer die Mängel kennt, muß auch Reformen vorschlagen können. Das bedeutet aber, daß die Verfassungsfrage, die sich der rechtspolitischen Wertung stellt, nicht durch „Interpretation“ beantwortet werden kann, sondern nur durch Abänderungsvorschläge für die Verfassung selbst. Die Wissenschaft muß als Verfassungsrechtsdogmatik die Antworten auf ihre Fragen in der Verfassung selbst suchen. Sie darf nicht ihre verfassungspolitischen Postulate oder „modernere" ausländische Vorbilder unmittelbar zum verbindlichen Verfassungsinhalt machen. Herr über die Verfassung ist der nationale Verfassungsgesetzgeber allein. Anwender und Interpreten sind daher gleichermaßen an die ihnen verbindlich vorgegebene Verfassung gebunden, will der eine nicht seine Amtspflichten und der andere nicht seinen wissenschaftlichen Auftrag und damit die Wahrheitspflicht verletzen.

IV. Die Gewaltenteilung zwischen dem Landesfürsten, der Regierung, dem Landtag und dem Volk

1. Die Liechtensteinische Verfassung aus 1921 brachte die Verfassungsentwicklung der konstitutionellen Monarchie zur Vollendung. Sie war in ihrem Ansatz von 1849 durch den Reaktionserlaß aus 1852 vorübergehend unterbrochen und durch die Verfassung aus 1862 endgültig begonnen worden. Der politische und der historische Zusammenhang mit der preußischen und der österreichischen Verfassungsentwicklung seit der Mitte des vergangenen Jahrhunderts und mit deren konstitutionellen Vorbildern drängt sich unabweislich auf. So kam es in Liechtenstein um 12 Jahre später als in Preußen[32] und um fünf Jahre früher als in Österreich[33] zu einem bleibenden Durchbruch zur konstitutionellen Verfassung[34]. Der Grund für das noch einigermaßen zurückhaltende konstitutionelle Konzept des Jahres 1862 lag wohl darin, daß der Fürst auf Grund seiner Vollsouveränität die Verfassung einseitig erließ und zögerte, seine Prärogativen zu sehr zu beschneiden. Er ernannte die Regierung allein, beschickte die Landesvertretung auch selbst und räumte ihr nur eine Einflußnahme auf die Gesetzgebung und eine abgeschwächte Kontrolle gegenüber der Verwaltung des Fürstentums ein. Die Staatsgewalt blieb formal im Landesfürsten vereinigt, die Regierung war dem Monarchen und nicht dem Parlament verantwortlich. Es gab daher nur Ansätze zu einer Gewaltenteilung.

2. Erst die Verfassung aus 1921 brachte eine Verstärkung der Teilhalbe von Volk und Repräsentanten an der Staatsgewalt; die Fürstensouveränität wurde dadurch stärker beschränkt (Art 2). In diesem Sinn wurde die konstitutionelle Monarchie durch das demokratische und durch das

32 Rönne, Verfassungs-Urkunde.

33 Bernatzik, Verfassungsgesetze.

34 Beiträge, Anhang: Verfassungstexte 1808 – 1918.

parlamentarische Prinzip grundsätzlich auf die Form der beschränkt-unmittelbaren und der grundsätzlich mittelbaren Demokratie ausgerichtet. Das zentrale verfassungspolitische Postulat der Ministerverantwortlichkeit gegenüber dem Parlament aus dem Jahr 1848 wurde durch die ausdrückliche Verbindung des Art 2 mit den Art 79 und 80 zu einem verbindlichen Strukturprinzip der Verfassung gemacht und die Mitwirkung der Volksvertretung am Budget und an den Steuern (beide angestammte Agenden der Vollziehung) wurde verpflichtend verankert. Der Regierung wurde zwischen dem Landesfürsten und dem Landtag eine Schlüsselposition zugewiesen (Art 10, 64 Abs 1 lit a, 69, 78, 89, 92, 93 etc).

Art 2 der Verfassung hat seinem Wortlaut nach zwar nur einen programmatischen Charakter, dennoch kommt ihm eine entscheidende normative Bedeutung für die Verfassungsauslegung zu, da die übrige Verfassung als Ausführung der Baugesetze des Staates zu verstehen ist, die im Art 2 imperativ festgeschrieben sind. Die Aussage, daß die Staatsgewalt im Fürsten und im Volk verankert ist und von beiden „nach Maßgabe der Bestimmungen dieser Verfassung" ausgeübt wird, bedeutet daher, daß die weiteren Bestimmungen der Verfasssung im Sinn des Art 2 auszulegen sind und diesen zugleich näher ausführen. Aus der Anknüpfung an die Verfassung des Jahres 1862 ergeben sich überdies weitere Auslegungskriterien. Dabei ist vor allem der Umstand von Bedeutung, daß der Monarch in kontinuierlicher Verfassungsentwicklung, dh ohne Verfassungsbruch, seine Souveränität selbst einschränkte und die Ausübung der Staatsgewalt nunmehr mit dem Volk, dem Landtag und der Regierung *nach Maßgabe jener Bestimmungen der Verfassung* teilte, die die konkrete Grenzziehung verbindlich vornehmen. Diese Bestimmungen legen das demokratische Schwergewicht auf das Parlament, verschaffen der mittelbaren oder Repräsentativdemokratie den Vorrang vor der unmittelbaren Demokratie und weisen der Regierung eine gewaltenverbindende Rolle zu.

3. In der Konzeption des Jahres 1921 erweist sich die Liechtensteinische Verfassung, zum Unterschied von ihrer Vorläuferin aus 1862, als eine stärker ausgeprägte Form der Gewaltenteilung im Sinn der Lehre MONTESQUIEUS, die eine differenzierte Aufteilung (Trennung) und Verbindung der Gewalten gleichermaßen beinhaltet.

Die Gewaltenteilungslehre hat in ihrer Formulierung durch MONTESQUIEU zwar dem Verfassungsstaat der Neuzeit ihren Stempel aufgedrückt. Dennoch liefert sie kein verbindliches Ideal, sondern nur einen allgemeinen Formalbegriff der Gewaltenteilung, der jeder konkreten Gewaltenteilungskonzeption einer geltenden Verfassung als Struktur innewohnt[35]. Die Bestimmungsgründe dieses Formalbegriffes sind folgende:

a) Die Staatsgewalt bildet eine Einheit;
b) Sie birgt in sich drei verschiedene Funktionen: Gesetzgebung, Verwaltung, Gerichtsbarkeit (Kontrolle);
c) diese Funktionen sind von einander getrennt, dh sie sind ursprünglich jeweils verschiedenen Organbereichen zugeordnet, denen der gleiche Rang zukommt, weil sie voneinander weisungsfrei sind;
d) die drei Funktionen sind aber auch miteinander verbunden
   aa) *organisatorisch*: durch gegenseitige Organbestellungs- und Abberufungsbefugnisse; durch gegenseitige Verantwortlichkeit;
   bb) *funktionell*: durch gegenseitige Initiativen für Staatsakte und durch Mitwirkungsmöglichkeiten; letztlich in der Form von Zustimmungsrechten oder in der Form eines suspensiven oder absoluten Vetos;
e) die Gewaltenteilung wird durch Inkompatibilitäten verstärkt und durch Personalunionen geschwächt.

4. Jede gewaltenteilende Verfassung läßt sich an diesem Formalbegriff messen und durch ihn erklären. Das verbindliche Konzept der Gewaltentrennung eines bestimmten Staates ergibt sich aber weder aus dem Formalbegriff, wie er hier dargestellt ist, noch aus dem VI. Kapitel des 11. Buches des MONTESQUIEU'schen Werkes (Vom Geist der Gesetze), sondern einzig und allein aus den Anordnungen der jeweiligen Verfassung eines Landes, die der Gewaltenteilung eines bestimmten Staates konkrete Verbindlichkeit verleiht. Die Gewaltenteilung eines bestimmten Staates gründet sich nämlich auf den politischen Grundkonsens der staatstragenden Kräfte, der in der Verfassung urkundlich verbrieft und von den politischen und gesellschaftlichen Gegebenheiten eines Landes geprägt ist, und nicht auf wissenschaftliche Idealbilder. Ihre Sinnermittlung unterliegt daher der Strenge der Regelungen der Verfassung und hat dem Wortlaut und dem Sinn ihrer einschlägigen Anordnungen strikt zu folgen.

Für die Aufteilung der Ausübung der Staatsgewalt in Liechtenstein zwischen dem Landesfürsten, der Regierung und dem Parlament (bzw dem Volk) gibt Art 2 gewiß eine Zweifelsregel ab; diese besteht in der Betonung der konstitutionellen Erbmonarchie und ihres demokratisch-*parlamentarischen* Charakters. Dabei kommt der Entwicklungsgeschichte in-

---

[35] Siehe dazu vergleichsweise GÜNTHER WINKLER, Das österreichische Konzept der Gewaltentrennung, Der Staat 6 (1967) 293 ff.

sofern Bedeutung zu, als davon auszugehen ist, daß der Monarch von der ihm ursprünglich allein zustehenden Staatsgewalt in aufeinanderfolgenden Verfassungen die Bereiche der verpflichtenden Mitwirkung durch das Parlament (bzw durch das Volk) etappenweise erweitert hat. Die konstitutionelle Einräumung der Teilhabe an der Staatsgewalt ist daher eine weitere Zweifelsregel, die die Strukturprinzipien der Verfassung ebenso prägt wie den Inhalt der einzelnen Artikel. Das bedeutet, daß die parlamentarische Demokratie in der Monarchie Liechtensteins nicht weiter reicht, als es die Verfassung ausdrücklich anordnet. Im Passus: „nach Maßgabe der Bestimmungen dieser Verfassung" des Art 2 liegt daher auch eine restriktive Tendenz gegenüber einer rein demokratischen Konzeption[36]. Dem Landesfürsten, dem Landtag, der Regierung und dem Volk steht demnach die Staatsgewalt nur so zu, wie sie für alle vier durch die Verfassung ausdrücklich festgelegt und damit auch begrenzt ist. Die jeweiligen Kompetenzzuweisungen an die vier Träger der Ausübung der Staatssouveränität sind daher streng auszulegen; im Zweifel, dh wenn keine Einschränkung ausdrücklich verfügt oder mindestens erkennbar in die Verfassungsregelung eingeschlossen ist, zugunsten der Monarchensouveränität und nicht zugunsten der repräsentativen Demokratie. Das gilt aber nur als Prinzip, da die Einschränkung der Ausübung der Fürstengewalt durch Mitwirkungsbefugnisse entweder des Parlamentes oder der Regierung wohl als vollständig angesehen werden kann.

5. Im Konzept der gewaltenteilenden Verfassung findet die Gewalten*trennung* ihren Ausdruck in der Zuteilung einer Staatsfunktion oder Tätigkeit an ein bestimmtes Organ, dem sie auf diese Weise zugehört. Die Gewalten*verbindung* hingegen äußert sich entweder in organisatorischen Einflußmöglichkeiten oder in einer Funktionsteilung oder in Mitwirkungsbefugnissen der den verschiedenen Staatsfunktionen zugeordneten Organe.

In diesem Sinn ist in Liechtenstein nur der Landesfürst (Monarch) ursprünglicher und ausschließlicher Träger bestimmter Staatsfunktionen, die er in der *Innehabung* mit niemandem zu teilen hat. Er ist allein *Oberhaupt* des Staates und vertritt allein den Staat nach außen. Ihm steht das Begnadigungsrecht und die Sanktion der Gesetze zu. Die Funktion des Staatsoberhauptes und die Befugnis, den Staat nach außen zu vertreten, beinhalten weitere typische ausschließliche Staatsoberhauptsbefugnisse, die vornehmlich repräsentativen Charakter haben. Die *Ausübung* dieser Funktionen ist allerdings an die Mitwirkung der Regierung gebunden.

---

[36] Vgl dazu Art 7 Abs 1, Art 45 Abs 1, Art 78 Abs 1.

Demgegenüber fehlt dem Landtag, bzw dem Volk und der Regierung eine ihnen ursprünglich und gleichzeitig ausschließlich zugewiesene Staatsfunktion. Die Gesetzgebung ist aber in ihrer Ausübung grundsätzlich zwischen dem Monarchen, dem Landtag und dem Volk geteilt und in der Ausübung unter festgelegten Voraussetzungen gleichermaßen zugewiesen. Dabei ergeben sich starke Verschränkungen der geteilten Kompetenzen über Initiativrechte, Mitwirkungsmöglichkeiten vor allem der Regierung, Zustimmungs- bzw Vetorechte, und schließlich über das Sanktionsrecht des Landesfürsten (Monarchen), das an die historischen Wurzeln ebenso erinnert, wie es der heutigen konstitutionellen Monarchie ihre Eigenart verleiht. Ohne das verfassungsgesetzliche Zusammenwirken von Landesfürst, Regierung und Landtag (in begrenztem Umfang auch des Volkes) können Gesetze nicht zustande kommen. Die Regierung (Verwaltung), die in der Gewaltenteilungskonzeption der Liechtensteinischen Verfassung, nach traditionellen Vorbildern, als Funktion der Vollziehung, dem Landesfürsten (Monarchen) zuordnet und organisatorisch als ein dem Parlament verantwortliches Vollzugsorgan eingerichtet ist, wurde gleichermaßen an das Vertrauen des Landesfürsten und des Landtages gebunden (Art 80 LV). Die Regierung als eines der obersten Organe, wurde dabei nicht nur an ein Mißtrauensvotum gebunden und der Staatsanklage unterstellt; sie kann ohne Vorschlag und ohne Zustimmung des Landtages gar nicht ernannt werden (Art 79 Abs 2).

Die Durchsicht der verschiedenen Kompetenzen dieser Staatsorgane und ihrer Verflechtungen zeigt eine starke Stellung des Staatsoberhauptes, die über die bloße Repräsentation hinausreicht und den Landesfürsten (Monarchen) noch immer als den ursprünglichen Träger der ganzen Staatsgewalt deutlich erkennbar macht, der dem Volk, in der Regel vertreten durch den Landtag, nicht zuletzt auch über die politische Verantwortlichkeit der Regierung, eine nahezu gleichrangige Teilhabe an der Staatsgewalt verpflichtend eingeräumt hat. Dabei ist der historische Vorrang von Staatsoberhauptsbefugnissen in Wort und Sinn der Verfassung deutlich erkennbar:

a) in der Staatsoberhauptsfunktion (Art 7);
b) in der Befugnis zur Vertretung nach außen (Art 8 Abs 1);
c) in der Befugnis, Staatsverträge abzuschließen (Art 8 Abs 2);
d) im Sanktionsrecht für Gesetze (Art 9);
e) im dringlichen Verordnungsrecht (Art 10);
f) im allgemeinen Verordnungsrecht (Art 14 ff iVm Art 92 Abs 1);
g) im Recht, Beamte zu ernennen (Art 11);

h) im Auszeichnungsrecht und in anderen nicht ausdrücklich aufgezählten Staatsoberhauptsbefugnissen (Art 7);
i) im Begnadigungsrecht (Art 12).

Das gilt aber insbesondere auch für die originäre Zuständigkeit zum Abschluß von Staatsvertägen, soweit sie nicht durch das Mitwirkungsrecht des Landtages ausdrücklich beschränkt ist (Art 8 Abs 2 iVm Art 8 Abs 1). Trotz Zuordnung dieser Funktionen zur Souveränität des Monarchen ist aber ihre Ausübung ganz allgemein an die Mitwirkung der Regierung gebunden.

V. Die Zuständigkeit zum Abschluß von Staatsverträgen

1. Die Zuständigkeit zum Abschluß von Staatsverträgen ist dem Landesfürsten nicht ausdrücklich zugewiesen, sondern in seine umfassende Vertretungsbefugnis nach außen eingeschlossen. „Der Landesfürst vertritt ... den Staat in allen seinen Verhältnissen gegen auswärtige Staaten" („unbeschadet der erforderlichen Mitwirkung der Regierung"). Der erste Teil der Formulierung stammt wörtlich aus der Verfassung von 1862 und bedeutet eine funktionelle Bestätigung der Fürstensouveränität nach außen. Der Hinweis im Nebensatz auf die Mitwirkung der Regierung aus dem Jahr 1921 bedeutet nun nicht, daß der Landesfürst diese Souveränität in der Innehabung mit der Regierung zu teilen hätte, sondern stellt nur klar, daß die Regierung an der Wahrnehmung dieser Kompetenz durch den Monarchen ähnlich mitzuwirken hat wie der Landtag bei der Gesetzgebung (vgl dazu Art 10). In den konstitutionellen Verfassungen findet sich in der Vertretungsbefugnis nach außen neben dem Abschluß von Staatsverträgen noch ausdrücklich die Befugnis, Gesandte zu entsenden und zu empfangen, die durch den Art 8 Abs 1 nur implicite erfaßt ist. Doch bleibt dabei Art 11 zu beachten, wonach ständige Beamtenstellen nur mit Zustimmung des Landtages geschaffen werden dürfen. Der Staatsoberhauptsfunktion im allgemeinen ist auch der Oberbefehl über bewaffnete Formationen zuzuordnen, sofern es solche geben sollte.

Damit folgt die Liechtensteinische Verfassung, gleich anderen historischen Vorbildern, der Wegweisung MONTESQUIEUS[37], wonach der Monarch auf Grund seiner exekutiven Befugnis Frieden oder Krieg stiftet, Botschafter entsendet oder empfängt, die Sicherheit wahrnimmt und gegen äußere Einfälle vorsorgt. Sie bringt zwar keine vollständige Aufzählung der

37 MONTESQUIEU, Vom Geist der Gesetze, XI. Buch, VI. Kapitel.

Staatsoberhauptsfunktionen, hebt sie aber als Befugnisse des Souveräns in jenen Bereichen ausdrücklich hervor, in denen durch demokratische Mitwirkungsbefugnisse Einschränkungen verfügt sind. Das gilt vor allem für den Abschluß von Staatsverträgen und für die Erlassung von Fürstenverordnungen. Die Regierung hat an der Ausübung der Staatsoberhauptsfunktionen durch den Monarchen mitzuwirken und übernimmt dafür die volle politische Verantwortung gegenüber dem Landtag und dem Volk.

2. Gemäß dem zweiten Absatz im Art 8 kommt dem Landtag beim Abschluß von Staatsverträgen ein qualifiziertes Mitwirkungsrecht zu. Dort heißt es: „*Staatsverträge*, durch die *Staatsgebiet* abgetreten oder *Staatseigentum* veräussert, über *Staatshoheitsrechte* oder *Staatsregale* verfügt, *eine neue Last auf das Fürstentum oder seine Angehörigen übernommen* oder eine *Verpflichtung*, durch die *den Rechten* der Landesangehörigen Eintrag getan würde, eingegangen werden soll, *bedürfen zu ihrer Gültigkeit der Zustimmung des Landtages*“[38]. Diese Regelung hat ihr Vorbild im Art 23 der Verfassung von 1862; der Wortlaut wurde jedoch geringfügig verändert. Während früher eine zwingende Anordnung die „Verwilligung“ des Landtages vorschrieb, heißt es nunmehr verstärkt, daß Staatsverträge bestimmten Inhalts *zu ihrer Gültigkeit der Zustimmung des Landtages bedürfen*[39]. Das bedeutet, daß zustimmungspflichtige Staatsverträge, die nur vom Landesfürsten abgeschlossen wurden und für die eine Zustimmung des Landtages entweder nicht eingeholt oder trotz Ersuchens nicht erteilt worden ist, innerstaatlich absolut nichtig, dh rechtsunverbindlich sind.

3. Angesichts des Katalogs von Sachkriterien, die in Liechtenstein einen Staatsvertrag zustimmungspflichtig machen, könnte man die Frage aufwerfen wollen, ob der Beitritt zu den Vereinten Nationen auch darunter fällt, weil der Beitritt zu internationalen Organisationen nicht ausdrücklich erwähnt ist. Eine solche Annahme wäre kaum vordergründig belegbar. Denn die Kriterien des Art 8 Abs 2 sind ohne Rücksicht auf die Zielsetzung eines Staatsvertrages allgemein verbindlich. Der Terminus „Staatsvertrag“ kennzeichnet einen weiten Begriff. Daher ist jeder Staatsvertrag vor allem daraufhin zu prüfen, ob er zB über „Staatshoheitsrechte“ verfügt und „ob eine neue Last auf das Fürstentum oder seine Angehörigen über-

---

[38] Hervorhebungen vom Verfasser.

[39] Zu dieser Formulierung könnte der Art 50 des österreichischen B-VG in seiner ursprünglichen Fassung aus dem Jahr 1920 Pate gestanden haben, wo die *Gültigkeit* bestimmter Staatsverträge an die „*Genehmigung*“ des Nationalrats gebunden war. Es gibt aber zweifellos ältere Vorbilder, zu denen in erster Linie die Preußische Verfassung aus 1850, sodann die österreichische Verfassung aus 1867 zählen.

nommen" wurde etc. Der Beitritt zu den Vereinten Nationen bringt zweifellos neue Lasten mit sich, da jeder Staat verpflichtet ist, einen entsprechenden Mitgliedsbeitrag zu zahlen. Darüberhinaus kann man prima vista auch feststellen, daß aus einer Mitgliedschaft Liechtensteins bei den Vereinten Nationen gewiß auch ein administrativer Aufwand erwachsen muß, der sich aus der Ausübung von Mitgliedschaftsrechten und -pflichten ergibt, in die jedenfalls auch Personalkosten, Reise- und Aufenthaltsspesen der Vertreter des Landes bei den Vereinten Nationen eingeschlossen sind. Schließlich wird wegen der Befugnisse der Vereinten Nationen im Bereich der kollektiven Sicherheit gewiß auch über Staatshoheitsrechte verfügt.

4. Die Stellung des Landtages beim Abschluß von Staatsverträgen bestimmten Inhalts (das österreichische B-VG aus 1920 knüpft an den inhaltlichen und formalen Rang der Staatsverträge an) ist nach alldem von essentieller Bedeutung. Der Abschluß von Staatsverträgen ist gewiß Ausfluß der Staatsoberhauptskompetenz des Landesfürsten. Das bestätigt auch der Wortlaut des Art 8. Danach bleibt die Kompetenz dem Titel nach zwar ungeteilt. Dem Monarchen obliegt die Unterzeichnung, der Regierung die Gegenzeichnung aller Staatsverträge und damit ihre Verbindlicherklärung nach außen. Dem Landtag ist keine Abschlußkompetenz, sondern nur eine Mitwirkungsbefugnis an dieser Kompetenz zugewiesen, die eine ursprüngliche Staatsoberhauptskompetenz geblieben ist. Die Rechtsqualitiät dieser Mitwirkung des Landtages ist aber so stark, daß ein Staatsvertrag, der unter die Sachkriterien des Art 8 Abs 2 fällt, ohne die Mitwirkung des Landtages innerstaatlich nicht rechtsverbindlich werden kann. Die Verknüpfung von Gültigkeit und Zustimmung ist zwar nur eine Form der Gewaltenverbindung (der Legislative mit der Exekutive), in ihrer Auswirkung reicht sie aber an eine geteilte und damit an eine gemeinsame Kompetenz zwischen dem Landesfürsten (der Regierung) und dem Landtag heran. Sie ist daher nicht nur für die Rechtmäßigkeit eines Staatsvertrages im allgemeinen, sondern insbesondere auch für seine innerstaatliche Geltung eine conditio sine qua non. Eine Formulierung, die den Landesfürsten und den Landtag gleichermaßen und gemeinsam zum Abschluß von Staatsverträgen ermächtigen würde, hätte allerdings nicht die weitere Konsequenz, daß bei Unterlassung der Mitwirkung des Landtages der „Staatsvertrag" auch völkerrechtlich zweifelsfrei absolut nichtig wäre[40].

---

[40] Vgl dazu die Wiener Vertragsrechtskonvention, Art 7 Abs 2, abgedruckt bei NEUHOLD – HUMMER – SCHREUER, Handbuch II, 72 (73).

5. *Staatsverträge nach Art 8 Abs 2 sind* als Rechtserzeugungsformen, *wie die Gesetze*, vom Willen des Landesfürsten und des Landtages gleichermaßen getragen, sie sind daher rangmäßig gesetzesgleich. In ihnen verfügte finanzielle Belastungen sind ebensolchen Belastungen durch Gesetze gleichwertig und bedürfen daher keiner gesonderten gesetzesförmigen Einkleidung. Eine Aufgliederung der Vertragsgenehmigung durch den Landtag in eine Zustimmung und in einen Finanzbeschluß ist weder geboten noch vorgesehen. Beide Aspekte sind in den Regelungszusammenhang des einheitlichen Willensbildungsverfahrens zur Erzeugung von Staatsverträgen gleichermaßen eingeschlossen. Ein gesonderter Finanzbeschluß würde überdies einem völkerrechtlichen Vertrag nicht gerecht, der auf Dauer abgeschlossen wird und der dauernde finanzielle Belastungen mit sich bringt. Abgesehen davon ist die Zustimmung des Landtages auch deshalb nicht teilbar, weil der Staatsvertrag als ein einheitlicher Antrag des Landesfürsten auf Zustimmung, gerichtet an den Landtag, zu verstehen ist, der, durch die Regierung vermittelt, entweder angenommen oder abgelehnt werden kann. Eine Aufgliederung des Konsenses des Landtages in eine Zustimmung und in einen Finanzbeschluß findet schon in der Eigenart des Staatsvertrages und im Charakter der Zustimmung als Mitwirkung des Landtages an der Vollziehung ihre Schranken. Die Zustimmung zum Staatsvertrag beinhaltet ipso iure schon einen Finanzierungsbeschluß, der für die Bedeckung der dauernden Belastung durch einen Staatsvertrag im jährlichen Finanzgesetz die materiellrechtliche Grundlage abgibt. In dieser Hinsicht gleichen Staatsverträge den Gesetzen, die mit ihren Sachmaterien das jährliche Budget ebenfalls verpflichtend vorbelasten.

6. Die vorliegende Regelung ist ein sprechender Ausdruck für die Staatsform einer konstitutionellen Monarchie, der die Vereinigung und der Ursprung der Staatsgewalt beim Monarchen zugrunde liegt. In ihrer rechtlichen Tragweite bedeutet sie überdies ein Optimum an parlamentarischer Einbindung einer originären Vollziehungsbefugnis des Landesfürsten durch Vermittlung der Regierung. Die Gewaltentrennung durch Organtrennung und originäre Aufgabenzuweisung erfährt durch diese Art der Gewaltenverbindung (Mitverantwortungsbefugnis der Regierung, Zustimmungsrecht des Landtages) einen vollen Ausgleich. MONTESQUIEUS zentrale Aussage zur Charakteristik der Gewaltentrennung des antiken Rom findet in dieser verfassungsrechtlichen Ausformung ihre volle Bestätigung: „Durch ihr wechselseitiges Verhinderungsrecht wird der eine den anderen an die Kette legen. Beide zusammen werden durch die exekutive Befugnis

gefesselt, die ihrerseits von der Legislative gefesselt wird.[41]" Das bedeutet: der Landesfürst hat die Kompetenz, Staatsverträge abzuschließen, der Landtag hat jedoch die Möglichkeit, die innerstaatlichen Geltung von Staatsverträgen bestimmten Inhalts zu verhindern. Der Regierung fällt die Aufgabe zu, die beiden obersten Staatsorgane zu einer Funktions- und Wirkungseinheit zu verbinden.

VI. Die Gegenstände der Volksabstimmung

1. Art 66 der Liechtensteinischen Verfassung aus dem Jahr 1921 sieht in Anlehnung an das damalige Schweizer Vorbild[42] eine Volksabstimmung (Referendum) vor. Auf ausdrückliches Verlangen von wenigstens 1000 (1500) Landesbürgern oder von wenigstens drei (vier) Gemeinden ist eine Volksabstimmung durchzuführen (Art 66 Abs 1 bzw Art 66 Abs 2). Gleiches gilt, wenn der Landtag einen ihm im Wege der Volksinitiative vorgelegten Gesetzesentwurf abgelehnt hat (Art 66 Abs 6). Aber auch der Landtag kann die Volksabstimmung über ein Gesetz von sich aus beschließen (Art 66 Abs 1) und er ist überdies befugt, über die Aufnahme einzelner Grundsätze in ein zu erlassendes Gesetz eine Volksabstimmung selbst zu veranlassen (Art 66 Abs 3). Die Liechtensteinische Volksabstimmung ist also nur in einem Fall echt obligatorisch, dh auf Volksantrag ohne weitere Zulassungsentscheidung seitens des Landtages durchzuführen. Im allgemeinen kann der Landtag über eine Volksabstimmung disponieren und diese im Grunde auch verhindern.

Die Gegenstände des Referendums sind zwar nicht förmlich aufgezählt, sie ergeben sich aber vollständig aus dem Wortlaut der Verfassung. Sedis materiae ist Art 66, im systematischen Zusammenhang mit Art 65 Abs 2 und mit Art 62. Danach unterliegen dem Referendum:

a) Gesetze (bzw Gesetzesbeschlüsse) einschließlich Verfassungsgesetze (bzw Verfassungsgesetzesbeschlüsse)
b) Grundsätze eines Gesetzes
c) Finanzbeschlüsse besonderer Art.

Mit der Regelung des Referendums schuf die Liechtensteinische Verfassung im Vergleich zum österreichischen B-VG aus 1920 für die Volksrechte eine stärkere Position. Ihre Regelung wurde an das Schweizer Vorbild aus dem Jahr 1874 (Art 83 Abs 2) angelehnt, wonach Bundesgesetze

---

41 MONTESQUIEU, Vom Geist der Gesetze, XI. Buch, VI. Kapitel.

42 Art 89 Abs 2 BV v 29. Mai 1874, in der Urfassung.

(sowie allgemein verbindliche Bundesbeschlüsse), *die nicht dringlicher Natur sind*, dem Volk auf dessen Antrag zur Annahme oder zur Verwerfung vorgelegt werden sollen. Die oben erwähnte Novelle der Schweizer Verfassung vom Jänner 1921, mit der das Staatsvertragsreferendum eingefügt wurde, fand keine Berücksichtigung. Art 66 der Liechtensteinischen Verfassung verpflichtet die Regierung, auf Verlangen des Volkes oder auf Veranlassung des Landtages, zur Durchführung einer Volksabstimmung über Gesetze und bestimmte Finanzbeschlüsse unmittelbar, sofern der Landtag eine solche nicht durch eine Dringlichkeitserklärung ausgeschlossen hat und die Fallfrist von dreißig Tagen noch nicht abgelaufen ist.

2. Die Voraussetzungen, unter denen eine Volksabstimmung durchzuführen ist oder durchgeführt werden kann, sind nicht in das Thema eingeschlossen; sie werden daher hier vernachlässigt. Wohl aber stellt sich die Frage nach den Gegenständen der Volksabstimmung. Diese Gegenstände sind in der Verfassung weder taxativ noch demonstrativ aufgezählt, sie ergeben sich aber eindeutig und vollständig aus dem Kontext zweier Artikel der Verfassung: „*Überdies findet nach Maßgabe der Anordnungen des folgenden Paragraphen* eine Volksabstimmung (Referendum) statt", heißt es im Art 65 Abs 2. Art 66 Abs 1 handelt zweifellos nur von Gesetzen (Gesetzesbeschlüsse) und bestimmten Finanzbeschlüssen als Gegenständen des Referendums. Der Verfassungsgesetzgeber nennt also die Gegenstände der Volksabstimmung ausdrücklich und kennzeichnet sie durch die Terminologie des Verfassungstextes unzweifelhaft. Das „Gesetz" ist zwar als Gegenstand der Volksabstimmung unterschiedlich bezeichnet: Art 65 handelt vom „Gesetz", ebenso der erste Satz des Art 66; im Absatz 2 des Art 66 ist von der „Verfassung" die Rede; im Absatz 3 heißt es wieder „Gesetz"; die Absätze 4 und 5 handeln von „Gesetzesbeschlüssen" und Absatz 5 handelt vom „Gesetzesentwurf".

Es erübrigt sich, eine sachliche Erklärung für diese Abweichungen darzulegen; sie liegt jedenfalls für die Termini „Gesetz", „Gesetzesentwurf" und „Verfassung" auf der Hand. Die Abweichungen erweisen sich überdies teils als verfahrensrechtliche Kennzeichnungen, teils aber als sachliche und formale Spezifizierungen. Entscheidend ist aber die Feststellung, daß es der Verfassungsgesetzgeber in der Erfassung der Gegenstände der Volksabstimmung an Bestimmtheit und Eindeutigkeit nicht fehlen läßt. Die Terminologie ist klar und fügt sich harmonisch in die Terminologie der Verfassung, die gleichzeitig eine Staatsaktstypologie widerspiegelt.

Die Kompetenzen des Landtages reichen wesentlich weiter als die Gegenstände der Volksabstimmung. Nach Art 62 gehören „zur Wirksamkeit des Landtages vorzugsweise folgende Gegenstände“:

a) die verfassungsmäßige *Mitwirkung an der Gesetzgebung*;
b) die *Mitwirkung bei Abschliessung von Staatsverträgen* (Art 8);
c) die *Festsetzung des jährlichen Voranschlages* und *die Bewilligung von Steuern* und anderen öffentlichen Abgaben;
d) die *Beschlußfassung* über Kredite, Bürgschaften und Anleihen zu Lasten des Landes sowie über den An- und Verkauf von Staatsgütern;
e) die *Beschlußfassung* über den alljährlich von der Regierung über die gesamte Staatsverwaltung zu erstattenden Rechenschaftsbericht;
f) die *Antragstellung* und Beschwerdeführung bezüglich der Staatsverwaltung überhaupt sowie einzelner Zweige derselben;
g) die *Erhebung der Anklage* gegen Mitglieder der Regierung wegen Verletzung der Verfassung oder sonstiger Gesetze vor dem Staatsgerichtshof[43].

Weitere Gegenstände finden sich noch an verschiedenen anderen Orten der Verfassung (Art 11, 63 Abs 2, 80). Insbesondere gehört dazu das „Finanzgesetz“, das im Art 64 Abs 3 gesondert erwähnt ist und für welches die Verfassung im Art 62 unter lit c einen eigenen Mitwirkungstatbestand schafft, der von der Mitwirkung des Landtages an der Gesetzgebung nach Art 62 lit a deutlich abgehoben und terminologisch unterschieden ist. Im Art 69 Abs 1 wird die Beteiligung des Landtages am Zustandekommen des Budgets als „Prüfung“ und „Beistimmung“[44] und im Art 62 lit c als „Festsetzung“ bezeichnet. In keiner der beiden Bestimmungen ist von einer Mitwirkung an der Gesetzgebung die Rede, obwohl das jährliche Budget schon nach der Verfassung aus 1862 in die Gesetzesform gekleidet wurde[45].

Von diesen Gegenständen erfaßt die Volksabstimmung (Referendum) nach Art 66 Abs 1 nur die unter lit a angeführten Akte der Gesetzgebung und bestimmte, unter lit d erfaßte belastende Finanzbeschlüsse.

3. Nach schweizerischem Vorbild ist auch für Liechtenstein zwischen allgemeinen (nicht dringlich erklärten) und als dringlich erklärten Gesetzen und Finanzbeschlüssen zu unterscheiden. Während allgemeine Gesetze und bestimmte Finanzbeschlüsse unmittelbar volksabstimmungspflichtig

---

43 Hervorhebungen vom Verfasser.

44 Diese beiden Termini finden sich bereits im § 45 der Verfassung aus 1862.

45 Vgl dazu auch Art 99 der preußischen Verfassung aus dem Jahr 1852.

gemacht werden können, sind als dringlich erklärte Gesetze und Finanzbeschlüsse, die nicht den Sachkriterien des Art 66 Abs 1 entsprechen, implicite und begrifflich von einer Volksabstimmung ausgeschlossen. Danach gibt es Gesetze und Finanzbeschlüsse, die nicht der Volksabstimmung unterzogen werden, Gesetze und Finanzbeschlüsse, die der Volksabstimmung zugeführt worden sind, sowie Gesetze und Finanzbeschlüsse, die nicht der Volksabstimmung unterzogen werden dürfen. In dieser Aufgliederung wird die ratio constitutionis noch deutlicher, als sie im Text der Verfassung ohnedies unmißverständlich zum Ausdruck gelangt. Die Liechtensteinische Demokratie ist im Grunde eine parlamentarisch steuerbare oder lenkbare Demokratie. Das Parlament kann in der Regel eine Volksabstimmung verhindern und ist daher – in Vertretung des Volkes – der entscheidende Teilhaber an der Gesetzgebung und dem Landesfürsten als gewaltenteilender und -verbindender Faktor gegenüber und an die Seite gestellt. Der Anteil des Volkes an der Gesetzgebung erscheint im Vergleich dazu subsidiär und suppletorisch. Diese Verschränkung von Landtag und Landesvolk in der Gesetzgebungsfunktion zeigt eine wichtige restriktive Seite der unmittelbaren Demokratie in der Liechtensteinischen Verfassung. Die unmittelbare Demokratie ist nicht unbeschränkt, sondern im Regelfall beschränkt und beschränkbar. Gewiß mag es sich der Landtag gut überlegen, ein Gesetz oder einen Finanzbeschluß für dringlich zu erklären, weil er sich damit zwangsläufig der öffentlichen Kritik stellt, die zur Rechtfertigung und Erklärung nötigen kann; hindern kann ihn aber niemand daran, ein Gesetz oder einen Finanzbeschluß – gewiß im Staatsinteresse – für dringlich zu erklären.

Diese restriktive Kompetenzverteilung und Funktionszuweisung an das Volk darf nicht extensiv etwa so interpretiert werden, als wären die Volksrechte nicht verfassungsgesetzlich erschöpfend vorgeschrieben (Art 65 Abs 2: „nach Maßgabe der Anordnungen des folgenden Paragraphen"). Neben dem klaren Wortlaut der Verfassung ergibt sich das im übrigen ganz allgemein schon aus dem Charakter der Liechtensteinischen Staatsform und ihrer kontinuierlichen historischen Entwicklung. Das bedeutet, daß die Regelung des Art 66, in Verbindung mit den Art 65 Abs 2 und Art 62, die Zulässigkeit einer Volksabstimmung eindeutig auf zwei Arten von Staatsakten beschränkt: auf Gesetze (Gesetzesbeschlüsse) und auf bestimmte Finanzbeschlüsse; und selbst auf diese nur bei Erfüllung inhaltlicher oder formaler Kriterien. Der Verfassungsgesetzgeber vom Oktober 1921 hat das Schweizer Vorbild zwar gekannt, aber nur teilweise zum Vorbild genommen.

4. Damit ist auch die Antwort auf die weitere Verfassungsrechtsfrage nach dem Verhältnis von Volksabstimmung und Staatsverträgen gegeben. Staatsverträge unterliegen nach der Liechtensteinischen Verfassung nicht der Volksabstimmung. Dieses Ergebnis wird einerseits durch die bisherigen rechtsdogmatischen Überlegungen bestätigt; es findet aber seine Bekräftigung überdies noch im Wortlaut und im Sinnzusammenhang der Regelungen über die Staatsverträge.

Staatsverträge sind Staatsakte sui generis. Sie unterscheiden sich von den Gesetzen nicht nur in der Art ihres Zustandekommens, sondern auch in ihrem doppelten Geltungsanspruch (völkerrechtlich und innerstaatlich). Konstitutionelle und demokratisch-republikanische Verfassungen heben sie daher auch mit Recht als einen Staatsaktstypus von eigener Art hervor und unterstellen diesen besonderen Erzeugungs- und Verbindlichkeitsregeln. Das gilt auch für die Verfassung des Fürstentums Liechtenstein. Die Kompetenz zum Abschluß von Staatsverträgen liegt als typische Vollzugsfunktion gemäß Art 8 originär beim Landesfürsten, der an die Mitwirkung der Regierung gebunden ist. Staatsoberhauptsfunktion und Vertretungsbefugnis umschließen diese Kompetenz. Im Sinn der Gewaltenteilung herrscht jedoch auch hier eine besondere Gewaltenverbindung: bestimmte Staatsverträge bedürfen der Zustimmung des Landtages (Art 8 Abs 2). Art 62 der Verfassung zieht daraus nur die Konsequenz und zählt unter den Gegenständen der Wirksamkeit des Landtages unter lit b auch die „Mitwirkung bei Abschliessung von Staatsverträgen (Art 8)“ auf. In der Aufzählung folgt diese Kompetenz unmittelbar auf die Kompetenz zur Mitwirkung an der Gesetzgebung. Damit wird nicht nur die gesetzesähnliche Bedeutung der Staatsverträge rangmäßig klargestellt, sondern auch ihre Eigenart und Selbständigkeit als Rechtserzeugungsform (als Rechtsquelle) sichtlich hervorgehoben und bestätigt. Die Kompetenz des Landtages zeigt sich danach sowohl verbal als auch terminologisch und begrifflich verbindlich strukturiert. Die Verfassung Liechtensteins beinhaltet formelle Rechtsquellentypen und Handlungsformen. Dh der Gesetzesbegriff ist durch den Gesetzgebungsbegriff (Art 62 lit a) von ganz bestimmten Merkmalen beherrscht; dazu gehören vor allem seine innerstaatliche Herkunft, seine primäre Verpflichtungskraft und die allgemeine Verbindlichkeit von Regelungsinhalten. Es wäre daher unzulässig, in den Gesetzesbegriff des Art 66 einen weitesten Gesetzesbegriff derart hineinzuinterpretieren, daß auch Staatsverträge darunterfielen. Analoges gilt für allgemeine und besondere Finanzbeschlüsse, die im Art 66 verbal und terminologisch und im Art 62 lit d auch inhaltlich verbindlich charakterisiert sind. Im Sinn der

Liechtensteinischen Verfassung ist ein Staatsvertrag, typologisch und als Form der Rechtserzeugung weder ein Gesetz noch ein Finanzbeschluß, er ist daher nicht der Volksabstimmung (dem Referendum) unterworfen.

5. Ein entwicklungsgeschichtlicher Ausblick bestätigt dieses Ergebnis. Die Liechtensteinische Verfassung aus dem Jahr 1921 hatte zu ihrer Entstehungszeit die verschiedensten Vorbilder. Für die Volksabstimmung hat – wie bereit erwähnt – die Schweizer Verfassung in der Fassung vom Jänner des Jahres 1921 Pate gestanden. Der Landesverfassungsgesetzgeber Liechtensteins hat dabei zwar die Schweizer Regelung über die Volksabstimmung zu Parlamentsbeschlüssen und Gesetzen mit ihrer terminologisch festgelegten Einschränkung modifiziert übernommen. Die seit 1913 in der Schweiz angestrebte und am 30. Jänner 1921 vom Schweizer Volk gutgeheißene Möglichkeit, „auch Staatsverträge mit dem Auslande, welche unbefristet oder für eine Dauer von mehr als fünfzehn Jahren abgeschlossen sind, ... dem Volke zur Annahme oder zur Verwerfung" vorzulegen (Art 89 Abs 3 BV), wurde jedoch nicht in die Liechtensteinische Verfassung übernommen.

Als der Liechtensteinische Verfassungsgesetzgeber im Jahr 1947 den Art 66 Abs 1 änderte[46], hätte er gewiß die Gelegenheit gehabt, die Frage der Volksabstimmung entweder neu zu regeln oder zu interpretiern, wäre der Sinn des Art 66 in dieser Hinsicht jemals problematisch gewesen. Der Verfassungsgesetzgeber hat das unterlassen und ließ es auch dabei bewenden, daß nur bestimmte Gesetze und nur bestimmte Finanzbeschlüsse Gegenstände der Volksabstimmung sein sollen.

Der historische Verfassungsvergleich zeigt aber überdies, daß der Liechtensteinische Verfassungsgesetzgeber dem Schweizer Vorbild auch sonst nicht uneingeschränkt folgen wollte. Während nach Art 89 Abs 1 Schweizer BV neben Bundesgesetzen auch allgemein verbindliche Bundesbeschlüsse grundsätzlich der Volksabstimmung zugänglich gemacht wurden, beschränkte sich der Liechtensteinische Verfassungsgesetzgeber ausdrücklich auf Gesetze und bestimmte Finanzbeschlüsse und sonderte mit der Spezifizierung der Gesetze und der Finanzbeschlüsse alle anderen Formen von Landtagsbeschlüssen von der Volksabstimmung unzweifelhaft aus.

Die terminologische Analyse und die Wort- und Sinninterpretation führen also zum Ergebnis, daß Staatsverträge nach der Liechtensteinischen Verfassung überhaupt nicht der Volksabstimmung (Referendum) unterlie-

---

46 LGBl 55/1947.

gen. Eine entstehungszeitliche und entwicklungsgeschichtliche Verfassungsvergleichung bekräftigt dieses eindeutige Auslegungsergebnis noch zusätzlich.

VII. Staatsverträge und finanzielle Belastungen

1. Der Wortlaut des Art 8 Abs 2 macht erkennbar, daß die Mitwirkungskompetenz des Landtages beim Abschluß von Staatsverträgen nicht zuletzt auch wegen der mit ihnen möglicherweise verbundenen finanziellen Belastungen des Landes und seiner Bürger geschaffen worden ist, und zwar schon im Jahr 1862[47]. Staatsverträge gleichen in dieser Hinsicht den Gesetzen. Auch diese sind regelmäßig mit finanziellen Belastungen für das Land und seine Bürger verbunden. Das wird auch im Art 64 Abs 3 der Verfassung sichtbar, wo für Gesetzesinitiativen Bedeckungsvorschläge vorgeschrieben sind. Ein Gesetz ist aber dennoch nicht als „Finanzbeschluß" im Sinn des Art 66 Abs 1 und schon gar nicht als „Finanzgesetz" im Sinn des Art 69 (bzw Art 64 Abs 3) qualifizierbar.

Die terminologische und systematische Analyse der Verfassung fördert überdies noch den Umstand zu Tage, daß auch „die Festsetzung des jährlichen Voranschlages" sowie „die Bewilligung von Steuern und anderen öffentlichen Abgaben" innerhalb der Wirksamkeit des Landtages in einem gesonderten Kompetenztatbestand zusammengefaßt und daher dem Landtag gemäß Art 69 bzw Art 68 nur zur Bewilligung vorzulegen sind. Voranschlag und Steuern bedeuten in ihrem Zusammenhalt wohl die größte finanzielle Belastung des Landes und seiner Bürger. Sie fallen aber dennoch weder unter den allgemeinen Begriff „Gesetz" bzw „Gesetzgebung" noch unter den Begriff „Finanzbeschluß" des Art 66 Abs 1 in Verbindung mit Art 62 lit a und d, sondern sie sind, trotz der Gesetzesform für die Festsetzung des Voranschlages als jährliches Finanzgesetz, Staatsaktstypen besonderer Art, deren Charakter durch die Eigenart der Funktion im Konzept der Gewaltentrennung vorbestimmt ist, wonach die Erstellung des Budgets und die Vorschreibung von Steuern originär zu den Befugnissen der Vollziehung (Exekutive) gehört, an denen die Legislative in qualifizierter Weise mitwirkt (Art 62 lit c). Selbst bei inhaltlich stärkerer Einflußnahmemöglichkeit des Landtages auf das Budget, wie etwa nach der jüngeren Liechtensteinischen Praxis (oder nach dem österreichischen B-VG seit der No-

---

[47] Offensichtlich nach dem Vorbild des § 48 des Kremsierer Entwurfes aus dem Jahr 1849, des Art 48 der preußischen Verfassung aus dem Jahr 1850 und des § 52 der Verfassung von Hohenzollern-Sigmaringen aus dem Jahr 1833.

velle des Jahres 1986, BGBl Nr 212), wird die Beschlußkompetenz der parlamentarischen Vertretung zum Budget seit eh und je nur als „Mitwirkung der Gesetzgebung an der Vollziehung" verstanden (vgl die Überschrift des österreichischen B-VG zum Abschnitt E. des III. Hauptstückes).

2. Eine geschichtliche und eine verfassungsvergleichende Sicht bestätigt diese Auffassung. § 40 der Liechtensteinischen Verfassung aus dem Jahr 1862 war der Vorläufer des Art 62 der geltenden Verfassung. Er zählte die Gegenstände der Wirksamkeit des Landtages als Mitwirkungsbefugnisse und Bewilligungsrechte gleichfalls nur demonstrativ auf, war aber weniger vollständig als Art 62. So war zB das „Verwilligungsrecht" des Landtages für Staatsverträge nur im § 23 Abs 2, das Recht, Finanzbeschlüsse zu fassen, nur im § 47, das Budgetbewilligungsrecht nur in den §§ 44 und 45 ausdrücklich geregelt und nicht auch im Katalog des § 40 beispielshalber erwähnt. Weder der Kompetenzkatalog des § 40 der Verfassung aus dem Jahr 1862 noch der Kompetenzkatalog der Verfassung aus dem Jahr 1921 sind also vollständig. Dennoch stimmen beide Verfassungen, in Verbindung mit den anderen Kompetenztatbeständen über die Mitwirkung des Landtages bei der Gesetzgebung, in Zielsetzung, Form und Inhalt der Regelungen der hier zur Synopsis gebrachten Kompetenzen des Landtages überein: es geht da wie dort immer nur um Mitwirkung an der Gesetzgebung, Mitwirkung beim Abschluß von Staatsverträgen und Mitwirkung bei der Fassung von Finanzbeschlüssen. In dieser Hinsicht setzt die geltende Verfassung im Sinn und weitgehend auch im Wortlaut sowie in der Regelungstechnik die Verfassung aus dem Jahr 1862 fort. Darin stimmt die Liechtensteinische Verfassung aus dem Jahr 1921 auch mit der Schweizerischen Bundesverfassung überein, zu der BURCKHARDT in seinem Kommentar wörtlich ausführt: „Der Beschluß des Budgets (der Ausgaben) ist kein Gesetz"[48].

Welchen Sinn haben derartige verfassungsgeschichtlich und verfassungsrechtlich vergleichende Überlegungen für die Frage der finanziellen Belastungen durch Staatsverträge?

3. In der Lehre wird seit dem großen Streit um die preußische Verfassung in der zweiten Hälfte des vergangenen Jahrhunderts zwischen Gesetz im formellen und Gesetz im materiellen Sinn unterschieden. Vor allem die Budgetbewilligung durch das Parlament in der Form eines Gesetzes wurde damals (und wird auch derzeit vielfach noch) als Gesetz in bloß formellem Sinn aufgefaßt, weil man in ihr nur Akte des Landesfürsten (der Vollzie-

---

[48] Kommentar 687.

hung) für die Vollziehung sah und weil sie daher nur der Form nach Gesetze sein sollen. Dieser staatsrechtlichen Diskussion war etwa im österreichischen Verfassungsrecht[49] und in der preußischen Verfassung aus dem Jahr 1850 die jährliche Bewilligung des Voranschlages durch ein Bundesfinanz*gesetz* bereits vorausgegangen. Die Frage, ob das „Finanzgesetz" eine bloße Verwaltungsvorschrift oder ein Rechtssatz ist[50], kam eigentlich nie zum Stillstand[51]. Sie ist aber für das Verständnis einer bestimmten verfassungsrechtlichen Ausprägung der Gewaltentrennung ohne Bedeutung, da auch Vollzugsakte Rechtssätze sein oder beinhalten können. Das Budget ist auf jeden Fall ein zwischen den obersten Staatsfunktionsträgern paktiertes Normengefüge mit diffenzierten Geltungsbereichen. Ob es ein normativer Akt, ursprünglich der Vollziehung oder ursprünglich der Gesetzgebung ist, richtet sich ausschließlich nach der jeweiligen Verfassung.

Als die Liechtensteinische Verfassung im Jahr 1862 die Öffnung zum Konstitutionalisums brachte, gab es diesen Streit „um des Kaisers Bart" noch nicht. In Verwirklichung des allgemein bekannten Gedankens von der Gewaltenteilung wurde daher die Mitwirkung des Landtages an der Gesetzgebung von allen anderen Mitwirkungs-, Beschlußfassungs-, Antrags-, Beschwerde-, Anklage- ua Handlungs- oder Aktsformen, also auch von der Mitwirkung am Budget und an der Festsetzung von Steuern, völlig pragmatisch unterschieden. Einem Gesetzgebungsorgan stehen verschiedenartige Handlungs- und Aktsformen zu und es besteht kein Anlaß, sie wegen ihrer schematischen Einkleidung in die Gesetzesform, also wegen der bloßen Gesetzesform, als „Gesetze" anzusehen, die auch der Gesetzgebungsfunktion originär zuzurechnen wären und daher der Volksabstimmung unterliegen. Die Festsetzung des jährlichen Voranschlages seitens des Landtages erfolgt durch einen „Akt" besonders feierlicher Art, der „Finanzgesetz" heißt und ein Staatsakt sui generis, aber kein Gesetz im Sinn des Art 64 Abs 1 und des Art 62 lit a der Liechtensteinischen Verfassung ist.

Abgesehen von der begrifflichen Verschiedenheit der einzelnen Handlungsformen des Landtages gemäß Art 62 gab es trotz der Wortgleichheit von „Gesetz" und „Gesetzgebung" damals schon noch einen weiteren Grund zur exakten begrifflichen Unterscheidung. Liechtenstein war im

---

[49] Märzverfassung aus 1849, § 108, § 109; Pillersdorf'sche Verfassung aus 1848, § 47; Kremsierer Entwurf 1849, § 142.

[50] Vgl zur älteren Literatur HAENEL, Gesetz 99 ff; GNEIST, Gesetz und Budget 140 ff; JELLINEK, Gesetz und Verordnung 226 ff, 276 ff, 345 ff; LABAND, Staatsrecht Bd IV 522 ff; HELLER, Der Begriff des Gesetzes 98 ff.

[51] Siehe den Überblick bei HENGSTSCHLÄGER, Budgetrecht 225 ff.

Jahr 1862 und ist auch heute noch eine konstitutionelle Monarchie. Das bedeutet, daß der Landtag nie der Gesetzgeber schlechthin war. Die Gesetze waren formal dem Landesfürsten zuzurechnen – er hatte das Sanktionsrecht – und der Landtag war und ist auch heute noch neben und mit dem Landesfürsten und der Regierung ein Organ der Mitwirkung an der Gesetzgebung, dessen Teilhabe an der Gesetzgebung konstitutiven Charakter hat. Begriff und Terminologie der Staatsakte Liechtensteins erhalten von daher ihre Prägung.

Da die Staatsform Liechtensteins gleich geblieben ist, war es im Jahr 1921 nicht nur konsequent (anders auch gar nicht sinnvoll), Handlungsformen und Aktstypen in den Willensbildungsverfahren des Landtages säuberlich voneinander zu unterscheiden und aufzugliedern. Es wird eben nicht alles Gesetzgebungsakt, was der Landtag beschließt (etwa wie alles Gold wurde, was König Midas berührte), weil nach der Verfassung nur bestimmte Akte „Mitwirkung“ an der Gesetzgebung bedeuten. Das Finanzgesetz und Finanzbeschlüsse fallen daher ebensowenig unter die Funktion der „Gesetzgebung“ wie die Staatsverträge. Mit gutem Grund wurde daher die Unterscheidung zwischen Gesetzen und Finanzbeschlüssen auch in der Verfassungsnovelle zu Art 67 (LGBl 37/1985) beibehalten und damit dem Gesetzgeber für das Gesetz über das Landesgesetzblatt zum verbindlichen Richtmaß gemacht, der die Unterscheidung konsequent beibehalten hat. (LGBl 41/1985).

4. Nach dem zweiten Weltkrieg ist das rechtliche Phänomen des Staatsvertrages in Europa in den Brennpunkt von Lehre, Gesetzgebung und Judikatur gerückt. Die österreichische Diskussion ist beispielhaft dafür und spiegelt europäische Tendenzen wider. Ausgelöst wurde diese Diskussion im wesentlichen durch die Europäische Konvention zum Schutze der Menschenrechte und Grundfreiheiten aus dem Jahr 1950. Sie ließ unmittelbar einsichtig werden, daß Staatsverträge stärker als vorher auch die Staatsbürger betreffen und nicht nur die Staaten verpflichten. Dieses Phänomen an sich war weder für Liechtenstein noch für die anderen Staaten eine Entdeckung. Man wußte das in Liechtenstein schon bei der Erlassung des § 23 Abs 2 der Verfassung aus 1862, wo von Lasten und Verpflichtungen von Staatsbürgern die Rede war. Die preußische Verfassung aus dem Jahr 1850, österreichische Verfassungskonzepte der Jahre 1848-1862 und die Verfassung von Hohenzollern-Sigmaringen aus 1833 scheinen dafür Vorbilder gewesen zu sein.

Doch die demokratischen Republiken, die nicht nur Rechtsstaaten, sondern auch Gesetzesstaaten geworden sind, kennen seit dem ersten

Weltkrieg eine andere Konstellation der Gewaltentrennung. Das Gesetz ist schlechthin die vorherrschende demokratische Willensäußerung mit Monopolcharakter und läßt der Vollziehung keinen eigenständigen Raum. „Die gesamte staatliche Verwaltung darf nur auf Grund der Gesetze ausgeübt werden" heißt es im Art 18 Abs 1 des österreichischen B-VG aus dem Jahr 1920. Zwar ist dem österreichischen Bundespräsidenten, als dem Staatsoberhaupt, die Kompetenz zum Abschluß von Staatsverträgen ausdrücklich zugewiesen, zwar wirkt der Nationalrat wie beim Voranschlag, so auch bei den politischen, verfassungsändernden und gesetzesändernden Staatsverträgen nur an einer Vollziehungsfunktion mit, im Lauf der Zeit wurden jedoch in Fragen der innerstaatlichen Geltung und der Kundmachung in Österreich auch an die Staatsverträge Kriterien angelegt, die zunächst nur für Gesetze verbindlich geworden waren. Dennoch blieb auch in Österreich die Gewaltenteilungskonzeption erhalten. Staatsverträge sind typologisch keine Gesetzgebungsakte. Staatsverträge können zwar mit Gesetzen Ähnlichkeiten haben, sie sind aber dennoch Rechts- und Staatsakte von besonderer Art und mit besonderer Kennzeichnung. Sie werden daher im Bundesgesetzblatt Österreichs auch unter ihrem ursprünglichen Namen (Konvention, Abkommen, Staatsvertrag etc), in der Regel auch unter Hinweis auf den Genehmigungs*beschluß* des Nationalrates, auf die Ratifikation durch das Staatsoberhaupt, und auf die Gegenzeichnung, *ohne Bezeichnung als Gesetz* kundgemacht, wie es schon in der österreichischen Monarchie vor 1918 geschehen ist.

Mitunter kommt sich eine rechtswissenschaftliche Lehre nur dann modern vor, wenn sie glaubt, mit ihren vielfach formalen Analysen auch terminologische Veränderungen verknüpfen zu müssen, die im Trend der Zeit liegen. Dabei läßt sie nur zu leicht außer Acht, daß ein Gesetz nicht ein Gesetz an sich, ein Staatsvertrag nicht ein Staatsvertrag an sich, eine Verordnung nicht eine Verordnung an sich ist, sondern daß sie alle in den einzelnen konkreten Verfassungen verbindlich festgelegte Staatsaktstypen sind, deren rechtsverbindliche Bestimmungsgründe sich nur aus dem Wortlaut, aus der Terminologie, aus der Begrifflichkeit, aus dem Sinn und aus dem Sinnzusammenhang der jeweiligen Verfassung ergeben. Die Lehre darf nicht Recht erfinden, sondern sie ist verpflichtet, den Sinngehalt des geltenden Rechtes aufzuspüren. Die Lehre sollte aber auch nicht unnötiger Weise Terminologien oder gar Theorien in die Verfassung hineinkonstruieren, denen vielleicht auch noch die normative Funktion einer Verfassungskorrektur zugedacht wird. Mag man daher im Staatsvertrag materiell auch ein Gesetz sehen wollen (was keine Neuentdeckung bedeutet), er ist dennoch im Sinn der geltenden Verfassung Liechtensteins und anderer derzeit geltender Verfassungen, wie etwa Österreichs und der Schweiz, *kein Gesetz*, sondern ein Staats„*vertrag*“, dh ein Staatsaktstypus völkerrechtlicher Provenienz, mit zweifacher Geltung. Deshalb ist dieser Akt nach der Verfassung Liechtensteins auch nicht unter das „Gesetz“ subsumierbar, das gemäß Art 66 Abs 1 der Volksabstimmung zugänglich ist.

Im übrigen gilt auch für Staatsverträge nach der Liechtensteinischen Verfassung in noch höherem Maß das bereits für Gesetze Ausgeführte. Sie sind formal und inhaltlich Akte des Staatsoberhauptes und seiner Regierung und, im Sinn der verbindlich festgelegten Staatsform, funktionell und ursprungsmäßig nur der Exekutive zuzurechnen. Der Landtag ist nicht der Gesetzgeber schlechthin, ihm kommt auch beim Abschluß von Staatsverträgen nur eine qualifizierte und unabdingbare Teilhabe zu. Doch selbst wenn die Gewaltenteilung in Liechtenstein noch stärker ausgeprägt wäre, als in der geltenden Verfassung, so bliebe der Staatsvertrag dennoch eine staatsrechtliche Handlungsform sui generis, die vom Gesetz noch immer wesentlich verschieden wäre.

Aus alldem folgt, daß die meisten Staatsverträge originäre und gesetzesgleiche Titel für finanzielle Belastungen des Staates oder einzelner Staatsbürger und, gleich den Gesetzen, an die Willensbildung des Landesfürsten, an die Mitwirkung der Regierung und des Landtages gebunden sind. Sie sind daher unter die Begriffe „Gesetz“ und „Finanzbeschluß“ nach Art 66 Abs 1 der LV nicht subsumierbar, mögen sie auch materiell und funktionell den Gesetzen gleichen.

So gesehen, nimmt das Verfahren zum Abschluß der Staatsverträge nach Art 8 Abs 2 infolge der Mitwirkung des Landtages denselben Rang ein wie das allgemeine Gesetzgebungsverfahren. Es ist daher allein schon deshalb einem doppelten parlamentarischen Verfahren weder zugänglich noch eines solchen bedürftig.

VIII. Der Rang von Staatsverträgen

1. Staatsverträge sind staatliche Rechtsquellen besonderer Art. Wie alle Rechtsquellen eines Staates sind sie geprägt durch das erzeugende Organ, durch dessen Stellung im Verfassungsgefüge und durch das Erzeugungsverfahren; also durch die Staatsform, durch ihre zwischenstaatliche Herkunft und Zielsetzung, durch ihr Zustandekommen, durch ihre Erscheinungsform, durch ihre Kundmachung und durch ihren dualistischen Geltungsanspruch.

Staatsverträge unterscheiden sich regelmäßig auch sprachlich vom innerstaatlichen Recht, sie können in mehreren authentischen Sprachen abgefaßt sein, zu denen die Landessprache nicht gehören muß. Sie bedürfen daher mitunter einer Übertragung in die Landessprache. Staatsverträge unterscheiden sich aber weitgehend auch inhaltlich vom innerstaatlichen Recht. Ihre Materien decken sich häufig nicht mit den üblichen innerstaatlichen Gesetzesmaterien.

Die Regelungsziele von Staatsverträgen können vielfältig sein: politische, wirtschaftliche, kulturelle, militärische und administrative etc. Staatsverträge können gewiß auch die verschiedensten Materien und Rechtsquellenarten einer staatlichen Rechtsordnung berühren. Damit wird auch ihre Einordnung in den Rang und in die Materien der staatlichen Rechtsordnung aktuell. Da der Rang von Staatsverträgen nicht ausdrücklich geregelt ist, müssen seine Einordnungskriterien an Hand der staatlichen Rechtserzeugungsformen bestimmt werden.

Staatsverträge sind zwar gesetzesähnlich, aber nicht gesetzesgleich. Nach ihrer Bedeutung könnnen sie überdies, vergleichbar den innerstaatlichen Rechtserzeugungsformen, einen verschiedenen Rang einnehmen[52].

2. Die Kriterien für den Rang von Staatsverträgen in Liechtenstein liefert die innerstaatliche Rechtsordnung des Landes. Dabei ist auch die Bindung bestimmter Staatsverträge an die Zustimmung des Landtages richtungweisend. Danach können Staatsverträge Verfassungsrang, aber auch Gesetzesrang und Verordnungsrang haben. Sie haben Verfassungsrang jedenfalls immer dann, wenn sie eine Materie regeln, die Verfassungsinhalt ist. Sie haben Gesetzesrang (bzw den Rang von gesetzeskräftigen Verordnungen), wenn sie Materien der einfachen Gesetzgebung (bzw des selbständigen Verordnungsrechtes) regeln. Die Grenzziehung richtet sich nach organisatorischen und inhaltlichen Bestimmungsgründen gleichermaßen.

In der Staatspraxis werden aber auch noch Verwaltungsabkommen (Regierungs- und Ressortabkommen) unterschieden, denen gemeiniglich der Rang von Durchführungsverordnungen zugewiesen wird[53].

3. Die Liechtensteinische Verfassung kennt (wie schon die Verfassung aus dem Jahr 1862) nicht nur die förmliche Verfassung als „Urkunde",

---

52 Siehe dazu WINKLER, Der Verfassungsrang von Staatsverträgen, ÖZÖR 10 (1959/60) 514 ff und ÖHLINGER, Der völkerrechtliche Vertrag im innerstaatlichen Recht, 1973.

53 Vgl dazu für Österreich die Entschließung des Bundespräsidenten, BGBl Nr 49/1921.

sondern auch Begriff und Terminus „Verfassung“[54], und „Staatsverfassung“[55]. In den Art 111 und 113 wird die Verfassung als „Verfassungsurkunde“ und als „Grundgesetz“ bezeichnet und der Geist dieses „Grundgesetzes“ zum verbindlichen Richtmaß der Harmonisierung der gesetzlichen Bestimmungen in der Rechtsordnung gemacht. Im Art 104 ist von der „Verfassungsmäßigkeit von Gesetzen“ die Rede (Abs 2) und von „verfassungsmäßig gewährleisteten Rechten“ (Abs 1); im Art 113 von einer „verfassungsmäßigen“ Revision. Damit ist die Rangordnung der innerstaatlichen Rechtsquellen im Ansatz eindeutig vorbestimmt. Dazu kommen noch zahlreiche Anordnungen der Verfassung, die unmittelbar anwendbar sind. *Oberste Rechtsquelle ist zweifellos die Verfassung.* Ihr folgen die einfachen Gesetze und diesen die Verordnungen in verschiedener Gestalt; als Fürstenverordnungen gemäß Art 10 und 92 Abs 2, die unter der Mitwirkung der Regierung erlassen werden und die auch gesetzeskräftig sein können, oder als bloße Regierungsverordnungen gemäß Art 92 Abs 1, die Durchführungsverordnungen sind.

Das Verhältnis der *einfachen Gesetze* zur Verfassung ist durch die Verfassung weitgehend vorbestimmt. Einfache Gesetze, und im allgemeinen auch Fürstenverordnungen, haben die Verfassung entweder näher auszuführen oder sie sind die verfassungsmäßige Form zur Konkretisierung von Staatsaufgaben, dh der Aktivierung von Interorganbeziehungen, der Regelung von Beziehungen zwischen Staat und Bürger und des Zusammenlebens der Menschen, die entweder verfassungsgesetzlich ausdrücklich vorgeschrieben oder zugelassen ist. Dh die Verfassung kennt sowohl einen Verfassungs(gesetzes)vorbehalt (Fürstenverordnungsvorbehalt) als auch einen einfachen Gesetzesvorbehalt und damit einen Vorrang der einfachen Gesetze (der Fürstenverordnungen). Das bedeutet, daß zahlreiche Materien, die nicht durch die Verfassung selbst geregelt sind, durch einfache Gesetze bzw durch Fürstenverordnungen geregelt werden müssen. Die inhaltlichen Determinanten für Gesetze und Fürstenverordnungen sind durch die Verfassung meistens sparsam vorgeschrieben. Das bedeutet, daß die Gestaltungsfreiheit des Gesetzgebers und des Fürsten mit der Regierung, als gesetzeskräftiger Verordnungsgeber, vorwiegend nur an den Rahmen der Verfassung gebunden ist und daß die Verfassung nicht verpflichtet, in das Gesetz und in die Fürstenverordnung auch alle möglichen kon-

---

[54] Siehe die einleitende Sanktionsformel, ferner Art 2, 7, 11, 13 Abs 1, 28 Abs 3, 29, 45 Abs 1, 58 Abs 1, 60, 62 lit g, 64 Abs 3 u 4, 66 Abs2, 74 lit a, 78 Abs 1, 88, 92 Abs 2, 107, 109 Abs 2, 112 und 114 Abs 1 und Abs 2.

[55] Art 54 Abs 2.

kreten inhaltlichen Determinanten aufzunehmen. Darin unterscheidet sich die Liechtensteinische Verfassung wesentlich von der österreichischen, die mit ihrem auf die Spitze getriebenen Legalitätsprinzip den Rechtsstaat zum Gesetzesstaat machte.

Der Rang der *Verordnungen* schließt nach der Liechtensteinischen Verfassung nicht schlechthin an den Rang von Gesetzen an. Die Verfassung kennt nämlich innerhalb des Haupttypus der *Fürstenverordnung* noch verschiedene *Arten* von Verordnungen: verfassungskräftige, gesetzeskräftige (gesetzesändernde, gesetzesvertretende, gesetzesergänzende) und Durchführungsverordnungen. Daneben gibt es den zweiten Haupttypus der bloßen *Regierungsverordnung*, die immer nur Durchführungsverordnung sein darf und daher ihren Rang unter dem Gesetz hat. Die Verfassung verleiht sich selbst grundsätzlich einen Vorrang vor den Gesetzen und den gesetzesändernden Verordnungen und diesen jedenfalls einen Vorrang vor den gesetzesvertretenden, vor den gesetzesergänzenden und vor den Durchführungsverordnungen, bindet sie aber im allgemeinen nur entweder an die Schranken (Art 92 Abs 2) oder an den Rahmen der Gesetze (Art 92 Abs 1).

Verordnungen können gemäß Art 92 einen weiter oder enger gesteckten Rahmen haben. Verfassungsunmittelbare Verordnungen und selbständige Verordnungen des Fürsten finden ihre Begrenzung im allgemeinen in den *Schranken* der Verfassung und der übrigen Gesetze (Art 92 Abs 2). Dem entspricht auch die Regelung des freien Ermessens, die der Verwaltung einen rechtsstaatlichen Spielraum gewährt und sie nicht in die Enge der vollen gesetzlichen Determiniertheit allen Staatshandelns zwängt. Bloße Regierungsverordnungen hingegen finden ihre Begrenzung im allgemeinen im *Rahmen* (Art 92 Abs 1) und in den *Grenzen* der einfachen Gesetze (Art 92 Abs 2).

4. *Staatsverträge* sind durch keine Vorschrift der Verfassung auch nur andeutungsweise in diese Rangfolge innerstaatlicher Rechtsquellen gestellt. Sie stehen außerhalb und neben dieser und haben ihre eigene Rangordnung. Ihr Rang richtet sich aber dennoch nach dem Rang der innerstaatlichen Rechtsquellen. Da die Staatsverträge auch im innerstaatlichen Rechtsquellensystem Geltung beanspruchen, müssen sie mit ihnen kompatibel bzw ihnen zuordenbar sein. Danach können Staatsverträge Verfassungsrang, Gesetzesrang, oder unterschiedlichen Verordnungsrang haben. Dabei ist beachtlich, daß dem Landesfürsten (unter Mitwirkung der Regierung) zwar nicht die Befugnis zusteht, verfassungsändernde und gesetzesändernde Staatsverträge allein abzuschließen, wohl aber kann er gesetzes-

vertretende, gesetzesergänzende und gesetzesdurchführende Staatsverträge unter Umständen ebenso allein abschließen (dh ohne Landtag, nur mit Hilfe der Regierung) wie allein (dh mit Hilfe der Regierung) durchführen. Dabei spielen formale Rangkriterien nur eine nachgeordnete Rolle.

Aus der Beschränkung der Monarchensouveränität im Art 8 Abs 2 erfließen rechtsverbindlich, zunächst unabhängig vom Rang des sonstigen Rechtsquellensystems, jedenfalls zwei Arten von Staatsverträgen:

a) Staatsverträge, die an die Zustimmung des Landtages gebunden sind;
b) Staatsverträge, die der Landesfürst unter Mitwirkung der Regierung „allein" abschließen kann, dh ohne Mitwirkung der Legislative.

Die Abgrenzung zwischen beiden erfolgt primär nicht über die allgemeine Rangordnung staatlicher Rechtsquellen, sondern innerhalb der ursprünglichen Monarchenkompetenz des Landesfürsten durch die Bindung an bestimmte Inhalte, die entweder verfassungsgesetzlich vorbestimmte Belange (Art 8 Abs 2) oder einfachgesetzlich zu regelnde Belange betreffen. Erst innerhalb dieser Unterscheidung mag dann die innerstaatliche Rechtsquellenhierarchie etwa in dem Sinn Bedeutung haben, daß sich aus ihr eine Antwort auf die Frage ergibt, ob und wann der Landesfürst mit der Regierung oder die Regierung allein befugt sind, unmittelbar auf Grund der Verfassung oder nur auf Grund der Gesetze Verordnungen zu erlassen. Eine konkrete Beantwortung der Frage nach dem Rang von Staatsverträgen ist daher erst nach einer Analyse des Liechtensteinischen Rechtsquellensystems möglich, in dessen Mittelpunkt ein differenziertes Legalitätsprinzip steht.

IX. Das Legalitätsprinzip

1. Wie jede demokratische Verfassung, so kennt auch die Liechtensteinische ein Legalitätsprinzip. Dieses hat seine Wurzeln bereits in der Verfassungsentwicklung zum Konstitutionalismus des vergangenen Jahrhunderts und zeigt in der Liechtensteinischen Verfassung eine besondere Ausformung. Wie es keinen verbindlichen Idealtypus der Gewaltentrennung gibt, so gibt es auch keinen verbindlichen Idealtypus des Legalitätsprinzips. Zwar ist das Gesetz in jeder Demokratie – auch in einer konstitutionellen Monarchie – die zentrale und beherrschende Rechtserzeugungsform bzw die regelmäßige Form der Staatswillensbildung, es trägt aber keine begriffliche Wesenhaftigkeit an sich, aus der man unmittelbar verfassungsrechtliche Konsequenzen ableiten dürfte, etwa für den Rang des Gesetzes und seine Stellung im System und in der Rangordnung der

Rechtsquellen. Die Position des Gesetzes ist nämlich, trotz gleicher und zentraler Funktion in jeder Rechtsordnung, von Verfassung zu Verfassung verschieden und kann und darf als Form der Rechtserzeugung nur aus den Anordnungen einer bestimmten Verfassung selbst interpretiert werden.

2. Der entscheidende dogmatische Ansatzpunkt für die Bestimmung der Position des Gesetzes nach der Liechtensteinischen Verfassung liegt in erster Linie in den Art 7, 10, 45, 65 und 92. Diese Bestimmungen beinhalten drei Hauptgesichtspunkte.

Sie sind zunächst darauf abgestellt, daß es zweierlei Arten von Gesetzen gibt: Verfassungsgesetze und einfache Gesetze. Nach den Art 7 und 92 Abs 2 übt der Landesfürst seine Staatsgewalt in Gemäßheit der Bestimmungen dieser Verfassung und *der übrigen Gesetze* aus. Der Begriff „Gesetz" in den Art 10 und 92 bedeutet hier sowohl „Verfassungsgesetz" als auch „einfaches Gesetz". Dieser Doppelbedeutung des Gesetzesbegriffes folgen auch noch andere Artikel der Verfassung, wie etwa Art 66 Abs 1, dem durch den Abs 2 auch Verfassungsgesetze zugeordnet werden. Art 111 Abs 1 und Art 113 bezeichnen die Verfassung ausdrücklich als Landesgrund*gesetz*. Im Art 45 wird der Landtag als das *gesetzesmäßige* Organ der Gesamtheit der Landesangehörigen bezeichnet, was gewiß auch *verfassungsmäßig* bedeutet. Gleiches gilt wohl auch für den Gesetzesbegriff im Art 90 Abs 3, der dem Recht des Regierungschefs, Regierungsbeschlüsse innezuhalten, zu Grunde gelegt ist.

Darin wird auch der zweite Regelungsinhalt dieser Artikel sichtbar. Das Verfassungsgesetz nimmt gegenüber den einfachen Gesetzen den höheren Rang ein. Dieser Rang der Verfassung wird auch noch durch Art 104 Abs 1 zusätzlich bekräftigt und rechtsschutzmäßig gesichert.

Die erwähnten Artikel der Verfassung indizieren aber auch noch verschiedenrangige Grundlagen für Kompetenzen bzw Handlungsermächtigungen staatlicher Organe. Es gibt demgemäß verfassungsunmittelbare und gesetzesunmittelbare Kompetenzen, vor allem der Vollziehung. Die Folge davon ist eine mehrfache Legalität: die Legalität der Verfassung und die Legalität der einfachen Gesetze, die Legalität der Staatsverträge und die Legalität der gesetzeskräftigen Verordnungen. So gründet sich etwa die Legalität von Staatsverträgen unmittelbar auf den Art 8 (vor allem Abs 2) der Verfassung, die Legalität bestimmter *landesfürstlicher* Verordnungen unmittelbar auf die Verfassung (Art 10 letzter Satz iVm Art 92 Abs 2). Außerhalb dieser verfassungsgesetzlichen Sondertatbestände können sich landesfürstliche Verordnungen auch auf verfassungsgesetzliche Kompetenztatbestände ohne Gesetzesvorbehalt in den Art 14 – 27 gründen, wo von den Staatsaufgaben die Rede ist; allerdings nur soweit, als ihnen die Gesetze Raum lassen. In der überwiegenden Mehrzahl der Fälle sind Verordnungen gemäß Art 92 Abs 1 Regierungsverordnungen und daher Durchführungsverordnungen. Sie haben ihre Grundlage auf der zweiten Rechtserzeugungsebene, dh in den einfachen Gesetzen. Sie finden daher auch ihre Grenzen in deren Rahmen (Art 92 Abs 1).

Die meisten Staatsverträge sind den Gesetzen im weitesten Sinn gleichzuhalten. Das gilt vor allem für Staatsverträge nach Art 8 Abs 2, die allein schon deshalb als Rechtsquellen im Verfassungsgesetzesrang oder im einfachen Gesetzesrang aufzufassen sind, weil sie, wie die Gesetze (Verfassungsgesetze und einfache Gesetze), durch den doppelten Konsens des Landesfürsten mit der Regierung einerseits und des Landtages andererseits getragen sind. Da sie überdies originär der Verwaltung (Exekutive) zuzurechnen sind, ist ihre Durchführung Angelegenheit der Vollziehung und nicht der Gesetzgebung. Sie können, ähnlich den Gesetzen, auch Grundlagen für Verordnungen sein.

3. Die Verfassung Liechtensteins kennt aber nicht nur das Phänomen des Gesetzes (Staatsvertrages) in verschiedenem Rang, sondern konsequenterweise auch einen differenzierten Vorrang des *Gesetzes*; dh der Verfassung vor dem Gesetz und der Fürstenverordnung vor den Gesetzen, des Staatsvertrages und gegebenenfalls auch der Fürstenverordnung vor der bloßen Regierungsverordnung (Durchführungsverordnung). Demgemäß gibt es auch einen doppelten Vorbehalt unmittelbar auf Grund der Verfassung: den Gesetzgebungsvorbehalt für den Gesetzgeber und den Vollziehungsvorbehalt für den Landesfürsten in Verbindung mit der Regierung, die teils miteinander konkurrieren können und, wie bei den (verfassungs)-gesetzesrangigen Staatsverträgen, auch ineinander verflochten sind. Das führt zu einer ersten Konsequenz. Das Staatshandeln der Vollziehung (Exekutive) im Staat, das sich auf eine unmittelbare Verfassungsermächtigung gründet, bedarf weder einer vorangehenden noch einer nachfolgenden Konkretisierung durch ein einfaches Gesetz. Das gilt für verfassungskräftige Vordnungen des Fürsten ebenso wie für gesetzeskräftige. Das gilt daher insbesondere auch für jene verfassungskräftigen und gesetzeskräftigen Staatsverträge, die (gemäß Art 8 Abs 2) ohnedies der Zustimmung des Landtages unterliegen.

4. Der zentrale und eigentliche *Gesetzesvorbehalt* der Liechtensteinischen Verfassung liegt, wie auch in anderen demokratischen Verfassungen, eine Stufe tiefer und bedeutet demgegenüber, daß das Staatshandeln (die Staatswillensbildung oder Rechtserzeugung) unter bestimmten Vorausset-

zungen an den Weg der einfachen Gesetzgebung *verpflichtend* gebunden ist. Dieser Gesetzesvorbehalt gilt traditionellerweise im Grundrechtsbereich der Staatsbürger. Die Liechtensteinische Verfassung schreibt gleich allen demokratischen Verfassungen vor, daß Modifikationen oder Einschränkungen der Grundrechtsbereiche nur durch „Gesetz" vorgenommen werden dürfen. Grundrechtsbeseitigungen oder allgemeine und dauernde Grundrechtsbeschränkungen sind der Vollzugsgewalt verboten; das Verordnungsrecht des Landesfürsten findet darin eine erste Schranke (Art 92 Abs 2).

Der Gesetzesvorbehalt im eigentlichen und engeren Sinn erschöpft sich darin jedoch noch nicht. Die Verfassung schreibt nämlich noch an vielen weiteren Stellen die einfache Gesetzesbindung ausdrücklich vor. Ausführungen dieser Verfassungstatbestände unmittelbar durch Verordnung des Fürsten sind unzulässig. Solche ausdrücklichen Gesetzesvorbehalte tragen rechtsstaatlich-demokratisches Gepräge an sich. Sie betreffen zunächst wichtigste Formen der staatlichen Willensbildung, der staatlichen Organisation, des Verfahrens, des Rechtsschutzes, die Einrichtung der Gemeinden und anderer öffentlich-rechtlicher Rechtsträger. Gleichsam in ihrem Zentrum steht die Verpflichtung des Staates nach Art 24 Abs 1, „im Wege zu erlassender Gesetze für eine gerechte Besteuerung" zu sorgen und nach Art 69 in Verbindung mit Art 64 Abs 3 das jährliche Budget als Finanzgesetz zu beschließen, um damit den vitalsten und staatstragenden Vollzugsakten eine größere Förmlichkeit und Autorität zu verleihen. Der Katalog der Gesetzesvorbehalte in diesem Sinn umfaßt folgende Artikel und Materien der Verfassung:

Art 4	Änderung der Staatsgrenzen
Art 19 Abs 2	Sonn- und Feiertagsregelung, öffentliche Ruhetage
Art 21	Wasserrecht, Elektrizitätsrecht
Art 22	Hoheit über Jagd, Fischerei und Bergwesen
Art 24	Steuergesetzgebung
Art 25	öffentliches Armenwesen
Art 27 Abs 1 iVm Art 97, Art 101 Abs 2, Art 102, Art 104	Prozeß- und Vollstreckungsverfahren
Art 27 Abs 2	berufsmäßige Parteienvertretung
Art 28 bis Art 44	Grundrechte und Grundpflichten der Bürger
Art 30	Staatsbürgerschaft

Art 46	Gesetz über die Durchführung der Landtagswahlen
Art 64 Abs 5	Volksinitiative
Art 66 Abs 7	Volksabstimmung (Referendum)
Art 67 Abs 2	Gesetz über das Landesgesetzblatt
Art 78 Abs 2	Delegation von Kompetenzen
Abs 3	Einsetzung von Kommissionen
Abs 4	Errichtung von Rechtsträgern öffentlichen Rechts
Art 82	Befangenheit von Regierungsmitgliedern
Art 90 und Art 91	Ressortzuteilung
Art 94	Verwaltungsorganisation
Art 97	Verwaltungsbeschwerdeweg
Art 98	Beschwerdeinstanz
Art 101 Abs 2 und Art 102	Gerichtsorganisation, Verfahren und Gerichtsgebühren
Art 104	Einrichtung des Staatsgerichtshofes
Art 108	Behördenorganisation
Art 109 bis Abs 3	Amtshaftung, Organhaftung
Art 110	Bestand und Organisation der Gemeinden

5. Wo bleiben die anderen Sachmaterien? Sie ergeben sich aus der Regelung der Staatsaufgaben in den Artikeln 14 – 27.

Bis auf die Steuern (Art 24), das Wasserrecht und das Elektrizitätsrecht (Art 21), die Hoheit über Jagd, Fischerei und Bergwesen (Art 22), die Sonn- und Feiertagsregelung, öffentliche Ruhetage (Art 19 Abs 2) das Armenwesen nach Art 25 und berufsmäßige Parteienvertretung (Art 27 Abs 2) ist für die Wahrnehmung der Staatsaufgaben, die durch die Verfassung vorwiegend als Förderung qualifiziert ist, keine Staatsaktsform ausdrücklich vorgeschrieben.

Nach der Entwicklungsgeschichte zu schließen, kann grundsätzlich davon ausgegangen werden, daß die in der geltenden Verfassung (viel zahlreicher als früher) ausdrücklich angeordneten Gesetzesvorbehalte gegenüber der Verfassung aus dem Jahr 1862 eine weitere Zurückdrängung der gesetzeskräftigen Verordnungsgewalt des Landesfürsten bedeuten. Ein Textvergleich beider Verfassungen zeigt in der Verfassung des Jahres 1862 weit weniger Materien, die ausdrücklich verpflichtend an das Gesetz gebunden sind.

Außerhalb jener Materien, für die es ausdrücklich verfügte und daher verpflichtende Gesetzesvorbehalte gibt, ist anzunehmen, daß die verordnungsgebende Gewalt des Fürsten auf die Regelung bestimmter Materien schon von früher her eine Option hat, welche seit 1921 auch dem Gesetzgeber geöffnet ist. Da der Landesfürst ursprünglicher Träger der Verordnungsbefugnis ist, zugleich aber auch Teilhaber an der Gesetzgebung, wird durch die gesetzliche Regelung einer nicht ausdrücklich der Gesetzgebung vorbehaltenen Materie (Staatsaufgabe) die Ermächtigung des Landesfürsten zur Erlassung gesetzesvertretender Verordnungen durch ein konkretes Gesetz verdrängt. Das Verordnungsrecht des Fürsten wird daran anschließend auf ein Verordnungsrecht der Regierung reduziert und insoweit in den Rang der Gesetzesdurchführung (Art 92 Abs 1) verwiesen. Die Verordnungsbefugnis des Landesfürsten erstreckt sich daher für den Bereich dieser nicht ausdrücklich dem Gesetz vorbehaltenen Materien bzw Staatsaufgaben auf gesetzesvertretende und gesetzesergänzende Verordnungen und hat den Nachrang hinter dem Gesetz. Wird für diesen Bereich ein Gesetz erlassen, dann begibt sich der Landesfürst für die Dauer der Geltung dieses Gesetzes seines selbständigen Verordnungsrechtes und ist daher mit seiner Regelung und durch sie an das Gesetz gebunden, dessen Aufhebung im allgemeinen ebenso des Zusammenwirkens des Landesfürsten und der Regierung einerseits und des Landtages andererseits bedarf wie sein Zustandekommen[56]. Der Verfassungsgesetzgeber wollte durch diese Regelungstechnik einerseits offensichtlich klargestellt haben, daß landesfürstliche Verordnungen aus der Zeit der Geltung der Verfassung des Jahres 1862 in diesen Materien auch unter der Verfassung aus 1921 als Verordnungen des Landesfürsten weiter gelten, soweit sie nicht durch Art 113 aufgehoben wurden, und daß andererseits für eine künftige gesetzesförmige Regelung dieser Materien und damit einer eventuellen Ersetzung des landesfürstlichen Verordnungsrechtes durch Gesetzesrecht für die Zukunft ein offener Freiraum geschaffen ist. Heute dürfte die Entwicklung praktisch wohl so weit gediehen sein, daß die Gesetze auch in diesen Bereichen des fehlenden ausdrücklichen Gesetzesvorbehaltes die gesetzeskräftigen Fürstenverordnungen weitgehend verdrängt haben.

6. Die Unterscheidung in verfassungskräftige, gesetzeskräftige und Durchführungsverordnungen ist demnach zwar von grundsätzlicher Bedeutung für das Sinnverständnis der Gewaltenteilung in der Verfassung Liech-

---

[56] Art 65: „Ohne Mitwirkung des Landtages darf kein Gesetz gegeben, *abgeändert oder authentisch erklärt* werden." (Hervorhebung durch den Verfasser).

tensteins, insbesondere für Staatsverträge, die nur durch den Fürsten abzuschließen sind und für Verordnungen zur Durchführung von Staatsverträgen, ihre praktische Bedeutung ist aber zweifellos begrenzt. Der Typus der reinen Regierungsverordnung als Durchführungsverordnung, wie ihn Art 92 Abs 1 meint, ist wohl der Regelfall geworden.

Dennoch darf auch die Einrichtung dieser „*Durchführungsverordnung*" nach der Verfassung Liechtensteins nicht unkommentiert bleiben. Sie unterscheidet sich von der heute geltenden Regelung der österreichischen Durchführungsverordnung (Art 18 Abs 2 B-VG) ganz wesentlich. Die österreichische Durchführungsverordnung darf nämlich seit dem Jahr 1925 nur *auf Grund der Gesetze* erlassen werden; die Liechtensteinische hingegen *im Rahmen der Gesetze*. Das bedeutet in der Konsequenz, daß ein österreichisches Gesetz den Verordnungsinhalt durchwegs konkret und gleichsam vollständig vorbestimmen (determinieren) muß, während für das Liechtensteinische Gesetz ein Minimum an Inhalt genügt (Zuständigkeit und Aufgaben, Kriterien für Grundrechtseingriffe und andere Belastungen des Bürgers). Dabei bleibt für Liechtenstein zu bedenken, daß Behördenorganisation und Verfahren gemäß ausdrücklicher verfassungsgesetzlicher Verpflichtungen ohnedies schon allgemein gesetzlich geregelt und damit vorgegeben sind. Dem Gesetzgeber Liechtensteins steht es daher frei, dem Verwaltungshandeln den nötigen Spielraum, insbesondere freies Ermessen einzuräumen, um die Anpassungsfähigkeit und das Erfahrungswissen der Verwaltung zur vollen Wirksamkeit gedeihen zu lassen. Es bleibt der Weisheit des Liechtensteinischen Gesetzgebers überlassen, den Grad der gesetzlichen Determinierung des Verwaltungshandelns richtig und sinnvoll so zu bestimmen, daß subjektive Rechte gewahrt, Pflichten klar begrenzt und Willkür vermieden werden.

7. Die Durchführungsverordnung in der Verfassung Liechtensteins kann daher grundsätzlich ebenso gesetzesergänzend wie gesetzesdurchführend sein. Dabei ist zu veranschlagen, daß staatliches Handeln in der heutigen Rechtswelt ohnedies schon so vielfach und weitgehend gesetzlich geregelt ist, daß auch offener und grundsätzlicher gehaltene Regelungsinhalte einzelner Gesetze von der Gesamtrechtsordnung derart mitgetragen sind, daß der Rahmen für gesetzesergänzende Verordnungen ohnedies recht eng geworden ist.

An diese Überlegung sei noch ein rechtspolitischer Hinweis angeknüpft. Auszugehen ist zunächst von der Verbindlichkeit der Regelung dieses Typus der Durchführungsverordnung durch die Liechtensteinische Verfassung. Mit demselben Wort wie in Österreich sind nicht auch dieselben Rechtsbegriffe gemeint. Die „Durchführungsverordnung“ nach dem Verfassungsrecht Liechtensteins ist etwas anderes als die österreichische „Durchführungsverordnung“. Die historischen Wurzeln der österreichischen Durchführungsverordnung rühren von der unheilvollen Verfassungsänderung aus dem Jahr 1925 her. Damals ersetzte der Verfassungsgesetzgeber den Passus „im Rahmen der Gesetze“ durch die Formulierung „auf Grund der Gesetze“, um die Übereinstimmung mit dem Abs 1 des Art 18 herzustellen[57]. Verfassungsgerichtshof und Lehre entwickelten sodann dieses Postulat so sehr ins Extrem, daß die österreichische Gesetzgebung, vor allem nach dem II. Weltkrieg, in stärkere Dynamik und Intensität versetzt wurde und die Gesetze an Zahl, Umfang und Detailliertheit, bis zur Kasuistik, in einem beunruhigenden Ausmaß zugenommen haben. Der Rechtsstaat Österreich ist längst zum Gesetzesstaat ausgeufert. Dieser ist allerdings nicht nur durch die Hypertrophie von Gesetzen gekennzeichnet. Wegen ihres überladenen und oft zeitgebundenen, vordergründigen Inhalts können Gesetze oft nicht mehr ernst genommen werden, die Praxis geht an ihnen vorbei. Sofern das aber nicht möglich ist, scheitern Vernunft und sinnvolle Entwicklung von Lebensverhältnissen an der Starrheit kasuistischer Gesetze, deren Legitimität nicht selten in parteipolitischer Opportunität oder in Bürokratisierung aus Selbstzweck, statt in einer Gemeinwohlorientierung liegt, und deren Regelungsziel mitunter kaum noch als sinnvoll erkennbar ist. Der Gesetzgeber muß daher die Gesetze so gestalten, daß sie so sehr bestimmt sind (konkret), als es notwendig ist, und daß sie so sehr unbestimmt sind (abstrakt), als es sinnvoll und vernünftig ist.

X. Die unmittelbare Anwendbarkeit von Staatsverträgen

1. Die Frage der unmittelbaren Anwendbarkeit von Staatsverträgen wurde vor etwa dreißig Jahren in die wissenschaftliche Diskussion der deutschsprachigen Staatsrechtslehre so eingebracht, als wäre sie eine Neuentdeckung. Unter den Termini „self-executing“ und „non self-executing“ war sie jedoch längst schon fester Bestandteil der Völkerrechtslehre[58]. Dennoch ist das Aufflammen der Diskussion um dieses Thema ebenso ver-

---

[57] „Die gesamte staatliche Verwaltung darf nur *auf Grund der Gesetze ausgeübt* werden“ (Hervorhebung vom Verfasser). Siehe dazu grundsätzlich: GÜNTHER WINKLER, Gesetzgebung und Verwaltung im Wirtschaftsrecht, Wien 1970.

[58] MEIER, Staatsverträge 204 f, wo von „self-executing“ im Recht der Vereinigten Staaten die Rede ist. Vgl dazu im allgemeinen auch GÜNTHER WINKLER, Zur Frage der unmittelbaren Anwendbarkeit von Staatsverträgen, JBl (1961) 8 ff; abgedruckt in: Orientierungen 1979, 83 ff.

ständlich wie begründet. Staatsverträge überschritten mehr und mehr die Grenzen ihres Prototyps, des zwischenstaatlichen Übereinkommens, und erstreckten ihren Geltungsanspruch mehr und mehr auch auf den innerstaatlichen Vollzugsapparat und auf die Bürger. Sie wurden insofern in ihrem Inhalt und in ihrer Funktion auch gesetzesähnlicher. Es braucht daher nicht zu verwundern, daß Lehre und Rechtsprechung in den demokratischen Republiken (unter dem Gesetzesmonopol der Parlamente und mit der zunehmenden inhaltlichen Determiniertheit der Gesetze) sich mehr und mehr anschickten, Staatsverträge an den einfachen Gesetzen zu messen und ihnen eine Determiniertheit abzuverlangen, die sich nur aus der völligen Unterordnung der Vollziehung unter die Gesetze erklären läßt, wie sie in parlamentarischen Republiken und dabei am Extremsten wohl in Österreich, mit all den zwangsläufig daraus resultierenden Nachteilen, üblich geworden war. Unter solchen Voraussetzungen drängten Lehre und Rechtsprechung (vor allem des österreichischen Verfassungsgerichtshofes) nicht nur auf eine stärkere Determinierung der Staatsverträge selbst, sondern auch auf ihre verstärkte Konkretisierung durch einfache Gesetze trotz vorausgegangener parlamentarischer Zustimmung. Die Novelle des österreichischen B-VG aus dem Jahr 1964[59], findet darin ihre wichtigste Erklärung. Eine solche Entwicklung in Österreich mag Außenstehende verwundern, wenn sie bedenken, daß der Abschluß von Staatsverträgen auch in der Republik dem Staatsoberhaupt zugewiesen und damit als originäre Vollzugskompetenz so geprägt ist, wie es in konstitutionellen Staaten oder in Präsidentschaftsrepubliken üblich ist. Weil aber der österreichische Bundespräsident, zum Unterschied vom konstitutionellen Monarchen, kein echter und ursprünglicher Teilhaber an der Gesetzgebung ist, gerieten in Österreich auch die Staatsverträge in den Sog des gesetzesstaatlichen Parlamentarismus.

2. Was bedeutet das Fehlen der unmittelbaren Anwendbarkeit von Staatsverträgen? Sie bedeutet, daß ein Staatsvertrag im Rechtssinn nicht unmittelbar angewendet und befolgt werden kann, sei es

a) weil er seine Anwendbarkeit selbst von Fristen, Auflage oder Bedingungen abhängig macht; oder sei es
b) weil er sich zur unmittelbaren Anwendung durch Verwaltungsbehörden oder Gerichte nicht eignet, da er kompetenzmäßig, verfahrensmäßig oder inhaltlich zu unbestimmt ist.

---

[59] BGBl Nr 59.

Die Frage der unmittelbaren Anwendbarkeit völkerrechtlicher Verträge hat daher mit dem formalen Legalitätsprinzip demokratischer Republiken nur zufällig etwas gemeinsam. Sie ist nämlich an und für sich schon entweder eine *Ordnungsfrage aus dem erklärten Willen der Vertragspartner* (Anwendbarkeitsklausel) oder eine *Rechtsstaatsfrage* (Erkennbarkeit und Durchführbarkeit des Willens der Vertragspartner [dh objektive Eignung]).

In diesem Sinn kann man zwischen Staatsverträgen, die unmittelbar anwendbar sind und solchen, die nicht unmittelbar anwendbar sind, unterscheiden. Während die unmittelbar anwendbaren Staatsverträge unter diesem Aspekt unproblematisch sind, drängt sich für nicht unmittelbar anwendbare Verträge die Frage nach einer Antwort nicht nur für das Fürstentum Liechtenstein auf: in welcher Form und durch wen sind solche Staatsverträge durchzuführen?

Gemäß der völkerrechtlichen und der innerstaatlichen Geltung von Staatsverträgen kommen zunächst zwei Durchführungswege in Frage:

a) der doppelgeleisige, völkerrechtliche und innerstaatliche Weg der Erzeugung von Staatsverträgen
b) der einfache Weg der innerstaatlichen Durchführung von Staatsverträgen.

ad a) Staatsverträge können gemäß ihrer Selbstaussage oder nach ihrer Eigenart auf die Durchführung oder Konkretisierung durch zwischenstaatliches Handeln abgestellt sein. Unter dieser Voraussetzung ist die mangelnde unmittelbare Anwendbarkeit entweder durch einen weiteren Staatsvertrag, der im Verhältnis zum ersten, programmatischen Vertrag Durchführungsfunktion hat, oder durch Vollzugsakte zwischenstaatlicher Organe zu bereinigen.

Unbestimmtheiten und Unklarheiten von Staatsverträgen können aber auch einem internationalen Schiedsverfahren unterstellt sein. Insoweit wäre der völkerrechtliche Weg zur Klärung von Unbestimmtheiten und Unklarheiten verpflichtend auferlegt. Die Willensübereinkunft der rechtserzeugenden Vertragspartner zur völkerrechtlichen Determinierung von Staatsverträgen hat Vorrang vor jeder innerstaatlichen Durchführung.

ad b) Auf der anderen Seite können Staatsverträge gemäß ihrer Selbstaussage oder nach ihrer Eigenart auf die Durchführung oder Konkretisierung durch innerstaatliche Rechtserzeugungsformen abgestellt sein. Ist das der Fall, dann sind zu ihrer Durchführung durch den Landesfürsten mit Hilfe der Regierung entsprechende Verordnungen zu erlassen. Sollte jedoch die Eigenart des Staatsvertrages eine innerstaatliche Durchführung nahe legen, dann ist jedenfalls zunächst festzustellen, ob nicht die bereits geltende innerstaatliche Rechtsordnung den nicht unmittelbar anwendbar erscheinenden Staatsvertrag ohnedies unmittelbar anwendbar macht, weil etwa – wie in Liechtenstein – Behördenkompetenzen, Verfahren, Rechtsschutz und Sachbereiche bereits durch einschlägige innerstaatliche Regelungen hinreichend vorbestimmt sind. Erst dann ergibt sich die Frage nach der weiteren innerstaatlichen Behandlung von Staatsverträgen; vor allem die Frage, wer zur Konkretisierung oder Durchführung solcher Staatsverträge zuständig ist.

Obwohl es nach der Verfassung Liechtensteins zwei Hauptarten von Staatsverträgen gibt (solche, die nur vom Fürsten unter Mitwirkung der Regierung abzuschließen sind, und solche, die auch der Zustimmung des Landtages bedürfen), ist im Hinblick auf diese Frage nicht zu unterscheiden. Staatsverträge sind im Sinn der Gewaltenteilungslehre und -praxis des vergangenen Jahrhunderts Angelegenheit der Vollziehung (Exekutive), an der die Gesetzgebung nur mitwirkt. Daher ist auch ihre Durchführung jedenfalls soweit auch der Vollziehung allein zugeordnet, als die Verfassung nicht ausdrücklich Abweichungen oder Einschränkungen anordnet.

3. Damit ist die Frage nach der unmittelbaren Anwendbarkeit aber noch nicht ausreichend beantwortet. Denn zweifellos ist noch zu klären, in welchem Rang Staatsverträge durchzuführen sind; schlechthin in der Form von Verordnungen, wie sie der Vollziehung zustehen, oder etwa in der Form von Gesetzen, weil es in Liechtenstein mitunter so der Fall gewesen ist? Die Durchführung von Staatsverträgen nur durch Fürstenverordnungen scheint doch in der heutigen Zeit befremdlich zu sein?

Zunächst wäre es verfehlt, diese Frage etwa nach der formalen Stufenbaulehre für die Rechtsordnung von MERKL – KELSEN zu beantworten, diese Lehre gleichsam zum verbindlichen Maßstab zu machen; also die Verfassung Liechtensteins nach dieser Lehre zu deuten und nicht umgekehrt. Der Staatsakt „Gesetz“ bzw „Staatsvertrag“ hat zwar in allen demokratischen Rechtsordnungen die gleiche Funktion, er ist aber als Handlungstypus in den verschiedenen Verfassungen verschieden konzipiert. Dabei sind die am Erzeugungsverfahren beteiligten Organe, das Gewicht ihres Beitrages am Zustandekommen des Gesetzes bzw des Staatsvertrages und das übrige Rechtsquellengefüge wichtigste Anhaltspunkte. Für Liechtensteinische Staatsverträge ist die Rangordnung zunächst eine dualistische, daß heißt man muß unterscheiden zwischen:

a) Staatsverträgen, die nur vom Landesfürsten unter Mitwirkung der Regierung abgeschlossen werden, und
b) Staatsverträgen, die auch der Zustimmung des Landtages bedürfen.

Gleichwohl gibt es nach dem Stufenbau der Liechtensteinischen Verfassungsordnung für beide Haupttypen wiederum mehrere Stufen. Zu unterscheiden sind des weiteren:
a) Staatsverträge im Verfassungsrang (die über das Staatsgebiet, über Hoheitsrechte oder über Grundrechte verfügen, die also Verfassungsmaterien regeln);
b) Staatsverträge im Gesetzesrang (die den Gesetzen vorbehaltene oder durch Gesetze bereits geregelte Materien betreffen);
c) Staatsverträge im Verordnungsrang (Regierungs- und Ressort-, dh Verwaltungsabkommen), die an entsprechende Staatsverträge oder Gesetzesmaterien anknüpfen.

In diese Stufen sind die Staatsverträge, je nach ihrem Charakter, einzuordnen in Staatsverträge:
a) die nur die Staaten binden (Hoheitsrechte);
b) die auch die Bürger binden (gesetzes- und verfassungsändernde Staatsverträge);
c) die nur die Verwaltung binden (gesetzeskräftige bzw verordnungskräftige Staatsverträge).

Die einschlägigen Anordnungen der Liechtensteinischen Verfassung sind nur teilweise explizit und gewiß auch vermischt getroffen. Sie sind aber doch so gefaßt, daß die wichtigsten und wohl auch die meisten Staatsverträge eindeutig unter Art 8 Abs 2 subsumierbar sind. Denn im Grunde wird auch durch den Beitritt zu internationalen Organisationen über Hoheitsrechte verfügt, weil damit eine Unterwerfung unter außerstaatliche Willensbildungsverfahren verbunden ist. Im Grunde bringen auch die meisten Staatsverträge finanzielle Lasten für das Fürstentum mit sich, da jedenfalls Verwaltungskosten aus ihrer Durchführung erwachsen. Ähnliches gilt für Verpflichtungen, durch die den Rechten der Landesangehörigen Eintrag getan würde. Damit sind die wichtigsten und die meisten Staatsverträge, die auch die Bürger verpflichten, der Mitwirkung durch das Parlament unterstellt und daher gesetzesgleich zu vollziehen, dh sie geben dem Verwaltungshandeln einen Rahmen, der gesetzesgleich ist; der eine Vertrag etwas weiter, ein anderer Vertrag etwas enger, der eine Vertrag mit Ermessenseinräumung, ein anderer ohne eine solche – wie jedes Gesetz. Der gesetzgebungsartige Konsens zwischen dem Landesfürsten und dem Landtag schafft bei solchen Staatsverträgen eine gesetzesgleiche Grundlage, deren einmalige Herstellung dem Demokratiegebot zweifellos genügt. Dabei können die Staatsverträge Grundlage von Verordnungen verschiedenen Ranges und verschiedener Qualitäten sein.

4. Wie aber steht es mit jenen Staatsverträgen, die nicht von den *inhaltlichen* Kriterien des Art 8 Abs 2 betroffen sind? Diese Frage ist gewiß mehr von prinzipieller als von praktischer Bedeutung, da die meisten der Staatsverträge wohl durch Art 8 Abs 2 erfaßt sind. Solche Staatsverträge sind zunächst über das Formalkriterium des Gesetzesvorbehaltes zweifelsfrei dem Art 8 Abs 2 unterzuordnen. Das Gesetz, an dessen Zustandekommen der Fürst nicht nur mitwirkt, sondern das dem Landesfürsten grundsätzlich und formal auch zuzurechnen ist, prävaliert gegenüber dem Staatsvertrag als bloßem Vollzugsakt. Betreffen Staatsverträge Materien, für deren innerstaatliche Regelung an sich die Gesetzesform ausdrücklich vorgeschrieben ist, dann bedürfen sie auch der Zustimmung des Landtages, ohne daß dies im Art 8 Abs 2 ausdrücklich erwähnt ist oder zu erwähnen wäre, weil der Landesfürst nach dem Art 7 und 92 Abs 2 sein Recht an der Staatsgewalt in Gemäßheit der Bestimmungen dieser Verfassung und der übrigen Gesetze auszuüben hat. Solche Staatsverträge haben Gesetzesrang (Verfassungsrang) und bedürfen, gleich den Gesetzen, der Zustimmung des Landtages. Ein solches Sinnverständnis macht auch deutlich, warum gesetzeskräftige Staatsverträge weder der zusätzlichen Gesetzesform bedürfen noch durch Gesetze zu vollziehen sind. Da der Landesfürst mit der Regierung einerseits und der Landtag andererseits gleichermaßen der Verfassung verpflichtet sind, gilt dasselbe auch für verfassungsändernde Staatsverträge.

Was aber gilt für Staatsverträge, die Materien betreffen, die weder unter die inhaltlichen Kriterien des Art 8 Abs 2 fallen, noch vom Formalkriterium des ausdrücklich vorgeschriebenen Gesetzesvorbehaltes erfaßt sind? Hier gilt es zunächst, zwischen jenen innerstaatlichen Bereichen zu unterscheiden, die durch Gesetze geregelt sind und solchen, die nur durch Verordnung geregelt oder noch ungeregelt sind. Staatsverträge, die Materien betreffen, die gesetzlich geregelt sind und die nicht ausdrücklich dem Gesetzesvorbehalt unterworfen sind, bedürfen gleichfalls der Zustimmung des Landtages. Losgelöst von der unmittelbaren Verpflichtungskraft ausdrücklicher Anordungen der Verfassung wird der verfassungsrechtliche Grund dafür unmittelbar einsichtig. Mit seiner Beteiligung an der Gesetzgebung in diesen Materien hat der Landesfürst seine Verordnungskompetenz in das Gesetz eingebracht und durch die Zustimmung des Landtages in das Gesetz eingebunden. Dieser Konsens kann aber nur zweiseitig, dh wiederum nur mit Zustimmung des Landtages aus der Verpflichtungskraft gelöst werden (Art 65 Abs 1). Daher bedürfen auch jene Staatsverträge, die gesetzlich geregelte Materien außerhalb des verpflichtenden Gesetzesvorbehaltes betreffen, ebenfalls der Zustimmung des Landtages. Staatsverträge in diesen durch Gesetze geregelten Bereichen dürfen nicht vom Landesfürsten (unter Mitwirkung der Regierung) allein abgeschlossen werden, sie würden eine einseitige Aufhebung des gesetzesgebundenen Fürstenkonsenses und damit einen Verfassungsbruch bedeuten. Die innerstaatliche Barriere der vorhandenen Gesetze darf daher weder ein einseitiger Staatsvertrag noch eine selbständige Verordnung des Landesfürsten durchbrechen. Davon ausgenommen sind nur dringliche Verordnungen im Sinn des Art 10 zur *Sicherheit* und *Wohlfahrt* des Staates, die sogar die *Anwendbarkeit* von Verfassungsbestimmungen temporär suspendieren könnten.

Schließlich ist noch ein Bereich einzuordnen. Was gilt für Staatsverträge, die Materien betreffen, die nicht unter Art 8 Abs 2 fallen, für die kein ausdrücklicher Gesetzesvorbehalt besteht und die nicht durch Gesetz geregelt sind? In diesen Bereichen kann der Fürst unter Mitwirkung der Regierung und ohne Mitwirkung des Landtages Staatsverträge abschließen, vergleichbar seiner Kompetenz, Verordnungen zu erlassen, die gesetzesvertretenden Rang haben. Ihre Durchführung obliegt ebenfalls dem Landesfürsten mit Hilfe der Regierung.

Letztendlich bleibt aber noch festzuhalten, daß Staatsverträge, die bloße Verwaltungsübereinkommen (Regierungs- und Ressortübereinkommen) im Rang von Durchführungsverordnungen sind, ebenfalls durch den Landesfürsten (unter Mitwirkung der Regierung), dh ohne Mitwirkung des Landtages abgeschlossen werden können.

5. Wie werden Staatsverträge durch die Exekutive vollzogen? Wie die Verfassung und die Gesetze (bzw Verordnungen des Landesfürsten) auf Grund und im Sinn der Verfassung bzw wie die Verordnungen auf Grund und im Sinn der Gesetze. Das bedeutet, daß die Staatsverträge in die im wesentlichen einfachgesetzlich verfaßte innerstaatliche Rechtsordnung eingefügt werden, sie ändern, sie ergänzen können und sich daher auch in die allgemeinen Rahmenbedingungen einfügen, die die Verfassung für die Gesetze und durch diese aufstellt. Dazu gehören unter anderem auch die Beistimmung zum jährlichen Voranschlag, die Bewilligung von Steuern (Art 68 und 69), die Schaffung neuer ständiger Beamtenstellen (Art 11) uam. Im allgemeinen dürfen Staatsverträge, die keinen Verfassungsrang haben, nicht in andere verfassungsgesetzlich geschützte Bereiche eingrei-

fen oder sie anders und weitergehend beschränken, als es für einfache Gesetze zulässig ist. Als Materienregelungen haben sie aber, gleich den Materiengesetzen, einen Vorrang vor dem Finanzgesetz, in welchem für die Bedeckung aller finanziellen Belastungen des Staates und der Bürger vorzusorgen ist, die entweder durch allgemeine Gesetze oder durch Staatsverträge bedingt sind.

Darin wird wiederum der Gedanke sichtbar, der im Rechtserzeugungsverfahren für Gesetze und Staatsverträge gleichermaßen enthalten ist. Beide Verfahren sind vom Zusammenwirken von Landesfürst (Regierung) und Landtag abhängig. Keines der staatstragenden Organe kann verfassungsmäßig die wichtigsten Staatsverträge allein abschließen oder Gesetze allein verabschieden. Gesetze und Staatsverträge erscheinen daher wie siamesische Zwillinge, die nicht trennbar sind, die nur in einer Zuordnung zueinander existieren können. Das hat auch seine Auswirkung auf bestehende Gesetze. Da sie durch einen Konsens zwischen dem Landesfürsten und dem Parlament unter Mitwirkung der Regierung zustandegekommen sind (Art 65), kann ihnen wiederum nur im gemeinsamen Konsens derogiert werden; und zwar entweder durch gemeinsames Gesetz oder durch einen gemeinsam in Geltung gesetzten Staatsvertrag. Wäre nicht schon Art 8 Abs 2 so weit gefaßt, daß die wichtigsten und die meisten Staatsverträge ohnedies darunterfallen, dann müßte man die Mitwirkungskompetenz des Landtages für gesetzesänderende (gesetzeskräftige) Staatsverträge schon deshalb annehmen, weil sich der Landesfürst nicht über den Umweg von Staatsverträgen seiner Konsenspflicht zu den bereits erlassenen Gesetzen einseitig entziehen kann und weil er durch die Verfassung verpflichtet ist, sein Recht an der Staatsgewalt nicht nur in Gemäßheit der Verfassung, sondern auch der übrigen *Gesetze* auszuüben (Art 7 und Art 92, vgl auch Art 65).

6. Damit ist auch die Frage erfaßt, wie weit die gemeinsame Gesetzgebungskompetenz reicht. Potentiell erfaßt sie jedenfalls alle Materien, die nicht durch die Verfassung ausdrücklich dem Monarchen und der Mitwirkung der Regierung vorbehalten sind, weil ihm etwa ein dringliches, ein suppletorisches oder besondere Verordnungsrechte unmittelbar durch die Verfassung zugewiesen sind. Verfassungsunmittelbare Verordnungen und Staatsverträge sind durch die Verfassung vorgezeichnet. Außerhalb einer Dringlichkeit nach Art 10 gibt es überdies auch keine Veranlassung, bestimmte Staatsangelegenheiten der allgemeinen Gesetzgebung schlechthin zu entziehen. Das dringliche Verordnungsrecht des Landesfürsten, das Notverordnungsrecht eingeschlossen, kennt allerdings keine Materiengren-

ze. Andererseits kennt aber auch das Gesetzgebungsrecht keine Materiengrenze, ausgenommen die dem Fürsten durch die Verfassung unmittelbar und ausschließlich zugewiesenen Befugnisse, wie etwa zum Abschluß von Staatsverträgen gemäß Art 8 Abs 1, dh außerhalb der Einschränkungen des Abs 2. Dabei ist fraglich, wieweit es dafür überhaupt eine erhebliche praktische Anwendung gibt. Ausgenommen ist auch die Erlassung dringlicher Verordnungen gemäß Art 10 und gesetzeskräftiger Verordnungen gemäß Art 10 und 92 Abs 2 sowie die Erlassung von Verordnungen zur Durchführung seiner ausschließlichen Staatsoberhauptsfunktionen, die alle unter Mitwirkung der Regierung erfolgen und die gegenüber anderen obersten Staatsorganen, gegenüber den Bürgern und gegenüber anderen Staaten, letztlich als Ausfluß bestimmter, vornehmlich repräsentativer Staatsoberhauptsfunktionen Verbindlichkeit haben[60].

7. Nach alldem sind Überlegungen zu Fragen des Ranges und der unmittelbaren Anwendbarkeit von Staatsverträgen gewiß von grundsätzlicher Bedeutung. Qualitativ herrscht in Liechtenstein eine Rechtsquellenvielfalt, quantitativ hat das Gesetz teils einen verfassungsgesetzlich vorgeschriebenen bzw vorgezeichneten Vorrang, teils aber auch eine rechtliche und tatsächliche Vorherrschaft vor den Verordnungen. Die Vollziehung ist grundsätzlich nicht nur an die Verfassung gebunden, sondern auch an die Gesetze (Art 7 Abs 1, Art 10, 78 Abs 1 und Art 92 Abs 1). Ist ihr Verhalten nicht durch Gesetze determiniert, dann muß sie sich dennoch innerhalb der Schranken bewegen, die ihr durch die Verfassung und durch die Gesetze aufgestellt sind (Art 92 Abs 2).

8. Die Frage der unmittelbaren Anwendbarkeit von Staatsverträgen ist aber nur scheinbar eine Besonderheit der Rechtserzeugungsform der Staatsverträge. Sie erweist sich dort auch nur als ein Randproblem. Im Grunde ist sie eine Frage des Rechtes überhaupt, primär jedenfalls eine Frage des Verfassungsrechtes. Die modernen Verfassungen haben weitgehend programmatischen Charakter. Sie sind insoweit nicht unmittelbar anwendbar und bedürfen daher zu ihrer unmittelbaren Anwendbarkeit meistens kraft vielfacher ausdrücklicher Anordnungen noch der Durchführung durch einfache Gesetze. Ohne die Erlassung der vorgeschriebenen einfachen Gesetze wären viele Teile der Verfassungen nicht unmittelbar anwendbar. Daraus wird auch deutlich sichtbar, wie man sich die praktische Seite der unmittelbaren Anwendbarkeit von Rechtsvorschriften (Verfas-

---

60 Wie etwa nach Art 48, 49 iVm Art 10.

sungsgesetze, Staatsverträge, einfache Gesetze und gesetzeskräftige Verordnungen) zunächst überhaupt einmal ganz allgemein vorstellen muß.

Akte, die nicht unmittelbar anwendbar sind, tragen nämlich die ausdrückliche Kennzeichnung dieser Eigenschaft meistens an sich. Daraus wird ersichtlich, daß die Frage der unmittelbaren Anwendbarkeit von Rechtsquellen in der Regel unproblematisch ist. Sie hat überdies weder in der Verfassung (in den Gesetzen) noch in den Staatsverträgen ihren eigentlichen Sitz.

Vom Problembewußtsein unserer Zeit gesehen, stammt sie aus den übertriebenen Legalitätsvorstellungen „moderner" parlamentarischer Denkweise und aus der daraus resultierenden Überwucherung und Ausuferung des Gesetzesstaates mit seiner Tendenz zum Detail, das bis zur Kasuistik reicht. Darin liegt jedoch nur ein vordergründiger Aspekt. In der Frage nach der unmittelbaren Anwendbarkeit steckt vielmehr ganz allgemein das Dilemma jeder Rechtssetzung im parlamentarisch-demokratischen Staat der Neuzeit, und vor allem in diesem, weil er infolge des Gesetzgebungsmonopols und des Vorranges der Gesetze zur permanenten Gesetzgebung genötigt ist und sich dennoch der notwendigen Eigenarten eines Gesetzes nicht entledigen kann. *Ein Gesetz ist wesensgemäß generell und abstrakt*, dh unbestimmt; und zwar nicht nur zur Wahrung der Gleichheit und der in sie eingeschlossenen relativen Gerechtigkeit, wie ARISTOTELES schon erkannt hat, sondern auch um erfahrungsorientiert für eine ungewisse und unbestimmte Vielfalt von „Fällen" oder Regelungszusammenhängen in einer nicht absehbaren Zukunft ein funktionsfähiges Instrument zur Regelung des Zusammenlebens der Menschen zu sein. Darin liegt auch die Antwort auf die Frage nach dem Wesen des Problems. Es hat seinen Sitz in der Eigenart des Gesetzes und seiner Funktion. Daher liegt es vor allem an der Weisheit des Gesetzgebers, wie sehr er seine Willensäußerung konkretisiert. Zweifellos sind dabei die Sacherfahrung des Gesetzgebers selbst und sein Vertrauen in die Fähigkeiten und in die Staatsverpflichtung rechtsstaatlicher Vollziehungsbeamter von ganz entscheidender Bedeutung. Die Vielfalt des Lebens und der Entscheidungsspielraum für verantwortungsbewußte, erfahrene und mehrfach verantwortliche Staatsorgane verpflichten und legitimieren den Gesetzgeber zu einer Abstraktheit und zu einer Unbestimmtheit, die das Gesetz in der Regel nur theoretisch dh für die Betrachtung vom „grünen Tisch" aus und jenseits jeder Sacherfahrung als non self-executing erscheinen lassen mögen.

Auch hierbei ist bedeutsam, daß Gesetze und Staatsverträge niemals für sich allein, dh isoliert betrachtet werden dürfen, sondern daß sie im Zusammenhalt mit der ganzen Rechtsordnung eines bestimmten Staates gesehen werden müssen und daher durch eine Interpretation, die lege artis erfolgt, meistens jene Bestimmtheit erfährt, die sie unmittelbar anwendbar macht.

XI. Die äußere Erscheinungsform von Staatsverträgen

1. Die Verfassung Liechtensteins kennt keine spezielle Transformation von Staatsverträgen. Staatsverträge werden durch das Staatsoberhaupt abgeschlossen, unter Mitwirkung der Regierung und in vieler Hinsicht unter Bindung an die Zustimmung des Landtages. Sie werden in ihrer Urform beurkundet und kundgemacht. Selbst das Zustimmungsrecht des Landtages hat nach dem Wortlaut und nach dem Sinn der Verfassung der Urform des Staatsvertrages zu folgen. Die Willensbildung des Landtages ist ausdrücklich als „Mitwirkung bei Abschliessung von Staatsverträgen" gekennzeichnet (Art 62 lit b) und als „Zustimmung" zu einem Vollzugsakt sui generis qualifiziert (Art 8 Abs 2), nicht aber als förmliche Gesetzgebung zur innerstaatlichen Inkraftsetzung von Staatsverträgen. Staatsverträge sind daher zu ihrer Verbindlichkeit und rechtmäßigen Geltung im innerstaatlichen Bereich in ihrer ursprünglichen Form und Kennzeichnung kundzumachen. Hinweise auf die Ratifikation durch den Landesfürsten, auf die Gegenzeichnung durch den Regierungschef und auf die Beschlußfassung des Landtages über die Zustimmung sind ebenso zulässig wie sinnvoll, wegen der Bedeutung des äußeren Tatbestandes für die Geltung des Rechtes aber eigentlich auch geboten. Diese Praxis wurde in Liechtenstein offensichtlich bei der Europäischen Konvention zum Schutze der Menschenrechte und Grundfreiheiten, LGBl 60/1982, nur teilweise so geübt. Die Kundmachung dieser Konvention erfolgte zwar in der Urform des Staatsvertrages, Hinweise auf die Ratifikation durch den Landesfürsten, auf die Gegenzeichnung durch den Regierungschef und auf die Zustimmung des Landtages fehlen jedoch.

2. Da die Verwirklichung des Rechtes von menschlichen Handlungen abhängt, kann sie auch fehlerhaft sein. So könnte es vorkommen, daß der Landtag ohne zuständig zu sein, um seine Zustimmung zu einem Staatsvertrag ersucht wird. Ein solcher Mangel wäre von sekundärer Bedeutung. Er würde den Staatsvertrag weder im Rechtsquellentypus noch im Inhalt ändern, sofern die Vertragsform als äußere Erscheinungsform erhalten

bliebe. Eine solche abweichende Praxis könnte auch im Lauf der Zeit nicht zu einer veränderten Interpretation der Verfassung führen, mag sie auch auf einer dauernden Übung beruhen und mag auch eine solche ständige Praxis im Zusammenwirken sowohl des Landesfürsten als auch des Landtages und der Regierung erfolgen. Am Charakter des Staatsvertrages als Rechtsquellentypus besonderer Art würde dadurch nichts geändert.

3. Es wäre allerdings auch denkbar, daß ein Staatsvertrag nach der Zustimmung durch den Landtag in die Gesetzesform gekleidet und mit der förmlichen Bezeichnung als Gesetz kundgemacht wird. Ein solcher Mangel wäre unter Umständen von größerer Bedeutung, als die irrtümliche Befassung des Landtages mit einem Staatsvertrag. Wort und Schrift schaffen einen äußeren Tatbestand und die Kundmachung verleiht diesem äußeren Tatbestand Verbindlichkeit. Der als Gesetz bezeichnete Staatsvertrag würde daher vor der Öffentlichkeit die Formalqualität eines Gesetzes erlangen. Dennoch verlöre er nach Inhalt und Funktion nicht den Charakter eines Staatsvertrages, sofern der Vertrag in seinem vollen Wortlaut unter dem Titel des Gesetzes abgedruckt wäre. Es wäre daher verfassungswidrig, einen Staatsvertrag, der auf solche Weise irrtümlich in die Form eines Gesetzes gekleidet ist, gemäß Art 66 der Liechtensteinischen Verfassung einer Volksabstimmung zuzuführen, weil er kein Akt der Gesetzgebung im Sinn des Art 62 lit a ist.

Zur Behebung dieses Formmangels würde eine neuerliche Kundmachung genügen. Sie wäre als eine bloße Berichtigung zu werten, wenn der Irrtum nur der kundmachenden Regierung zuzurechnen wäre. Wäre hingegen der Staatsvertrag in der kundgemachten Aufmachung schon als förmliches Gesetz Gegenstand des parlamentarischen Zustimmungsverfahrens gewesen, dann könnte er zur Wahrung der vor allem für die Rechtsquellentypen verfassungsgesetzlich geforderten Rechtsformenklarheit und Rechtsformenwahrheit durch den Staatsgerichtshof aufgehoben werden, um eine entsprechende Sanierung zu ermöglichen. Es sollte jedenfalls nicht der Eindruck bestehen bleiben, als wäre dieser Akt ein Gesetz und daher eventuell volksabstimmungsfähig. Die Aktualität einer Volksabstimmung wäre für ein solches Gesetz allerdings dann nicht gegeben, wenn die 30-Tagefrist für die Durchführung einer Volksabstimmung gemäß Art 66 Abs 1 LV schon abgelaufen wäre, oder wenn das „Gesetz“ als dringlich erklärt worden wäre. Sie könnte sich aber bei nachfolgenden Änderungen eines in Gesetzesform gekleideten Staatsvertrages bloß durch die Erlassung eines späteren innerstaatlichen Gesetzes ergeben und wäre dann materiell gewiß auch verfassungswidrig.

4. Man könnte nun der Meinung sein, die Publikation eines Staatsvertrages unter der Bezeichnung eines Gesetzes wäre im Hinblick auf Art 66 Abs 1 dann unproblematisch, wenn das Gesetz als *dringlich erklärt* würde. Eine solche Vorgangsweise hätte zwar zum Ergebnis, daß der Staatsvertrag von der Volksabstimmung unzweifelhaft ausgeschlossen wäre, sie wäre aber dennoch eindeutig verfassungswidrig. Staatsverträge sind keine Akte der Gesetzgebung und daher auch keine Gesetze im Sinn des Art 62 lit a und des Art 64 Abs 1, sie sind nur gesetzesähnlich. Staatsverträge sind Rechtsquellen sui generis und daher so zu behandeln, wie sie die Verfassung in das staatliche Rechtserzeugungssystem eingefügt haben will. Sie sind vor allem nach Inhalt und Form *als Staatsverträge* parlamentarisch zu behandeln und so auch kundzumachen.

XII. Das Ergebnis

1. Im Sinn der Gewaltenteilung moderner Verfassungstaaten, insbesondere einer konstitutionellen Monarchie, gehört der Abschluß von Staatsverträgen originär zur Vollziehung und nicht zur Gesetzgebung. Staatsverträge sind weder terminologisch noch begrifflich Gesetze im Sinn der Verfassung Liechtensteins.

2. Die Zuständigkeit zum Abschluß von Staatsverträgen ist nach der Liechtensteinischen Verfassung dem Landesfürsten als Staatsoberhaupt zugewiesen, der zur Ausübung seiner Funktionen an die Mitwirkung der Regierung gebunden ist.

3. Dem Landtag kommt beim Abschluß von bestimmten Staatsverträgen ein Zustimmungsrecht zu. Die Vorlage eines Staatsvertrages durch den Landesfürsten an den Landtag, mit Hilfe der Regierung, fungiert staatsrechtlich als Antrag des Landesfürsten auf Erteilung der Zustimmung. Die Zustimmung des Landtages kann nur en bloc und bedingungslos erteilt oder verweigert werden; sie ist nicht teilbar.

4. Staatsverträge zählen nach Liechtensteinischem Verfassungsrecht nicht zu den Gegenständen des Referendums.

5. Staatsverträge sind eigenständige Rechtstitel für einmalige oder dauernde finanzielle Belastungen des Staates und seiner Bürger.

6. Staatsverträge, die von einem verfassungs- oder gesetzesgleichen Konsens zwischen dem Landesfürsten und dem Landtag, vermittelt durch die Regierung, getragen sind, haben entweder Verfassungsrang oder einfachen Gesetzesrang.

7. Gesetzesgleiche Staatsverträge haben Teil an der doppelten Legalität der Liechtensteinischen Verfassung; an der Verfassungslegalität, wenn sie Verfassungsrang haben, an der einfachgesetzlichen Legalität, wenn sie einfachgesetzlichen Rang haben.

8. Die unmittelbare Anwendbarkeit ist nicht nur eine Frage der Staatsverträge, sondern des Rechtes überhaupt; sie kann daher aus den Staatsverträgen allein nicht beantwortet werden. Sie hängt auch vom Rechtsquellen- und Rechtsanwendungssystem der ganzen Liechtensteinischen Rechtsordnung ab und ist daher häufig nur ein Scheinproblem.

9. Die Kundmachung und die äußere Erscheinungsform eines Staatsvertrages folgt im innerstaatlichen Liechtensteinischen Recht seiner völkerrechtlichen Urform und nicht einer innerstaatlichen Rechtserzeugungsform.

10. Staatsverträge können und sollen in ihrer innerstaatlichen Kundmachung mit Hinweisen auf die Ratifikation durch den Landesfürsten, auf die Zustimmung des Landtages, und auf die Gegenzeichnung durch den Regierungschef versehen sein.

Rechtsquellen zum Vergleich

In diesem Anhang sind Bestimmungen aus jenen Verfassungen abgedruckt, die bei der Schaffung der Liechtensteinischen Verfassung von 1921 als Vorbild in Frage gekommen sind. Dadurch soll der verfassungsgeschichtliche Zusammenhang veranschaulicht werden. Die thematische Gliederung (I. Die Souveränität, II. Die Kompetenz zum Abschluß von Staatsverträgen, III. Gesetzgebung und Verordnungsermächtigungen, IV. Das Budgetrecht) orientiert sich an den Schwerpunkten der vorliegenden Untersuchung.

I. Die Souveränität

1. Österreich

a) Die Pillersdorf'sche Verfassung vom 25. April 1848[61]

§ 8. Die Person des Kaisers ist geheiligt und unverletztlich. Er ist für die Ausübung der Regierungsgewalt unverantwortlich; seine Anordnungen bedürfen aber zur vollen Gültigkeit der Mitfertigung eines verantwortlichen Ministers.

§ 9. Der Kaiser legt bei Eröffnung des ersten Reichstages und jeder Nachfolger unmittelbar nach seinem Regierungsantritte den Eid auf die Verfassungsurkunde ab.

§ 10. Dem Kaiser gebührt die vollziehende Gewalt allein, und er übt die gesetzgebende Gewalt, im Vereine mit dem Reichstage, aus.

§ 11. Er besetzt alle Staatsämter, verleiht alle Würden, Orden und Adelsgrade, führt den Oberbefehl und verfügt über die Land- und Seemacht.

§ 14. Alle Rechtspflege geht vom Kaiser aus und wird in seinem Namen ausgeübt.

§ 32. Die Minister sind für alle Handlungen und Anträge in ihrer Amtsführung verantwortlich.

§ 33. Diese Verantwortlichkeit, sowie die Bestimmung der anklagenden und richtenden Behörde, wird durch ein besonderes Gesetz geregelt.

b) Der Kremsierer Entwurf[62]

§ 33. Alle Regierungsgewalten dürfen nur auf die in dieser Konstitution festgesetzte Weise ausgeübt werden.

§ 38. Die vollziehende Gewalt steht dem Kaiser allein zu, und wird durch verantwortliche Minister ausgeübt.

§ 39. Die richterliche Gewalt wird im ganzen Reiche nach gleichen Gesetzen von unabsetzbaren Richtern im Namen des Staatsoberhauptes gehandhabt.

§ 40. Die österreichische Kaiserkrone ist nach dem Grundsatze der pragmatischen Sanktion vom Jahre 1713 im Hause Habsburg-Lothringen erblich.

§ 41. Die dem Kaiser zustehenden Rechte und Gewalten sind durch die Konstitution festgestellt.

---

[61] Abgedruckt bei BERNATZIK, Verfassungsgesetze 101.

[62] Abgedruckt bei BERNATZIK, aaO 115.

§ 42. Die Person des Kaisers ist geheiligt und unverletzlich; er ist für die Ausübung der Regierungsgewalt nicht verantwortlich.

§ 43. Der Kaiser legt nach erfolgter Annahme dieser Konstitution und jeder Nachfolger unmittelbar nach seinem Regierungsantritte vor dem versammelten Reichstage folgenden Eid ab:

> „Ich schwöre die Konstitution des Reiches fest und unverbrüchlich zu halten, und in Übereinstimmung mit derselben und den Gesetzen zu regieren. So wahr mir Gott helfe!“

§ 44. Kein Regierungsakt des Kaisers hat Kraft, wenn er nicht von einem Minister gegengezeichnet ist. Die Gegenzeichnung macht den Minister für diesen Akt verantwortlich.

§ 45. Der Kaiser ernennt und entläßt die Minister, und besetzt alle Staatsämter unter Beobachtung der durch die Konstitution und die Gesetze festgestellten Bestimmungen. Er führt den Oberbefehl über die Land- und Seemacht.

§ 63. Der Kaiser darf sich ohne Bewilligung des Reichstages nicht länger als zwei Monate in einem Jahre im Auslande aufhalten, und muß in einem solchen Falle von einem verantwortlichen Minister begleitet sein.

c) Die Reichsverfassung vom 4. März 1849[63]

§ 2. Diese Kronländer bilden die freie, selbständige, unteilbare und unauflösbare konstitutionelle Österreichische Erbmonarchie.

§ 9. Die Krone des Reiches und jedes einzelnen Kronlandes ist, in Gemäßheit der pragmatischen Sanktion und der österreichischen Hausordnung, erblich in dem Hause Habsburg-Lothringen.

§ 10. Die Bestimmungen der Hausgesetze über die Großjährigkeit des Thronfolgers, dann über die Einsetzung einer Vormundschaft oder Regentschaft bleiben in Wirksamkeit.

§ 13. Der Kaiser beschwört bei seiner Krönung die Verfassung, welcher Schwur von seinen Nachfolgern bei der Krönung, sowie von dem Regenten bei Antritt der Regentschaft geleistet wird.

§ 14. Der Kaiser ist geheiligt, unverletztlich und unverantwortlich.

§ 15. Der Kaiser führt den Oberbefehl über die gesamte bewaffnete Macht entweder persönlich oder durch seine Feldherren.

§ 16. Der Kaiser entscheidet über Krieg und Frieden.

§ 84. Die vollziehende Gewalt im ganzen Reiche und in allen Kronländern ist Eine und unteilbar. Sie steht ausschließend dem Kaiser zu, der sie durch verantwortliche Minister und die denselben untergeordneten Beamten und Bestellten ausübt.

d) Die Staatsgrundgesetze vom 21. Dezember 1867[64]

Staatsgrundgesetz vom 21. Dezember 1867 über die Ausübung der Regierungs- und der Vollzugsgewalt

Artikel 1. Der Kaiser ist geheiligt, unverletzlich und unverantworlich.

Artikel 2. Der Kaiser übt die Regierungsgewalt durch verantwortliche Minister und die denselben untergeordneten Beamten und Bestellten aus.

---

[63] Abgedruckt bei BERNATZIK, aaO 150.

[64] Abgedruckt bei BERNATZIK, aaO 390.

Artikel 3. Der Kaiser ernennt und entläßt die Minister und besetzt über Antrag der betreffenden Minister alle Ämter in allen Zweigen des Staatsdienstes, insofern nicht das Gesetz ein anderes verordnet.

Artikel 5. Der Kaiser führt den Oberbefehl über die bewaffnete Macht, erklärt Krieg und schließt Frieden.

Artikel 8. Der Kaiser leistet beim Antritte der Regierung in Gegenwart beider Häuser des Reichsrates das eidliche Gelöbnis:

> „Die Grundgesetze der im Reichsrate vertretenen Königreiche und Länder unverbrüchlich zu halten und in Übereinstimmung mit denselben und den allgemeinen Gesetzen zu regieren."

Artikel 9. Die Minister sind für die Verfassungs- und Gesetzmäßigkeit der in die Sphäre ihrer Amtswirksamkeit fallenden Regierungsakte verantwortlich.
Diese Verantwortlichkeit, die Zusammensetzung des über die Ministeranklage erkennenden Gerichtshofes und das Verfahren vor demselben sind durch ein besonderes Gesetz geregelt.

e) Das Bundes-Verfassungsgesetz vom 1. Oktober 1920[65]

Artikel 1. Österreich ist eine demokratische Republik. Ihr Recht geht vom Volk aus.

Artikel 24. Die Gesetzgebung des Bundes übt der vom ganzen Bundesvolk gewählte Nationalrat gemeinsam mit dem von den Landtagen gewählten Bundesrat aus.

Artikel 44. (1) Verfassungsgesetze oder in einfachen Gesetzen enthaltene Verfassungsbestimmungen können vom Nationalrat nur in Anwesenheit von mindestens der Hälfte der Mitglieder und mit einer Mehrheit von zwei Dritteln der abgegebenen Stimmen beschlossen werden; sie sind als solche („Verfassungsgesetz", „Verfassungsbestimmung") ausdrücklich zu bezeichnen.
(2) Jede Gesamtänderung der Bundesverfassung, eine Teiländerung aber nur, wenn dies von einem Drittel der Mitglieder des Nationalrates oder des Bundesrates verlangt wird, ist nach Beendigung des Verfahrens gemäß Artikel 42, jedoch vor der Beurkundung durch den Bundespräsidenten, einer Abstimmung des gesamten Bundesvolkes zu unterziehen.

Artikel 69. (1) Mit den obersten Verwaltungsgeschäften des Bundes sind, soweit diese nicht dem Bundespräsidenten übertragen sind, der Bundeskanzler, der Vizekanzler und die übrigen Bundesminister betraut. Sie bilden in ihrer Gesamtheit die Bundesregierung unter dem Vorsitz des Bundeskanzlers.
(2) Der Vizekanzler ist zur Vertretung des Bundeskanzlers in dessen gesamten Wirkungsbereich berufen.

Artikel 82. (1) Alle Gerichtsbarkeit geht vom Bund aus.
(2) Die Urteile und Erkenntnisse werden im Namen der Republik verkündet und ausgefertigt.

2. Deutschland

a) Die Verfassung des Fürstenthums Hohenzollern-Sigmaringen vom 11. Juli 1833[66]

§ 1. Das Fürstenthum bildet in der Vereinigung seiner sämmtlichen nunmehrigen Gebietstheile einen Bestandtheil des teutschen Bundes.

---

[65] BGBl 1/1920.

[66] Abgedruckt bei PÖLITZ – BÜHLAU, Verfassungen II 1226.

§ 4. Der Landesfürst ist das Oberhaupt des Staats, vereinigt in sich alle Rechte der Staatsgewalt, und übt sie unter den in gegenwärtiger Verfassungsurkunde festgesetzten Bestimmungen aus.
Die Person des Landesfürsten ist heilig und unverletzlich.

§ 5. Die Regierung ist erblich in dem Mannsstamme des fürstlichen Hauses nach dem Rechte der Erstgeburt und der Linealfolge, vermöge Abstammung aus ebenbürtiger, mit Bewilligung des Familienhauptes, geschlossener Ehe.

§ 47. Die Staatsdiener werden von dem Landesfürsten ernannt, und zwar nach eingeholtem Antrage der vorgesetzten Collegien, wobei jedesmal alle Bewerber aufzuzählen sind. Wo besondere Rechte eine Ausnahme für die Ernennung begründen, steht dem Landesfürsten das Bestätigungsrecht zu.

§ 189. Alle Gesetze, Verordnungen und Observanzen, welche mit einer ausdrücklichen Bestimmung der gegenwärtigen Verfassungsurkunde im Widerspruch stehen, sind in soweit ungültig.

§ 190. An dem Landesgrundgesetze darf ohne Uebereinstimmung der Regierung und der Ständeversammlung nichts, weder durch Hinwegnahme noch durch Hinzufügung, geändert werden.
Anträge auf Abänderungen oder Erläuterungen in den Bestimmungen der Verfassungsurkunde können sowohl von dem Landesfürsten an die Ständeversammlung, als von der Ständeversammlung an den Landesfürsten gebracht werden.
Zu einem gültigen Beschlusse in dieser Angelegenehit wird eine Stimmenmehrheit von drei Viertheilen sämmtlicher Ständemitglieder erfordert; auch kann ein solcher Antrag nicht eher vom Landesfürsten genehmiget werden, als bis derselbe auf zwei unmittelbar nach einander folgenden ordentlichen Landtagen von der Ständeversammlung angenommen worden ist.
Jede, während einer Regierungsverwesung verabschiedete, Abänderung einer Bestimmung der Verfassung ist auf die Dauer der Regentschaft gültig.

§ 191. Wenn über die Auslegung einzelner Bestimmungen der Verfassungsurkunde Zweifel entsteht, und derselbe nicht durch Uebereinkunft zwischen der Regierung und der Ständeversammlung beseitiget werden kann; so soll unter beiderseitiger Darlegung der für und wider streitenden Gründe die Entscheidung darüber, falls man nicht zu Niedersetzung eines Compromißgerichts sich vereinbaren wird, dem Ausspruche einer teutschen Juristenfacultät unterstellt werden.
Zu diesem Ende wird die Regierung der Ständeversammlung drei Universitäten aus drei verschiedenen teutschen Bundesstaaten in Vorschlag bingen, von welchen die Ständeversammlung durch absolute Stimmenmehrheit eine Juristenfacultät zu wählen hat, an die alsdann die Sache zur Entscheidung in der Ordnung des gewöhnlichen Compromißverfahrens gelangt.
Der hierauf ertheilte Ausspruch soll als authentische Interpretation angesehen und befolgt werden.

b) Die Preußische Verfassung vom 31. Jänner 1850[67]

Art 43. Die Person des Königs ist unverletzlich.

Art 44. Die Minister des Königs sind verantwortlich. Alle Regierungsakte des Königs bedürfen zu ihrer Gültigkeit der Gegenzeichnung eines Ministers, welcher dadurch die Verantwortlichkeit übernimmt.

Art 45. Dem Könige allein steht die vollziehende Gewalt zu. Er ernennt und entläßt die Minister. Er befiehlt die Verkündigung der Gesetze und erläßt die zu deren Ausführung nöthigen Verordnungen.

---

67 Abgedruckt bei RÖNNE, Verfassungs-Urkunde XI.

Art 46. Der König führt den Oberbefehl über das Heer.

Art 47. Der König besetzt alle Stellen im Heere, sowie in den übrigen Zweigen des Staatsdienstes, sofern nicht das Gesetz ein anderes verordnet.

Art 53. Die Krone ist, den Königlichen Hausgesetzen gemäß, erblich in dem Mannsstamme des Königlichen Hauses nach dem Rechte der Erstgeburt und der agnatischen Linealfolge.

Art 54. Der König wird mit Vollendung des achtzehnten Lebensjahres volljährig.
Er leistet in Gegenwart der vereinigten Kammern das eidliche Gelöbniß, die Verfassung des Königsreichs fest und unverbrüchlich zu halten und in Uebereinstimmung mit derselben und den Gesetzen zu regieren.

Art 55. Ohne Einwilligung beider Kammern kann der König nicht zugleich Herrscher fremder Reiche sein.

c) Die Weimarer Verfassung vom 11. August 1919[68]

Art. 1. Das Deutsche Reich ist eine Republik.
Die Staatsgewalt geht vom Volke aus.

Art. 5. Die Staatsgewalt wird in Reichsangelegenheiten durch die Organe des Reichs auf Grund der Reichsverfassung, in Landesangelegenheiten durch die Organe der Länder auf Grund der Landesverfassungen ausgeübt.

Art. 76. Die Verfassung kann im Wege der Gesetzgebung geändert werden. Jedoch kommen Beschlüsse des Reichstags auf Abänderung der Verfassung nur zustande, wenn zwei Drittel der gesetzlichen Mitgliederzahl anwesend sind und wenigstens zwei Drittel der Anwesenden zustimmen. Auch Beschlüsse des Reichsrats auf Abänderung der Verfassung bedürfen einer Mehrheit von zwei Dritteln der abgebenen Stimmen. Soll auf Volksbegehren durch Volksentscheid eine Verfassungsänderung beschlossen werden, so ist die Zustimmung der Mehrheit der Stimmberechtigten erforderlich.
Hat der Reichstag entgegen dem Einspruch des Reichsrats eine Verfassungsänderung beschlossen, so darf der Reichspräsident dieses Gesetz nicht verkünden, wenn der Reichsrat binnen zwei Wochen den Volksentscheid verlangt.

3. Die Schweiz

Die Bundesverfassung der Schweizerischen Eidgenossenschaft vom 29. Mai 1874[69]

Art. 1. Die durch gegenwärtigen Bund vereinigten Völkerschaften der zweiundzwanzig souveränen Kantone, als: Zürich, Bern, Luzern, Uri, Schwyz, Unterwalden (ob und nid dem Wald), Glarus, Zug, Freiburg, Solothurn, Basel (Stadt und Landschaft), Schaffhausen, Appenzell (beider Rhoden), St. Gallen, Graubünden, Aargau, Thurgau, Tessin, Waadt, Wallis, Neuenburg und Genf, bilden in ihrer Gesamtheit die Schweizerische Eidgenossenschaft.

Art. 2. Der Bund hat zum Zweck: Behauptung der Unabhängigkeit des Vaterlandes gegen aussen, Handhabung von Ruhe und Ordnung im Innern, Schutz der Freiheit und der Rechte der Eidgenossen und Beförderung ihrer gemeinsamen Wohlfahrt.

Art. 3. Die Kantone sind souverän, soweit ihre Souveränität nicht durch die Bundesverfassung beschränkt ist, und üben als solche alle Rechte aus, welche nicht der Bundesgewalt übertragen sind.

---

68 Abgedruckt bei RUTHENBERG, Verfassungsgesetze 14.

69 AS I, 1.

Art. 71. Unter Vorbehalt der Rechte des Volkes und der Kantone (Art. 89 und 121) wird die oberste Gewalt des Bundes durch die Bundesversammlung ausgeübt, welche aus zwei Abteilungen besteht:
A. aus dem Nationalrat,
B. aus dem Ständerat.

Art. 95. Die oberste vollziehende und leitende Behörde der Eidgenossenschaft ist ein Bundesrat, welcher aus sieben Mitgliedern besteht.

Art. 106. (1) Zur Ausübung der Rechtspflege, soweit dieselbe in den Bereich des Bundes fällt, wird ein Bundesgericht aufgestellt.

Art. 118. Die Bundesverfassung kann jederzeit ganz oder teilweise revidiert werden.

Art. 119. Die Totalrevision geschieht auf dem Wege der Bundesgesetzgebung.

Art. 121. (1) Die Partialrevision kann sowohl auf dem Wege der Volksanregung (Initiative) als der Bundesgesetzgebung vorgenommen werden.

4. Liechtenstein

Verfassung des Fürstentums Liechtenstein vom 26. September 1862[70]

§ 2. Der Landesfürst ist Oberhaupt des Staates, vereinigt in sich alle Rechte der Staatsgewalt und übt sie unter den in gegenwärtiger Verfassungsurkunde festgesetzten Bestimmungen aus.
Seine Person ist heilig und unverletzlich.

§ 3. Die Regierung ist erblich im Fürstenhause Liechtenstein nach Massgabe der Hausgesetze. Auch wird nach letzteren die Volljährigkeit des Landesfürsten und des Erbprinzen, so wie die Vormundschaft vorkommenden Falls geordnet.

§ 27. Die in der Hand des Fürsten liegende Regierungsgewalt wird nach Massgabe der Bestimmungen dieser Verfassung durch verantwortliche Staatsdiener ausgeübt werden, welche der Landesfürst ernennt.

§ 33. Die Gerichtsbarkeit wird im Auftrage des Fürsten durch geprüfte und verpflichtete Richter verwaltet.

§ 38. Dem Landesfürsten steht die ausschliessliche Verfügung über das Militär, die Formation desselben, die Disciplinargewalt und das Recht, alle den Kriegsdienst desselben betreffenden Verordnungen zu erlassen, ohne Mitwirkung des Landtages zu.
Gesetzliche Bestimmungen, welche sich nicht auf die oben erwähnten Gegenstände beziehen, sollen künftig nur mit landtäglicher Zustimmung getroffen werden.

II. Die Kompetenz zum Abschluß von Staatsverträgen

1. Österreich

a) Die Pillersdorf'sche Verfassung vom 25. April 1848

§ 12. Er (der Kaiser) erklärt Krieg und schließt Frieden und Verträge mit fremden Regierungen.
Alle Verträge mit fremden Staaten bedürfen der nachträglichen Genehmigung des Reichstages.

---

[70] Abgedruckt in *Beiträge* 273.

b) Der Kremsierer Entwurf

§ 47. Der Kaiser erklärt Krieg, schließt Bündnisse, Friedens- und Handelsverträge, und bringt sie, sobald es tunlich ist, unter Beifügung der nötigen Mitteilungen zur Kenntnis des Reichstages.

§ 48. Handels- und alle anderen Staatsverträge, welche den Staat belasten, oder einzelnen Staatsbürgern Verpflichtungen auferlegen, treten erst dann in Kraft, wenn sie die Zustimmung des Reichstages erhalten.

c) Die Reichsverfassung vom 4. März 1849

§ 16. Der Kaiser entscheidet über Krieg und Frieden.

§ 17. Der Kaiser empfängt und schickt Gesandte und schließt mit fremden Mächten Verträge.
Bestimmungen in solchen Verträgen, welche dem Reiche neue Lasten auflegen, bedürfen der Zustimmung des Reichstages.

d) Die Staatsgrundgesetze vom 21. Dezember 1867

Staatsgrundgesetz vom 21. Dezember 1867 über die Ausübung der Regierungs- und der Vollzugsgewalt

Artikel 5. Der Kaiser führt den Oberbefehl über die bewaffnete Macht, erklärt Krieg und schließt Frieden.

Artikel 6. Der Kaiser schließt die Staatsverträge ab.
Zur Gültigkeit der Handelsverträge und jener Staatsverträge, die das Reich oder Teile desselben belasten oder einzelne Bürger verpflichten, ist die Zustimmung des Reichsrates erforderlich.

Gesetz vom 21. Dezember 1867, wodurch das Grundgesetz über die Reichsvertretung vom 26. Februar 1861 abgeändert wird.

§ 11. Der Wirkungskreis des Reichsrates umfaßt alle Angelegenheiten, welche sich auf Rechte, Pflichten und Interessen beziehen, die allen im Reichsrate vertretenen Königreichen und Ländern gemeinschaftlich sind, insoferne dieselben nicht infolge der Vereinbarung mit den Ländern der ungarischen Krone zwischen diesen und den übrigen Ländern der Monarchie gemeinsam zu behandeln sein werden.
Es gehören daher zum Wirkungskreise des Reichsrates: a) die Prüfung und Genehmigung der Handelsverträge und jener Staatsverträge, die das Reich oder Teile desselben belasten, oder einzelne Bürger verpflichten, oder eine Gebietsänderung der im Reichsrate vertretenen Königreiche und Länder zur Folge haben.

e) Das Bundes-Verfassungsgesetz vom 1. Oktober 1920

Artikel 50. (1) Alle politischen Staatsverträge, andere nur, sofern sie gesetzändernden Inhalt haben, bedürfen zu ihrer Gültigkeit der Genehmigung durch den Nationalrat.
(2) Auf Beschlüsse des Nationalrates über die Genehmigung von Staatsverträgen werden die Bestimmungen des Artikels 42, Absatz 1 bis 4, und wenn durch den Staatsvertrag ein Verfassungsgesetz geändert wird, die Bestimmungen des Artikels 44, Absatz 1, sinngemäß angewendet.

Artikel 65. (1) Der Bundespräsident vertritt die Republik nach außen, empfängt und beglaubigt die Gesandten, genehmigt die Bestellung der fremden Konsuln, bestellt die konsularischen Vertreter der Republik im Ausland und schließt die Staatsverträge ab.

Artikel 66. (2) Der Bundespräsident kann zum Abschluß bestimmter Kategorien von Staatsverträgen, die nicht unter die Bestimmung des Artikels 50 fallen, die

Bundesregierung oder die zuständigen Mitglieder der Bundesregierung ermächtigen.

Artikel 67. (2) Alle Akte des Bundespräsidenten bedürfen zu ihrer Gültigkeit der Gegenzeichnung des Bundeskanzlers oder der zuständigen Bundesminister.

2. Deutschland

a) Die Verfassung des Fürstenthums Hohenzollern-Sigmaringen vom 11. Juli 1833

§ 52. Der Landesherr vertritt den Staat in allen seinen Verhältnissen gegen auswärtige Staaten. Es kann jedoch durch Verträge mit Auswärtigen kein Theil des Staatsgebietes und des Staatseigenthums veräußert, keine neue Last auf das Fürstenthum und dessen Angehörige übernommen, und kein Landesgesetz abgeändert oder aufgehoben, auch keine Verpflichtung, welche den Rechten der Staatsbürger Eintrag thun würde, eingegangen werden, ohne daß die Zustimmung der Landstände vor dem Abschlusse eingeholt und gegeben worden ist. Von dieser Zustimmung sind aber die bereits mit auswärtigen Staaten geschlossenen Verträge für ihre vertragsmäßige Dauer ausgenommen.

b) Die Preußische Verfassung vom 31. Jänner 1850

Art 48. Der König hat das Recht, Krieg zu erklären und Frieden zu schließen, auch andere Verträge mit fremden Regierungen zu errichten. Letztere bedürfen zu ihrer Gültigkeit der Zustimmung der Kammern, sofern es Handelsverträge sind, oder wenn dadurch dem Staate Lasten oder einzelnen Staatsbürgern Verpflichtungen auferlegt werden.

c) Die Weimarer Verfassung vom 11. August 1919

Art. 35. Der Reichstag bestellt einen ständigen Auschuß für auswärtige Angelegenheiten, der auch außerhalb der Tagung des Reichstags und nach der Beendigung der Wahlperiode oder der Auflösung des Reichstags bis zum Zusammentritte des neuen Reichstags tätig werden kann. Die Sitzungen dieses Ausschusses sind nicht öffentlich, wenn nicht der Ausschuß mit Zweidrittelmehrheit die Öffentlichkeit beschließt.

Art. 45. Der Reichspräsident vertritt das Reich völkerrechtlich. Er schließt im Namen des Reichs Bündnisse und andere Verträge mit auswärtigen Mächten. Er beglaubigt und empfängt die Gesandten.

Kriegserklärung und Friedensschluß erfolgen durch Reichsgesetz.

Bündnisse und Verträge mit fremden Staaten, die sich auf Gegenstände der Reichsgesetzgebung beziehen, bedürfen der Zustimmung des Reichstags.

3. Die Schweiz

Die Bundesverfassung der Schweizerischen Eidgenossenschaft vom 29. Mai 1874

Art. 85. Die Gegenstände, welche in den Geschäftskreis beider Räte fallen, sind insbesondere folgende:

.....

5. Bündnisse und Verträge mit dem Auslande, sowie die Gutheissung von Verträgen der Kantone unter sich oder mit dem Auslande. Solche Verträge der Kantone gelangen jedoch nur dann an die Bundesversammlung, wenn vom Bundesrat oder einem andern Kanton Einsprache erhoben wird.

Art. 89. Für Bundesgesetz und Bundesbeschlüsse ist die Zustimmung beider Räte erforderlich.

Bundesgesetze, sowie allgemeinverbindliche Bundesbeschlüsse, die nicht dringlicher Natur sind, sollen überdies dem Volke zur Annahme oder Verwerfung vorgelegt werden, wenn es von 30000 stimmberechtigten Schweizerbürgern oder von acht Kantonen verlangt wird.

Im Jahre 1921 wurde folgender Abs 3 angefügt[71]:

Staatsverträge mit dem Auslande, welche unbefristet oder für eine Dauer von mehr als fünfzehn Jahren abgeschlossen sind, sollen ebenfalls vom Volke zur Annahme oder Verwerfung vorgelegt werden, wenn es von 30 000 stimmberechtigten Schweizerbürgern oder von acht Kantonen verlangt wird.

4. Liechtenstein

Verfassung des Fürstentums Liechtenstein vom 26. September 1862

§ 23. Der Landesfürst vertritt den Staat in allen seinen Verhältnissen gegen auswärtige Staaten.

Es kann jedoch ohne Verwilligung des Landtages durch Verträge mit Auswärtigen weder der Staat im Ganzen noch ein Theil desselben oder Staatseigenthum veräussert, auf kein Staatshoheitsrecht oder Staatregal zu Gunsten eines auswärtigen Staates verzichtet, oder darüber irgend wie verfügt werden, weiteres keine neue Last auf das Fürstenthum oder dessen Angehörige übernommen, endlich keinerlei Verpflichtung, welche den Rechten der Landesangehörigen Eintrag thun würde, eingegangen werden.

III. Gesetzgebung und Verordnungsermächtigungen

1. Österreich

a) Die Pillersdorf'sche Verfassung vom 25. April 1848

§ 10. Dem Kaiser gebührt die vollziehende Gewalt allein, und er übt die gesetzgebende Gewalt, im Vereine mit dem Reichstage, aus.

§ 15. Im Reichstage hat der Kaiser das Recht zum Vorschlage von Gesetzen, die Sanktion aller Gesetze steht ihm allein zu.

§ 45. Alle Gesetze bedürfen der Zustimmung beider Kammern und der Sanktion des Kaisers.

b) Der Kremsierer Entwurf

§ 46. Der Kaiser sanktioniert die Gesetze, macht sie bekannt, und trifft die zu deren Vollziehung nötigen Anordnungen, ohne jemals diese Gesetze suspendieren oder Einzelne von deren Befolgung befreien zu können.

§ 87. Erteilt der Kaiser einem Reichstagsbeschlusse die Sanktion, so tritt derselbe als Reichsgesetz in volle Kraft. Wird die Sanktion nicht erteilt, so darf derselbe Gesetzesvorschlag in der nämlichen Sitzungsperiode nicht wieder vorgebracht werden. Die Erklärung der Krone über die Sanktion eines Reichstagsbeschlusses muß jedenfalls vor dem Schlusse der Sitzungsperiode erfolgen, in welcher er gefaßt wurde.

---

[71] AS 37, 301. Die Bestrebungen zur Einführung eines Staatsvertragsreferendums gehen bis in das Jahr 1913 zurück.

§ 88. Wird derselbe Gesetzesvorschlag in der folgenden ordentlichen Jahressession abermals unverändert angenommen und wieder nicht sanktioniert, so muß der Reichstag aufgelöst werden. Nimmt der neu zusammentretende Reichstag denselben Gesetzesvorschlag wieder unverändert an, so darf die kaiserliche Sanktion nicht verweigert werden.

c) Die Reichsverfassung vom 4. März 1849

§ 6. Die Grenzen des Reiches und der einzelnen Kronländer dürfen nur durch ein Gesetz verändert werden.

§ 18. Der Kaiser verkündet die Gesetze und erläßt die bezüglichen Verordnungen.
Jede Verfügung bedarf der Gegenzeichnung eines verantwortlichen Ministers.

§ 66. Die Übereinstimmung des Kaisers und der beiden Häuser des Reichstages ist zu jedem Gesetze erforderlich. Anträge auf Erlassung von Gesetzen, welche durch eines der beiden Häuser oder durch den Kaiser abgelehnt worden sind, können in derselben Session nicht wieder vorgebracht werden.

§ 85. Wird einer Körperschaft oder wem immer ein Teil der vollziehenden Gewalt übertragen, so kann dieses nur widerruflich stattfinden, und die Krone ist stets berechtiget, für die Ausübung des übertragenen Teiles der vollziehenden Gewalt eine andere Vorkehrung zu treffen.

§ 86. Die Vollziehung und Handhabung der Landesgesetze, sowie die Ausführung der von den Landtagsausschüssen innerhalb ihres verfassungmäßigen Wirkungskreises erlassenen Entscheidungen, steht der vollziehenden Gewalt zu.

§ 87. Wenn der Reichstag oder der Landtag nicht versammelt ist, und dringende, in den Gesetzen nicht vorhergesehene Maßregeln mit Gefahr auf dem Verzuge für das Reich oder für ein Kronland erforderlich sind; so ist der Kaiser berechiget, die nötigen Verfügungen unter Verantwortlichkeit des Ministeriums, mit provisorischer Gesetzeskraft zu treffen, jedoch mit der Verpflichtung, darüber dem Reichs- oder beziehungsweise Landtage die Gründe und Erfolge darzulegen.

§ 89. Den Ministern steht es zu, unter ihrer Verantwortung, in jenen Angelegenheiten, welche den Gemeinden oder den Landtagen und deren Organen zur selbständigen Entscheidung überlassen sind, die Ausführung von Verwaltungsmaßregeln, welche den Gesetzen und dem Gesamtwohle entgegen sind, einzustellen oder zu untersagen.

d) Die Staatsgrundgesetze vom 21. Dezember 1867

Gesetz vom 21. Dezember 1867, wodurch das Grundgesetz über die Reichsvertretung vom 26. Februar 1861 abgeändert wird.

§ 11. Der Wirkungskreis des Reichsrates umfaßt alle Angelegenheiten, welche sich auf Rechte, Pflichten und Interessen beziehen, die allen im Reichsrate vertretenen Königreichen und Ländern gemeinschaftlich sind, insoferne dieselben nicht infolge der Vereinbarung mit den Ländern der ungarischen Krone zwischen diesen und den übrigen Ländern der Monarchie gemeinsam zu behandeln sein werden.
Es gehören daher zum Wirkungskreise des Reichsrates: .....

§ 14. Wenn sich die dringende Notwendigkeit solcher Anordnungen, zu welchen verfassungmäßig die Zustimmung des Reichsrates erforderlich ist, zu einer Zeit herausstellt, wo dieser nicht versammelt ist, so können dieselben unter Verantwortung des Gesamtministeriums durch kaiserliche Verordnungen erlassen werden, insoferne solche keine Abänderung des Staatsgrundgesetzes bezwecken, keine dauernde Belastung des Staatsschatzes und keine Veräußerung von Staatsgut betreffen. Solche Verordnungen haben provisorische Gesetzeskraft, wenn sie von sämtlichen Mini-

stern unterzeichnet sind und mit ausdrücklicher Beziehung auf diese Bestimmung des Staatsgrundgesetzes kundgemacht werden.
Die Gesetzeskraft dieser Verordnungen erlischt, wenn die Regierung unterlassen hat, dieselben dem nächsten nach deren Kundmachung zusammentretenden Reichsrate, und zwar zuvörderst dem Hause der Abgeordneten binnen vier Wochen nach diesem Zusammentritte zur Genehmigung vorzulegen, oder wenn dieselben die Genehmigung eines der beiden Häuser des Reichsrates nicht erhalten.
Das Gesamtministerium ist dafür verantwortlich, daß solche Verordnungen, sobald sie ihre provisorische Gesetzeskraft verloren haben, sofort außer Wirksamkeit gesetzt werden.

Staatsgrundgesetz vom 21. Dezember 1867 über die Ausübung der Regierungs- und der Vollzugsgewalt

Artikel 10. Die Kundmachung der Gesetze erfolgt im Namen des Kaisers mit Berufung auf die Zustimmung der verfassungsmäßigen Vertretungskörper und unter Mitfertigung eines verantwortlichen Ministers.

Artikel 11. Die Staatsbehörden sind innerhalb ihres amtlichen Wirkungskreises befugt, auf Grund der Gesetze Verordnungen zu erlassen und Befehle zu erteilen, und sowohl die Beobachtung dieser letzteren als der gesetzlichen Anordnungen selbst gegenüber den hiezu Verpflichteten zu erzwingen.
Besondere Gesetze regeln das Exekutionsrecht der Verwaltungsbehörden, sowie die Befugnisse der bewaffneten Macht, die zur Erhaltung der öffentlichen Sicherheit, Ruhe und Ordnung dauernd organisiert ist oder in besondern Fällen aufgeboten wird.

e) Das Bundes-Verfassungsgesetz vom 1. Oktober 1920

Artikel 18. (1) Die gesamte staatliche Verwaltung darf nur auf Grund der Gesetze ausgeübt werden.
(2) Jede Verwaltungsbehörde kann im Rahmen der Gesetze innerhalb ihres Wirkungsbereiches Verordnungen erlassen.

Artikel 24. Die Gesetzgebung des Bundes übt der vom ganzen Bundesvolk gewählte Nationalrat gemeinsam mit dem von den Landtagen gewählten Bundesrat aus.

2. Deutschland

a) Die Verfassung des Fürstenthums Hohenzollern-Sigmaringen vom 11. Juli 1833

§ 54. Ohne Beistimmung der Ständeversammlung kann kein Gesetz gegeben, aufgehoben, abgeändert, oder authentisch erläutert werden. Dieselben Bestimmungen finden auch bei den Gesetzen über das Landespolizeiwesen statt.

§ 55. Der Landesherr hat das Recht, ohne Mitwirkung der Ständeversammlung die zu Vollstreckung und Handhabung der Gesetze erforderlichen Verordnungen und Anstalten zu treffen, und in dringenden Fällen zur Sicherheit des Staats das Nöthige vorzukehren. Durch solche Vorkehrungen darf jedoch keine Verfassungsbestimmung abgeändert oder aufgehoben werden; auch bleibt der contrasignirende Staatsbeamte dafür verantwortlich, daß das Staatswohl die Eile geboten habe. Wenn die Vorkehrungen noch fortbestehen, müssen sie der nächsten Ständeversammlung zur Beistimmung vorgelegt werden.

§ 65. Die Landstände sind das gesetzmäßige Organ der Gesammtheit der Staatsbürger, und als solches berufen, deren Rechte im Verhältniß zur Regierung nach den Bestimmungen der Verfassungsurkunde geltend zu machen, und das allgemeine Wohl des Fürsten und des Landes mit treuer Anhänglichkeit an die Grundsätze der Verfassung möglichst zu befördern.

§ 66. Die Wirksamkeit der Stände hat sich vorzüglich auf folgende Gegenstände zu erstrecken:
a) auf die verfassungsmäßige Mitwirkung zur Gesetzgebung,
.....
c) auf die Mitwirkung bei der Militairaushebung (Tit. 5. §. 62),
.....
e) auf das Recht der Beschwerden und Anträge, in Beziehung auf Staatsverwaltung überhaupt und im Einzelnen, und auf das Recht der Anklage wegen Verfassungsverletzungen.

§ 67. Die Gesetzesentwürfe werden nur von dem Landesfürsten an die Ständeversammlung gebracht. Verweigert diese die Beistimmung; so kann der Entwurf auf demselben Landtage, ohne wesentliche Abänderung, nicht mehr in Antrag gebracht werden.
Den Ständen steht es zu, im Wege der Vorstellung auf neue Gesetze, so wie auf Abänderung oder Aufhebung der bestehenden anzutragen.

b) Die Preußische Verfassung vom 31. Jänner 1850

Art 62. Die gesetzgebende Gewalt wird gemeinschaftlich durch den König und durch zwei Kammern ausgeübt.
Die Uebereinstimmung des Königs und beider Kammern ist zu jedem Gesetze erforderlich.
Finanzgesetz-Entwürfe und Staatshaushalts-Etats werden zuerst der Zweiten Kammer vorgelegt; letztere werden von der Ersten Kammer im Ganzen angenommen oder abgelehnt.

Art 63. Nur in dem Falle, wenn die Aufrechthaltung der öffentlichen Sicherheit, oder die Beseitigung eines ungewöhnlichen Nothstandes es dringend erfordert, können, insoferen die Kammern nicht versammelt sind, unter Verantwortlichkeit des gesammten Staatsministeriums, Verordnungen, die der Verfassung nicht zuwiderlaufen, mit Gesetzeskraft erlassen werden. Dieselben sind aber den Kammern bei ihrem nächsten Zusammentritt zur Genehmigung sofort vorzulegen.

c) Die Weimarer Verfassung vom 11. August 1919

Art. 68. Die Gesetzesvorlagen werden von der Reichsregierung oder aus der Mitte des Reichstags eingebracht.
Die Reichsgesetze werden vom Reichtstag beschlossen.

Art. 69. Die Einbringung von Gesetzesvorlagen der Reichsregierung bedarf der Zustimmung des Reichsrats. Kommt eine Übereinstimmung zwischen der Reichsregierung und dem Reichsrat nicht zustande, so kann die Reichsregierung die Vorlage gleichwohl einbringen, hat aber hierbei die abweichende Auffassung des Reichsrats darzulegen.
Beschließt der Reichsrat eine Gesetzesvorlage, welcher die Reichsregierung nicht zustimmt, so hat diese die Vorlage unter Darlegung ihres Standpunkts beim Reichstag einzubringen.

Art. 73. Ein vom Reichstag beschlossenes Gesetz ist vor seiner Verkündung zum Volksentscheid zu bringen, wenn der Reichspräsident binnen eines Monats es bestimmt.
Ein Gesetz, dessen Verkündung auf Antrag von mindestens einem Drittel des Reichstags ausgesetzt ist, ist dem Volksentscheid zu unterbreiten, wenn ein Zwanzigstel der Stimmberechtigten es beantragt.
Ein Volksentscheid ist ferner herbeizuführen, wenn ein Zehntel der Stimmberechtigten das Begehren nach Vorlegung eines Gesetzentwurfs stellt. Dem

Volksbegehren muß ein ausgearbeiteter Gesetzentwurf zugrunde liegen. Er ist von der Regierung unter Darlegung ihrer Stellungnahme dem Reichstag zu unterbreiten. Der Volksentscheid findet nicht statt, wenn der begehrte Gesetzentwurf im Reichstag unverändert angenommen worden ist.
Über den Haushaltsplan, über Abgabengesetze und Besoldungsordnungen kann nur der Reichspräsident einen Volksentscheid veranlassen.
Das Verfahren beim Volksentscheid und beim Volksbegehren regelt ein Reichsgesetz.

Art. 77. Die zur Ausführung der Reichsgesetze erforderlichen allgemeinen Verwaltungsvorschriften erläßt, soweit die Gesetze nichts anderes bestimmen, die Reichsregierung. Sie bedarf dazu der Zustimmung des Reichsrats, wenn die Ausführung der Reichsgesetze den Landesbehörden zusteht.

3. Die Schweiz

Die Bundesverfassung der Schweizerischen Eidgenossenschaft vom 29. Mai 1874

Art. 84. Der Nationalrat und der Ständerat haben alle Gegenstände zu behandeln, welche nach Inhalt der gegenwärtigen Verfassung in die Kompetenz des Bundes gehören und nicht einer andern Bundesbehörde zugeschrieben sind.

Art. 85. Die Gegenstände, welche in den Geschäftskreis beider Räte fallen, sind insbesondere folgende:

.....

2. Gesetze und Beschlüsse über diejenigen Gegenstände, zu deren Regelung der Bund nach Maßgabe der Bundesverfassung befugt ist,

Art 89. (1) Für Bundesgesetze und Bundesbeschlüsse ist die Zustimmung beider Räte erforderlich.

4. Liechtenstein

Verfassung des Fürstentums Liechtenstein vom 26. September 1862

§ 24. Ohne Mitwirkung und Zustimmung des Landtages darf kein Gesetz gegeben, aufgehoben, abgeändert oder authentisch erklärt werden.
Der Landesfürst wird aber ohne Mitwirkung des Landtages die zur Vollstreckung und Handhabung der Gesetze erforderlichen, so wie die aus dem Aufsichts- und Verwaltungsrechte fliessenden Einrichtungen treffen und die einschlägigen Verordnungen erlassen. Auch wird der Fürst in dringenden Fällen das Nöthige zur Sicherheit und Wohlfahrt des Staates vorkehren.

§ 25. Eben diese Bestimmungen finden bei den Gesetzen im Landespolizeiwesen Anwendung.

§ 28. Die Organisation der Staatsbehörde wird im Verordnungswege durch den Landesfürsten normirt, jedoch hat denselben die verfassungsmässige Bestimmung zu Grunde zu liegen, dass die oberste Verwaltungsbehörde ihren Amtssitz im Fürstenthume haben muss.

§ 40. Die Wirksamkeit des Landtages hat sich vorzugsweise auf folgende Gegenstände zu erstrecken:
a) Auf die verfassungsmässige Mitwirkung zur Gesetzgebung;
b) auf die Steuerbewilligung;
c) auf die Mitwirkung bei der Militär-Aushebung;
d) auf das Recht der Anträge und Beschwerden in Beziehung auf die Staatsverwaltung überhaupt, so wie auf die einzelnen Zweige, endlich auf das Recht des An-

trages auf Anklage wegen Verfassungs- und Gesetzverletzungen der verantwortlichen Staatsdiener.

§ 41. Das Recht der Initiative in der Gesetzgebung, d.h. die Einbringung von Gesetzesvorschlägen steht sowohl dem Landesfürsten als dem Landtage zu. Wird die Bestimmung von einer oder der anderen Seite verweigert, so kann der Entwurf auf demselben Landtage ohne wesentliche Abänderung nicht mehr eingebracht werden.

IV. Budgetrecht

1. Österreich

a) Die Pillersdorf'sche Verfassung vom 25. April 1848

§ 47. Die jährlichen Bewilligungen zur Ergänzung des stehenden Heeres, die Bewilligung zur Erhebung von Steuern und Abgaben, die Kontrahierung von Staatsschulden, die Veräußerung von Staatsgütern, die Prüfung und Feststellung des jährlichen Voranschlages der Staatseinnahmen und -ausgaben und des jährlichen Gebarungsabschlusses kann nur durch ein Gesetz erfolgen.
Diese Gesetzvorschläge sind zuerst bei der Kammer der Abgeordneten einzubringen.

b) Der Kremsierer Entwurf

§ 142. Alle Einnahmen und Ausgaben des Reiches müssen für jedes Jahr vorhinein veranschlagt und auf den Staatshaushaltsetat gebracht werden.
Letzterer wird jährlich durch ein Gesetz, welches die Volkskammer allein votiert, festgestellt.

§ 143. Reichssteuern und Abgaben dürfen nur, insoweit sie in den Staatshaushaltsetat aufgenommen, oder durch besondere Gesetze angeordnet sind, erhoben werden.

§ 144. In Betreff der Steuern und Abgaben kann kein Privilegium eingeführt, eine Befreiung oder ein Nachlaß aber nur durch ein Gesetz bestimmt werden.

§ 145. Die Aufnahme von Staatsanleihen, sowie Übernahme von Garantien zu Lasten des Staates, findet nur auf Grund eines Gesetzes statt.

§ 146. Überschreitungen des Staatsvoranschlages dürfen nur über motivierte, von dem Gesamtministerium gegengezeichnete, gehörig kundgemachte Verordnungen geschehen, und sind dem Reichstage bei seinem nächsten Zusammentritte zur Genehmigung vorzulegen.

§ 147. Die allgemeine Reichsrechnung muß jährlich nebst einer Übersicht der Staatsschulden dem Reichstage vorgelegt und die Entlastung der Reichsregierung erwirkt werden.

§ 148. Die Reichsländer dürfen zur Bestreitung der Auslagen für Landeszwecke eine Auflage, welche eine Bewachung oder Kontrolle an den Grenzen der Reichsländer gegeneinander oder gegen die Nachbarstaaten notwendig macht, nur über Genehmigung der gesetzgebenden Reichsgewalt bewilligen.

c) Die Reichsverfassung vom 4. März 1849

§ 108. Alle Steuern und Abgaben für Reichs- und Landeszwecke werden durch Gesetze bestimmt.

§ 109. Alle Einnahmen und Ausgaben des Reiches müssen jährlich in einem Voranschlage ersichtlich gemacht werden, welcher durch ein Gesetz festgestellt wird. Allfällige Überschreitungen des Voranschlages sind der nachträglichen Anerkennung von Seite des Reichstages zu unterziehen.

§ 110. Die Staatsschuld ist vom Reiche gewährleistet.

§ 111. Die allgemeine Rechnung über den Reichshaushalt jeden Jahres wird nebst einer Übersicht der Staatsschulden von dem Obersten Rechnungshofe dem Reichstage vorgelegt.

§ 112. Ein besonderes Gesetz wird die Einrichtungen und Befugnisse des Obersten Rechnungshofes feststellen.

d) Die Staatsgrundgesetze vom 21. Dezember 1867

Gesetz vom 21. Dezember 1867, wodurch das Grundgesetz über die Reichsvertretung vom 26. Februar 1861 abgeändert wird.

§ 11. Der Wirkungskreis des Reichsrates umfaßt alle Angelegenheiten, welche sich auf Rechte, Pflichten und Interessen beziehen, die allen im Reichsrate vertretenen Königreichen und Ländern gemeinschaftlich sind, insoferne dieselben nicht infolge der Vereinbarung mit den Ländern der ungarischen Krone zwischen diesen und den übrigen Ländern der Monarchie gemeinsam zu behandeln sein werden.
Es gehören daher zum Wirkungskreise des Reichsrates:

.....

c) die Feststellung der Voranschläge des Staatshaushaltes, und insbesondere die jährliche Bewilligung der einzuhebenden Steuern, Abgaben und Gefälle; die Prüfung der Staatsrechnungsabschlüsse und Resultate der Finanzgebarung, die Erteilung des Absolutoriums; die Aufnahme neuer Anlehen, Konvertierung der bestehenden Staatsschulden, die Veräußerung, Umwandlung und Belastung des unbeweglichen Staatsvermögens, die Gesetzgebung über Monopole und Regalien und überhaupt alle Finanzangelegenheiten, welche den im Reichsrate vertretenen Königreichen und Ländern gemeinsam sind.

e) Das Bundes-Verfassungsgesetz vom 1. Oktober 1920

Artikel 42. (5) Gegen Beschlüsse des Nationalrates, die ein Gesetz über die Geschäftsordnung des Nationalrates, die Auflösung des Nationalrates, die Bewilligung des Bundesvoranschlages, die Genehmigung des Rechnungsabschlusses, die Aufnahme oder Konvertierung von Bundesanleihen oder die Verfügung über Bundesvermögen betreffen, kann der Bundesrat keinen Einspruch erheben. Diese Gesetzesbeschlüsse des Nationalrates sind ohne weiteres zu beurkunden und kundzumachen.

Artikel 51. Dem Nationalrat ist spätestens acht Wochen vor Ablauf des Finanzjahres von der Bundesregierung ein Voranschlag der Einnahmen und Ausgaben des Bundes für das folgende Finanzjahr vorzulegen.

2. Deutschland

a) Die Verfassung des Fürstenthums Hohenzollern-Sigmaringen vom 11. Juli 1833

§ 66. Die Wirksamkeit der Stände hat sich vorzüglich auf folgende Gegenstände zu erstrecken:

.....

b) auf die Steuerbewilligung,

.....

d) auf die Mitwirkung bei der Landesfinanzverwaltung,

§ 68. Ohne Beistimmung der Stände können weder directe noch indirecte Steuern, noch irgend eine sonstige Landesabgabe oder allgemeine Leistung, sie habe einen Na-

men, welchen sie wolle, ausgeschrieben und erhoben werden. Dieser Beistimmung ist bei dem Steuerausschreiben ausdrücklich zu erwähnen.
Auch die Art der Umlegung und Vertheilung aller öffentlichen Abgaben und Leistungen auf Personen und Gegenstände, so wie die Erhebungsweise, erfordern die ständische Beistimmung.
Die Bewilligung der Abgaben und Leistungen darf nicht an Bedingungen geknüpft werden, welche nicht das Wesen oder die Verwendung derselben unmittelbar betreffen. Abgaben und Leistungen, welche zu Erfüllung allgemeiner Bundespflichten erforderlich, und in dieser Beziehung genüglich ausgewiesen sind, dürfen nicht verweigert werden.
Wenn die Steuerbewilligung in solchen Fällen verweigert, oder nur bedingt gegeben werden wollte, so bleibt der Landesfürst zu Ausschreibung der erforderlichen Steuern, ohne andere Mitwirkung, berechtiget, und es ist allein deren zweckmäßige Verwendung in der Folge nachzuweisen.
Die Steuerverwilligung geschieht in der Regel von einem ordentlichen Landtage zum andern, wenn nicht wegen eines zeitlichen außerordentlichen Bedürfnisses eine Abgabe auf kürzere Dauer bewilliget ist, oder solche Auflagen mit Staatsverträgen in Verbindung stehen, die auf längere Dauer geschlossen sind, in welchem Falle sie vor Ablauf des Vertrags nicht gändert werden können.

§ 69. In Beziehung auf die Landes-Finanzverwaltung ist den Ständen

a) für die nachfolgende Finanzperiode ein Voranschlag über sämmtliche Einnahmen und Ausgaben mit möglichster Vollständigkeit und Genauigkeit zur Prüfung und Beistimmung zu übergeben, mit welchem der Antrag auf die zu erhebenden Abgaben zu verbinden ist.
b) Bezüglich der vergangenen Finanzperiode ist eine genaue Nachweisung über die nach Maßgabe des Voranschlages geschehene Verwendung der bewilligten und erhobenen Abgaben von der Regierung mitzutheilen, vorbehaltlich der nachträglichen Genehmigung von gerechtfertigten, und des Rückgriffs gegen die Schuldigen bei nicht gerechtfertigten Ueberschreitungen.
c) Die Stände haben, in Uebereinstimmung mit dem Landesfürsten, über die Activen der Landescasse zu verfügen.
d) Sie haben das Recht, mit landesherrlicher Genehmigung zu Deckung außerordentlicher Bedürfnisse die Aufnahme von Anleihen auf die Landescasse zu bewilligen, so daß ohne ihre Bewilligung keine die Staatsschuld vermehrenden Darleihen aufgenommen, noch andere die Landescasse beschwerende, und nicht durch den bereits genehmigten Etat herbeigeführte Verpflichtungen und Verträge eingegangen werden sollen.
   Bei Rüstungen zu einem Kriege und während der Dauer eines Krieges kann der Landesfürst zur schleunigen und wirksamen Erfüllung seiner Bundespflichten, auch vor eingeholter Zustimmung der Stände, gültige Landesanleihen machen, oder Kriegssteuern ausschreiben. Für diesen Fall wird jedoch ungesäumt eine Nachweisung über die Verwendung der Gelder der Ständeversammlung mitgetheilt, und dieselbe in außerordentlichem Wege, sobald nur immer möglich, einberufen werden.
e) Zu Besetzung der Landescassirerstelle werden von den Ständen dem Landesherrn geeignete Personen zur Auswahl und Ernennung vorgeschlagen. Die Instruirung geschieht gemeinschaftlich.

b) Die Preußische Verfassung vom 31. Jänner 1850

Art 62 (3) Finanzgesetz-Entwürfe und Staatshaushalts-Etats werden zuerst der Zweiten Kammer vorgelegt; letztere werden von der Ersten Kammer im Ganzen angenommen oder abgelehnt.

Art 99. Alle Einnahmen und Ausgaben des Staats müssen für jedes Jahr im Voraus veranschlagt und auf den Staatshaushalts-Etat gebracht werden.
Letzterer wird jährlich durch ein Gesetz festgestellt.

Art 100. Steuern und Abgaben für die Staatskasse dürfen nur, soweit sie in den Staatshaushalts-Etat aufgenommen oder durch besondere Gesetze angeordnet sind, erhoben werden.

Art 101. In Betreff der Steuern können Bevorzugungen nicht eingeführt werden.
Die bestehende Steuergesetzgebung wird einer Revision unterworfen und dabei jede Bevorzugung abgeschafft.

Art 102. Gebühren können Staats- oder Kommunalbeamte nur auf Grund des Gesetzes erheben.

Art 103. Die Aufnahme von Anleihen für die Staatskasse findet nur auf Grund eines Gesetzes statt. Dasselbe gilt von der Uebernahme von Garantien zu Lasten des Staats.

Art 104. Zu Etats-Ueberschreitungen ist die nachträgliche Genehmigung der Kammern erforderlich.
Die Rechnungen über den Staatshaushalts-Etat werden von der Ober-Rechnungskammer geprüft und festgestellt. Die allgemeine Rechnung über den Staatshaushalt jeden Jahres, einschließlich einer Uebersicht der Staatsschulden, wird mit den Bemerkungen der Ober-Rechnungskammer zur Entlastung der Staatsregierung den Kammern vorgelegt.
Ein besonders Gesetz wird die Einrichtung und die Befugnisse der Ober-Rechnungskammer bestimmen.

c) Die Weimarer Verfassung vom 11. August 1919

Art. 85. Alle Einnahmen und Ausgaben des Reichs müssen für jedes Rechnungsjahr veranschlagt und in den Haushaltsplan eingestellt werden.
Der Haushaltsplan wird vor Beginn des Rechnungsjahrs durch ein Gesetz festgestellt.
Die Ausgaben werden in der Regel für ein Jahr bewilligt; sie können in besonderen Fällen auch für eine längere Dauer bewilligt werden. Im übrigen sind Vorschriften im Reichshaushaltsgesetz unzulässig, die über das Rechnungsjahr hinausreichen oder sich nicht auf die Einnahmen und Ausgaben des Reichs oder ihre Verwaltung beziehen.
Der Reichtag kann im Entwurfe des Haushaltsplans ohne Zustimmung des Reichsrats Ausgaben nicht erhöhen oder neu einsetzen.
Die Zustimmung des Reichsrats kann gemäß den Vorschriften des Artikel 74 ersetzt werden.

Art. 86. Über die Verwendung aller Reichseinnahmen legt der Reichsfinanzminister in dem folgenden Rechnungsjahre zur Entlastung der Reichsregierung dem Reichsrat und dem Reichstag Rechnung. Die Rechnungsprüfung wird durch Reichsgesetz geregelt.

Art. 87. Im Wege des Kredits dürfen Geldmittel nur bei außerordentlichem Bedarf und in der Regel nur für Ausgaben zu werbenden Zwecken beschafft werden. Eine solche Beschaffung sowie die Übernahme einer Sicherheitsleitung zu Lasten des Reichs dürfen nur auf Grund eines Reichsgesetzes erfolgen.

3. Die Schweiz

Die Bundesverfassung der Schweizerischen Eidgenossenschaft vom 29. Mai 1874

Art. 85. Die Gegenstände, welche in den Geschäftskreis beider Räte fallen, sind insbesondere folgende:

.....

10. Aufstellung des jährlichen Voranschlages und Abnahme der Staatsrechnung, sowie Beschlüsse und Aufnahme von Anlehen.

4. Liechtenstein

Verfassung des Fürstentums Liechtenstein vom 26. September 1862

§ 31. Die Regierung ist berechtigt, über unvorhergesehene, in den Etat nicht aufgenommene dringende Ausgaben zu verfügen, vorbehaltlich der Verantwortung der betreffenden Staatsbehörde, die verpflichtet ist, in der nächsten Landtagssitzung über die Nothwendigkeit dieser Ausgaben sowohl, als deren entsprechende Verwendung Vorlage zu machen und die nachträgliche Genehmigung einzuholen.

§ 40. Die Wirksamkeit des Landtages hat sich vorzugsweise auf folgende Gegenstände zu erstrecken:

.....

b) auf die Steuerbewilligung;

§ 43. Ohne Verwilligung des Landtages kann keine directe oder indirecte Steuer noch irgend eine sonstige Landesabgabe oder allgemeine Leistung, welchen Namen sie haben möge, ausgeschrieben und erhoben werden. Die ertheilte Verwilligung ist bei dem Steuerausschreiben ausdrücklich zu erwähnen.

Auch die Art der Umlegung und Vertheilung aller öffentlichen Abgaben und Leistungen auf Personen und Gegenstände, so wie die Erhebúngsweise erfordern die Beistimmung des Landtages.

Abgaben und Leistungen, welche zur Bestreitung anerkannter und genehmigter Auslagen des Staatshaushaltes und solche, die zur Erfüllung allgemeiner Bundespflichten erforderlich und dabei genüglich ausgewiesen sind, dürfen nicht verweigert werden.

§ 44. Die Steuerbewilligung erfolgt in der Regel von einem ordentlichen Landtage zum andern.

§ 45. In Beziehung auf die Landes-Finanzverwaltung ist dem Landtage für die nächstfolgende Finanzperiode ein Vorschlag über sämmtliche Einnahmen und Ausgaben mit möglichster Vollständigkeit zur Prüfung, Beurtheilung und Beistimmung zu übergeben, mit welchem der Antrag auf die zu erhebenden Abgaben zu verbinden ist. Bezüglich der vergangenen Finanzperiode ist eine genaue Nachweisung über die nach Massgabe des Voranschlages geschehene Verwendung der bewilligten und erhobenen Ausgaben von der Regierung mitzutheilen, vorbehaltlich der nachträglichen Genehmigung von gerechtfertigten und der Verantwortlichkeit der Regierung bei nicht gerechtfertigten Überschreitungen.

§ 46. Der Landtag hat in Übereinstimmung mit dem Landesfürsten über die Activen der Landeskassa zu verfügen.

§ 47. Der Landtag ist berechtigt, zur Deckung ausserordentlicher Bedürfnisse die Aufnahme von Anlehen auf die Landeskassa zu beschliessen, und ohne seine Zustimmung darf kein Darlehen für das Land contrahirt werden.

Literaturnachweis

BATLINER, Zur heutigen Lage des liechtensteinischen Parlaments. Politische Schriften 9, Vaduz 1981.

BEITRÄGE zur geschichtlichen Entwicklung der politischen Volksrechte, des Parlaments und der Gerichtsbarkeit in Liechtenstein. Anhang: Verfassungstexte 1808 - 1918. Politische Schriften 8, Vaduz 1981.

BERICHT der Fürstlichen Regierung an den Hohen Landtag zum Postulat betreffend die Ueberprüfung der Anwendbarkeit des Völkerrechts im Fürstentum Liechtenstein vom 17. 11. 1981.

BERNATZIK, Die österreichischen Verfassungsgesetze mit Erläuterungen, Wien[2] 1911.

BURCKHARDT, Kommentar der schweizerischen Bundesverfassung vom 29. Mai 1874, Bern[8] 1931.

ERMACORA, Der Staatsvertrag und die österreichische Bundesverfassung, JBl (1955) 317.

ERMACORA, Der Herrscher und der Abschluß von Staatsverträgen, LJZ (1986) 125.

FLEINER - GIACOMETTI, Schweizerisches Bundesstaatsrecht, Zürich 1949 (Neudruck 1976).

GEIGER, Die liechtensteinische Volksvertretung in der Zeit von 1918 - 1939, in: Beiträge (op cit) 29.

GNEIST, Gesetz und Budget, Berlin 1879.

HÄFELIN - HALLER, Schweizerisches Bundesstaatsrecht, Zürich 1984.

HAENEL, Das Gesetz im formellen und materiellen Sinne, Leipzig 1888 (Neudruck Darmstadt 1968).

HANGARTNER, Grundzüge des schweizerischen Staatsrechts. Erster Band: Organisation, Zürich 1982.

HAUKE, Staatsverträge, in: Mischler - Ulbrich (op cit), IV 442.

HELLER, Der Begriff des Gesetzes in der Reichsverfassung, VVDStL 4 (1928) 98.

HENGSTSCHLÄGER, Das Budgetrecht des Bundes. Gegenwartsprobleme und Entwicklungstendenzen, Berlin 1977.

JELLINEK, Gesetz und Verordnung, Freiburg i. B. 1887.

IN DER MAUR, Liechtenstein (Fürstentum), in: Mischler - Ulbrich (op cit), III 485.

KELSEN, Österreichisches Staatsrecht, Tübingen 1923.

KELSEN - FRÖHLICH - MERKL, Die Verfassungsgesetze der Republik Österreich. 5. Teil: Die Bundesverfassung vom 1. Oktober 1920, Wien - Leipzig 1922.

LABAND, Das Staatsrecht des Deutschen Reiches. 4 Bde Tübingen[5] 1911 - 1914.

LOEBENSTEIN, Die Stellvertretung des Fürsten gemäß Verfassung, in: Stellvertretung (op cit) 69.

MEIER, Über den Abschluß von Staatsverträgen, Leipzig 1874.

MERKL, Die Verfassung der Republik Deutschösterreich, Wien 1919.

MISCHLER - ULBRICH, Österreichisches Staatswörterbuch, Bd III Wien[2] 1907, Bd IV Wien[2] 1909.

MONTESQUIEU, Vom Geist der Gesetze, Stuttgart 1965.

NEUHOLD - HUMMER - SCHREUER, Österreichisches Handbuch des Völkerrechts, Wien 1983.

NIEDERMANN, Liechtenstein und die Schweiz. Politische Schriften 5, Vaduz 1976.

ÖHLINGER, Der völkerrechtliche Vertrag im staatlichen Recht, Forschungen aus Staat und Recht, Bd 23, Wien 1973.

PAPPERMANN, Die Regierung des Fürstentums Liechtenstein, Bigge/Ruhr 1967.

PAPPERMANN, Das Verordnungsrecht der Regierung von Liechtenstein. Schweizerisches Zentralblatt für Staats- und Gemeindeverwaltung 70 (1969) 361.

PÖLITZ – BÜHLAU, Die Verfassungen des teutschen Staatenbundes seit dem Jahre 1789 bis auf die neueste Zeit. Zweite Abtheilung, Leipzig 1847.

QUADERER, Die Entwickung der liechtensteinischen Volksrechte seit der vorabsolutistischen Zeit und der Landstände seit 1818 bis zum Revolutionsjahr 1848, in: Beiträge (op cit) 9.

RATON, Liechtenstein. Staat und Geschichte, Vaduz 1969.

RÖNNE, Die Verfassungs-Urkunde für den Preußischen Staat, Berlin 1859.

RUTHENBERG, Verfassungsgesetze des Deutschen Reiches und der deutschen Länder, Berlin 1926.

SCHMID, Die Stellvertretung des Monarchen in den deutschen Erbmonarchien, insbesondere in Liechtenstein, in: Stellvertretung (op cit) 9.

SPIEGEL, Notverordnungen, in: Mischler – Ulbrich (op cit) III 712.

STEGER, Fürst und Landtag nach liechtensteinischem Recht, Vaduz 1950.

Die STELLVERTRETUNG des Fürsten. Politische Schriften 11, Vaduz 1985.

STOTTER, Rezension von: Stellvertretung des Fürsten, LJZ (1987) 66.

TEZNER, Österreichisches Staatsrecht in Einzeldarstellungen für den praktischen Gebrauch. Band I: Der Kaiser; Band II: Die Volksvertretung, Wien 1909, 1912.

ULBRICH, Lehrbuch des Österreichischen Staatsrechts, Wien 1883.

ULBRICH, Das österreichische Staatsrecht. Neubearbeitung der 3. Auflage, Tübingen 1909.

ULBRICH, Verordnungsrecht, in: Mischler – Ulbrich (op cit).

WILLE, Landtag und Wahlrecht im Spannungsfeld der politischen Kräfte in der Zeit von 1918 – 1939, in: Beiträge (op cit) 59.

WILLOWEIT, Die Stellvertretung des Landesfürsten als Problem des liechtensteinischen Verfassungsverständnisses, in: Stellvertretung (op cit) 131.

WINKLER, Gesetzgebung und Verwaltung im Wirtschaftsrecht, Wien 1970; abgedruckt in: Theorie und Methode in der Rechtswissenschaft, Forschungen aus Staat und Recht, Bd 85, Wien 1989, 75.

WINKLER, Der Verfassungsrang von Staatsverträgen, ÖZÖR 10 (1959/60) 514; abgedruckt in: Orientierungen im öffentlichen Recht, Forschungen aus Staat und Recht, Bd 46, Wien 1979, 51.

WINKLER, Zur Frage der unmittelbaren Anwendbarkeit von Staatsverträgen, JBl (1961) 8; abgedruckt in: Orientierungen im öffentlichen Recht, Wien 1979, 83.

WINKLER, Das österreichische Konzept der Gewaltentrennung, Der Staat 6 (1967) 293; abgedruckt in: Orientierungen im öffentlichen Recht, Wien 1979, 229.

Grundfragen und aktuelle Probleme der Versammlungsfreiheit

A. Verfassungsrechtliche Orientierungen

I. Die Kompetenzlage

Gemäß Art 10 Abs 1 Z 1 B-VG ist die „*Bundesverfassung*" in Gesetzgebung und Vollziehung Bundessache. In diesem Sinn fallen die Grundrechtsregelungen unter den Kompetenztatbestand *Bundesverfassungsgesetzgebung.* Das findet seine sinnfällige Bestätigung im Art 149 B-VG aus 1920, wodurch verschiedene *Grundrechtsregelungen „im Sinne des Artikels 44 Absatz 1" in den (Bundes)Verfassungsrang gehoben* wurden. Zu diesem Rechtskomplex zählen alle derzeit geltenden verfassungsrechtlichen Grundrechtsregelungen, unter ihnen daher auch der aus dem Jahr 1867 stammende Art 12 StGG über die als „Recht, sich zu versammeln" formulierte (Vereins- und) *Versammlungsfreiheit* in Verbindung mit dem Beschluß der Provisorischen Nationalversammlung vom 30. Oktober 1918, StGBl Nr 3, sowie seit dem Jahr 1964 der aus dem Jahr 1958 stammende Art 11 EMRK.

Die im Rang von Bundesverfassungsgesetzen stehenden Grundrechtsregelungen sind individuelle Freiheitsverbürgungen durch Gewährleistung qualifizierter subjektiver öffentlicher Rechte gegenüber der Staatsgewalt. Sie beinhalten aber auch materielle, werthafte Bestimmungsgründe für die Gesetzgebung des Bundes und der Länder. Ihnen kommt daher gegenüber den in den Kompetenztatbeständen der Art 10 bis 15 B-VG zwischen dem Bund und den Ländern in Gesetzgebung und Vollziehung verfassungsgesetzlich aufgeteilten Staatsaufgaben auch die Funktion einer Begrenzung oder Limitierung zu.

Gemäß Art 10 Abs 1 Z 7 B-VG ist das dem Tatbestand „Aufrechterhaltung der öffentlichen Ruhe, Ordnung und Sicherheit" nachgereihte und thematisch zugeordnete objektive „*Versammlungsrecht*" als *Polizeirechtsmaterie* Bundessache in Gesetzgebung und Vollziehung. Dem Kompetenztatbestand „*Versammlungsrecht*"[1] kommt nach der sogenannten Versteinerungstheorie jene wesentliche Bedeutung zu, die er zu seinem Versteinerungszeitpunkt in der Rechtsordnung hatte[2]. Bis zu diesem Zeitpunkt waren Art 12 StGG über die allgemeinen Rechte der Staatsbürger 1867 und das Versammlungsgesetz aus dem Jahr 1867 bereits Bestandteile der Rechtsordnung. Der Interpretation des polizeirechtlichen Kompetenztatbestandes „*Versammlungsrecht*" mit dem Ziel der Ermächtigung zur Regelung und zur besonderen Kontrolle von „*Versammlungen*" zu Gunsten des Bundes ist daher zunächst das historische Begriffsverständnis vom Grundrecht auf Versammlungsfreiheit im Sinn des Versammlungsgesetzes (VersG) 1867 zugrunde zu legen. Zu veranschlagen ist dabei auch der Beschluß der Provisorischen Nationalversammlung vom 30. Oktober 1918, StGBl Nr 3, der nach dem Verfassungsgerichtshof gegenüber dem älteren Rechtsbestand eine verfassungsrechtliche Erweiterung des Grundrechts der Versammlungsfreiheit mit sich brachte. Darüber hinaus muß aber auch auf jene Grundrechte Bedacht genommen werden, die in einem näheren materiellen und funktionellen Zusammenhang zum Versammlungsrecht stehen:

- die Vereinsfreiheit gemäß Art 12 StGG und 11 EMRK (mit dem Vereinsgesetz 1867)
- das Recht auf freie Meinungsäußerung gemäß Art 13 StGG und Art 10 EMRK
- die Gedanken-, Gewissens- und Religionsfreiheit gemäß Art 14 StGG und gemäß Art 9 EMRK
- das Petitionsrecht gemäß Art 11 StGG
- der Schutz der persönlichen Freiheit gemäß Art 8 StGG, gemäß Art 5 EMRK, gemäß dem PersFrSchG 1988 und gemäß Art 1 des 4. ZPEMRK

---

[1] Im juristischen Alltag wird sowohl der Kompetenztatbestand als auch das verfassungsgesetzlich gewährleistete subjektive Recht der Versammlungsfreiheit als „*Versammlungsrecht*" bezeichnet. Diese Äquivokation mag mit ein Grund dafür sein, daß der VfGH die Versammlungs„*freiheit*" mit dem eingeschränkt gewährten Recht auf Versammlung nach § 2 VersG immer wieder einmal gleichgesetzt hat.

[2] SCHÄFFER, Verfassungsinterpretation in Österreich (1971) 103 ff. Im allgemeinen, dh wenn es keine abweichenden Regelungen gibt, nimmt man mehr oder weniger schematisch und vordergründig den 1. 10. 1925 als „Versteinerungszeitpunkt" an. Die Begründung dafür sieht man im Wirksamwerden der Kompetenzverteilung des neuen bundesstaatlichen Organisationsgefüges des Staates. Für das Versammlungsrecht könnte mit guten Gründen der Oktober 1920 angenommen werden, weil von da an in der Kompetenzlage keine Änderung eingetreten ist. Für eine systematische Betrachtung und zur Abgrenzung ist aber auch das Jahr 1929 von Bedeutung, weil in diesem Jahr das „Veranstaltungsrecht" als Länderkompetenz festgelegt wurde.

- die Freizügigkeit der Person gemäß Art 4 StGG und gemäß Art 2 des 4. ZPEMRK
- der Schutz des Hausrechtes gemäß Art 9 StGG und gemäß dem HausrechtsG 1862.

Auf kompetenzrechtlicher Ebene und im Bereich der Bundesaufgaben ist die gemäß Art 10 Abs 1 Z 7 B-VG in erster Linie durch die Regelungen des Versammlungsgesetzes primär beschränkte „*Versammlungsfreiheit*" im Zusammenhang mit anderen die Versammlungsfreiheit gleichfalls einschränkenden Ermächtigungen zur Materiengesetzgebung zu verstehen. Dazu zählen vornehmlich die Kompetenztatbestände: „Aufrechterhaltung der öffentlichen Ruhe, Ordnung und Sicherheit, ausgenommen die örtliche Sicherheitspolizei" (Art 10 Abs 1 Z 7 B-VG), „Verkehrswesen" (Art 10 Abs 1 Z 9 B-VG), „Gesundheitswesen" (Art 10 Abs 1 Z 12 B-VG), „Straßenpolizei" (Art 11 Abs 1 Z 4 B-VG), „Strafrechtswesen" und „Zivilrechtswesen" (Art 10 Abs 1 Z 6 B-VG), „Gesundheitswesen" (Art 10 Abs 1 Z 12 B-VG) „militärische Angelegenheiten" (Art 10 Abs 1 Z 15 B-VG) und „Schulwesen" (Art 14 B-VG). Im Bereich der Landesaufgaben sind es vor allem die Kompetenztatbestände: „Örtliche Sicherheitspolizei" (Art 15 Abs 2 B-VG), „Angelegenheiten des Theater- und Kinowesens sowie öffentliche Schaustellungen und Belustigungen" (Art 15 Abs 3 B-VG), „Örtliche Straßenpolizei" (Art 15 Abs 4 B-VG) und „Bausachen" (Art 15 Abs 5 B-VG). Die Materienkompetenzen des B-VG beinhalten Beschränkungsmöglichkeiten der Versammlungsfreiheit für den einfachen Gesetzgeber des Bundes oder eines Landes, die den allgemein gehaltenen „versteinerten" institutionellen Beschränkungen des § 6 VersG konkrete Gestalt geben und die gemäß der föderalistischen Aufgabenaufteilung nicht nur verschiedene Gesetzgebungs- sondern auch verschiedene Vollzugskompetenzen bedeuten.

Die „Angelegenheiten des Theater- und Kinowesens sowie der öffentlichen Schaustellungen, Darbietungen und Belustigungen" (Art 15 Abs 3 B-VG) bedeuten eine Regelungskompetenz für die besondere Kontrolle sogenannter „*Veranstaltungen*", die im rechtstechnischen Sinn und begrifflich keine „*Versammlungen*" im Sinn des Kompetenztatbestandes nach Art 10 Abs 1 Z 7 B-VG sind. Gemäß Art 15 Abs 3 B-VG sind die Länder zur Gesetzgebung und Vollziehung in den „Angelegenheiten des Theater- und Kinowesens sowie hinsichtlich der öffentlichen Schaustellungen, Darbietungen und Belustigungen" zuständig. Die Verfassung verweist durch den Terminus „*Veranstaltungen*" auf deren besonderen Rechtscharakter. Dieser Kompetenztatbestand ist im Zusammenhang mit der „örtlichen Sicherheitspolizei" (Art 15 Abs 2 B-VG) und mit der „örtlichen Straßenpolizei" (Art 15 Abs 4 B-VG) als eine Polizeirechtsmaterie zu deuten, die ihre Regelung in den Landes-Veranstaltungsgesetzen erfährt[3]. Der polizeirechtliche Kompetenzbereich „*Versammlungsrecht*" des Bundesrechts und der polizeirechtliche Kompetenzbereich „*Veranstaltungen*" („öffentliche Schaustellungen, Darbietungen und Belustigungen") des Landesrechts haben naturgemäß auch im *Grundrecht der Versammlungsfreiheit* sachliche Berührungspunkte. Sie sind daher nach ihren Eigenarten voneinander abzugrenzen und vor allem auf ihre allgemeine und besondere freiheitsbeschränkende Bedeutung für das Grundrecht der Versammlungsfreiheit zu überprüfen.

II. Materiellrechtliche Grundlagen

1. Die verfassungsgesetzliche Ebene

Durch Ziffer 3 des Beschlusses der Provisorischen Nationalversammlung vom 30. Oktober 1918[4] wurden die während des Ersten Weltkriegs angeordneten Ausnahmeverfügungen „betreffs des Vereins- und Versammlungsrechts" aufgehoben. Der zweite Satz der Ziffer 3 lautet: „Die volle Vereins- und Versammlungsfreiheit ohne Unterschied des Geschlechts ist hergestellt". Diese Vorschrift zur Beseitigung des kriegsbedingten Ausnahmszustandes derogierte nach der Meinung des Verfassungsgerichtshofs[5] nicht nur den weitreichenden kriegsrechtlich bedingten Beschränkungen der Versammlungsfreiheit, die letztlich eine Suspendierung des Grundrechts bedeuteten. Nach der Meinung des Verfassungsgerichtshofs derogierte sie sogar dem mittlerweile vom Verfassungsgerichtshof aufge-

---

[3] ZB Wiener Veranstaltungsgesetz, LGBl 1971/12 idF 1976/22, 1981/17, 1983/8, 1984/31, 85/38, 1990/16. Für die Rechtsquellen des Veranstaltungsrechts der anderen Bundesländer siehe die Nachweise bei WALTER – MAYER, Grundriß des Besonderen Verwaltungsrechts^2 (1987) 736.

[4] StGBl 1918/3.

[5] VfSlg 254/1923, 774/1927 und 4885/1964. Diese Interpretation ist aus historischer Sicht nicht selbstverständlich, sie hat sich aber seit ihrem Beginn als selbstverständlich behauptet. In jüngerer Zeit gründet der VfGH den Begriff einer allgemeinen Versammlungsfreiheit konsequenterweise auch auf den Beschluß der Provisorischen Staatsregierung. Vgl dazu VfSlg 11651/1988 uam. GROISS – SCHANTL – WELAN, Betrachtungen zur Verfassungsgerichtsbarkeit (Slg 1973) 288, erwägen in Anlehnung an MERKLS grundsätzliche Ausführungen zur gleichgelagerten Problematik im Vereinsrecht eine Derogation des § 3 VersG mit guten Gründen schon durch das Inkrafttreten des Art 12 StGG im Jahr 1867. Durch die Derogationsjudikatur des VfGH aus den Jahren 1923, 1927 und 1964 wurde aber jedenfalls die mit dem StGG intendierte grundsätzliche Versammlungsfreiheit für die Zukunft verbindlich außer Streit gestellt.

hobenen[6] § 3 VersG, der einen Genehmigungsvorbehalt für Versammlungen enthielt. Sie derogierte aber nicht dem Anzeige- (§ 2) und Untersagungssystem (§ 6) des VersG. Auch der formal gefaßte Gesetzesvorbehalt des Art 12 StGG[7] blieb davon unberührt. Dadurch wurde keineswegs eine uneingeschränkte Versammlungsfreiheit hergestellt. Vielmehr wurde durch diese Veränderung die Rechtsfolgenproblematik der älteren Bewilligungspflicht für eine bestimmte Art von Versammlungen auf die *Möglichkeit der Untersagung von anzeigepflichtigen Versammlungen* verlagert. Die Nichtuntersagung von angezeigten Versammlungen ist nämlich in manchen ihrer Rechtsfolgen einer materiellen Bewilligung vergleichbar. Das ist vor allem für *rechtswidrige Nichtuntersagungen* von großer Bedeutung[8].

Art 12 des im Verfassungsrang[9] stehenden Staatsgrundgesetzes (StGG) über die allgemeinen Rechte der Staatsbürger[10] gewährt den österreichischen Staatsbürgern das Recht, „sich zu versammeln" (und Vereine zu bilden). In Anordnung einer Art von Gesetzesvorbehalt verfügt dazu der zweite Satz rein formal: „Die Ausübung dieser Rechte wird durch besondere Gesetze geregelt". Diese Grundrechtsregelung folgte offensichtlich auf das im Zeitpunkt ihrer Erlassung bereits beschlossene Versammlungsgesetz. Nach der Meinung des Verfassungsgerichtshofs wurde durch den Beschluß der Provisorischen Staatsregierung aus dem Jahr 1918 die Versammlungsfreiheit nicht nur grundsätzlich bekräftigt, sondern sogar erweitert.

Zu dieser verfassungsrechtlichen Regelung der Versammlungsfreiheit trat im Jahr 1958 Art 11 EMRK hinzu[11]. Art 11 Abs 1 EMRK lautet: „Alle Menschen haben das Recht, sich friedlich zu versammeln und sich frei mit

---

6 VfSlg 4885/1964.

7 VfSlg 254/1923, 774/1927 und in späterer Zeit 4885/1964. Vgl auch MERKL, Die Verfassung der Republik Deutschösterreich (1919) 183; ferner MERKL, Der Entwurf eines Vereinsgesetzes und die verfassungsmäßige Vereinsfreiheit, JBl (1932) 509 ff. MERKL unterbaut den durch den VfGH für das Versammlungsrecht mehrmals ausgesprochenen Derogationsgedanken in gründlicher und historisch fundierter Dogmatik für das Vereinsrecht. Die Erk des VfGH aus den Jahren 1923 und 1964 scheinen ihm jedoch für das Vereinsrecht nicht erheblich gewesen zu sein, andernfalls hätte er wohl die dem Vereinsrecht näher liegende Analogie zum Versammlungsrecht der von ihm gewiß auch sinnvollerweise bemühten Analogie zur Zensurfreiheit vorgezogen.

8 Siehe dazu unten D III 2.

9 Art 149 Abs 1 B-VG.

10 RGBl 1867/142 idF BGBl 1988/684.

11 Europäische Konvention zum Schutze der Menschenrechte und Grundfreiheiten vom 4. November 1950, BGBl 1958/210 und BGBl 1964/59.

anderen zusammenzuschließen, einschließlich des Rechts, zum Schutze ihrer Interessen Gewerkschaften zu bilden und diesen beizutreten."

Diese Vorschrift des Abs 1 im Art 11 EMRK dehnt den Kreis der grundrechtlich besonders Geschützten von den Staatsbürgern auf jedermann aus. Das Staatsbürgerrecht wurde dadurch zum allgemeinen Menschenrecht. Sie zeigt aber auch deutlicher als Art 12 StGG, daß die grundrechtlich geschützte Versammlungsfreiheit die durch das Versammlungsgesetz primär erfaßte, gesetzlich eingeschränkte und administrativ kontrollierbare Freiheit zu Volksversammlungen und allgemein zugänglichen Versammlungen, zumeist „politische" Versammlungen in einem engeren Sinn, zu einer allgemeinen Versammlungsfreiheit grundsätzlich überschreitet.

Art 11 Abs 2 EMRK lautet: „Die Ausübung dieser Rechte darf keinen anderen Einschränkungen unterworfen werden als den vom Gesetz vorgesehenen, die in einer demokratischen Gesellschaft im Interesse der nationalen und öffentlichen Sicherheit, der Aufrechterhaltung der Ordnung und der Verbrechensverhütung, des Schutzes der Gesundheit und der Moral oder des Schutzes der Rechte und Freiheiten anderer notwendig sind. Dieser Artikel verbietet nicht, daß die Ausübung dieser Rechte durch Mitglieder der Streitkräfte, der Polizei oder der Staatsverwaltung gesetzlichen Einschränkungen unterworfen wird".

Art 11 Abs 2 EMRK beinhaltet also im Unterschied zu Art 12 StGG einen materiell ausdrücklich differenzierten Gesetzesvorbehalt. Er zeichnet dem Gesetzgeber allgemein umschriebene, staatsaufgabenorientierte Beschränkungsmöglichkeiten dieses Grundrechts vor. Im Verhältnis zum zweiten Satz des Art 12 StGG ist er als eine Konkretisierung und Spezifizierung des älteren formalen Gesetzesvorbehaltes zu verstehen, dessen Inhalt durch § 6 des vor dem StGG erlassenen VersG bereits allgemeiner vorgegeben war. In dieser Regelung der EMRK liegt nicht nur eine sachlich determinierte Ermächtigung für den einfachen Gesetzgeber, sondern auch eine verfassungsgesetzlich inhaltlich näher bestimmte institutionelle oder Wesensgarantie des Grundrechts, die sich als Schranke auch gegen den Gesetzgeber richtet, dessen Eingriffsermächtigungen in den Kompetenztatbeständen des B-VG (Art 10 bis 15) begrifflich vorgezeichnet sind.

Die verfassungsgesetzlichen Regelungen des StGG, des Beschlusses der Provisorischen Nationalversammlung und der EMRK dürfen aber trotz ihrer unterschiedlichen Entstehungszeit nicht jeweils für sich isoliert gesehen werden. Sie sind zwar in Grundrechtsregelungen verschiedenen zeitlichen Ursprungs enthalten, müssen heute aber als eine verfassungsrechtliche Einheit gesehen und daher systematisch gedeutet werden. Sie ergeben in ihrem Sinnzusammenhang inhaltlich widerspruchsfreie Interpretationsvoraussetzungen von unterschiedlichem Abstraktionsniveau. Aus den Gesichtspunkten von Einheit und Systematik verfassungsrechtlicher Regelungszusammenhänge ergibt sich unter den durch die EMRK konkretisierten Interpretationsprämissen in einer institutionellen Denkweise vor allem ein erneuertes Naheverhältnis der Versammlungsfreiheit zum Recht auf freie Meinungsäußerung einerseits und zum Recht auf Freizügigkeit der Person andererseits. Die Versammlungsfreiheit steht in einem notwendigen rechtlichen Zusammenhang mit diesen Rechten. Dieser weitere Grundrechtskomplex ist seinerseits geprägt vom demokratischen Prinzip gemäß Art 1 B-VG, das in der Versammlungsfreiheit und in der darin garantierten kollektiven und individuellen Freiheit der Meinungsäußerung und Bewegungsfreiheit eine historisch wie auch gegenwärtig gleichermaßen erhebliche Ausdrucksform findet. In Zweifels- und Abgrenzungsfragen sind daher die der Versammlungsfreiheit wesensmäßig verwandten Grundrechte gemeinsam mit dem demokratischen Prinzip der Verfassung Interpretationsregulative. Die Versammlungsfreiheit ist demgemäß in ihrer Eigenart als demokratisches Grundrecht funktionsentsprechend freiheitsgünstig und verfassungshomogen zu interpretieren[12].

2. Die einfachgesetzliche Ebene

Auf einfachgesetzlicher Ebene sind die administrativen Beschränkungen der Abhaltung von Versammlungen in erster Linie im Versammlungsgesetz (VersG) 1953[13] geregelt. Nach dem VersG sind Versammlungen zwar grundsätzlich frei, sogenannte Volksversammlungen und allgemein zugängliche Versammlungen, zumeist sogenannte „politische" Versammlungen im engeren Sinn, sind aber den besonderen administrativen Kontrollen und Beschränkungen des als Bundessache zu vollziehenden VersG unterworfen. So ist zB gemäß § 2 VersG die *Veranstaltung von Volksversammlungen oder von allgemein zugänglichen Versammlungen*, ohne Beschränkung auf geladene Gäste, soweit nicht ausdrückliche Ausnahmen verfügt sind, wenigstens 24 Stunden vor der beabsichtigten Abhaltung anzuzeigen. Sachliche Grenzen der Versammlungsfreiheit zieht § 6 VersG:

---

[12] Zur Verfassungsinterpretation siehe SCHÄFFER, Verfassungsinterpretation in Österreich (1971); KORINEK, Zur Interpretation von Verfassungsrecht, FS Walter (1991) 363 ff und WINKLER, Wertbetrachtung im Recht und ihre Grenzen (1969).

[13] Versammlungsgesetz 1953, BGBl 1953/98 (Wiederverlautbarung) idF BGBl 1965/69, 1968/392; Paragraphenangaben ohne Gesetzesbezeichnung beziehen sich auf dieses Gesetz.

„Versammlungen, deren Zweck den Strafgesetzen zuwiderläuft oder deren Abhaltung die öffentliche Sicherheit oder das öffentliche Wohl gefährden, sind von der Behörde zu untersagen". § 13 VersG regelt Untersagungs- und Auflösungsvoraussetzungen.

Diese Regelung der sachlichen Grenzen des Grundrechts und der Staatsaufgaben zugleich hatte ihre verfassungsrechtliche Grundlage zunächst im rein formalen Gesetzesvorbehalt des Art 12 StGG aus dem Jahr 1867, sachlich determiniert durch § 6 VersG. Seit 1964 findet sie ihre nähere materielle verfassungsrechtliche Ausformung und gleichzeitige Bestätigung im Gesetzesvorbehalt des Art 11 Abs 2 EMRK. Bei der Frage nach der Reichweite des Gesetzesvorbehaltes des Grundrechts und der Zulässigkeit der Untersagung einer Versammlung sind daher die unbestimmten Gesetzesbegriffe „öffentliche Sicherheit" und „öffentliches Wohl" des § 6 VersG auch im Sinn des differenzierteren Vorbehaltes im Art 11 Abs 2 EMRK zu interpretieren. Nach diesem sind konkrete Rechtstitel für Grundrechtsbeschränkungen die äußere (nationale) und die innere (öffentliche) Sicherheit, die Aufrechterhaltung der Ordnung, die Verbrechensverhütung, der Schutz der Gesundheit und der Moral, sowie der Schutz der Rechte und Freiheiten anderer „die in einer demokratischen Gesellschaft ... notwendig sind".

Diese verhältnismäßig allgemein formulierten Einschränkungsmöglichkeiten der Versammlungsfreiheit auf der Grundrechtsebene finden ihre konkreteren Ausführungen nicht nur im Versammlungsgesetz, sondern auch in den verschiedenen gesetzlich geregelten Materien des geltenden Bundes- und Landesrechts gemäß den verfassungsgesetzlich vorgegebenen Kompetenztatbeständen. Dazu gehören vornehmlich die Vorschriften:

- der Sicherheitspolizei
- des Strafrechts
- des Verwaltungsstrafrechts
- der Gesundheitspolizei
- des Straßenverkehrs
- der Baupolizei
- des Zivilrechts.

Dazu zählen aber auch die Vorschriften:

- des Vereinsrechts
- der Anstaltsbereiche, insbesondere des Bundesheeres, der Schulen und der Krankenanstalten

- der Sonderordnungen (Organisationsgesetze) juristischer Personen (personaler Selbstverwaltungskörper oder Körperschaften, wie etwa Kammern, Universitäten und Hochschülerschaften)
- und schließlich auch die Vorschriften für „Veranstaltungen", die den Versammlungen verwandt sind.

Alle diese materiengebundenen Vorschriften bedeuten inhaltlich nicht nur institutionelle Beschränkungen und Begrenzungen der Versammlungsfreiheit, sondern durch ihre materiellen Grenzziehungen auch sachlich gebundene Garantien des Grundrechts und Schranken gegen Machtüberschreitung und Willkür des Staates in Gesetzgebung und Vollziehung, wenn, weil und soweit diese den institutionellen Ermächtigungsrahmen der Grundrechtsregelungen durchstoßen.

III. Zur Verfassungsunmittelbarkeit des Versammlungsrechts

Wie bereits dargelegt, beinhaltet der im Verfassungsrang stehende Art 12 StGG in seiner ursprünglichen Form einen bloß formal formulierten Gesetzesvorbehalt, der den einfachen Bundesgesetzgeber zur Regelung des Versammlungs- und Vereinsrechts ermächtigt und anscheinend auch verpflichtet: „Die Ausübung dieser Rechte wird durch besondere Gesetze geregelt". Die inhaltlichen Bestimmungsgründe dieses formalen Gesetzesvorbehaltes im § 6 des VersG waren schon von Anfang an allgemein und grundsätzlich vorgezeichnet. Frühestens mit der Erlassung des StGG, spätestens aber seit dem Inkrafttreten des B-VG wurden sie zum „versteinerten" Wesensgehalt des Grundrechts nach Art 12 StGG. Durch den inhaltlich mehrfach näher determinierten Gesetzesvorbehalt der EMRK wurden sie auf Verfassungsebene materiell anschaulicher festgelegt, konkretisiert und bestätigt.

Zu diesem formalen Gesetzesvorbehalt des StGG fügt sich regelungstechnisch und sprachlich anscheinend konsequent § 1 des VersG: „Versammlungen sind nach Maßgabe dieses Gesetzes gestattet."

Wegen des formal formulierten Gesetzesvorbehaltes des Art 12 StGG und im Hinblick auf § 1 VersG bedeutet nach der ständigen Rechtsprechung des Verfassungsgerichtshofs jede behördliche Verletzung des Versammlungsgesetzes (VersG), die in das Grundrecht der Versammlungsfreiheit eingreift, nicht bloß die Verletzung eines einfachen Gesetzes, sondern insoweit auch einen unmittelbaren Eingriff in das durch Art 12 StGG geschützte Grundrecht. Jede derartige Gesetzesverletzung wird daher vom Verfassungsgerichtshof als Verfassungswidrigkeit geahndet. Der Verfassungsgerichtshof begründet seine gegenüber dem Verwaltungsgerichtshof weitreichend in Anspruch genommene Zuständigkeit zur Entscheidung über konkrete Verletzungen des VersG damit, daß das Grundrecht der Versammlungsfreiheit durch Art 12 StGG zwar grundsätzlich gewährleistet ist, daß es aber erst durch das VersG seine nähere Ausführung erhält[14]. Diese Auffassung stützt der Verfassungsgerichtshof auf eine Wortinterpretation des Art 12 StGG und des § 1 VersG. Im Art 12 StGG heißt es: „Die Ausübung dieser Rechte wird durch besondere Gesetze geregelt". § 1 des VersG ordnet an: „Versammlungen sind nach Maßgabe der Bestimmungen dieses Gesetzes gestattet". In Übereinstimmung mit dieser Judikatur vertritt KOJA[15], ohne Bedachtnahme auf die Vorgeschichte der Kompetenzabgrenzung vor der Errichtung des Verfassungsgerichtshofs die Ansicht, daß Art 12 StGG, abweichend von den Art 5, 6, 8 und 13 StGG, keinen *Eingriffsvorbehalt* für den Gesetzgeber enthält. Das Grundrecht der Versammlungsfreiheit werde in seinem Inhalt erst durch die „besonderen Gesetze" geregelt und sei daher in diesem Umfang auch verfassungsgesetzlich gewährleistet[16]. Daraus ergebe sich die verfassungsunmittelbare Verbindlichkeit des VersG. Demgemäß sei jede Gesetzesverletzung, die in die Versammlungsfreiheit eingreift, auch eine Verletzung des verfassungsgesetzlich gewährleisteten Rechtes. – In der Lehre und in der Judikatur hat sich daher für diesen bloß formal formulierten Gesetzesvorbehalt des Art 12 der Ausdruck „*Ausgestaltungsvorbehalt*" zum Unterschied vom „Eingriffsvorbehalt" eingebürgert[17].

Diese Auffassung in Judikatur und Lehre war schon im Zeitpunkt ihrer Entstehung revisionsbedürftig. Die rechtstheoretische Unterscheidung in grundrechtliche Eingriffsvorbehalte einerseits und Ausgestaltungsvorbehalte andererseits ist zunächst überhaupt nicht von materiellrechtlicher Be-

---

[14] So bereits VfSlg 2002/1950, ferner 2244/1951, 8685/1979, 9783/1983 und 11930/1988 mit dem Hinweis auf die Judikatur zum Schutz der persönlichen Freiheit in VfSlg 8076/1977; schließlich das Erk vom 20. Juni 1989, B 577/89. Siehe zum Vergleich für die Kompetenzabgrenzung zwischen dem Reichsgericht und dem Verwaltungsgerichtshof die Darstellung von FREUND, Das in Österreich geltende Vereins- und Versammlungsgesetz^3 (1900) 29 ff.

[15] KOJA, Zur Rechtsprechung des VfGH in Vereins- und Versammlungssachen, JBl (1961) 396 ff.

[16] Damit kann wohl nicht bloß das VersG gemeint sein. Dazu gehörte gewiß von Anfang an auch das VereinsG. Im Lauf der Zeit kamen aber noch materienbedingte gesetzliche Beschränkungen des Versammlungsrechtes dazu, denen man wohl eine gleiche Grundrechtserheblichkeit beimessen muß.

[17] WALTER – MAYER, Grundriß des österreichischen Bundesverfassungsrechts^6 (1988) Rz 1336.

deutung. Mit jeder gesetzlichen Ausgestaltung ist nämlich auch eine Beschränkung, mit jeder Beschränkung (Eingriffsermächtigung) ist auch eine Ausgestaltung verbunden. Das hat KORINEK schon vor langer Zeit richtig erkannt[18].

Der Verfassungsgesetzgeber des Staatsgrundgesetzes 1867 ging im Art 12 von einem Versammlungsverständnis des zur gleichen Zeit verhandelten und gesetzlich schon Jahre vorher vorgegebenen Versammlungsgesetzes 1867 aus. Vergleichbar dazu legte er zur selben Zeit auch dem Art 5 StGG das Rechtsinstitut des Eigentums nach dem ABGB zugrunde, das längst vorher schon seine Ausgestaltung und Beschränkung in den §§ 353 ff ABGB gefunden hatte. Von diesem historischen Ansatz her gesehen besteht zwischen dem Gesetzesvorbehalt etwa des Art 5 StGG und des Art 12 StGG kein substantieller Unterschied[19]. Die Verwendung eines verbalen Futurum im Art 12 StGG („wird durch besondere Gesetze geregelt") tut dem keinen Abbruch. Dieses Futurum kann nämlich zweifellos auch als Präsens gedeutet und als ein Hinweis auf das vorauszusetzende oder vorausgesetzte, bereits vorhandene VersG (und das VereinsG) verstanden werden[20]. Angesichts dieser in das geschichtliche Vorverständnis der Grundrechtsentstehung reichenden Überlegung bestand von allem Anfang an kein zwingender Grund, den Gesetzesvorbehalt der Versammlungsfreiheit anders zu deuten als die Gesetzesvorbehalte der Art 5, 6, 8 und 13 des StGG. Zu beachten ist in diesem Zusammenhang aber auch der Umstand, daß es neben dem VersG (und neben dem VereinsG) noch weitere Gesetze gibt, welche die „Ausübung" dieses Grundrechts der Versammlungsfreiheit „regeln", dh einschränken. *So gesehen erweist sich die im Art 12 StGG nach ihrem Wortlaut inhaltslose Formulierung des Gesetzes-*

---

[18] Vgl KORINEK, Zur Lehre vom Gesetzesvorbehalt bei Grundrechten, FS Merkl (1970) 171 (174), der zwischen „primär beschränkenden" und „primär ausgestaltenden" Gesetzesvorbehalten unterscheidet. Derselben Meinung GROISS – SCHANTL – WELAN, Betrachtungen zur Verfassungsgerichtsbarkeit (Slg 1973), ÖJZ (1976) 287. Sie schlagen die Doppelterminologie „Ausübungsvorbehalt" und „Entziehungsvorbehalt" vor.

[19] Vgl auch U. DAVY, Streik und Grundrechte in Österreich (1989) 116 ff. Kritisch zur Unterscheidung zwischen Eingriffs- und Ausführungsvorbehalt auch bereits RILL, Das Grundrecht auf Datenschutz, in: Duschanek (GesRed), Datenschutz in der Wirtschaft (1981) 15 (40 f).

[20] So auch GROISS – SCHANTL – WELAN, Betrachtungen zur Verfassungsgerichtsbarkeit (Slg 1973), ÖJZ (1976) 287 ff unter Berufung auf eine vergleichbare Argumentation MERKLS für das Vereinsrecht in: Der Entwurf eines Vereinsgesetzes und die verfassungsmäßige Vereinsfreiheit, JBl (1932) 510: „Nicht die Tatsache und der Umfang, sondern nur die Modalitäten der Vereinsfreiheit stehen im Ermessen der einfachen Gesetzgebung".

vorbehaltes für versammlungsrechtliche Regelungen bloß als eine gesetzestechnische Besonderheit.

Diese Auffassung kann noch durch eine systematische Interpretation des § 1 VersG in seinem Sinngehalt bezogen auf Art 12 StGG und auf die „Ausnahmen von den Bestimmungen dieses Gesetzes" nach § 4 und § 5 VersG, sowie bezogen auf andere einfachgesetzliche Beschränkungen der Versammlungsfreiheit erhärtet werden. Dem bloßen Wortlaut nach kommt dem VersG eine Art Regelungsmonopol zu. Danach scheinen nur bestimmte im VersG ausdrücklich geregelte Versammlungen zulässig. Die von den Bestimmungen des VersG durch die §§ 4 und 5 ausdrücklich ausgenommenen Versammlungen scheinen dann aber durch das VersG nicht geregelt. Nach einer solchen Wortinterpretation wären sie dann aber im Hinblick auf den formalen Gesetzesvorbehalt im Art 12 StGG gar nicht gestattet. Ein solches Ergebnis wäre zwar nach dem bloßen Wortlaut des § 1 VersG widerspruchsfrei, nach dem Sinn des Staatsgrundgesetzes aber absurd. Demgegenüber ergibt eine funktionell-teleologische Interpretation das Ergebnis, daß dem § 1 VersG gleich dem Art 12 StGG ein allgemeiner Versammlungsbegriff zugrundegelegt ist. Nach seinem Sinngehalt kann er daher nur bedeuten, daß bestimmte Versammlungen nach Maßgabe der Beschränkungen des VersG gestattet sind. Die in den §§ 4 und 5 VersG angeordneten Ausnahmen „von den Bestimmungen dieses Gesetzes" bedeuten dann folgerichtig nur Ausnahmen von einigen Bestimmungen dieses Gesetzes; nicht aber vom Gesetz schlechthin.

Ein Blick auf den Inhalt des VersG erweist, daß allein schon das Regelungsspektrum des VersG von den anzeigepflichtigen bis zu den freien Versammlungen reicht. Das VersG ist nämlich kritisch betrachtet das problematische Produkt einer unbeholfenen, widersprüchlich erscheinenden Regelungstechnik. Es unterstellt einerseits Volksversammlungen oder überhaupt allgemein zugängliche Versammlungen der Anzeigepflicht (§ 2) und nimmt andererseits Wählerversammlungen und herkömmliche Versammlungen „von den Bestimmungen dieses Gesetzes" aus. Der sich aus dem bloßen Wortlaut des Regelungshinweises im Art 12 StGG und des vorgeblichen Regelungsmonopols im § 1 VersG widerspruchsfrei ergebende Wortsinn scheint den Schluß zuzulassen, daß Versammlungen nur deshalb erlaubt sind, weil sie durch das VersG geregelt sind. Die systematische Interpretation zwingt aber zur Bedachtnahme auf die grundsätzliche Bedeutung der ausdrücklichen Ausnahmen vom VersG nach den §§ 4 und 5. Wäre die bloße Wortinterpretation in ihrer engeren Bedeutung zutreffend, dann müßte man im Hinblick auf den Gesetzesvorbehalt des

Art 12 StGG sogar annehmen, daß die „von den Bestimmungen dieses Gesetzes ausgenommenen“ Versammlungen unzulässig sind. Doch die systematische Interpretation allein schon des VersG ergibt unzweifelhaft, daß sie zulässig sind. Darin ist einerseits die Vorstellung eingeschlossen, daß sowohl Art 12 StGG als auch das VersG eine allgemeine Versammlungsfreiheit voraussetzen und daß andererseits die „Ausnahme von den Bestimmungen dieses Gesetzes“ nur bedeuten kann, daß die ausgenommenen Versammlungen nicht den besonderen Beschränkungen des VersG für die Versammlungen nach § 2 unterliegen. Aus einer solchen Sicht erweist es sich dann auch als schlüssig, im Art 12 StGG die Garantie für eine allgemeine Versammlungsfreiheit zu sehen, die von vornherein gesetzlich verfügten institutionellen Beschränkungen unterliegt, welche in der älteren Zeit ihren sichtbaren Ausdruck bereits in den Eingriffsermächtigungen des § 6 VersG gefunden haben. Welcher Sinn käme andernfalls den Beschränkungen der Versammlungsfreiheit in den anderen Gesetzen zu? Was würde dann eine ersatzlose Aufhebung des Versammlungsgesetzes bedeuten? Sie würde den nach dem bloßen Wortlaut des Gesetzesvorbehaltes (Ausführungsvorbehaltes) ausgelegten Art 12 StGG zum bloßen Programm degradieren. In Ermangelung eines Versammlungsgesetzes gäbe es dann keine Versammlungsfreiheit. Die Disposition darüber käme uneingeschränkt dem einfachen Gesetzgeber zu.

Darüber hinaus ist auch erheblich, daß mit dem Inkrafttreten der EMRK zum formal formulierten Gesetzesvorbehalt des Art 12 StGG, im Sinnverständnis seiner allgemeinen materiellen Begrenzung durch § 6 VersG, noch der inhaltlich näher bestimmte Gesetzesvorbehalt des Art 11 EMRK hinzukam. Dadurch wurde gesetzestechnisch und sprachlich die Gleichartigkeit mit den anderen Grundrechten hergestellt. Der nach seinem Wortlaut anscheinend inhaltslose, weil formal formulierte Gesetzesvorbehalt des Art 12 StGG, konkretisiert durch § 6 VersG, wurde durch den sachlich differenzierteren Gesetzesvorbehalt des Art 11 EMRK konkreter ausgeformt. Seit dem Inkrafttreten der EMRK besteht daher im geltenden Textzusammenhang von Art 12 StGG und Art 11 EMRK, als Einheit von Grundrechtsgarantie einerseits und Gesetzesvorbehalt andererseits, gegenüber den vorerwähnten anderen Grundrechten auch kein gesetzestechnischer Unterschied mehr. Aus dieser Sicht erweist sich das Versammlungsgesetz in Verbindung mit anderen Gesetzen nicht als eine Rechtsgewährung, sondern als Ausdruck einer institutionellen Grundrechtsbeschränkung. Nur jenseits seiner Verbindlichkeit fungiert es, in Verbindung mit den anderen die Versammlungsfreiheit einschränkenden

Gesetzen, auch als negativer Maßstab für die Gewährleistung des Grundrechts gegen Willkür.

Die Folge eines solchen Verständnisses vom Gesetzesvorbehalt aus einem historischen Vergleich, aus der Sicht auf andere grundrechtsbeschränkende Materienregelungen und aus dem systematischen Zusammenhalt der Art 12 StGG und Art 11 EMRK, müßte eine Änderung der Judikatur des Verfassungsgerichtshofs sein[21]. Doch diese Änderung wäre wohl nur äußerlich und quantitativ, nicht aber wesentlich verschieden von der bisherigen Judikatur. Statt daß Verletzungen des VersG geahndet werden, „soweit sie das Grundrecht verletzen", käme es – wie bei anderen Grundrechten – auch hier zu den Kriterien „Gesetzlosigkeit", „Denkunmöglichkeit" und „Willkür" sowie zur Feststellung von Grundrechtsverletzungen als Konsequenz davon. Gesetzesverletzungen, die unmittelbar in das Grundrecht eingreifen, blieben auch aus dieser Sicht nach wie vor innerhalb der Zuständigkeit des Verfassungsgerichtshofs. Bloße Ordnungswidrigkeiten könnten hingegen vor dem Verwaltungsgerichtshof bekämpft werden.

B. Eine Analyse des Versammlungsbegriffs

I. Die Merkmale des Versammlungsbegriffs

Gemäß dem ersten Satz im Art 12 StGG, in Verbindung mit dem Beschluß der Provisorischen Nationalversammlung, und gemäß Art 11 Abs 1 EMRK sind „Versammlungen" ganz allgemein verfassungsrechtlich ge-

---

21 Der VfGH scheint in der Frühzeit der Geltung der EMRK zwar die Neigung verspürt zu haben, auch Art 11 EMRK im Sinn des Art 12 StGG als ausgestaltungsbedürftig zu deuten. In einem einsam wirkenden Spruch stellte er nämlich in VfSlg 4885/1964 fest: „Abs. 1 des Art. 11 MRK. kann nicht für sich allein, sondern nur im Zusammenhang mit Abs. 2 gelesen und ausgelegt werden. Abs. 2 läßt aber ein sehr umfangreiches und verzweigtes System von gesetzlichen Beschränkungen dieses Freiheitsrechtes zu. *Art. 11 MRK ist also nicht unmittelbar vollziehbar (self executing).*" (Die Hervorhebung stammt von mir.) In der späteren Judikatur stellte der VfGH demgegenüber jedoch wiederholt fest, daß sich Art 11 EMRK „sowohl an die Gesetzgebung als auch an die Vollziehung" wende (VfSlg 11651/ 1988; VfGH v 12. Oktober 1990, B 20/89). Unabhängig von der überaus problematischen lapidaren älteren Feststellung wird der VfGH wohl nicht umhin können, sich zu einer grundrechtskonformen systematischen Interpretation durchzuringen. Die Anhebung der EMRK in den Verfassungsrang im Jahr 1964 könnte die Begründung dafür abgeben, daß gegenüber der Judikatur zum Art 12 StGG eine Wende vollzogen wird. Dabei wird dann wohl zu beachten sein, daß Art 11 EMRK zweifellos unmittelbar vollziehbar ist, daß aber administrative Einschränkungen des Grundrechts im Sinn des Gesetzesvorbehaltes im Abs 2 ausdrücklicher gesetzlicher Ermächtigungen bedürfen.

schützt, mag ihre Beschränkbarkeit auch in verschiedenen Gesetzen geregelt sein. Der Verfassungsgerichtshof schuf jedoch einen Schwerpunkt des Schutzes der Versammlungsfreiheit in seiner Judikatur hauptsächlich zu den grundrechtsverletzenden Eingriffen in die aufgrund des § 2 VersG administrativ beschränkbaren und kontrollierten Arten von Menschenansammlungen. Gemäß dem VersG sind Versammlungen zwar grundsätzlich gestattet. Dazu zählen auch herkömmliche oder traditionelle Menschenansammlungen. Für die Allgemeinheit erhebliche „Volksversammlungen" und „allgemein zugängliche Versammlungen ohne Beschränkung auf geladene Gäste" unterliegen aber nach § 2 VersG einer besonderen administrativen Kontrolle, insbesondere einer Anzeigepflicht[22]. Da das VersG zwar eine allgemeine Versammlungsfreiheit voraussetzt, aber keine Legaldefinition des Versammlungsbegriffs enthält und im Zusammenhang mit anzeigepflichtigen Versammlungen nur einzelne Wesensmerkmale herausstellt, muß dieser Begriff rechtsdogmatisch ermittelt werden.

Die Frage richtet sich im folgenden daher nach den kennzeichnenden Merkmalen des Versammlungsbegriffs im allgemeinen und des Begriffs der nach § 2 VersG anzeigepflichtigen, zumeist „politischen" Versammlungen im besonderen. Wesentliche Bestimmungsgründe des Versammlungsbegriffs sind:

1. Der Augenblicksverband als planmäßige Ansammlung einer Mehrzahl von Menschen in einer nichtinstitutionalisierten, frei zugänglichen adhoc-Gemeinschaft.
2. Der Versammlungsveranstalter; bestimmte physische oder juristische Personen als Planer und Initiatoren.
3. Der Versammlungszweck, gerichtet auf Angelegenheiten der Allgemeinheit, insbesondere der Politik, der Wirtschaft, der Kultur und des Sports.
4. Die freie Zusammenkunft, dh das Versammlungsverhalten als freies Ansammeln, freies Beisammensein und freies Auseinandergehen von Menschen.
5. Das gemeinsame Wirken, als Meinungsbildung (Diskussion), (demonstrative) Meinungsäußerung (Manifestation, Postulation und Demonstration) in der Öffentlichkeit, zumeist mit Hilfsmitteln.

---

[22] An diesen Versammlungsbegriff des VersG knüpfen ua die Straßenverkehrsordnung (StVO), das Überwachungsgebührengesetz sowie die Landesgebrauchsgebührengesetze ausdrücklich an, indem sie Ausnahmen von Bewilligungs- bzw Gebührenpflichten für Versammlungen iS des VersG statuieren.

6. Der bestimmte Ort der Versammlung.
7. Die bestimmte Zeit (Beginnzeit) und die Dauer der Versammlung.

Die Analyse dieser Wesensmerkmale, die zugleich als Begriffselemente und als Beurteilungskriterien verstanden werden können, erfolgt nachstehend unter besonderer Berücksichtigung des historischen Begriffsverständnisses, des systematischen Grundrechtszusammenhanges und der entsprechenden Gesetzesmaterien. Die dem Versammlungsbegriff zugrundegelegte allgemeine Versammlungsfreiheit nach dem Grundrecht wird in diesem Sinn zunächst vorausgesetzt. Der Versammlungsbegriff nach § 2 VersG wird im folgenden unter besonderer Bedachtnahme auf die durch das VersG und durch andere Gesetze verfügten institutionellen Einschränkungen konkret aufbereitet und wirklichkeitsbezogen kritisch hinterfragt.

Nach dem VersG können Versammlungen entweder frei gebildet werden, oder sie sind anzeigepflichtig. Auszugehen ist zunächst davon, daß nicht jede Zusammenkunft von mehreren Menschen oder irgendeine Menschenansammlung als *Versammlung im Sinn des § 2 VersG* anzusehen ist[23]. Eine Ansammlung (Zusammenkunft) von mehreren Menschen ist nach der Judikatur des Verfassungsgerichtshofs nur dann als eine *Versammlung iS des § 2 VersG zu werten, wenn sie „in der Absicht veranstaltet wird, die Anwesenden zu einem gemeinsamen Wirken (Debatte, Diskussion, Manifestation usw.) zu bringen*"[24]. In seinen jüngeren Erkenntnissen zur Versammlungsfreiheit hat dies der Verfassungsgerichtshof näher präzisiert. Danach hat sich die Beurteilung, ob eine Zusammenkunft von Menschen eine „Versammlung" ist, „an ihrem Zweck und an den Elementen der äußeren Erscheinungsformen (wozu die näheren Modalitäten, die Dauer und die Zahl der Teilnehmer der Veranstaltung gehören) zu orientieren"[25]. Zeit, Dauer und Ort sind in den meisten Erkenntnissen als weitere Merkmale wesensgemäß vorausgesetzt.

Bei der Beurteilung, ob eine Zusammenkunft eine Versammlung iS des VersG und des Grundrechts nach Art 11 EMRK und nach Art 12 StGG in Verbindung mit dem Beschluß der Provisorischen Nationalversammlung in ihrem Zusammenhalt ist, kommt es letztlich auf das tatsächliche Verhalten der versammelten Menschen an und nicht etwa bloß darauf,

---

[23] So bereits die ältere Rechtsprechung des OGH GlUNF 3948/1912.

[24] VfSlg 4586/1963, 5193/1966, 5195/1966, 8685/1979, 9783/1983, 10443/1985, 10608/1985 ua.

[25] VfSlg 11651/1988; vgl auch die in den Entscheidungsgründen gleichen, aber nicht in der Slg veröffentlichten Erkenntnisse VfGH 12. März 1988, B 926/87-14; VfGH 14. März 1988, B 1177/87-8; VfGH 13. Juni 1988, B 751/88-7.

ob die beabsichtigte Zusammenkunft formal als „Versammlung“ angezeigt wurde, mag sie auch anzeigepflichtig sein. Sollte daher eine angezeigte Zusammenkunft einen anderen als den nach der Anzeige intendierten Charakter haben oder später annehmen, dann ist die tatsächlich stattfindende Zusammenkunft unabhängig von der Anzeige (Planung) zu beurteilen.

1. Der Augenblicksverband

Versammlungen sind als planmäßige Ansammlungen von Menschen nichtinstitutionalisierte und zeitlich vorübergehende Gemeinschaften. Man nennt sie daher auch Augenblicksverbände. Derartige Zusammenkünfte setzen das *Zusammenkommen einer Mehrzahl von Menschen als Teilnehmer* voraus. Eine absolute Mindest- und Höchstzahl von Teilnehmern ist gesetzlich nicht vorgeschrieben. Wohl aber können sich aus räumlichen Voraussetzungen für die Durchführung Beschränkungen ergeben, die sich zwangsläufig auch auf die Zahl der Teilnehmer auswirken. Andererseits ist aber die Kundgebung eines Einzelnen keine Versammlung iS des Grundrechts. Einmannkundgebungen sind allenfalls durch Freizügigkeit und Aufenthaltsfreiheit auf dem der Allgemeinheit gewidmeten öffentlichen Gut und durch das Recht auf individuelle freie Meinungsäußerung geschützt. Das gilt auch für mehrere Einzelne, die sich zwar gleichzeitig an einem Ort befinden, die aber nicht durch ein gemeinsames Wirken miteinander verbunden sind.

Wann eine anzeigepflichtige „Volksversammlung“ oder überhaupt eine „allgemeinzugängliche Versammlung ohne Beschränkung auf geladene Gäste“, zumeist eine „politische Versammlung“ im engeren Sinn vorliegt, ist im VersG (§ 2 Abs 1) nicht näher geregelt. *Der Begriff „Volksversammlung“ deutet sowohl auf eine größere Zahl von Menschen als Teilnehmer wie auch auf eine personelle Offenheit für jedermann als Kriterium für die Teilnehmerzahl hin.* Ab welcher zahlenmäßigen Größe eine derartige „allgemein zugängliche Versammlung“ vorliegt, ist aber auch nicht in absoluten Zahlen bestimmbar. HUGELMANN meint, das Versammlungsrecht behaupte seine Herrschaft „nur dort ohne Einschränkung, wo die polizeiliche Gefahr beginnen kann, nämlich in jenen Fällen, in welchen die Art der Einberufung eine größere Zahl von Erscheinenden in Aussicht stellt“. Diese Grenze festzusetzen sei zwar Tendenz des § 2 VersG, nur sei ihm nicht gelungen, sie in klarer Weise zu ziehen[26].

---

[26] HUGELMANN, Studien zum österreichischen Vereins- und Versammlungsrechte (1879) 31.

Der Verfassungsgerichtshof hat anläßlich der Prüfung der Zulässigkeit eines Informationsstandes zur Frage der Teilnehmeranzahl folgendes ausgeführt[27]: „Allein schon daraus, daß darin (in der Eingabe der Beschwerdeführer) von ‚4 Teilnehmern' die Rede ist, war zu entnehmen, daß mit der beabsichtigten Aufstellung eines Informationsstandes keine Versammlung iS des VersG durchgeführt werden sollte"[28]. Aus dieser Aussage den Schluß zu ziehen, Versammlungen mit weniger als fünf Teilnehmern seien nach Ansicht des Verfassungsgerichtshofs schlechthin keine Versammlungen iS des VersG, wäre aber verfehlt. Die Beschränkung der Teilnehmerzahl in der Eingabe an die Behörde auf „ca. 4 Personen" kann nämlich ebensogut als ein Hinweis darauf verstanden werden, daß eine Versammlung schon von der Planung her nicht „allgemein zugänglich" sein soll, weil der Teilnehmerkreis von vornherein festgelegt und begrenzt ist. Entscheidend für das Vorliegen einer Versammlung im Sinn des § 2 VersG ist demgemäß nicht eine absolute Zahl als Untergrenze, sondern vielmehr der Umstand, daß die Teilnehmerzahl im Sinn des Merkmals der allgemeinen Zugänglichkeit von vornherein offen ist.

Versammlungen iS des VersG müssen grundsätzlich auf eine offene Teilnehmerzahl ausgerichtet sein. Daraus ergibt sich wenigstens als Prinzip zwar auch das Erfordernis einer Mindestanzahl von Teilnehmern[29]. Doch bedeutet kaum einmal eine Zusammenkunft mit nur wenigen Teilnehmern eine Versammlung im Sinn des § 2 VersG. Der historische Gesetzgeber wollte offensichtlich nur planmäßige Versammlungen von einer erheblichen Mindestgröße und demgemäß weder spontane Versammlungen von geringfügiger Größe noch vorübergehende Gruppierungen von Leuten durch Anzeigepflicht und strengere Kontrollmöglichkeiten nach dem VersG erfassen[30]. Spontane Versammlungen und vorübergehende Grup-

---

[27] In VfSlg 10.608/1985.

[28] Bereits im Erkenntnis VfGH 13. Juni 1988, B 751/88-7, zu einem ähnlichen Sachverhalt findet sich der Hinweis auf die Teilnehmerzahl nicht mehr; vgl auch VfSlg 11651/1988.

[29] Eine Untergrenze wäre aus der Interpretation des Wortes „mehrere" im gegebenen Zusammenhang zu gewinnen. Das Strafgesetzbuch enthält im § 115 Abs 2 eine Legaldefiniton des Begriffes „mehrere" für den Tatbestand des § 115 Abs 1 („Beleidigung"). Danach wird eine Handlung vor „mehreren Leuten begangen, wenn sie in Gegenwart *von mehr als zwei* vom Täter und vom Angegriffenen verschiedenen Personen begangen wird und diese sie wahrnehmen können" (Hervorhebung durch mich). Diese Legaldefinition erscheint auch für den gegebenen Zusammenhang brauchbar: die personelle Untergrenze für Versammlungen liegt bei drei Teilnehmern.

[30] Nämlich ab einer Größe, „wo die polizeiliche Gefahr beginnen kann" (HUGELMANN, Studien 31).

pierungen sind daher zwar Versammlungen im Sinn des Grundrechts, sie unterliegen aber nicht den präventiven Beschränkungen des VersG und haben ihren weiteren verfassungsrechtlichen Hintergrund im Grundrecht auf Freizügigkeit und auf Freiheit der Meinungsäußerung. Dieses Sinnverständnis wird auch durch den Beschluß der Provisorischen Nationalversammlung in der extensiven Deutung durch den Verfassungsgerichtshof bestätigt. Sie ergibt sich aber allein schon aus dem verfassungsgesetzlich (Art 12 StGG und Art 11 EMRK) festgelegten Begriff einer grundsätzlichen Versammlungsfreiheit[31].

Für die Beantwortung der Frage nach der Anzahl der Teilnehmer muß auch die Vielfalt der Erscheinungsformen der Versammlungen berücksichtigt werden. Ihr würde eine schematisch vereinfachende Betrachtungsweise nicht gerecht. Ebenso wie die Frage der Zeit und der Dauer einer Versammlung darf auch die Frage der Teilnehmerzahl nicht isoliert, sondern nur in Zusammenschau mit dem Zweck, mit der Dauer, mit dem Ort und mit den näheren Modalitäten der Zusammenkunft[32] betrachtet werden.

Versammlungen nach § 2 VersG müssen jedenfalls *„allgemein zugänglich“* sein, dh sie müssen für eine beliebige Anzahl von Personen aus der Öffentlichkeit offen sein. Je kleiner ihr tatsächlicher Umfang ist, desto fraglicher erscheint es, ob eine Zusammenkunft von Menschen als eine Versammlung im Sinn des § 2 VersG zu qualifizieren ist. Eine durch die Angabe einer bestimmten (begrenzten) Teilnehmerzahl in der Versammlungsanzeige zum Ausdruck kommende Beschränkung spricht jedenfalls gegen den Versammlungscharakter einer Zusammenkunft. „Volksversammlungen“ sind begriffsgemäß für jedermann zugängliche öffentliche Zusammenkünfte von einer erheblich größeren, zahlenmäßig nicht von vornherein begrenzten Anzahl von Menschen.

Träger des Grundrechts ist dabei niemals der Augenblicksverband. Ihm fehlt die Rechtspersönlichkeit. Träger des Grundrechts sind die einzelnen Personen, seien sie nun Organisatoren und Planer oder nur schlichte Teilnehmer.

---

[31] Zur Veranschaulichung siehe dazu unten D I 1 e) und f).

[32] Einen gegenteiligen Eindruck erweckt die Begründung in VfSlg 10.608/1985: „Allein schon daraus, daß darin“ (nämlich in der Eingabe, Anm d Verf) „von ‚4 Teilnehmern‘ die Rede ist, war zu entnehmen, daß ...“. Auffallend ist, daß der VfGH in jüngeren Erkenntnissen (beginnend mit VfGH 13. Juni 1988, B 751/88-7; vgl auch VfSlg 11651/1988) davon abgegangen ist, diese Begründung zu zitieren.

2. Der Veranstalter oder Initiator einer Versammlung

Anzeigepflichtige Versammlungen iS des § 2 VersG sind im allgemeinen und wesensgemäß geplant. Das ergibt sich für den Anwendungsbereich der Beschränkungen (Anzeigepflicht) des VersG aus der Verpflichtung der vorherigen Anzeige unter Angabe des Zweckes, des Ortes, der Zeit und der Dauer von derartigen Versammlungen (§ 2). Als Planer, Initiator und Anzeiger (Veranstalter) kommen sowohl physische als auch juristische Personen in Frage. Daher sind auch die von Vereinen veranstalteten öffentlichen Zusammenkünfte Versammlungen im Sinn des § 2 VersG.

Seit dem Inkrafttreten des Art 11 EMRK sind Staatsbürger und Staatsfremde (Ausländer) im Recht auf Versammlung zwar gleichgestellt. § 8 des VersG bestimmt aber, daß Ausländer weder als Veranstalter noch als Ordner oder Leiter einer Versammlung „zur Verhandlung öffentlicher Angelegenheiten“ auftreten dürfen.

Aus dem Kreis der Teilnehmer ist daher für geplante Versammlungen nach § 2 VersG eine – auch im VersG erwähnte – Gruppe besonders hervorzuheben, nämlich der (die) *Veranstalter*, die *Ordner* und der *Leiter* einer Versammlung (§ 8 VersG). Veranstalter ist derjenige, der eine Versammlung plant, der sie in der Öffentlichkeit ankündigt, der die Versammlung gem § 2 VersG anzeigt, der für die Behörde vor der Durchführung der Versammlung als Kontaktperson zu handeln hat.

Dem Leiter und den Ordnern einer anzeigepflichtigen geplanten Versammlung obliegt eine Art von autonomer oder interner „Versammlungspolizei“, di das Recht und die Pflicht, während einer Versammlung auf die Wahrung der Gesetze zu achten und für die Aufrechterhaltung der Ordnung Sorge zu tragen. Leiter und Ordner haben gem § 11 VersG gesetzwidrigen Äußerungen oder Handlungen der Versammelten entgegenzutreten. Wenn ihren Anordnungen keine Folge geleistet wird, hat der Leiter die Versammlung aufzulösen.

3. Der Versammlungszweck

Das VersG nimmt an mehreren Stellen auf den Versammlungszweck Bezug. Hier soll nur die Frage behandelt werden, auf welchen Zweck eine Zusammenkunft von Menschen gerichtet sein soll, damit eine Versammlung iS des geschützten Grundrechts vorliegt, und nicht, welche Zwecke darüber hinaus noch verfolgt werden dürfen, ohne den Untersagungstatbestand des § 6 VersG zu erfüllen[33].

Nach § 1 des VersG muß die Versammlungsanzeige die Angabe des Versammlungszweckes mitumfassen. Die §§ 4 und 5 VersG nehmen Versammlungen, die besonderen Zwecken oder traditionellen Gepflogenheiten dienen (Wahlbesprechungen, Besprechungen mit gewählten Abgeordneten, herkömmliche Zusammenkünfte) „von den Bestimmungen" des VersG aus. Dadurch wird deren Versammlungseigenschaft im Sinn der Freiheitsgewährleistung des Grundrechts nicht in Frage gestellt. § 5 des VersG hat nämlich gleich dem § 4 VersG nur die Funktion einer negativen Abgrenzung der öffentlichen (Volks)Versammlungen von jenen Zusammenkünften[34], die nicht den besonderen Beschränkungen des VersG unterliegen.

Zweck einer Volksversammlung etc im Sinn des § 2 VersG ist die öffentliche Einwirkung auf die Allgemeinheit (nicht auf Private) durch kollektive Meinungskundgabe in Angelegenheiten der Allgemeinheit. *Ausdrucksform* für den Zweck ist einerseits die ad hoc geplante kollektive Meinungsäußerung und -bildung über Angelegenheiten der Allgemeinheit, andererseits die beabsichtigte Erzeugung eines Eindrucks in der Öffentlichkeit. Durch ein solches Kollektivverhalten einer öffentlichen Zusammenkunft, das als Protest, als Bekräftigung oder als Forderung in Erscheinung tritt, soll die angesprochene Allgemeinheit auf den Versammlungszweck aufmerksam gemacht werden. Auf diese Weise will man sich insbesondere gegenüber politischen Entscheidungsorganen für bestimmte Angelegenheiten der Allgemeinheit, in diesem Sinn für ein „politisches" Wollen, Gehör verschaffen. Anliegen solcher Versammlungen ist primär eine protestierende, bekräftigende oder/und fordernde (demonstrative) Äußerung (Manifestation) von Meinungen in Angelegenheiten der Allgemeinheit, als Ergebnis von gemeinschaftlichen Meinungsbildungen und thematisch gebundenen Auseinandersetzungen. Daraus folgt unter anderem, daß geplante Zusammenkünfte, die primär auf eine Behinderung Dritter oder der Allgemeinheit gerichtet sind, einen Grundrechtsmißbrauch bedeuten. Sie sind begrifflich zwar Versammlungen iS des § 2 VersG, aber unzulässig. Gemäß § 6 VersG sind sie daher zu untersagen.

---

[33] Zu den strafgesetzwidrigen Zwecken siehe unten C II.

[34] Öffentliche Belustigungen, Hochzeitszüge, volksgebräuchliche Feste oder Aufzüge, Leichenbegängnisse, Prozessionen, Wallfahrten und sonstige Versammlungen (iwS) oder Aufzüge zur Ausübung eines gesetzlich gestatteten Kultus, wenn sie in der hergebrachten Art stattfinden, also üblich geworden sind; dazu siehe unten D I 1 a).

Eine gesetzliche Bedachtnahme auf den Zweck – im hier gebrauchten inhaltlichen Sinn – ergibt sich auch aus § 5 des VersG. Dieser nimmt in einer wohl nur scheinbar taxativen[35] Aufzählung eine Reihe von Menschenansammlungen oder Zusammenkünften unzweifelhaft von der Anzeigepflicht aus. Solche Zusammenkünfte werden unten unter D I 1 a) näher dargestellt. An dieser Stelle sei nur festgehalten, daß es sich bei den ausgenommenen Zusammenkünften hauptsächlich um solche handelt, deren Zweck nicht auf derartige Angelegenheiten der Allgemeinheit gerichtet ist.

Aber auch ein Blick auf die Entstehungsgeschichte des VersG ist aufschlußreich. Bereits am 18. Dezember 1863 wurde dem Abgeordnetenhaus des Reichsrats in Verbindung mit einem Gesetzesentwurf ein Ausschußbericht vorgelegt[36]. Eine Verhandlung fand darüber jedoch nicht statt, da die Session am 15. Februar 1864 geschlossen wurde. Im § 2 dieses Gesetzesentwurfs wurde zwischen der „Volksversammlung zu was immer für einen Zweck" einerseits und der „allgemein zugänglichen Versammlung ohne Beschränkung auf geladene Gäste zu Besprechungen oder Verhandlungen über öffentliche Angelegenheiten" andererseits unterschieden[37]. Für beide Versammlungsarten sah der Gesetzesentwurf eine Anzeigepflicht vor. Im Ausschußbericht wurde weiters festgestellt, daß sich der Regelungsbereich des (Vereins- und) Versammlungsgesetzes nicht auf „politische" (Vereine und) Versammlungen beschränken solle.

Der historische Gesetzgeber ging also bei der Erlassung des Staatsgrundgesetzes über die allgemeinen Rechte der Staatsbürger, RGBl 1867/142, von einem überkommenen weiteren Versammlungsbegriff aus, wie er in dem zu diesem Zeitpunkt bereits in Geltung stehenden und nach einem älteren Vorbild konzipierten Versammlungsgesetz enthalten war. Die Regierungsvorlage für das VersG 1867 wurde am 16. Juli 1867 dem Abgeordnetenhaus des Reichsrates übergeben. Nach der Diskussion im Ausschuß wurde es am 24. Juli 1867 ohne umfangreiche Plenardebatte beschlossen. Nach dem Beschluß durch das Herrenhaus wurde das Gesetz durch den Kaiser am 15. November 1867 sanktioniert.

---

35 SEIDLER, Der Begriff der Versammlung nach dem Versammlungsgesetz, ÖVA 3/4 (1963) 75 (78 f), weist darauf hin, daß man an der Terminologie dieser Gesetzesstelle nicht allzu starr festhalten darf, da sich der Sprachgebrauch seit 1867 geändert hat und daß „seinerzeit ohne Zweifel Veranstaltungen unter die vom Gesetz angenommenen Versammlungstypen fielen, deren Subsumierung heute sprachliche Bedenken erwecken könnte".

36 861 BlgAH 2. Sess (1863).

37 Der Sinn der Unterscheidung ist unklar, er dürfte seinen Grund aber in der Übernahme von Begriffen aus der preußischen Rechtsordnung haben (vgl HUGELMANN, Studien 71 FN 1).

§ 2 VersG 1867[38] lautet: „Wer eine Volksversammlung oder überhaupt eine allgemein zugängliche Versammlung ohne Beschränkung auf geladene Gäste veranstalten will ...“ Die dürftigen Materialien[39] geben keinen Hinweis auf den Diskussionsverlauf. Erkennbar ist lediglich, daß der Entwurf für die Regierungsvorlage aus dem Jahr 1863 auch im Jahr 1867 als Vorlage gedient hat.

Der Verfassungsgerichtshof nimmt in seiner Judikatur zur Frage des Versammlungszwecks nur unzureichend Stellung. Die Judikatur bietet aber insofern einen Anhaltspunkt, als nach dem Verfassungsgerichtshof eine Versammlung dann vorliegt, wenn die Anwesenden „zu einem gemeinsamen Wirken (Debatte, Diskussion, Manifestation usw.)“ gebracht werden sollen[40]. Aus dem Hinweis auf die Formen des gemeinsamen Wirkens läßt sich auch Entscheidendes für den darin eingeschlossenen Zweck gewinnen: Debatte, Diskussion und die Manifestation eines Wollens in Angelegenheiten der Allgemeinheit sind typische Formen der öffentlichen Auseinandersetzung, der Meinungsbildung und der Meinungskundgabe unserer Tage. Auch der Hinweis, daß eine Versammlung die Zusammenkunft von Menschen zum gemeinsamen Zweck der Erörterung von Meinungen oder der Kundgabe von Meinungen (Postulaten) an andere ist, macht den notwendigen Zusammenhang des Versammlungsbegriffs mit dem Begriff der Angelegenheiten der Allgemeinheit als Zweck erkennbar.

In der österreichischen Literatur gibt es zur Frage des Inhalts des Versammlungszweckes nur dürftige Stellungnahmen. TEZNER[41] meint, die Unterscheidung zwischen Versammlungen „mit politischem und nicht politischem Zwecke“ sei dem Gesetz fremd. FESSLER[42] schließt sich dieser Meinung an, indem er meint, daß weder das VersG noch das VereinsG eine Unterscheidung zwischen Versammlungen, die andere Zwecke verfolgen und solchen mit politischen Zwecken kennen. Nach WALTER – MAYER sind Versammlungen allgemein zugängliche, geplante Zusammenkünfte von Menschen schlechthin „zu politischen Zwecken“[43]. Nach ERMACORA

---

[38] RGBl 1867/134, der dem geltenden § 2 VersG im wesentlichen entspricht.

[39] 13, 14 BlgAH 4. Sess (1867).

[40] ZB VfSlg 10608/1985 und 11651/1988.

[41] TEZNER, Versammlungsrecht, in: Mischler – Ulbrich, Österreichisches Staatswörterbuch[2], Bd IV (1909) 749.

[42] FESSLER, Österreichisches Versammlungsrecht[2] (1988) 31.

[43] WALTER – MAYER, Grundriß des Besonderen Verwaltungsrecht[2] (1987) 54, unter Hinweis auf das Erk VfSlg 8685, das sich jedoch mit der Frage des „Politischen“ als Versammlungszweck nicht befaßt.

kann nur dann von Versammlungen die Rede sein, „wenn mehrere Menschen öffentlich zusammenkommen, um öffentliche Angelegenheiten gemeinsam und mündlich zu erörtern oder eine Kundgebung zu veranstalten“[44]. RASCHAUER zufolge stehen im Kern des Versammlungsbegriffs jedenfalls Zusammenkünfte, die auf ein gemeinsames Wirken in der staatlichen Gemeinschaft abzielen[45]. Eine Einschränkung des Begriffs auf bloß parteipolitische Versammlungen, dh auf politische Versammlungen in einem engsten Sinn lehnt er mit Recht ab.

Keiner der Autoren gibt für seine Ansicht eine nähere Begründung. Während TEZNER und FESSLER den Wortlaut des Gesetzes für sich haben, ist die von WALTER – MAYER anscheinend vorgenommene Beschränkung auf „politische“ Zwecke ieS aus dem bloßen Wortlaut des Gesetzes nicht ableitbar. Sie ist überdies sogar für die anzeigepflichtigen Versammlungen zu eng. Auch der begeisterte Empfang eines Olympiasiegers durch tausende Fans bei dessen Ankunft im Heimatort ist eine Versammlung. Wenngleich eine große Zahl von anzeigepflichtigen Versammlungen in der Praxis auf ein „politisches“[46] Wirken im engeren Sinn gerichtet ist, darf man daraus dennoch nicht folgern, daß Versammlungen iS des § 2 VersG nur zu politischen Zwecken im engeren Sinn erfolgen dürfen. Die Ausnahmen von Versammlungen aus der Anzeigepflicht durch die §§ 4 und 5 des VersG bestätigen diese Auffassung.

Zusammenkünfte zu rein privaten Zwecken wollte der Gesetzgeber zweifellos nicht über § 2 VersG erfassen. Wohl aber fällt jede *geplante Zusammenkunft zum Zweck der Erörterung oder der Kundgabe von Meinungen in Angelegenheiten der Allgemeinheit* (politische Angelegenheiten im weiteren Sinn) unter den Versammlungsbegriff des § 2 VersG. Hinweise dafür bietet das Gesetz, wenn einerseits im § 1 VersG von „allgemein zugängliche(n) Versammlung(en)“ die Rede ist und wenn andererseits im § 5 gesondert hervorgehobene Zusammenkünfte vom Anwendungsbereich des VersG ausgenommen sind. Mit der exemplarischen Aufzählung von Formen der öffentlichen Auseinandersetzung bestätigt auch der Verfassungsgerichtshof diese Einschränkung für anzeigepflichtige Versammlungen. Wenngleich nicht schlechthin von den Auseinandersetzungsformen auf deren Inhalt geschlossen werden darf, so sind diese dennoch ein wichtiges In-

---

44 ERMACORA, Handbuch der Grundfreiheiten und Menschenrechte (1963) 311; *derselbe*, Grundriß der Menschenrechte in Österreich (1988) Rz 743.

45 RASCHAUER, Besonderes Verwaltungsrecht (1990) 71.

46 Unter „Politik“ wird hier „auf die Gestaltung des öffentlichen Lebens gerichtetes Verhalten und rationelles Handeln“ verstanden (GROSSER BROCKHAUS).

diz für die Zielsetzung, für den Zweck von Versammlungen. Mit der öffentlichen Diskussion oder/und Manifestation einer Sache, die die Allgemeinheit betrifft, wird diese zur öffentlichen und in diesem Sinn „politischen" Angelegenheit in einem weiteren Sinn, dh auf die Allgemeinheit ausgerichtet.

Der Zweck der Versammlung nach § 2 VersG betrifft also Angelegenheiten der Allgemeinheit. Sie sind öffentlich und richten sich daher auch an die Allgemeinheit. Darin ist selbstredend eine negative Seite eingeschlossen. Privatangelegenheiten sind aus diesem Zweck ausgeschlossen. Versammlungen nach § 2 VersG dürfen sich nicht gegen die Privatsphäre Einzelner richten (Art 8 EMRK).

In Abgrenzung von bloß zufälligen, spontanen und in aller Regel kleinen Menschenansammlungen[47] ist festzuhalten, daß besonders die im Sinn des VersG anzeigepflichtigen Volksversammlungen auf eine geplante, zweckgebundene und gemeinsame (Meinungsbildung und) Meinungsbekundung der Teilnehmer gerichtet sein müssen. Nach HUGELMANN kann nur „eine zielbewußte örtliche Vereinigung, nicht eine zufällige Anhäufung von Personen" „das Object des Versammlungsrechts bilden, und auch diese nur dann, wenn der Zweck von den Veranstaltern der Versammlung im voraus ausgesprochen ist. Die vorhergehende Einladung oder Berufung zu bestimmtem Zweck unterscheidet demnach die Versammlung sowohl von der zufälligen Vereinigung als von der Zusammenrottung. Die Natur des Zweckes kann die verschiedenartigste sein, nur *Eines* ist erforderlich, nämlich die Erreichbarkeit desselben durch die Cooperation der Versammelten, da sonst keine Versammlung sondern eine öffentliche Schaustellung oder Production einiger Weniger vorläge"[48].

Der Verfassungsgerichtshof setzte sich erstmals im Jahr 1963 mit der Unterscheidung und Abgrenzung der bloßen „Ansammlung" von der „Versammlung" im Sinn der besonderen Beschränkungen des VersG auseinander[49]. Nach der Rechtsprechung des Verfassungsgerichtshofs hat der Gesetzgeber des Jahres 1867 bei der Erlassung des VersG für Versammlungen den Zweck, auf ein gemeinschaftliches Ziel hinzuwirken, vorausge-

---

[47] Siehe dazu die Beispiele von PLÖCHL, Zum Begriff der „Versammlung", ÖJZ (1963) 253 f: Reisende in der Eisenbahn, Kunden in einem Kaufhaus etc. Siehe aber auch unten D I 1 e).

[48] HUGELMANN, Studien 31 (Hervorhebung im Original).

[49] VfSlg 4586/1963. Beachtlich scheint dabei aber die Unterscheidung zwischen der Erlaubtheit zufälliger Zusammenkünfte und dem Verbot von Zusammenrottungen zu sein. Zur Zusammenrottung siehe unten D I 1 f).

setzt. Nach der ständigen Judikatur des Verfassungsgerichtshofs[50] ist eine Zusammenkunft von mehreren Menschen nur dann als eine Versammlung iS des VersG zu werten, wenn sie in der Absicht veranstaltet wird, die Anwesenden zu einem gemeinsamen Wirken (Debatte, Diskussion, Manifestation usw) zu bringen, „sodaß eine gewisse Assoziation der Zusammengekommenen entsteht". Eine Versammlung ist „das Zusammenkommen von Menschen (auch auf Straßen) zum gemeinsamen Zweck der Erörterung von Meinungen oder der Kundgabe von Meinungen an andere". Anzeigepflichtige Versammlungen werden mit dem Ziel veranstaltet, in Angelegenheiten der Allgemeinheit auf das Handeln staatlich Verantwortlicher öffentlich hinzuwirken, in diesem Sinn *geplant* politisch in einem weiteren und gegebenenfalls auch in einem engeren Sinn zu handeln.

Die Aufstellung von Informationsständen, die Information von zufällig vorbeikommenden Passanten über ein bestimmtes Anliegen, das Sammeln von Unterschriften oder das Verteilen von Druckwerken begründen mangels eines gemeinsamen Wirkens für sich allein keine Versammlung. Der Verfassungsgerichtshof begründet das wörtlich wie folgt[51]: „Wenn im Laufe dieser stundenlang währenden Tätigkeit fallweise für kürzere Zeit einige Passanten stehenblieben und mit den Veranstaltern in ein Gespräch oder in eine Diskussion gerieten, so entstand dadurch nicht eine ‚gewisse Assoziation der Zusammengekommenen'. *Insgesamt gesehen*[52] beschränkte sich nämlich der geplante und effektuierte Zweck der Veranstaltung – wie dargetan – darauf, zufällig vorüberkommende Passanten zu informieren".

Allgemein läßt sich daraus zweierlei ableiten. Zum einen muß es über den (geplanten und effektuierten) Zweck hinaus zu einer *gewissen Assoziation* der Teilnehmer kommen. Damit scheint zunächst wohl eine Art Zusammengehörigkeitsverhalten gemeint zu sein. Die Zusammengekommenen müssen, verbunden durch eine geplante gemeinsame Thematik, die Vorstellung haben, daß sie *mit anderen gemeinsam auf ein Ziel hin wirken*. Ein zufälliges Wirken verschiedener Einzelner auf ein gleiches Ziel hin, bloß aufgrund von Einzelinteressen, erfüllt das Kriterium des gemeinsamen Wirkens nicht[53].

---

[50] VfSlg 5193/1966, 5195/1966, 5415/1966, 8685/1979, 9783/1983, 10443/1985, 10608/1985 ua.

[51] ZB VfGH 12. März 1988, B 926/87-14, VfSlg 11651/1988; in jüngerer Zeit VfGH 29. September 1989, B 706/89-6.

[52] Hervorhebung von mir.

[53] PLÖCHL, Zum Begriff der „Versammlung", ÖJZ (1963) 253.

Zum zweiten läßt die Aussage des Verfassungsgerichtshofs erkennen, daß der Gesamtzusammenhang erheblich ist. Kommt es während einer auf längere Dauer geplanten Zusammenkunft von Menschen nur zu einzelnen kürzeren Phasen eines zufälligen gemeinsamen Wirkens einiger weniger, so reicht dies nicht für das Vorliegen einer nach § 2 VersG anzeigepflichtigen Versammlung aus, wenn *insgesamt* der Zweck der Veranstaltung ein anderer ist.

Darüber hinaus muß der Zweck auf ein gemeinsames Thema, dh auf einen gemeinsamen Gegenstand (Angelegenheiten der Allgemeinheit) gerichtet sein. Das bedeutet aber nicht, daß alle Teilnehmer konforme Interessen haben und in allen das Versammlungsthema betreffenden Punkten einer Meinung sein müssen. Die den (Diskussions)Versammlungen begrifflich innewohnende „Erörterung von Meinungen" schließt das bereits wesensgemäß aus. Sogar bei Demonstrationen sind regelmäßig Partikularinteressen von Gruppen und Untergruppen zu beobachten.

Damit ist die inhaltliche Seite des Versammlungszweckes, der Gegenstand der Versammlung zentral angesprochen.

Die Beschränkung auf *Angelegenheiten der Allgemeinheit* wird aus dem allen Versammlungen als wesentlich zugeschriebenen Charakter der Öffentlichkeit abgeleitet. „Angelegenheiten der Allgemeinheit" sind solche, die im lokalen, regionalen, nationalen oder internationalen Bereich ein allgemeines Interesse finden. Öffentliche Fragen gehen die Allgemeinheit an[54]. Davon kann jeder Lebensbereich betroffen sein. Insofern ist der Begriff „Angelegenheiten der Allgemeinheit" weit auszulegen und reicht über das „Politische" im engeren Sinn hinaus. Gemäß dem Grundsatz „in dubio pro libertate"[55], von dem bei der Interpretation von Grundrechtsregelungen auszugehen ist, darf im Zweifel die Qualifizierung einer Zusammenkunft von Menschen als Versammlung iS des Grundrechts über die Interpretation des Begriffs „Angelegenheiten der Allgemeinheit" nicht eingeengt werden.

Der eigentliche verfassungsrechtliche Grund für dieses Sinnverständnis vom Grundrecht ist aber die Staatsform der Demokratie. Für diese sind kollektive öffentliche Meinungsbekundungen typisch, die sich an die Allgemeinheit oder auf das Handeln politisch Verantwortlicher richten. In diesem Sinn finden heutzutage öffentliche Versammlungen ihre institutio-

---

[54] Vgl FREUND, Das in Österreich geltende Vereins- und Versammlungsgesetz[3] (1900) 323: „Öffentliche Fragen sind solche, welche die ‚Allgemeinheit' angehen."

[55] SCHÄFFER, Verfassungsinterpretation in Österreich (1971) 153.

nelle Überhöhung, Ausweitung und Verstärkung durch verfassungsgesetzlich besonders geregelte Volksbefragungen und Volksabstimmungen (Art 49 b und Art 46 B-VG).

Vorläufig kann daher festgehalten werden, daß eine nach § 2 VersG anzeigepflichtige Versammlung im Sinn des einfachgesetzlichen einschränkbaren Grundrechts eine geplante, orts- und zeitgebundene Ansammlung (Zusammenkunft) einer Mehrzahl von Menschen ist, welche, gerichtet auf die Erörterung, die Bildung und die demonstrative Kundgabe von Meinungen und/oder auf die Beeinflussung der Allgemeinheit, Angelegenheiten der Allgemeinheit zum Zweck hat.

4. Das Verhalten von Menschen als Zusammenkunft

Versammlungen sind ihrem Wesen nach zwar geplante, aber dennoch *freie Ansammlungen* oder Zusammenkünfte einer Mehrzahl von Menschen zur kollektiven öffentlichen Meinungsbildung und/oder Meinungskundgabe (Manifestation) in Angelegenheiten der Allgemeinheit. In dieser Charakteristik der Versammlung werden zwei Seiten der typischen Verhaltensweisen der Versammlungsteilnehmer sichtbar. Die eine Seite ist das körperliche Verhalten, die *freie Zusammenkunft*, dh *das freie sich Hinbegeben* zu einem Ort, *das freie Beisammensein*, *das freie Verharren* an diesem Ort als vollzogene Zusammenkunft und das *freie Auseinandergehen* als Auflösung der Zusammenkunft, dh das freie Verlassen des Versammlungsortes. Die andere Seite umfaßt den Meinungsaustausch und die in die sprachliche Form oder in sichtbare Symbole (für Gedanken) gekleidete (demonstrative) Meinungsbekundung, Demonstration oder Manifestation gemeinschaftlichen Wirkens, eines gemeinschaftsorientierten Wollens, sei es mit Hilfsmitteln, sei es ohne Hilfsmittel. Zunächst zum körperlichen Verhalten.

Die häufigsten Versammlungsarten sind die *Diskussionsversammlung*, der formierte und sich formierende *Aufzug* und die *Kundgebung*, sei es mit oder ohne das qualifizierte Erscheinungsbild einer *Demonstration*. Die typische Verhaltensweise bei der Diskussionsversammlung und bei der Kundgebung ist zunächst das freie Zusammenkommen als Ansammeln durch individuelles Einfinden an einem Ort. Die Teilnehmer begeben sich einzeln oder in beliebig formierten Gruppen zum Ort der Versammlung hin, wo sie für die Dauer der Versammlung in der Regel stehend oder sitzend verharren, um frei beisammen zu sein und schließlich wieder frei auseinanderzugehen. Bei „Aufzügen“ oder „Aufmärschen“ zu „Kundgebungen" auch in der Erscheinungsform von „Demonstrationen" liegt ein weiteres Charakteristikum im geplanten, geordneten, gruppenmäßigen Anmarsch[56] zu einem bestimmten Ort, um dort vorübergehend zu verharren. Bei Diskussionsversammlungen finden sich die Teilnehmer auf öffentlichen Plätzen oder in geschlossenen Räumen individuell und ungeordnet ein, verharren dort, um Meinungen zu bilden, zu erörtern und um schließlich gebildete Meinungen auch kundzutun und gehen individuell und ungeordnet wieder auseinander.

Autokolonnen und Schiffskorsos sind Schaufahrten, die sich von Fußgängerdemonstrationen ieS durch das Fortbewegungsmittel und durch die Fortbewegungsgeschwindigkeit unterscheiden. Damit verwandt sind *Auffahrten mit Traktoren* (und anderen fahrbaren landwirtschaftlichen Maschinen) bei Demonstrationen von Landwirten. Auch *Reiterkolonnen* sind als Formen der Meinungskundgabe denkbar. Keine anmeldepflichtigen Versammlungen im Sinn des § 2 VersG sind volksgebräuchliche Auffahrten, Faschingsumzüge, Erntedankfeste, Blumenkorsos u dgl.

Menschenketten unterscheiden sich von den üblichen Aufzügen und Kundgebungen (Demonstrationen) dadurch, daß die Teilnehmer nach Herstellung einer Grundformation auf einer längeren Wegstrecke zeitlich begrenzt verharren. Der Versammlungsort erstreckt sich über eine ausgedehnte Länge. Menschenketten können mehrere Kilometer lang sein.

Eine Sonderform des Aufmarsches zur Versammlung ist der *Schweigemarsch*. Bei ihm besteht die Meinungskundgabe in der kollektiven Fortbewegung in einem demonstrativen Schweigen zu einem vorher oder gleichzeitig bekanntgegebenen Thema. Visuellen Hilfsmitteln, wie Transparenten, Fackeln, Symbolen udgl, kommt dabei eine besondere Bedeutung zu.

Allen diesen Arten von Zusammenkünften ist das freie „Sich-Einfinden am Versammlungsort", das freie „Sich-Versammeln", das freie „Beisammensein" und schließlich das freie „Auseinandergehen" als charakteristisches Tun gemeinsam. Die Teilnehmer kommen letztlich an einem bestimmten Ort zu einem bestimmten gemeinsamen zweckgerichteten Tun frei zusammen, um für die Dauer der Zusammenkunft beisammen zu bleiben und kollektiv zu wirken. Typische Verhaltensweisen des „Sich-Versammelns" sind das *Sich-Hinbegeben* zu einem Ort und das *Verlassen* des Ortes, als *Gehen*, mitunter auch als *Fahren*. Typische Formen des „Bei-

---

[56] In der Terminologie des VersG: „öffentliche Aufzüge" (§ 15). Ganz allgemein ist zu beachten, daß die Vorschriften dieses Gesetzes großteils über 120 Jahre alt sind. Viele Ausdrücke entsprechen daher zwangsläufig nicht mehr dem heutigen Sprachgebrauch. Vgl auch § 5 VersG und oben FN 35.

sammenseins" sind das *Stehen* und *Sitzen* an einem Ort, das *Verharren*. Der neugierig und interessiert zur Versammlung Hinzukommende, der sich nach einer kurzen Zeit des bloßen Beobachtens zur Teilnahme entschließt, eine Weile verharrt und sich dann wieder entfernt, ist daher ebenso Teilnehmer wie der Engagierte, der sich uU sogar auf die Teilnahme vorbereitet hat und der vom Anfang bis zum Ende teilnimmt, um bei der Versammlung schließlich auch seine Meinung kundzutun. Organisatorisch ungebundenes Sich-Einfinden und Verlassen der Versammlung gehören zu den typischen Kennzeichen einer Versammlung iS des § 2 VersG. „Versammlung" bedeutet Freiheit, Offenheit und Fluktuationsmöglichkeit des Teilnehmerkreises in den dafür typischen Verhaltensweisen. Darin unterscheiden sich die Versammlungen nach dem Grundrecht von den durch die Vereinsfreiheit geschützten geschlossenen Vereinsversammlungen.

5. Das gemeinsame Wirken und die Hilfsmittel der Versammlung

Aufmärsche und Kundgebungen (Demonstrationen) sind betont auf die Meinungsbildung und auf die qualifizierte Bekanntgabe einer kollektiven Aussage (Meinungsäußerung) in einer öffentlichen Angelegenheit gerichtet. Ihr wichtigstes Ziel ist letztlich die unüberhörbare, fordernde, akklamierende oder protestierende Äußerung einer von der Zusammenkunft getragenen Meinung nach außen. Durch große Teilnehmerzahlen, häufig in Verbindung mit geplanten Anmärschen („Aufzügen") über zumeist stark belebte Straßen zum Marschziel, durch akustische (Sprechchöre, Megaphone etc) und visuelle (Transparente, Spruchbänder, Plakate und andere sichtbare Symbole) Hilfsmittel erfährt die Meinungskundgabe eine nach außen gesteigerte demonstrative Wirkung.

Kundgebungen mit geplanten Aufzügen haben am Ende der Aufmarschstrecke stets ein örtliches Ziel, in der Regel einen für Versammlungen geeigneten öffentlichen Platz. Im VersG ist im § 15 (wie auch im mittlerweile aufgehobenen[57] § 3) der Terminus „Aufzüge" verwendet. Unter einem „Aufzug" (Aufmarsch, Umzug[58]) ist eine (geplant) sich fortbewegende (wandernde, fahrende, reitende) Menge von Menschen[59] zu verste-

---

[57] VfSlg 4885/1964.

[58] Deutsches Rechtswörterbuch (Wörterbuch der älteren deutschen Rechtssprache), herausgegeben von der Preußischen Akademie der Wissenschaften (1914 – 1932), Bd 1, 970 f.

[59] TEZNER, Versammlungsrecht, in: Mischler – Ulbrich, ÖStWB^2, Bd IV (1909) 750.

hen, *die zu einem bestimmten Ort als Versammlungsort zieht*[60]. Dabei sammeln sich die Teilnehmer an einem oder mehreren Ausgangsorten und am Zielort des Aufzugs, dh sie finden sich zunächst individuell ein, um den Marsch geplant zielgerichtet und demonstrativ gemeinschaftlich zu beginnen, durchzuführen oder zu beenden. Dabei kommt es in aller Regel auch zu kollektiven Meinungskundgaben oder Demonstrationen.

Aufzüge enden zumeist in (Abschluß)*Kundgebungen* auf einem vorgeplanten Platz. Auf diesem werden die während des Aufzugs häufig bereits verkürzt und vereinfacht artikulierten Meinungen und Forderungen aus einer versammelten Menge für die Allgemeinheit häufig in Einzelreden näher ausgeführt. Dabei kommt es sowohl zu Diskussionen der Teilnehmer untereinander als auch zu kollektiven Meinungskundgaben, zumeist durch gemeinsame Beifalls- und Mißfallensbekundungen der Teilnehmer und zufällig Vorbeikommender. Kundgebungen finden häufig auch ohne vorangehende geplante Aufzüge statt, wenn die Versammelten individuell, dh ungeordnet oder vereinzelt zum Versammlungsort kommen. Dem bloßen Hinbegeben und Weggehen auf allgemeinen Gehwegen kommt dabei keine besondere versammlungsrechtliche Bedeutung zu.

„Aufzug" und „Kundgebung" (Demonstrationsmarsch und Demonstration) stehen in ihrer Verbindung in einem Verhältnis der zeitlichen und funktionellen Vor- und Nachordnung zueinander. Der Aufzug (die Demonstration ieS, dh die qualifizierte Meinungskundgabe im Marschieren) hat für die Abschlußkundgebung eine Hilfs- und Vorbereitungsfunktion, wenn er in der Form eines geplanten gemeinschaftlichen „Anmarschierens" zum Kundgebungsort (-platz) stattfindet. Der mit der kollektiven Fortbewegung verbundene Ortswechsel in einem geplant geordneten Zug zur Kundgebung (Demonstration) hat dabei auch das Ziel, einen weiterreichenden Personenkreis mit den Aussagen der Versammelten bekanntzumachen und zur Gefolgschaft zum Kundgebungsort einzuladen.

Versammlungen, sei es in Form von Aufzügen oder von Kundgebungen, haben nach innen zumeist die Funktion zweckgerichteter Erörterungen und zweckgerichteter Meinungsbildung. Nach außen haben sie ihren besonders zweckgerichteten, in der Regel ieS „politischen" Manifestations- und Demonstrationscharakter, der auch in Petitionen zum Ausdruck gebracht werden kann. Für schlichte Kundgebungen und für Demonstrationen gilt gleichermaßen, daß die Teilnehmer durch einen gemeinsamen, zumeist „politischen" Zweck ieS miteinander verbunden sind. Die Teilneh-

[60] Deutsches Rechtswörterbuch Bd 1, 970 f.

mer müssen aber inhaltlich nicht schlechthin einer Meinung sein. Das gilt insbesondere dann, wenn bereits die Veranstalter heterogene Meinungen haben (zB sogenannte „Plattformen“ bilden).

Nach der ständigen Judikatur des Verfassungsgerichtshofs ist eine Zusammenkunft mehrerer Menschen nur dann als eine Versammlung iS des Grundrechts zu verstehen, wenn sie in der Absicht veranstaltet wird, die Anwesenden zu einem gemeinsamen öffentlichen Wirken (Debatte, Meinungsbildung, Diskussion, Manifestation usw) zu bringen[61], sodaß eine kollektive zweckgerichtete Assoziation der Zusammengekommenen entsteht. Der Verfassungsgerichtshof legt also dem *Wirken als Mittel zum Zweck* ein besonderes Gewicht bei.

Das VersG weist für einen Sonderfall indirekt auch auf das Wirken von Versammlungen hin, indem es bestimmt, daß *Adressen* und *Petitionen*, die von Versammlungen ausgehen, nicht von mehr als zehn Personen überbracht werden dürfen (§ 10).

6. Der Versammlungsort

Versammlungen nach § 2 VersG finden auf offenen, dh frei zugänglichen, in der Regel auch öffentlichen Orten statt. Das VersG nimmt auf den Versammlungsort mehrfach Bezug. In der Versammlungsanzeige ist der Ort anzugeben (§ 1). Wahlbesprechungen in geschlossenen Räumen sind vom Anwendungsbereich der Beschränkungen des VersG ausgenommen (§ 2). Schließlich dürfen während der Sitzungen von Gesetzgebungsorganen im Umkreis von 300 m von deren Sitz keine Versammlungen stattfinden (§ 7). Wählerversammlungen, die nicht *unter freiem Himmel* stattfinden, sind von der Anmeldungspflicht ausgenommen (§ 4).

Diese örtlichen Beschränkungen sind jedoch nicht die einzigen. Selbstverständlich ist auch die übrige Rechtsordnung zu beachten. Für Versammlungen auf nicht der öffentlichen Nutzung gewidmetem Privateigentum bedarf es der Zustimmung des Verfügungsberechtigten. Auch die Benützung von öffentlichem Gut unterliegt Beschränkungen, vor allem dann, wenn dieses an eine Sonderwidmung gebunden ist. Militärische Sperrgebiete stehen Versammlungen ebensowenig offen wie sonstige Sperrgebiete. Ähnliches gilt für zweckgewidmete öffentliche Gebäude, Gärten und Parks. (Örtliche Beschränkungen werden im Zusammenhang mit den Grenzen der Versammlungsfreiheit weiter unten noch näher untersucht).

---

[61] So die ständige Judikatur seit VfSlg 10443/1985.

Als Versammlungsort kommen verschiedene Möglichkeiten in Betracht: Plätze und Verkehrsflächen als öffentliches Gut im allgemeinen Gemeingebrauch, öffentliches Gut im Gemeingebrauch, durch Widmung im Gemeingebrauch stehendes Privateigentum, unter Umständen aber auch nicht im Gemeingebrauch stehendes, jedoch rechtsgeschäftlich zur Verfügung gestelltes Privateigentum. Aus dem Kundgabezweck der Versammlungen ergibt sich, daß vor allem Plätze, an denen ein allgemeiner Gemeingebrauch besteht, in erster Linie übliche Versammlungsorte sind, da sie allgemein und öffentlich genützt werden dürfen und sich die Teilnehmer direkt an die Öffentlichkeit wenden können. Der Gemeingebrauch bedeutet jedoch keinen Freibrief für die Abhaltung von geplanten öffentlichen Versammlungen. Vielmehr ist zwischen dem Interesse der Versammlungsteilnehmer und dem Interesse der Gemeingebrauchsberechtigten vor allem am widmungsgemäßen Gebrauch abzuwägen. Dem Widmungszweck einer im Gemeingebrauch stehenden Fläche ist bei dieser Abwägung jeweils Rechnung zu tragen (Verkehrs-, Bewegungs- und Aufenthaltszwekke). Die Allgemeinheit darf durch eine Versammlung von ihrem Recht auf Gemeingebrauch nicht unverhältnismäßig lang ausgeschlossen werden. Versammlungen in Gebieten, die zwar dem Gemeingebrauch dienen, die aber besonderen Widmungen unterliegen, sind jedenfalls zu verbieten, wenn andere Plätze im allgemeinen Gemeingebrauch ausreichend zur Verfügung stehen, die für die Abhaltung von Versammlungen insbesondere im Hinblick auf ihren Zweck geeignet sind. Versammlungen auf nicht im Gemeingebrauch stehendem Privateigentum bedürfen jedenfalls der Genehmigung des privatrechtlich Verfügungsberechtigten. Das Eigentumsrecht, vor allem öffentlich-rechtlicher Körperschaften (Bund, Länder, Gemeinden), an im Gemeingebrauch stehenden Orten und Plätzen ist dabei kein Rechtstitel zur Beschränkung oder Verhinderung von Versammlungen.

Für die Frage der Versammlungseigenschaft einer Zusammenkunft nach § 2 VersG ist der Ort auch insofern von besonderer Erheblichkeit, als er durch seine Lage, Zweckwidmung, allgemeine Bedeutung uU auch Aufschluß über die Art der Zusammenkunft geben kann (etwa Plätze vor Kirchen und Kriegerdenkmälern als Symbole für den Zweck einer Zusammenkunft iS des § 5 VersG).

Kundgebungen (Demonstrationen) mit Aufzügen haben am Ende der Aufmarschstrecke stets ein örtliches Ziel. In der Regel ist dies ein für Versammlungen geeigneter öffentlicher Platz. Das VersG verwendet im § 15 (und in dem längst aufgehobenen[62] § 3) den Terminus „Aufzüge". Unter einem „Aufzug" (Aufmarsch, Umzug[63]) ist eine sich fortbewegende (wandernde, fahrende, reitende) Menge von Menschen[64] zu verstehen, *die zu einem bestimmten Ort als Versammlungsort zieht*[65]. Dabei sammeln sich die Teilnehmer an einem oder an mehreren Ausgangsorten, sie sammeln sich aber auch auf dem Weg zum Zielort und am Zielort des Aufzugs, dh sie finden sich kontinuierlich individuell ein, um den Marsch zielgerichtet und demonstrativ gemeinschaftlich zu beginnen, durchzuführen oder zu beenden. Dabei kommt es in aller Regel auch zu besonderen Formen der Wirksamkeit von kollektiven Meinungskundgaben.

7. Die Zeit und die Dauer einer Versammlung

Versammlungen haben einen zeitlichen Anfang und sind von begrenzter Dauer. Das Versammlungsgesetz bietet im § 2 Abs 1 einen ausdrücklichen Anhaltspunkt für die zeitlichen Kriterien des Beginns und der Dauer. Dort heißt es, daß die Versammlung der Behörde unter Angabe ua der Zeit schriftlich anzuzeigen ist. Dabei ist zunächst offenkundig, daß unter „Zeit der Versammlung" sowohl der Beginn als auch das Ende der Versammlung, dh also auch die Dauer zu verstehen ist[66]. Die Angabe des Beginns und des Endes (der Dauer) einer Versammlung ist einerseits für das Vorliegen von Untersagungsgründen, andererseits aber überhaupt für die Prüfung des Vorliegens einer Versammlung von Bedeutung. Dieser zweite Aspekt, insbesondere hinsichtlich der Dauer (Beginn und Ende), soll hier in erster Linie behandelt werden.

Weder das Gesetz oder die Regierungsvorlage[67] noch der Ausschußbericht[68] zum Versammlungsgesetz aus dem Jahr 1867 geben Hinweise auf die Begrenztheit der Dauer von Versammlungen als Begriffsmerkmal. Im Unterschied zu den in der Dauer unbegrenzten Vereinsversammlungen, deren gesetzliche Erfassung mit jener der Versammlungen parallel verlief,

---

[62] VfSlg 4885/1964.

[63] Deutsches Rechtswörterbuch Bd 1, 972 f.

[64] TEZNER, Versammlungsrecht, in: Mischler – Ulbrich, ÖStWB^2, Bd IV (1909) 750.

[65] Deutsches Rechtswörterbuch Bd 1, 970 f.

[66] Siehe auch die Erlässe des BMI: Erlaß des BMI v 29. Dezember 1950, Zl 140-4/50; Erlaß des BMI v 13. Juli 1978 Zl 90.711/16-II/6/78.

[67] 13 BlgAH 4. Sess (1867).

[68] 14 BlgAH 4. Sess (1867).

ist jedoch von einer grundsätzlichen Begrenzung der Dauer von Versammlungen auszugehen[69].

Im älteren Schrifttum[70] wird die Versammlung als *„korporativer Augenblicksverband"* bezeichnet. Damit wird die zeitliche Fixierung und die zeitliche Begrenztheit des Tuns zu einem Wesensmerkmal erhoben.

Im Erk VfSlg 10608/1985 nahm der Verfassungsgerichtshof zum zeitlichen Kriterium des Versammlungsbegriffes Stellung. Dabei hatte der Gerichtshof die Nebenfrage zu beantworten, ob die Aufstellung eines Informationsstandes für die Dauer von zwei Tagen jeweils von 8 bis 19 Uhr eine Versammlung iS des VersG ist. Er verneinte dies, ohne jedoch eine Begründung dafür anzugeben: „Vor allem aber schloß die in Aussicht genommene Veranstaltungsdauer (jeweils zwei Tage) die Deutung aus, es seien (...) Versammlungen angemeldet worden". In jüngeren Erkenntnissen zu ähnlichen Sachverhalten zitierte der Verfassungsgerichtshof die Begründung aus VfSlg Erk 10608/1985 wörtlich[71].

In einem Erkenntnis aus dem Jahr 1986 hatte sich der Verfassungsgerichtshof ebenfalls mit dem Zeitmoment im Versammlungsbegriff zu befassen[72]. Im Zusammenhang mit der Besetzung der Stopfenreuther Au bei Hainburg hatte der Beschwerdeführer eine „Versammlung" angezeigt, wobei laut „Anzeige" beabsichtigt war, „diese Veranstaltung Tag und Nacht und, wenn es nötig werden sollte, auch mit mehrjähriger Dauer und ohne Unterbrechung abzuhalten". Der zeitliche Beginn der „Veranstaltung" war unbestimmt und wurde in der „Anzeige" vom Zeitpunkt der Arbeitsaufnahme „an einem Kraftwerksbau bei Hainburg" abhängig gemacht. Der Verfassungsgerichtshof erkannte, daß „bei einem derartigen Wortlaut und so unbestimmten Angaben" das Schreiben an die Versammlungsbehörde „nicht als eine mangelhafte, sondern überhaupt nicht als Versammlungsanzeige" qualifiziert werden kann. Zur Frage der Dauer der „Veranstaltung" nahm der Gerichtshof nicht ausdrücklich Stellung.

---

[69] Die Mindestdauer von Versammlungen ist kein sinnvoller Gegenstand für diese Untersuchung. Allerdings sind bei Vorliegen aller übrigen Voraussetzungen auch sehr kurze Zusammenkünfte als Versammlungen qualifizierbar.

[70] TEZNER, Versammlungsrecht, in: Mischler – Ulbrich, ÖStWB^2, Bd IV (1909) 746.

[71] VfGH 12. März 1988, B 926/87-14 u B 970/87-12 (= VfSlg 11651/1988); VfGH 14. März 1988, B 1177/87-8. In VfGH 13. Juni 1988, B 751/88-7 (ebenfalls zur Frage der Versammlungseigenschaft eines Informationsstandes) ist dieses Zitat allerdings nicht mehr zu finden.

[72] VfSlg 10955/1986.

Im Erk VfSlg 11935/1988 hatte der Verfassungsgerichtshof eine als „Sitzstreik“ angezeigte Zusammenkunft zu beurteilen, die vom 11. bis 24. 2. 1988 ohne Unterbrechung angesetzt war und die im wesentlichen auch sehr lang andauerte. Der Verfassungsgerichtshof verneinte die Versammlungseigenschaft dieser Zusammenkunft mit der Begründung, daß allein schon die beabsichtigte Dauer darauf schließen lasse, daß eine zeitlich begrenzte Versammlung weder geplant war noch stattfand. Vielmehr sollten zufällig am Veranstaltungsort vorbeikommende Passanten über das Anliegen der Teilnehmer andauernd informiert werden, was nach der Vorjudikatur des Verfassungsgerichtshofs der Qualifikation einer Zusammenkunft von Menschen als Versammlung widerspricht.

Eine exakte zeitliche Höchstbegrenzung von Versammlungen ergibt sich aus den angeführten Hinweisen nicht. Wohl aber ergibt sich (in Abgrenzung zu den Vereinsversammlungen) aus dem vorübergehenden Charakter der Versammlung, daß Versammlungen von vornherein nur von begrenzter Dauer sind und daher auch nicht „institutionalisiert“ werden dürfen, etwa durch Wahl von ständigen Organen, durch tagelanges Wohnverhalten, Campieren etc.

Die Versammlungsdauer ist im Normalfall durch die Erreichbarkeit des Zweckes, durch menschliche Grundbedürfnisse der Teilnehmer, wie Essen und Schlafen, sowie durch real-soziale, existentielle Lebensbedingungen der vom Versammlungsgeschehen betroffenen Allgemeinheit begrenzt. Eine schematische, isolierte Betrachtungsweise, die die Kriterien von Zeit und Dauer nur nach Uhr und Kalender im Auge hat, führt daher in der Frage der zeitlichen Beschränkung von Versammlungen nicht zum Ziel. Vielmehr ist das zeitliche Moment im Hinblick auf andere Modalitäten der Versammlung, wie etwa den Ort, die Teilnehmerzahl, den Zweck der Versammlung und die tatsächlichen und rechtlichen Verhältnisse als Umweltbedingungen der Versammlung zu beurteilen[73].

Demonstrationsmärsche über hunderte Kilometer (zB „Friedensmärsche“) werden durchgeführt, um die Allgemeinheit auf ein öffentliches (politisches) Anliegen aufmerksam zu machen. Dabei ist die große Marschstrecke (und die dementsprechende Dauer) für die Kundgabe einer Meinung von Bedeutung. Marschpausen zum Einnehmen von Mahlzeiten und zum Übernachten unterbrechen die formale Einheit der Demonstra-

---

[73] Mißverständlich ist diesbezüglich die Formulierung des VfGH im zitierten Erk VfSlg 10608/1985: „Vor allem aber schloß die in Aussicht genommene Veranstaltungsdauer (jeweils zwei Tage) die Deutung aus, ...“.

tion nicht, wenn diese Pausen von vornherein geplant sind. Es liegt gewissermaßen eine länger dauernde Demonstration vor. In verfahrensrechtlicher Hinsicht ist jedoch zu beachten, daß eine solche „Marsch"-Versammlung bei allen örtlich zuständigen Versammlungsbehörden dem VersG entsprechend anzuzeigen ist.

Mag auch die Versammlungsdauer für die Erreichung des Versammlungszwecks nicht entscheidend sein, so ist dennoch eine zeitliche Obergrenze zu beachten. Das gilt insbesondere für Versammlungen, deren Zweck die Erörterung von Angelegenheiten der Allgemeinheit ist (Diskussionsveranstaltungen etc). Bei Versammlungen mit einem vorherrschenden Kundgebungszweck (Demonstrationszweck) ist zu differenzieren. Im Normalfall sind menschliche Grundbedürfnisse, wie die Einnahme von Mahlzeiten oder das Schlafen und die existentiellen Lebensbedingungen der von der Versammlung betroffenen Allgemeinheit als Anhaltspunkte für die Höchstdauer von Versammlungen ausschlaggebend. Bei einzelnen Erscheinungsformen von Demonstrationen kann die Dauer von Stunden unter Umständen jedoch erheblich überschritten werden.

Insofern ist dem Verfassungsgerichtshof in der zitierten Entscheidungsbegründung[74] für den konkreten Fall zuzustimmen, wenngleich sich die Begründung in dieser Allgemeinheit nicht als Maßstab zur Beurteilung von Versammlungen eignet. Wie lange eine Kundgebung (Demonstration) dauern darf, ohne daß die Versammlungseigenschaft verloren geht, ist letztlich immer im Einzelfall und unter Berücksichtigung aller übrigen Modalitäten, insbesondere der Versammlungsart, der Versammlungsbedingungen und des Versammlungsortes zu prüfen. Im Zweifel darf die zeitliche Grenze gemäß dem Grundsatz „in dubio pro libertate"[75] nicht so eng gezogen werden, daß dadurch der Versammlungszweck vereitelt würde. Überdies findet die Freiheit zur Versammlung ihre Grenze an den Freiheiten jedermanns, der vom Versammlungsgeschehen betroffen sein kann. Eine einheitliche Höchstdauer von Zusammenkünften in festen Uhrzeiten läßt sich jedoch wegen der vielfältigen Erscheinungsformen und Vorbedingungen von Versammlungen, insbesondere jener mit Demonstrationscharakter, nicht angeben. Eine typische Durchschnittsversammlung wird in der Regel auf einige Stunden begrenzt sein. Dauerversammlungen zum Zweck der Verhinderung bestimmter, politisch unliebsamer Verhaltensweisen sind keine grundrechtlich geschützten Versammlungen.

---

[74] VfSlg 10608/1985.

[75] SCHÄFFER, Verfassungsinterpretation in Österreich (1971) 153.

II. Schwerpunkte der Begriffsbildung und Gesamtbegriff

1. Begriffselemente nach der Judikatur des Verfassungsgerichtshofs

Die in der jüngsten Judikatur vom Verfassungsgerichtshof vor allem für anzeigepflichtige Versammlungen nach § 2 VersG herausgebildeten Merkmale eines Versammlungsbegriffs weisen einige Besonderheiten auf. Die Judikatur liefert nämlich schwerpunktmäßig nur für einige Merkmale des Versammlungsbegriffs nach § 2 VersG allgemeingültige Kriterien:

- Eine Versammlung muß *öffentlich* sein.
- Für das Vorliegen einer Versammlung ist grundsätzlich eine *Mehrheit von Personen* Voraussetzung. Als absolute Untergrenze könnten drei Teilnehmer (arg: „mehrere“) angesehen werden. Eine solche Mindestzahl ist aber für den Anwendungsbereich der Einschränkungen des VersG letztlich nur von theoretischer Bedeutung.
- Eine Versammlung muß *allgemein zugänglich* sein, ihre Teilnehmerzahl darf nicht von vornherein geplant auf eine bestimmte Anzahl von Teilnehmern beschränkt sein.
- Der Plan einer Versammlung ist stets auf ein *gemeinsames Wirken* (Debatte, Diskussion, Meinungsbildung, Meinungskundgabe, Manifestation, Demonstration) gerichtet. Die Versammlung wird in einem gemeinsamen Wirken vollzogen. Das Mittel zum Zweck wird vom Verfassungsgerichtshof als Ziel verstanden.

Diese Merkmale müssen jedenfalls vorliegen. Damit sind aber auch nach dem Verfassungsgerichtshof keineswegs alle wesentlichen Merkmale des Begriffs für Versammlungen nach § 2 VersG erfaßt. Andere tragende Merkmale werden vom Verfassungsgerichtshof offensichtlich als selbstverständlich vorausgesetzt, weil sie im Versammlungsgesetz ohnedies als Kriterien für die Anzeige hervorgehoben sind, wie etwa der Zweck, der Ort und die Zeit (§ 2 VersG). Dabei kommt in der Judikatur des Verfassungsgerichtshofs insbesondere die Hervorhebung des Zwecks und dessen Analyse zu kurz. Der Zweck, als ein erlaubtes und inhaltlich spezifiziertes Anliegen in Angelegenheiten der Allgemeinheit, wird durch den Verfassungsgerichtshof so sehr mit der Formel vom „gemeinsamen Wirken“ verwoben, daß dieses sogar selbst als Zweck bezeichnet wird, obwohl es nur eine qualifizierte Form der Manifestation des Zweckes, also in Wahrheit ein Mittel zum Zweck ist.

Die vorangehende Untersuchung ergibt überdies, daß einige Merkmale des Versammlungsbegriffs weder konkrete noch exakte Kriterien für eine Begriffsbestimmung abgeben, obwohl auch sie den Versammlungsbegriff mitprägen. Es entspricht wohl auch der Eigenart dieser generell-abstrakten Gesetzesmaterie, daß weder eine Ober- und Untergrenze der Teilnehmerzahl noch eine bestimmte Dauer für den Versammlungsbegriff gesetzlich vorgezeichnet sind. Die von der Rechtsprechung herausgearbeiteten Merkmale haben begreiflicherweise zuallererst eine charakterisierende Bedeutung. Die einzelnen Merkmale kommen in der Vielfalt der Praxis überdies in unterschiedlicher Intensität und Extensität vor. Die Judikatur des Verfassungsgerichtshofs zeigt das deutlich: *„Die Beurteilung, ob eine Zusammenkunft eine Versammlung ist, hat sich an ihrem Zweck und an den Elementen der äußeren Erscheinungsformen (wozu die näheren Modalitäten, die Dauer und die Zahl der Teilnehmer der Veranstaltung gehören) zu orientieren"*[76]. Die Beurteilung der Versammlungseigenschaft hat sich also am Zweck und an den äußeren Erscheinungsformen zu orientieren. Es ist daher immer wieder zu überprüfen, ob die konkreten Sachverhaltselemente von geplanten und stattfindenden Versammlungen in ihrem bestimmbaren Umfang unter die nach dem VersG wesentlichen Kriterien subsumierbar sind. Trotz aller Schwierigkeiten der Begriffsbildung und trotz dieser oder jener Subsumtionsproblematik können für den Versammlungsbegriff nach § 2 des VersG dennoch die oben angeführten sieben Wesenselemente oder Merkmale festgestellt werden. Ihre praktische Bedeutung sei nun im folgenden veranschaulicht.

2. Grenzfälle

Mahnwachen sind frei zugängliche, öffentliche Zusammenkünfte mehrerer Menschen, um an ein denkwürdiges Ereignis zu erinnern, also zu erlaubten Zwecken. Bei ihnen tritt zum demonstrativen Schweigen der Teilnehmer noch die Bindung an einen besonderen Ort hinzu, der während der Dauer der Zusammenkunft von den Teilnehmern nicht gänzlich verlassen wird. Eine entsprechend längere Veranstaltungsdauer und der Wechsel einer verhältnismäßig geringen Zahl von Personen ist charakteristisch für die *Mahnwache als Versammlungsart* nach § 2 VersG. Keine anzeigepflichtigen Versammlungen iS des § 2 VersG sind Mahnwachen volksgebräuchlicher Natur oder zur Ausübung eines gesetzlich gestatteten Kultus iS des § 5 VersG, etwa Totengedenken und dergleichen. Andere Mahnwachen unterliegen jedoch den besonderen Beschränkungen für Versammlungen nach § 2 des VersG, wenn sie frei zugänglich sind. Als „Mahnwachen" angekündigte und anzeigepflichtige Zusammenkünfte, die alle Merkmale

---

[76] ZB VfSlg 11651/1988.

einer Versammlung nach § 2 VersG aufweisen, sind unabhängig von der Bezeichnung in der Anzeige „Versammlungen" im Sinn des § 2 VersG. Bei der Klärung der Frage der Versammlungseigenschaft einer Zusammenkunft kommt es letztlich auf die objektiven Merkmale des geplanten oder verwirklichten Geschehens und nicht darauf an, ob die Zusammenkunft vom Veranstalter formal als „Versammlung" angezeigt wurde. Die Art der Anzeige kann allerdings für die Beurteilung der Rechtmäßigkeit einer Mahnwache als Versammlung nach dem VersG von Bedeutung sein.

Hungerstreiks sind Zusammenkünfte, bei denen sich mehrere bestimmte Menschen auf einen bestimmten Platz begeben und während einer über Tage sich erstreckenden Dauer konsequent und demonstrativ auf jegliche Nahrungsaufnahme verzichten, um dadurch auf ein bestimmtes Anliegen der Allgemeinheit öffentlich aufmerksam zu machen. Hungerstreiks eines Einzelnen oder einer geschlossenen Gruppe von Menschen sind trotz der Erlaubtheit ihres Zwecks von vornherein keine Versammlungen iS des Grundrechts im allgemeinen und des § 2 VersG im besonderen. Das ergibt eine nähere Untersuchung der Sachlage in Verbindung mit der Rechtslage. Bei den Hungerstreiks auf öffentlichen Plätzen handelt es sich zumeist um Zusammenkünfte einiger weniger bestimmter Personen, um die Allgemeinheit auf ein (meist politisches) Anliegen der Öffentlichkeit aufmerksam zu machen, um Meinungen und Forderungen öffentlich kundzutun. Hungerstreiks sind wesensgemäß und auch geplanterweise auf eine bestimmte und gleichbleibende Gruppe beschränkt. Hungerstreiks sind nicht auf das gemeinsame Wirken einer offenen Zahl von Teilnehmern gerichtet, wie das für das Vorliegen von Versammlungen nach § 2 VersG typisch ist. Der Wechsel der Teilnehmer würde der Eigenart des Hungerstreiks widersprechen. Ist aber der Teilnehmerkreis auf bestimmte konsequent Hungernde beschränkt, dann ist das Kriterium der allgemeinen Offenheit für den Zu- und Abgang von Menschen nicht erfüllt. Würde man auch zufällig vorbeikommende Passanten zu den Teilnehmern zählen, dann mangelte es für diese an einem gemeinsamen Wirken mit den Hungerstreikenden, da sich die Passanten nur passiv verhalten und über ein Anliegen nur informiert werden. Bloßes Informieren einerseits und bloßes Informiertwerden andererseits genügt aber nicht für das Vorliegen einer Versammlung[77]. Der Umstand, daß gerade für solche Zusammenkünfte ein fester, abgeschlossener Personenkreis typisch ist, weil der Hungerstreik ein

[77] Vgl dazu die Judikatur des Verfassungsgerichtshofs zur Versammlungseigenschaft von Informationsständen, beginnend mit VfSlg 10608/1985.

Dauerverhalten derselben Personen voraussetzt, schließt auch in dieser Hinsicht den Versammlungscharakter solcher Zusammenkünfte nach § 2 VersG aus. Eine für Versammlungen typische Teilnehmerfluktuation würde bei Hungerstreiks das Mittel, mit dem auf ein Anliegen öffentlich aufmerksam gemacht wird (konsequenter Verzicht auf Nahrungsaufnahme über längere Zeit durch dieselben Menschen), seiner Eigenart berauben. Zu prüfen ist aber dennoch, ob ein „Hungerstreik" durch ein ständiges Kommen und Gehen von Teilnehmern nicht etwa seine Eigenart verliert, auf solche Weise einen versammlungsartigen Charakter erhält und in den Geltungsbereich des § 2 VersG fällt. Hungerstreiks sind im Regelfall nicht als vorübergehende Vergemeinschaftungen oder als „korporative Augenblicksverbände" zu verstehen. Sie sind von längerer Dauer und widersprechen deshalb auch dem Kriterium der zeitlichen Begrenztheit von Versammlungen.

Auch sogenannte *Sitzstreiks* sind Versammlungen weder im Sinn des § 2 VersG noch des Grundrechts. Sitzstreiks sind durch ein länger dauerndes Verharren einer bestimmten gleichbleibenden Personengruppe auf demselben Ort in Sitzposition während der gesamten Dauer der Zusammenkunft gekennzeichnet. Im übrigen mangelt es auch bei ihnen regelmäßig an einem gemeinsamen Wirken einer offenen Zahl von Teilnehmern. Eine bloße Information oder eine Meinungskundgabe einer geschlossenen Personengruppe reicht für die Zuordnung zum Versammlungsbegriff nach § 2 VersG nicht aus. Das bedeutet aber nicht, daß „Sitzen" keine Verhaltensweise von Versammlungsteilnehmern sein kann. Es besagt vielmehr, daß die besondere Form eines geplant länger dauernden Sitzstreiks an und für sich nicht die Merkmale des Versammlungsbegriffs erfüllt[78]. Das Sitzen beim Sitzstreik ist überdies zumeist eine planmäßig anhaltende Behinderung der Öffentlichkeit. Insofern und begrifflich zählen daher Sitzstreiks nicht zu den zulässigen Versammlungsarten im Sinn der Freiheit des Grundrechts. Die Freiheit des Grundrechts ist primär auf Kurzfristigkeit sowie auf eine offene Teilnehmerzahl gerichtet und nicht auf die Beeinträchtigung anderer. Der Begriff „Streik" hat in diesem Zusammenhang überdies eine andere Bedeutung als im Bereich des Arbeitsrechts, obwohl der äußere Tatbestand vergleichbar sein kann[79].

Auch *Straßentheater* sind grundsätzlich keine Versammlungen im Sinn des § 2 VersG. Sie gehören zu den theaterartigen *Veranstaltungen* iS der

---

[78] So auch VfSlg 11935/1988.

[79] Siehe dazu U. DAVY, Streik und Grundrechte in Österreich (1989).

Veranstaltungsgesetze der Länder[80]. Straßentheater sind institutionalisierte Darbietungen und im Kern ihres Geschehens wesensgemäß nicht auf eine gleichartige Teilnahme jedermanns abgestellt. Theaterartige Straßenveranstaltungen können aber Teil eines Versammlungsgeschehens sein, wenn das künstlerische Vorhaben gegenüber dem gemeinsamen Wirken der Versammelten in den Hintergrund tritt. Sie könnten Versammlungscharakter haben, wenn das künstlerische Vorhaben geplanterweise auch beliebige Passanten miteinbezieht und vorrangig oder ausschließlich auf ein zweckgebundenes gemeinsames Wirken nach außen, dh über den Teilnehmerkreis der Darsteller hinaus, abgestellt ist. Feste Einrichtungen und die Institutionalisierung durch eine feste Rollenverteilung an bestimmte Personen machen das Straßentheater jedoch regelmäßig zur Veranstaltung. Die gewerbsmäßige Ausübung oder die Entgeltlichkeit von Theateraufführungen – und sei es nur durch Aufforderungen zu „freiwilligen Spenden" – stellen den Versammlungscharakter eines Straßentheaters überdies von vornherein in Frage.

Künstlerische Tätigkeiten sind in ihrer Eigenart ganz allgemein nicht durch Art 12 StGG und Art 11 EMRK, sondern durch Art 17a StGG geschützt. Sie erfahren ihre Beschränkungen – soweit es sich um Darbietungen iS des Art 15 Abs 3 B-VG handelt – zB im Wr Veranstaltungsgesetz. Künstlerische Darbietungen zur Unterstützung der Meinungskundgabe (Musik oder Sketchdarbietungen zwischen Ansprachen) können aber Begleitgeschehen zu einer Versammlung sein, wenn und sofern sie eine bloße Hilfsfunktion haben, wenn sie überdies unentgeltlich und wenn sie für die auf ein gemeinsames zweckgebundenes Wirken nach außen gerichtete Zusammenkunft von Menschen von untergeordneter Bedeutung sind. Gleichwohl können künstlerische Anliegen, die zu ihrer Manifestation geplant und verwirklicht werden, ganz allgemein Zweck und Gegenstand erlaubter Versammlungen sein.

3. Hilfsmittel der Versammlung

Bei den bisher dargestellten Verhaltens- und Wirkungsweisen zur Durchführung von Versammlungen können auch Hilfsmittel verwendet werden. Zumeist sind es solche, derer sich Versammlungsteilnehmer üblicherweise bedienen. Je nach Art der Versammlung verwenden die Teilnehmer aber unterschiedliche Hilfsmittel, um ihre Meinungskundgabe zu

---

[80] ZB § 6 Wr Veranstaltungsgesetz, LGBl 1971/12 idF 1976/22, 1981/17, 1983/8, 1984/31, 1985/38 und 1990/16.

verstärken. Diese Hilfsmittel müssen jedenfalls geeignet sein, das gemeinsame Wirken abzustützen. Sie müssen versammlungsentsprechend sein.

Für Aufzüge und Kundgebungen (Demonstrationen) ist die Verwendung von *Megaphonen und Lautsprechern* zur akustischen, bzw von *Transparenten, Spruchbändern, Symbolen, Skulpturen* zur visuellen Unterstützung der Meinungskundgabe geeignet und allgemein üblich.

Auch *Informationsstände* zur Wissensvermittlung können zusätzliche legale Hilfsmittel einer Versammlung sein („Versammlungsmobiliar“[81]). Das Aufstellen und Benützen eines Informationsstandes für sich allein erfüllt allerdings nicht die Voraussetzungen für eine Versammlung iS des VersG[82].

Auch das Verteilen von *Flugzetteln* kann im Rahmen von Versammlungen eine Hilfstätigkeit sein, um die Meinungskundgabe zu unterstützen oder Passanten zur Gefolgschaft zu bewegen.

Bei *Fackelzügen* wird die kollektive Meinungskundgabe aus einem vorher oder gleichzeitig bekanntgemachten Anlaß durch das Tragen von brennenden Fackeln im Aufzug zur Versammlung optisch verstärkt. Andere visuelle und akustische Hilfsmittel treten in den Hintergrund. Ein zeitlicher Zusammenhang mit Abend- und Nachtstunden (Dunkelheit) ergibt sich wegen der optischen Wirkung der Fackeln und ihrer Abhängigkeit von der Dunkelheit zwangsläufig.

Künstlerische Aktivitäten (musikalische und theaterartige Darbietungen etc), sind nur dann als ein Teil einer Versammlung zu werten, wenn sie für die Versammlung von sekundärer Bedeutung sind, wenn sie also nur der Unterstützung der Meinungskundgabe dienen und daher offenkundig eine nachgeordnete, dh eine Hilfsfunktion haben. Für sich allein können sie einen anderen Tatbestand (etwa den der „Veranstaltung“ nach den Veranstaltungsgesetzen der Länder) erfüllen. Im Zusammenhang mit Versammlungen müssen derartige Aktivitäten aber *unentgeltlich* erfolgen.

4. Die wesentlichen Merkmale

Wesentliche Merkmale von Versammlungen im Sinn des § 2 VersG sind gemäß den bisherigen Ausführungen:

---

81 VfSlg 11651/1988.

82 Vgl zB VfGH 13. Juni 1988, B 751/88-7 u VfSlg 11651/1988.

1. Der Augenblicksverband oder die ad-hoc-Gemeinschaft, dh die Ansammlung einer Mehrzahl von Menschen als nichtinstitutionalisierte, öffentliche und frei zugängliche oder offene Zusammenkunft.
2. Der Versammlungsveranstalter, dh eine bestimmte physische oder juristische Person (ein Verein) als Planer und Initiator.
3. Der Versammlungszweck, gerichtet auf Angelegenheiten der Allgemeinheit: insbesondere der Politik, der Wirtschaft, der Kultur und des Sports.
4. Die freie Zusammenkunft, dh das Versammlungsverhalten als freies Ansammeln, freies Beisammensein und freies Auseinandergehen von Menschen.
5. Das gemeinsame Wirken als Meinungsbildung (Diskussion), (demonstrative) Meinungsäußerung (Manifestation, Postulation und Demonstration) in der Öffentlichkeit, zumeist mit Hilfsmitteln.
6. Der bestimmte Ort der Versammlung.
7. Die bestimmte Zeit (Beginnzeit) und die Dauer der Versammlung.

Für anmeldepflichtige geplante Versammlungen nach § 2 VersG ist gegenüber dem allgemeineren Versammlungsbegriff des Grundrechts das öffentliche Wirken in personenoffenen Gemeinschaften, gerichtet auf Angelegenheiten der Allgemeinheit von besonderer Bedeutung. Anmeldepflichtige Versamlungen haben zumeist, aber nicht notwendigerweise „politische" Anliegen im engeren Sinn zum Gegenstand. Anmeldepflichtige Versammlungen sind in ihrem öffentlichen Wirken für den Zu- und Abgang von Menschen offen. Unter den öffentlichen Versammlungen, die für jedermann und in größerer Zahl frei zugänglich (offen) sind, wurden vom Versammlungsgesetzgeber die Volksversammlungen besonders hervorgehoben. Die darin zum Ausdruck kommende Hervorhebung ist zunächst von historischer Bedeutung. Denn gerade Volksversammlungen sind als öffentliche Versammlungen ohne Zweifel allgemein zugänglich und nicht auf geladene Gäste beschränkt. Zur Zeit der Entstehung des VersG waren die verschiedensten Gruppenversammlungen und partikuläre Interessenmanifestationen aktuell gewesen. Diese haben im Lauf der Zeit ihre wesentliche Heimstatt in den institutionalisierten Assoziationen (Kammern, Vereinen, Genossenschaften etc) gefunden. Die geplante allgemeine öffentliche Versammlung wurde daher gewissermaßen zum Typus des § 2 VersG, obwohl sie nur eine von mehreren Versammlungsarten ist, die grundrechtlich geschützt sind. Der Begriff „Volksversammlungen" weist aber unzweifelhaft auf die Größe einer Versammlung hin.

Die Versammlungsfreiheit, als Grund- und Freiheitsrecht, umschließt daher für den Einzelnen eine verfassungsgesetzlich gewährleistete Freiheit zur Planung, zur Veranstaltung von und zur Teilnahme (Nichtteilnahme) auch von Versammlungen nach § 2 VersG mit der Beschränkung durch die Anzeigepflicht.

„Versammlung" im Sinn des § 2 VersG bedeutet danach „Augenblicksverband", dh eine geplante, zeitlich und örtlich begrenzte, öffentliche und freie Zusammenkunft einer Mehrzahl von Menschen, deren gemeinsames Wirken auf Angelegenheiten der Allgemeinheit gerichtet ist[83].

C. Grenzen der Versammlungsfreiheit

I. Allgemeines

Von wenigen Ausnahmen abgesehen (Folterverbot, menschenunwürdige Behandlung), sind Grundrechte keineswegs schrankenlos garantiert, also auch nicht das der Versammlungsfreiheit nach Art 12 StGG in Verbindung mit dem Beschluß der Provisorischen Nationalversammlung und mit Art 11 EMRK. Daß die Versammlungsfreiheit dem Einzelnen nicht unbeschränkt gewährleistet ist, ergibt sich bereits aus dem Wortlaut des Art 12 StGG, welcher für die Ausübung dieses verfassungsgesetzlich gewährleisteten Rechtes auf die Regelung durch besondere Gesetze verweist, und des Art 11 Abs 2 EMRK, welcher für die Beschränkung des Grundrechts durch den Gesetzgeber bestimmte Voraussetzungen vorschreibt (Gesetzesvorbehalt). Das VersG steckt – ähnlich wie das ABGB für das Eigentum – von allem Anfang an den gesetzlichen Rahmen sowohl für die Ausübung des Rechtes als auch für staatliche Beschränkungen ab[84]. Die

---

[83] Siehe dazu vor allem VfSlg 4586/1963. Aus der Literatur siehe ANDERLE, Österreichisches Versammlungsrecht (1988) 18 f und RESS, Demonstrationsfreiheit und Straßenverkehr in Österreich (1970) 109 ff, beide mit weiterführenden Hinweisen auf die Judikatur des VfGH und auf die einschlägige Literatur. In seinem Erk vom 12. Oktober 1990 formulierte der VfGH einen „weiten" Versammlungsbegriff: „... alle nach dem üblichen Sprachgebrauch als Versammlung angesehenen Zusammenkünfte von Menschen (in diesem Sinn auch das oben zitierte Urteil des EGMR vom 21. Juni 1988) also jede organisierte einmalige Vereinigung mehrerer Menschen zu einem Ziel an einem bestimmten Ort". Vgl des weiteren VfSlg 5193/1966, 5195/1966, 7762/1976, 8685/1979, 9103/1981, 9783/1983, 10443/1985, 10608/1985, 11651/1988 sowie die Erk v 12. März 1988, B 926/87, v 21. Juni 1988, B 74/1988, VfSlg 11866/1988 sowie das Erk v 29. September 1989, B 706/89.

[84] Dabei ist zu berücksichtigen, daß der historische Gesetzgeber bei der Erlassung des StGG über die allgemeinen Rechte der Staatsbürger, RGBl 1867/142, von dem bereits in Geltung stehenden Versammlungsgesetz ausgehen konnte (Das VersG 1953 geht im we-

Verfassungsvorschriften des StGG und der EMRK regeln in ihrem Zusammenhalt einerseits das Grundrecht mit seinem Wesensgehalt als Freiheitsrecht, andererseits erlegen sie dem Grundrecht durch den Eingriffsvorbehalt auch institutionelle Schranken auf, durch welche die Regelungskompetenzen des Gesetzgebers für die verschiedenen Staatsaufgaben gleichzeitig anerkannt und begrenzt (limitiert) werden.

Die systematische Stellung des Grundrechts auf Versammlungsfreiheit im Grundrechtssystem des StGG und der EMRK sowie im B-VG trägt zum besseren Verständnis seiner Eigenart und Reichweite bei. Die Versammlungsfreiheit ist neben der individuellen Freiheit der Meinungsäußerung, neben der Pressefreiheit und neben der Freiheit der Wissenschaft und der Freiheit der Kunst eigentlich eine grundrechtlich garantierte Sonderform demokratischer Freiheit kollektiv angelegter Meinungsäußerungen der Individuen. Bedenkt man die Funktion von Versammlungen, vor allem in den politischen Willensbildungsprozessen eines Volkes, dann wird der wesensgemäße Zusammenhang mit dem demokratischen Grundprinzip der Bundesverfassung unmittelbar einsichtig. Eine inhaltliche Privilegierung der Versammlungsfreiheit gegenüber der allgemeinen Freiheit der Meinungsäußerung oder gegenüber der Pressefreiheit ist jedoch nicht erkennbar. Die Versammlungsfreiheit verkörpert aber jedenfalls eine Sonderform der freien Meinungsäußerung. Gerade deshalb ist der systematische Zusammenhang der Versammlungsfreiheit mit der Freiheit der Meinungsäußerung, darüber hinaus aber auch noch mit der Gewissensfreiheit, mit der Freizügigkeit der Person und mit der persönlichen Freiheit für die Sinnermittlung der Reichweite und Funktion dieses Grundrechts bedeutsam.

Die Reichweite und die Funktion der Versammlungsfreiheit haben nicht nur durch das VersG, sondern vor allem unter inhaltlichen Bestimmungsgründen (Determinanten), zuordenbar jenen des materiellen Gesetzesvorbehaltes im Art 11 Abs 2 EMRK, schon seit jeher durch zahlreiche Gesetze eine nähere Konkretisierung erfahren. Art 11 Abs 2 EMRK bestimmt, daß die Ausübung des Rechtes auf Versammlungsfreiheit keinen anderen Einschränkungen unterworfen werden darf, als den vom Gesetz vorgesehenen, *die in einer demokratischen Gesellschaft im Interesse der na-*

---

sentlichen auf das VersG aus dem Jahr 1867 zurück. Die Regierungsvorlage für das VersG 1867 wurde am 16. Juli 1867 dem Abgeordnetenhaus des Reichsrates übergeben. Nach der Diskussion im Ausschuß wurde es am 24. Juli 1867 ohne umfangreiche Diskussion beschlossen. Nach dem Beschluß durch das Herrenhaus im Oktober wurde das Gesetz durch den Kaiser am 15. November 1867 sanktioniert).

tionalen und öffentlichen Sicherheit, der Aufrechterhaltung der Ordnung und der Verbrechensverhütung, des Schutzes der Gesundheit und der Moral oder des Schutzes der Rechte und Freiheiten anderer notwendig sind. Diese Vorschrift verbietet nicht, daß die Ausübung dieser Rechte durch Organe der Streitkräfte, der Polizei oder der Staatsverwaltung gesetzlichen Einschränkungen unterworfen wird.

Die Merkmale des Gesetzesvorbehaltes des Art 11 Abs 2 EMRK sind konkreter und spezieller als die des Art 12 StGG, gesehen durch den § 6 des VersG. Sie decken sich aber inhaltlich und vom Umfang her mit den allgemeiner gefaßten Eingriffsvorbehalten des § 6 VersG, die dem Art 12 StGG von allem Anfang an zugrunde gelegt waren.

Das VersG 1953 regelt im § 6 allgemein gehaltene Beschränkungen der Versammlungsfreiheit. *Versammlungen, deren Zweck den Strafgesetzen zuwiderläuft oder deren Abhaltung die öffentliche Sicherheit oder das öffentliche Wohl gefährdet*, sind von der Behörde zu untersagen. Eine solche Beschränkung war dem Grundrecht seit jeher immanent und gilt zweifellos für alle Versammlungen. (Die darin gelegenen Schranken werden in der Folge vor allem im Hinblick auf anzeigepflichtige Versammlungen noch näher untersucht). Bei Vorliegen der entsprechenden gesetzlichen Voraussetzungen ist die Behörde zur Untersagung einer Versammlung verpflichtet[85]. Gemäß § 13 Abs 1 VersG ist eine Versammlung von der Behörde „zu untersagen und nach Umständen aufzulösen, wenn sie gegen die Vorschriften dieses Gesetzes veranstaltet wird“. Nach § 13 Abs 2 VersG ist von der Behörde eine Auflösung aber vor allem dann zu verfügen, „wenn sich in der Versammlung gesetzwidrige Vorgänge ereignen oder wenn sie einen die öffentliche Ordnung bedrohenden Charakter annimmt“. Die unbestimmten Gesetzesbegriffe „öffentliche Sicherheit“ und „öffentliches Wohl“ gehören zur Wesensgehaltsfestlegung der gemeinschaftsgebundenen Versammlungsfreiheit und sind vor allem unter Beachtung der Begriffe „nationale und öffentliche Sicherheit“ im Art 11 Abs 2 EMRK in einer systematischen Einheit zu interpretieren. Daraus wird erkennbar, daß die gesetzlichen Beschränkungsmöglichkeiten der Versammlungsfreiheit durch das VersG zwar eine zentrale Bedeutung haben, daß sie aber keineswegs die einzigen sind.

---

85 VfSlg 4885/1964 ua.

II. Strafgesetzwidrige Versammlungen

Versammlungen, *deren Zweck den Strafgesetzen zuwiderläuft*, sind jedenfalls zu untersagen. Doch auch Versammlungen, deren Zweck den Strafgesetzen nicht zuwiderläuft, sind zu untersagen, wenn deren Abhaltung die öffentliche Sicherheit und das öffentliche Wohl gefährdet, dh unverhältnismäßig beeinträchtigt (siehe C III). Der strafgesetzwidrige Zweck einer Versammlung bedeutet lediglich eine zwingende, äußerste Grenze für ein freies, kollektives Bürgerverhalten in der Öffentlichkeit.

Nähere Prüfung erfordert dabei die Frage, was unter den „Strafgesetzen" zu verstehen ist. Ein Teil der Lehre[86] sieht davon nur die Justizstrafgesetze, ein anderer Teil[87] auch die Polizei- und Verwaltungsstrafgesetze umfaßt. Eine nähere Begründung wird weder für die eine noch für die andere Ansicht gegeben. Die weitergehende zweite Interpretation des Begriffs „Strafgesetze" würde unzählige weitere Auflösungsmöglichkeiten eröffnen und hätte daher schwerwiegende Folgen für Versammlungen.

Der Verfassungsgerichtshof vermied es bisher, zu dieser Frage Stellung zu beziehen. Er stützte sich in den Begründungen seiner Erkenntnisse regelmäßig auf die Tatbestände der Gefährdung der öffentlichen Sicherheit oder des öffentlichen Wohls nach § 6 VersG, welche sich auch im Gesetzesvorbehalt des Art 11 Abs 2 EMRK widerspiegeln.

Die „Strafgesetzwidrigkeit" muß dem Augenblicksverband und dem Zweck seines kollektiven Wirkens zurechenbar sein. Die Einbeziehung, vor allem geringfügiger, mit Strafe bedrohter Verwaltungsübertretungen einzelner Versammlungsteilnehmer (bloße Ordnungswidrigkeiten) liegt außerhalb dieses Untersagungstatbestandes.

Anhaltspunkte für die engere Interpretation des Begriffs „Strafgesetze" bietet seit 1964 auch der materielle Gesetzesvorbehalt des Art 11 Abs 2 EMRK. Dieser läßt nur solche Einschränkungen der Versammlungsfreiheit zu, die in einer demokratischen Gesellschaft im Interesse der nationalen und öffentlichen Sicherheit, der Aufrechterhaltung der Ordnung und der Verbrechensverhütung, des Schutzes der Gesundheit und der

---

[86] ERMACORA, Handbuch der Grundfreiheiten und Menschenrechte (1963) 317 FN 164 unter Hinweis auf den Sprachgebrauch; RESS, Demonstrationsfreiheit und Straßenverkehr in Österreich (1970) 122; FUNK, Die Abwehr von Demonstrationsschäden aus der Sicht des Verwaltungsrechts (1989) 38.

[87] FESSLER, Österreichisches Versammlungsrecht[2] (1988) 63; HOFER-ZENI, Die Versammlungsfreiheit in Österreich, EuGRZ (1984) 360; für die ältere Lehre FREUND, Das in Österreich geltende Vereins- und Versammlungsgesetz[3] (1900) 319 unter Hinweis auf die Verwendung des Plurals („Strafgesetze").

Moral oder des Schutzes der Rechte und Freiheiten anderer notwendig sind.

Das Tatbestandsmerkmal „Strafgesetzwidrigkeit“ ist ein Beurteilungskriterium für den Augenblicksverband als *Verhaltenskollektiv*, nicht nur für die Planung und Zielsetzung, sondern auch für die Durchführung von Versammlungen. Die Auflösung einer Versammlung wegen jeder auch noch so geringen strafbaren Verwaltungsübertretung *einzelner Versammlungsteilnehmer* würde daher einen Eingriff in das Grundrecht auf Versammlungsfreiheit bedeuten, der nicht durch den Eingriffsvorbehalt des Art 11 Abs 2 EMRK gedeckt wäre. Dadurch würde das Grundrecht auf Versammlungsfreiheit verletzt. Das Gebot verfassungskonformer, systematischer Interpretation zieht notgedrungen ein engeres Verständnis des Begriffs „Strafgesetze“ im Sinn des „Justizstrafrechts“ nach sich[88].

Als Straftatbestände des StGB kommen im Zusammenhang mit dem Versammlungsrecht in erster Linie die *Freiheitsentziehung* (§ 99 StGB), die *Nötigung* (§ 105 StGB), der *Hausfriedensbruch* (§ 109 StGB), die *Sachbeschädigung* (§ 125 StGB), die *Vorsätzliche Gemeingefährdung* (§ 176 StGB), die *Schwere Beeinträchtigung durch Lärm* (§ 181 a StGB), der *Widerstand gegen die Staatsgewalt* (§ 269 StGB), der *Landfriedensbruch* (§ 274 StGB), die *Aufforderung zum Ungehorsam gegen Gesetze* (§ 281 StGB) durch Versammlungen sowie, die *Sprengung einer Versammlung* (§ 284 StGB) und die *Verhinderung oder Störung einer Versammlung* (§ 285 StGB) durch „Gegenversammlungen“ oder durch Einzelne in Betracht[89].

Verwaltungsstrafgesetzwidrige Versammlungen sind nur dann zu untersagen, wenn die kollektive Zielsetzung direkt auf einen verwaltungsgesetzwidrigen Zweck gerichtet ist, wenn etwa ihre Abhaltung die öffentliche Sicherheit und das öffentliche Wohl zielgerichtet gefährdet; letztlich aber wohl nur dann, wenn sie unverhältnismäßig sind. Diese Tatbestände treten allerdings zur Strafgesetzwidrigkeit im engeren Sinn hinzu und bedeuten daher einen anderen Rechtstitel für Einschränkungsmöglichkeiten.

---

[88] Ähnlich auch FUNK, Demonstrationsschäden (1989) 38. Vgl aber auch Art 20 B-VG, wo unter einer „strafgesetzwidrigen Weisung“ von der hL ebenfalls nur eine gegen das „Justizstrafrecht“ (ADAMOVICH – FUNK, Österreichisches Verfassungsrecht[3] [1985] 245) verstoßende Weisung verstanden wird.

[89] RESS, Demonstrationsfreiheit und Straßenverkehr in Österreich (1970) 132 ff, führt eine Reihe von Tatbeständen des StG an, die mit jenen des heute geltenden StGB vergleichbar sind.

III. Gefährdung der öffentlichen Sicherheit und des öffentlichen Wohls

1. Allgemeines

Der in der Praxis häufige Untersagungstatbestand ist jener der „Gefährdung der öffentlichen Sicherheit und des öffentlichen Wohls". Bei den Begriffen „öffentliches Wohl" und „öffentliche Sicherheit" handelt es sich um unbestimmte Gesetzesbegriffe[90]. Sie erfahren eine Verdeutlichung durch Art 11 Abs 2 EMRK.

Bei Vorliegen der entsprechenden Voraussetzungen hat die Versammlungsbehörde die Versammlung zu untersagen. Bei der Klärung dieser unbestimmten Gesetzesbegriffe ist zunächst der Wille des Gesetzgebers zu ergründen. Die Interpretation der Vorschriften durch den Verfassungsgerichtshof und durch die Lehre sowie seitens der zuständigen Organe aus ihrem Erfahrungswissen von den entsprechenden, meist typischen und wiederkehrenden Lebenslagen, örtlichen Bedingungen und Sachzusammenhängen, sind dabei hilfreiche Verständnishilfen.

Die beiden abstrakten und unbestimmten Gesetzesbegriffe erhalten ihre konkrete rechtliche Beachtlichkeit im jeweils konkreten Zusammenhang des tatsächlichen Geschehens. Die Begriffe „öffentliche Sicherheit" und „öffentliches Wohl" werden durch mögliche Gefährdungslagen konkreter Sachverhalte bestimmbar und damit auch bestimmt[91]. Dies wird weiter unten anhand einiger Beispiele noch näher dargetan.

Einen ersten Interpretationsversuch für die beiden weit gefaßten unbestimmten Gesetzesbegriffe im VersG unternahm FREUND[92] um die Jahrhundertwende. Eine „Gefährdung" liegt nach ihm ua dann vor, wenn die Versammlung unter sanitätswidrigen, die körperliche Sicherheit, die Ge-

---

[90] Zur Problematik unbestimmter Gesetzesbegriffe vgl WINKLER, Entwicklungstendenzen der österreichischen Verwaltungsgerichtsbarkeit (Vortragsbericht), JBl (1957) 96 (97 f); WINKLER, Gesetzgebung und Verwaltung im Wirtschaftsrecht, Forschungen aus Staat und Recht 85 (1989/1970) 105 ff, 132 ff; WENGER – WINKLER, Die Freiheit der Wissenschaft und ihrer Lehre (1974) 17 ff; JESCH, Unbestimmter Rechtsbegriff und Ermessen in rechtstheoretischer und verfassungsrechtlicher Sicht, AÖR (1957) 163 ff; WINKLER, Die Wissenschaft vom Verwaltungsrecht (1979) 1 ff; BERNARD, Gebundenheit und Ermessen (1979) 89 ff; ADAMOVICH – FUNK, Allgemeines Verwaltungsrecht[3] (1987) 125 ff; ANTONIOLLI – KOJA, Allgemeines Verwaltungsrecht[2] (1986) 233 ff, insbes 238 ff.

[91] WINKLER, Die Wissenschaft vom Verwaltungsrecht (1979) 13 ff.

[92] FREUND, Das in Österreich geltende Vereins- und Versammlungsgesetz[3] (1900) 319 f.

sundheit der Versammlungsteilnehmer oder der Bevölkerung bedrohenden Umständen abgehalten wird.

Der Verfassungsgerichtshof setzte sich in seinem Erkenntnis VfSlg 7229/1973 ausführlich mit dem Inhalt des § 6 VersG auseinander. Er hatte zu beurteilen, ob eine Demonstration einer politischen Partei an einem Samstagvormittag, zwei Tage vor dem 1. Mai, in der Innenstadt einer nö Bezirkshauptstadt, wegen Gefährdung der öffentlichen Sicherheit bzw des öffentlichen Wohls zu untersagen war. Der Gerichtshof erkannte, daß eine die Sicherheit, Leichtigkeit und Flüssigkeit des Verkehrs beeinträchtigende Versammlung nicht allein deswegen schon „die öffentliche Sicherheit oder das öffentliche Wohl" iS des § 6 VersG gefährde. Dennoch sei es aber keineswegs ausgeschlossen, daß durch Verkehrsbeeinträchtigungen Belange der Allgemeinheit in einer Weise berührt werden können, daß der Tatbestand der Gefährdung der öffentlichen Sicherheit oder des öffentlichen Wohls gegeben sei. Wörtlich führte der Verfassungsgerichtshof aus: „Die Beurteilung der Frage, ob das zutrifft, kann naturgemäß nur das Ergebnis einer Interessenabwägung im Einzelfall sein. Diese aber hat unter Bedachtnahme darauf zu erfolgen, daß eine Beeinträchtigung der durch Art 12 StGG gewährleisteten Rechte nur durch eine im Hinblick auf ihre Folgen unzumutbare Verletzung von Interessen der Allgemeinheit gerechtfertigt ist".

In ähnlicher Weise nahm der Verfassungsgerichtshof in einem jüngeren Erkenntnis[93] eine Interessenabwägung vor. Die Behörde ist danach nur dann zur Untersagung gemäß § 6 VersG ermächtigt, wenn dies aus einem der im Art 11 Abs 2 EMRK genannten Gründe notwendig ist. Die Behörde hat, wenn sie eine Untersagung der Versammlung in Betracht zieht, die Interessen des Veranstalters an der Abhaltung der Versammlung in der geplanten Form gegen die im Art 11 Abs 2 EMRK aufgezählten öffentlichen Interessen abzuwägen. Sie hat in einer vorausschauenden Entscheidung, dh in einer *Prognoseentscheidung,* aufgrund konkret festgestellter oder doch erfahrungsgemäß und objektiv erfaßbarer Umstände abzuwägen, ob die in Verbindung mit der Versammlung zu erwartenden Beeinträchtigungen als unausweichliche Folgen (etwa die Sperre des Straßenverkehrs) im Interesse der Versammlungsfreiheit von der Öffentlichkeit hinzunehmen sind. Im konkreten Fall hat die Behörde eine zutreffende Interessenabwägung vorgenommen, da „die zu befürchtende unvermeidbare, weiträumige, lange währende, extreme Störung des Straßenverkehrs ... der-

---

93 VfGH 28. September 1989, B 577/89-9.

art gravierende Belästigungen und auch sicherheitsgefährdende Beeinträchtigungen zahlreicher unbeteiligter Personen erwarten" ließ, sodaß „auch bei voller Berücksichtigung des – im öffentlichen Interesse gelegenen – Zieles der beabsichtigten Versammlung die gebotene Interessenabwägung zuungunsten der Versammlungsveranstalter ausfallen mußte".

Damit stellte der Verfassungsgerichtshof klar, was sich bereits aus dem unbestimmten Gesetzesbegriff des § 6 VersG ergibt. *Die Versammlungsbehörde muß gemäß dem Grundsatz der Verhältnismäßigkeit im Einzelfall eine Interessen- und Güterabwägung aus der jeweiligen Gegenwartslage und unter Veranschlagung von möglichen zu gewärtigenden, also vorhersehbaren künftigen Folgen vornehmen. Dabei ist im Zweifel den Interessen der Versammlungsteilnehmer der Vorzug zu geben. Die unbestimmten Gesetzesbegriffe sind als Eingriffsermächtigungen, nicht zuletzt auch im Hinblick auf die benachbarten Grundrechte, restriktiv zu interpretieren. Die Untersagung einer Versammlung darf nur die ultima ratio sein.* Diese Ansicht findet ihre sinnfällige Bestätigung in den §§ 28 f Sicherheitspolizeigesetz (SPG)[94]. Gemäß § 28 Abs 3 SPG dürfen die Sicherheitsbehörden bei der Erfüllung ihrer Aufgaben in die Rechte eines Menschen nur dann eingreifen, wenn ein solcher Eingriff gesetzlich vorgesehen ist und wenn entweder andere Mittel zur Erfüllung dieser Aufgaben nicht ausreichen oder wenn ihr Einsatz außer Verhältnis zum sonst gebotenen Eingriff steht. Ein solcher Eingriff darf aber dennoch nur erfolgen, soweit er die Verhältnismäßigkeit zum Anlaß und zum angestrebten Erfolg wahrt (§ 29 Abs 1 SPG).

Das deutsche BVerfG stellte in einem jüngeren Beschluß zu einer Großdemonstration gegen das Kraftwerk Brokdorf fest, der Begriff der „öffentlichen Sicherheit" umfasse den Schutz „zentraler Rechtsgüter wie Leben, Gesundheit, Freiheit, Ehre, Eigentum und Vermögen des Einzelnen sowie die Unversehrtheit der Rechtsordnung und der staatlichen Einrichtungen, wobei in der Regel eine Gefährdung der öffentlichen Sicherheit angenommen wird, wenn eine strafbare Verletzung dieser Schutzgüter droht"[95]. Zu gleichen Ergebnissen könnte unter vergleichbaren Voraussetzungen wohl auch der österreichische Verfassungsgerichtshof gelangen.

Nach § 20 SPG umfaßt die Aufrechterhaltung der öffentlichen Sicherheit die Gefahrenabwehr[96], den vorbeugenden Schutz von Rechtsgütern[97],

---

94 Das Sicherheitspolizeigesetz (SPG), BGBl 1991/566, tritt mit 1. Mai 1993 in Kraft.

95 BVerfGE 69, 315 (352) = EuGRZ (1985) 450 (459).

96 § 21 SPG.

97 § 22 SPG.

die Fahndung[98], die kriminalpolizeiliche Beratung[99] und die Streitschlichtung[100].

Bei der Beantwortung der Frage, ob eine Versammlung zulässig ist (dh ob sie über das Grundrecht auf Versammlungfreiheit geschützt ist), ist nach zwei Richtungen vorzugehen. Einerseits ist zu prüfen, ob es sich um einen *Grundrechtsmißbrauch* handelt. Ein solcher liegt dann vor, *wenn das Grundrecht von vornherein geplant in zweckentfremdender Weise beansprucht wird*, dh wenn eine Versammlung ausschließlich oder vorwiegend darauf gerichtet ist, die Öffentlichkeit oder andere Menschen in ihren Rechtsgütern zu beeinträchtigen. *Sinn des Grundrechts der Versammlungsfreiheit ist die individuelle Freiheit zur kollektiven geistigen Auseinandersetzung mehrerer Menschen zur gemeinsamen Bildung und Bekundung von Meinungen und Forderungen, gerichtet auf eine Angelegenheit der Allgemeinheit als Zweck. Die Behinderung anderer oder die Ausübung von Zwang auf andere in der Öffentlichkeit und gegenüber der Allgemeinheit ist daher nicht im Sinn des Grundrechts gelegen.* Im Rahmen der Versammlungsfreiheit darf um die Aufmerksamkeit für ein bestimmtes Anliegen der Allgemeinheit geworben werden. Eine Erzwingung der Aufmerksamkeit erfüllt jedoch, wie die Nötigung zur Teilnahme oder die Verhinderung an der Teilnahme, regelmäßig den Tatbestand eines Rechtsmißbrauchs, der gegebenenfalls sogar strafrechtliche Tatbestände erfüllt (siehe dazu oben). Beispiele für den Mißbrauch der Versammlungsfreiheit sind alle Formen der „Blockaden“, häufige Wiederholungen von „Veranstaltungen“ zu ein und demselben Zweck in kurzen zeitlichen Abständen, aber auch zeitlich und örtlich konkurrierende *Stör- und Gegenversammlungen*, Lärmerzeugungen „um des Lärmes wegen“[101], sowie unverhältnismäßig lange dauernde Versammlungen, insbesondere aber Versammlungen in Behinderungsabsicht, wie etwa die jährlichen, nicht angemeldeten Opernballdemonstrationen[102], ferner „Sitzstreiks“.

---

98 § 24 SPG.

99 § 25 SPG.

100 § 26 SPG.

101 VfSlg 11832/1988.

102 Diese Demonstrationen, die regelmäßig zu bedrohlichen Zusammenrottungen ausufern, sind von den ordnungsgemäß angezeigten Versammlungen zu unterscheiden, die aus Anlaß des Opernballs vor der Beginnzeit und örtlich befristet, etwa auf dem Karlsplatz stattfinden.

Ist kein Grundrechtsmißbrauch geplant, dann ist für eine Versammlung dennoch im Rahmen einer *Verhältnismäßigkeitsprüfung*[103] von Fall zu Fall eine *Güter- bzw Interessenabwägung* vorzunehmen[104]. Vor allem Volksversammlungen und allgemein zugängliche Versammlungen auf öffentlichen Plätzen und Verkehrsflächen verstoßen notgedrungen auch gegen Verwaltungsvorschriften und können daher unter gegebenen oder zu erwartenden Umständen unverhältnismäßig sein.

Dem Grundrecht sind Beschränkungen wesensmäßig inhärent. Daher sind auch administrative Maßnahmen zulässig (Untersagung einer Versammlung, vor allem für einen bestimmten Ort und zu einer bestimmten Zeit), die der Erfüllung von Staatsaufgaben dienen (Schutz der öffentlichen Sicherheit und des öffentlichen Wohls). Die Maßnahmen müssen aber gesetzlich gedeckt und in dem Sinn erforderlich sein, daß sie sich als gelindeste Mittel zur Erreichung ihres Zweckes erweisen. Sie müssen zur Erreichung ihres Zweckes geeignet sowie im Verhältnis zum angestrebten Zweck angemessen sein (Verhältnismäßigkeit ieS). Im Bereich der Verhältnismäßigkeitsprüfung kommt es zur Interessenabwägung. Dabei ist vor allem für anzeigepflichtige Versammlungen nach § 2 VersG zu prüfen, ob die Untersagung bzw eine eventuelle behördliche Aufforderung zur Abänderung der Versammlungszeit oder des Ortes bei sonstiger Untersagung der Versammlung angemessen ist. Das Interesse der Versammlungsteilnehmer ist mit den im Rahmen der Erfüllung der Staatsaufgaben anzustrebenden Zwecken, dh mit der Aufrechterhaltung der öffentlichen Sicherheit und Ordnung und mit den Freiheiten aller Bürger in ihrer jeweils konkreten Ausprägung abwägend zu vergleichen. Ergibt der Vergleich eine Unverhältnismäßigkeit, dann hat die Behörde entsprechend zu handeln.

2. Gegendemonstrationen

Der Verfassungsgerichtshof anerkennt grundsätzlich die Schutzpflicht des Staates für Versammlungen gegen gleichzeitig für denselben Ort geplante oder stattfindende Gegendemonstrationen. Nach dem Verfassungs-

---

[103] Zum Verhältnismäßigkeitsgrundsatz vgl vor allem NOVAK, Verhältnismäßigkeitsgebot und Grundrechtsschutz, FS Winkler (1989) 39 ff; ferner statt vieler HIRSCHBERG, Der Grundsatz der Verhältnismäßigkeit (1981); PESENDORFER, Das Übermaßverbot als rechtliches Gestaltungsprinzip der Verwaltung – zugleich ein Beitrag zur Bildung eines „inneren Systems" der Verwaltung, ÖZÖR 28 (1977) 265 ff; GRILLER, Verfassungswidrige Schrottlenkung? ÖZW (1985) 65 (72).

[104] Diese Verpflichtung ist gemäß § 28 f SPG ab 1. Jänner 1993 auch auf einfachgesetzlicher Ebene ausdrücklich angeordnet.

gerichtshof ist es Aufgabe der Behörde, Störungen durch derart konkurrierende Gegendemonstrationen „nach Möglichkeit hintanzuhalten“. In diesem Sinn *sind örtlich und zeitlich konkurrierende Gegendemonstrationen jedenfalls zu untersagen*. Sind konkurrierende Gegendemonstrationen nicht zu verhindern, etwa bei Vorliegen außerordentlicher Umstände, die der Behörde die Erfüllung ihrer Aufgabe im konkreten Fall unmöglich machen, dann darf – nach dem Verfassungsgerichtshof – zur Verhinderung einer Gefährdung des öffentlichen Wohles und der öffentlichen Sicherheit allerdings sogar eine vorher ordnungsgemäß angezeigte Versammlung untersagt werden[105]. Keinesfalls darf es aber in der Entscheidung opponierender Personen oder Organisationen gelegen sein, durch allgemeine Protestaktionen das Grundrecht der Versammlungsfreiheit gegenüber einem ihnen mißliebigen, aber gesetzmäßigen Verein zu beeinträchtigen[106]. Unerlaubte Gegendemonstrationen ziehen jedenfalls die Rechtsfolgen rechtswidriger Versammlungen nach sich und sind gegebenenfalls sogar nach den §§ 284 und 285 StGB strafbar[107].

Die Schutzpflichten des Staates bei zeitlich und örtlich konkurrierenden Gegendemonstrationen wurden durch ein jüngeres Urteil des EGMR umschrieben[108]. Danach beschränkt sich eine wirkliche und tatsächliche Freiheit zu friedlicher Versammlung nicht auf die einfache Pflicht der Nichteinmischung seitens des Staates. Eine rein negative Auffassung wäre mit dem Zweck und mit dem Ziel des Art 11 EMRK nicht vereinbar. Dieser verlangt gegebenenfalls auch positive Maßnahmen. Den Vertragsstaa-

---

105 VfSlg 6850/1972.

106 VfSlg 6095/1969, 6304/1970, 6850/1972, 8609/1979; vgl dazu auch ANDERLE, Österreichisches Versammlungsrecht (1988) 54 f; FUNK, Demonstrationsschäden (1989) 39 f.

107 § 284 StGB: „*Sprengung einer Versammlung.* Wer eine Versammlung, einen Aufmarsch oder eine ähnliche Kundgebung, die nicht verboten sind, mit Gewalt oder durch Drohung mit Gewalt verhindert oder sprengt, ist mit Freiheitsstrafe bis zu einem Jahr zu bestrafen.“

§ 285 StGB: „*Verhinderung oder Störung einer Versammlung.* Wer eine nicht verbotene Versammlung dadurch verhindert oder erheblich stört, daß er

1. den Versammlungsraum unzugänglich macht,
2. eine zur Teilnahme berechtigte Person am Zutritt hindert oder ihr den Zutritt erschwert oder ihr die Teilnahme an der Versammlung durch schwere Belästigungen unmöglich macht oder erschwert,
3. in die Versammlung unbefugt eindringt oder
4. eine zur Leitung oder Aufrechterhaltung der Ordnung berufene Person verdrängt oder sich einer ihrer auf den Verlauf der Versammlung bezüglichen Anordnungen tätlich widersetzt,

ist mit Freiheitsstrafe bis zu sechs Monaten oder mit Geldstrafe bis zu 360 Tagessätzen zu bestrafen.“

108 EGMR Serie A, Bd 139; 21. Juni 1988, Fall Plattform „Ärzte für das Leben“.

ten der EMRK obliegt es zwar, vernünftige und geeignete bzw angemessene Maßnahmen zu treffen, um den friedlichen Ablauf von erlaubten Versammlungen (Demonstrationen) zu gewährleisten, sie sind jedoch nicht verpflichtet, diese „in absoluter Weise (zu) garantieren und, was die Beurteilung der anzuwendenden Mittel anbelangt, verfügen sie über einen weiten Ermessensspielraum". Zwar besteht eine „Verpflichtung zum Einsatz angemessener Mittel aber nicht zur Herbeiführung eines bestimmten Erfolges". Das bezieht sich in erster Linie auf Gegenversammlungen und Gegendemonstrationen, gilt aber wohl auch für Versammlungen und Demonstrationen im allgemeinen.

3. Straßenverkehr

In der Praxis kommt es vor allem bei anzeigepflichtigen Versammlungen nach § 2 VersG hinsichtlich des Straßenverkehrs (Sicherheit, Leichtigkeit und Flüssigkeit des Verkehrs iS der StVO) zu Interessenkollisionen[109]. Diese Interessenkollisionen werden in den Kriterien für die Abwägung zwischen den Interessen der Versammlungsteilnehmer und dem öffentlichen Interesse (öffentliche Sicherheit, öffentliches Wohl) im Hinblick auf die Sicherheit, Leichtigkeit und Flüssigkeit des Verkehrs sichtbar. Derartige Abwägungskriterien sind:

- Die Bedeutung des Ortes, im besonderen von Straßen und Plätzen für den allgemeinen Verkehr (Haupt-, Nebenverkehrsstraße, freier Platz).
- Die Bedeutung des Versammlungsortes für den Versammlungs- oder Demonstrationszweck (Publizitätswirkung, historisches Ereignis, Denk- oder Mahnmal).
- Die Zahl der betroffenen Verkehrsteilnehmer einerseits und die Zahl der Versammlungsteilnehmer oder Demonstranten andererseits
- Die Dauer von Versammlungen.
- Die Häufigkeit von Versammlungen an und für sich und zum selben Zweck.
- Das zeitliche Moment in seiner Bedeutung für den Straßenverkehr (Verkehrsspitzenzeiten sind eher „versammlungsfeindlich"), sowie in seiner Bedeutung für die Versammlung (Feiertage und historische Daten sind „versammlungsgünstig")[110].

---

[109] Vgl aus jüngerer Zeit VfGH 28. September 1989, 577/89-9.

[110] Ein Beispiel für eine solche Konfliktsituation findet sich in VfSlg 7229/1973.

- Die zeitliche und die örtliche Möglichkeit oder Unmöglichkeit von entlastenden verkehrstechnischen Maßnahmen (Leichtigkeit der Umleitung).
- Die zeitliche und örtliche Intensität der Verkehrsbeeinträchtigung in Abhängigkeit von der Zweckwidmung und der allgemeinen oder aber auch einer besonderen Benötigung der in Anspruch genommenen Verkehrsfläche.

Die örtlichen Kriterien lassen im Interessenkonflikt zwischen der Versammlungsfreiheit und dem öffentlichen Wohl im allgemeinen und der öffentlichen Sicherheit im besonderen vor allem öffentliche Plätze und Fußgängerzonen als zu bevorzugende Versammlungsorte erscheinen. Einerseits ist nämlich die Verkehrsbeeinträchtigung auf öffentlichen Plätzen und in Fußgängerzonen nicht so gravierend wie auf den mit Kraftfahrzeugen befahrenen Straßen. Andererseits ist aber gerade auf befahrenen Straßen die Demonstrationswirkung stärker. Versammlungen (Demonstrationen) auf Autobahnen und Schnellstraßen sind im allgemeinen zu untersagen, da das überregionale, nationale und internationale Verkehrsinteresse sowie das örtliche Sicherheitsinteresse überwiegen (Fernverbindungen, hohe Geschwindigkeiten). Autobahnen sind außerdem für Versammlungszwecke objektiv schlecht geeignet; sie sind publikumsfern und vermitteln daher nur eine geringe Publizitätswirkung[111].

4. Versammlungen in Fußgängerpassagen und öffentlichen Parks

Sowohl Fußgängerpassagen als auch öffentliche Parks, wie zB der Wiener Stadtpark, sind öffentliches Gut. Zum öffentlichen Gut (§§ 287 f ABGB) zählen vor allem die dem allgemeinen oder dem besonderen Gemeingebrauch dienenden Sachen, die regelmäßig im Eigentum eines Rechtsträgers stehen (etwa einer Gemeinde)[112]. Gemeingebrauch ist die jedermann zustehende Freiheit, eine Sache ihrer Zweckbestimmung gemäß oder in der allgemein üblichen Weise zu gebrauchen[113].

Das Abhalten von Versammlungen auf öffentlichem Gut ist eine besondere, von der allgemeinen Widmung abweichende Nutzung. Sie schließt

---

111 Vgl Ress, Demonstrationsfreiheit und Straßenverkehr in Österreich (1970) 130, der unter Hinweis auf § 46 StVO die Benutzung von Autobahnen für Demonstrationen für ausgeschlossen hält. AM Stolzlechner, Demonstrationsfreiheit und Straßenpolizeirecht, ZfV (1987) 396 f.

112 Melichar, Die öffentlichen Sachen und der Gemeingebrauch, JBl (1967) 179 ff.

113 Antoniolli, Allgemeines Verwaltungsrecht (1954) 249; Antoniolli – Koja, Allgemeines Verwaltungsrecht[2] (1986) 624 ff; Jellinek, Verwaltungsrecht[3] (1931) 510.

den Gemeingebrauch aus oder beeinträchtigt ihn in qualitativer, in zeitlicher (Dauer der Versammlung) sowie in örtlicher Hinsicht erheblich. Eine solche besondere Nutzung hat ihre Rechtsgrundlage zunächst bloß in einer ordnungsgemäßen Anzeige und in der grundsätzlichen Zulässigkeit der Versammlung, dh in der Nichtuntersagung durch die Versammlungsbehörde. Diese Voraussetzungen allein machen eine Versammlung auf öffentlichem Gut vor allem mit Sonderwidmungen noch nicht zulässig. Es müssen auch noch die anderen Zulässigkeitsvoraussetzungen erfüllt sein.

Beispiele für öffentliches Gut, das für Versammlungen häufig beansprucht wird, sind *Straßen* und offene *Plätze*. Zu den Straßen zählen auch Fußgängerpassagen[114]. Daran ändert auch der Umstand nichts, daß das Interesse der Allgemeinheit am Gemeingebrauch an einer Passage, wie etwa an der Karlsplatzpassage, auf die Betriebszeiten der öffentlichen Verkehrsmittel beschränkt ist. Für die besondere Nutzung von Straßen durch Versammlungen gilt die Spezialvorschrift des § 86 StVO, bei sonstigen Veranstaltungen § 82 StVO (Näheres siehe unten D III 3). *Öffentliche Orte* sind gemäß § 27 Abs 2 SPG solche, die von einem nicht von vornherein bestimmten Personenkreis betreten werden können. An solchen Orten obliegt den Sicherheitsbehörden ganz allgemein die Aufrechterhaltung der Ordnung. Dabei haben sie auf das Interesse des Einzelnen, seine Grund- und Freiheitsrechte ungehindert auszuüben, besonders Bedacht zu nehmen (§ 27 Abs 1)[115].

Der Gemeingebrauch am öffentlichen Gut wird durch einen Widmungsakt begründet. Dieser erfolgt entweder in der Form eines Gesetzes oder in der Form eines individuellen Hoheitsaktes aufgrund eines Gesetzes. Auch an öffentlichen Parks besteht Gemeingebrauch. Die Art und der Umfang des Gemeingebrauchs ergeben sich aus der Widmung. Öffentliche Parks dienen in erster Linie Aufenthalts- und Erholungszwecken und nicht Verkehrszwecken. Ob und in welchem Umfang Versammlungen in öffentlichen Parks unzulässig sind, ist nicht nur aufgrund einer Interessenabwägung zu ermitteln. Das öffentliche Wohl und die öffentliche Sicherheit, als Grenzen der Versammlungsfreiheit, sind durch die Zweckwidmung der öffentlichen Parks für den Aufenthalt und zur Erholung der Bevölkerung nä-

---

[114] DITTRICH – STOLZLECHNER, Österreichisches Straßenverkehrsrecht, I. Teil: Straßenverkehrsordnung 1960^3 (1990) FN 6 zu § 2.

[115] In den Erläuterungen zur Regierungsvorlage wird die Aufrechterhaltung der öffentlichen Ordnung dahingehend umschrieben, daß „dann, wenn es um die Sicherstellung eines friedlichen Miteinanders der Bürger geht, die Rechte der Gemeinschaft besonders sorgsam gegen die Rechte des Einzelnen abzuwägen" sind (148 BlgNR, 18. GP, 37).

her bestimmt. Im übrigen gelten hier bei der Ermittlung der Grundrechtsschranken sinngemäß die bereits oben ausgeführten Bedingungen. Die Bedeutung des Ortes für die Versammlung und die Publizitätswirkung sind als Kriterien bedeutsam. In öffentlichen Parks ohne entsprechende Plätze wird im allgemeinen eine öffentliche Versammlung unzulässig sein. Gleiches gilt für den Fall, daß andere Versammlungsorte ausreichend zur Verfügung stehen.

5. Schutz vor Lärmerregung

Ein weiteres Konfliktsfeld ist die *Lärmerregung* durch Versammlungen im Sinn des Art VIII EGVG und der nach seinem Vorbild erlassenen landesgesetzlichen Verwaltungsstraftatbestände, möglicherweise auch in Verbindung mit § 181a StGB[116]. Versammlungen (mit Ausnahme von Sonderformen, wie Schweigemärschen, Fackelzügen etc) führen regelmäßig zu einer erhöhten Lärmbelastung der Umgebung. Technische Hilfsmittel (Megaphone und andere Schallzeichen) und Sprechchöre, zur Steigerung der Publizitätswirkung, können beachtliche Lärmimmissionen zur Folge haben. Die Beschränkung der Versammlungsfreiheit ergibt sich diesfalls aus der Gefährdung des öffentlichen Wohls durch die „ungebührliche Erregung störenden Lärms"[117]. Eine gesundheitsgefährdende Lärmerregung liegt im allgemeinen außerhalb des Schutzbereichs des Grundrechts des Art 12 StGG und Art 11 EMRK, da die Versammlungsfreiheit einem höherwertigen Rechtsgut der Allgemeinheit nachsteht.

Auch in diesem Zusammenhang ist nach verschiedenen Kriterien eine Interessenabwägung vorzunehmen. Zu veranschlagen ist dabei insbesondere die Bedeutung von Verstärkereinrichtungen für die Versammlung, zB wegen der großen Teilnehmerzahl, oder wegen der Publizitätswirkung. Die Verwendung von Megaphonen und dergleichen ist bei Demonstrationen durchaus üblich.

---

116 § 181a StGB: „*Schwere Beeinträchtigung durch Lärm.* Wer entgegen einer Rechtsvorschrift oder einem behördlichen Auftrag Lärm in einem solchen Ausmaß oder unter solchen Umständen erzeugt, daß die Tat eine nachhaltige und schwere Beeinträchtigung des körperlichen Befindens vieler Menschen nach sich zieht, ist mit Freiheitsstrafe bis zu sechs Monaten oder mit Geldstrafe bis zu 360 Tagessätzen zu bestrafen."

117 Art VIII EGVG, seit der BVG-Novelle 1974 bis zur Erlassung eigenständiger landesgesetzlicher Regelungen provisorisches Landesrecht. Für die verschiedenen Bundesländer, außer Wien und Burgenland, siehe die Rechtsquellennachweise und den Kommentar bei HAUER – LEUKAUF, Handbuch des österreichischen Verwaltungsverfahrens^4 (1990) 31 und bei WALTER – MAYER, Grundriß des Besonderen Verwaltungsrechts^2 (1987) 648.

Bedeutsam sind daher auch zeitliche Aspekte. Während der Nachtstunden (zur allgemeinen Schlafenszeit) sind Versammlungen ganz allgemein, besonders aber unter Verwendung von Verstärkereinrichtungen unzulässig. Ausnahmen rechtfertigt unter Umständen eine schwere unmittelbare Gefahr, wie etwa ein Staatsnotstand. Das Schutzbedürfnis der Allgemeinheit tritt dann gegenüber dem Versammlungsinteresse zurück.

Aber auch örtliche Aspekte sind erheblich. In Wohngebieten (unter Mitberücksichtigung des Zeitfaktors), in der Nähe von Krankenhäusern, Altersheimen, Schulen, Kirchen und dergleichen ist die Lärmerregung grundsätzlich zu vermeiden.

Im übrigen gelten für die Interessen der Versammelten (Demonstranten) hinsichtlich Ort und Zeit die oben für den Straßenverkehr angeführten Kriterien sinngemäß. Ein intentional auf Ruhestörung ausgerichtetes lärmerregendes Verhalten, dh die Lärmerzeugung „um des Lärmes wegen“[118], ist keinesfalls durch die Versammlungsfreiheit gedeckt und bedeutet einen Grundrechtsmißbrauch. Nach dem Verfassungsgerichtshof mögen das Rufen von Parolen und Sprechchören eine noch zumutbare Lärmbelästigung darstellen, nicht aber die Verwendung von Rhythmusinstrumenten, Kochgeschirr, Pfeifen etc, ferner Gekreische, Geheul sowie die Verwendung eigens zum Zweck der Lärmerzeugung mitgebrachter Geräte. Lärm um des Lärmes willen, die Vermittlung der Meinung der Zusammengekommenen auf eine geradezu als akustischen Terror zu bezeichnende Weise, ist der unbeteiligten Bevölkerung nicht zumutbar.

6. Sonstige Gefährdungen der öffentlichen Sicherheit und des öffentlichen Wohls

Neben den angeführten Gefährdungslagen kommt noch eine Reihe anderer in Betracht. So sind etwa bei Versammlungen in geschlossenen Räumen Beschränkungen aus feuer- und baupolizeilichen Gründen oder bei Versammlungen unter freiem Himmel aus gesundheits- und seuchenpolizeilichen Gründen oft unabweislich. Dabei geht es nicht nur um den Schutz Dritter, sondern auch und gerade um den Schutz der Versammlungsteilnehmer. Auch Beschränkungen aus natur- und denkmalschutzrechtlichen sowie aus baupolizeilichen Gründen sind zu beachten. Zur Versammlungspolizei gehört freilich nur der Schutz bereichsspezifischer

---

[118] VfSlg 11832/1988.

Gefahren. Allgemeine Gefährdungslagen fallen der allgemeinen Sicherheitspolizei zu[119].

7. Eigentumsverletzungen

Versammlungen, die auf privaten Liegenschaften, sofern diese nicht der Öffentlichkeit gewidmet sind, oder solche, die in Privatlokalen stattfinden, bedürfen der zivilrechtlichen Genehmigung des Verfügungsberechtigten[120]. Die Vorlage einer förmlichen Einverständniserklärung in Verbindung mit einer Anzeige der Versammlung nach § 2 VersG ist nicht geboten. Dennoch ist die Frage für die Versammlungsbehörde beachtlich, wenn sie etwa nach einer Intervention des Eigentümers erfährt, daß eine Versammlung gegen den ausdrücklich erklärten Willen des Eigentümers stattfinden soll. Zivilrechtliche Hilfsmittel kämen diesfalls zu spät. Eine – voraussehbare – mutwillige Besitzstörung, mag sie auch keinen strafrechtlichen Tatbestand erfüllen, bedeutet eine Gefahr für den allgemeinen Rechtsfrieden und damit für die öffentliche Sicherheit und für das öffentlichen Wohl iS des § 6 VersG. Sie ist daher von der Versammlungsbehörde zu untersagen.

Darüber hinaus können die mit der Führung der Angelegenheiten auf dem Gebiet der allgemeinen Sicherheitspolizei betrauten Behörden gemäß Art II § 4 Abs 2 VÜG 1929 zum Schutz des Eigentums innerhalb ihres Wirkungsbereiches die zur Abwendung von Gefahren erforderlichen generellen Anordnungen und individuellen Maßnahmen treffen und deren Nichtbefolgung als Verwaltungsübertretung erklären[121]. So kann zB das Betreten von als Versammlungsort ohne Rechtstitel vorgesehenen Privatgrundstücken durch Verordnung untersagt und das Zuwiderhandeln gegen diese Verordnung zur Verwaltungsübertretung erklärt werden. Nach der Judikatur des Verfassungsgerichtshofs sind aber auch unmittelbare individuelle Verwaltungsakte zulässig[122].

---

[119] Zum Verhältnis Versammlungspolizei und allgemeiner Sicherheitspolizei vgl auch FUNK, Demonstrationsschäden (1989) 45.

[120] So auch der Erl des BMI vom 11. November 1955, Zl 119.786-4/55.

[121] Art II § 4 Abs 2 VÜG 1929 tritt mit Ablauf des 30. April 1993 außer Kraft (BGBl 1991/565). An seine Stelle treten die Befugnisse des neuen Sicherheitspolizeigesetzes (BGBl 1991/566), in diesem Zusammenhang insbesondere die §§ 19, 32 f und 49 SPG.

[122] VfSlg 9231/1981, 9653/1983 und das Erk vom 20. Juni 1989, B 73/88-11. Vgl dazu BLUM, Die Sicherheitspolizei und ihre Handlungsformen (1987) 46 f; FUNK, Demonstrationsschäden (1989) 54 f.

Einer Verletzung privaten Eigentums gleichzuhalten ist die Verletzung von nicht im Gemeingebrauch stehenden Grundstücken mit öffentlichen Sonderwidmungen, wie zB von öffentlichen Plätzen, die nicht für die Allgemeinheit bestimmt sind. Für eine derartige Verletzung gilt das oben Ausgeführte sinngemäß.

Die Behörde hat die Versammlung aber jedenfalls dann zu untersagen, wenn der Zweck den Strafgesetzen ieS zuwiderläuft. Eine Eigentumsverletzung, die zB gleichzeitig einen Hausfriedensbruch (§ 109 StGB) oder eine Freiheitsentziehung (§ 99 StGB) bedeutet, erfüllt daher jedenfalls einen Untersagungstatbestand.

Unbeschadet der Untersagung einer Versammlung durch die Behörde stehen einem durch Versammlungen beeinträchtigten Eigentümer aber auch die privatrechtlichen Rechtsbehelfe zu (einstweilige Verfügung nach §§ 378 ff EO, Besitzstörungsklage nach §§ 454 ff ZPO).

Die bloße Tatsache, daß der Öffentlichkeit gewidmete Grundstücke der privatrechtlichen Verfügungsmacht (Eigentum) einer Gebietskörperschaft unterliegen, liefert keinen Rechtstitel für öffentlich-rechtliche Versammlungsbeschränkungen.

IV. Hilfsmittel von Versammlungen

1. Hilfsmittel im allgemeinen

Versammlungsteilnehmer bedienen sich in Verfolgung des Versammlungszweckes und zur Unterstützung ihrer Meinungserörterung und demonstrativen Meinungskundgabe zumeist auch unterschiedlicher Hilfsmittel. Die Zulässigkeit der Verwendung von Hilfsmitteln richtet sich im Gesamtzusammenhang mit den übrigen Modalitäten insbesondere nach dem Zweck von Versammlungen. So sind Transparente, Megaphone und Lautsprecheranlagen insofern zulässige Hilfsmittel, als sie der kollektiven Meinungsäußerung im Rahmen der Versammlung dienen und diesem Zweck adäquat sind. Die Verwendung der Hilfsmittel muß mit der Versammlung in einem inneren Sachzusammenhang stehen, dh die Hilfsmittel müssen in einem sachlichen, örtlichen und zeitlichen Zusammenhang zur Versammlung stehen[123].

Die Sicht des Verfassungsgerichtshofs ist in dieser Frage jedoch zu eng. Nach dem Verfassungsgerichtshof kann ein Verhalten, das objektiv

---

123 STOLZLECHNER, Demonstrationsfreiheit und Straßenpolizeirecht, ZfV (1987) 392.

den Tatbestand einer Verwaltungsübertretung erfüllt (wie etwa das Befahren von Fußgängerzonen mit Lautsprecherwagen), gemäß § 6 VStG dann gerechtfertigt sein, „*wenn es unbedingt notwendig ist*[124], um die Versammlung in der beabsichtigten Weise durchzuführen"[125]. Der Verfassungsgerichtshof beruft sich dabei auf STOLZLECHNER[126], der jedoch – bezogen auf das Straßenverkehrsrecht – eine andere Position einnimmt. Eine Bestrafung der Versammlungsveranstalter, so meint STOLZLECHNER, komme nur dann in Betracht, wenn durch die begangene Verwaltungsübertretung eine wesentliche Beeinträchtigung der Sicherheit und der Leichtigkeit des öffentlichen Verkehrs eintritt oder zu erwarten ist und wenn gleichzeitig die Erfüllung der Rechtspflicht keine wesentliche Beeinträchtigung der Demonstrationsfreiheit bedeutet. STOLZLECHNER fordert ausdrücklich eine „Interessenabwägung". Von „Notwendigkeit" ist an der zitierten Stelle bei STOLZLECHNER in ganz anderem Zusammenhang die Rede. Eine Versammlungsauflösung sei nur dann gerechtfertigt, wenn zusätzlich zur Verletzung straßenpolizeilicher Vorschriften die Notwendigkeit hinzutritt, die Versammlung aus einem der im Art 11 Abs 2 EMRK genannten Gründe aufzulösen. Der Verfassungsgerichtshof kann sich daher für seine verengende Interpretation nicht mit gutem Grund auf STOLZLECHNER berufen. Die „unbedingte Notwendigkeit" der Verwendung eines Hilfsmittels zur Grundrechtsübung ist kein Kriterium für die Zulässigkeit der Verwendung von Hilfsmitteln. Vielmehr kommt es auf die objektive Entsprechung der Mittel zum Wesen der Versammlung an und auf das Fehlen ausdrücklicher gesetzlicher Verbote.

Künstlerische Darbietungen sind als Hilfstätigkeiten solange zulässig, als sie für die Versammlung geeignet sind, eine bloße Dienfunktion haben und nicht Hauptzweck sind oder dazu werden.

Jedenfalls unerlaubte und den Versammlungszweck überschreitende und daher keineswegs zulässige Hilfsmittel für eine Versammlung sind Schußwaffen, Messer, Molotowcocktails, Schlagstöcke, Steine u dgl.

2. Die Aufstellung und Verwendung von Lautsprecheranlagen

Ein Sonderproblem, das sowohl Belange des Straßenverkehrs als auch der Lärmerregung berührt, ist die Aufstellung und Verwendung von Lautsprecheranlagen bei Versammlungen. Verstärkereinrichtungen sind heut-

---

124 Hervorhebung von mir.

125 VfSlg 11866/1988; und VfSlg 11904/1988.

126 STOLZLECHNER, Demonstrationsfreiheit, ZfV (1987) 389 (394).

zutage bei größeren Versammlungen unter freiem Himmel allgemein üblich. Ohne sie wäre die „Meinungskundgabe“ in hohem Maße beeinträchtigt. Hinsichtlich der Lärmerregung ist die Zulässigkeitsgrenze in einer Interessenabwägung in der oben unter C III 5 dargelegten Weise zu ermitteln.

Eine zweite Frage betrifft die Zulässigkeit der Verwendung von Lautsprecherwagen in Fußgängerzonen. Dabei ist zwischen der Aufstellung von Lautsprecherwagen und dem Befahren zur Versammlungszeit zu unterscheiden. Grundsätzlich befreit die verfassungsgesetzlich garantierte Versammlungsfreiheit keineswegs von der Einhaltung straßenpolizeilicher Vorschriften[127]. § 76a Abs 1 StVO verbietet, abgesehen von den Ausnahmen der §§ 76a Abs 2 und 4 sowie 45 StVO, jeglichen Fahrzeugverkehr in Fußgängerzonen. Das Befahren von Fußgängerzonen mit Lautsprecherwagen bedeutet daher an und für sich eine Verletzung der StVO.

Allgemein gilt für StVO-Übertretungen im Rahmen von Versammlungen, daß – wie der Verfassungsgerichtshof zuletzt mehrfach ausgesprochen hat[128] – eine bloß „formale“ Gesetzesverletzung ungeachtet des klaren Wortlauts des § 13 VersG für eine verfassungskonforme Versammlungsauflösung *nicht ausreicht*; vielmehr müssen für so schwere Grundrechtseingriffe, wie die Versammlungsauflösung, „ausreichende Gründe“ im Sinn des materiellen Gesetzesvorbehaltes des Art 11 Abs 2 EMRK vorliegen. Eine „bloße“ StVO-Übertretung berechtigt demgemäß nur dann zur Auflösung einer Versammlung, wenn zur Verletzung einer straßenpolizeilichen Vorschrift eine erhebliche Gefährdung der öffentlichen Sicherheit und des öffentlichen Wohles hinzutritt, die eine Auflösung notwendig macht (zur Interessenabwägung siehe oben). Demnach kann – trotz eindeutig entgegenstehender Verbote der StVO – das Befahren von Fußgängerzonen mit Lautsprecherwagen zum Zweck der Aufstellung derselben in Fußgängerzonen ebenso zulässig sein wie das Halten eines Demonstrationszuges auf Brücken oder in Unterführungen oder das Marschieren gegen die Einbahn[129]. STOLZLECHNER stützt die Unbeachtlichkeit von Verwaltungsübertretungen im Rahmen von Demonstrationen auf den Rechtfertigungsgrund des § 6 VStG[130]. Dieser Ansicht schloß sich auch der Ver-

---

127 RESS, Demonstrationsfreiheit und Straßenverkehr in Österreich (1970) 129.

128 VfSlg 10443/1985; VfSlg 11132/1986.

129 Allerdings können sich zB aus baupolizeilichen Gründen Beschränkungen ergeben (Belastungsgrenzen).

130 STOLZLECHNER, Demonstrationsfreiheit und Straßenpolizeirecht, ZfV (1987) 394.

fassungsgerichtshof an[131]. Er ging jedoch weiter und stellte in einigen jüngeren Erkenntnissen – unter irriger Berufung auf STOLZLECHNER[132] – fest, daß ein derartiges Verhalten nur dann gerechtfertigt ist, wenn es sowohl zur Ausübung des Rechts auf Versammlungsfreiheit unerläßlich[133] bzw unbedingt notwendig[134] ist, als auch den Angaben in der Versammlungsanzeige vollkommen entspricht[135]. Die Tendenz dieser Judikatur richtet sich unzweifelhaft gegen die Versammlungsfreiheit. Sie ist daher revisionsbedürftig. Das Aufstellen von Lautsprecherwagen für Versammlungen erfüllt nämlich eine völlig übliche und adäquate Dienfunktion zur Versammlung und ist daher grundsätzlich als ein erlaubtes akzessorisches Versammlungsverhalten zu qualifizieren. Das Mitführen von Lautsprecherwagen wird in der Regel ähnlich zu beurteilen sein. Dennoch können in diesem Zusammenhang besondere Probleme entstehen (siehe dazu unten E IV).

Die Abhaltung von Versammlungen befreit von der Einhaltung von einzelnen Verwaltungsvorschriften insoweit, als dies für die Abhaltung einer Demonstration zweckentsprechend oder notwendig ist und das öffentliche Interesse an der Einhaltung der entsprechenden Vorschriften nicht höher ist, dh als die Abhaltung keine erhebliche, keine unverhältnismäßige Gefährdung der öffentlichen Sicherheit und des öffentlichen Wohles bedeutet.

D. Übersichten und Abgrenzungen von Zusammenkünften, Versammlungen und Veranstaltungen

Neben den anzeigepflichtigen Versammlungen iS des VersG gibt es noch andere Formen von Versammlungen und Zusammenkünften einer Mehrzahl von Menschen, die ihre unterschiedliche Regelung entweder im VersG oder im VereinsG und in den VeranstaltungsG der Länder erfahren haben. Diese Zusammenkünfte können je nach der Reichweite der Behördenkompetenz zur Einflußnahme gemäß der nachfolgenden Übersicht

---

131 VfSlg 11866/1988; VfSlg 11904/1988.

132 Siehe dazu näherhin oben C IV 1.

133 VfGH 28. Juni 1989, B 30/87-29.

134 VfSlg 11866/1988; VfSlg 11904/1988; vgl dazu die Auseinandersetzung mit dieser Rechtsprechung oben unter C IV 1.

135 VfGH 28. Juni 1989, B 30/87-29.

in nichtanzeigepflichtige (I.), anzeige- oder anmeldepflichtige (II.) und bewilligungspflichtige (III.) unterschieden werden. Den nachfolgenden Ausführungen wird zur Veranschaulichung der Abgrenzungsproblematik das Wiener VeranstaltungsG zugrundegelegt. Dies aus zwei Gründen. Einerseits repräsentiert es die umfassendste landesgesetzliche Regelung. Andererseits entspringt mein Erfahrungswissen und das überwiegende Anschauungsmaterial verschiedenen Geschehnissen im Wiener Stadtbereich.

I. Nichtanzeigepflichtige oder freie Zusammenkünfte

1. Freie, dh nichtanzeigepflichtige Versammlungen

Unter *nichtanzeigepflichtigen* oder „*freien*" Versammlungen im hier gebrauchten Sinn sind jene geplant oder ungeplant auf ein gemeinsames Wirken gerichteten Zusammenkünfte zu verstehen, deren Abhaltung ohne vorangehende Mitwirkung der Versammlungsbehörde stattfindet. Dazu gehören die Versammlungen der hergebrachten Art (unten a), bestimmte *Wählerversammlungen* (unten b), die *geschlossenen Versammlungen* (unten c), schließlich aber auch sogenannte *Spontanversammlungen* (unten e). Sie sind Versammlungen im Sinn des Grundrechts und unterliegen keiner Anzeigepflicht nach dem VersG. Aber auch sie unterstehen der Aufsicht durch die Sicherheitsbehörden, wenn sie auf öffentlichen Plätzen stattfinden.

a) Versammlungen der hergebrachten Art

Öffentliche Belustigungen, Hochzeitszüge, volksgebräuchliche Feste oder Aufzüge, Leichenbegängnisse, Prozessionen, Wallfahrten und sonstige (spontane) Versammlungen sowie Versammlungen und Aufzüge zur Ausübung eines gesetzlich gestatteten Kultus sind Versammlungen im Sinn des Grundrechts. *Wenn sie in der hergebrachten Art stattfinden*, sind sie von den Beschränkungen des VersG ausgenommen (§ 5 VersG, § 86 StVO). Der Passus im § 5 VersG „sind ... von den Bestimmungen dieses Gesetzes ausgenommen" spricht für eine vollständige Ausnahme aus dem VersG[136].

---

[136] Vgl dazu die differenzierte ältere Literatur: HUGELMANN, Studien zum österreichischen Vereins- und Versammlungsrechte (1879) 41 ff, insbes 42 f, 48 ff; FREUND, Das in Österreich geltende Vereins- und Versammlungsgesetz[3] (1900) 318 FN 4, 319; TEZNER, Versammlungsrecht, in: Mischler – Ulbrich, ÖStWB[2], Bd IV (1909) 750 und die einmütige gegenteilige jüngere Literatur: SEIDLER, Der Begriff der Versammlung nach dem Versammlungsgesetz, ÖVA (1963) 76 f; RESS, Demonstrationsfreiheit und Straßenverkehr in Österreich (1970) 111; FESSLER, Österreichisches Versammlungsrecht[2] (1988) 28; ANDERLE,

Nach meiner Meinung bedeutet er aber im systematischen Zusammenhang des VersG mit Art 12 StGG nur eine Ausnahme von den spezifischen Beschränkungen des VersG für anzeigepflichtige Versammlungen, weil dem VersG insgesamt der allgemeine Versammlungsbegriff des StGG zugrunde liegt und die anmeldepflichtigen Versammlungen nur der Hauptgegenstand seiner Regelungen sind. TEZNER[137] führt dazu mit Recht folgendes aus: „Indes ist das Gesetz in technischer Beziehung sehr mangelhaft. Es ist überdies vag in der Bestimmung der Grenzen für die rechtmäßige Tätigkeit der Versammlungen, unklar in der Bestimmung der Versammlungen, auf welche die eine oder die andere seiner Vorschriften zur Anwendung zu gelangen hat. Das Gesetz gibt sich als eine erschöpfende Regelung für die prinzipiellen Voraussetzungen für die Zulässigkeit von Versammlungen im technischen Sinne des Wortes (§ 1). Es enthält deshalb eine Reihe von Bestimmungen, welche für alle freien Versammlungen schlechthin zu gelten haben, ohne Rücksicht darauf, ob sie zu der einen oder anderen von dem Gesetze sonst unterschiedenen Unterarten gehören. Diese Voraussetzungen sind, ebenso wie die für die Zulässigkeit von Vereinen aufgestellten, negativen Inhalts." Das hat zur Folge, daß die Kriterien für die Untersagung und für die Auflösung einer Versammlung auch auf Versammlungen nach den §§ 4 und 5 VersG anwendbar sind. Die herrschende Lehre nimmt den Passus „sind von den Bestimmungen dieses Gesetzes ausgenommen" in der engeren Bedeutung des bloßen Wortsinns und erschließt daraus die Unanwendbarkeit des ganzen VersG auf nichtanzeigepflichtige Versammlungen nach den §§ 4 und 5 VersG. Damit beraubt sie sich der Möglichkeit einer widerspruchsfreien Interpretation des VersG als Regelungseinheit.

Die Aufzählung von Versammlungen der hergebrachten Art erfolgt durch Allgemeinbegriffe und ist daher insofern, aber auch gemäß ihrem Zweck nur scheinbar taxativ[138]. Ohne Zweifel gehören auch erlaubte spontane und zeitlich vorübergehende Zusammenkünfte von kleinerer Größe (Diskussionsgruppierungen) dazu. Alle diese Zusammenkünfte unterliegen

---

Österreichisches Versammlungsrecht (1988) Rz 140, 144; FUNK, Die Abwehr von Demonstrationsschäden aus der Sicht des Verwaltungsrechts (1989) 36.

137 Versammlungsrecht, in: Mischler – Ulbrich, ÖStWB², Bd IV (1909) 748 Sp 1.

138 Die öffentlichen Belustigungen scheinen als Versammlungen „in der hergebrachten Art" bedeutungslos geworden zu sein. In der herrschenden Lehre werden sie aus dem Versammlungsrecht überhaupt ausgenommen und schlechthin dem Veranstaltungsrecht der Länder zugerechnet. Diese Frage scheint zwar offen, sie ist aber von untergeordneter Bedeutung. Erheblich ist in diesem Zusammenhang vielmehr der Umstand, daß die Aufzählung von freien Versammlungen so unbestimmt gehalten ist, daß ihr jedenfalls nur ein demonstrativer Charakter zukommen kann.

zwar keiner Anzeigepflicht nach dem VersG. Sie fallen aber unter Umständen unter die Bestimmungen der StVO (§ 86), wenn sie auf Straßen oder auf anderen öffentlichen Verkehrsflächen stattfinden[139].

Für alle diese Zusammenkünfte gilt, daß sie „in der hergebrachten Art" stattfinden. Veränderungen und Neuerungen, die im Lauf der Zeit zur Gewohnheit werden, ohne das polizeiliche Schutzinteresse zu berühren, etwa die Änderung der Tracht der Teilnehmer oder neue Gründe infolge neu entstandener Gemeinschaftsauffassungen ziehen keine Anzeigepflicht nach sich[140]. Auch neuartige gesellschaftliche Gepflogenheiten von grundsätzlicher Bedeutung können zu Versammlungen in der herkömmlichen Art werden.

Versammlungen und Aufzüge zur Ausübung eines gesetzlich anerkannten Kultes sind nicht nur den gesetzlich anerkannten Kirchen und Religionsgemeinschaften ohne Einschränkung erlaubt, sondern auch gesetzlich nicht anerkannten Religionsgemeinschaften[141]. Jedenfalls muß die „Versammlung" der Ausübung eines religiösen Bekenntnisses dienen.

b) Wählerversammlungen

Versammlungen der Wähler zu Wahlbesprechungen bzw zu Besprechungen mit den gewählten Abgeordneten iS des § 4 VersG sind zwar ausdrücklich als Versammlungen bezeichnet, sie sind aber gleich den Versammlungen der bezeichneten Art von den besonderen Einschränkungen des VersG für anzeigepflichtige Versammlungen ausgenommen, wenn sie zur Zeit der ausgeschriebenen Wahlen und nicht unter freiem Himmel stattfinden[142]. In der Literatur herrscht Uneinigkeit darüber, ob unter *„Wahlen"* lediglich Nationalrats-, Landtags- und Gemeinderatswahlen sowie die Wahl des Bundespräsidenten zu verstehen sind[143], oder ob diesem Begriff eine weitere Bedeutung zugrunde zu legen ist[144]. Im Hinblick auf

---

139 Siehe dazu unten II 4.

140 Siehe dazu auch TEZNER, in: Mischler – Ulbrich, ÖStWB^2, Bd IV (1909) 750.

141 Art 63 Abs 2, Art 67 StV v St. Germain; vgl auch VfSlg 2494/1953.

142 Siehe dazu die grundsätzliche rechtstechnische Bemerkung zu den freien Versammlungen. Auch für sie verfügt das VersG irreführend, daß sie „von den Bestimmungen dieses Gesetzes ausgenommen" sind. Nach meiner Auffassung ist damit nur die Unanwendbarkeit der Beschränkungen nach § 2 VersG gemeint.

143 FESSLER, Österreichisches Versammlungsrecht^2 (1988) 30 f, unter Hinweis auf den Erlaß des BMI v 20. Juli 1971, Zl 102.669-22/70.

144 In diesem Sinn FREUND, Das in Österreich geltende Vereins- und Versammlungsrecht^3 (1900) 315 f FN 3, unter Hinweis auf den Wortlaut: „... drängt sich wohl die Frage auf, warum die Legislative, wenn sie der durch den § 4 decretirten Exemption wirklich nur den

das demokratische Prinzip der Bundesverfassung und im Hinblick darauf, daß im B-VG beispielsweise auch die Kammern für Handel, Gewerbe und Industrie (Art 10 Abs 1 Z 8) oder die Kammern für Arbeiter und Angestellte (Art 10 Abs 1 Z 11) ausdrücklich erwähnt sind, spricht manches für die zweite Auffassung.

Die *„Zeit der ausgeschriebenen Wahlen"* bedeutet einen Rahmen sowohl für den Zeitpunkt als auch für die Dauer einer Versammlung. Dieser Rahmen umfaßt den von der Wahlausschreibung bis zur Beendigung der Wahlen währenden Zeitraum. Der Begriff *„unter freiem Himmel"* darf nicht eng ausgelegt werden. Auch Versammlungen in teilweise überdachten Stadien oder Fußgängerpassagen zählen zu den Versammlungen unter freiem Himmel.

Wählerversammlungen sind Versammlungen im Sinn des Grundrechts. Sie genießen seinen Schutz, unterliegen aber auch den grundrechtlich vorgezeichneten und im VersG konkretisierten Auflösungsbedingungen.

Wählerversammlungen vor Wahlen zu den allgemeinen Vertretungskörpern, zu den Kammern, zur Österreichischen Hochschülerschaft oder etwa zu den Organen der Universitäten finden häufig innerhalb ihres örtlichen Selbstverwaltungsbereiches statt. Sie sind insofern schon durch die betreffenden Rechtsmaterien (Organisationsgesetze) vom VersG ausgenommen und unterliegen allein schon deshalb keiner Anzeigepflicht nach dem VersG.

c) „Geschlossene" Versammlungen

Geschlossene Versammlungen sind nicht allgemein zugänglich[145], dh sie sind auf geladene Gäste beschränkt. Dies ist dann der Fall, wenn die Teilnehmer persönlich und individuell vom Veranstalter der Versammlung zum Erscheinen geladen werden[146]. Wenngleich der Veranstalter nicht alle Teilnehmer persönlich kennen muß[147], muß er dennoch Vorkehrungen gegen die Zulassung Ungeladener treffen[148], etwa indem er ein Verzeichnis der Geladenen anlegt. Geschlossene Versammlungen sind Versammlun-

---

eben erwähnten Umfang (= Wahlen zu den legislativen Körperschaften, Anm d Verf) geben wollte, dem bezogenen Paragraphen nicht eine diese gewollte Einschränkung präcise ausdrückende, und gewiss nahe liegende Fassung gegeben hat".

145 Zum Kriterium der allgemeinen Zugänglichkeit siehe oben A IV 1.

146 Vgl VfSlg 7762/1976.

147 Tezner, in: Mischler – Ulbrich, ÖStWB^2, Bd IV (1909) 749.

148 Vgl VfSlg 7762/1976.

gen im Sinn des Grundrechts. Sie genießen dessen Schutz und unterliegen gleichfalls seinen Beschränkungsmöglichkeiten.

d) *Vereinsversammlungen*

Auf geschlossene Vereinsversammlungen[149] sind gemäß § 14 VereinsG[150] die Bestimmungen des VersG mit der Maßgabe anzuwenden, daß die Mitglieder des Vereines als geladene Gäste iS der Abgrenzung des § 2 VersG anzusehen sind. Vereinsversammlungen, zu denen nur Mitglieder eines Vereins Zugang haben, sind Versammlungen mit Beschränkung auf geladene Gäste und unterliegen nicht den Beschränkungen des VersG für anzeigepflichtige Versammlungen. Sie genießen den Schutz des Grundrechts der Vereinsfreiheit und unterliegen seinen Beschränkungen.

e) *Spontanversammlungen*

Spontanversammlungen sind nicht geplant. Sie sind vorübergehende, ad hoc und aus nicht organisierter öffentlicher Begegnung entstandene öffentliche Ansammlungen einer Mehrzahl von Menschen zum Austausch von Meinungen (Diskussion) über ein aktuelles öffentliches Thema oder Ereignis. Das gemeinsame Wirken der spontan Versammelten besteht im allgemeinen in der Diskussion ohne Demonstrationsabsicht. Solche friedlichen Ansammlungen entsprechen dem allgemeinen Versammlungsbegriff des Grundrechts nach Art 12 StGG und Art 11 EMRK[151]. Sie gründen sich auf die allgemeine demokratische Versammlungsfreiheit und werden sowohl durch die Bewegungsfreiheit als auch durch die Freiheit der Meinungsäußerung abgestützt. Gleich den im VersG aufgezählten herkömmlichen Versammlungen sind sie von der Anzeigepflicht des VersG ausgenommen. Im Sinn der oben dargelegten systematischen Interpretation des legistisch sperrigen VersG, im Zusammenhalt mit der verfassungsgesetzlichen Gewährleistung des Rechts, unterliegen Spontanversammlungen aber – wie alle anderen Versammlungen auch – den allgemeinen Einschränkungen des VersG und den besonderen gesetzlichen Vorschriften zur Auf-

---

149 Vereinsversammlungen sind Versammlungen, die von einem Verein abgehalten werden.

150 BGBl 1951/233 idF 1987/648.

151 Siehe dazu die überzeugende Begründung bei ANDERLE, Österreichisches Versammlungsrecht (1988) Rz 66 ff, insbes aber 77 ff. AM und von ANDERLE mit Recht kritisiert ERMACORA, Handbuch der Grundfreiheiten und Menschenrechte (1963) 212. ERMACORA unterscheidet nicht zwischen friedfertigen Spontanversammlungen und rechtswidrigen, gegen die Allgemeinheit gerichteten Zusammenrottungen.

rechterhaltung von Ruhe, Ordnung, Sicherheit, Bewegungsfreiheit und ungehinderter Verkehrsabläufe für jedermann. Wenn eine Spontanversammlung einen die Öffentlichkeit zeitlich, örtlich oder akustisch unverhältnismäßig beeinträchtigenden Charakter annimmt, dann ist sie behördlich zu verbieten und aufzulösen. Ein hervorragendes Beispiel dafür ist die jährliche Opernball-Demonstration, die regelmäßig nach Beendigung einer ordnungsgemäß angezeigten und in nicht allzu weiter Entfernung von der Staatsoper durchgeführten Versammlung unmittelbar vor der Staatsoper „spontan“ stattfindet.

Spontanversammlungen können durch ad-hoc-Initiativen Einzelner auch den Charakter geplanter und anzeigepflichtiger Versammlungen annehmen. Doch auch in einem solchen Fall kann sich eine Anordnung zur Auflösung sinnvollerweise nur auf allgemeine Auflösungstatbestände gründen. Die Unterlassung der Anzeige und das Fehlen vorbereitender organisatorischer Maßnahmen schließt in Verbindung mit dem zeitlichen Moment eine Anzeigepflicht wesensgemäß aus[152]. Die Auflösungstatbestände werden in einem solchen Fall aber von einem anderen Gewicht sein, weil der Behörde von vornherein die Möglichkeit fehlte, der Versammlung den entsprechenden Raum zu verschaffen, und sowohl die Versammelten als auch die Öffentlichkeit auf entsprechend erforderliche Ordnungsmaßnahmen einzustellen. Eine Auflösung bloß wegen Unterlassung der gebotenen Anzeige ist wohl unvertretbar.

Der Verfassungsgerichtshof hat sich bereits einige Male mit Spontanversammlungen befaßt. Einerseits stellte er eindeutig fest: „Art. 12 StGG, Pkt. 3 des Beschlusses der Prov. Nationalversammlung, StGBl. 3/1918 und Art. 11 MRK begründen das verfassungsgesetzlich gewährleistete Recht auf Versammlungsfreiheit. Mag Art. 11 MRK dieses Recht auch enger umschreiben (vgl. Frowein/Peukert, EMRK-Kommentar, Straßburg 1985, RZ 3 zu Art. 11 MRK), garantieren doch jedenfalls die beiden zuerst genannten Verfassungsbestimmungen u.a. das Recht, *ohne vorherige behördliche Bewilligung* Versammlungen zu veranstalten und an ihnen teilzunehmen (vgl. VfSlg. 4885/1964, 8532/1979). Das Gebot, die Versammlungsfreiheit in diesem Sinn zu wahren, wendet sich sowohl an den Gesetzgeber als auch an die Vollziehung.“ Andererseits sprach er aber zufälligen Zusammentreffen von Menschen die Versammlungseigenschaft im Sinn des VersG, nach seiner Judikatur im Sinn des Versammlungsbegriffes nach § 2

152 AM der VfGH, VfSlg 8685/1979.

VersG ab[153]. Versteht man in dieser Judikatur einen weiteren Versammlungsbegriff des Grundrechts und einen engeren des § 2 VersG, dann scheint diese Judikatur grundrechtsfreundlich und vertretbar. Unterstellt man jedoch der Verfassungsgerichtshofsjudikatur einen einheitlichen Versammlungsbegriff, dann ist eine entsprechende Differenzierung für den Verfassungsgerichtshof künftig wohl unabweislich, um den darin gelegenen Widerspruch zu beseitigen.

f) Spontane Zusammenrottungen

Gleich den friedlichen Spontanversammlungen sind sponante Zusammenrottungen nicht geplante Ansammlungen. Solche Zusammenrottungen sind vorübergehende, ad hoc entstandene Ansammlungen einer Mehrzahl von Menschen in der Öffentlichkeit, entweder mit gezielter oder bloß anwachsender Tendenz zur Setzung von willkürlichen Handlungen gegen Einzelne oder gegen die Allgemeinheit, gerichtet auf Friedensbruch und auf Störung der öffentlichen Ruhe, Ordnung und Sicherheit. Das StGB stellt Zusammenrottungen als Landfriedensbruch unter Strafe[154]. Solche Zusammenkünfte sind zwar begrifflich auch Versammlungen. Ihnen fehlt aber die Rechtmäßigkeit[155]. Die strafbare, geplante oder spontane Zusammenrottung ist im StGB als Landfriedensbruch tatbestandlich erfaßt. FOREGGER – SERINI verstehen unter einer „Zusammenrottung im Sinne des § 274 StGB die Vereinigung einer Vielheit von Menschen zur alsbaldigen Verwirklichung eines gesetzwidrigen Zieles", wobei es nicht erforderlich ist, daß schon bei der Zusammenkunft der die Menge bildenden Menschen strafgesetzwidrige Zwecke bestehen[156].

Zusammenrottungen sind zwar auch von einem gemeinsamen Wirken beherrscht. Dieses ist aber in seinem Zweck nicht auf ein erlaubtes friedfertiges Einwirken auf die Allgemeinheit gerichtet; es hat negativen Charakter. Menschen gruppieren sich ad hoc zu allgemein zugänglichen Horden und losen Banden, um auf die Umwelt bedrohlich einzuwirken, wie etwa mit Gewalt gegen die Ordnung und gegen Sachen. Zusammenrottun-

---

[153] VfSlg 11651/1988, unter Hinweis auf Slg Nr 4885/1964 und 8532/1979. Vgl auch das Erk v 13. Juni 1988, B 751/88-7 uam.

[154] Siehe des näheren dazu FOREGGER – SERINI, Strafgesetzbuch[3] (1984) 562.

[155] Siehe dazu ERMACORA, Handbuch der Grundfreiheiten und Menschenrechte (1963) 212. Vgl aber vor allem ANDERLE, Österreichisches Versammlungsrecht (1988) Rz 69, der mit guten Gründen ERMACORA wegen der mangelnden Unterscheidung von der Spontanversammlung kritisiert.

[156] FOREGGER – SERINI, Strafgesetzbuch[3] (1984) 562.

gen sind daher von vornherein unzulässig. Zumeist richten sie sich auch gegen Tatbestände zum Schutz der Allgemeinheit, wie Landfriedensbruch nach § 274 StGB, Landzwang nach § 275 StGB, Aufforderung zum Ungehorsam gegen Gesetze nach § 282 StGB, Verhetzung nach § 283 StGB uam. Zusammenrottungen sind nicht nur wegen der in ihnen wurzelnden Tendenzen, sondern allein schon aus Gründen der Gefährdung der öffentlichen Ruhe, Ordnung und Sicherheit rechtswidrig und daher behördlich aufzulösen. Eine Untersagung der Zusammenrottung scheint wegen Fehlens einer Anmeldung von vornherein ausgeschlossen. Einer behördlichen Auflösung steht aber kein Hindernis entgegen. Das ist vor allem im Grenzfallbereich zu den friedlichen Spontanversammlungen von Bedeutung. Das klassische Wiener Beispiel ist die Opernball-Demonstration, die friedlich beginnt und zu Gewalttätigkeiten eskaliert.

2. Freie, nichtanzeigepflichtige Veranstaltungen

Zusammenkünfte iS des § 5 Wr Veranstaltungsgesetzes für Sport, Musik, etc sind keine „Versammlungen" im Sinn des Versammlungsgesetzes[157]. Sie fallen ebenso wie die in der Folge unter III 1 behandelten Veranstaltungen unter den Kompetenztatbestand des Art 15 Abs 3 B-VG (Angelegenheiten des Theater- und Kinowesens sowie öffentliche Schaustellungen, Darbietungen und Belustigungen) und sind durch Landesgesetz zu regeln. Sie sind begrifflich vor allem keine Versammlungen im Sinn des § 2 des VersG, weil sie institutionalisiert sind und weil die Mehrzahl von Menschen nicht aktiv, sondern passiv am Geschehen beteiligt ist. Bei ihnen fehlt es an der Möglichkeit zu einem gleichartigen gemeinsamen Wirken aller Teilnehmer.

Nach § 5 des Wr VeranstaltungsG bedürfen aber dennoch folgende Veranstaltungen weder einer Anmeldung noch einer Bewilligung:

- Veranstaltungen zum Empfang von Hörfunk- und Fernsehübertragungen
- der Betrieb von Musikautomaten

---

[157] LGBl 1971/12, 1976/22, 1981/17, 1983/8, 1984/31, 1985/38 und 1990/16. In den übrigen Bundesländern – mit Ausnahme von Bgld und Vbg – wurden ebenfalls VeranstaltungsG mit ähnlichen Regelungsinhalten erlassen: Ktn LGBl 1977/42 idF 1977/51, 1982/36; NÖ LGBl 1970/1; OÖ LGBl 1955/7 idF 1960/31, 1961/52, 1969/67, 1979/5, 1990/5; Sbg LGBl 1987/71 (WV) idF 1989/61; Stmk LGBl 1969/192 idF 1986/29; Tir LGBl 1982/59 (WV) idF 1986/22, 1990/45.

Im Bgld und in Vbg sind nach den R-ÜG nach wie vor ältere Vorschriften aus dem 19. Jhdt in Kraft. Siehe dazu die Angaben bei WALTER – MAYER, Grundriß des Besonderen Verwaltungsrechts[2] (1987) 736 ff.

- Schallplatten- und Tonbandaufführungen
- andere musikalische Darbietungen, wenn sie in Gastgewerbebetrieben, Buschenschenken oder unentgeltlich auf den durch Verordnung des Magistrats bestimmten öffentlichen Musizierplätzen durchgeführt werden
- sportliche Veranstaltungen mit Ausnahme des Betriebes von Sportstätten und der Berufssportveranstaltungen von Boxern, Ringern und ähnlichen Kampfsportlern
- Feuerwerke.

Das Naheverhältnis zu den Versammlungen der herkömmlichen Art liegt auf der Hand. Daher erweist sich auch die Frage als sinnvoll, wie weit sie in die Zuständigkeit des Landesgesetzgebers fallen. Diese Frage wäre allerdings nur ein „Streit um des Kaisers Bart“, da sie auf jeden Fall von der Anzeigepflicht frei sind.

Haben Tätigkeiten, die für sich allein den Veranstaltungen im hier dargestellten Sinn zugerechnet werden können, lediglich Dienfunktion und herrschen die Merkmale einer anderen Art von Zusammenkunft vor, so sind sie nach den Merkmalen des Hauptgeschehnisses zu beurteilen, dem sie zugeordnet sind. Wird zB im Rahmen einer politischen Versammlung auch ein Musikautomat betrieben, dann darf die Anzeigepflicht für die Versammlung nicht unter Berufung auf den Betrieb eines im übrigen gar nicht anzeigepflichtigen Musikautomaten umgangen werden.

II. Zusammenkünfte mit Anzeige- oder Anmeldepflicht

1. Allgemein zugängliche Versammlungen (Volksversammlungen)

Gemäß § 2 VersG sind Volksversammlungen oder überhaupt allgemein zugängliche Versammlungen anzeigepflichtig. Sie unterliegen den besonderen Beschränkungen und der Kontrolle nach dem VersG. Diese Versammlungen sind der Hauptgegenstand der vorangehenden Ausführungen.

2. Öffentliche Versammlungen, von Vereinen veranstaltet

Öffentliche Versammlungen, die von Vereinen veranstaltet werden, sind anzeigepflichtig. Sie dürfen nicht von vornherein untersagt werden, wenn ihr Gegenstand dem statutenmäßigen Wirkungskreis des Vereines entspricht. Versammlungen, die von einem Verein veranstaltet werden, die im übrigen aber allgemein zugänglich sind, unterliegen den Beschränkungen des VersG.

Durch die Verweisung des VereinsG auf das VersG wird die Sonderstellung der Vereinsversammlungen, wie sie bis zur VereinsG-Novelle 1987[158] bestanden hat, relativiert. Von Vereinen veranstaltete öffentliche Versammlungen sind den Versammlungen, die den Beschränkungen des VersG unterliegen, grundsätzlich gleichgestellt.

3. Veranstaltungen

Nach § 6 Wr VeranstaltungsG[159] haben folgende Zusammenkünfte den Rechtscharakter von anmeldepflichtigen Veranstaltungen:

- Vorträge, Vorlesungen und musikalische Darbietungen, insbesondere Konzerte, Akademien, Instrumental- und Gesangsvorträge, wenn sie nicht unter § 5 Abs 1 Z 1 bis 4 leg cit fallen
- theater- und variétéartige Veranstaltungen in der im Gesetz näher angeführten Art
- Tanzunterhaltungen und Feste
- Kinderunterhaltungsapparate
- pratermäßige Volksvergnügungen
- der Betrieb von Eislauf- und Tennisplätzen sowie von anderen Sportstätten
- Ausstellungen, ausgenommen Tierschauen
- Modeschauen.

Alle diese Zusammenkünfte sind als Veranstaltungen anmeldepflichtig, wenn sie als solche selbständig, dh als Hauptgeschehen stattfinden, wenn sie öffentlich durchgeführt werden und nicht unter die freien Versammlungen des § 5 des VersG fallen.

4. Zusammenkünfte mit Anzeigepflicht

Nach § 86 StVO sind, unbeschadet sonstiger Rechtsvorschriften, Versammlungen unter freiem Himmel, öffentliche oder ortsübliche Umzüge, volkstümliche Feste, Prozessionen oder dgl von den Veranstaltern drei Tage vorher anzuzeigen, sofern eine Straßenbenützung hierfür in Betracht kommt. Leichenbegängnisse sind 24 Stunden vorher anzuzeigen.

„Versammlungen unter freiem Himmel" sind Versammlungen iS des § 2 VersG, die nicht in geschlossenen Räumen stattfinden. In diesem Sinn

---

[158] BGBl 1987/648.

[159] LGBl 1971/12, 1976/22, 1981/17, 1983/8, 1984/31 und 1985/38. Für die übrigen Bundesländer siehe die Nachweise bei WALTER – MAYER, Grundriß des Besonderen Verwaltungsrechts^2 (1987) 736 ff.

sind auch Versammlungen, die in überdachten Fußgängerpassagen, unter Brücken, in Unterführungen oder Tunnels stattfinden, Versammlungen „unter freiem Himmel“ iS des § 86 StVO[160]. Auch Versammlungen, die von der Anmeldepflicht des § 2 VersG ausgenommen sind, wie zB Wählerversammlungen gem § 4 VersG fallen darunter.

Unter „öffentlichen oder ortsüblichen Umzügen“ im Sinn der StVO sind nicht nur Aufzüge zu Kundgebungen (Demonstrationen), die dem § 2 des VersG unterliegen, sondern auch solche zu verstehen, die gemäß § 5 VersG *von der Anzeigepflicht nach dem VersG ausgenommen* sind, sowie Zusammenkünfte, die den Veranstaltungsgesetzen der Länder unterliegen[161]. „Volkstümliche Feste“ außerhalb des Anwendungsbereiches des § 5 VersG, dh wenn sie nicht in der hergebrachten Art stattfinden, unterliegen ebenfalls den Veranstaltungsgesetzen der Länder. „Prozessionen“ fallen unter den Tatbestand der „öffentlichen oder ortsüblichen“ Umzüge und sind insofern nur als ein demonstrativ angeführtes Beispiel für Ausnahmen von den Beschränkungen des VersG zu verstehen.

III. Zusammenkünfte mit Bewilligungspflicht

1. Veranstaltungen mit Bewilligungspflicht

Nach § 9 Wr VeranstaltungsG sind alle nicht in den §§ 5 und 6 leg cit bezeichneten *Veranstaltungen* bewilligungs-(konzessions-)pflichtig[162]. Diese Generalklausel zugunsten des Konzessionssystems bezieht sich nur auf geplante Zusammenkünfte, die Regelungsgegenstand des Wr VeranstaltungsG sind. Der Regelungsumfang des Wr VeranstaltungsG wird durch § 1 Abs 2 leg cit konkretisiert. Er nimmt die nicht vom Kompetenztatbestand des Art 15 Abs 3 B-VG („Angelegenheiten des Theater- und Kinowesens, sowie der öffentlichen Schaustellungen, Darbietungen und Belustigungen“) erfaßten Zusammenkünfte ausdrücklich aus, nennt sie „Veranstaltungen“ und trifft eine *demonstrative* Aufzählung der ausgenommenen „Veranstaltungen“:

- Politische Veranstaltungen, die als Versammlungen unter die Kompetenzbestimmung des Art 10 Abs 1 Z 7 B-VG fallen, samt den der poli-

---

160 In diese Richtung weist auch VfSlg 11651/1988, unter Hinweis auf das Gebot verfassungskonformer Interpretation.

161 DITTRICH – STOLZLECHNER, Österreichisches Straßenverkehrsrecht, I. Teil: Straßenverkehrsordnung 1960[3] (1990), Rz 1 zu § 86.

162 Für die anderen Bundesländer stehen die Nachweise bei WALTER – MAYER, Grundriß des Besonderen Verwaltungsrechts[2] (1987) 737 ff.

tischen Werbung dienenden Tätigkeiten politischer Parteien und Vereine sowie der damit verbundenen sonstigen Teile solcher Veranstaltungen, sofern die Gesamtveranstaltung überwiegend der politischen Werbung dient.

- Zur Religionsausübung gehörende Veranstaltungen.
- Vorträge, Kurse und dgl, die zu wissenschaftlichen, Unterrichts-, Erziehungs-, Schulungs-, und Bildungszwecken dienen.
- Zu erwähnen sind aber auch noch die von den Beschränkungen des VersG ausdrücklich ausgenommenen Zusammenkünfte (Versammlungen) herkömmlicher Art, die im VersG nicht vollständig aufgezählt sind.

§ 9 des Wr VeranstaltungsG zählt einige bewilligungspflichtige Veranstaltungen demonstrativ auf: Theater, Variétés (Kabaretts), Zirkusse, Tierschauen, Publikumstanzunterhaltungen sowie Unterhaltungs- und Münzgewinn-Spielapparate. Voraussetzung für die Bewilligungspflicht ist deren selbständiger Charakter.

2. Versammlungen mit Bewilligungspflicht?

Der durch das Erk VfSlg 4885/1964 aufgehobene § 3 VersG sah eine förmliche Bewilligungspflicht auch für Volksversammlungen (zumeist „politische" Versammlungen) unter freiem Himmel vor. Seit dem Außerkrafttreten dieser Bestimmung gibt es für derartige Versammlungen iS des VersG kein „Konzessionssystem", dh keine bescheidmäßige Bewilligungspflicht mehr, wohl aber die bescheidmäßige Untersagungsmöglichkeit. Im Endeffekt bestehen in manchen Rechtsfolgen zwischen einer Bewilligung und einer Untersagung von (rechtswidrig) angezeigten und von angezeigten (rechtswidrigen) nichtuntersagten Versammlungen nur geringe rechtliche Unterschiede. Die Behörde ist auf jeden Fall verpflichtet, eine angezeigte rechtswidrige Versammlung zu untersagen. So gesehen wirkt die Untersagung einer angezeigten rechtswidrigen Versammlung wie eine Verweigerung der seinerzeit vorgesehenen Bewilligung, die Nichtuntersagung jedoch wie eine Bewilligung mit den Rechtsfolgen einer rechtmäßigen Anzeige. Unterläßt die Behörde die Untersagung einer zwar angezeigten, aber rechtswidrigen Versammlung, dann macht sie sich (bei Vorliegen aller übrigen Voraussetzungen) mitverantwortlich, als hätte sie eine Versammlung rechtswidrigerweise bewilligt. Eine rechtswidrigerweise nicht untersagte Versammlung darf nicht mehr wegen der Rechtswidrigkeit der Anzeige aufgelöst werden. Die Beweislast trifft in dieser Hinsicht dann wohl auch die Behörde. Rechtswidrigkeiten des nachfolgenden Versammlungsgeschehens werden durch die rechtswidrige Unterlassung der Untersagung ebensowenig gerechtfertigt, wie durch eine rechtmäßige Nichtuntersagung.

3. Zusammenkünfte mit Bewilligungspflicht

§ 82 StVO unterwirft grundsätzlich jede Benützung von Straßen zu verkehrsfremden Zwecken einer Bewilligungspflicht. Nach § 82 Abs 3 lit e StVO ist eine Bewilligung „für das Musizieren bei Umzügen und dergleichen (§ 86)“ nicht erforderlich.

§ 86 StVO nimmt als lex specialis zu § 82 StVO bestimmte Arten von Zusammenkünften von der Bewilligungspflicht aus, indem er sie einer bloßen Anzeigepflicht unterwirft. Dazu zählen: Versammlungen unter freiem Himmel, öffentliche oder ortsübliche Umzüge[163], volkstümliche Feste, Prozessionen oder dergleichen[164]. Mit anderen Worten: alle Versammlungen iS des Grundrechts, eingeschlossen die Zusammenkünfte des § 5 VersG, ausgenommen erlaubte spontane und zeitlich vorübergehende Zusammenkünfte, unterliegen gegebenenfalls lediglich einer Anzeigepflicht nach der StVO. Die öffentlichen Belustigungen nach § 5 VersG werden nicht ausdrücklich erwähnt. Der Verordnungsgeber ordnet sie offenbar schlechthin den Veranstaltungen zu, die in die Länderkompetenz fallen.

Alle übrigen Zusammenkünfte unterliegen der Bewilligungspflicht nach § 82 StVO, jedoch muß auch hier eine Einschränkung gemacht werden. Wie der Verwaltungsgerichtshof mehrfach ausgesprochen hat, bezieht sich die Bewilligungspflicht nach § 82 StVO nicht auf jedwede Tätigkeit. Gegenstand der StVO ist die Straßenpolizei. Nach herrschender Lehre versteht man unter Straßenpolizei die Sorge für die Sicherheit und Leichtigkeit des Verkehrs auf Straßen und Wegen. Unter diesem Gesichtspunkt findet die Auslegung des § 82 Abs 1 StVO ihre Schranke dort, wo die Sorge für die Sicherheit und für die Leichtigkeit des Verkehrs auf Straßen und Wegen aufhört[165].

---

163 § 5 VersG spricht von „Hochzeitszüge(n), volksgebräuchliche(n) Feste(n) oder Aufzüge(n)“.

164 § 5 VersG: „Prozessionen, Wallfahrten und sonstige Versammlungen oder Aufzüge zur Ausübung eines gesetzlich gestatteten Kultus, wenn sie in der hergebrachten Art stattfinden.“

165 ZB VwGH 8. Mai 1981, Zl 3086/80 = ZfVB 1982/4/1352.

Daraus läßt sich als allgemeiner Grundsatz ableiten, daß die Benützung der Straße zu verkehrsfremden Zwecken nur dann genehmigungspflichtig ist, wenn die Tätigkeit geeignet ist, eine Beeinträchtigung bzw eine Gefährdung der Sicherheit und Leichtigkeit des Straßenverkehrs herbeizuführen, und daher eine solche Beeinträchtigung bzw Gefährdung von vornherein nicht ausgeschlossen werden kann (abstrakte Gefährdung bzw Beeinträchtigung)[166].

E. Beurteilung einiger Sachverhalte und Kriterien der Prüfung

I. „Versammlungen“ im Verkehrsbauwerk Karlsplatz

Vorgegebener Sachverhalt: Es erfolgen mehrere Anzeigen von geplanten „Versammlungen“ durch verschiedene Personen für jeweils sechs Stunden in einer Aufeinanderfolge. Als Zweck wird die Forderung nach Verbesserung der Wohnverhältnisse angegeben. In der Durchführung erfolgt die Zusammenkunft derselben Personen kontinuierlich. Der *Teilnehmerkreis* (Nichtseßhafte) bleibt im wesentlichen *immer gleich* und das gemeinsame Wirken besteht praktisch in einem andauernden „Wohnen“ (Essen, Trinken und Schlafen) bestimmter Personen.

1. Verhaltensweisen

Wenn im Lauf eines solchen, tagelang währenden Dauer-Verhaltens Passanten fallweise stehenbleiben und mit den „Wohnenden“ in ein Gespräch oder in eine Diskussion geraten, dann entsteht, wie bei Informationsständen, keine für Versammlungen notwendige „gewisse Assoziation der Zusammengekommenen“[167]. Primärer Zweck einer solchen Zusammenkunft ist das demonstrative Wohnen eines begrenzten Personenkreises, nicht aber die Herausforderung an jedermann, zumindest aber gegenüber zufällig vorbeikommenden Passanten, sich an einem gemeinsamen gleichartigen Wirken zu beteiligen. In einer Gesamtbetrachtung herrscht als Primärzweck ein geschlossenes andauerndes „Wohnen“ vor, das kei-

---

[166] Vgl DITTRICH – STOLZLECHNER, Österreichisches Straßenverkehrsrecht, I. Teil: Straßenverkehrsordnung 1960^3 (1990) § 82 Rz 8.

[167] VfSlg 11651/1988.

nesfalls zu den typischen Verhaltensweisen einer Versammlung iS des VersG gezählt werden kann[168].

Das Vorliegen einer Versammlung im Sinn des § 2 VersG ist also allein schon hinsichtlich der Verhaltensweisen zu verneinen. Übliche Verhaltensweisen der Zusammenkunft von Versammlungsteilnehmern sind ein *zeitlich begrenztes* Gehen, Stehen oder Sitzen. Wenn sich aber eine Gruppe an einem Ort in der Absicht niederläßt, sich an diesem Ort länger und kontinuierlich sitzend und liegend aufzuhalten, sich überdies mit entsprechenden Hilfsmitteln (Matratzen, Decken, Lebensmittel) „häuslich niederzulassen", dann liegt eine Art Wohnverhalten vor. Ein solches „Wohnen" ist keine entsprechende Verhaltensweise einer grundrechtlich geschützten Versammlung. Das hat auch der Verfassungsgerichtshof in einem jüngeren Erkenntnis festgehalten. Eine Veranstaltung, in deren Rahmen im wesentlichen nur campiert wird, kann nicht als Versammlung qualifiziert werden[169].

2. Teilnehmer

Im Sinn des Grundrechts ist das gemeinsame Wirken einer *offenen Zahl von Teilnehmern*, gerichtet auf einen erlaubten Zweck, erheblich. Auch in dieser Hinsicht liegt keinesfalls eine Versammlung vor. Das gemeinsame Wirken beschränkt sich auf ein demonstratives, länger dauerndes Trinken, Essen und Schlafen *bestimmter Personen*. Die Allgemeinheit nimmt an diesem demonstrativen Wirken nicht teil. Dadurch wird im Grunde die Schaustellung der Verhaltensweise von bestimmten Personen zum Selbstzweck und trägt die rechtlichen Züge einer Veranstaltung.

3. Dauer der Zusammenkunft

Wohnversammlungen von der angegebenen Art sind keine Zusammenkünfte von vorübergehender oder kurzer Dauer. Trotz mehrerer Anzeigen von „verschiedenen Versammlungen" in ununterbrochener Aufeinanderfolge, bleibt die Zusammenkunft dennoch dieselbe, wenn Zweck, Ort und Teilnehmerkreis insgesamt andauernd identisch bleiben. Bei der Beurteilung, ob eine Zusammenkunft eine Versammlung ist, kommt es nämlich auf die *in der Durchführung erkennbare Planung und auf das wirkliche Geschehen* an, nicht etwa darauf, ob die Zusammenkunft formal in mehre-

---

[168] VfSlg 11935/1988.

[169] VfSlg 11935/1988.

ren Anzeigen jeweils als „Versammlung" beabsichtigt und angezeigt wurde. Nimmt die Veranstaltung einen anderen als den nach der Anzeige vorgezeichneten Verlauf, dann ist die tatsächlich stattfindende Zusammenkunft eine andere als die angezeigte und daher unabhängig von der Anzeige zu beurteilen. Gemäß der vorliegenden Sachlage findet eine einzige mehrtägig andauernde Zusammenkunft statt. Im Hinblick auf die übrigen Modalitäten verstößt daher eine solche Veranstaltung auch gegen das Merkmal der zeitlichen Begrenzung von Versammlungen. Sie überschreitet jede tolerierbare Höchstdauer[170].

4. Rechtsmißbrauch?

Die Art der Anzeige weist im Verhältnis zur Verwirklichung der Zusammenkunft auf einen *beabsichtigten* Rechtsmißbrauch hin. Sinn des Grundrechts auf Versammlungsfreiheit ist die öffentliche „politische" Auseinandersetzung von frei und zahlenmäßig nicht begrenzt Versammelten miteinander und mit anderen, also die personenoffene Willensbekundung in Angelegenheiten der Allgemeinheit. Nicht geschützt ist jedoch eine nicht jedermann frei und gleich zugängliche öffentliche Verhaltensweise als Mittel und Ziel einer bloßen Meinungsbekundung. Geplante häufige Wiederholungen ein und derselben Art von Zusammenkunft in kurzen Abständen und durch extrem langes Verweilen in qualifizierter Weise lassen jedenfalls auf einen beabsichtigten Rechtsmißbrauch schließen. Der Umstand, daß diese Art von Zusammenkunft von den Initiatoren in den Anzeigen als „Versammlung" bezeichnet wurde, liefert also im Hinblick auf den von vornherein feststehenden eingeschränkten Personenkreis ein untrügliches Indiz für einen beabsichtigten Rechtsmißbrauch.

II. „Kopfschmuck des Montezuma"

Vorgegebener Sachverhalt: In Wien hält sich eine Gruppe mexikanischer Indianer über einige Tage hindurch tanzend und musizierend für längere Zeit auf demselben Platz auf. Sie begehrt die Rückgabe des Kopfschmucks des Montezuma durch die Republik Österreich.

---

[170] VfSlg 11935/1988.

1. Verhaltensweisen

Die gleichzeitige „Anwesenheit" von mehreren Menschen an einem bestimmten Ort begründet für sich allein keine Versammlung. Der Sachverhalt ergibt, daß bestimmte mexikanische Indianer in Stammeskleidung tanzend und musizierend, ausgestattet mit einem Transparent, auf ihr Anliegen aufmerksam machten. In regelmäßigen Abständen hält einer der Indianer eine Rede und diskutierte mit Passanten. Tanz und Musizieren beherrschen das Geschehen. Sie sind keine typischen Verhaltensweisen für Versammlungen.

2. Teilnehmer

Das Vorliegen eines *gemeinsamen Wirkens einer offenen Teilnehmerzahl* ist gleichfalls zu verneinen. Den Sachverhaltsangaben kann nicht unterstellt werden, daß sich Passanten geplanterweise dem Musizieren und dem Tanz der Indianer gleichermaßen aktiv anschließen sollten. Die Teilnehmer sind identisch mit den Akteuren des Geschehens. Sie wollten auf ihr eigenes nationales Anliegen durch Tanz und Musizieren aufmerksam machen. Hinsichtlich des Musizierens und des Tanzes mangelt es daher an einem teilnehmeroffenen gemeinsamen Wirken, das eine „gewisse Assoziation der Zusammengekommenen" entstehen ließe. Wenn fallweise einige Passanten stehenbleiben und mit Vertretern der Indianer diskutieren, dann genügt das nicht für das Vorliegen einer Versammlung.

3. Dauer der Zusammenkunft

Das zeitliche Moment der begrenzten Dauer einer Versammlung gemäß § 2 VersG führt gleichfalls zu einer negativen Beurteilung. Wie oben ausgeführt, haben Versammlungen einen vorübergehenden Charakter, sie sind offene *Augenblicksverbände*. Für sie gibt es zwar keine feste zeitliche Grenze, wohl aber eine *zeitliche Begrenzung*. Im Zweifelsfall ist das zeitliche Kriterium gewiß nicht zu eng zu ziehen. Es erstreckt sich im allgemeinen aber nicht über mehrere Stunden hinaus.

Aus dem Sachverhalt geht nicht hervor, ob die musizierenden und tanzenden Indianer Tag und Nacht versammelt waren, oder ob sie sich täglich oder nach Stunden immer wieder neu versammelten. Sind sie dauernd anwesend gewesen, dann ist keine Versammlung im Sinn des Grundrechts anzunehmen. Haben schließlich die Indianer am Ort der Zusammenkunft „übernachtet", dann liegt nicht nur in zeitlicher Hinsicht, sondern auch nach der Art des Verhaltens keine Versammlung vor.

4. Abgrenzungsfragen

Haben sich die Indianer täglich oder nach Stunden je und je neu versammelt, dann wäre im gegebenen Zusammenhang von jeweils verschiedenen Zusammenkünften auszugehen. Dies selbst dann, wenn es sich nicht um eine „feste" Gruppe handelte, sondern wenn die Teilnehmer mehrmals täglich wechselten. Die vorliegende Zusammenkunft könnte dann nach allen ihren tatsächlichen Komponenten wohl den „Veranstaltungen" zugeordnet werden. Zu denken ist etwa an *musikalische Darbietungen auf öffentlichen Musizierplätzen* iS des § 5 Abs 1 Z 4 Wr VeranstaltungsG, die weder einer Anmelde- noch einer Bewilligungspflicht unterliegen. Solche Darbietungen liegen dann vor, wenn die politische Forderung der Rückgabe von Antiquitäten gegenüber dem Musizieren in den Hintergrund tritt. Das wäre etwa dann der Fall, wenn nur am Rande auf das inhaltliche Anliegen aufmerksam gemacht wird, wenn in Wahrheit das künstlerische Geschehen (Musizieren und Tanzen) im Mittelpunkt steht und durch Aufstellen einer Einrichtung von den Passanten vielleicht sogar „Spenden" gesammelt werden, wie das bei Straßenmusikanten üblich ist. Eine zeitliche Begrenzung wäre dabei beachtlich.

Auch der Tatbestand der *„volksgebräuchlichen Feste oder Aufzüge"* ist allein schon mangels Vorliegens einer entsprechenden traditionellen Übung in Österreich nicht erfüllt.

Schließlich ist noch die Frage beachtlich, ob auch Ausländer den Schutz der Versammlungsfreiheit genießen. Dies ist unter Hinweis auf Art 11 EMRK zu bejahen, der allen Menschen das Recht gewährt, sich friedlich zu versammeln. Art 16 EMRK gestattet allerdings den Mitgliedsstaaten der EMRK, die politische Tätigkeit von Ausländern Beschränkungen zu unterwerfen[171]. Zu beachten wäre daher, daß Ausländer weder Veranstalter noch Ordner oder Leiter einer Versammlung sein dürfen (§ 8 VersG).

---

[171] Eine solche Beschränkung findet sich im § 8 VersG, der den Ausländern das Auftreten als Veranstalter, Ordner oder Leiter einer Versammlung „zur Verhandlung öffentlicher Angelegenheiten" verbietet. Vgl dazu NOWAK, Art 11 EMRK (1983) 494; HOFER-ZENI, Die Versammlungsfreiheit in Österreich, EuGRZ (1984) 360, 362; ANDERLE, Österreichisches Versammlungsrecht (1988) Rz 194 ff, 294; jüngst WIESER, Ausländer und Versammlungsfreiheit in Österreich, EuGRZ (1990) 56 (57 ff), dessen Beweisführungen die Überzeugungskraft fehlt.

III. Informationsstände

Vorgegebener Sachverhalt: Auf der Freyung ist die Aufstellung eines Informationsstandes über mehrere Tage für jeweils zehn Stunden durch bestimmte Personen geplant. In der Anzeige an die Behörde ist auch von vier Teilnehmern die Rede.

1. Das „gemeinsame Wirken" und der Zweck

Im Hinblick auf das Kriterium des gemeinsamen Wirkens, gerichtet auf Meinungskundgabe bzw Meinungserörterung zu einem bestimmten Zweck, fehlt den Informationsständen an und für sich die Versammlungsqualität. Ihr Anliegen ist in Wahrheit nur das Mittel, nämlich eine bestimmte Art von Information für zufällig vorbeikommende Passanten. Wenn im Lauf einer stundenlang währenden Tätigkeit einige Passanten fallweise für kürzere Zeit stehenbleiben und mit den Veranstaltern in ein Gespräch oder in eine Diskussion geraten, so entsteht dadurch weder eine „gewisse Assoziation der Zusammengekommenen", noch ein „gemeinsames Wirken".

2. Teilnehmer der Zusammenkunft

Im Hinblick auf die Art der Zusammenkunft und auf die übrigen Modalitäten ist das qualifizierte personelle Erfordernis des offenen (freien) Zu- und Abgangs von Teilnehmern zum gemeinsamen Wirken nicht erfüllt.

Die Angabe und das tatsächliche Vorliegen einer von vornherein begrenzten und geringen *Teilnehmerzahl* sowie der Charakter der Einseitigkeit der Informationsvermittlung schließen eine geplante oder tatsächliche allgemeine Zugänglichkeit von vornherein aus.

3. Verhaltensweisen

Die Frage der Qualifikation von Informationsständen wurde oben eingehend behandelt. Dort wurden auch die typischen Verhaltensweisen der Versammlungen im Sinne des VersG erörtert. Auch der Verfassungsgerichtshof verneint mit Recht die Versammlungseigenschaft einer bloßen Wissensvermittlung an andere mit Hilfe von Informationsständen[172].

---

[172] In den Entscheidungsgründen übereinstimmend: VfSlg 11651/1988; VfGH 12. März 1988, B 926/87-14; VfGH 14. März 1988, B 1177/87-8; VfGH 13. Juni 1988, B 751/88-7.

Informationsstände können aber erlaubte Hilfsmittel von Versammlungen zur Unterstützung der Meinungskundgabe sein („Versammlungsmobiliar").

4. Dauer

Bei Informationsständen, die für mehrere Tage und für jeweils zehn Stunden „angezeigt" sind, überschreitet auch die Veranstaltungsdauer die *zeitliche Grenze*. Versammlungen sind korporative Augenblicksverbände von meist sogar nur stundenmäßig begrenzter zeitlicher Dauer.

IV. Das Befahren von Fußgängerzonen mit Lautsprecherwagen

Angenommener Sachverhalt: Für die Fußgängerzone vor dem Stephansplatz ist ein Aufmarsch über den Graben mit nachfolgender Abschlußkundgebung der Versammelten ordnungsgemäß angezeigt. In der Anzeige wird das Mitführen von zwei Lautsprecherwagen (VW-Busse) angekündigt.

Die *Frage des Befahrens* von Fußgängerzonen mit Lautsprecherwagen im Rahmen von Aufmärschen und Kundgebungen ist nach mehreren Fallgruppen wie folgt differenziert zu beantworten.

1. Das Anfahren von Lautsprecherwagen

Findet eine Kundgebung auf einem Platz statt, der als Fußgängerzone gewidmet ist oder der nur über eine Fußgängerzone erreichbar ist, dann ist *das vorbereitende Anfahren* mit Fahrzeugen zum Versammlungsort über eine Fußgängerzone und das Aufstellen von Fahrzeugen, die *Versammlungsmobiliar (Bühnen- und Lautsprechereinrichtungen etc) transportieren*, im Rahmen der Versammlungsvorbereitung erlaubt. Sind für die betreffende Fußgängerzone durch Verordnung Zeiträume bestimmt, innerhalb deren eine Ladetätigkeit vorgenommen werden darf, so hat das Anfahren tunlichst in dieser Zeit zu erfolgen. Besondere Fahrregeln für Fußgängerzonen nach § 76a Abs 6 StVO sind jedenfalls einzuhalten.

2. Das Mitfahren von Lautsprecherwagen bei Demonstrationszügen

Bei Aufzügen und Kundgebungen (Demonstrationen) werden zur akustischen Unterstützung der Meinungskundgabe häufig fahrbare Verstärkereinrichtungen verwendet. Führt die Aufmarschstrecke eines Demonstrationszuges auch durch Fußgängerzonen, dann kommt es zu Konflikten mit § 76a StVO. Ob das *Mitfahren von Lautsprecherwagen in Aufzügen* zulässig ist, ist aus der Sach- und Interessenlage des Einzelfalles abzuklären. Dabei ist zwischen dem öffentlichen Interesse an der Sicherheit, Leichtigkeit und Flüssigkeit des (Fußgänger)Verkehrs nach der Lage des Ortes einerseits und nach dem Interesse der Versammlungsteilnehmer an einer Unterstützung des Aufzuges und der Kundgebung auch durch fahrbare Einrichtungen andererseits abzuwägen[173]. Die Kriterien für das öffentliche Interesse, die oben ausgeführt wurden, gelten sinngemäß. Die allgemeine Intensität des Fußgängerverkehrs, die Größe der Verkehrsfläche (großer Platz oder enge Gasse), sowie die Möglichkeit und Leichtigkeit verkehrstechnischer Maßnahmen sind dabei besondere Kriterien. Auf der Seite der Versammlungsteilnehmer ist der sachliche Zusammenhang der Verwendung von Lautsprecherwagen mit der Unterstützung der Meinungskundgabe von Bedeutung (etwa in Abhängigkeit von der Größe des Aufzuges und des Weges zur Kundgebung). Auch die Größe des Fahrzeugs spielt eine Rolle. Große Lastkraftwagen oder Busse kommen in der Regel nicht in Frage. Kleinbusse oder PKW mit montierten Megaphonen (Mikrophonen) sind bei größeren Aufzügen und Kundgebungen allgemein übliche Mittel geworden. Daher sind sie auch als Hilfsmittel in Fußgängerzonen zuzulassen, sofern deren Verwendung nicht durch besondere Umstände eine Gefährdung des öffentlichen Wohles oder der öffentlichen Sicherheit bedeuten würde (etwa zu enge Gassen oder Fußgängerpassagen). Die Fahrregeln des § 76a Abs 6 StVO sind jedenfalls einzuhalten.

3. Der Fahrverkehr von Lautsprecherwagen bei ortsfesten Kundgebungen

Bei ortsfesten Kundgebungen, die an einem bestimmten Ort in einer Fußgängerzone stattfinden, ist zwar vor und nach der Kundgebung das zweckgerichtete Befahren der Fußgängerzone zum Zweck der Aufstellung von Lautsprecherwagen im oben beschriebenen Sinn erlaubt. Die Frage der Zulässigkeit *des Fahrzeugverkehrs während der Kundgebung* ist damit aber noch nicht bejaht. Um diese Frage beantworten zu können, muß man sich nämlich zunächst die Umstände einer ortsfesten Versammlung vergegenwärtigen. Am Rand von großen Menschenmengen, wie sie bei Kundgebungen üblich sind, kommt es zum Gedränge von Menschenmengen und

---

173 So sinngemäß auch STOLZLECHNER, Demonstrationsfreiheit und Straßenpolizeirecht, ZfV (1987) 389 (394).

zu Fluktuationen von Teilnehmern und interessierten Passanten. Der Fahrzeugverkehr kann daher sowohl die unbeteiligten Passanten als auch die Kundgebungsteilnehmer gefährden. Enge Platzverhältnisse, in Verbindung mit großen Menschenmassen, begründen oftmals für sich schon (potentiell) gefährliche Situationen. Ein zusätzlicher Fahrzeugverkehr, dessen Sachzusammenhang außerdem mit einer ortsfesten Meinungskundgabe nicht begründbar ist, würde diese Gefahr nur vergrößern. Während der ortsfesten Kundgebung ist daher *das Fahren von Lautsprecherwagen im Versammlungsbereich im Regelfall unzulässig.*

Wenn man davon ausgeht, daß auch Lautsprecherwagen für Aufzüge und Kundgebungen (Demonstrationen) ganz allgemein übliche Hilfsmittel und für eine sinnvolle öffentliche Meinungskundgabe geradezu erforderlich sind, dann ist auch *die Anzeige von deren Aufstellung und Verwendung auch in Fußgängerzonen rechtmäßig,* wenn nicht höherwertige Interessen dem entgegenstehen. Werden jedoch technische Hilfsmittel, wie zB Lautsprecherwagen als Hilfsmittel einer stehenden Versammlung in einer Weise verwendet, die außerhalb einer Versammlung rechtswidrig wäre (etwa wegen Verstoßes gegen die StVO) dann sind nach der Judikatur des Verfassungsgerichtshofs schon an die Versammlungsanzeige strengere Anforderungen gestellt. Enthält eine Versammlungsanzeige nämlich mangelhafte, die einzelnen Umstände der beabsichtigten Versammlung nicht ausreichend konkretisierende Angaben, dann ist die Versammlungsanzeige zurückzuweisen, allenfalls die Versammlung überhaupt zu untersagen[174]. Das Erfordernis der ausreichenden Konkretisierung gilt insbesondere dann, wenn die Versammlung auf eine Weise durchgeführt werden soll, die an sich rechtmäßig wäre und wenn die Benutzung von Lautsprecherwagen – so der Verfassungsgerichtshof – nur als unbedingt notwendige Begleiterscheinung einer Versammlung rechtmäßig erscheint[175]. So ist nach der jüngsten Rechtsprechung des Verfassungsgerichtshofs beispielsweise die Formulierung in der Anzeige, daß „technische Hilfsmittel“ verwendet werden, derart unbestimmt, daß die Behörde nicht davon ausgehen müsse, daß ein PKW in die Fußgängerzone einfahren werde[176]. Ebenso ist nach dem Verfassungsgerichtshof die Formulierung in einer Anzeige, daß ua „PKW mit Lautsprecheranlage“ verwendet werden, derart unbestimmt, daß die Behörde nicht davon ausgehen muß, daß ein KFZ auf eine der

[174] Vgl VfSlg 9103/1981.

[175] Siehe dazu oben C IV 2.

[176] VfSlg 11866/1988.

StVO widersprechenden Weise abgestellt werden soll[177]. In beiden Fällen hatte der Veranstalter die Mangelhaftigkeit der Anzeige zu vertreten und machte sich bei Befahren der Fußgängerzone einer Verletzung der StVO schuldig[178]. Diese Judikatur ist gewiß nicht grundrechtsfreundlich, sie sollte daher alsbald einer Revision unterzogen werden.

V. Die Begriffsmerkmale als Kriterien der Beurteilung einer Zusammenkunft als Versammlung im Sinn des § 2 VersG

Wie bereits ausgeführt, konstituieren folgende Merkmale den Versammlungsbegriff nach § 2 VersG: Geplante vorübergehende öffentliche Zusammenkunft einer Mehrzahl von Menschen (Augenblicksverband) mit Teilnahmefreiheit aus Einzelinitiative, Anliegen der Allgemeinheit, Versammlungszweck, typische Verhaltensweisen der Zusammenkunft, gemeinsames öffentliches Wirken (mit Hilfsmitteln oder ohne Hilfsmittel), Versammlungsort, Beginnzeit und Dauer der Versammlung. Bei der Beurteilung, ob eine anzeigepflichtige Versammlung iS des § 2 VersG vorliegt, sind demgemäß folgende Fragen zu stellen:

1. Handelt es sich um eine *öffentliche Zusammenkunft mehrerer Menschen* und ist die *Teilnahme* daran *für jedermann offen und frei*?
2. *Wer ist Initiator*, Planer und Anzeigender bzw „*Veranstalter*"?'
3. *Was ist der Zweck* oder die Zielsetzung, dh worin besteht das Anliegen der Versammlung?
4. *Wie verhalten sich die Teilnehmer* der Versammlung?
5. *Wie wirken die Teilnehmer* der Versammlung unter sich und nach außen öffentlich; mit Hilfsmitteln oder ohne Hilfsmittel?
6. *Wo findet die Zusammenkunft* der Teilnehmer statt?
7. *Wann* ist die *Beginnzeit* und *wie lange dauert* die *Zusammenkunft*?

Für jede dieser Fragen besteht eine Reihe von Kriterien, die zur Beurteilung einer Zusammenkunft als Versammlung geeignet sind:

1. *Der Augenblicksverband*
   - Mehrzahl von Personen als Ansammlung und Zusammenkunft
   - offene Teilnehmerzahl, freie, allgemeine Zugänglichkeit
   - nichtinstitutionalisierte öffentliche Zweckgemeinschaft zum Anlaß (ad hoc)

---

177 VfSlg 11904/1988.

178 In diese Richtung auch jüngst VfGH 28. Juni 1989, B 30/87-29.

2. *Der Personenkreis*
   - Physische oder juristische Personen (Vereine) als Initiatoren oder Planer
   - Funktionäre oder einfache Versammlungsteilnehmer
   - Ausländer – Inländer
   - Ausländer dürfen wohl Teilnehmer, aber nicht Veranstalter, Ordner oder Leiter einer Versammlung zur Verhandlung öffentlicher Angelegenheiten sein

3. *Der gemeinsame Zweck*
   - gerichtet auf bestimmte Angelegenheiten der Allgemeinheit
   - Einwirkung auf die Allgemeinheit, insbesondere auf die Verantwortlichen der staatlichen Gemeinschaft
   - Versammlungsfreiheit dient der öffentlichen, gemeinschaftlichen Auseinandersetzung, der Meinungsbildung, gerichtet auf Angelegenheiten der Allgemeinheit, und nicht der bewußten Behinderung anderer in der Benutzung von Rechtsgütern (Verbot des Grundrechtsmißbrauchs)
   - Einwirkungen durch Versammlungen in die Privatsphäre Einzelner sind unzulässig

4. *Die Verhaltensweisen (Hilfsmittel)*:
   - Typisches Ansammeln als Zusammenkunft in der Öffentlichkeit
   - sich Hinbegeben, Verharren (Stehen, Sitzen), sich Entfernen (Gehen)
   - nicht typisches Versammlungsverhalten: Wohnen, Liegen, Marathon„versammlungen“ durch Dauersitzen ohne besonderen Kundgabezweck (Grundrechtsmißbrauch)
   - typische Hilfsmittel: Megaphone, Transparente, Bildsymbole, Skulpturen, Fackeln, Informationsstände, Lautsprecheranlagen, Lautsprecherwagen, Musikkapellen u dgl
   - verbotene Hilfsmittel: Waffen, Steine, Prügel, etc.

5. *Das gemeinsame Wirken*
   - Meinungsbildung, Meinungsäußerung, Demonstration, öffentliche Forderungen und Proteste gerichtet an die Allgemeinheit und an Verantwortungsträger
   - bloß einseitiges Informieren entspricht nicht
   - einseitige Darbietungen (Musizieren) entsprechen nicht
   - Blockaden, Sitzstreiks und Hungerstreiks eignen sich nicht für ein offenes gemeinsames Wirken jedermanns

6. *Der öffentliche Versammlungsort*
   - in der Regel allgemeine Verkehrsflächen und Plätze (öffentliches Gut) im allgemeinen Gemeingebrauch, nicht in Sondernutzung stehend
   - öffentlich gewidmeter oder ad hoc zur Verfügung gestellter Privatgrund
   - unter freiem Himmel und nicht in geschlossenen Räumen
   - besondere Bedeutung des Ortes für die Kennzeichnung von Zusammenkünften (§ 5 VersG, Darbietungen etc) Denkmäler, Mahnmale, Kirchen, Theater

7. *Die Beginnzeit und die Dauer (Uhrzeit)*
   - Beginn zu bestimmter Uhrzeit und an einem bestimmten Tag
   - Begrenzung von Dauer und Ende im allgemeinen nach Stunden (Augenblicksverband)
   - keine absolute Höchstgrenze, doch im Regelfall (von Ausnahmen abgesehen) eine Begrenzung durch menschliche Grundbedürfnisse der Versammlungsteilnehmer, wie Essen und Schlafen
   - Versammlungen finden üblicherweise während des Tages, nicht während der Nachtzeit statt (22 bis 6 Uhr), Richtwerte sind Grundbedürfnisse der Allgemeinheit.

Diese Auflistung von Merkmalen als Beurteilungskriterien dient der Feststellung und Überprüfung der tragenden Merkmale einer Versammlung im Sinn des § 2 VersG und erweist sich als eine Gebrauchsanweisung für die zuständigen Organe bei der rechtlichen Beurteilung von Zusammenkünften (Sammlungen) als Versammlungen im Sinn des § 2 VersG. Jeder konkrete Sachverhalt ist an jedem einzelnen Merkmal zu messen und es ist zu prüfen, ob die in den Merkmalen gelegenen Voraussetzungen jeweils für sich und in ihrem Zusammenhang erfüllt sind.

VI. Die Zulässigkeit von Versammlungen

Jedes einzelne der Merkmale ist essentiell. Fehlt eines der Merkmale, dann liegt keine Versammlung im Sinn des § 2 VersG vor. Es könnte dann entweder ein anderer Typus grundrechtlich geschützter Versammlungen oder eine andere Art von Zusammenkünften vorliegen. Die Merkmale sind aber nicht bloß im Einzelnen zu prüfen, sie sind auch als eine Einheit zu verstehen. Sind alle Merkmale erfüllt, werden also die Merkmale als Gesamtheit verstanden, dann liegt auch begrifflich eine Versammlung im Sinn des § 2 VersG vor. Die Entscheidung über die Zulässigkeit einer Versammlung kann aber dennoch offen sein, da eine Versammlung als Gesamtgeschehen in der Öffentlichkeit stattfindet und daher an und für sich schon geeignet ist, Freiheiten und Rechte Einzelner sowie die Interessen der Allgemeinheit zu beeinträchtigen. In diesem Sinn sind die Merkmale für sich und als Einheit noch auf ihre Zulässigkeitsvoraussetzungen, auf ihre Rechtmäßigkeit zu prüfen. Für die Zulässigkeit einer Versammlung sind alle Merkmale wiederum jeweils für sich und in ihrem Zusammenhang auf ihre rechtmäßige Erfüllung zu untersuchen. Insbesondere ist etwa zu prüfen:

a) die ordnungsmäßige Anzeige
b) die Erlaubtheit des Zweckes (nicht gegen das Verbotsgesetz)
c) die Eignung des Ortes
d) die zulässige Dauer oder zeitliche Höchstgrenze.

Die Erfordernisse der Anzeige nach § 2 VersG sind restriktiv zu interpretieren. Die Behörde darf demgemäß die Untersagung oder die Auflösung einer Versammlung nicht auf unwesentliche Formfehler der Anmeldung stützen. Das gilt insbesondere für eine ordnungswidrig angezeigte, aber von der Behörde nicht untersagte Versammlung. Untersagungsgründe und Auflösungsgründe müssen nicht vollständig übereinstimmen.

Die Eignung des Ortes und der Zeit der Versammlung bestimmen sich nur vordergründig nach dem zur Verfügung stehenden Platz und nach der Uhr. Sie richten sich wesensgemäß nach der Erfüllbarkeit des Zweckes hier und jetzt, unter Bedachtnahme auf Gepflogenheiten und existentielle Lebensbedingungen der Menschen; und zwar sowohl der Versammelten als auch der Allgemeinheit.

Bei der Beurteilung des Zeitfaktors kommt es beispielsweise zunächst auf die meßbare Zeit an: auf den Kalendertag, auf die Beginnzeit (Uhrzeit, Tages- und Nachtzeit), auf die Dauer und auf das Ende von Versammlungen. Dieser differenzierte Zeitbegriff im technischen Sinn darf aber nicht für sich isoliert gesehen werden. Er ist auch auf die Kriterien allgemeiner, rechtlich beachtlicher gesellschaftlicher Zeit- und Ortskriterien zu projizieren. Kalenderzeit, Uhrzeit, Tages- und Nachtzeit erhalten in Verbindung mit dem Ort eine besondere Bedeutung. Diese allgemeineren Zeit- und Ortskriterien richten sich nach gesellschaftlichen Gepflogenheiten, wie Arbeit, Nahrungsaufnahme, Ruhe (Nachtruhe), Freizeit- und Feiertagsgestaltung, also nach allgemeinen Gepflogenheiten und existentiellen, wirtschaftlichen, sportlichen und kulturellen Bedürfnissen der Menschen im Zeitablauf. Die Beurteilung der Zeit im technischen Sinn und des Ortes ist auf solche rechtlich beachtliche gesellschaftliche Wertungen abzustellen.

Beginn, Dauer und Ort von Versammlungen erhalten erst vor diesem Hintergrund ihre eigentliche rechtliche Erheblichkeit. Das gilt für die Zulässigkeit und Unzulässigkeit vor allem von anzeigepflichtigen Volksversammlungen. Die chronologische und chronometrische Zeitbestimmung sowie die geographische Ortsbestimmung erhalten ihre Sinnhaftigkeit erst durch ihre Projektion auf die Zeit- und Ortsgebundenheit von allgemeinen Verhaltensgepflogenheiten der Menschen, die von einem Versammlungsgeschehen betroffen sein können.

Die Behörde wird daher bei der Beurteilung von Zusammenkünften, die den Beschränkungen des VersG unterliegen, von Fall zu Fall eine differenzierte und dennoch komplexe Betrachtungsweise im Sinn des hier entwickelten Versammlungsbegriffs anzustellen haben. Maßgeblich sind dabei die Abwägungskriterien der Verhältnismäßigkeit und der Verträglichkeit einer Versammlung, gemessen an der Freiheit der Versammelten einerseits und an der mit ihrem Gebrauch zwangsläufig verbundenen Beschränkung der Freiheiten, Interessen und Grundbedürfnisse jedermanns oder der Allgemeinheit.

Die Behörde hat unter dem Aspekt der Zulässigkeit einer Versammlung jedenfalls auch eine *Prognose* vorzunehmen. Das heißt, sie muß die zu erwartende Dimension einer Versammlung und mögliche Gefährdungen der Sicherheit und der körperlichen Unversehrtheit etc von Personen, von Vermögens- und Sachwerten des Staates und von Privaten veranschlagen; zu bedenken ist aber auch die Schützbarkeit einer Versammlung und der Allgemeinheit. Die Prognose richtet sich auf die Vorhersehbarkeit von Auswirkungen einer Versammlung aufgrund des Erfahrungswissens um die allgemeinen örtlichen, zeitlichen, personellen und sachlichen Voraussetzungen der Allgemeinheit, in die das Versammlungsgeschehen hineinwirkt, nicht zuletzt aufgrund von bereits erworbenen Erfahrungswerten über vergleichbare Zusammenkünfte.

Unter dem Gesichtspunkt des Zeitablaufs offenbart sich für die Vollzugsbehörde noch ein weiterer wichtiger Gesichtspunkt. Versammlungen nach § 2 VersG bedürfen der vorhergehenden Anzeige. Deshalb ist zwischen der angezeigten Versammlung, als einem möglichen künftigen Geschehen, und dem tatsächlichen Versammlungsgeschehen zu unterscheiden. Geplante rechtswidrige Versammlungen sind zu *untersagen*. Versammlungen, die in ihrem tatsächlichen Geschehen einen qualifizierten rechtswidrigen Charakter annehmen, sind *aufzulösen*. Dabei sind unterschiedliche Fallkonstellationen möglich:

- Eine Versammlung gemäß § 2 VersG wurde angezeigt und in Übereinstimmung mit dem Inhalt der Anzeige auch durchgeführt.
- Eine Versammlung gemäß § 2 VersG wurde angezeigt und in Abweichung vom Inhalt der Anzeige oder im Widerspruch dazu durchgeführt.
- Eine Versammlung im Sinn des § 2 VersG wurde nicht angemeldet, sie nahm aber in ihrem tatsächlichen Geschehen den Charakter einer Versammlung nach § 2 VersG an.

Aus diesen Fallkonstellationen können sich unterschiedliche Rechtswidrigkeiten ergeben. Diese Rechtswidrigkeiten aus dem Anzeige- und Versammlungsgeschehen können noch nähere Determinanten aus dem Verhalten der Behörde erfahren. Die Behörde kann sowohl zur Anzeige als auch zum tatsächlichen Versammlungsgeschehen ein unterschiedliches Verhalten an den Tag legen:

- Sie kann eine Anzeige zur Kenntnis nehmen.
- Sie kann nach einer erfolgten Anzeige Modifikationen zur Versammlungsplanung vorschlagen, um das Versammlungsgeschehen zu ermöglichen und eine rechtlich gebotene Untersagung zu vermeiden.
- Sie kann eine angezeigte Versammlung aus den gesetzlichen Gründen untersagen.
- Sie kann eine tatsächliche Versammlung, die dem § 2 VersG subsumierbar ist, die aber nicht angezeigt wurde, tolerieren oder auflösen.

Das behördliche Verhalten kann in allen Fallkonstellationen entweder rechtmäßig oder rechtswidrig sein. Ein rechtswidriges Behördenverhalten darf nicht zu Lasten der Grundrechtsträger gehen.

Hat die Behörde beispielsweise eine angezeigte Versammlung nicht untersagt, obwohl nach der Anzeige die geplante Versammlung wegen Fehler oder Ordnungswidrigkeiten in der Anzeige zu untersagen gewesen wäre, dann verschweigt sie sich der Untersagungsmöglichkeit und hat die daraus folgenden Ordnungswidrigkeiten sich selbst anzulasten. Die Nichtuntersagung einer fehlerhaft angezeigten Versammlung hat aber nicht zur Folge, daß das daran anschließende tatsächliche Versammlungsverhalten unangreifbar bleibt. Die Nichtuntersagung einer angezeigten Versammlung bedeutet keine Dispens von den gesetzlichen Auflösungsgründen. Die Rechtmäßigkeit (Rechtswidrigkeit) des tatsächlichen Versammlungsgeschehens unterliegt eigenständigen Tatbeständen und Beurteilungskriterien nach dem VersG (§ 6 in Verbindung mit den §§ 13, 14, 15 und 17 VersG).

Nach dem Wortlaut des § 13 Abs 1 VersG hat man den Eindruck, als müßte die Behörde nicht nur eine angezeigte rechtswidrige Versammlung, sondern auch eine tatsächlich stattfindende rechtswidrige Versammlung *untersagen*, um sie dann aufzulösen. Tut sie das tatsächlich, dann kann das gewiß nicht rechtswidrig sein. Für die Rechtswidrigkeit eines tatsächlichen Versammlungsgeschehens muß aber wohl die Anordnung der Auflösung genügen. Diese Auslegung wird durch den Abs 2 im § 13 VersG bestätigt, wo im Zusammenhang mit erheblichen Gründen nur von einer Auflösung die Rede ist. Die Regelung des § 14 VersG bedeutet in diesem Sinn eine schlüssige Konsequenz. Darin zeigt sich wieder einmal mehr, daß das VersG gesetzestechnisch zu wünschen übrig läßt und einer Interpretation bedarf, die dem Regelungszweck gemäß ist. Regelungszweck des VersG ist die gesetzliche Beschränkung des Grundrechts der Versammlungsfreiheit aus erheblichen Gründen des öffentlichen Interesses. Daraus ergibt sich aber auch, daß das Versammlungsgesetz restriktiv zu interpretieren ist.

Literaturnachweis

ADAMOVICH – FUNK, Allgemeines Verwaltungsrecht³ (1987).

ADAMOVICH – FUNK, Österreichisches Verfassungsrecht³ (1985).

ANTONIOLLI, Allgemeines Verwaltungsrecht (1954).

ANTONIOLLI – KOJA, Allgemeines Verwaltungsrecht² (1986).

ANDERLE, Österreichisches Versammlungsrecht (1988).

BERNARD, Gebundenheit und Ermessen, in: Allgemeines Verwaltungsrecht, Festgabe Antoniolli (1979) 89.

BLUM, Die Sicherheitspolizei und ihre Handlungsformen, Forschungen aus Staat und Recht 77 (1987).

DAVY U., Streik und Grundrechte in Österreich (1989).

DEMMELBAUER, Demonstrationen auf öffentlichen Straßen, ÖGZ (1982) 533.

DEMMELBAUER, Übersicht über das Versammlungsgesetz, ÖGZ (1988) 17.

DEMMELBAUER, Was ist bei Versammlungen zu beachten? ÖGZ (1983) 46.

DEUTSCHES RECHTSWÖRTERBUCH (Wörterbuch der älteren deutschen Rechtssprache), hg von der Preußischen Akademie der Wissenschaften (1914 – 1932), Bd 1, 972 f.

DITTRICH – STOLZLECHNER, Österreichisches Straßenverkehrsrecht, I. Teil: Straßenverkehrsordnung 1960³ (1990) § 82 Rz 8.

ERMACORA, Handbuch der Grundfreiheiten und der Menschenrechte (1963).

ERMACORA, Grundriß der Menschenrechte in Österreich (1988).

FESSLER, Österreichisches Versammlungsrecht² (1988).

FOREGGER – SERINI, Strafgesetzbuch³ (1984).

FREUND, Das in Österreich geltende Vereins- und Versammlungsgesetz³ (1900).

FROWEIN – PEUKERT, Europäische Menschenrechtskonvention (1985).

FUNK, Die Abwehr von Demonstrationsschäden aus der Sicht des Verwaltungsrechts, in: Schick – Funk – Posch (Hg), Demonstrationsschäden (1989).

GRILLER, Verfassungswidrige Schrottlenkung? ÖZW (1985) 65 ff.

GROISS – SCHANTL – WELAN, Betrachtungen zur Verfassungsgerichtsbarkeit (Slg 1973). 6. Zur Rechtsprechung in Vereins- und Versammlungssachen, ÖJZ (1976) 287 ff.

HÄBERLE, Die Wesensgehaltsgarantie des Art. 19 Abs. 2 Grundgesetz³ (1983).

HAUER – LEUKAUF, Handbuch des österreichischen Verwaltungsverfahrens⁴ (1990) 31.

HIRSCHBERG, Der Grundsatz der Verhältnismäßigkeit (1981).

HOFER-ZENI, Die Versammlungsfreiheit in Österreich, EuGRZ (1984) 357.

HUGELMANN, Studien zum österreichischen Vereins- und Versammlungsrechte (1879).

JELLINEK W., Verwaltungsrecht³ (1931).

JESCH, Unbestimmter Rechtsbegriff und Ermessen in rechtstheoretischer und verfassungsrechtlicher Sicht, AÖR (1957) 163 ff.

KNEUCKER, Die Vereins- und Versammlungsfreiheit in der Judikatur des österreichischen Reichsgerichtes, ÖZÖR 16 (1966) 394.

KOJA, Zur Rechtsprechung des Verfassungsgerichtshofs in Vereins- und Versammlungssachen, JBl (1961) 396 ff.

KORINEK, Zur Lehre vom Gesetzesvorbehalt bei Grundrechten, FS Merkl (1970) 171.

KORINEK, Zur Interpretation von Verfassungsrecht, FS Walter (1991) 363.

LERCHE, Übermaß und Verfassungsrecht (1961).

MELICHAR, Die öffentlichen Sachen und der Gemeingebrauch, JBl (1967) 179 ff.

MERKL, Der Entwurf eines Vereinsgesetzes und die verfassungsmäßige Vereinsfreiheit, JBl (1932) 509 ff.

MERKL, Die Verfassung der Republik Deutschösterreich (1919).

MÜLLER, Wirkungsbereich und Schranken der Versammlungsfreiheit, insbesondere im Verhältnis zur Meinungsfreiheit (1974).

NOVAK, Verhältnismäßigkeitsgebot und Grundrechtsschutz, FS Winkler (1989) 39 ff.

NOWAK, Rechtsprobleme des Polizeieinsatzes in der Hainburger Au, ZfV (1985) 373.

NOWAK, Art 11 EMRK, in: Ermacora – Nowak – Tretter (Hg), Die Europäische Menschenrechtskonvention in der Rechtsprechung der österreichischen Höchstgerichte (1983) 481.

OTT, Das Recht auf freie Demonstration (1967).

PESENDORFER, Das Übermaßverbot als rechtliches Gestaltungsprinzip der Verwaltung – zugleich ein Beitrag zur Bildung eines „innere Systems" der Verwaltung, ÖZÖR 28 (1977) 265 ff.

PLÖCHL, Zum Begriff der „Versammlung", ÖJZ (1963) 253.

RASCHAUER, Besonderes Verwaltungsrecht (1990).

RESS, Demonstrationsfreiheit und Straßenverkehr in Österreich, in: Demonstration und Straßenverkehr, Bd 54 der Beiträge zum ausländischen öffentlichen Recht und Völkerrecht (1970) 102.

RILL, Das Grundrecht auf Datenschutz, in: Duschanek (GesRed), Datenschutz in der Wirtschaft (1981) 15 ff.

SCHÄFFER, Verfassungsinterpretation in Österreich (1971).

SCHWÄBLE, Das Grundrecht der Versammlungsfreiheit [Art. 8 GG], (1975).

SEIDLER, Der Begriff der Versammlung nach dem Versammlungsgesetz, ÖVA (1963) Nr 3/4, 75.

STOLZLECHNER, Demonstrationsfreiheit und Straßenpolizeirecht, ZfV (1987) 389.

TEZNER, Österreichisches Vereins- und Versammlungsrecht (1913).

TEZNER, Versammlungsrecht, in: Mischler – Ulbrich, Österreichisches Staatswörterbuch², Bd IV (1909) 746.

WALTER – MAYER, Grundriß des Besonderen Verwaltungsrechts² (1987).

WALTER – MAYER, Grundriß des österreichischen Bundesverfassungsrechts⁶ (1988).

WENGER – WINKLER, Die Freiheit der Wissenschaft und ihrer Lehre (1974).

WIESER, Ausländer und Versammlungsfreiheit in Österreich, EuGRZ (1990) 56.

WINKLER, Entwicklungstendenzen der österreichischen Verwaltungsgerichtsbarkeit (Vortragsbericht), JBl (1957) 96.

WINKLER, Wertbetrachtung im Recht und ihre Grenzen, Forschungen aus Staat und Recht 12 (1969).

WINKLER, Gesetzgebung und Verwaltung im Wirtschaftsrecht, Forschungen aus Staat und Recht 85 (1989/1970) 105 ff.

WINKLER, Die Wissenschaft vom Verwaltungsrecht, in: Allgemeines Verwaltungsrecht, Festgabe Antoniolli (1979) 1 ff.

Die Institutionen personaler Selbstverwaltungskörper in der Ordnung des Rechts *)

I. Ein Anlaßfall

Unter Berufung auf sein gesetzliches Aufsichtsrecht nach § 5 Universitäts-Organisationsgesetz 1975 (UOG)[1] untersagte der Minister für Wissenschaft und Forschung der Universität Wien durch Bescheid die satzungsmäßige Zusammenfassung ihrer gesetzlich gewährleisteten autonomen Einnahmen und Ausgaben in einem einheitlichen Haushaltsrahmen. Dieser Bescheid wurde von der Universität Wien, als juristische Person, und von ihren leitenden Funktionsträgern, als Organe der Universität, beim Verwaltungsgerichtshof und beim Verfassungsgerichtshof angefochten. In den Überlegungen zum aktuellen Anlaß wurden alle Aspekte der universitären Selbstverwaltung sichtbar. Dabei zeigte sich, daß die konkrete Thematik in das Grundsätzliche, nicht nur der universitären Autonomie, sondern der Selbstverwaltung überhaupt reicht, obwohl Inhalt und Umfang der bekämpften Satzung des Akademischen Senats der Universität eng an das Gesetz angefügt sind und die Grenzen einer bloßen Durchführung verschiedener gesetzlicher Vorschriften des UOG und des Hochschultaxengesetzes 1972 (HTG)[2] im Sinn des Art 18 Abs 2 B-VG nicht überschreiten. Anscheinend will der Minister für Wissenschaft und Forschung dem Akademischen Senat der Universität Wien nicht einmal das gestatten, was nach dieser verfassungsgesetzlichen Vorschrift jede Verwaltungsbehörde darf: „... auf Grund der Gesetze innerhalb ihres Wirkungsbereiches Verordnungen erlassen“, obwohl das autonome Satzungsrecht eine unbestreitbare Befugnis der Selbstverwaltungskörper ist.

---

*) Die ersten drei Teile dieser Abhandlung erschienen bereits als Aufsatz unter dem Titel „Rechtspersönlichkeit und autonomes Satzungsrecht als Wesensmerkmale in der personalen Selbstverwaltung“ in der ÖJZ (1991) 73 ff; die Teile 4 bis 10 waren neben den Teilen 1 bis 3 Gegenstand eines Vortrages in der Wiener Juristischen Gesellschaft, den ich im Oktober 1990 gehalten habe. Am ersten Teil wurden geringfügige Änderungen vorgenommen, der zweite Teil wurde neu ausgearbeitet.

[1] BGBl 1975/258 idF BGBl 1978/443, 1981/341, 1987/654, 1988/745, 1990/364.

[2] BGBl 1972/76 idF BGBl 1985/272, 1987/655.

Gewiß stellt sich infolge eines vordergründigen Meinungsumschwungs in der wissenschaftlichen Lehre zunächst die Frage, ob die Universitäten überhaupt Selbstverwaltungskörper sind. HERRNRITT[3], MERKL[4], ADAMOVICH[5], ANTONIOLLI[6], PERNTHALER[7], KORINEK[8] bejahen diese Frage mit unterschiedlicher Gewißheit. Auch ADAMOVICH – FUNK[9], WALTER – MAYER[10] und WELAN – GUTKNECHT[11] handeln von einer universitären Selbstverwaltung, doch sie stellen im Grunde die öffentlich-rechtliche Rechtspersönlichkeit[12] der Universitäten in Frage. KOJA[13] verneint Rechtspersönlichkeit und Selbstverwaltungseigenschaft der Universitäten mit einer Begründung, die in dieser Allgemeinheit aus den geltenden Vorschriften des Universitätsrechtes nicht ableitbar ist. Von den erwähnten Autoren werden aber nicht nur Autonomie[14] und universitäres Satzungsrecht skeptisch aufgefaßt, sondern zunehmend überhaupt vernachlässigt. Während in den derzeit gängigen Lehrbüchern das „Satzungsrecht" von Selbstverwaltungskörpern als Begriff und als Nachschlagewort noch vorkommt, findet man die „Autonomie" weder als Begriff noch als Nachschlagewort. Damit kommt die Lehre dem autokratischen Herrschaftsbedürfnis

---

[3] Grundlehren des Allgemeinen Verwaltungsrechtes (1921) 186 ff, 198 ff, FN 9 und 10, 229 ff, insbes FN 3 und 238 ff, insbes FN 3 und FN 9, sowie 255 ff.

[4] Die Überprüfung von Satzungen, JBl (1949) 61 ff; Allgemeines Verwaltungsrecht (1927) 361, 357; Begriff und Grundlagen der Selbstverwaltung in Österreich, ÖZÖR X (1960) 334 ff.

[5] Handbuch des österreichischen Verwaltungsrechts[5], Bd 2 (1953) 244 ff.

[6] Allgemeines Verwaltungsrecht (1954) 185.

[7] Die verfassungsrechtlichen Schranken der Selbstverwaltung, Gutachten, Verhandlungen des 3. Österreichischen Juristentages (ÖJT), I/3 (1967) 143 ff.

[8] Wirtschaftliche Selbstverwaltung (1970); Selbstverwaltung in der Sozialversicherung, ZAS (1972) 164; Staatsrechtliche Grundlagen der Kammer-Selbstverwaltung, DRdA (1991) 105 ff.

[9] Österreichisches Verfassungsrecht[3] (1985) 289 ff, Allgemeines Verwaltungsrecht[3] (1987) 354.

[10] Grundriß des österreichischen Bundesverfassungsrechts[6] (1988) 289 f.

[11] Selbstverwaltung, Festgabe für W. Antoniolli (1979) 405.

[12] Siehe dazu § 6 UOG über die Gebarungskontrolle, wonach der Rechnungshof zur Kontrolle der Universitäten zuständig gemacht wurde, offensichtlich in Anwendung der Ermächtigung des Art 121 Abs 1 B-VG: „Zur Überprüfung der Gebarung des Bundes, der Länder der Gemeindeverbände der Gemeinden *und anderer durch Gesetz bestimmten Rechtsträger* ist der Rechnungshof berufen" (Hervorhebung vom Verfasser).

[13] ANTONIOLLI – KOJA, Allgemeines Verwaltungsrecht[2] (1986) 356; vgl demgegenüber die Feststellung zur Frage des Anstaltscharakters, ibid 301, und den Hinweis auf die Begriffsbildung in Verbindung mit der Rechnungshofkontrollmöglichkeit, ibid 292.

[14] Zu diesem Thema grundsätzlich WINKLER, Die Autonomie der Universität. Eine Problemanalyse am Beispiel Österreichs, Keio Law Review No 6 (1990), Festschrift zum 100jährigen Jubiläum der Keio Universität in Tokyo, 523 ff.

verschiedener Minister (Ministerien) als staatliche Aufsichtsbehörden in ihren Einschränkungstendenzen gegenüber der Autonomie der verschiedenen Selbstverwaltungskörper ungewollt weitgehend entgegen. Im vorliegenden Fall sieht zB der Wissenschaftsminister sogar entgegen den Motiven des Gesetzgebers, wonach die Universitäten körperschaftliche und anstaltliche Elemente gleichermaßen in sich vereinigen, in den Universitäten bloß „unselbständige" Anstalten – „Einrichtungen des Bundes", wie es im Gesetzestext heißt, und wird darin von einer seit dem Inkrafttreten des UOG im Jahr 1976 stärker anwachsenden formaljuristischen, vordergründig auf den Gesetzestext reduzierten und weitgehend erfahrungsfernen ahistorischen Schreibtischliteratur unterstützt. So scheint meine Studie bloß in den Dienst der Verteidigung universitärer Selbstverwaltung mit autonomer Satzungsbefugnis und grundsätzlicher öffentlichrechtlicher und privatrechtlicher Rechtspersönlichkeit gestellt zu sein, war doch die Universität einmal zweifelsfrei eine Körperschaft mit Rechtspersönlichkeit, ausgestattet mit dem Recht auf Selbstverwaltung[15]. In Wahrheit birgt sie aber grundsätzliche Überlegungen in sich, die für alle Arten personaler Selbstverwaltung gleichermaßen bedeutsam sind.

Überlegungen zu der nach dem Text des UOG auf besondere privatrechtliche Erwerbs- und Vermögensfähigkeiten abgestellten Rechtspersönlichkeit der Universitäten, darüberhinaus aber auch für die übrigen Selbstverwaltungskörper, sind heute noch mehr als sinnvoll. Denn sogar die im UOG eingeschränkt formulierte und vielfach auch so gedeutete Rechtspersönlichkeit verpflichtet die Universitäten – und berechtigt sie auch – ihr über die Privatrechtspersönlichkeit erworbenes Vermögen in den Dienst ihrer weitgehend schlicht hoheitlichen Aufgaben zu stellen. Theoretisch könnte eine Universität über private Geldzuflüsse, wären sie nur groß genug, sogar einen Großteil ihrer autonomen Aufgaben ohne staatliche Finanzierung rechtmäßigerweise selbst finanzieren. Sollte sie dadurch dann vielleicht die eingeschränkte Rechtspersönlichkeit einbüßen und im Umfang der im UOG erwähnten Privatrechtsfähigkeiten vielleicht sogar auch noch auf die Organbeschwerde beschränkt sein?

Doch die universitäre Selbstverwaltung ist nicht das Thema, sondern nur ein anschaulicher Anlaß, über das „Wesen" der personalen Selbstverwaltung nachzudenken; und dies, obzwar grundsätzlich und theoretisch orientiert, mit einer Grundlegung im geltenden österreichischen Recht, ge-

---

[15] VfSlg 2055/1950. Dort ist unter anderem die Rede von den Aufgaben, in denen die Universitäten mit dem Recht auf Selbstverwaltung ausgestattet sind, 393 f.

nauer im Verfassungsrecht und im einfachgesetzlichen Recht. Die *Verfassung* sieht nach allgemeiner Auffassung verschiedene personale Selbstverwaltungskörper vor. Entweder richtet sie solche ein, oder erwähnt sie als öffentlich-rechtliche Körperschaften oder setzt sie letztlich wenigstens stillschweigend voraus[16]. Die einfachen Gesetze regeln seit mehr als hundert Jahren verschiedene *Arten* von seinerzeit neu konzipierten Selbstverwaltungskörpern. Neben den aus der hier gewählten Thematik weitgehend ausgesonderten Gemeinden, als territorialen Selbstverwaltungskörpern[17], sind vor allem die Kammern, die Universitäten, die Akademie der Wissenschaften, aber auch die wesentlich jüngeren Hochschülerschaften personale Selbstverwaltungskörper[18]. Nur ausnahmsweise wurde nach 1870 eine einzelne Institution nach älterer Manier (etwa die Universität von Czernowitz, die Akademie der Wissenschaften) individuell durch Gesetz geregelt[19].

So ist einerseits der Wissenschaft zur Aufgabe gestellt, das weitgehende Schweigen des Verfassungsgesetzgebers zu einem „beredten" zu machen und zu sagen, was der Verfassungsgesetzgeber des Jahres 1920 gemeint hat, indem er die personalen Selbstverwaltungskörper überwiegend stillschweigend vorausgesetzt hat; sozusagen das Implizierte zu explizieren[20]. Andererseits ist es aber auch Aufgabe der Wissenschaft, das in den

---

16 Vgl dazu die anschauliche Beweisführung des VfGH für die Sozialversicherungsträger in Slg 2658/1954, für die WALTER – MAYER, Bundesverfassungsrecht^{6} (1988) 290, anknüpfend an eine ältere Abhandlung WALTERS aus dem Jahr 1961 und letztlich wohl auch an WALTERS Gutachten für den 1. ÖJT, I/4 (1961) 48 ff, die verfassungsrechtliche Fundierung bestreiten. Siehe ferner weitere Hinweise auf Judikatur und Literatur bei HOLZER, Wirtschaftliche und berufliche Selbstverwaltung im Spannungsfeld des Legalitätsprinzips, FS Ermacora (1974) 92 ff.

17 KORINEK, Selbstverwaltung in Gemeinden und Kammern – ein Abgrenzungsversuch, ZAS (1967) 65 ff.

18 BINDER, Die österreichische Hochschülerschaft als gesetzliche berufliche Vertretung? JBl (1973) 128 ff und die dort angegebene Literatur. Siehe dazu die Judikatur des VfGH: VfSlg 1871/1949 und den Beschluß vom 20. 6. 1972, WI-8/71, zitiert bei BINDER, Österreichische Hochschülerschaft (1973) 130. Die Selbstverwaltungseigenschaft wird durch den VfGH bejaht, die Qualifikation der Hochschülerschaft als gesetzliche berufliche Vertretung hingegen verneint. Da die Hochschülerschaft aus dem korporativen Verband der Universität hervorgegangen ist, liegt ihre kompetenzmäßige Zuordnung zum Kompetenztatbestand der Universitäten nahe (Art 14 B-VG).

19 Vgl dazu auch die Teilung der Universität Prag im Jahr 1882, RGBl 1882/24, und die Errichtung der Universität Czernowitz im Jahr 1875, RGBl 1875/40. Siehe dazu vergleichsweise aber auch die Errichtungsgesetze für die Universitäten in Salzburg, Linz und Klagenfurt aus den letzten drei Jahrzehnten.

20 WERNER, Selbstverwaltung und Bundesverfassung, ÖJZ (1950) 441. Daran anknüpfend RINGHOFER, Die verfassungsrechtlichen Schranken der Selbstverwaltung in Öster-

zahlreichen einfachen Gesetzen für die verschiedenen personalen Selbstverwaltungskörper weitgehend explizit Geregelte *durch institutionelle Analysen, Synthesen und Vergleiche* – im Sinne KANTS[21] in wissenschaftlicher Art und Weise – auf die wesentlichen Gemeinsamkeiten hin zu untersuchen und so zu charakteristischen Vorstellungen von den verschiedenen Arten von Institutionen der Selbstverwaltung zu gelangen. Die Analyse führt zu bestimmten essentiellen und charakteristischen Merkmalen. Diese Merkmale bilden in ihrer Synthese den Begriff einer bestimmten institutionellen Einheit. Durch Gegenüberstellung und Vergleichung wird daran eine allgemeine rechtsdogmatische Begriffsbildung angeschlossen. Hier sei jedoch vorderhand nur auf die wissenschaftliche Lehre verwiesen, der man ablesen kann, wie sie mit dem Thema der Selbstverwaltung, zugleich positivrechtlich orientiert und methodologisch fundiert, zu Rande kommen will. Die Ausführungen über die Methode folgen umfassender im Anschluß an konkrete Darstellungen von einzelnen hervorragenden und kennzeichnenden Eigenschaften der Selbstverwaltung, denen die Lehre die Eigenschaft von rechtlichen Wesensmerkmalen der Selbstverwaltung als Institution zuschreibt. Dazu gehören vor allem die Rechtspersönlichkeit, die Autonomie mit dem Satzungsrecht, sowie die Weisungsfreiheit mit der Staatsaufsicht.

PERNTHALER beklagte sich auf dem Juristentag des Jahres 1967, für den er selbst ein Gutachten und RINGHOFER ein Referat geliefert haben, darüber, daß das Thema der Selbstverwaltung in der Wissenschaft in den Bereich des Desinteresses gerückt sei: „Der Streit um den ‚Begriff' der Selbstverwaltung, der einst Generationen von Staatsrechtlern in Atem gehalten hat, ist der Theorie und Praxis des österreichischen Staatsrechtes der Gegenwart fremd und gleichgültig geworden"[22]. Die Erklärung dafür scheint auf der Hand zu liegen. Im vergangenen Jahrhundert waren die verschiedenen Arten von personalen Selbstverwaltungskörpern im Vergleich zu den Gemeinden durch die Gesetze eher dürftig geregelt[23]. Man

---

reich, Referat, Verhandlungen des 3. ÖJT, II/3 (1967) 49 ff. Dazu jüngst auch KORINEK, Staatsrechtliche Grundlagen der Kammer-Selbstverwaltung, DRdA (1991) 105 ff.

[21] Schriften zur Metaphysik und Logik 2 (Suhrkamp VI, 1977) 432 ff; Kritik der reinen Vernunft 1 (Suhrkamp III, IV, 1977) 407 ff.

[22] Die verfassungsrechtlichen Schranken der Selbstverwaltung, Gutachten, Verhandlungen des 3. ÖJT, I/3 (1967) 11.

[23] Rechtsquellen: Ältere Regelungen der verschiedenen personalen Selbstverwaltungskörper: *Handel und Gewerbe*: (Provisorisches Handelskammergesetz) RGBl 1848/27, RGBl 1850/122, (Handelskammergesetz) RGBl 1868/85 idF RGBl 1901/103, (Handelskammergesetz) StGBl 1920/98; *Universitäten*: (Provisorische Universitätsorganisation) RGBl 1849/401, (Universitätsorganisation) RGBl 1873/63; *Akademie der Wissenschaften*: Statuten

konnte und mußte daher wohl auch mehr „Wesensschau" als Gesetzestext-interpretation betreiben; wie vergleichsweise bei der juristischen Person, bei der Rechtskraft und bei anderen zentralen juristischen Phänomenen überhaupt. *Das Fehlen ausdrücklicher Regelungen machte die juristische Konstruktion, dh ein in diesem Sinn konstruktives (nicht konstruktionistisches) Rechtsdenken unerläßlich*[24]. Das war seinerzeit geradezu selbstverständlich und unproblematisch. Heutzutage, da der Rechtsstaat an der Fülle detaillierter gesetzlicher Regelungen nachgerade zu ersticken droht, scheint die Sache anders zu liegen. Die Interpretationsanforderungen scheinen einfacher. Alles Rechtliche unterliegt dem Postulat, vollständig gesetzlich geregelt zu sein, und müßte es gemäß Art 18 B-VG wohl auch sein. Also auch die personale Selbstverwaltung, so könnte man angesichts eines undifferenziert verstandenen Legalitätsprinzips der Verfassung, das sich in den reichlich vereinfacht ausgelegten Regelungen des Art 18 B-VG angeblich erschöpft, in unkritischer Weise denken[25]. Die Interpretation hat sich nunmehr anscheinend streng an den Wortlaut der Gesetze zu halten. *Quod non est in verbis non est in lege?*

PERNTHALER pointierte gewiß zu stark. Was er aber mit Recht anprangern wollte, ist die Tatsache, daß in der Wissenschaft das kritische Bewußtsein um diese zentrale Rechtsfrage wieder einmal erlahmt war. Es gab zwar nach dem Inkrafttreten des B-VG dann und wann bemerkenswerte allgemeine Überlegungen zur Selbstverwaltung; in den zwanziger Jahren etwa von HERRNRITT[26], MERKL[27] und KÖRNER[28]; nach 1945 von

---

und AH Patent über die Gründung der Akademie der Wissenschaften vom 14. 5. 1847, „Wiener Zeitung" vom 17. 5. 1847; *Rechtsanwälte*: (Provisorische Advocatenordnung) RGBl 1849/364, (Advokatenordnung) RGBl 1868/96 idF RGBl 1906/223 und StGBl 1919/95, (Disziplinarstatut) RGBl 1872/40 idF RGBl 1906/223; *Notare*: (Notariatsordnung) RGBl 1871/75 idF StGBl 1919/94; *Ärzte*: (Ärztekammergesetz) RGBl 1892/6; *Apotheker*: (Gesetz über das Apothekenwesen, §§ 63 f) RGBl 1907/5; *Ingenieure*: (Ingenieurkammergesetz) RGBl 1913/3.

[24] EHRLICH, Die juristische Logik[2] (1966/1925) 252 ff; EHRLICH, Grundlegung der Soziologie des Rechts[3] (1967/1913) 248 ff, 261 ff, 281 ff. Siehe dazu aber auch TEZNER, Rechtslogik und Rechtswirklichkeit (Neudruck 1986) 22 ff und WURZEL, Das juristische Denken, in: Rechtswissenschaft als Sozialwissenschaft (Neudruck 1991) 34 ff.

[25] Zur Frage eines differenzierten Legalitätsprinzips im B-VG siehe WINKLER, Gesetzgebung und Verwaltung im Wirtschaftsrecht (1970); ferner Gesetzgebung und Verwaltungsrecht (1981), beide wieder abgedruckt in: WINKLER, Theorie und Methode in der Rechtswissenschaft, Forschungen aus Staat und Recht 85 (1989) 75 ff und 40 ff. Bezogen auf die Selbstverwaltung siehe HOLZER, Wirtschaftliche und berufliche Selbstverwaltung im Spannungsfeld des Legalitätsprinzips, FS Ermacora (1974) 76 ff und die dort angegebene Literatur.

[26] Grundlehren des Allgemeinen Verwaltungsrechtes (1921) 186 bis 263, mit einer reichhaltigen Übersicht über die ältere Literatur.

ANTONIOLLI[29] und WERNER[30], im Anschluß an eine Fülle von älterer Literatur. PERNTHALER[31] und RINGHOFER[32] trugen dann gewiß zur Erneuerung und Vertiefung der wissenschaftlichen Auseinandersetzung bei. KORINEK[33], WELAN – GUTKNECHT[34] und ANTONIOLLI – KOJA[35], die das Thema später wieder einmal breiter angelegt erfaßten, konnten demgemäß ein reichlich aufbereitetes Gedankengut weiterführen. Gegenüber der Fülle weitgehend vordergründiger Stellungnahmen zum Grundsätzlichen des Themas, vornehmlich in der Lehrbuchliteratur, heben sich jedenfalls heute noch die Darstellungen von HERRNRITT, MERKL, KÖRNER, ANTONIOLLI, RINGHOFER, PERNTHALER, KORINEK und WELAN – GUTKNECHT durch ihren Tiefgang und durch ihre betont methodologischen Orientierungen aus der reichlichen Literatur hervor. Diesen Lehren können weitgehend übereinstimmende essentielle Merkmale der Selbstverwaltung abgelesen werden. Dazu gehören in erster Linie die Rechtspersönlichkeit, die Autonomie, die in ihrem Kern auch das Satzungsrecht umfaßt, sowie die Staatsaufsicht mit der ihr korrespondierenden Weisungsfreiheit. Diese Merkmale stehen im Mittelpunkt der folgenden Ausführungen.

II. Die Rechtspersönlichkeit

Die Rechtspersönlichkeit der personalen Selbstverwaltungskörper umschließt den Begriff der juristischen Person im allgemeinen. Er umfaßt die öffentlich-rechtliche und die damit korrespondierende privatrechtliche Rechts- und Handlungsfähigkeit gleichermaßen. Als prägendes Kennzeichen wird für diese Selbstverwaltungskörper das korporative oder personale Element hervorgehoben. Das findet in der öffentlich-rechtlichen Zugehörigkeit, zumeist Pflichtmitgliedschaft der Verbands- oder Körperschafts-

---

27 Allgemeines Verwaltungsrecht (1927) 342 ff.

28 Beiträge zur Theorie der Selbstverwaltung, ÖZÖR IX (1930) 66 ff.

29 Allgemeines Verwaltungsrecht (1954) 155 ff, 174 ff.

30 Selbstverwaltung und Bundesverfassung, ÖJZ (1950) 437 ff, der sich in seinen Ausführungen einbekanntermaßen nicht unwesentlich an die unveröffentlichte Habilitationsschrift ANTONIOLLIS über die Selbstverwaltung hielt.

31 Gutachten, Verhandlungen des 3. ÖJT, I/3 (1967).

32 Referat, Verhandlungen des 3. ÖJT, II/3 (1967).

33 Wirtschaftliche Selbstverwaltung (1970); Selbstverwaltung in der Sozialversicherung, ZAS 7 (1972) 163 ff; Staatsrechtliche Grundlagen der Kammer-Selbstverwaltung, DRdA (1991) 105 ff.

34 Selbstverwaltung, Festgabe für W. Antoniolli (1979) 389 ff.

35 Allgemeines Verwaltungsrecht^2 (1986) 348 ff.

angehörigen (nach RINGHOFER: Angehörigen des Kollektivs) seinen sinnfälligen Ausdruck. Vorausgesetzt sind dabei ferner der Zwangsbestand der Rechtspersönlichkeit, dh die Errichtung durch Gesetz und die damit verbundene Bestandsgarantie der Institution sowie die in der Literatur vernachlässigte „Handlungs- oder Betätigungspflicht", als Voraussetzung einer vom Gesetz abgeleiteten Eigenständigkeit oder Unabhängigkeit. Derart institutionell charakterisierte juristische Personen sind als personale Selbstverwaltungskörper zugleich in den öffentlichen Aufgabenbereich materiell eingebundene organisatorische Ausgliederungen aus dem Staat, der als Gebietskörperschaft verstanden wird. Sie sind als juristische Personen öffentlichen Rechts vom Staat zweckgebunden errichtet. Sie sind dem Staat organisatorisch und funktionell gleichartig und sind in diesem Sinn *dezentralisierte staatliche Einheiten* (HERRNRITT)[36] mit Eigenpersönlichkeit (MERKL). Ihre Aufgabenstellung ist zum Unterschied vom Staat als Gebietskörperschaft nicht universell[37]. Sie erfüllen partikuläre hoheitliche Staatsaufgaben. Diese Aufgaben stehen unter spezifischen Zielsetzungen und sind an Eigeninteressen gebundene öffentliche Verwaltungsaufgaben, zu besorgen kraft „eigenen Rechts" (BERNATZIK, HERRNRITT, MERKL)[38] auf Grund und im Rahmen staatlicher Gesetze. In diesem Sinn haben die Selbstverwaltungskörper ihre eigenen Aufgaben und nehmen diese als selbständigen Wirkungsbereich wahr. Obwohl ihnen diese Aufgaben durch staatliche Gesetze vorgegeben sind, begreift gerade ihre Besonderheit auch

---

[36] Grundlehren des Allgemeinen Verwaltungsrechtes (1921) 189, 190 ff, insbes FN 8 und 11, ausgehend vom Kapitel über den Staat als Träger der Verwaltung 173 ff, insbes 179 f, FN 12. HERRNRITT weist zu dieser Charakteristik auf die Herkunft des Begriffspaares „Zentralisation und Dezentralisation" aus der französischen Literatur hin. Er wäre aber auch bei JELLINEK, Allgemeine Staatslehre[3] (1960/1913) 25 ff, insbes aber 637 fündig geworden. Die spätere Lehre, angefangen von KELSEN und MERKL, hat dieses Begriffspaar zu Recht aufgegriffen, wenn auch durch Formalisierung in seiner Aussagekraft für die Selbstverwaltung vermindert.

[37] Zur Zwischenposition der Gemeinden als Selbstverwaltungskörper zwischen den staatlichen Gebietskörperschaften und den Personalkörperschaften, gemessen an der Aufgabenstellung, siehe KORINEK, Wirtschaftliche Selbstverwaltung (1970) 20 ff; Selbstverwaltung in Gemeinden und Kammern – Ein Abgrenzungsversuch, ZAS (1967) 65 ff. KORINEK übersieht allerdings, daß das im Art V des Reichsgemeindegesetzes zum Ausdruck gebrachte Subsidiaritätsprinzip auch für das Verständnis aller anderen Selbstverwaltungskörper richtungweisend geworden ist. Bezogen auf die Art der Aufgabenstellung stehen die Gemeinden gewiß dem Staat näher, in ihren formalen Wesensmerkmalen sind sie hingegen allen anderen Selbstverwaltungskörpern vergleichbar.

[38] BERNATZIK, Kritische Studien über den Begriff der juristischen Person, AÖR 5 (1890) 303 ff; MERKL, Allgemeines Verwaltungsrecht (1927) 358; HERRNRITT, Grundlehren des Verwaltungsrechtes (1921) 187; WINKLER, Die Rechtspersönlichkeit der Universitäten (1988) 292 ff.

die Allgemeinheit ihres staatlichen Wesens in sich[39]. In diesem Sinn sind sie derivativ, dh von der staatlichen Ordnung abgeleitet. Von der älteren Lehre wurden sie deshalb mitunter auch als „Anstalten" bezeichnet und den originär entstanden gedeuteten „Körperschaften" entgegengesetzt (BERNATZIK, HERRNRITT)[40]. Sie sind Träger von eigenen Rechten und Pflichten. Sie haben ein Recht auf Eigenpersönlichkeit nach innen und nach außen. Sie sind durch ihre Organe materiell-rechtlich und verfahrensrechtlich eigenständig handlungs- und haftungsfähig. Sie sind innerhalb ihres eigenen Wirkungsbereiches für sich selbst berechtigungs- und verpflichtungsfähig[41]. Sie können daher auch klagen und geklagt werden. Gegen den Staat haben sie sogar ein institutionell fundiertes subjektives öffentliches Recht auf Existenz und auf Wahrung ihrer verfassungsrechtlich vorgezeichneten und einfachgesetzlich ausgeführten Organisation und Aufgaben als dezentralisierte Institutionen im staatlichen Organisationsgefüge[42]. In diesem komplexen Sinn haben sie für den selbständigen Wirkungsbereich öffentlich-rechtliche und privatrechtliche Eigenpersönlichkeit. Sie nehmen aber im übertragenen Wirkungsbereich des Staates die funktionelle Stellung von Organen ein[43]. Man versteht also unter einer Körperschaft der Selbstverwaltung in erster Linie eine rechtlich selbständige Institution, die Träger von staatlichen Funktionen ist. Der Begriff „Institution" und der daran anschließende methodologische Begriff der „institutionellen Denkweise" sind in der Staatsrechtslehre längst selbstverständlich[44]. Diese

---

[39] FRÖHLER – OBERNDORFER, Körperschaften des öffentlichen Rechts und Interessenvertretung (1974) 8 ff, 73 ff.

[40] BERNATZIK, Kritische Studien, AÖR 5 (1890) 303 ff, unter Bezugnahme auf die Universitäten und ihre Einbeziehung unter die Selbstverwaltungskörper, insbes 306 f; HERRNRITT, Grundlehren des Verwaltungsrechts (1921) 195, 229 f.

[41] Da die derzeitigen Selbstverwaltungskörper vom Staat eingerichtet sind und dem Staat ein Aufsichtsrecht zukommt, kann eine subsidiäre Haftung des Staates für Verpflichtungen der Selbstverwaltungskörper aus dem selbständigen Wirkungsbereich nicht ausgeschlossen werden.

[42] MERKL, Allgemeines Verwaltungsrecht (1927) 358; BERNATZIK, Kritische Studien, AÖR 5 (1890) 303 ff. Für die Gemeinden siehe ANTONIOLLI – KOJA, Allgemeines Verwaltungsrecht^2 (1986) 359 f, mit Hinweisen auf die Judikatur des VfGH.

[43] So schon BERNATZIK, Kritische Studien, AÖR 5 (1890) 303 ff.

[44] Vgl dazu JELLINEK, Allgemeine Staatslehre^3 (1913, Neudruck 1960) 10 ff. Zum institutionellen Denken als Hilfsbegriff teleologischen Denkens über organisatorische Einheiten siehe WINKLER, Die Entscheidungsbefugnis des österreichischen Verwaltungsgerichtshofs im Lichte der Gewaltentrennung (1963) 279 ff, abgedruckt auch in: WINKLER, Orientierungen im öffentlichen Recht, Forschungen aus Staat und Recht 46 (1979) 105 ff. Siehe dazu aber auch die Ausführungen in dieser Studie weiter unten sowie in der in diesem Band abgedruckten Studie: Begriffe der Rechtswissenschaft. Formen des Denkens und der Anschauung, mit zahlreichen Literaturhinweisen.

Begriffe sind bewährte synthetische Denk- und Anschauungsbehelfe der Wissenschaft für das Sinnverständnis von organisatorischen Einheiten des Staates.

Woher bezieht man ein solches Wissen über die Selbstverwaltungskörper? Bloß aus einem rechtstheoretischen, literarkritischen Vorverständnis vom Wesen der juristischen Personen öffentlichen Rechts, im Anschluß an apodiktische Aussagen, vor allem in Lehrbüchern aus dem letzten Jahrhundert? Oder aus einer Konstruktion, aus einer entstehungsgeschichtlichen Rekonstruktion, im Anschluß an das andeutungshafte „beredte" Schweigen des einfachen und des Verfassungsgesetzgebers aus der Gesamtrechtsordnung? Sowohl der Verfassungsgesetzgeber als auch der einfache Gesetzgeber haben es der Rechtsdogmatik nicht leicht gemacht. Der Verfassungsgesetzgeber handelt in den Bereichen der Amtshaftung und der Rechnungshofkontrolle nur ganz allgemein von „Rechtsträgern" und meint damit zweifellos die nichtterritorialen Selbstverwaltungskörper[45]. Der einfache Gesetzgeber bezeichnet erst seit einiger Zeit zahlreiche Selbstverwaltungskörper konsequent als „Körperschaften öffentlichen Rechts", vor allem nach 1945. Die mächtigen Organisationshierarchien der Handelskammern und der Arbeiterkammern verschafften sich im Parlament sogar ausdrückliche verfassungsrechtliche Bestätigungen und Garantien dieser Eigenschaft[46]. Den Universitäten teilte der Gesetzgeber durch das Hochschulorganisationsgesetz 1955 (HOG) hingegen geradezu willkürlich eine differenzierte und anscheinend ausschließlich auf bestimmte Privatrechtsfähigkeiten eingeschränkte Rechtspersönlichkeit zu. Vor 1920/1925/1929 hatte er sich in den einzelnen Gesetzen über die Rechtspersönlichkeit von personalen Selbstverwaltungskörpern zumeist in Schweigen gehüllt, so zB bei den Handels- und Gewerbekammern, bei den Rechtsanwaltskammern, bei den Apothekerkammern, bei den Ingenieurkammern, bei den Ärztekammern und bei den Notariatskammern, aber auch bei den Universitäten[47]. Bei der Gründung der Universität Czernowitz im Jahr 1875 wurde die Korporationseigenschaft dieser Universität der Korporationseigenschaft der bisherigen Universitäten ausdrücklich gleichgestellt[48]. Als Korporationen waren die Universitäten, gleich den Handels- und Ge-

---

45 Siehe dazu KLAGIAN, Der Rechtsträger im Verfassungsrecht, Diss Wien (1991).

46 Handelskammergesetznovelle, BGBl 1954/183 und Arbeiterkammergesetz, BGBl 1954/105.

47 Siehe dazu die in der FN 59 angegebenen Rechtsquellen.

48 Kaiserliche Stiftungsurkunde der Universität Czernowitz aus dem Jahr 1875, grundgelegt und bestätigt durch das Errichtungsgesetz RGBl 1875/40.

werbekammern, sogar in den Landtagen vertreten[49]. Der Akademie der Wissenschaften war bereits im Jahr 1848, nach dem Vorbild der Universitäten, „in Beziehung auf die Staatsverwaltung die Stellung eines selbständigen Körpers" zugewiesen worden[50]. Im § 1 des kaiserlich genehmigten Gründungspatents wurde sie als „gelehrte Körperschaft" bezeichnet. In ihrer autonomen Satzung bezeichnet sich die Akademie der Wissenschaften selbst als „eine unter dem besonderen Schutz des Bundes stehende juristische Person".

Diese Aussagen klingen allein schon in ihrer bloßen Thesenhaftigkeit aufschlußreich, sie bedürfen aber noch der Erklärung und Begründung, dh der positivrechtlich angelegten institutionellen Analyse, Vergleichung und Fundierung. Doch auch als Ergebnis eines bloß literarkritischen „Diskurses", also einer vergleichenden Analyse der Lehren, bieten sie bereits ein Indiz für ihre Richtigkeit. Wie muß man aber vorgehen, um zur positivrechtlichen Begründung der Rechtspersönlichkeit als Wesensmerkmal einer Institution, mehrerer (Arten von) Institutionen oder gar der rechtsdogmatisch begrifflich-abstrakt darstellbaren Institution der personalen Selbstverwaltung in der Rechtsordnung zu gelangen? Man muß zunächst jede einzelne gesetzlich festgelegte Institution oder Art von Institutionen der Selbstverwaltung (nicht eines vordergründigen, institutionenübergreifenden und allgemeineren „Typus"), nach ihrem positivrechtlichen Regelungszusammenhang als eine aufgabengebundene organisatorisch-funktionelle Einheit verstehen und analysieren. Sodann muß man ihre rechtlichen Grundlagen auf Selbstaussagen hin untersuchen, vor allem aber aus Sinnzusammenhängen von Zielsetzungen, Kompetenzen und Aufsichtsbefugnissen in den Regelungsinhalten Indikatoren für die implizierte oder explizierte Rechtspersönlichkeit ablesen. Schließlich gilt es dann, die einzelnen Selbstverwaltungskörper nach ihrer Stellung im Rechtsganzen zu überprüfen. Dabei erkennt man das in den Regelungen einzelner Institutionen seit jeher jeweils weitgehend bloß implizierte Selbstverständnis des Gesetzgebers, dem die geltende Rechtsordnung als Einheit und Gesamtheit zuzurechnen ist, als stillschweigend vorausgesetzt. Dieser Denkvorgang, eng an die einzelnen Komplexe der jeweils zur organisatorischen Einheit einer Institution verbundenen Rechtsvorschriften angeschlossen,

---

[49] Vgl dazu etwa die Landesordnung für das Herzogenthum Österreich unter der Enns aus dem Jahr 1861, § 3 lit 6. Siehe dazu BERNATZIK, Die österreichischen Verfassungsgesetze[2] (1911) 266, insbes FN 20 im allgemeinen und 269 im besonderen.

[50] § 5 Akademie-Patent vom 14. Mai 1847, AH Genehmigung, kundgemacht in der Wiener Zeitung vom 17. Mai 1847, idF BGBl 1921/569 und 1947/115.

ist institutionell, dh gebunden an den gesetzlich intendierten Regelungszusammenhang der jeweiligen organisatorischen Einheit zu verstehen, zunächst analytisch und sodann synthetisch. Der Gesetzgeber wollte nämlich nicht bloß Vorschriften in der Form von rechtlichen Sätzen erlassen, sondern zweifellos durch sie auch die organisatorische Einheit einer Institution einrichten. Man fragt daher zuallererst nach den spezifischen positivrechtlichen Regelungseinheiten, die eine Institution tragen. Sodann hebt man aus ihnen die in sie eingeschlossenen, prägenden Charakteristiken oder Wesensmerkmale heraus und faßt sie zur Einheit zusammen. Daran schließt der Vergleich der verschiedenen Institutionen mit ihren differenzierten Regelungen in ihren charakteristischen Merkmalen an. Dieser positivrechtliche Vergleich ergibt mehr Konkordanz als Diskrepanz, mehr wesensgemäße formale Identität als unwesentliche Disparität in der Reichweite der Merkmale einzelner Institutionen (Arten von Institutionen). Gegenüberstellung und Vergleich ermöglichen also über die Übereinstimmung kennzeichnender positivrechtlicher Regelungseinheiten die weitere Synthese zu einem allgemeinen, abstrakt überhöhten und gegenstandsgebundenen rechtsdogmatischen Begriff der Selbstverwaltung, wie ihn die Wissenschaft in ihren allgemeinen Lehren immer wieder formuliert hat. Doch die in diesem Begriff eingeschlossenen rechtlichen Einrichtungen sind nur einfachgesetzlicher verwaltungsrechtlicher Natur. Der so gewonnene Begriff kann nicht endgültig sein. Er muß auch der verfassungsrechtlichen Probe standhalten.

Damit öffnet sich ein anderer Weg juristischer Denkweise, der einem Zirkelschluß ähnlich ist. Zunächst bedarf es nämlich einer historischen Bestandsaufnahme der einfachgesetzlichen Regelungen der einzelnen Institutionen (Arten von Institutionen) der Selbstverwaltung vor dem Inkrafttreten der Kompetenztatbestände des B-VG, auf der unterverfassungsgesetzlichen Rechtsebene vor und bis 1920/1925/1929[51]. Dabei muß man je nach dem Kompetenztatbestand institutionell gesondert ansetzen. Man muß da-

---

[51] Zur sogenannten Versteinerungstheorie siehe im allgemeinen SCHÄFFER, Verfassungsinterpretation in Österreich (1971) 92 ff; ADAMOVICH – FUNK, Österreichisches Verfassungsrecht[3] (1985) 40 ff; WALTER – MAYER, Grundriß des österreichischen Bundesverfassungsrechts[6] (1988) 110 ff und 53 ff; PERNTHALER, Kompetenzverteilung in der Krise, Schriftenreihe des Instituts für Föderalismusforschung, Bd 46 (1989), insbes 69 ff.

Zur Versteinerung der universitären Selbstverwaltung vgl WINKLER, Die Rechtspersönlichkeit der Universitäten (1988) 203 ff, 219 ff; zur Versteinerung der wirtschaftlichen Selbstverwaltung siehe KORINEK, Wirtschaftliche Selbstverwaltung (1970) 34 ff, 40 ff.

Zur Versteinerung der Selbstverwaltung im allgemeinen und mit Hinweisen auf die einschlägige Judikatur des VfGH siehe HOLZER, Wirtschaftliche und berufliche Selbstverwaltung im Spannungsfeld des Legalitätsprinzips, FS Ermacora (1974) 92 ff.

bei jede Art von verfassungsgesetzlich erfaßten Institutionen nach Wesensmerkmalen analysieren und diese jeweils als Einheiten verstehen. Darauf folgt die Gegenüberstellung und die Vergleichung. So findet man zu den einzelnen institutionellen Synthesen und über diese hinaus zu einer allgemeinen, das positive Recht überhöhenden verfassungsrechtsdogmatischen Allgemeinvorstellung. Sie beinhaltet im Umfang der Übereinstimmung der Institutionen allgemeine Wesensmerkmale der Selbstverwaltung, unter anderem auch das Merkmal der Rechtspersönlichkeit.

Die analytisch und synthetisch gewonnenen Wesensmerkmale oder Essentialia der einzelnen Arten von verfassungsgesetzlich erfaßten (vorausgesetzten) Institutionen sind als implizierte positivrechtliche Begriffselemente der entsprechenden Kompetenztatbestände des B-VG für die verschiedenen Institutionen der Selbstverwaltung sodann auch Richtmaß oder Regulativ und daher auch Maßstab für die auf das Wirksamwerden der betreffenden Kompetenztatbestände jeweils folgenden Rechtsänderungen in den einzelnen Arten von Institutionen auf einfachgesetzlicher Ebene und darunter.

In den Gesetzen vor 1920, 1925 bzw vor 1929 ist die Rechtspersönlichkeit von personalkörperschaftlichen Selbstverwaltungskörpern kaum erwähnt. Die Akademie der Wissenschaften wird als „eine unter Unseren besonderen Schutz gestellte gelehrte Körperschaft" bezeichnet (§ 1 des Patents). Im § 5 des Patents wird der Akademie „in Beziehung auf die Staatsverwaltung die Stellung eines selbständigen Körpers zugewiesen". Die Organisationsgesetze für die Universitäten aus 1849 und 1873 sind an sich fragmentarisch. Sie dienen der Reorganisation der Universitäten und ihrer Befreiung von der Kuratel durch Staatskommissäre und geben die in den Stiftungsakten begründete und niemals beseitigte Rechtspersönlichkeit nur indirekt zu erkennen. Neben den Organisationsvorschriften lassen aber auch die Studien-, Prüfungs-, Gebühren- und Verwaltungsvorschriften sogar heute noch nachweislich die körperschaftliche Eigenschaft der Universitäten erkennen. Der Universität Czernowitz wird im gesetzlich fundierten Stiftungsakt aus dem Jahr 1875, unter Bezugnahme auf die bereits bestehenden Universitäten und unter Erstreckung ihres einheitlichen Organisationsrechts auf die neu gegründete Universität, ausdrücklich die Korporationseigenschaft zugewiesen. Die Gesetze, durch welche die Handelskammern, die Rechtsanwaltskammern, die Notariatskammern, die Ärztekammer und die Apothekenkammern geschaffen wurden, waren ursprünglich gleichfalls nicht explizit, setzten aber unzweifelhaft die Rechtspersönlichkeit von Korporationen voraus. Im § 2 des Handels- und Gewerbekammergesetzes aus dem Jahr 1868[52] war von einem „beratenden Körper" die Rede und § 64 des Apothekengesetzes aus dem Jahr 1907[53] handelte im Zusammenhang mit der Standesvertretung der Apotheker nicht nur von der „Ärztekammer" sondern sogar von „anderen Korporationen". Die Universitäten und die Handels- und Gewerbekammern waren als Korporationen sogar in den Kurien der Landtage vertreten.

In diesen Regelungen kann man gewiß den Ausdruck einer selbstverständlichen allgemeinen Einschätzung der Kammern und Universitäten durch den damaligen Gesetzgeber erblicken. Die Analyse der rechtlichen Zusammenhänge der Korporationen ergibt in dieser Frage überdies nur ausnahmsweise unterschiedliche Texte, bestätigt aber gerade in ihnen gleiche positivrechtliche Wesensmerkmale. Die vor 1920/1925/1929 bereits bestehenden personalen Selbstverwaltungskörper hatten, weil sie „Korporationen" waren, allein schon zur Besorgung ihrer finanziellen und wirtschaftlichen Angelegenheiten samt und sonders unzweifelhaft Rechtspersönlichkeit, ohne daß ihnen eine solche ausdrücklich zugewiesen worden war. Institutionengebundene Analysen, Gegenüberstellungen und Vergleichungen der charakteristischen Merkmale in den verschiedenen Regelungseinheiten der Selbstverwaltungskörper führen daher für die Zeit vor dem Inkrafttreten und vor dem Wirksamwerden des B-VG in einer rechtsdogmatischen Synthese zur Allgemeinheit der Rechtspersönlichkeit als einem positivrechtlich fundierten, allgemeinen und gleichen Wesensmerkmal jeder der heute noch bestehenden Arten von personalen Selbstverwaltungskörpern.

Zu diesen Regelungen gehören aber im Sinn der Anordnung des § 9 AVG: „Insoweit die persönliche Rechts- und Handlungsfähigkeit von Beteiligten in Frage kommt, ist sie von der Behörde, soweit in den Verwaltungsvorschriften nicht anderes bestimmt ist, nach den Vorschriften des bürgerlichen Rechtes zu beurteilen", noch die bestätigenden und ergänzenden allgemeinen Regelungen des ABGB[54]: ausgehend vom § 26 über die juristische Person, zum § 13 betreffend die Überleitung von Privilegien, zum § 17 über den kontinuierlichen Fortbestand von Rechten, schließlich zum § 18 betreffend die Rechtserwerbsfähigkeit, bis zum § 19 über das Beschwerderecht. „Jeder" und „jedermann" bedeutet in diesen Vorschriften auf Grund des § 26 ABGB sinngemäß auch „jede juristische Person", also

---

52 RGBl 1868/85.

53 RGBl 1907/5.

54 Vgl zu einer solchen Problematik das ältere Erkenntnis des VwGH Budw 1917/1883. Siehe dazu aber auch VwSlg 7409 A/1968.

nicht nur jede „physische Person“ und nicht nur jede private juristische Person, sondern auch jede öffentlich-rechtliche juristische Person. Diese Vorschriften des ABGB finden heute nicht nur ihre Abstützung in den Regelungen des AVG, sondern sie waren auch früher schon in der Jurisdiktionsnorm und in der Zivilprozeßordnung entsprechend vorausgesetzt.

Man mag nun nach der Art von heutigen isolierenden, ahistorischen und auf den Gesetzestext reduzierten juristischen Denkgepflogenheiten fragen, was das ABGB in den konkreten Gesetzesbereichen des öffentlichen Rechts zu suchen hat? Sehr viel! Ab 1811 fungierte es, vor allem mit seinen ersten Paragraphen, als eine allgemeine Grundlegung für die ganze Rechtsordnung, gleich einem verfassungsrechtlichen Grundrechtskatalog[55], und umschloß mit diesen Regelungen zweifelsfrei nicht nur die juristischen Personen privaten Rechts, sondern auch die juristischen Personen öffentlichen Rechts mit beiden Seiten ihrer Rechtspersönlichkeit[56]. Analyse, Gegenüberstellung, Vergleich und Synthese ergeben daher im einzelnen und im allgemeinen für die gemäß der Verfassung den „Versteinerungs“zusammenhängen der Kompetenztatbestände zugrundeliegenden und in den Wesensmerkmalen miteinander übereinstimmenden Gesamtbegriffen der verschiedenen Institutionen der Selbstverwaltung einen durch die Gesamtrechtsordnung allgemein vorgeformten und gängigen Begriff der Rechtspersönlichkeit als positivrechtliches Wesensmerkmal und implizierten Teilbegriff aller einzelnen Selbstverwaltungsarten, wie sie durch die Verfassung als selbstverständlich vorausgesetzt und dadurch verbindlich gemacht worden sind. Die vor dem Inkrafttreten des B-VG bestehenden „Korporationen“ waren zweifelsfrei juristische Personen. Demgemäß waren sie immer schon und sind auch derzeit noch allgemein rechts- und handlungsfähig. Das ABGB bestimmt schon seit dem Jahr 1811 in seinem § 26: „... im übrigen genießen die juristischen Personen dieselben Rechte und Pflichten mit den physischen Personen“, dh analog und soweit ihnen Aufgaben zur selbständigen Besorgung zugewiesen sind. Insoweit hatten sie auch garantierten freien Zugang zu den Behörden und Gerichten. Die Verfahrensordnungen zogen nur die Konsequenzen aus der materiellrechtlich fundierten Rechtspersönlichkeit.

Die derzeit geltenden Regelungen der verschiedenen Arten von Institutionen der personalen körperschaftlichen (körperschaftlich-anstaltlichen)

---

[55] Siehe dazu den Hinweis von ERMACORA, Handbuch der Grundfreiheiten und der Menschenrechte (1963) 39.

[56] WINKLER, Die Rechtspersönlichkeit der Universitäten (1988) vor allem 160 ff, aber auch 292 ff, 336 ff.

Selbstverwaltung ergeben in Analyse, Gegenüberstellung, Vergleichung und Synthese für die Rechtspersönlichkeit die gleichen charakteristischen Detailergebnisse und das gleiche Gesamtergebnis. Die körperschaftlichen (körperschaftlich-anstaltlichen) Selbstverwaltungskörper haben je und je für sich und in der Reichweite ihrer Zielvorgaben, Aufgaben und Kompetenzen öffentlich-rechtliche und privatrechtliche Rechts- und Handlungsfähigkeit (Rechtspersönlichkeit).

Der Gesetzgeber der Zeit nach 1945 machte es dem Interpreten zumeist allerdings leichter als seine Vorgänger. Er qualifizierte in den Neuregelungen die meisten personalen Selbstverwaltungskörper als „Körperschaften öffentlichen Rechts"; die Handelskammern und die Arbeiterkammern sogar im Verfassungsrang[57]. Für eine Landwirtschaftskammer erwähnte er noch die „Rechtspersönlichkeit"[58]. Das tat er in den Jahren 1955 und 1975 zwar auch für die Universitäten, dem ausdrücklichen Wortlaut nach allerdings nur eingeschränkt. Doch dieser äußere Tatbestand wäre für sich allein noch nicht hinreichend, würden nicht die Regelungsinhalte der verschiedenen zu institutionellen Regelungseinheiten verbundenen Komplexe von Rechtsvorschriften für die einzelnen Arten von personalen Selbstverwaltungskörpern die Rechtspersönlichkeit mit zweifacher Rechts- und Handlungsfähigkeit zwingend in sich schließen und voraussetzen.

Fazit ist zunächst, daß sowohl den älteren als auch den jüngeren Regelungen der einzelnen Selbstverwaltungskörper, nicht nur in ihrem jeweiligen institutionellen Zusammenhang, sondern auch in der Einheit der Rechtsordnung, unter den Wesensmerkmalen vor allem die „Korporationseigenschaft" und demgemäß auch die „Rechtspersönlichkeit" abgelesen werden kann. Damit verbunden sind zwangsläufig aber auch der öffentlich-rechtlich geregelte Zwangsbestand, die Handlungs- oder die Betätigungspflicht, die öffentlich-rechtliche (Pflicht)Mitgliedschaft, die öffentlich-rechtliche und privatrechtliche Rechtsfähigkeit, materiell-rechtliche autonome Handlungsbefugnisse sowie die Haftungsfähigkeit und die prozeßrechtliche Rechts- und Handlungsfähigkeit.

Aus diesem Standard scheinen nur die Universitäten (Kunstakademien) ausgenommen zu sein, wenn auch eingeschränkt. Nach § 2 UOG[59] kommt den Universitäten, Fakultäten, Instituten, Kliniken sowie besonde-

---

[57] Handelskammergesetz, BGBl 1946/182 idF BGBl 1954/183, § 1 Abs 2 Arbeiterkammergesetz, BGBl 1954/105 idgF, § 5 Abs 2 in Verbindung mit § 1 Abs 1 und 2.

[58] Oberösterreichisches Landwirtschaftskammergesetz, OÖ LGBl 1949/13.

[59] BGBl 1975/258 in der Fassung der BGBl 1978/443, 1981/341, 1987/654, 1988/745 und 1990/364.

ren Universitätseinrichtungen anscheinend nur „insofern Rechtspersönlichkeit zu, als sie berechtigt sind:

a) durch unentgeltliche Rechtsgeschäfte Vermögen und Rechte zu erwerben und hievon im eigenen Namen zur Erfüllung ihrer Zwecke Gebrauch zu machen;
b) Verträge über die Durchführung wissenschaftlicher Arbeiten im Auftrag Dritter gemäß § 15 Abs. 2 bis 4 des Forschungsorganisationsgesetzes abzuschließen;
c) mit Genehmigung des Bundesministers für Wissenschaft und Forschung die Mitgliedschaft zu Vereinen, anderen juristischen Personen und zwischenstaatlichen Organisationen, deren Zweck die Förderung von Universitätsaufgaben ist, zu erwerben".

§ 5 Abs 7 UOG weist darüberhinaus noch den betroffenen Organen der Universitäten im aufsichtsbehördlichen Verfahren ausdrücklich Parteistellung zu, sowie das Recht, vor dem Verwaltungsgerichtshof Beschwerde zu führen.

Diese Spezialitäten in der materiell-rechtlichen Rechtsfähigkeit und in der prozessualen Rechts- und Handlungsfähigkeit der Universitäten zeigen im Umfang ihrer verbalen Beschränkung sowohl die Besonderheit als auch eine grundsätzliche Gleichstellung mit anderen körperschaftlich angelegten personalen Selbstverwaltungskörpern. Das gilt teilweise auch für die aus dem Prokuraturgesetz gegenüber den Universitäten anscheinend zweifelsfrei erschließbare Pflichtvertretung durch die Finanzprokuratur[60].

Obwohl diese Problematik die verfassungsrechtlichen Schranken der einfachen Gesetzgebung gegenüber den Institutionen der Selbstverwaltung deutlich sichtbar macht, provozieren gerade die verbalen Einschränkungen des UOG und die entsprechende Regelung des Prokuraturgesetzes zwangsläufig auch die *Frage nach der Verfassungsmäßigkeit der Regelung des UOG über die Rechtspersönlichkeit* von einer allgemeinen Anschaulichkeit. Dabei sind an sich zwei juristische Denkwege vertretbar, und zwar

- eine systematisch angelegte, verfassungskonforme Interpretation
- eine isolierte, auf den Gesetzestext reduzierte Interpretation.

Die systematisch angelegte, verfassungskonforme Interpretation des § 2 UOG läßt die als Einschränkung formulierte „Rechtspersönlichkeit" der

---

[60] StGBl 1945/172 in der Fassung BGBl 1948/154 und 1949/20, § 1 Abs 1: „Die im Sinne des § 1 zu vertretenden und zu beratenden Rechtsträger sind: 1. Die Republik Österreich (auch hinsichtlich ihrer Anstalten, Unternehmungen, Betriebe und sonstigen Einrichtungen)". Vgl dazu den Beschluß des LG Wien vom 6. August 1980, 44 R 141, 166/80, Notariats-Zeitung 1981, 39 f.

Universitäten als eine spezielle Hervorhebung gegenüber einer allgemein vorausgesetzten, historisch gewordenen, aus dem ABGB zusätzlich begründbaren Rechtspersönlichkeit erscheinen (zu lesen als: „insbesondere“). Auch die Parteistellung und die Beschwerdemöglichkeit der Organe wären demgemäß nur als zusätzlich zu den Rechten der Körperschaft als juristische Person gewährte besondere prozessuale Rechtspositionen von Organen aufzufassen, die zur allgemeinen Prozeßrechtsfähigkeit des Selbstverwaltungskörpers als juristische Person nach dem ABGB hinzukommen[61]. Eine solche Deutung wird nicht nur durch die vorkonstitutionellen Regelungen, sondern auch durch den Umstand abgestützt, daß die Universitäten auch als beschenkte und privatrechtlich verfügungsberechtigte Vermögensträger verpflichtet sind, ihr Vermögen für ihre eigenen öffentlich-rechtlichen Zwecke oder zur Förderung ihrer weitgehend bloß schlicht-hoheitlichen Universitätsaufgaben zu verwenden. Theoretisch könnten sie auf solche Weise ganze Institute oder Betriebsabläufe autonom finanzieren. Man wird daher wohl kaum sagen können, daß die Universitäten unter einer solchen Voraussetzung und insofern keine Rechtspersönlichkeit haben oder daß sie durch eine widmungsgemäße, schlicht-hoheitliche Verwendung ihres Vermögens und im Umfang einer solchen die Rechtspersönlichkeit und die Parteistellung vor Behörden und Gerichten etwa gar verlieren könnten.

Die isolierte Gesetzestextinterpretation führt angesichts der verfassungsrechtlich „versteinerten“ Wesensmerkmale der personalen Selbstverwaltungskörper, in deren Zentrum die Rechtspersönlichkeit steht, demgegenüber zur Konsequenz der Verfassungswidrigkeit. Soll die Regelung des § 2 UOG gemäß ihrem Wortlaut nämlich schlechthin eine Einschränkung und nicht eine zusätzliche privatrechtliche Spezifizierung der Rechtspersönlichkeit bedeuten, dann würde sie den verfassungsgesetzlich gewährleisteten, historisch überkommenen Standard öffentlich-rechtlicher und privatrechtlicher Rechtspersönlichkeit der Universitäten überschreiten, zunächst jedenfalls in der Reichweite der gesetzlich zugewiesenen Aufgaben. Ein vergleichbarer Schluß gilt dann aber auch für die Parteistellung und für das Beschwerderecht vor dem Verwaltungsgerichtshof, sollte der Regelung unterstellt werden, daß sie eine Verdrängung der ursprünglich allgemeinen

---

[61] Vgl zur Zulässigkeit von Organbeschwerden universitärer Organe die ältere Judikatur des Verwaltungsgerichtshofes Budw 1917/1883, 1918/1883, 3026/1886. Für die jüngere Zeit siehe die Erkenntnisse VwSlg 9493 A/1978, 10.436 A/1981 und 9407 A/1977 sowie die Beschlüsse vom 15. 10. 1982, GZ 82/08/0130 und vom 20. 6. 1978, GZ 3152/1978 (= ZfVB 1979/5-6/1940).

Parteistellung und der Beschwerdemöglichkeit der Universitäten und der Fakultäten als juristische Personen des öffentlichen und des privaten Rechts zur Folge hat. Darin würde aber auch eine eklatante Gleichheitsverletzung sichtbar. Trotz Rechtspersönlichkeit und Rechtssubjektivität wäre den Universitäten sogar für diesen Bereich der rechtsstaatliche Rechtsschutzweg versperrt. Was bedeuten dann noch Rechtspersönlichkeit, rechtliche Eigenständigkeit und Autonomie für den Selbstverwaltungskörper?

Soll die Versteinerungsvorstellung mit ihrem Wesensgehalt für die Universitäten überhaupt einen Sinn haben, dann könnte schlüssig wohl nur in die eine oder in die andere Richtung gedacht werden. Daß mir selbst von beiden Deutungsmöglichkeiten die erste als die entsprechende erscheint, habe ich bereits andernorts dargetan[62]. Für die zweite Deutung erweist sich jedenfalls der Weg zum Verfassungsgerichtshof als unausweichlich, es sei denn, der Gesetzgeber fände sich zu der längst fälligen Klarstellung bereit.

Dazu kommt noch ein weiterer Gesichtspunkt. Seit dem Jahr 1945 besteht eine *gesetzliche Regelung über die Pflichtvertretung* der Republik, „auch hinsichtlich ihrer Anstalten, Unternehmungen, Betriebe und sonstigen Einrichtungen ...“, damit anscheinend auch der Universitäten und ihrer rechtsfähigen Untergliederungen, vor den ordentlichen Gerichten durch die Finanzprokuratur[63]. Erstreckt sich die zwingend formulierte Vorschrift dieser Regelung auch auf die Universitäten und ihre Untergliederungen gemäß § 2 UOG, dann verstärkt sie nicht nur die Staatsabhängigkeit der Universitäten, sondern sie ist auch den Organisationsprinzipien von Rechtspersönlichkeit und Autonomie anderer personaler Selbstverwaltungskörper, wie etwa der Akademie der Wissenschaften und der Österrei-

---

[62] Winkler, Die Rechtspersönlichkeit der Universitäten, Forschungen aus Staat und Recht 80 (1988) insbes 201 ff.

[63] StGBl 1945/172 idF BGBl 1948/154, 1949/20, 1989/343. § 1 Abs 2 lautet: „Die Befugnis zur Vertretung nach Abs. (1), Z. 1, vor den ordentlichen Gerichten und den [Gewerbegerichten] / Arbeitsgerichten / ist eine ausschließliche, soweit nicht gesetzlich etwas anderes bestimmt ist. Die Vertretung vor dem Verfassungsgerichtshof, vor dem Verwaltungsgerichtshof vor dem [Patentgerichtshof] / Obersten Patent- und Markensenat / und vor den Verwaltungsbehörden findet nur auf Verlangen statt“.

§ 2 Abs 1 bestimmt: „Die im Sinne des § 1 zu vertretenden und zu beratenden Rechtsträger sind: 1. die Republik Österreich (auch hinsichtlich ihrer Anstalten, Unternehmungen, Betriebe und sonstigen Einrichtungen); 2. alle Fonds, Stiftungen, Anstalten, Unternehmungen, Einrichtungen und sonstigen Vermögensmassen mit selbständiger Rechtspersönlichkeit, welche von staatlichen Organen unmittelbar verwaltet werden oder bei denen der Staat für den Gebarungsabgang aufzukommen hat ...“.

chischen Hochschülerschaft(en), diametral entgegengesetzt. Die autonome, weisungsfreie Universität und ihre Untergliederungen können sich nach einer solchen Interpretation der Regelung vor den ordentlichen Gerichten nicht selbst vertreten, weil der einerseits an die Aufträge des Bundesministers für Wissenschaft und Forschung, als Aufsichtsbehörde gegenüber den Universitäten, und andererseits an die Weisungen des Finanzministers, als ihre eigene Aufsichtsbehörde, gebundenen Finanzprokuratur ein Vertretungsmonopol zukommt. Gemäß der zunehmend engen Interpretation des Rechtscharakters der Universität könnte der Bundesminister für Wissenschaft und Forschung als Aufsichtsbehörde die Finanzprokuratur sogar ersuchen, die Universitäten und ihre Untergliederungen auch vor dem Verfassungsgerichtshof, vor dem Verwaltungsgerichtshof und vor den Verwaltungsbehörden zu vertreten. Damit würden die autonomen Universitäten vollends handlungsunfähig und rechtlich unselbständig. Diese Regelungen bergen unlösbare Interessenkonflikte in sich, in denen die Universitäten naturgemäß unterlegen sein müssen. Die staatliche Aufsichtsbehörde würde gegenüber der autonomen Institution und ihren gleichfalls autonomen Untergliederungen auf solche Weise sogar über ausschließliche prozessuale Verteidigungsrechte für autonome Rechtsbelange verfügen; sowohl für als auch gegen sich selbst, sowohl für als auch gegen die autonome Institution! Überdies gäbe es dann kaum eine wesentliche Universitätsangelegenheit, auf die der gegenüber der Finanzprokuratur gemäß Art 20 B-VG weisungsberechtigte Finanzminister nicht maßgeblichen Einfluß nehmen könnte. Tatsache ist, daß die Vertretungshandlungen der Finanzprokuratur keineswegs autonomiefreundlich sondern datistisch sind.

In diesem Zusammenhang ist § 6 des Prokuraturgesetzes aufschlußreich. Er verbietet die gleichzeitige Vertretung von zwei Parteien bei einander widerstreitenden Interessen grundsätzlich. Diese Vorschrift wendete der OGH[64] im Jahr 1980 auf das Verhältnis von Fakultät und Universitätsinstitut an. Damit machte er aber auch den institutionell angelegten Interessenkonflikt zwischen der Republik und dem Selbstverwaltungskörper indirekt deutlich sichtbar.

Die verfassungsrechtliche Bedenklichkeit der so interpretierten Regelung über die Pflichtvertretung im Hinblick auf die Autonomie, deren allgemein anerkanntes Qualitätsmerkmal die rechtliche Selbständigkeit und

---

[64] Urteil vom 2. Dezember 1980, 5 Ob 733/80, zitiert bei ERMACORA, UOG (Universitäts-Organisationsgesetz)[4] (1990) 8 FN 9.

die Weisungsfreiheit von staatlichen Organen ist, liegt auf der Hand. Daher bieten sich auch hier zwei Wege der Interpretation an:

- einerseits der Weg einer verfassungskonformen Deutung und
- andererseits der Weg einer isolierten Gesetzestextinterpretation.

Entscheidet man sich für eine *verfassungskonforme Interpretation* und legt man ihr den verfassungsgesetzlich garantierten Wesensgehalt der eigenberechtigten Rechtspersönlichkeit als Selbstverwaltungskörper zu Grunde, dann erstrecken sich die §§ 1 und 2 des Prokuraturgesetzes in ihrem persönlichem Geltungsbereich nur auf die „Republik Österreich" und auf die in ihr Organisationsgefüge in rechtlicher Unselbständigkeit eingegliederten Verwaltungseinheiten. Die Universitäten und ihre Untergliederungen wären in diesem Sinn nicht ihre, dh der Republik gehörige Anstalten, Unternehmungen, Betriebe und sonstigen Einrichtungen, sondern als körperschaftlich angelegte Anstalten neben der Republik und deren unselbständigen Institutionen je und je für sich Rechtsträger sui iuris.

Wählt man hingegen den *Weg der isolierten, auf den Gesetzestext reduzierten Interpretation* und versteht man die Universitäten und ihre Untergliederungen nur als unselbständige Anstalten und in diesem Sinn bloß als rechtlich unselbständige Einrichtungen der Republik Österreich, dann ist das Prokuraturgesetz anzuwenden. Im Hinblick auf die verfassungsrechtlich verbindlich gewordenen Wesensmerkmale der universitären Selbstverwaltung, zu denen auch die eigenberechtigte und selbständige Rechtspersönlichkeit zählt, wäre das Prokuraturgesetz dann aber insofern und in der Reichweite der Pflichtvertretung verfassungswidrig. Gleiches gilt dann wohl auch für die Verordnungen des Bundesministers für Finanzen, durch welche die Akademie der Wissenschaften und die Hochschülerschaften der Pflichtvertretung durch die Finanzprokuratur unterstellt werden[65].

III. Autonomie und Satzungsrecht

Die zweite Hauptfrage dieser Studie bezieht sich auf die Autonomie und das Satzungsrecht. Der Rechtsbegriff „Autonomie" umfaßt, soweit ihn die Lehre überhaupt noch erwähnenswert findet[66], nach dem im Lauf der

---

[65] 8. Prokuratursverordnung (für die Akademie der Wissenschaften) BGBl 1961/88; 11. Prokuratursverordnung (für die Österreichische Hochschülerschaft) BGBl 1969/330.

[66] In den Schlagwortverzeichnissen der gängigen Lehrbücher des Verfassungsrechts und des Verwaltungsrechts (ADAMOVICH – FUNK, ANTONIOLLI – KOJA, WALTER – MAYER) kommt „Autonomie" nicht mehr vor, obwohl Autonomie noch als gesetzlicher Terminus verwendet wird (zB UOG). Anstelle eines Gesamtbegriffes werden unter dem Thema Selbstverwaltung einige seiner Bestimmungsgründe hervorgehoben: der eigene oder selb-

Zeit üblich gewordenen Sprachgebrauch sowohl den Inhalt als auch die Form der Besorgung der besonderen Aufgaben der Selbstverwaltungskörper und bedeutet Selbständigkeit in ihrer Erfüllung. Vorauszuschicken ist, daß die Aufgaben der Selbstverwaltungskörper, obgleich spezifisch eigene und selbständig zu besorgende, dennoch öffentliche, dh staatliche Verwaltungsaufgaben im weiteren Sinn sind, also organisatorisch mediatisierte Staatsaufgaben. Wegen der Zuweisung an eigenständige und eigenberechtigte juristische Personen (Körperschaften, Korporationen) sind diese Staatsaufgaben organisatorisch dezentralisiert, dh von den allgemeinen Staatsaufgaben zur eigenständigen Besorgung durch besondere organisatorische Einheiten abgesondert. Charakteristisch ist für sie der eigene oder selbständige Wirkungsbereich, das heißt die rechtliche Fähigkeit zur eigenverantwortlichen Gestaltung von ursprungsgemäß eigenen Angelegenheiten als partikuläre und dezentralisierte Staatsaufgaben. Ein übertragener Wirkungsbereich ist grundsätzlich möglich, doch nicht unerläßlich. Zum eigenen oder selbständigen Wirkungsbereich gehören aber auch qualitative Komponenten: das spezifische Interesse an Zielsetzungen und Aufgaben[67], wie auch das Besondere der Gestaltungsfreiheit im Bereich der Selbstverwaltungsaufgaben, ferner der öffentlich-rechtliche Charakter der organisatorisch-funktionellen Einheit, schließlich die Hoheitsgewalt, die demokratische Willensbildung (Organkreation), die innere Ordnungsgewalt und die Finanzhoheit[68].

Die Besorgung der Aufgaben des eigenen oder selbständigen Wirkungsbereiches erfolgt prominenterweise durch die Handlungsformen der autonomen Satzung, selbstredend aber auch durch weisungsfreie individuelle Rechtshandlungen, insbesondere durch Verwaltungsakte (KÖRNER). Hier scheiden sich die Geister, allerdings nur im Ansatz zur Begriffsbildung. Die jüngere Lehre setzt die „Autonomie" mit der organisatorischen Selbständigkeit der Aufgabenbesorgung in eigenen Belangen, im

---

ständige Wirkungsbereich, die Weisungsfreiheit und die Staatsaufsicht. Das Satzungsrecht hat keinen eigenen Stellenwert mehr, es wurde im Verordnungsrecht, genauer gesagt im Durchführungsverordnungsrecht aufgelöst. Siehe dazu sehr früh schon ANTONIOLLI, Die Überprüfung von Satzungen, JBl (1949) 61 ff.

[67] Vgl dazu FRÖHLER – OBERNDORFER, Körperschaften des öffentlichen Rechts und Interessenvertretung (1974).

[68] Siehe zur „Autonomie" die gleichfalls in diesem Band abgedruckte Studie von WINKLER, Die Autonomie der Universität. Eine Problemanalyse am Beispiel Österreichs, eine geringfügig verbesserte Fassung der gleichnamigen Abhandlung in der Keio Law Review No 6 (1990), Festschrift zum 100jährigen Jubiläum der Keio Universität in Tokyo, 523 ff; ferner WINKLER, Die Rechtspersönlichkeit der Universitäten (1988) 160 ff, 313 ff und 401 ff.

Grunde also mit der Weisungsfreiheit unter einer Staatsaufsicht gleich. Dabei ist vom eigentlichen Zweck der Selbstverwaltung, dh von ihrem Existenzgrund und von der materiellen Legitimation zur Gestaltungsfreiheit ihrer eigenen Angelegenheiten kaum einmal die Rede, obwohl gerade darin Erklärungsgrund und Rechtfertigung der verschiedenen Arten von Selbstverwaltung liegen.

Demgegenüber wird jedoch in älteren Lehren der autonomen Satzung mitunter ein so hoher Stellenwert zugewiesen, daß sie mit „Autonomie" geradezu gleichgesetzt wird[69]. „Autonomie" bedeutet nach diesen Lehren zuallererst und wesentlich „Selbstgesetzgebung" (MERKL); und zwar administrative „Selbstgesetzgebung" im Rahmen der einfachen Gesetze und unter diesen. „Autonomie" bedeutet konsequenterweise dann aber auch individuellen Vollzug nach vorgegebener Gestaltungsbefugnis (KÖRNER). In der Lehre werden die Kompetenz und das Recht auf die an die Satzunggebungsbefugnis anschließende „Selbstregierung" geradezu zwangsläufig vernachlässigt. Die „Selbstregierung" in diesem Sinn liegt in der Ebene unter dem Gesetz und unter der Satzung und wird von Fall zu Fall verwirklicht. Das Satzungsrecht hingegen prägt als formale Gestaltungs- und Handlungsform für die Aufgaben des eigenen Wirkungsbereiches jedenfalls auch nach dieser Grundauffassung den Begriff der „Autonomie" als rechtliche Fähigkeit zur generell-abstrakten, selbständigen Besorgung der eigenen Angelegenheiten. Im autonomen Satzungsrecht liegt daher der zweite Schwerpunkt der nachfolgenden Überlegungen.

Das autonome Satzungsrecht ist wegen seiner Eigenart zweifellos ein weiteres Wesensmerkmal und Beurteilungskriterium der Selbstverwaltung. Auch zur Untersuchung dieser Frage erscheinen, wie bei der Prüfung der Rechtspersönlichkeit, mehrere Denkwege unerläßlich: zuerst erfolgen institutionell gebundene Analysen, daran schließen Gegenüberstellung, Ver-

---

[69] MERKL, Allgemeines Verwaltungsrecht (1927) 360 schreibt apodiktisch: „In Verbindung mit der Selbstverwaltung wird bekanntlich meist von *Autonomie* gesprochen und die Selbstverwaltungskörper werden oft auch als *autonome Körperschaften* bezeichnet. Mit diesem Sprachgebrauche wird jedoch oft nichts anderes als Selbstverwaltung, Selbstverwaltungskörper gemeint. So wollen die vielgebrauchten Ausdrücke ‚Gemeindeautonomie' oder ‚berufsständische Autonomie' wohl nichts als die Selbstverwaltung der Gemeinden oder Berufsverbände bezeichnen. In diesem unkritischen, mit Selbstverwaltung synonymen Sinn ist der Ausdruck und Begriff der Autonomie wertlos und abzulehnen. Es verbindet sich jedoch mit dem Ausdrucke der Autonomie auch ein besonderer, von der Selbstverwaltung verschiedener Sinn. In diesem sprachrichtigen und zugleich heuristisch wertvollen Sinne bezeichnet die Autonomie die *Selbstgesetzgebung*, das ist eine Kompetenz der Selbstverwaltungskörper, die sich als materielle, mitunter sogar als formelle Gesetzgebung darstellt." Siehe dazu auch ANTONIOLLI, Die Überprüfung von Satzungen, JBl (1949) 61 ff; Begriff und Grundlagen der Selbstverwaltung in Österreich, ÖZÖR X (1960) 334 ff.

gleich und Synthese der gesetzlichen Regelungen der einzelnen Arten von Institutionen der körperschaftlichen Selbstverwaltung an, sodann folgt die rechtsdogmatische Gewinnung eines allgemeinen positivrechtlichen Merkmals der Satzunggebungskompetenz von Selbstverwaltungskörpern aus ihnen. Sie ergibt die begrifflich-synthetische Überhöhung der Satzunggebungskompetenz durch die Verwaltungsrechtsdogmatik als eine charakteristische Befugnis der verschiedenen Arten von körperschaftlichen Selbstverwaltungskörpern zu einem allgemeinen Essentiale oder Wesensmerkmal der Selbstverwaltung in einfachgesetzlichen Regelungen, und zwar sowohl für die Rechtslage vor als auch nach dem Inkrafttreten des B-VG, vor allem mit seinen durch die Grundrechte limitierten Kompetenztatbeständen. Auch als Satzunggebungsbefugnis gesehen ist die „Autonomie" ein verfassungsrechtlich allgemein anerkanntes Merkmal und demgemäß auch ein zentrales Beurteilungskriterium aller Arten von Institutionen der körperschaftlichen Selbstverwaltung, wie sie derzeit in den verfassungsgesetzlich fundierten Regelungseinheiten der verschiedenen dezentralisierten Institutionen im Organisationsgefüge des Staates bestehen.

Für diese Ausführungen will ich mir im Folgenden eine in die Einzelheiten führende Dokumentation der mehrfachen Analyse und Synthese für die verschiedenen Arten von Selbstverwaltungskörpern sparen; sie kann als durchgeführt vorausgesetzt werden. Das Material steht in einer Fülle von Gesetzen reichlich zur Verfügung[70]. Die einschlägigen Gesetze aus der Zeit vor und nach dem Inkrafttreten der Kompetenztatbestände schließen gleichartige autonome Satzungsrechte in sich. Hier genügt die Feststellung, daß allen vor dem Inkrafttreten der Kompetenztatbestände bestehenden und allen durch sie vorausgesetzten Selbstverwaltungskörpern ein gesetzlich je und je differenziertes autonomes Satzungsrecht zukam und zwar als Gestaltungsrahmen und -grundlage für die eigenen Angelegenheiten, teils auf Grund und teils im Rahmen der Gesetze, und daß dieses differenzierte Satzungsrecht zum verfassungsrechtlichen Wesensgehaltsbestandteil aller durch die Verfassung vorausgesetzten und auf solche Weise anerkannten

---

[70] Siehe dazu die Quellenangaben in der FN 23 sowie die Übersicht bei PERNTHALER, Gutachten, Verhandlungen des 3. ÖJT, Anhang II (1967) 143 ff. Vgl zu den qualitativ verschiedenen gesetzlichen Satzungsermächtigungen mit voneinander abweichenden Bewertungen die materialgebundenen Veranschaulichungen durch KORINEK, Wirtschaftliche Selbstverwaltung (1970) und Selbstverwaltung in der Sozialversicherung, ZAS 7 (1972) 163 ff und durch WINKLER, Die Rechtspersönlichkeit der Universitäten (1988), Forschungen aus Staat und Recht 80. Aufschlußreich ist die Judikatur des VfGH vor allem zu den gesetzlichen Ermächtigungen für die Schaffung von Versorgungseinrichtungen der gesetzlichen beruflichen Vertretungen.

Arten von Selbstverwaltungskörpern geworden ist. Ferner daß das Satzungsrecht eine allgemeine und differenzierte Befugnis aller Arten von Selbstverwaltungskörpern, also ein allgemeines Rechtsphänomen war und deshalb auch zum Essentiale eines rechtsdogmatischen allgemeinen verfassungsrechtlichen Begriffs der Selbstverwaltung gemacht werden muß. Wegen seiner induktiven Gewinnung kommt ihm in der deduktiven verfassungsrechtlichen Argumentation sogar die Funktion eines Maßstabs für die Beurteilung der dem Inkrafttreten der Kompetenztatbestände nachfolgenden einfachen Gesetzgebung zu.

Dabei drängt sich unabweislich die grundsätzliche Frage nach dem Stellenwert, vor allem der personalen Selbstverwaltung, im Organisationsgefüge der Verfassung auf. Ist sie den verfassungsrechtlichen Organisationsprinzipien für die allgemeine staatliche Verwaltung nicht nur unterworfen, sondern auch in den Organisationsplan der allgemeinen staatlichen Verwaltung gleichmacherisch eingeordnet? MaW gelten die Art 20 und 18 unterschiedslos auch für die Selbstverwaltung? Für das Weisungsrecht nach Art 20 wird diese Frage allgemein verneint, für das Legalitätsprinzip nach Art 18 Abs 1 und Art 18 Abs 2 wird sie jedoch als selbstverständlich bejaht. Das Weisungsrecht ist danach keine Verbindung oder Brücke von der allgemeinen Staatsverwaltung zur Selbstverwaltung, es besteht für beide Verwaltungsbereiche je und je für sich[71]. Die Rechtsquellenform der Verordnung hingegen, die nach Art 18 Abs 2 schlechthin als Durchführungsverordnung qualifiziert wird, wird auch der autonomen Satzung als ein schematisches Maß der Legalität vorgegeben. Das ist nicht nur inkonsequent, sondern nach einem historischen und systematisch angelegten Verfassungsverständnis im Sinn der Versteinerungstheorie auch schlechthin unhaltbar. Zur Begründung dieser Behauptung bieten sich zwei Wege an: einerseits der Weg von Bestandsaufnahmen im einzelnen und andererseits die historisch gebundene, systematische bzw verfassungsdogmatische Interpretation.

Die Bestandsaufnahmen nach der einfachgesetzlichen Rechtslage vor und nach dem Inkrafttreten der Kompetenztatbestände des B-VG erbringen im Grunde das gleiche Ergebnis. Die gesetzlichen Regelungen aller

---

[71] Zu diesen Fragestellungen vgl KORINEK, Wirtschaftliche Selbstverwaltung (1970) 39 ff, 225, die sich auf WERNERS und RINGHOFERS systematisch orientierte Ausführungen gründen (39 f). Eingehend und schlüssig dazu auch ANTONIOLLI – KOJA, Allgemeines Verwaltungsrecht[2] (1986) 357 ff. Siehe dazu aber auch die zurückhaltend offene Argumentation bei ANTONIOLLI, Begriff und Grundlagen der Selbstverwaltung in Österreich, ÖZÖR X (1960) 334 ff, insbes 340 ff.

Arten von körperschaftlichen Selbstverwaltungskörpern geben für autonome Satzungen teils eher begrenzte und unterschiedlich determinierte Grundlagen, teils aber nur einen Rahmen ab. Den körperschaftlichen Selbstverwaltungskörperschaften war und ist zumeist die Erlassung einer Geschäftsordnung ausdrücklich zugewiesen. Ausdrücklich festgelegt waren und sind für deren Erzeugung weitgehend nur die Organkompetenz und darin eingeschlossen auch der Weg ihres Entstehens und ihrer Erlassung. Der Regelung durch Satzung waren aber zumeist auch die Finanz- und Wirtschaftsangelegenheiten, insbesondere die hoheitlichen Einnahmen und die Vermögensverwaltung überlassen[72]. Das allgemeine Satzungsrecht war in die verschiedenen Aufgaben des selbständigen Wirkungskreises innerhalb der gesetzlichen Grenzen materiell-rechtlich unausgesprochen eingeschlossen; nach den einfachgesetzlichen Regelungen, und zwar nach jenen aus der Zeit vor dem B-VG selbstredend ungleich mehr, als nach solchen aus jüngerer Zeit, die unter der Autorität von verengenden Thesen in der VfGH-Judikatur und von formalisierender, auf den Gesetzestext reduzierender Literatur zum Legalitätsprinzip und zur Verordnungsermächtigung etwas detaillierter ergangen sind. Dabei sei nun nicht der Unbestimmtheit von Gesetzen als formales Prinzip für die Selbstverwaltung das Wort geredet, sondern vielmehr das Grundsätzliche und Eigenartige an den autonomen Satzungen nach ihren historisch gewordenen, differenzierten gesetzlichen Grundlagen und gemäß den ihnen entsprechenden Erscheinungsformen hervorgehoben. Bei den folgenden Überlegungen will ich sowohl die durch die verschiedenen Gesetzesvorbehalte grundrechtlich gebotene gesetzliche Determinierung bestimmter Regelungsinhalte von autonomen Satzungen als auch den Grundrechtsschutz von personalkörperschaftlichen Selbstverwaltungskörpern als juristische Personen und gegenüber diesen hier eher außer acht lassen, obzwar gleichzeitig betont außer Streit stellen[73].

Autonome Satzungen stehen im Rang gewiß den Gesetzen nach. Es wäre aber unpräzis und irreführend, sie schlechthin als untergesetzlich zu qualifizieren[74]. Nach der Regelungstechnik der Gesetze, welche die einzel-

---

[72] KORINEK, Selbstverwaltung in der Sozialversicherung (1972) 214, sieht den autonomen Gestaltungsraum vornehmlich im Bereich der Privatwirtschaftsverwaltung gelegen: „... sofern sie privatrechtlich tätig sind".

[73] Siehe dazu wegweisende Überlegungen bei PERNTHALER, Gutachten (1967) 99 ff und KORINEK, Wirtschaftliche Selbstverwaltung (1970) 251, 218, 216 f.

[74] RINGHOFER sieht in der Selbstverwaltung eine „Rechtskonkretisierung durch Teilrechtsordnungen, denen eine förmliche Gesetzgebungskompetenz nicht zukommt", Referat (1967) 42.

nen Arten von Selbstverwaltungskörpern einrichten und regeln, sind die gesetzlichen Grundlagen mit ihren Determinierungen seit jeher nach Sachzusammenhängen unterschiedlich differenziert, teils aber auch so inhaltsarm, daß der autonomen Satzung mitunter ein Entfaltungsraum zukommt, der bis zum Grenzbereich der gesetzesvertretenden als gesetzesergänzende Regelung und von dieser bis zur bloßen Durchführung reicht. Daran schließt die wichtige verfassungsrechtliche Frage an, wieweit der Staat bei der gesetzlichen Determinierung der Satzunggebungsbefugnis und -ermächtigung für den eigenen Wirkungsbereich als autonomen Gestaltungsrahmen überhaupt gehen darf. Dabei ist angesichts der Rechtslage vor dem Inkrafttreten der Kompetenztatbestände schlüssig begründbar, daß eine durchgehende enge Determinierung der Satzunggebungsbefugnis und -ermächtigung durch das einfache Gesetz, ohne jeden selbständigen Gestaltungsraum, schlechthin als verfassungswidrig zu werten wäre. Dieser Umstand findet sogar in der sich selbst gegenläufigen, völlig unterschiedlichen Judikatur des Verfassungsgerichtshofs und in den Ungereimtheiten manch einer Lehre seine augenfällige Bestätigung[75]. Trotz ausdrücklicher Gleichsetzung der autonomen Satzung mit der Durchführungsverordnung nach Art 18 Abs 2 B-VG und trotz grundsätzlichen Verlangens nach enger Determinierung[76] nimmt der Verfassungsgerichtshof oft minimalste gesetzliche Determinierungen in Kauf[77]. Warum wohl? Weil er andernfalls die Institution der Selbstverwaltung nicht nur ad absurdum führen, sondern sogar zugrunde richten würde! Zwar unterstellt er das autonome Satzungsrecht, vor allem in Grundrechtszusammenhängen von Abgaben und Strafen, nicht von ungefähr immer wieder dem Rechtsquellentypus der Durchführungsverordnung nach Art 18 Abs 2 B-VG. Doch es scheint symptomatisch für sein Dilemma, daß er die autonome Satzung häufig den neutralen Begriffen „Rechtsverordnung“ und „generelle Rechtsnorm“ zuordnet, daß er von „imperativen Normen“ handelt und immer wieder die „unbestimmten Gesetzesbegriffe“ und das „Ermessen“ als Hilfsvorstellungen für den

---

[75] Vgl dazu PERNTHALER, Gutachten (1967) 85 ff; KORINEK, Selbstverwaltung in der Sozialversicherung, ZAS (1972) 213 ff.

[76] VfSlg 1871/1949, 2500/1953, 3993/1961, 4035/1961, 4886/1964, 5438/1966, 5872/1968, 7903/1976 uam. Weitere Nachweise bei ANTONIOLLI – KOJA, Allgemeines Verwaltungsrecht^2 (1986) 163, FN 116, 117 und 118.

[77] ADAMOVICH – FUNK, Allgemeines Verwaltungsrecht^3 (1987) 128, 108 ff; KORINEK, Selbstverwaltung in der Sozialversicherung, ZAS (1972) 213 ff. Zur Reichweite dieser Thematik grundsätzlich und anschaulich, ADAMOVICH – FUNK, Allgemeines Verwaltungsrecht^3 (1987) 115 ff und 117 ff, insbes 128. Siehe die eher schematisierenden Ausführungen bei ANTONIOLLI, Die Überprüfung von Satzungen, JBl (1949) 61 ff.

autonomen Gestaltungsrahmen bemüht. Sogar die „lex contractus“ muß schließlich als Ausweg herhalten[78]. Für den Verfassungsgerichtshof hat danach anscheinend nicht nur der Begriff „gesamte staatliche Verwaltung“ im Art 18 Abs 1 B-VG die Bedeutung im weiteren Sinn, dh einschließlich der Selbstverwaltung[79], sondern er erstreckt auch die unselbständige Verordnungsermächtigung des Art 18 Abs 2 B-VG schematisch auf die autonome Satzung. Das Anliegen, dem demokratischen Gesetz den ihm verfassungsrechtlich zugewiesenen Vorrang unter den Rechtsquellen zu wahren, ist gewiß begreiflich. Es läßt sich sowohl aus dem Rechtsquellensystem als auch aus den Gesetzesvorbehalten der Grundrechtsbereiche grundsätzlich als richtig bestätigen. Der eingeschlagene Weg unkritisch verallgemeinernder Vereinfachungen ist jedoch mehr als problematisch, zumal da die Selbstverwaltung eine Urform der Demokratie verkörpert.

Wie zeigt sich die Thematik aus einer *verfassungsrechtsdogmatischen, dh aus einer systematisch angelegten teleologischen Sicht*? Ausgangspunkt ist die unbestrittene Feststellung, daß autonome Satzungen ihrer rechtlichen Qualität, also dem allgemeinen Rechtsbegriff nach Verordnungen, dh generell abstrakte (normative) Anordnungen von Verwaltungsbehörden sind. Demgemäß sind sie zweifellos auch nach Art 139 B-VG durch den Verfassungsgerichtshof als Verordnungen überprüfbar. Das scheint niemand zu bestreiten. Das Problem liegt aber nicht im Art 139 B-VG, sondern in der Gleichsetzung von autonomer Satzung und Durchführungsverordnung nach Art 18 Abs 2 B-VG; vielleicht sogar im Hinblick auf Art 139 B-VG. Damit stellt sich unabweislich die zu Art 20 B-VG analoge Frage: gilt Art 18 Abs 2 B-VG lege non distinguente auch für autonome Satzungen? Diese Frage wird allgemein bejaht[80]. Die Antwort müßte aber „nein“ lauten, soll sie verfassungsgeschichtlich und verfassungsrechtsdogmatisch gleichermaßen fundiert sein. Warum wird die Regelung des Weisungsrechts nach Art 20 B-VG differenziert gesehen, das Legalitätsprinzip und die Regelung des Verordnungsrechtes nach Art 18 B-VG jedoch nicht? Und mit

---

[78] Siehe dazu VfSlg 5315/166 und 5593/1967 die pragmatisierten Bediensteten der Handelskammern. Im Gegensatz dazu für das Gemeindedienstrecht VfSlg 2966/1956.

[79] Nicht aber der privatrechtlich fundierten Wirtschaftsverwaltung. Siehe dazu Winkler, Gesetzgebung und Verwaltung im Wirtschaftsrecht (1970), neu abgedruckt in: Winkler, Theorie und Methode in der Rechtswissenschaft, Forschungen aus Staat und Recht 85 (1989).

[80] Antoniolli, Die Überprüfung von Satzungen, JBl (1949) 61 ff; Antoniolli – Koja, Allgemeines Verwaltungsrecht[2] (1986) 163 f, 141 ff; Adamovich – Funk, Allgemeines Verwaltungsrecht[3] (1987) 115 ff, 319 f, 110, Adamovich – Funk, Österreichisches Verfassungsrecht[3] (1985) 252 ff; Walter – Mayer, Grundriß des österreichischen Bundesverfassungsrechts[6] (1988) 206. Alle mit reichen Literatur- und Judikaturnachweisen.

welcher sachlichen Begründung wird unter gleichen Voraussetzungen so grundsätzlich und dennoch sich selbst gegenläufig argumentiert?

Die autonome Satzung ist also zwar eine Verordnung, aber keine Durchführungsverordnung? Formale Konsequenz und Einheitlichkeit der Argumentation genügen gewiß nicht als Argumente für eine rechtsdogmatische Beweisführung, obwohl Gleichartigkeit, Vergleichbarkeit und Gleichheit auch Objektivität und Sachlichkeit implizieren. Der offenkundige Widerspruch nötigt aber entweder zu seiner schlüssigen Begründung oder aber zu seiner fundierten Auflösung. Das Rechtsmaterial liefert keinen Beweis für die Begründbarkeit des Widerspruchs. Er wird allerdings von der Judikatur des VfGH und von der ihr folgenden Lehre mit unterschiedlichen Begründungsschwierigkeiten überwiegend abgestützt. Dagegen richtet sich meine These: die körperschaftliche Selbstverwaltung war in ihrer vollen institutionellen Eigenart verfassungsrechtlich vorausgesetzt. Dazu gehört nicht nur die Unterbrechung des Weisungszusammenhangs zur staatlichen Verwaltung ieS, sondern auch das differenzierte Satzungsrecht. Eine schlüssige Auflösung dieses Widerspruchs gründet sich auf die verfassungsrechtlichen Fundierungen der verschiedenen Arten von Institutionen der personalkörperschaftlichen Selbstverwaltung[81]. Diese bedeuten, soweit sie gegeben sind, spezielle verfassungsrechtliche Garantien der institutionellen Merkmale ihrer historisch gewordenen Wesensgehalte, die dadurch zu Kriterien auch der Verfassungsmäßigkeit werden. Einer solchen strukturierten Wesensgarantie der verschiedenen Arten von Institutionen der Selbstverwaltung kommt ein Vorrang vor allgemeinen verfassungsrechtlichen Regelungen zu. Das gilt für den ganzen Art 18 B-VG ebenso wie für den Art 20 B-VG. Konsequenterweise bedeutet das dann auch, daß zuallererst in der Verfassung selbst ein differenziertes Legalitätsprinzip erkannt werden muß, daß die Verfassung überdies unterschiedliche Arten von Verordnungen kennt und daß der Verordnungstypus des Art 18 Abs 2 B-VG nicht der einzige verfassungsrechtlich zulässige ist. So erklärt es sich aber auch, daß Art 139 B-VG sehr wohl auch auf die differenzierten autonomen Satzungen anwendbar ist, da er – lege non distinguente – von vornherein alle verschiedenen Verordnungsarten gleichermaßen in die Prüfungskompetenz des Verfassungsgerichtshofes einbezieht.

Wie sich das Legalitätsprinzip der Verfassung nicht im Art 18 Abs 1 B-VG erschöpft und infolge unterschiedlicher verfassungsrechtlicher Re-

---

[81] Siehe dazu im allgemeinen ANTONIOLLI – KOJA, Allgemeines Verwaltungsrecht^2 (1986) 357 ff und die Ausführungen von HERRNRITT, MERKL, WERNER, RINGHOFER ua.

gelungen ein differenziertes und mehrschichtiges ist, so sind auch die verschiedenen Verordnungsermächtigungen im Gesamtgefüge der Verfassung differenziert und mehrschichtig angelegt. Diese differenziert angelegte Legalität auf Verfassungsebene ist dabei die richtungweisende rechtliche Grundlage für die gleichfalls differenziert vorgeschriebene Legalität der Rechtsquellenhierarchie und -vielfalt darunter. Zwar hat die Verfassung gegenüber der Verwaltung das Gesetzesmonopol und den Gesetzesvorrang geschaffen, sie hat aber gleichzeitig Differenzierungen eingeführt: für die Staatsverträge, für die Verordnungsrechte des Bundespräsidenten, des Bundesheeres, der Polizei, der territorialen (Gemeinden) und der personalen wirtschaftlichen, sozialen, beruflichen, kulturellen Selbstverwaltungskörper; für letztere allerdings nur durch ihr „beredtes Schweigen", vor allem im Rahmen der Kompetenztatbestände und innerhalb der Schranken grundrechtlicher Gesetzesvorbehalte.

Die Verfassung setzte demnach in ihren verschiedenen Regelungsansätzen von vornherein schon verschiedene Verordnungsarten voraus: an gesetzesvertretende heranreichende gesetzesergänzende und Durchführungsverordnungen. Diese sind der Kontrolle des Verfassungsgerichtshofes unter dem einheitlichen Begriff der Verordnung nach Art 139 B-VG unterstellt. Von einer solchen formalen Deutung des Tatbestandes des Art 139 B-VG aus gesehen besteht aber für den Verfassungsgerichtshof weder ein rechtsdogmatischer noch ein rechtspolitischer Grund, die autonomen Satzungen den Durchführungsverordnungen schlechthin gleich zu halten. Im Rahmen und auf Grund der Gesetze, welche die verschiedenen Selbstverwaltungskörper regeln, sind sie je nach der Materie, jedenfalls bis zum Grenzbereich der gesetzesvertretenden Satzung, teils gesetzesergänzend und teils durchführend, in Variationen zulässig; und zwar je nach der Ausgestaltung ihrer gesetzlichen Grundlage und innerhalb der verfassungsrechtlichen Schranken der Grundrechte. Die darin gelegenen Gestaltungsmöglichkeiten richten sich einerseits nach einem verfassungsgesetzlich gebotenen Mindeststandard an Legalität oder gesetzlicher Fundierung, andererseits nach der Erforderlichkeit und Funktionsfähigkeit eigenständiger Wahrnehmung und Gestaltungsfähigkeit der speziellen, partikulären öffentlichen Aufgaben des selbständigen oder eigenen Wirkungsbereiches der Selbstverwaltungskörper. Mit Rücksicht auf ihren Wesensgehalt darf daher die Autonomie nicht von vornherein zur Gänze durch die Gesetze geregelt werden.

H. MAYER meinte einmal eher kritisch[82], es würde nicht verwundern, wenn der Verfassungsgerichtshof in Hinkunft für den Bereich der Selbstverwaltung auch eine eingeschränkte Geltung des Legalitätsprinzips einbekennen würde. Ein solcher Schritt war, so meine ich, schon beim Inkrafttreten des B-VG fällig. Damit würde der Verfassungsgerichtshof nur seine ungereimte Praxis auf eine schlüssige Grundlage stellen. Die Konsequenz davon wäre dann jedenfalls ein Abrücken von der letztlich ohnedies nur scheinbaren Gleichsetzung von autonomer Satzung und Durchführungsverordnung. Damit würde der Verfassungsgerichtshof aber auch eine Denkrichtung einschlagen, die er sich im Ansatz schon einmal zu eigen gemacht hatte[83], die man schon bei MERKL findet und der RINGHOFER[84], HOLZER und WITEK[85] und mit Vorbehalten wohl auch KORINEK[86] Gefolgschaft leisten. Autonome Satzungen sind gewiß auch Verordnungen (Rechtsverordnungen), sie sind aber auf Grund des der Verfassung zugrundeliegenden Organisationsplans gesetzlich differenziert angelegt und haben demgemäß als solche schon einen anderen Stellenwert als die bloßen Durchführungsverordnungen nach Art 18 Abs 2 B-VG.

Wie beim Merkmal der Rechtspersönlichkeit, so sind auch hier zwei juristische Denkwege vertretbar, allerdings auf der höheren Ebene der Verfassung, und zwar

- die systematisch angelegte dogmatische Interpretation und
- die isolierte, auf den Gesetzestext reduzierte Interpretation.

Die systematisch angelegte dogmatische Interpretation müßte bei einer Zusammenschau der Kompetenztatbestände nach den Art 10 – 15 B-VG mit Art 20 B-VG, mit Art 18 B-VG und mit Art 139 B-VG sowie mit den Gesetzesvorbehalten der Grundrechte ansetzen. Allen diesen Bestimmungen wären die verschiedenen Arten von Institutionen der Selbstverwaltung wesensgemäß, das heißt nach ihren genuinen Aufgaben und essentiellen, weitgehend formalen organisatorischen Merkmalen zu Grunde zu legen,

---

82 Entwicklungstendenzen in der Rechtsprechung des Verfassungsgerichtshofes, ÖJZ (1980) 342, unter Hinweis auf RINGHOFER und KORINEK.

83 VfSlg 1244 und 1245/1929; vor allem aber 2381/1952. Siehe dazu die Wende vor allem im Erk Slg 3993/1961.

84 Referat, Verhandlungen des 3. ÖJT, II/3 (1967) 61 ff.

85 Siehe dazu die Studie von HOLZER, Wirtschaftliche und berufliche Selbstverwaltung im Spannungsfeld des Legalitätsprinzips, FS Ermacora (1974) 82 ff mit reichen Literaturhinweisen, die Ausführungen von WITEK auf dem 3. ÖJT, Vhdlg II/3 (1967) 10 ff und WINKLER, Staat und Verbände, VVDStRL Heft 24 (1966) 62.

86 Selbstverwaltung in der Sozialversicherung, ZAS (1972) 213 ff; Wirtschaftliche Selbstverwaltung (1970) 227 ff.

wie sie sich aus den präkonstitutionellen Analysen und Synthesen der verschiedenen einfachgesetzlichen Regelungszusammenhänge als Einheiten für die einzelnen Arten von Institutionen ergeben. Unter Berücksichtigung der Gesetzesvorbehalte der Grundrechte und eines zwar grundsätzlich verpflichtenden, aber dennoch differenzierten Gesetzesvorrangs ergibt sich daraus auch ein differenziertes Satzungsrecht, das je nach Institution und Materie vom Grenzbereich der Gesetzesvertretung als Gesetzesergänzung bis zur bloßen Durchführung reicht. Organisatorische Voraussetzungen, verfahrensrechtliche Komponenten und materiellrechtliche Determinanten bilden innerhalb der Schranken der Gesetzesvorbehalte von Grundrechten den zwingenden Kernbestand gesetzlicher Grundlegungen, über den auch durch autonome Satzungen nicht freigestaltend disponiert werden darf. In Konsequenz davon verbleiben im materiellrechtlich vorgegebenen Rahmen auch von Institution zu Institution unterschiedlich abgestufte Ermächtigungen zur Satzunggebung sui generis, innerhalb der Grenzen von verfassungsrechtlich gebotener, zulässiger und unzulässiger gesetzlicher Determinierung. Dabei ist die Frage erheblich, wie weit der Gesetzgeber bei seinen expliziten gesetzlichen Vorgaben für das autonome Satzungsrecht gehen muß und gehen darf und wieweit dem Selbstverwaltungskörper selbständige Gestaltungsbefugnisse eingeräumt werden dürfen und müssen. Dabei ist aber auch zu veranschlagen, daß die Befugnis zur Erlassung von Satzungen zunächst Kompetenz bedeutet und demgemäß für die Selbstverwaltungskörper gegenüber den Rechtsadressaten (Mitgliedern des Selbstverwaltungskörpers) auch als gesetzlicher Handlungsauftrag zu verstehen ist. Durch die Satzung wird eine interne Legalität erzeugt, die in ihrer Bedeutung für den Bereich der Selbstverwaltung der differenzierten Legalität des B-VG für die staatliche Verwaltung ieS durchaus homogen zu verstehen ist.

PERNTHALER[87] schildert zwar eine Art von Ausweg zur Begründung von Autonomie und Satzunggebungsbefugnis in der Aussparung der „inneren Einrichtung“ einer Behörde aus dem (strengen) Legalitätsgebot des Art 18 B-VG. Er verweist dazu sogar auf Erkenntnisse des Verfassungsgerichtshofs[88] und auf Lehrmeinungen, verwirft aber diese Deutungsmöglichkeit und bekennt sich in Orientierung an der Verfassungsgerichtshofsjudi-

---

[87] Gutachten, Verhandlungen des 3. ÖJT, I/3 (1967) 85. Siehe dazu auch ANTONIOLLI – KOJA, Allgemeines Verwaltungsrecht^2 (1986) 306 ff, ADAMOVICH – FUNK, Allgemeines Verwaltungsrecht^3 (1987) 109 ff.

[88] VfSlg 1244/1929, 2381/1952, 2650/1954, 3436/1958. Siehe dazu auch VwSlg 3114 A/1953.

katur schließlich zur uneingeschränkten Anwendbarkeit des Art 18 B-VG auf die autonomen Satzungen der Selbstverwaltungskörper auch im Verhältnis vom Staat zum Selbstverwaltungskörper.

KORINEK[89] meint einen Ausweg in den privatrechtlichen (wirtschaftlichen) Tätigkeitsformen der Selbstverwaltungskörper und in einer damit verbundenen Ausnahme vom Legalitätsprinzip des Art 18 Abs 1 B-VG sehen zu sollen. Doch eine solche Annahme scheitert allein schon an der Tatsache, daß Selbstverwaltungskörper über hoheitliche Einnahmen verfügen, über die zumeist auch satzungsförmig hoheitlich disponiert werden muß, von den „Versteinerungsaspekten" ganz zu schweigen.

Die *isolierte Gesetzestextinterpretation* setzt beim Wortlaut des Art 18 Abs 1 B-VG an: „Die *gesamte staatliche Verwaltung* darf nur auf Grund der Gesetze ausgeübt werden". Daran schließt die Frage an, ob „staatliche" Verwaltung in einem weiteren Sinn zu verstehen ist und demgemäß auch das Verhältnis der Staatsverwaltung zur Selbstverwaltung in sich schließt. Das kann nach dem bloßen Wortlaut offensichtlich mühelos bejaht werden. Den zweiten Ansatz liefert Art 18 Abs 2 B-VG: „Jede Verwaltungsbehörde kann ... Verordnungen erlassen". Organe der Selbstverwaltungskörper haben auch behördliche Aufgaben zu besorgen. Sie sind also funktionell Verwaltungsbehörden. Daraus folgt in diesem Deutungszusammenhang, daß sie nur Durchführungsverordnungen und nicht auch selbständige Verordnungen erlassen dürfen. (Davon sind die ausdrücklichen verfassungsgesetzlichen Sonderermächtigungen, etwa für die Gemeinden, hier selbstverständlich ausgenommen. Der Charakter der verschiedenen verfassungsrechtlichen Ausnahmeregelungen für die Gemeinden verbietet es selbstredend, aus diesen Sonderregelungen allgemeine Grundsätze für die personalkörperschaftliche Selbstverwaltung abzuleiten).

Das autonome Satzungsrecht ist nach dieser Deutung auf Verfassungsebene zwar noch immer differenziert, aber auf untergesetzlicher Ebene für die staatliche Verwaltung im weiteren Sinn, dh auch im Verhältnis von der Staatsverwaltung zur Selbstverwaltung, abgesehen von verfassungsgesetzlichen Ausnahmen, auf die Durchführungsverordnung beschränkt. So gesehen bleiben dann auch für Satzungsermächtigungen nur mehr das Ermessen, die unbestimmten Gesetzesbegriffe, die „lex contractus", die Privatautonomie und der innere Organisationsbereich zur Begründung und Erklärung der Sinnhaftigkeit von Autonomie. Dadurch erscheint die Problematik nicht nur reichlich relativiert, sondern auch auf einen bloßen Streit

---

89 Selbstverwaltung in der Sozialversicherung, ZAS (1972) 213 ff.

um wissenschaftliche Begriffe reduziert. Die Frage nach der Richtigkeit einer solchen, auf den Gesetzestext reduzierten, zugleich extensiven und restriktiven Interpretation stellt sich unabweislich ein. Sie findet in einem historisch angelegten systematischen Sinnverständnis der Verfassung keine begründbare Antwort.

Dennoch sind damit nicht alle Fragen erledigt. Offen bleibt selbst unter der Gleichsetzung der autonomen Satzung mit der Durchführungsverordnung nach Art 18 Abs 2 B-VG noch immer die Frage des Verhältnisses von staatlicher Verordnungskompetenz und autonomer Satzungsbefugnis. Die Sonderregelungen für die Gemeinden seien hier außer acht gelassen; sie stammen schließlich vom Verfassungsgesetzgeber selbst und bilden an sich schon eine historisch gewordene verfassungsrechtliche Besonderheit. Für die personalen Selbstverwaltungskörper gibt es aber weit und breit keine ausdrücklichen verfassungsrechtlichen Sonderregelungen und nur ausnahmsweise institutionelle Gewährleistungen, etwa für die Universitäten, für die Handelskammern und für die Arbeiterkammern. Wenn Autonomie und Satzungsrecht wesensgemäß zusammengehören, dann fragt man sich sinnvollerweise, ob damit nicht auch *eine ausschließliche Befugnis* der körperschaftlichen (körperschaftlich-anstaltlichen) Selbstverwaltungskörper zur Erlassung von Satzungen, wenn auch nur als Durchführungsverordnungen, innerhalb des eigenen oder selbständigen Wirkungsbereiches ipso iure und allgemein gegeben ist. MaW darf der Minister als Aufsichtsbehörde im eigenen Wirkungsbereich der Selbstverwaltungskörper überhaupt Verordnungen erlassen? Der autonome Wirkungsbereich ist kompetenzmäßig zweifellos nicht identisch mit dem Wirkungsbereich der staatlichen Aufsichtsbehörde. Die körperschaftlichen Selbstverwaltungskörper sind zur eigenverantwortlichen und selbständigen Besorgung der Aufgaben auch in Form von Satzungen berufen. Der staatlichen Behörde obliegt insoweit nur die Beaufsichtigung dieser Aufgabenbesorgung, nicht aber das Verordnungsrecht zur Aufgabenbesorgung in den verschiedenen Materien des eigenen Wirkungsbereiches der Selbstverwaltungskörper.

Daher kommt es wohl auch nicht von ungefähr, wenn der Bundesminister für Wissenschaft und Forschung zum UOG zahlreiche Durchführungserlässe herausgegeben hat, denen der Charakter von Rechtsverordnungen abgesprochen werden muß, die aber auch nicht schlechthin als Weisungen oder als Verwaltungsverordnungen gedeutet werden können. Sind solche „Instruktionen" im autonomen Bereich überhaupt zulässig? Sind sie, sofern sie Angelegenheiten des selbständigen Wirkungsbereiches betreffen, wiewohl bloß intern, wegen der Unzuständigkeit des Ministers nicht überhaupt absolut nichtig, also völlig unverbindlich? Dabei will ich keineswegs ein Kriterium dafür darin sehen, daß diese Durchführungserlässe in der universitären Praxis ohnedies kaum jemals beachtet werden.

Schließlich stellt sich noch die weitere Frage, wie diese Erlässe zu beurteilen sind, wenn sie sowohl Angelegenheiten des eigenen oder selbständigen als auch Angelegenheiten des übertragenen Wirkungsbereiches „regeln“, ohne den einen Bereich vom anderen zu unterscheiden und vollzugsmäßig zu trennen? Liegt darin nicht sogar eine qualifizierte Verfassungswidrigkeit? Eine Teilantwort ergibt sich aus dem weiteren zweiseitigen Wesensmerkmal der Selbstverwaltung von Weisungsfreiheit und Staatsaufsicht, also aus den rechtlichen Möglichkeiten und Grenzen der staatlichen Aufsicht gegenüber der Selbstverwaltung. Dabei wird die Aufsicht als die organisatorisch-funktionelle Verbindung von Staatsverwaltung und Selbstverwaltung und als ein sinnvolles Gegengewicht betrachtet. Sie verbindet die dezentralisierten Institutionen der Selbstverwaltung mit dem Staat ieS als rechtliches Gegengewicht gegen die Eigenständigkeit und Unabhängigkeit dezentralisierter Besorgung von spezifischen, partikulären öffentlichen Aufgaben.

IV. Die Staatsaufsicht

Die Staatsaufsicht findet ihre sachliche Begründung in der Autonomie, in der Selbständigkeit des eigenen Wirkungsbereiches zur „Selbstgesetzgebung“ und „Selbstregierung“ sowie in der Eigenart der davon erfaßten spezifischen Aufgaben eines Selbstverwaltungskörpers. Autonomie in diesem weiteren Sinn bedeutet, materiell gesehen, Gestaltungskompetenz und Gestaltungsrecht der eigenen Angelegenheiten im Rahmen und aufgrund der Gesetze nach einer differenzierten materiellen Gesetzesbindung. Autonomie bedeutet formal gesehen aber auch:

- Selbstgesetzgebungskompetenz als Satzunggebungsbefugnis in materiell differenzierter Legalität aufgrund der Verfassung und unter dem Gesetz
- Selbstregierung in gesetzes- und satzungsgebundener Vollziehung durch Individualakte
- internes Weisungsrecht und Unterbrechung des Weisungszusammenhanges nach außen zur allgemeinen staatlichen Verwaltung
- externe Aufsicht durch den Staat
- Unterordnung unter den rechtsstaatlichen Rechtsschutz, passiv und aktiv.

Die Autonomie ist demgemäß nach außen und nach innen beherrscht von einem mehrfach differenzierten Legalitätsprinzip[90]. Legalität *nach außen* bedeutet einen differenzierten Nachrang nach den staatlichen Gesetzen, durch welche der Selbstverwaltungskörper eingerichtet ist und durch welche ihm seine Aufgaben differenziert vorgezeichnet sind. Legalität *nach innen* bedeutet eine der Bindung nach Art 18 Abs 1 B-VG vergleichbare „Legalität" für individuelle Vollzugsakte. Diese Vollzugsakte werden teils unmittelbar aufgrund von Gesetzen, teils aber nur mittelbar aufgrund von Gesetzen, unmittelbar aber aufgrund von autonomen Satzungen erlassen. In der inhaltlichen Gestaltung und innerhalb der Formen der Vollziehung des selbständigen Wirkungsbereiches durch Verwaltungsakte, durch Rechtsgeschäfte und durch bloße Rechtshandlungen ist der Selbstverwaltungskörper in diesem Sinn autonom. Er ist in der Wahrnehmung seiner Aufgaben nach außen eigenständig gestaltungsbefugt und frei von unmittelbar steuernden oder lenkenden Staatseinflüssen, vor allem in der Form von Weisungen. Gestaltungsbefugnis und Eigenständigkeit in der Besorgung des selbständigen Wirkungsbereiches schließen die staatliche Weisung aus. Das rechtsstaatliche Prinzip erfordert aber gleichwohl eine Einordnung in das staatliche Rechtsschutzgefüge. Die Gestaltungsfreiheit nach außen bedeutet nach innen demokratische Bindung und kontrollierbare Gestaltungspflicht.

Die Selbstverwaltung ist also keine völlig eigenständige, sondern eine durch staatliche Gesetze vorgezeichnete Besorgung von partikulären, je und je spezifisch interessenmäßig gebundenen öffentlichen Aufgaben. Sie unterliegt einer gestuften rechtlichen Ordnung, wie sie in den Gesetzen und in den autonomen Satzungen als generell-abstrakten Verwaltungsakten in der für Selbstverwaltungskörper typischen Art differenziert grundgelegt ist. Demgemäß herrschen zwei Arten von Legalität, eine äußere und eine innere, dh die Gesetzesbindung nach außen zur staatlichen Ordnung und die Gesetzesbindung nach innen zur eigenen Ordnung. Beide Arten von Legalität sind den Selbstverwaltungskörpern ähnlich verpflichtend vorgegeben, wie die doppelte Legalität der Gesetzesbindung für die Gesetzgebung einerseits und für die darauf gegründete Tätigkeit der allgemeinen staatlichen Verwaltung andererseits auf der Verfassungsebene des Art 18 B-VG. Auch Organe der Selbstverwaltungskörper dürfen letztlich nur „auf Grund der Gesetze" handeln, wenn auch innerhalb des gesetzlichen Rah-

---

[90] HOLZER, Wirtschaftliche und berufliche Selbstverwaltung im Spannungsfeld des Legalitätsprinzips, FS Ermacora (1974) 76 ff und die dort angegebenen weiterführenden Hinweise auf Judikatur und Literatur.

mens, determiniert durch autonome Satzungen. Aufgrund dieser verfassungsrechtlichen Vorgaben erweist sich die Selbstverwaltung als Staatsverwaltung in einem weiteren Sinn.

Alle Verwaltung bedarf aber der Kontrolle. Während die Frage des Rechtsschutzes Einzelner gegen Akte von Selbstverwaltungskörpern bisher reichlich vernachlässigt geblieben ist, wurde die Staatsaufsicht als Klammer von der Staatsverwaltung zur Selbstverwaltung rechtlich weitgehend klargestellt. Die Staatsaufsicht ist ein tragendes Wesensmerkmal der Selbstverwaltung. Sie bedeutet die rechtliche Alternative zum durchgehenden Weisungsrecht und zum bereichsübergreifenden Instanzenzug. Sie erschöpft sich aber nicht bloß in den spezifischen Eingriffsmöglichkeiten der Aufsichtsbehörde. In einem weiteren Sinn gehören dazu auch die Kontrollen durch die Gerichtshöfe des öffentlichen Rechts und die Rechnungs(hofs)-kontrolle.

Während das Weisungsrecht innerhalb einer Verwaltungshierarchie bloß für die betroffenen Organe gilt, also nur „interne" Bedeutung hat und nicht unmittelbar durch Rechtsmittel bekämpft werden kann, ist das Aufsichtsrecht des Staates ein externes. Das Aufsichtsrecht bedeutet demgemäß nicht nur „Kompetenz" des Aufsichtsorgans, sondern auch „subjektives (öffentlich-rechtliches) Recht" des Rechtsträgers, der die Selbstverwaltungskörper eingerichtet hat und dem die Selbstverwaltungskörper nicht als Organe, sondern als Rechtssubjekte (juristische Personen) gegenüberstehen. Dieser Art von Staatsaufsicht korrespondieren Kompetenz und subjektives Recht der Selbstverwaltungskörper auf rechtliche Selbständigkeit. Verbindliche Einflußnahmen der Aufsichtsbehörde auf die Tätigkeiten der Selbstverwaltungskörper im eigenen Wirkungsbereich bedürfen daher auch der Rechtsform eines förmlichen individuellen Verwaltungsaktes (Bescheides). Dem subjektiven Recht des Staates auf Aufsicht steht das subjektive Recht des Selbstverwaltungskörpers auf Selbständigkeit in der Ausübung seiner Vollzugstätigkeit gegenüber. Verbindliche Aufsichtsakte greifen in subjektive Rechte ein. Sie müssen daher auch ihrerseits überprüfbar sein. Gemäß dem rechtsstaatlichen Prinzip unterliegen Bescheide, durch die das Aufsichtsrecht ausgeübt wird, jedenfalls der nachprüfenden Kontrolle durch die Gerichtshöfe öffentlichen Rechts. Ein administrativer Instanzenzug gegen Entscheidungen von Selbstverwaltungskörpern ist zwar dann und wann in einzelnen Gesetzen ausdrücklich vorgesehen[91]. Er wider-

[91] Der VfGH hat in zahlreichen Erkenntnissen ausgesprochen, daß ein administrativer Instanzenzug in Selbstverwaltungssachen nur dann zulässig ist, wenn er im Gesetz ausdrücklich vorgesehen ist. Warum ein solcher Instanzenzug verfassungsrechtlich überhaupt

spricht aber dem Wesen der Selbstverwaltung, weil durch ihn der eigene Wirkungsbereich „verstaatlicht“ wird.

Dennoch sind die *Mittel*, die dem Staat zur Ausübung der Aufsicht zur Verfügung stehen, in den Gesetzen für die verschiedenen Arten von Selbstverwaltungskörpern völlig unterschiedlich geregelt. Im Mittelpunkt steht rechtlich gewiß der rechtsverbindliche Eingriffsakt in der Rechtsform des Bescheides. Im Alltag sind aber Informationen, Auskünfte, informelle Wünsche, Kontrollen, Ratgebungen, Mahnungen und Aufforderungen, teilweise auch zur Vorbereitung von Aufsichtsbescheiden, durchaus üblich und gängig. Manche Gesetze regeln Genehmigungsvorbehalte oder Zustimmungsrechte und sehen auch Mitteilungs- und Informationspflichten vor. Manche Gesetze schränken die Selbständigkeit des Handelns eines Selbstverwaltungskörpers im eigenen Wirkungsbereich sogar auf bloße Antragsrechte gerichtet auf staatliche Erledigungen ein. Diese sind dann allerdings eine essentielle Voraussetzung für die Erlassung von entsprechenden Staatsakten. Demgemäß reichen die staatlichen Aufsichtsakte bis in die materielle Entscheidungsbefugnis eines Selbstverwaltungskörpers, dem unter Umständen kein Raum zur Selbstregierung bleibt. Das UOG bietet dafür anschauliche Beispiele und macht den Grenzbereich verfassungsgesetzlich gewährter Autonomie und ihre Verletzung durch die Gesetzgebung deutlich sichtbar.

Die Mittel der Aufsicht sind aber nicht nur in ihrer Art, sondern auch ihren Zielsetzungen nach recht unterschiedlich. Im allgemeinen kann man nämlich zwischen vorbeugenden (präventiven) und nachfolgenden (repressiven) Aufsichtsmitteln unterscheiden.

- *Vorbeugende Aufsichtsmittel* sind: Rechtsbelehrungen, Ratgebungen, Wünsche, Mahnungen, Anfragen, Informationen, Kontrollen.
- *Nachfolgende Aufsichtsmittel* sind: Rügen, informelle Aufforderungen zur Bereinigung von Rechtswidrigkeiten, Zustimmungs- und Genehmigungsrechte sowie förmliche und rechtsverbindliche Anordnungen und Aufhebungen von Selbstverwaltungsakten.

Allgemeine Belehrungen oder Instruktionen und Kontrollen können sowohl vorbeugend als auch nachfolgend sein. Die einzelnen Gesetze weichen in dieser Hinsicht mitunter weit voneinander ab. Manche Gesetze, wie das UOG, beinhalten eine Fülle von Aufsichtsmöglichkeiten und räumen dem Staat die eigentlichen Entscheidungsbefugnisse ein. Manche an-

---

zulässig sein soll, wurde vom VfGH bisher nicht hinterfragt! Siehe dazu VfSlg 1946/1950, 2333/1952, 2776/1954, 3683/1960, 4025/1961, 4667/1964, 5745/1968, 6182/1970, 6305/1970, 6972/1973, 8225/1977, 8419/1978, 10931/1986.

dere Gesetze, wie zB das Arbeiterkammergesetz, sehen die Staatsaufsicht nur grundsätzlich vor. Sie sind in der Regelung von Aufsichtsmitteln sparsam und schaffen für das rechtliche Handeln der staatlichen Aufsichtsbehörde gegenüber dem Selbstverwaltungskörper nur einen grundsätzlichen Rechtstitel.

In den unterschiedlich konkreten Ausgestaltungen des staatlichen Aufsichtsrechtes von Selbstverwaltungskörper zu Selbstverwaltungskörper spiegeln sich die realen Machtverhältnisse von Staat und Gesellschaft wider. Die Universitäten sind machtlos und daher geradezu ein Experimentierfeld für allzu weitreichende Eingriffsmöglichkeiten staatlicher Aufsicht. Ähnliches gilt für die Kammern verschiedener beruflicher Vertretungen. Die Wirtschaftskammern und die Arbeiterkammern hingegen sind machtvolle Institutionen. Ihnen gegenüber ist daher das Aufsichtsrecht des Staates nur allgemein gehalten. Es ist nicht nur äußerst zurückhaltend geregelt, sondern wird auch zurückhaltend gehandhabt.

Ziel der Aufsicht ist ganz allgemein die Gewährleistung der Gesetzmäßigkeit der Tätigkeit der Selbstverwaltungskörper. Dazu gehört auch der Schutz der Mitglieder eines Selbstverwaltungskörpers vor exzessiven Beschränkungen durch den Selbstverwaltungskörper. Das Standesrecht der Rechtsanwaltskammern ist längst schon revisionsbedürftig[92]. Die Zweckmäßigkeitskontrolle ist dabei von untergeordneter Bedeutung. Diese Einschränkung ist aber im Hinblick auf das Sachlichkeitsgebot des Gleichheitssatzes und auf die Rechnungsprüfungskriterien der Verfassung wohl weitgehend akademisch.

Die Staatsaufsicht im engeren Sinn, ausgeübt durch die Aufsichtsbehörde, dient also der Gewährleistung der Unterordnung der Selbstverwaltung unter den Staat, die Staatsaufsicht im weiteren Sinn, ausgeübt durch Rechtsschutzinstanzen, dient der Rechtmäßigkeit der Tätigkeit der Selbstverwaltung nach außen und nach innen.

Die Aufsichtsbehörde ist nicht befugt, über die rechtliche Existenz des Selbstverwaltungskörpers zu entscheiden. Sogar der Gesetzgeber, der den Selbstverwaltungskörper zweckgebunden eingerichtet hat, ist in seiner Verfügung über die Existenz des Selbstverwaltungskörpers an die verfassungsgesetzlichen Vorgaben und Beschränkungen vor allem der Kompetenztatbestände des B-VG gebunden. Einmal durch Gesetz verfassungsmäßig errichtete Selbstverwaltungskörper können ohne Beachtung ihrer erworbe-

---

92 Siehe dazu die materialreiche Untersuchung von STANGER, Das Disziplinarrecht der Rechtsanwälte, Dissertation Wien (1990).

nen Rechte durch Gesetz nicht rechtmäßigerweise wieder aufgehoben werden.

Die Staatsaufsicht im engeren Sinn ist gleich der Selbstverwaltung Gesetzesvollzug, dh sie ist auch ihrerseits Verwaltung. Als solche unterliegt sie der Regelung des Art 18 B-VG. Sie bedarf daher der gesetzlichen Fundierung. Diese liegt grundsätzlich im Gesetz, durch welches der Selbstverwaltungskörper eingerichtet ist. Ihre materiell-rechtlichen Kriterien sind in erster Linie aber die gesetzlichen Ermächtigungen (Kompetenzen) für den eigenen Wirkungsbereich des Selbstverwaltungskörpers in den verschiedenen Organisationsgesetzen. Ohne ausdrückliche Ermächtigung zur Staatsaufsicht gibt es keine Staatsaufsicht im Rechtssinn. Die gesetzliche Einrichtung der Staatsaufsicht (Kompetenz), wenigstens in der Form einer allgemeinen gesetzlichen Ermächtigung zur Ausübung der Staatsaufsicht, ist unerläßliche Voraussetzung für die Zulässigkeit von Aufsichtsakten. Im Hinblick auf das Legalitätsprinzip wird das allgemein bejaht. Müssen aber auch alle Mittel der Staatsaufsicht ausdrücklich gesondert geregelt sein?

In dieser Frage haben Lehre und Judikatur eher eine schematisierende Sicht auf das Legalitätsprinzip entwickelt. So meint etwa ANTONIOLLI[93]: „Deshalb müssen die Aufsichtsbehörden, die Ziele, die Mittel und das Verfahren der aufsichtsbehördlichen Tätigkeit gesetzlich festgelegt sein". Ferner: „Nur in diesem für jeden einzelnen Selbstverwaltungskörper, oder wenigstens für bestimmte Typen von Selbstverwaltungskörpern, durch das Gesetz festgelegten Rahmen ist Aufsicht zulässig. Die Selbstverwaltungskörper haben einen Anspruch auf Wahrung dieser gesetzlichen Grenzen". Diese apodiktischen Aussagen ANTONIOLLIS sind herrschende Lehre geworden[94]. In der Judikatur des Verfassungsgerichtshofs finden sich dementsprechend auch allgemeine, teils pauschale, teils aber auch spezielle Feststellungen. Zwar wird die Notwendigkeit einer gesetzlichen Verankerung des Aufsichtsrechtes grundsätzlich außer Streit gestellt, doch die Meinung, daß die allgemeine Einrichtung des Aufsichtsrechtes genügt[95], steht

---

[93] Allgemeines Verwaltungsrecht (1954) 159 f.

[94] ADAMOVICH – FUNK, Allgemeines Verwaltungsrecht[3] (1987) 325 ff, 429; ANTONIOLLI – KOJA, Allgemeines Verwaltungsrecht[2] (1986) 354 f, 362 f.

[95] VfSlg 4117/1961: „Es hat sich daher in der österreichischen Gesetzgebung die Praxis entwickelt, die Befugnisse der Aufsichtsbehörde nur in jenen Fällen ausdrücklich gesetzlich festzulegen, in denen die Aufsichtsbefugnisse nach dem Willen des Gesetzgebers auf bestimmte Mittel beschränkt werden sollten". Ferner VfSlg 5850/1968: „Wie der Verfassungsgerichtshof ... ausgeführt hat, umfaßt das Aufsichtsrecht grundsätzlich alle denkbaren Möglichkeiten einer Aufsicht; einer gesetzlichen Determinierung bedarf es nicht". Vgl dazu auch VfSlg 2205/1951, 3632/1959 und 5852/1968.

der Meinung gegenüber, daß alle Aufsichtsmittel im Gesetz ausdrücklich geregelt sein müssen[96].

Worauf ist dieser offensichtliche Zwiespalt in Lehre und Rechtsprechung zurückzuführen? Zunächst wohl auf die bloße Tatsache, daß die Gesetze, durch welche die Selbstverwaltungskörper eingerichtet werden, die Staatsaufsicht tatsächlich völlig unterschiedlich regeln. Manche Gesetze benennen zwar das Aufsichtsorgan, sie sehen aber die Staatsaufsicht nur allgemein vor. Manche Gesetze erwähnen darüber hinaus noch einzelne Aufsichtsmittel. Andere Gesetze beinhalten jedoch bis ins Einzelne reichende Regelungen verschiedenster Aufsichtsmittel und verdrängen mitunter sogar die Selbständigkeit des Selbstverwaltungskörpers durch die Einschränkung von eigenständigen Handlungsmöglichkeiten auf Antragsrechte. Dieser Umstand führt unweigerlich zur Frage der Verfassungsmäßigkeit und der Grenzen von Regelungen der Staatsaufsicht. Daher stellt man mit Recht die Frage, ob die Einrichtung der Staatsaufsicht ohne ausdrückliche Erwähnung von Aufsichtsmitteln, entweder wegen Unanwendbarkeit oder wegen pauschaler Zulassung aller adäquaten Aufsichtsmittel verfassungswidrig ist. Läge darin also letztlich eine formalgesetzliche Delegation? Andererseits erweist sich aber auch die Frage als sinnvoll, ob die Anführung von einzelnen Aufsichtsmitteln taxativ sein muß. Diese Überlegungen münden in die Frage, ob gesetzliche Regelungen über die staatliche Aufsicht systematisch-extensiv oder verbal-restriktiv zu interpretieren sind. Dazu gehört auch die Frage, ob die Aufzählungen taxativen oder nur demonstrativen Charakter haben sollten. Je nachdem wären diese selbst dann wiederum restriktiv oder extensiv zu interpretieren.

---

[96] VfSlg 2055/1950: „... muß, dem Grundsatz der Gesetzmäßigkeit der Verwaltung (Art. 18 B.-VG.) entsprechend, im Gesetz im einzelnen näher abgegrenzt und festgelegt sein. Aus dem Titel der Zuständigkeit allein können weder solche Befugnisse an sich noch auch die Mittel zu ihrer Handhabung irgendwie abgeleitet werden". Vgl dazu auch VfSlg 2740/1954: „Die verfügte Maßnahme der Landesregierung konnte jedoch nach Ansicht des Verfassungsgerichtshofes auf § 5 des Landarbeiterkammergesetzes nicht gestützt werden. § 5 des Gesetzes besagt unter der Aufschrift ‚Aufsicht' lediglich: ‚Die Landarbeiterkammer untersteht der Aufsicht der Landesregierung'. In dieser Vorschrift des § 5 ist nach ihrem klaren Wortlaut ausschließlich eine Zuständigkeitsbestimmung zu erblicken. Welche Befugnisse der Landesregierung im einzelnen im Rahmen dieser ihrer gesetzlich zuerkannten Zuständigkeit zukommen und mit welchen Mitteln sie diese Befugnis im einzelnen Fall handhaben darf, muß, dem Grundsatz der Gesetzmäßigkeit der Verwaltung (Art. 18 B.-VG.) entsprechend, im Gesetz im einzelnen näher abgegrenzt und festgelegt sein. *Aus dem Titel der Zuständigkeit allein können weder solche Befugnisse an sich noch auch die Mittel zu ihrer Handhabung irgendwie abgeleitet werden.* Tatsächlich sieht auch das Landarbeiterkammergesetz eine ganze Reihe von Bestimmungen vor, die die Befugnisse der Landesregierung im Rahmen ihrer durch § 5 festgelegten Zuständigkeit zur Aufsichtsführung im einzelnen näher bezeichnen und ordnen".

Nach dem modernen legalistischen, an den Gesetzestext gebundenen Denken erwartet man gewiß eine Vollständigkeit in der Regelung der Aufsichtsmittel. Dem traditionellen Rechtsverständnis genügt hingegen die allgemeine Ermächtigung zur Staatsaufsicht für ein bestimmtes Organ. Eine solche allgemeine Ermächtigung genügt aber schließlich auch den Anforderungen des Legalitätsprinzips nach Art 18 B-VG, wenn und weil die Aufsichtsbehörde individualisiert ist, wenn und weil das Verfahren geregelt ist – im allgemeinen durch das AVG; schließlich aber wenn und weil der eigene Wirkungsbereich des Selbstverwaltungskörpers vor allem im Organisationsgesetz gesetzlich hinreichend umschrieben und damit der zu beaufsichtigende Pflichtbereich der Selbstverwaltungsorgane erkennbar gesetzlich abgesteckt ist.

Der offenkundige Fehler eines allzu engen gesetzestextgebundenen legalistischen Rechtsdenkens rührt wohl daher, daß die Rechtsmaterien vielfach nicht als ein Gesamtzusammenhang von Regelungen verstanden werden (unter Einbeziehung der Verfassung), sondern daß man alles und jedes aus jedem einzelnen Gesetz, durch welches ein Selbstverwaltungskörper eingerichtet wird, ablesen zu müssen glaubt. Dabei geht es zunächst nicht nur um die Frage, was ein Gesetz an Aufsichtsmitteln regeln darf und daß ein Gesetz bestimmte Aufsichtsmittel ausdrücklich regelt, sondern des weiteren auch darum, daß ein Gesetz bloß einen allgemeinen Auftrag zur Aufsicht festlegt und die Ermächtigung zur Aufsicht nur organschaftlich kompetenzmäßig ausdrücklich fixiert.

Eine verfassungsrechtliche Analyse knüpft demgemäß an drei verschiedene und mögliche Gesetzeslagen an:

1. Das Gesetz legt die Aufsicht nur grundsätzlich fest.
2. Das Gesetz erwähnt einige Aufsichtsmittel demonstrativ.
3. Das Gesetz schreibt verschiedene Aufsichtsmittel taxativ vor.

1. Das Gesetz legt die Aufsicht nur grundsätzlich fest

Zunächst sei der Fall einer allgemeinen Ermächtigung zur Staatsaufsicht erörtert, wie er extrem allgemein im Arbeiterkammergesetz[97] und grundsätzlich mit einer Eingriffsbefugnis ausgestattet auch im Handelskammergesetz[98] vorkommt. Zur Veranschaulichung sei das Arbeiterkam-

---

97 Arbeiterkammergesetz-AKG § 30: „Die Arbeiterkammern und der Arbeiterkammertag unterstehen der Aufsicht des Bundesministeriums für soziale Verwaltung".

98 Handeskammergesetz-HKG § 68: „(1) Die Kammern der gewerblichen Wirtschaft und die Fachverbände werden vom Bundesministerium für Handel und Wiederauf-

mergesetz herangezogen. Es regelt in seinem § 30 ein allgemeines Aufsichtsrecht; andere Regelungen kommen sporadisch und sparsamst vor. Etwa im § 20 Abs 2 die Genehmigung des Rechnungsabschlusses, oder im § 28 Abs 3 die Genehmigung der Geschäftsordnung durch den Bundesminister. Die Frage lautet: Ist die Vorschrift des § 28 AKG eine unmittelbar anwendbare Ermächtigung oder ist sie wegen ihrer Allgemeinheit unanwendbar, maW ist diese Vorschrift eine formalgesetzliche Delegation, ist sie verfassungswidrig oder ist sie doch noch verfassungskonform?

Zunächst ist festzuhalten, daß im § 30 AKG das Aufsichtsrecht eindeutig ausgesprochen einem bestimmten Organ – dem zuständigen Bundesministerium[99] – zugewiesen ist. Inhalt und Zielrichtung der Aufsichtsbefugnis als Recht und Pflicht des Ministers ergeben sich aus den einzelnen Regelungen des Arbeiterkammergesetzes über Aufgaben und Kompetenzen der verschiedenen Organe des Selbstverwaltungskörpers im selbständigen oder eigenen Wirkungsbereich. Für informelle Akte (Kritik, Ratgebung, Aufforderung, Anfrage, Mahnung, Auskunftseinholung, Kontrolle) bedarf es keiner ausdrücklichen Ermächtigungen. Für Eingriffsakte in Bescheidform ist das AVG anzuwenden. Die gesetzliche Determinierung ist also im Sinn der Judikatur des Verfassungsgerichtshofes zu Art 18 B-VG ausreichend. Hinzu kommt noch das Sachlichkeitsgebot des Gleichheitssatzes als Kriterium. Dennoch gibt es offene Fragen. Ist die Aufsichtsbehörde zur Ergreifung verbindlich eingreifender, vorbeugender Aufsichtsmittel ermächtigt? Darf sie außerhalb der ausdrücklichen Ermächtigungen der §§ 20 und 28 AKG Vorbedingungen aufstellen, wie etwa die vorherige Genehmigung, oder ist sie auf das nachfolgende (repressive) rechtsverbindliche Mittel des bescheidförmigen Eingriffs beschränkt? Die Antwort ist am Wesen der Autonomie, dh an der rechtlichen Selbständigkeit jeder Art von Selbstverwaltungskörper zu messen und findet darin ihren Rahmen und ihre Beschränkung. Danach ist die Staatsaufsicht grundsätzlich und im Zweifel nur zu nachfolgenden (repressiven) rechtsverbindlichen Eingriffen befugt, nicht aber auch zu vorbeugenden. Für diese braucht sie immer eine ausdrückliche gesetzliche Ermächtigung und eine solche müßte ihrerseits der Prüfung auf ihre Verfassungsmäßigkeit standhalten. Verbindliche

---

bau, erforderlichenfalls im Einvernehmen mit den beteiligten Bundesministerien beaufsichtigt.

(2) Die Aufsicht umfaßt die Sorge für die gesetzmäßige Führung der Geschäfte und Aufrechterhaltung des ordnungsgemäßen Ganges der Verwaltung. Die Aufsichtsbehörde ist bei Handhabung ihre Aufsichtsrechtes insbesondere berechtigt, Beschlüsse aufzuheben."

[99] Es müßte wohl *Bundesminister* heißen. Behörde ist nur der „Minister" als monokratisches Organ und nicht das Kollektivorgan „Ministerium".

nachfolgende Aufsichtsmaßnahmen als Eingriffe bedürfen jedenfalls der Bescheidform und unterliegen den rechtsstaatlichen Kontrollen. Dabei ergeben sich die weiteren begründeten Fragen nach der Zulässigkeit eines möglichen administrativen Instanzenzuges aus der Selbstverwaltung an die Aufsichtsbehörde und danach, ob Einschränkungen von Beschwerdemöglichkeiten des Selbstverwaltungskörpers gegen Aufsichtsakte auf Organbeschwerden verfassungsrechtlich überhaupt zulässig sind.

Zum Instanzenzug an die Aufsichtsbehörde hat der Verfassungsgerichtshof in ständiger Judikatur ausdrücklich festgestellt, daß er im Bereich der Selbstverwaltung nur zulässig ist, wenn er in einem Gesetz ausdrücklich vorgesehen ist[100]. Diese Judikatur ist zwar einheitlich und beständig, ihre verfassungsrechtliche Begründbarkeit ist aber im Hinblick auf den Wesensgehalt kompetenzförmiger Verankerung der Selbstverwaltung im B-VG mehr als fraglich. Sie wurde jedoch bisher noch nicht gründlich hinterfragt. Das gleiche gilt für eine Einschränkung von Beschwerden aus dem Selbstverwaltungsbereich gegen Aufsichtsakte an den Verwaltungsgerichtshof auf Organbeschwerden. Die Einräumung eines Instanzenzuges widerspricht der Autonomie. Die Einschränkung auf eine Organbeschwerde widerspricht überdies nicht nur dem rechtsstaatlichen Prinzip der Bundesverfassung, sondern auch der Gleichheit vor dem Gesetz.

2. Das Gesetz erwähnt einige Aufsichtsmittel demonstrativ

Im Sinn des Erkenntnisses des Verfassungsgerichtshofes Slg 4117/1961 scheint der Schluß zulässig, daß die Aufzählung bestimmter Aufsichtsmittel von vornherein nicht demonstrativ sein darf, wenn und weil der Gesetzgeber mit der Aufzählung die Vorgabe zu machen scheint, daß die Aufzählung von vornherein eine Einschränkung bedeutet. Ein solcher Schluß wäre höchst vordergründig. Mit Recht stellt auch der Verfassungsgerichtshof auf den Willen des Gesetzgebers ab. In der Regel der Fälle wird einer Aufzählung von Aufsichtsmitteln ohne Eingriffscharakter bloß demonstrativer oder beispielhafter Charakter zuzumessen sein. Das gilt in Ermangelung ausdrücklicher Einschränkungen allerdings nur für unverbindliche Maßnahmen. Verbindliche Maßnahmen als Genehmigungsvorbehalte und Eingriffe sowie die Vorkehrung eines Instanzenzuges bedürfen einer ausdrücklichen gesetzlichen Einräumung. Ihre Verfassungsmäßigkeit ist damit allein allerdings noch nicht außer Streit gestellt.

---

[100] Siehe dazu oben FN 91 und VfSlg 1946/1950, 2333/1952, 3683/1960, 4025/1961, 4667/1964, 5745/1968, 6182/1970, 6305/1970, 8225/1977, 8419/1978, 10931/1986.

3. Das Gesetz schreibt verschiedene Aufsichtsmittel taxativ vor

Eine ausdrückliche einschränkende Anordnung von Aufsichtsmitteln scheint nicht durch Interpretation erweiterbar. Doch auch bei einer taxativen Aufzählung kommt es auf den Willen des Gesetzgebers an. Dieser könnte etwa auf eine Einschränkung nur von Aufsichtsmitteln in Eingriffsform auf die aufgezählten gerichtet sein. Gleiches gilt auch für den Instanzenzug und andere die Autonomie beeinträchtigende Eingriffsmöglichkeiten, wie etwa Genehmigungsvorbehalte oder Entscheidungen über Anträge in Selbstverwaltungsangelegenheiten. Aufsichtsmittel ohne Eingriffscharakter bedürfen keiner ausdrücklichen Einräumung, sofern sie keine weiteren Rechtsfolgen nach sich ziehen. Eine eindeutige und abgegrenzt taxative Aufzählung von Aufsichtsmitteln als Eingriffsvorbehalte ist zwar verbindlich, sie bedeutet aber noch keineswegs, daß sie auch verfassungsmäßig ist. Dennoch ist ganz allgemein festzuhalten, daß eine ausreichende Staatsaufsicht der Existenz der Selbstverwaltung als dezentralisierte Staatsverwaltung durchaus gemäß ist und daher auch gesetzlich eingerichtet werden darf.

Der Staatsaufsicht im engeren und im weiteren Sinn stehen grundsätzlich zwei Kontrollebenen gegenüber: Einerseits richtet sich die Kontrolle der Selbstverwaltung durch den Staat auf die Beachtung ihrer gesetzlichen Grundlagen für den Außenbereich, insbesondere bei der Erlassung von autonomen Satzungen. Das betrifft zunächst die Rechtsbeziehung zwischen dem Staat und den Selbstverwaltungskörpern. Andererseits aber richtet sich die Kontrolle auch auf den Innenbereich des Verhältnisses des Selbstverwaltungskörpers zu den Mitgliedern oder Angehörigen und umgekehrt. Während die äußere Aufsicht reichlich geregelt und durch Lehre und Rechtsprechung weitgehend entsprechend analysiert ist, fehlen sowohl Regelungen als auch literarische Auseinandersetzungen zur Frage der Aufsicht über den inneren Bereich. Dazu gehört etwa die Frage nach einem durchsetzbaren subjektiven Recht von Organen oder von Angehörigen des Selbstverwaltungskörpers auf Erlassung einer autonomen Satzung und auf Erhebung von Aufsichtsbeschwerden gegen gesetzwidrige, vor allem exzessiv freiheitsbeschränkende Satzungen. Darin liegt aber überhaupt ein wunder Punkt der Selbstverwaltung. Im Innenbereich der autonomen Satzunggebung von manchen personalen Selbstverwaltungskörpern herrscht eine kaum kontrollierte Unordnung. Innerhalb der personalen Selbstverwaltungskörper und für diese gibt es kaum einmal besondere Publikationsorgane und öffentlich zugängliche Sammlungen für autonome Satzungen. Es gibt aber auch kaum einmal aufsichtsbehördliche Aufträge zur Erlassung oder zur Einschränkung von autonomen Satzungen und Verwaltungsakten. Die jüngsten Ereignisse um die Gehälter für die höchsten Funktionäre der Arbeiterkammer bieten dafür ein höchst problematisches Anschauungsmaterial. Es braucht daher nicht zu verwundern, wenn sogar die Meinung vertreten wird, daß über öffentlich-rechtliche Funktionsentschädigungen gemäß § 29 AKG, zu bestreiten aus öffentlich-rechtlichen Umlagen gemäß § 19 AKG, ohne satzungsmäßige Grundlage bloß durch privatrechtliche Übereinkommen zwischen den Spitzenfunktionären disponiert werden darf. Die gesetzliche Grundlage für die autonome Satzung und für deren Erzwingung durch die Aufsichtsbehörde ist mit der Kompetenzzuweisung gemäß § 19 an die Hauptversammlung des Arbeiterkammertages jedenfalls klar vorgezeichnet. Damit ist aber auch die Staatsaufsicht ausreichend inhaltlich determiniert, die derartige extrem gesetzwidrige und nur scheinbar privatrechtsgemäße Praktiken der Arbeiterkammer durch bescheidförmigen Eingriff längst hätte unterbinden müssen. Warum hat die Aufsichtsbehörde niemals die Erlassung entsprechender Satzungen reklamiert? Die Verantwortung für die Unterlassung der Ergreifung von Aufsichtsmaßnahmen schlägt nun in einem allgemeinen Mißtrauen gegenüber der personalen Selbstverwaltung schwerstens zu Buch.

Für die Aufsicht gegenüber dem Innenbereich eines Selbstverwaltungskörpers ist ein Instanzenzug an die Aufsichtsbehörde wegen des Interessenkonfliktes kein wirklich geeigneter Rechtsweg. Sinnvoll wäre aber ein selbstverwaltungsinterner Instanzenzug, vor allem für größere Selbstverwaltungskörper. Daran anschließend sollte es jedenfalls ausreichende Beschwerdemöglichkeiten an die Gerichtshöfe des öffentlichen Rechts geben.

V. Merkmale und Kriterien der Selbstverwaltung in der Lehre

1. Die Lehre Merkls

MERKL liefert in seinem Allgemeinen Verwaltungsrecht eine „begriffsdogmatische Untersuchung“[101] in „literarkritischer“ Einkleidung[102]. Er bemüht sich um einen „rationellen Begriff der Selbstverwaltung“ von umfassender Allgemeinheit für die Rechtstheorie, nach den Grundsätzen der Wissenschaftstheorie und der Begriffsökonomie[103]. Sein Begriff ist ahisto-

---

[101] Allgemeines Verwaltungsrecht (1927) 343.

[102] Allgemeines Verwaltungsrecht, Vorwort VII, ferner 1 und 344.

[103] Allgemeines Verwaltungsrecht, 1.

risch, formal und (rechts)theoretisch. Das positive Recht liefert das Anschauungsmaterial. MERKLS Darstellung erstreckt sich „nicht nur auf alle positivrechtlichen Realisierungen der Idee der Selbstverwaltung", sondern auch auf andere mögliche, „bislang noch nicht verwirklichte Gestalten der Selbstverwaltung". Dieser Begriff ist verhältnismäßig weit und „von zufälligen rechtlichen Realisierungen unabhängig"[104]. Kriterium ist die „begriffsökonomische Zweckmäßigkeit" und nicht die ausschließliche Richtigkeit[105]. Der so gewonnene Begriff ist nach MERKL „auf das Faktum der Wissenschaft zu rekurrieren", dh „es müssen nämlich die typischen rechtswissenschaftlichen Begriffsbestimmungen der Selbstverwaltung in der Richtung gesichtet werden, ob sie den organisatorischen Tatbestand, den man herkömmlich als Selbstverwaltung bezeichnet, decken"[106]. Der Begriff muß nach MERKL – wie alle Begriffe seines „Allgemeinen Verwaltungsrechts" – aber zugleich auch eine Abstraktion aus den konkreten Teilordnungen des Verwaltungsrechtes sein[107]. Dabei sind diese Teilordnungen für ihn allerdings nur das Anschauungsmaterial für einen abstrakten Begriff, der das Typische repräsentiert und der das Gegebene in seiner Allgemeinheit zu einer grundsätzlicheren und umfassenderen zeitlosen Möglichkeit überschreitet, um das Spezifische und Typische allen Verwaltungsrechtes zu erfassen[108].

Worin besteht also das Arbeitsmaterial MERKLS? Im positiven Recht Österreichs, auch Deutschlands, aller europäischer Staaten, aller Staaten oder im positiven Recht schlechthin, oder vielleicht überhaupt nur in den allgemeinen wissenschaftlichen Lehren dazu? MERKL stützt sich nämlich in erster Linie nicht auf die Rechtsvorschriften, sondern hauptsächlich auf die deutschsprachige Literatur zum Thema. Deshalb versteht er seine Darstellung des Allgemeinen Verwaltungsrechts auch als eine „literarkritische Auseinandersetzung" mit der herrschenden Verwaltungslehre[109].

---

104 Allgemeines Verwaltungsrecht, 343.

105 Allgemeines Verwaltungsrecht, 344.

106 Allgemeines Verwaltungsrecht, 344.

107 Allgemeines Verwaltungsrecht, Vorwort V.

108 Allgemeines Verwaltungsrecht, Vorwort VI.

109 Vgl dazu die Andeutung MERKLS im Vorwort zum „Allgemeinen Verwaltungsrecht", Vorwort VII und den Hinweis auf Seite 344. Nach einer persönlichen Schilderung durch MERKL selbst befanden sich in seinem Rucksack, den er für die Sommer-Arbeit am „Allgemeinen Verwaltungsrecht" auf die Rax mitgenommen hatte, nicht die einschlägigen Gesetze, sondern die wichtigsten österreichischen, deutschen und französischen Lehrbücher zum Allgemeinen Verwaltungsrecht.

MERKLS Begriff der Selbstverwaltung ist institutionell-organisatorisch angelegt. Er weist folgende Merkmale auf:

- Eigenpersönlichkeit und Selbständigkeit als juristische Person (Körperschaft [Verband] öffentlichen Rechts mit Zwangsbestand)
- Pflicht- oder Zwangsmitgliedschaft mit demokratischer Komponente
- Selbstverwaltung als dezentralisierte Staatsverwaltung
- eigener oder selbständiger Wirkungsbereich
- behördliche Kompetenzen
- Autonomie und Satzungsrecht (Selbstgesetzgebung)
- Unabhängigkeit als Weisungsfreiheit und Staatsaufsicht
- finanzielle Selbständigkeit.

2. Die Lehre Ringhofers

RINGHOFER, der sich ausdrücklich zur „normativen Methode KELSENS" bekennt, sieht (möglicherweise im Anschluß an KÖRNER und HERRNRITT) in der „Selbstverwaltung" völlig unüblich *ein Rechtsinstitut, nicht eine rechtliche Institution*[110]. Material ist für ihn das positive Recht Österreichs, dh das Verfassungsrecht und das einfachgesetzliche Recht. Sein Selbstverwaltungsbegriff gründet sich methodologisch auf die strukturell-funktionelle normentheoretische Begrifflichkeit der Reinen Rechtslehre KELSENS. Selbstverwaltung wird in der „Rechtsdynamik" geortet und als ein funktioneller Teil der Rechtsordnung, als Rechtserzeugung im Stufenbau des Rechts aufgefaßt. Selbstverwaltung ist nach RINGHOFER die spezifische Methode relativ mittelbarer und relativ dezentraler, relativ staatsferner untergesetzlicher Erzeugung und Vollziehung von Rechtsnormen. Selbstverwaltung ist Rechtskonkretisierung im Rahmen der Gesetze[111] als Staatsverwaltung (Teilrechtsordnung), durch eine Gemeinschaft (= Kollektiv) potentieller Normadressaten[112]. Bemerkenswert ist dabei die durch RINGHOFER dargestellte *Analogie der Selbstverwaltung als Rechtsinstitut zum Rechtsinstitut der Privatautonomie* vor dem Hintergrund einer verfassungsrechtlichen Orientierung: „... daß allein am Buchstaben des B.-VG. gemessen jede untergesetzliche Rechtskonkretisierung ausgeschlossen ist, die sich nicht entweder als Gerichtsbarkeit oder als Bundes-, Landes- bzw. Gemeindeverwaltung darstellt. Es bot dies bislang schon viel-

---

110 Die verfassungsrechtlichen Schranken der Selbstverwaltung in Österreich, Referat, Verhandlungen des 3. ÖJT, II/3 (1967) 28 ff.

111 Referat 62.

112 Referat 37, 62.

fach Anlaß, die verfassungsrechtliche Problematik der (nichtterritorialen) Selbstverwaltung zu erörtern. Niemals ist aber in diesem Zusammenhang ex professo abgehandelt worden, daß die logischen Konsequenzen einer solchen Auffassung viel weiterreichen, daß sie sich nicht allein auf die aus gewissen Gründen nicht ganz unbestrittene Selbstverwaltung, sondern rechtslogisch gleichermaßen auch auf ein Institut erstreckten, das kaum ein Mensch unseres Jahrhunderts in unseren geographischen Breiten zum Gegenstand einer Streitfrage zu machen willens und imstande wäre. Ich meine damit ... die rechtsgeschäftliche Rechtskonkretisierung, das *Institut der Privatautonomie*"[113]. – Selbstverwaltung bedeutet nach RINGHOFER demokratische Rechtskonkretisierung. Konsequenz des Hinweises auf die Analogie der Selbstverwaltungsautonomie zum *Rechtsinstitut der Privatautonomie* ist die Einschränkung der Anwendungsbereiche von Art 20 und Art 18 B-VG[114].

RINGHOFERS Ziel ist es, die normative Struktur des Begriffes der Selbstverwaltung darzulegen[115]. Selbstverwaltung ist Teilstaatsverwaltung, durch Organisation abgegrenzt: „... an deren Beginn die Gesamtstaatsperson und an deren Ende die Rechtsperson des Individuums" – in deren Mitte offensichtlich die Selbstverwaltung als Teil der Gesamtperson steht[116]. RINGHOFER versteht die Selbstverwaltung in einer Analogie zur Privatautonomie demnach zunächst materiell und funktionell als mittelbare Rechtskonkretisierung. Sodann kennzeichnet er sie aber auch organisatorisch durch die öffentlich-rechtliche juristische Person. Von dieser Rechtsperson handelt er allerdings auch in einer soziologischen Terminologie. Er sieht in der Selbstverwaltung das „Kollektiv" einerseits und die „Gemeinschaft" andererseits und weist ihr gemäß der „normativen" Terminologie der Reinen Rechtslehre die Eigenschaft einer „Teilrechtsord-

---

113 Referat 50 f. Ein vergleichbares argumentum ad absurdum verwendete schon MERKL bei seinen das einzelne positive Recht überschreitenden Ausführungen im Allgemeinen Verwaltungsrecht (1927) 354: „Mit dieser Feststellung ist die gelegentliche Leugnung der Selbstverwaltung ebenso abgelehnt wie ihre beliebte Überschätzung. Gewiß ist der durch die Existenz der Selbstverwaltung begründete komplexe Aufbau der Verwaltung nicht im Wesen der Staatsorganisation begründet, sondern ein rechtsgeschichtliches Produkt, dessen Einführung und Ausgestaltung lediglich eine Frage organisationspolitischer Zweckmäßigkeit ist. Aber es ist diese dualistische Struktur der Verwaltung, ihre Gliederung in sogenannte Staatsverwaltung und Selbstverwaltung, zu einer so regelmäßigen Erscheinung der modernen Staatenwelt geworden, daß ihre Leugnung ebenso weltfremder Doktrinarismus wäre, wie ihre Behauptung als wesensnotwendige Erscheinung der Staatsorganisation eine doktrinäre Entgleisung ist".

114 Referat 49 ff, 55 ff, 62.

115 Referat 41.

116 Referat 43 f.

nung“ sowie die Funktion der „kollektiven Rechtskonkretisierung“ mit der Bedeutung kollektiver Selbstbestimmung[117] zu. „Kollektiv“ gilt danach als ein Synonym für die juristische Person und für die Gemeinschaft[118].

RINGHOFER formalisiert und relativiert. Er durchbricht den organisatorisch-funktionellen (institutionellen) Begriff MERKLS in die formalere, normentheoretisch orientierte, formal-logische analytische Begrifflichkeit und Nomenklatur der Reinen Rechtslehre KELSENS. Er stellt aber auch die organisatorische Komponente der Selbstverwaltung gegenüber der funktionellen definitorisch in den Nachrang. Vermutlich wohl deshalb, weil er die Selbstverwaltung als Autonomie versteht und daher im Hinblick auf die Analogie zur Privatautonomie als ein „Rechtsinstitut“ und nicht als eine „Institution“ kennzeichnen will. RINGHOFERS Bemühen richtet sich auf Charakteristika der Selbstverwaltung und nicht auf Begriffsmerkmale. Dennoch sind auch seinen Ausführungen mehr oder weniger explizit folgende Begriffsmerkmale als „normative Strukturelemente“ der Selbstverwaltung als „Rechtsinstitut“ ablesbar:
- die Rechtsperson
- die hoheitliche Tätigkeit
- das Satzungsrecht
- die Autonomie
- die Weisungsfreiheit
- die Staatsaufsicht.

3. Die Lehre Pernthalers

Von dieser „normativen“ Denkweise durch die formalen Denkformen von „Norm“ und „Institut“ unterscheidet sich die begriffliche Orientierung PERNTHALERS[119] ganz wesentlich. PERNTHALERS Denkansatz ist nicht formal-normativ verengt, er ist auch nicht bloß positivistisch-reduktiv, gesetzestextreduziert und monistisch, sondern er ist pluralistisch und universell, mit juristisch-normativer Orientierung im positiven Recht: Sein Begriff ist verfassungsrechtlich, historisch, geistes- und institutionengeschichtlich, sowie verfassungsgeschichtlich (politisch), aber auch literarkritisch und daher auch tiefer und differenzierter angelegt als der Begriff MERKLS.

---

117 Referat 63.

118 Referat 47.

119 Die verfassungsrechtlichen Schranken der Selbstverwaltung, Gutachten, Verhandlungen des 3. ÖJT, I/3 (1967).

PERNTHALER entwickelt auf pluralistischer methodologischer Grundlage eine revidierte Begriffsanalyse der „*Institution*" im Sinn einer organisatorisch-funktionell charakterisierten Selbstverwaltung, die im Spannungsfeld der „Trennung" von Staat und Gesellschaft gesehen wird. In ihrem Mittelpunkt steht die *öffentliche* Selbstverwaltung zum Unterschied von der und im Gegensatz zur *gesellschaftlichen* Selbstverwaltung (PREUSS und GNEIST). PERNTHALER verbindet den Begriff der Selbstverwaltung zwar nicht essentiell, aber doch pragmatisch mit dem der juristischen Person[120]. Danach ist die öffentliche Selbstverwaltung Staatsverwaltung im funktionellen Sinn, unter der Herrschaft des demokratischen Prinzips, im bundesstaatlichen Organisationsgefüge des grundrechtsgeprägten Rechtsstaates. PERNTHALER vermeidet eine einheitliche begrifflich-definitorische Darstellung der Selbstverwaltung durch einen geschlossenen Katalog von charakteristischen Merkmalen. Er liefert aber dennoch wesentliche Ansätze für eine universelle Begriffsbestimmung aus dem Sinn, aus der rechtlichen Bedeutung und aus der geschichtlichen Entwicklung der staatlichen Ordnung und verwendet sie als Grundlage und Orientierungskriterien für die Charakteristik der Selbstverwaltung als rechtlich geregelte Institution im Organisationsgefüge von Staat und Gesellschaft.

Kennzeichnende Merkmale der *Selbstverwaltung als Institution* sind nach PERNTHALER:

- die Rechtsperson (in der Regel)
- die Unabhängigkeit (Weisungsfreiheit)
- die Unterbrechung des Instanzenzuges
- die Staatsaufsicht
- die Autonomie
- das autonome Satzungsrecht.

Alle diese Merkmale sind verfassungsgebunden und einfachgesetzlich geregelt zu verstehen.

4. Die Lehre Korineks

KORINEK sucht zum Unterschied von Vertretern der Reinen Rechtslehre weder eine rechtssatzgebundene noch eine normentheoretisch angesetzte Deutung der Selbstverwaltung. Sein beherrschender Orientierungsbehelf zur Begriffsbildung ist zunächst auch weder das „Institut" noch die „Institution", sondern der „Typus". Gleichwohl ist immer wieder von der „Institution" die Rede. KORINEKS „typologischer Begriff" hat die Institu-

---

120 Gutachten 21 u 34.

tion(en) der Selbstverwaltung zum Gegenstand. KORINEK scheint durch die Fülle älterer Versuche zur Begriffsbestimmung in deren Heterogenität irritiert. Er wählt daher den sozialempirisch-normativen Denkansatz des „Typus" der Privatrechtswissenschaft für eine Art normativer Kennzeichnung des pluralistischen Phänomens der Selbstverwaltung als *Typus* schlechthin und im Singular.

Hier stellen sich unausweichlich die ersten Fragen ein. Käme für die staatsrechtliche Untersuchung des organisatorischen Phänomens der Selbstverwaltung anstelle des materiell-rechtlichen Typus-Begriffes der Zivilisten nicht vielmehr der organisatorisch-funktionelle Typus-Begriff der Staats(rechts)lehre in Frage? Setzt des weiteren der „Typus" nicht einen Plural unter einem Allgemeinbegriff voraus, wie etwa die „Staatsform" für die Typen der Autokratie einerseits gegenüber den Typen der Demokratie andererseits? Oder gibt es nicht vielmehr einen „allgemeinen Begriff" der Selbstverwaltung, der die organisatorisch-funktionellen Typen der „territorialen" und der „personalen" Selbstverwaltung gleichermaßen in sich schließt? Oder ist nicht überhaupt zwischen den Typen der territorialen, der wirtschaftlichen, der beruflichen, der sozialen und der kulturellen Selbstverwaltung zu unterscheiden, die ihrerseits jeweils in mehreren Arten geregelt sind und als Einzelphänomene normativ und real-sozial in Erscheinung treten? Und schließlich: Von welcher Qualität sind diese „Begriffe"? Sind sie Rechtsinhaltsbegriffe oder wissenschaftliche Formalbegriffe? Sind sie Rechtsbegriffe oder bloß rechtswissenschaftliche Begriffe? Ferner: Sind sie juristische oder soziologische Begriffe? Das sind Fragen, die zunächst auftauchen, vor allem wenn der „Typus" nur im Singular und zugleich auch als ein „Begriff" in Recht und Wirklichkeit gesehen wird.

Doch was sagt KORINEK selbst, abgesehen davon, daß er sich abweichend von anderen, wie etwa von MERKL und KÖRNER, der von ENGISCH, LARENZ und LEENEN[121] als Alternative zum „Begriff" dargelegten normativ-phänomenologischen Denk- und Anschauungsform des „Typus" bedient, um sie letztlich dann doch wiederum nur begrifflich zu verstehen?

Aufgrund seiner rechtsempirischen, dh auf die Vorschriften der geltenden Rechtsordnung gegründeten Untersuchung über die wirtschaftliche Selbstverwaltung findet KORINEK in seinen noch immer als anschauliche Beispiele für rechtsdogmatische Untersuchungen über die Selbstverwal-

[121] LARENZ, Methodenlehre der Rechtswissenschaft[5] (1983) 131 ff, 207 ff, 211 ff, 217, 288 ff, 290, vor allem aber 443 ff. Siehe dazu auch ENGISCH, Die Idee der Konkretisierung in Recht und Rechtswissenschaft unserer Zeit[2] (1968) 308 f; ferner LEENEN, Typus und Rechtsfindung (1971) und kritisch dazu F. MÜLLER, Juristische Methodik[4] (1990) 142 ff.

tungskörper wirkenden Abhandlungen, nicht zuletzt auch über die „Selbstverwaltung in der Sozialversicherung“[122], zum „Typus“ und zum „Begriff“. In der Abhandlung über die Sozialversicherung erbringt er die theoretische Fundierung seiner älteren Forschungsarbeit, gleichsam rückwirkend auch auf sein älteres Werk über die wirtschaftliche Selbstverwaltung[123]. Die Frage nach den kennzeichnenden Eigenschaften der „Selbstverwaltung“, gesehen zugleich als Organisationstypus und Institution, führt ihn zu der Feststellung, daß es in der positiven österreichischen Rechtsordnung keinen einheitlichen Rechtsbegriff der Selbstverwaltung gibt und daß es unmöglich ist, einen „sinnvollen definitorischen rechtswissenschaftlichen Begriff der Selbstverwaltung zu finden“[124]. Daher verbleibe nur die Möglichkeit einer typologischen Abgrenzung. Selbstverwaltung sei nicht definierbar, wohl aber explizierbar. Der „typologische Begriff“ habe im Sinn von LARENZ (ENGISCH) und LEENEN zwar einen festen Kern, aber keine festen Grenzen, „so daß von den für einen Typus charakteristischen Zügen auch der eine oder andere fehlen kann, ohne daß damit die Typizität eines bestimmten Sachverhaltes in Frage gestellt zu sein bräuchte“. KORINEK wählt also einen sozialempirisch-normativen Ansatz („Sachverhalt“) der Zivilrechtler zur Erfassung öffentlich-rechtlicher Phänomene und versetzt den von ihm selbst letztlich doch als erheblich beachteten organisatorischen Ansatz der „Institution“ in den Nachrang. Er stellt aber gleichwohl fest: „Nur aus der Analyse der konkreten für die spezielle *Institution* geltenden Rechtsvorschriften, nicht aber auf Grund der Qualifikation als Träger der Selbstverwaltung sind juristische Aussagen über eine bestimmte Institution möglich“[125]. KORINEK verschmilzt also zwei grundverschiedene Denkformen miteinander und erbringt einen „typologischen Begriff“, der offensichtlich doch als ein Gesamtbegriff für die verschiedenen „Institutionen“ der personalen Selbstverwaltungskörper fungiert und daher auch auf die wirtschaftliche Selbstverwaltung paßt. Diesen „Typus-Begriff“ stellt er in den Dienst der Systematisierung und weist ihm trotz Fundierung in den Rechtsvorschriften bloß eine theoretische, eine dem Systematisierungsbedürfnis der Wissenschaft dienende Erkenntnisfunktion zu. Dabei sucht er nach den „Typus-Merkmalen“ bzw nach den „Prinzipien“ der Selbstverwaltung, um den juristisch relevanten Typus zu finden. Material bieten die

---

122 ZAS (1972) 163 ff und TOMANDL (Hg), System des österreichischen Sozialversicherungsrechts (1978) 481 ff.

123 KORINEK, Wirtschaftliche Selbstverwaltung (1970).

124 KORINEK, Selbstverwaltung in der Sozialversicherung, ZAS (1972) 164.

125 KORINEK, Selbstverwaltung in der Sozialversicherung, ZAS (1972) 165.

als Selbstverwaltungskörper organisierten Einrichtungen der gesetzlich fundierten wirtschaftlichen und beruflichen Interessenvertretungen, der Hochschulen, der Hochschülerschaften sowie schließlich der Einrichtungen der Sozialversicherung[126]. „In diesem Sinn soll also nun versucht werden, zu analysieren, ob die Sozialversicherung dem entspricht, was man gemeiniglich als Selbstverwaltung im typischen Sinn der österreichischen Rechtsordnung versteht“[127].

Die offensichtlich rechtsempirisch und analytisch vorgearbeitete und daher vor der schriftlichen Darstellung im erwähnten Aufsatz bereits vollzogene positivrechtliche Analyse bestätigt nach KORINEK, in Übereinstimmung mit der allgemein herrschenden Auffassung, sieben „Elemente“ (Merkmale) als typisch für die Selbstverwaltung:

- die juristische Person als Körperschaft aufgrund eines Hoheitsaktes
- die Pflichtmitgliedschaft (obligatorische Zugehörigkeit)
- die innerdemokratische Organbestellung (aus der Mitte)
- die Besorgung öffentlicher Aufgaben (Kompetenz)
- die Befehls- und Zwangsgewalt gegenüber den Mitgliedern
- eine relative Unabhängigkeit, dh Weisungsfreiheit aber Bindung an die Aufsicht durch den Staat
- die finanzielle Selbständigkeit.

Demnach wird die Selbstverwaltung zwar schlechthin als „Typus“ verstanden, aber dennoch als „Begriff“ gedacht. Auf dieser „theoretischen“ Grundlage wird das Vorliegen ihrer „Elemente“ (Merkmale) in der Sozialversicherung geprüft und im einzelnen bestätigt. Der „Typus-Begriff“, projiziert auf eine konkrete Art von Institution, erweist sich bei KORINEK sodann als ein allgemeiner begrifflicher Raster. Typuselemente werden zu Merkmalen einer Institution und diese Merkmale werden zu normativen Kriterien eines allgemeinen Rechtsbegriffes. Offen bleibt dabei nur das Quantitative, dh die Frage nach dem Mehr oder Weniger an Erfüllung von einzelnen Merkmalen der verschiedenen Arten von Selbstverwaltungskörpern im Vergleich zueinander. KORINEKS begriffliche Typusschau in institutioneller Verpackung erbringt also nicht nur einen Einheitstypus, sondern offenbar auch voneinander abweichende Typen von Institutionen. Letztlich erweist sich aber KORINEKS Elementekatalog, trotz aller Relati-

---

[126] Die Selbstverwaltungskörper der Länder, der Gemeinden, vor allem aber auch jene nachbarschaftsrechtlicher Provenienz, bleiben außerhalb der Betrachtung. Die wissenschaftliche Lehre hat auf diesem Gebiet noch immer ein wichtiges und lohnendes Betätigungsfeld.

[127] KORINEK, Selbstverwaltung in der Sozialversicherung, ZAS (1972) 165.

vierung und trotz der Schwäche seiner theoretischen Begründung, dennoch als Bestätigung eines allgemeinen, relativ formalen juristischen Begriffs von der Selbstverwaltung als organisatorisch-funktioneller Einheit, vergleichbar jenem institutionellen Gesamtbegriff, dessen Merkmale schon MERKL „literarkritisch" herauskristallisiert hat.

Deduktion und Induktion aus dem Rechtsmaterial werden durch KORINEK über mehrfache Verknüpfungen mit theoretischen Denk- und Anschauungsformen zu einer rechtsdogmatischen inneren Geschlossenheit ineinander verschränkt. Sieben aus vorangehenden positivrechtlichen Analysen gewonnene Merkmale, die letztlich dann doch einen „definitorischen Gesamtbegriff" repräsentieren, werden sodann für institutionelle Vergleichungen als ein induktiv gewonnenes und deduktiv fungierendes normatives Deutungsschema verwendet. Auf diese Weise wird über einen Gesamtbegriff auch das Vorliegen der Eigenschaft als Selbstverwaltungskörper in der Sicht institutioneller Zusammenhänge eines Rechtsgebietes bestätigt. Damit wird aber auch der induktive Weg zunehmender Abstrahierung aus der Analyse von als Einheit verstandenen Rechtsinhalten vorausgesetzt. Dabei bleibt allerdings die wichtige Frage offen, ob dieser Begriff vielleicht nicht doch auch ein verfassungsrechtlicher ist. Ist der Weg auch das Ziel und umgekehrt? So fragt man unwillkürlich. Wie verhält sich KORINEKS Begriffsanalyse von der „sozialen Selbstverwaltung" zur Begriffsanalyse von der „wirtschaftlichen Selbstverwaltung"? Welcher Aussagewert liegt in den erkenntnistheoretischen Denk- und Anschauungsformen von „Begriff", „Typus", „Institut" und „Institution" im Hinblick auf Identität und Disparität von Begriffselementen, bei einer derartigen rechtsdogmatischen Gewinnung von allgemeinen und abstrakt kennzeichnenden Vorstellungen aus den Rechtsvorschriften? Welche Bedeutung kommt dabei den zwar verschiedenen, aber dennoch vergleichbaren und gewissermaßen sogar „gleichen" und in den Wesenselementen ihrer Formalstruktur vielleicht sogar identen rechtlichen Gegenständen für die erforderlichen analytischen, vergleichenden und synthetischen juristischen Denkweisen über die Selbstverwaltung als Phänomen des positiven Rechts zu? Was ist dabei normativer Regelungsinhalt und was ist die darauf beziehbare Wirklichkeit des sozial-kulturellen Realen im Hinblick auf das rechtlich Geregelte?

VI. Diskrepanz und Konkordanz der disparaten Lehren

KORINEKS methodologischer Denkansatz ist zweifellos problematisch, seine Arbeitsergebnisse sind aber dennoch ansprechend; allein schon wegen ihrer offengelegten Bindung an das Rechtsmaterial, also wegen der Adäquanz des Denkproduktes mit dem aufgrund der Rechtsvorschriften erfahrbaren rechtlichen Gegenstand. Ungleich mehr als ein Blick in die längst aufgestaute Fülle theoretischer Äußerungen erweisen sich aus der Sicht KORINEKS der Begriff und das rechtlich-soziale Phänomen, der Typus (die Typen) der Selbstverwaltungspluralität im Grunde aber nur scheinbar als ein bloßes Problem des theoretischen Diskurses, dessen Wahrheitskriterium oder Richtigkeitsaspekt immer wieder auch in der Übereinstimmung herrschender Vorstellungen gesucht wird. Das eigentliche Problem liegt nicht in den Wissenschaftsbegriffen, sondern in der Mangelhaftigkeit der einschlägigen Gesetzgebung und in der problematischen Art ihrer Interpretation. Die meisten Theoretiker orten den Begriff der Selbstverwaltung gewiß zu Recht zunächst in den Gesetzen. Manche von ihnen finden ihn dort mangels expliziter Aussage, insbesondere mangels Legaldefinitionen mitunter trotz aller Mühe nur fragmentarisch oder gar nicht. Das ist begreiflich. Der Gesetzgeber (Verfassungsgesetzgeber) hat nämlich die Wissenschaft nicht nur in den Zustand einer zunehmenden Hilflosigkeit versetzt, sondern sie in diesem Zustand auch belassen; er schweigt seit jeher schon beharrlich über wesentliche Fragen des Organisatorischen! Vor allem jüngere Theoretiker sehen daher nur mehr einzelne Regelungen, aber keine einheitlichen Institutionen. Sie sehen gewissermaßen nur zahlreiche Bäume, aber nicht den Wald. Fragmentarische Gesetzesanalyse und vorurteilshafte traditionelle Wesensschau werden überdies mitunter auf merkwürdige Weise miteinander verknüpft. Letztlich gibt es dann oft bloß literarkritisch bezogene Positionen, die von der Vielfalt der Lehrmeinungen ausgehen, die nicht auf den Gehalt und die Bedeutung des zugrundeliegenden Rechtsmaterials hinterfragt werden und die daher hinter den zu Synthesen überhöhten Analysen etwa von MERKL, PERNTHALER, RINGHOFER und KORINEK weit zurückbleiben. EHRLICHS[128] Untersuchungen zur rechtswissenschaftlichen Begriffsbildung sind in Österreich unbekannt geblieben. Vermutlich weil sie von gesetzestextgläubigen Positivisten irrigerweise schlechthin in den Bereich der Soziologie verwiesen wurden, geradeso als ginge es beim Recht bloß um den Wortlaut und nicht auch um den Sinn, als ginge es beim Recht bloß um Vorschriften und nicht auch um die rechtserhebliche Wirklichkeit.

---

[128] EHRLICH, Die juristische Logik[2] (1966/1925); EHRLICH, Grundlegung der Soziologie des Rechts[3] (1967/1913).

KORINEKS Verdienst liegt gewiß nicht in der für manch einen verführerisch wirkenden Typus-Schau auf die Begrifflichkeit einer größeren Zahl miteinander vergleichbarer Institutionen, sondern in der grundsätzlichen Unterwerfung seiner Untersuchungen unter das Rechtsmaterial des positiven Rechts, die nicht nur den Wortlaut der Rechtsvorschriften, sondern auch deren Sinn beachtet. KORINEK hat in seinen Studien zur Selbstverwaltung manchen unzureichend positiv-rechtlich reflektierenden rechtswissenschaftlichen Denkweisen seine rechtsempirischen Forschungsergebnisse in nachprüfbaren Begründungszusammenhängen entgegengesetzt. Seine solcherart rechtsempirisch fundierte Dogmatik wird daher mit Recht über die wirtschaftliche und soziale Selbstverwaltung hinaus als beispielhaft empfunden[129], mögen auch manche jüngere Leute den methodologisch problematisch verwendeten soziologischen Typusbegriff so verlockend empfinden, daß sie diesen nicht mehr auf seine Anwendbarkeit auf das Recht kritisch hinterfragen und daher nicht verstehen, wie vordergründig und begrenzt seine Aussagekraft ist. KORINEKS Untersuchungen machen trotz des begrifflichen Synkretismus den Weg zünftigen juristischen Denkens sichtbar. Sie zeigen den Weg von der juristischen, dh von der positivrechtlichen, materialgebundenen Analyse der Selbstverwaltung in die Synthese eines begrifflich angelegten „institutionellen" Gesamtverständnisses von rechtlichen Regelungseinheiten der personalen Selbstverwaltungskörper.

Die Selbstverwaltung wird in der Lehre zumeist als eine rechtliche Institution des geltenden Rechts gedeutet: vom Konkreten zum Abstrakten des Rechtsinhaltes, vom Individuellen und Speziellen zum Allgemeinen der Regelungszusammenhänge, von der Institution des einzelnen Selbstverwaltungskörpers zur verfassungsrechtlich verankerten Art und von dieser zum begrifflich erfaßten Gesamtphänomen der Institution der Selbstverwaltung. Die Anschauungsform des Typus tut dem keinen ernstlichen Abbruch. Sie bedeutet nur eine andere Denkweise. Sie sollte aber nicht synkretistisch angewendet werden. Als Regel rechtswissenschaftlichen Denkens gilt danach: induktiv und nicht deduktiv zuerst; dann aber auch deduktiv, beide analytisch und synthetisch, ganz im Sinn üblicher juristisch-dogmatischer Denkweise. Das gilt in qualifizierter Weise für die Analyse verfassungsgesetzlich festgeschriebener Kompetenztatbestände und der durch sie erfaßten personalen Selbstverwaltungskörper.

---

[129] Siehe etwa die Studie von STOLZLECHNER, Öffentliche Fonds, Forschungen aus Staat und Recht 60 (1982).

Das Problem der Selbstverwaltung liegt also im Begriff, genauer gesagt in der Art und Weise der Gewinnung seiner Elemente oder Wesensmerkmale. Thesen wie: es gibt keinen allgemeinen (verfassungsrechtlichen) Begriff der Selbstverwaltung (ANTONIOLLI, KORINEK ua) oder aber es gibt einen solchen, sogar einen umfassenderen theoretischen, stehen einander in der Literatur anscheinend unversöhnlich gegenüber. Die Denkansätze dafür sind offenbar auch unterschiedlich; hier das positivrechtliche Material als Gegenstand, da die Lehren zum Thema; hier eine positivrechtlich-dogmatische Sicht, dort eine literarkritische, theoretisch-dogmatische oder gar eine mehr oder weniger „rein" normative und/oder soziologische Wesensschau. Es mischen sich aber auch die ältere traditionelle juristische Wesensschau und jüngere gegenstandsgebundene positivrechtliche Ableitungen[130]. Dabei wird letztlich dann dennoch ein allgemeiner Begriff von der Selbstverwaltung als Institution zum normativ-verbindlichen Deutungsschema gemacht, positivrechtlich supponiert und zum Denkansatz für Deduktionen, Ableitungen, Schlußfolgerungen und Anwendungen gemacht. Konkrete Institutionen werden daran sogar gemessen (KORINEK, KOJA). Dabei scheint dann nur mehr die Art der theoretischen Begründung erheblich.

Das theoretische Orientierungsbedürfnis der Wissenschaft vom öffentlichen Recht gegenüber dem Thema der Selbstverwaltung und einer ihm adäquaten rechtswissenschaftlichen Denkweise ist größer, als man angesichts weitgehender Übereinstimmung in den Ergebnissen meinen mag, wenn man die apodiktischen Aussagen vor allem von Lehrbuchautoren liest. Dem Außenstehenden mag der Diskurs um Denkformen und Fragen der Begriffsbildung eher als ein „Streit um des Kaisers Bart" erscheinen. Hier Typus, da abstrakter Begriff; hier Institut, da Institution. Die Eignung und die tatsächliche Verwendung solcher allgemeiner Anschauungs- und Denkformen werden nämlich zumeist überhaupt nicht kritisch genug hinterfragt. Müßte man nicht auch die Entsprechung (Adäquanz) der Anschauungs- oder Denkform mit dem Betrachtungsobjekt veranschlagen und nachweisen? Das Instrumentarium des Denkens sollte schließlich dem Gegenstand entsprechen, dem Denken Orientierung geben und geeignet sein, Erkenntnis und Verstehen vom Gegenstand zu fördern[131].

---

[130] KOJA, in: Antoniolli – Koja, Allgemeines Verwaltungsrecht^2 (1986) 348 ff; WELAN – GUTKNECHT, Selbstverwaltung, Festgabe für Antoniolli (1979) 389 ff.

[131] KANT, Logik, in: Schriften zur Metaphysik und Logik 2 (Suhrkamp VI, 1977, nach der Ausgabe von Weischedel 1968) 476 ff: „Wahrheit, sagt man, besteht in der Übereinstimmung der Erkenntnis mit dem Gegenstande" (476).

Unter dem „Typus“ versteht man in der Staatslehre in Gefolgschaft nach JELLINEK und M. WEBER die schon in der „Politik“ von ARISTOTELES zweifelsfrei erkennbare Gesamtvorstellung von eigenartigen und abgegrenzt erkennbaren Staatsstrukturen (normativen und faktischen Sachlagen) der sozial-kulturellen Wirklichkeit, die in ihrer Mehrzahl und Gleichartigkeit zum Charakteristischen der Zusammengehörigkeit von Art und Gattung gekennzeichnet sind. (Diese juristische und soziologische Auffassung vom Typus staatlicher Einrichtungen ist vom materiellrechtlichen tatbestandlichen Sachverhalts-„Typus“, wie er in der Zivilrechts- und Strafrechtswissenschaft vorkommt, zu unterscheiden).

Was ist mit einem solchen Typus, der mehr bildhaft als begrifflich verstanden wird, wirklich gewonnen? Jedenfalls die Möglichkeit zur Einteilung der Selbstverwaltungskörper in wirtschaftliche, berufliche, soziale, kulturelle und allgemein-territoriale! Das ist gewiß positiv, doch ein solches Ergebnis ist nicht von größerem Wert, als es die verschiedenen Farben auf den Bienenstöcken in einem Bienenhaus sind. Sie bedeuten den Bienenvölkern gar nichts und dienen nur dem Orientierungsbedürfnis des Imkers. Bienen leben nicht farb-, sondern gemeinschaftsbezogen.

Die Anschauungsform des Typus ist kein Gegenstandsbegriff, demgemäß auch kein juristischer Begriff. Der Typus ist eine Anschauungs- und Denkform, welche die Sozialwissenschaften zur Sichtung, Ordnung und Systematisierung ihres Denkens, bezogen auf strukturelle Gegenstände dieses Denkens benützen. Daher ist es auch problematisch, nur vom Typus und nicht auch von den Typen zu handeln. Der Typus setzt eine Mehrzahl von vergleichbaren Arten voraus. Andernfalls herrschen Vorstellungen von Singularität, Spezialität und Identität bloß über das Einzelne und nicht über allgemeine Eigenschaften mehrerer vergleichbarer Phänomene. Die Vorstellung von der Pluralität der Einzeltypen und von einem Gesamttypus(begriff) in der Typenvielfalt ist gewiß erkenntnisfördernd. Sie dient aber mehr der Anschauung vom Gegenstand als seiner erkenntnismäßigen Durchdringung durch Analyse und Synthese. Abgesehen davon, daß im Typus(begriff) der Staatslehre das Real-Soziale des Organisatorischen der vorherrschende Ansatzpunkt ist, bleibt nämlich unbestreitbar, daß neben dem Typus als Denkansatz das Einzelne in der Pluralität und in seiner Gleichartigkeit und Vergleichbarkeit letztlich jedenfalls auch begrifflich erfaßt werden kann, erfaßt werden muß und eigentlich tatsächlich auch erfaßt wird. KORINEK handelt gewiß nicht von ungefähr vom „Typus-*Begriff*“. Durch die Art seiner Handhabung, durch die Verschmelzung materiellrechtlicher und organisatorischer, soziologischer und juristischer Denkansätze entfremdet er jedoch den „Typus“ als wissenschaftliche Denk- und Anschauungsform seinem eigenen Systematisierungsbedürfnis, führt ihn durch die Umformung zum Begriff einer Verwendung zu, für die er so nicht geeignet ist, und macht ihn in dieser Verwendungsweise im Grunde sogar überflüssig.

RINGHOFER geht vom *Rechtsinstitut* als dem beherrschenden Grundbegriff seiner Darlegungen aus. „Selbstverwaltung“ bedeutet für ihn zuallererst „Autonomie“. Sie ist daher für ihn ähnlich als *Institut* des Rechts (*Rechtsinstitut*) zu verstehen – funktionell und abstrakt – wie die Privatautonomie. Unter einem *Rechtsinstitut* versteht man im Zivilrecht und im Verwaltungsrecht traditionellerweise eine zur begrifflichen Gesamtheit rechtlich konzipierte und als solche funktionell zusammengehörige Einheit von rechtlich geregelten subjektiven Rechten und Pflichten von Personen (Rechtsverhältnissen), eine materiellrechtliche Einheit von Rechtsvorschriften, Rechtsverhältnisse und subjektive Rechte und Pflichten in sich schließend. So wurde etwa das „Eigentum“ von der Wissenschaft schon von altersher (GAJUS) als ein Rechtsinstitut verstanden. Als solches ist es aber eine von der Wissenschaft als Institut gekennzeichnete materiellrechtliche, eine funktionelle und nicht eine organisatorische Einheit.

Unter dem „Rechtsinstitut“ versteht man demnach die zu einem komplexen Regelungszweck als begriffliche Einheit verbundene Gesamtheit von Rechtsvorschriften, gerichtet auf subjektive Rechte und Pflichten von Adressaten des Rechts. So gesehen kann man zwar die Rechtsinstitute der „Autonomie der Selbstverwaltung“ und der „Autonomie des Privatrechts“ miteinander vergleichen. Der Begriff der Selbstverwaltung, als organistorisch-funktionelle Einheit, und der Begriff der Privatautonomie, als materiellrechtlich-funktionelle Einheit, bedeuten aber für das wissenschaftliche Denken verschiedene Qualitäten. Die von ihnen und durch sie gekennzeichneten Regelungseinheiten sind voneinander qualitätsverschieden. „Selbstverwaltung“ impliziert in der Staatslehre zuallererst eine „Institution“ als organisatorisch-funktionelle Einheit. „Autonomie“ hingegen impliziert sowohl im Privatrecht als auch im Verwaltungsrecht ein „Rechtsinstitut“, dh einen Komplex materiellrechtlicher und rechtsfunktioneller Zusammenhänge. Diese Terminologie ist gewiß von der Rechtswissenschaft geschaffen. Man könnte für die Denk- und Anschauungsformen von Institut und Institution genausogut andere Namen verwenden. Doch sie haben sich, ähnlich wie der „Typus“, zur Benennung von wissenschaftlichen Denk- und Anschauungsformen eingebürgert. Sie entspringen dem Ordnungs- und Systematisierungsbedürfnis im wissenschaftlichen Denken für grundsätzlich voneinander verschiedene Regelungsinhalte des Rechts, gemäß der Eigenart ihrer Inhalte. Deshalb kommt ihnen zuallererst Anschaulichkeit und insofern auch Erkenntnishilfe zu, sofern sie nicht synkretistisch verwendet werden.

RINGHOFER benötigt die wissenschaftliche Denk- und Anschauungsform des „Rechtsinstituts" aber anscheinend als Brücke zwischen der zuvörderst funktionell verstandenen Selbstverwaltung und der Privatautonomie, um über die so hergestellte terminologische Gleichheit zwei voneinander verschiedene und dennoch wenigstens teilweise grundsätzlich gleichartige juristische Phänomene in ihren unzureichenden verfassungsrechtlichen Regelungsansätzen nicht nur miteinander zu vergleichen, sondern daraus auch einen gegenstandsgebundenen erkenntnismäßigen juristischen Nutzen abzuleiten. Vergleicht man die funktionellen begrifflichen Elemente der Autonomie in der öffentlich-rechtlichen Selbstverwaltung mit jenen der Autonomie des Privatrechts, dann ist es gewiß sinnvoll, vom „Institut" zu handeln. Vergleicht man jedoch die organisatorisch-funktionelle Einheit der Selbstverwaltung mit dem materiell-funktionellen Rechtskomplex der Privatautonomie, dann erweist es sich als unsachgemäß, irreführend und unökonomisch, von der einheitlichen Denkfigur des Rechtsinstituts auszugehen und darunter die Selbstverwaltung zugleich auch in ihrer organisatorischen Grundstruktur zu begreifen. Sinnvoll und sachentsprechend wäre es dann vielmehr, der organisatorisch-funktionellen Einheit der Selbstverwaltung die entsprechende organisatorisch-funktionelle Einheit des Privatrechts gegenüberzustellen. Diese Einheit ist aber jeweils die Rechtsperson, kategorisiert als institutionelle Einheit, welcher die als Rechtsinstitute vorstellbaren Rechtskomplexe der Autonomie als funktionelle Einheiten zugeordnet werden können.

PERNTHALER handelt gleich MERKL und anderen Vertretern der Staats(rechts)lehre von der Selbstverwaltung als *Institution* des Rechts. Er begreift damit die Selbstverwaltung als eine organisatorisch-funktionelle Einheit, die durch einen Komplex von Rechtsvorschriften geregelt ist. Selbstverwaltung, verstanden als eine zweckgewidmete Körperschaft, wird als Institution gesehen, dh, sie wird als eine organisatorisch-funktionelle Einheit verstanden.

Von daher erklärt sich auch das dabei angewendete „institutionelle Rechtsdenken" als Verständnishilfe. Die Begriffe des „Instituts" und der „Institution", gerichtet sowohl auf eine materiellrechtliche Funktionseinheit als auch auf eine organisatorische Struktureinheit des Rechts, dienen dem besseren Sinnverständnis von zusammengehörenden gleichartigen

Vorschriften. Diese werden über ihren Regelungsgegenstand, der als eine komplexe Sinneinheit, entweder als Institut oder als Institution gedacht wird, teleologisch erfaßt und entweder materiell-funktionell oder organisatorisch-funktionell charakterisiert. Ein derartiges institutionelles Denken begreift daher entweder eine materiell-funktionelle oder eine organisatorisch-funktionelle Einheit in sich, die begrifflich verstanden nach einer Wesenseigenschaft kategorisiert wird, welche den Denk- und Anschauungsformen „Institut" und „Institution" bezogen auf spezifische Regelungseinheiten des Rechts ihre Eigenart geben. Im wissenschaftlichen Gebrauch können beide Denk- und Anschauungsformen sinnvoll miteinander verbunden werden. Die Wesensmerkmale eines Instituts und einer Institution signalisieren komplexe Einheiten geltender rechtlicher Zusammenhänge im System des Rechts. Daher vermitteln sie letztlich auch Kriterien für das ordnende, erkennend deutende und systematisierende Sinnverständnis der Wissenschaft für die Gegenstände ihres Denkens. Auf diese Weise werden die entweder als Institut oder als Institution charakterisierten rechtlichen Einheiten mit ihren Wesensmerkmalen nicht nur zu wissenschaftlichen Ordnungselementen für das Verbindliche von organisatorisch-funktionellen Einheiten, sondern mitunter sogar auch zum positiven oder negativen Denkansatz (Richtmaß) für verfassungsrechtliche Wertungen und für rechtspolitische Forderungen.

Eine organisatorisch-funktionelle Einheit als Institution zu verstehen, erweist sich danach in zwei Richtungen als sinnvoll. Einerseits dient diese Denk- und Anschauungsform der Charakterisierung geltender Rechtsinhalte von strukturell-funktioneller Gleichartigkeit und andererseits dient sie dem wissenschaftlichen Anschauungs-, Ordnungs- und Systematisierungsbedürfnis. Die „Institution" ist dann aber auch eine dem positiven Recht zugeordnete allgemeine strukturell-funktionelle Denk- und Anschauungsform, die sich auch der teleologischen Interpretation als Orientierungsbehelf anbietet. Institution und institutionelles Rechtsdenken entsprechen als wissenschaftliche Denkbehelfe dem positiven Recht und dienen dem wissenschaftlichen Postulat nach rationaler und begriffsökonomischer Denkweise in der wissenschaftlichen Erfassung und systematischen Darstellung des Rechtsstoffes.

Welcher methodische Ansatz verdient den Vorzug vor den anderen?

- Der literarkritische, rechtstheoretisch-normative und analytische Organisationsbegriff der „Institution" nach MERKL.
- Der formal-normativ und analytisch angelegte Funktionsbegriff des „Instituts" nach RINGHOFER.

- Der geisteswissenschaftliche, historisch-politisch synthetisch konzipierte verfassungsdogmatische Begriff der „Institution" nach PERNTHALER.
- Der positivrechtlich empirisch konzipierte Typus-Begriff der Institution nach KORINEK.
- Oder schließlich der positivrechtlich und literarkritisch, strukturell und funktionell gemischte und nicht spezifizierte Gegenstandsbegriff nach ANTONIOLLI, WERNER, KOJA, WELAN – GUTKNECHT.

Die Antwort liegt bereits auf der Hand. Den Vorzug verdient jedenfalls der strukturell-funktionelle Begriff der Institution. Er liefert aber an und für sich keinen Aufschluß über die Begriffselemente der von ihm erfaßten Rechtsinhalte.

Mit dieser Frage nach Methode, Denk- und Anschauungsformen ist aber nicht nur der Gegenstand, sondern auch das Instrumentarium für wissenschaftliches Arbeiten impliziert. Bildhaft ausgedrückt: entweder ein Rucksack voll von Lehrbüchern, dh eine kritische Synopse durch die Lehrbücher auf den Gegenstand, oder eine Bibliothek voll von Gesetzen oder gar beides? Die Antwort ist verblüffend. Beide Wege haben ihre Gültigkeit, wenn, weil und soweit sie Gegenstandsbezug auf das positive Recht haben und dem Satz vom Widerspruch in doppelter Hinsicht standhalten. Einerseits dürfen sie zum Betrachtungsgegenstand nicht in einem Gegensatz stehen. Sie müssen dem Betrachtungsgegenstand sogar adäquat oder diesem wenigstens abstrakt gemäß und entsprechend sein. Andererseits dürfen sie aber in der Systemeinheit pluralistischer Betrachtungen vom Gegenstand auch zueinander nicht im Widerspruch stehen. Derartige Widersprüche konnte ich im Bereich des Wesentlichen der zentralen Aussagen der vier hier abgehandelten Theorien zum Gegenstand selbst, abgesehen von den methodologischen Abweichungen und Synkretismen, nicht feststellen. So erweisen sich alle vier hier hervorgehobenen Denkansätze und Begriffsanalysen teils als einander ergänzend, im Kernbestand aber auch als einander bestätigend, mag auch die Anzahl der Merkmale unterschiedlich, mögen auch die Schwerpunkte der Merkmale je und je anders gelagert sein und mögen schließlich und endlich den jeweiligen tragenden Denkbehelfen in ihrem methodologischen Ansatz auch Unzukömmlichkeiten anhaften! Öffentlich-rechtliche Rechtsperson, Satzungsrecht und Autonomie sowie Weisungsfreiheit und Staatsaufsicht stehen jeweils im Zentrum aller vier Darstellungen von der Selbstverwaltung.

Die kritische Vergleichung dieser vier voneinander so verschiedenen Lehren ergibt eine in der Sache widerspruchsfrei und verblüffend einheitliche und dennoch differenzierte Gesamtvorstellung von den formalen Wesensmerkmalen der Selbstverwaltung im geltenden Recht. Dabei beziehe ich auch einen von mir rechtsempirisch erarbeiteten und durch eine Differenzierung der Hauptmerkmale erweiterten Katalog von Merkmalen ein, die am Universitätsrecht überprüft wurden[132] und von denen einige spezielle Ausformungen, andere aber Bestätigungen der hier hervorgehobenen zentralen Merkmale sind. In diesem Sinn kann man in Anlehnung im wesentlichen an MERKL für die Selbstverwaltung als organisatorische Einheit oder Institution etwa folgenden Katalog von Merkmalen aufstellen:

a) *Juristische Person*
   - Organisatorische Eigenständigkeit
   - Körperschaft (das personelle Kriterium dominiert)
   - Eigenberechtigung (Eigenpersönlichkeit)
   - Zwangsbestand = Errichtung und Auflösung oder Bestätigungspflicht durch Hoheitsakt.

b) *Pflichtmitgliedschaft* vergleichbar der Mitgliedschaft (Staatsangehörigkeit und Heimatrecht) bei den Gebietskörperschaften.

c) *Öffentliche Aufgaben* (dezentralisierte Staatsverwaltung) primär als eigene (selbständige), sekundär auch als übertragene Angelegenheiten.

d) *Demokratische Willensbildung* und Organkreation aus eigenem Recht.

e) *Autonome Handlungsbefugnisse*
   - Satzungen als gesetzesergänzende und durchführende Verordnungen
   - Individualakte und andere Rechtshandlungen.

f) *Hoheitsbefugnisse* und *hoheitliche Handlungspflichten*, vor allem gegenüber den Mitgliedern
   - behördlich
   - schlicht hoheitlich.

g) *Wirtschaftsbefugnisse*
   - privatrechtlich und
   - privatwirtschaftlich ausgeübt.

h) *Unabhängigkeit* (Selbständigkeit) gegenüber dem Staat
   - Weisungsfreiheit
   - Staatsaufsicht.

i) *Finanzielle Selbständigkeit* und Budgethoheit
   - autonome Einnahmen und Ausgaben (Abgaben, Gebühren, Steuern etc)

---

132 WINKLER, Die Rechtspersönlichkeit der Universitäten (1988) 319 ff.

- autonome Gebarung eigener und/oder zugewiesener Mittel
- Steuer- und Gebührenbefreiung.

Manche Autoren behandeln konkretere Merkmale gar nicht. Alle stimmen aber in folgenden zentralen Merkmalen überein:

a) *juristische Person öffentlichen Rechts* als Personenverband mit Zwangsbestand und Pflichtmitgliedschaft
b) *dezentralisierte hoheitliche Staatsverwaltung*
c) *eigenen Angelegenheiten* und *Autonomie* in
d) *Satzungsrecht* im eigenen oder selbständigen Wirkungsbereich
e) *Weisungsfreiheit im eigenen Wirkungsbereich*
f) *Staatsaufsicht im eigenen Wirkungsbereich.*

KORINEKS und MERKLS „Kataloge" können unter Einbeziehung der demokratischen Grundkonzeption (Willensbildung und Organkreation), der Handlungspflicht und der Finanzhoheit gewissermaßen als „vollständig" verstanden werden. Sie sind auf wichtigste zentrale Merkmale reduziert. Was nach kritischer Analyse und Vergleichung dann noch unvollständig bleibt, sind nicht die tragenden Merkmale der verschiedenen existierenden Arten von Selbstverwaltungskörpern, sondern manche Darstellungen in der wissenschaftlichen Lehre! Sie unterscheiden sich voneinander zumeist in der Anzahl der Merkmale, im Abstraktionsniveau sowie im wissenschaftstheoretischen und im methodologischen Ansatz; einige sind mehr strukturell-funktionell, andere mehr materiell-funktionell, zweckgebunden und werthaft. Dabei ist immerhin bemerkenswert, daß der ins Allgemeine und Abstrakte tendierende, das nationale positive Recht in seiner Zeitgebundenheit grundsätzlich überschreitende Begriff MERKLS mit dem zum Konkreten und Anschaulichen bestimmter Rechtsgebiete des österreichischen Rechtes tendierenden Begriff KORINEKS weitgehend übereinstimmt und daß RINGHOFERS, PERNTHALERS und meine eigenen Begriffscharakteristiken überdies zwar inhaltlich widerspruchsfrei vergleichbar sind, doch in einem Unterschied von strukturell-abstrakt und materiell-abstrakt einander geradezu gegenüberstehen. Dennoch steht keine dieser vier Begriffsanalysen mit ihren tragenden Merkmalen im direkten Gegensatz zu einer der anderen Begriffsanalysen oder zum Gegenstand des positiven Rechts.

Aussagekraft und Anschaulichkeit von Begriffen und deren Wesensmerkmalen sind allerdings dennoch in Qualität und Reichweite unterschiedlich. Woraus erklärt sich das? Alle vier Wissenschaftler stützen sich auf denselben positivrechtlichen Gegenstand, auf das österreichische Recht. Sie setzen aber unterschiedliche wissenschaftstheoretische und methodologische Prämissen, sie gehen eigene Wege der Begriffsbildung und legen die Schwerpunkte und Grenzen des Gegenstandes unterschiedlich fest. Angelpunkte bilden dabei die Merkmale der Körperschaft oder juristischen Person, von Autonomie und Satzung sowie von Weisungsfreiheit und Staatsaufsicht.

VII. Weg und Methode der Begriffsbildung

Welchen Weg soll man also beschreiten, um zu haltbaren juristischen Gesamtvorstellungen von der „Selbstverwaltung" zu gelangen? MERKL bietet dafür einige beachtliche theoretische Vorgaben: Der Begriff muß rationell sein, dh er muß abstrakt und allgemein, er muß weit genug sein. Der Begriff muß aber auch denkökonomisch sein (nicht normökonomisch im Sinne KELSENS), dh er muß für alle positivrechtlichen Phänomene vergleichbarer Art gleichermaßen brauchbar sein. Im Sinn MERKLS müssen daher auch die Denkansätze fixiert sein. *In erster Linie ist es der organisatorisch-funktionelle Denkansatz, in zweiter Linie kommt dann erst der materiell-funktionelle Denkansatz in Frage.* Beide Denkansätze fungieren zwar in homogener Verbindung zur Gegenstandsbetrachtung, sie sind aber dennoch und gerade deshalb voneinander zu unterscheiden.

Für die Rechtsdogmatik ist zunächst der Gegenstand des positiven Rechts Ausgangspunkt. Demnach ist es nicht nur die Gegenstandsbindung, sondern auch die Zweckmäßigkeit der Zielsetzung einer wissenschaftlichen Betrachtung, die Art, Inhalt, Umfang und Grenzen des Begrifflichen bestimmt. Für MERKL scheint allerdings das positive Recht nur ein eher zufälliges Anschauungsmaterial; für KORINEK ist dieses der verbindlich vorgegebene Gegenstand schlechthin. Im Grunde gehen aber, vom unterschiedlichen theoretischen Ansatz abgesehen, letztlich auch RINGHOFER und PERNTHALER den positivrechtlichen Weg. MERKL denkt primär literarkritisch, KORINEK primär gesetzestextanalytisch, RINGHOFER normtheoretisch und PERNTHALER juristisch-entwicklungsgeschichtlich-geisteswissenschaftlich. Alle argumentieren mehr oder minder mit Hilfe von formalen, positiv-rechtlich orientierten normativen Kriterien, abgestützt durch positiv-rechtliche Begriffe und sozialempirisch orientierte rechtswissenschaftliche Anschauungs- und Denkformen.

Wie sieht nun der positivrechtliche Ansatz aus, den jeder Rechtsdogmatiker wählen sollte und der letztlich auch für den Rechtstheoretiker Bedeutung hat?

a) Man sammelt, sichtet und ordnet zuallererst die zumeist schon äußerlich als Einheit vorkommenden und so auch erkennbaren, vorwiegend einfachgesetzlichen Rechtsvorschriften. Man analysiert sie auf die Eigenarten ihres Inhalts und prüft sie auf ihre wichtigsten und kennzeichnenden Zusammenhänge in den jeweiligen organisatorischen Einheiten (Institutionen). Sodann hebt man aus ihnen die für jede Institution kennzeichnenden institutionellen Merkmale hervor; also für jede einzelne Art von „Selbstverwaltungskörper" gesondert, etwa in der Art, wie es KORINEK für die wirtschaftliche und für die soziale Selbstverwaltung gemacht hat oder wie ich selbst es am Universitätsrecht vollzogen habe.
b) Man überprüft und analysiert dann je und je für sich die verfassungsrechtlichen Grundlagen jeder einzelnen Art von Institution nach Bedeutung oder Wesensgehalt, an Hand der einfachgesetzlichen Rechtslage und für den Zeitpunkt des Inkrafttretens des betreffenden Kompetenztatbestandes in der Verfassung.
c) Nach Analyse und Synthese im einzelnen kommt man über die Vergleichung der Merkmale der verschiedenen Arten von Institutionen zur Synthese der Merkmale in einem allgemeinen rechtsdogmatischen Begriff der personalen Selbstverwaltungskörper als „institutionell" charakterisierte Gesamtvorstellung auf zwei Ebenen. Dabei folgt der Analyse, die Synthese und der Vergleich oder die Analogie. Auf diese Weise gelangt man im Umfang der Übereinstimmung der einzelnen Merkmale individueller Begriffe zu allgemeinen und abstrakten rechtsdogmatischen Begriffen der Selbstverwaltung auf zwei Ebenen: einerseits der einfachen Gesetze und andererseits der Verfassung.

Die so gewonnenen allgemeinen Begriffe sind rechtswissenschaftliche, rechtsdogmatische. Sie können Maximal- und Minimalmerkmale aufweisen; essentielle und akzidentielle Elemente. Essentielle Merkmale oder Elemente, welche die Selbstverwaltungskörper begrifflich tragen und kennzeichnen, scheinen angesichts der bisher erzielten Ergebnisse eher unproblematisch. Eine Übereinstimmung der abstrakten, relativ formalen Wesensmerkmale oder Begriffskriterien für die Kammern der wirtschaftlichen und der beruflichen Vertretung, für die Sozialversicherungsträger, für die Hochschülerschaften, für die Universitäten und für die Akademie der Wissenschaften ist offensichtlich im wesentlichen gegeben. Rechtspersönlichkeit, Autonomie, Satzungsrecht, Weisungsfreiheit und Staatsaufsicht sind für sie alle gleichermaßen tragende formale Merkmale (Wesensmerkmale).

Formal herrscht danach in der Lehre über die zentralen Wesensmerkmale von Institution zu Institution eine Art abstrakter Begriffsidentität. Die entscheidenden Unterschiede liegen dann zumeist nicht im Wesentlichen des Formalen, sondern im Inhaltlichen der Regelungen von Art und Zielsetzung der Aufgaben sowie im Quantitativ-Qualitativen der Verwaltung als Selbstverwaltung, dh als Verwaltung jeweils besonderer eigener Angelegenheiten in differenzierter Eigenständigkeit.

Vom Inhalt und von der Zielsetzung der verschiedenen Selbstverwaltungskörper her lassen sich gewiß auch institutionenübergreifende Typen unterscheiden. Dabei können sowohl normativ-rechtliche als auch sozialreale Typen, können Idealtypen den Realtypen gegenübergestellt werden. Diese Typenarten dienen samt und sonders der wissenschaftlichen Anschauung und haben Beschreibungs- und Ordnungsfunktion. Sie dienen dem wissenschaftlichen Bedürfnis nach Systematisierung des Gegenstandes. Als solche bedürfen sie nicht einer exakten Definition. Der „Typus" der Selbstverwaltung steht dem „Typus" der Staatsverwaltung gegenüber und umschließt gleichzeitig die „Typen" der wirtschaftlichen, der beruflichen, der sozialen und der kulturellen Selbstverwaltung; ferner die organisatorischen Idealtypen personaler oder territorialer Selbstverwaltung als (rechts)politische Postulate, sowie den funktionellen Formaltypus dezentralisierter Staatsverwaltung gegenüber dem strukturellen Formaltypus relativ selbständiger Verwaltungseinheiten, als rechtswissenschaftliche Denk- und Anschauungsformen. So gesehen erweist sich die Denk- und Anschauungsform des „Rechtsinstituts" für eine organisatorische Einheit als inadäquat und unökonomisch. Ihr ist für den rechtsdogmatischen Grundansatz jedenfalls die Denk- und Anschauungsform der „rechtlichen Institution" vorzuziehen. Die Denk- und Anschauungsform des Rechts*instituts* trägt im allgemeinen homogene materiellrechtliche Inhalte von begrenzter Reichweite. Die Denk- und Anschauungsform der rechtlichen *Institution* stellt demgegenüber auf organisatorisch-funktionelle Zusammenhänge des Rechts ab.

Die Selbstverwaltung ist primär als ein organisatorisches Strukturgefüge im Staatsgesamten konzipiert. Das rechtswissenschaftliche Denken ist demgemäß zunächst materialgebunden. Die Rechtswissenschaft hat das positive Recht zum Gegenstand. Das Material kommt in den Rechtsvorschriften der einfachen Gesetze und des Verfassungsrechts zum Ausdruck. Es ist begrenzt explizit und daher vielfach im besonderen Maß deutungsbedürftig. Das Recht ist keinesfalls identisch mit der „Norm" als Form und Deutungsschema (mit den „Normen"), sondern ein komplexes Kulturprodukt, getragen vom historisch gewordenen, sollensgebundenen Gedankengut, mitunter nur behelfsmäßig und fragmentarisch, aber jedenfalls in Sätzen des Rechts ausgedrückt, mehr andeutend als explizit aussagend. Das positive Recht hat gewiß normative oder Sollens-Prägung. Es ist aber niemals mit der „Norm" identisch. Die „Norm" ist nur ein wissenschaftlicher Formalbegriff, eine bloße Denkform. Das positive „Recht" hingegen ist ein Gegenstand und Begriff von großer Komplexität und Differenziertheit. Das positive Recht ist von der Wissenschaft kritisch zu erfassen und begrifflich als ein differenziertes Gesamtsystem zu verstehen. Daher genügen Wort-, Satz- und Gesamttextinterpretation nicht zur Erfassung von Regelungsinhalten. Hat man das Rechtsmaterial gesammelt, gesichtet und geordnet, dann gilt es nicht bloß, es auch darzustellen; man muß es auch analysieren, vergleichen, in seinen spezifischen Zusammenhängen und Grundbegriffen verstehen, deuten und erklären. Deshalb ist eine Überschreitung oder ein Durchstoßen des Äußeren und Äußerlichen der Worte in ihren Satzzusammenhängen zu ihren in der Zweckbestimmung gelegenen Sinngehalten und Bedeutungen unerläßlich, etwa von organisatorischen Einheiten, die von der Wissenschaft als „Institutionen" bezeichnet werden. Dazu gehört in den Reflexionen der Wissenschaft über den Gegenstand, zum Gegenstand und zu sich selbst aber auch ihre geistig-kulturelle, sozial-reale Manifestation in der rechtlich erheblichen Wirklichkeit.

Man wird sich also an das Material des positiven Rechtes halten. Man muß daher sammeln, sichten und ordnen. Und zwar mit einer analytischen Zielsetzung, die von einem zunächst hypothetisch angenommenen Gesamten der Regelungen zu komplexen Einheiten der verschiedenen Institutionen als Leitbilder ausgeht: die Regelungen für die organisatorischen Einheiten, bestimmt zur eigenständigen Tätigkeit ihrer Organe, in Erfüllung von zweckgebundenen, primär partikulären, regional oder/und sachlich begrenzten Gemeinschaftsaufgaben. Die einzelnen organisatorischen Einheiten der Selbstverwaltung, von der Wissenschaft als Institutionen bezeichnet und gedacht, sind nach den ihnen vom Gesetzgeber jeweils beigegebenen Zweckbestimmungen funktionsfähig zu deuten, unter Beachtung gesetzlicher, insbesondere verfassungsgesetzlicher Grundlagen, Korrektive und Schranken, die vor allem durch die Gesetzesvorbehalte in den Grundrechten festgelegt sind.

Allein daran erkennt man schon, daß das auf erkennendes Verstehen gerichtete Deutungsbemühen der Wissenschaft von den zu Einheiten konzipierten, institutionell verstehbaren Inhalten von Rechtsvorschriften, gleichermaßen induktiv und deduktiv, in gegenseitiger Abstimmung aufeinander vor sich gehen kann und wohl auch muß. Dabei geht es nicht um die formal-logische Denkform „Norm". Vielmehr gilt es, wie etwa hier, gesetzliche Regelungen als organisatorisch-funktionelle Einheiten, als Institutionen und innerhalb dieser Regelungseinheiten als Rechtsinstitute zu verstehen und deren spezifische Eigenarten aufzufinden. Dazu hilft als Ausgangspunkt am besten ein allgemeines, im Grunde hypothetisches Vorverständnis, das jeder auch nur vordergründig informierte Jurist von einer Institution haben kann und das ihm zumeist die Lehren (Lehrbücher) vermitteln, die den Gegenstand „positives Recht" erfassen, ihn abstrakt überhöht verstehen, deuten und erklären. Im Sinn KORINEKS gilt es letztlich also zu ermitteln, „was man gemeiniglich als Selbstverwaltung im typischen Sinn der österreichischen Rechtsordnung versteht[133]".

MERKLS literarkritischer Weg, orientiert zum positiven Recht, ist daher keineswegs bloß formal und theoretisch oder gar schlechthin problematisch. MERKL entbindet sich zwar weitgehend vom positiven Recht eines konkreten Staates – allerdings mehr in der Zielsetzung als in der Verwirklichung – und strebt Aussagen über das positive Recht an sich an, dh wie es allgemein und zeitlos gesehen werden kann. MERKLS Anliegen überschreitet aber das Aussagenniveau der an das positive Recht gebundenen Rechtsdogmatik und erweist sich in Wahrheit als Teil einer allgemeinen Rechtslehre oder Rechtstheorie. Sie ist daher der rechtsdogmatischen Betrachtung eines bestimmten positivrechtlichen Gegenstandes nur im Grundsätzlichen des Abstrakten dienlich und liefert keine Verbindlichkeiten aus dem positiven Recht.

Die Struktur- und Funktionsanalysen sowie die Synthesen der einzelnen rechtlichen Institutionen der Selbstverwaltung sind wegen des Rechtsmaterials sinnvollerweise induktiv und deduktiv zugleich, in wechselseitiger Korrektur und Kontrolle. Der Gesetzgeber erzeugt, von seinem Regelungsziel her gesehen, zweckhaft nicht bloß Wörter und Sätze oder Vorschriften in den Gesetzen, also Gesetzestexte für sich und um ihrer selbst willen, sondern er benutzt die Sprache, um durch sie die gedanklichen Konzepte von rechtlichen Organisationseinheiten (Institutionen) verbindlich zu regeln, die in Struktur und Funktion innerhalb verfassungsrechtlicher Schranken sinnvolle, funktionsfähige, dh in ihren verbindlichen Zwecksetzungen adäquate Einheiten im Gesamtgefüge der staatlichen Organisation bilden sollen. Die juristische Analyse richtet sich daher unter der Perspektive der Gesamtheit von organisatorischen Einheiten (Institu-

---

133 KORINEK, Selbstverwaltung in der Sozialversicherung, ZAS (1972) 165.

tionen) und ihrer Einbindung in das Staatsganze sowie innerhalb der Gedankengefüge von solchen auf sinnhafte Teileinheiten des Staates als dem größeren Ganzen. Paragraphen, Absätze, Sätze und Wörter der Gesetze werden dabei richtigerweise nur als behelfsmäßige Sinnträger für den analytischen und für den synthetischen Denkansatz verstanden. Sie sind nicht der Gegenstand selbst, sondern nur dessen Darstellungsmittel, die Sinn und Zweck des Regelungsgegenstandes vermitteln helfen[134]. Von daher verbietet sich die Selbstbeschränkung des Interpretationsbemühens auf das Vordergründige des Verbalen von selbst. *Scire leges non haec est verba earum tenere, sed vim ac potestatem!*

Demgemäß gibt es auch eine Rangordnung von gegenstandsgebundenen Verständnis- und Erkenntnismitteln sowie von wissenschaftlichen Denk- und Anschauungsformen, nach der Eigenart des Gegenstandes der Regelung (formal, organisatorisch-funktional oder inhaltlich, materiell-funktionell) einerseits und nach den Ausdrucksmitteln, in die er eingekleidet ist, dh nach der Sprache in ihrer Erscheinung andererseits. In ihrer eigenen Regelhaftigkeit und Vermittlungsfunktion für das Denken und für dessen Ausdruck in formalen und transzendentallogischen, in explikativen und normativen Vorstellungs- und Aussageformen (Kategorien oder Begriffen), sind die Verständnis- und Erkenntnismittel sowie die Denk- und Anschauungsformen gleichermaßen getragen vom wissenschaftlichen Ordnungs- und Systematisierungsbedürfnis.

KORINEKS wissenschaftliche Vorgangsweise macht noch etwas anderes deutlich. Rechtswissenschaftliche Erkenntnis kann sich auch aus der Allgemeinheit des Singulären einer einzelnen Institution oder aus dem Allgemeinen einer einzelnen Institutionenart ausreichend ergeben. Man muß nicht von vornherein die Selbstverwaltung an sich (MERKL) oder in ihrer österreichischen Allgemeinheit (PERNTHALER, RINGHOFER) erkunden wollen. Man kann sich gewiß auch nationale und transnationale, geschichtsübergreifende und letztlich auch geschichtsentbundene formalisierende Vergleichungen ersparen. Es muß schließlich genügen, eine einzelne Institution oder einige Institutionen des positiven Rechts erkenntnismäßig zu durchdringen und ihr oder ihnen das ihr oder ihnen eigene Wesentliche abzulesen. Das Grundsätzliche und Signifikante eines Allgemeinphänomens muß nämlich begrifflich in der Struktur und in der Funktion des Individuellen ebenso enthalten sein, wie im abstrakten überhöhenden Allge-

---

[134] Siehe dazu RINGHOFER, Die verfassungsrechtlichen Schranken der Selbstverwaltung in Österreich, Referat, Verhandlungen des 3. ÖJT, II/3 (1967) 50. RINGHOFER handelt von grammatikalischer Auslegung, meint aber gewiß mehr.

meinen einer größeren Vielfalt, das nur hinsichtlich des Konkreten ein Mehr oder Weniger, hinsichtlich des Abstrakten aber ein Gleiches bedeutet. MaW eine Untersuchung der Institution(en) der Handelskammern oder der Sozialversicherungsträger oder der Universitäten muß je und je für sich schon jene grundsätzlichen und charakteristischen Merkmale liefern, welche die Institution(en) im allgemeinen als zweckgebundene Struktur- und Funktionseinheit(en), ja vielleicht sogar auch als verfassungsrechtliche Einheiten kennzeichnen. So gesehen gelangt man legitimerweise auf dualistischen Wegen zu wesentlichen zweckgebundenen, strukturellen und funktionellen Merkmalen der Institution „Selbstverwaltung“. Abstrakt und konkret; deduktiv und induktiv; analytisch, vergleichend und synthetisch; einfachgesetzlich und verfassungsrechtlich; rechtlich-normativ und sozial-empirisch.

Dabei erscheint es angesichts der Tatsache, daß die einzelnen Institutionen der Selbstverwaltung vor allem materiell, dh nach ihrer Aufgabenstellung voneinander abweichen, sinnvoll, die Merkmale in einer Abstraktion zu einer Definition der Institution der Selbstverwaltung im Allgemeinen zu verbinden, die es ermöglicht, alle einzelnen Arten von Institutionen und Typen von ihnen rechtsdogmatisch in einer begrifflichen Einheit zu sehen. Auf dieser Grundlage mag man dann sogar einen Begriff der allgemeinen Rechtslehre gewinnen, der wie ein strukturell-funktioneller, zweckhafter Idealtypus in Erscheinung tritt: vorwiegend formal, vorwiegend abstrakt und insofern zeit- oder geschichtslos und gerade deshalb auch zeit- und geschichtsoffen.

Wer die Selbstverwaltung im geltenden österreichischen Recht individuell-konkret, speziell und generell sowie abstrakt erfassen will, der muß allerdings auf zwei Ebenen parallel und vergleichend denken: einerseits auf der verfassungsgesetzlichen Ebene und andererseits auf der einfachgesetzlichen Ebene. Letztere muß noch der Überprüfung auf Übereinstimmung und Widerspruch mit der ersteren standhalten. Dabei sind vor allem die verfassungsgesetzlich vorgeschriebenen Voraussetzungen und Grenzen der Selbstverwaltung in Zielsetzung, Struktur und Funktion zu bedenken. Daraus kann man nicht nur ein Denkregulativ zur systematischen Erfassung einer Institution, individuell und generell gewinnen, sondern – was leider im theoretischen und praktischen Rechtsbewußtsein in Österreich kaum sichtbar wird – auch einen Maßstab zur Prüfung möglicher Verfassungswidrigkeiten einfachgesetzlicher Regelungen von individuellen Institutionen oder Arten von ihnen. Auf diese Weise findet man sogar zu einem positivrechtlich fundierten rechtsdogmatischen Allgemeinbegriff der Selbstverwaltung, dessen tragende Bestimmungsgründe oder Wesenselemente verfassungsrechtlich vorgezeichnet sind, weil und sofern sie als dem Verfassungsrecht inhärent verstanden werden können und müssen.

Auf diese Weise kann man der österreichischen Bundesverfassung abgewinnen – wie der Verfassungsgerichtshof im Anschluß an WERNER[135] meinte – daß die Selbstverwaltung im Rahmen des Organisationsplans und des politischen Programms der Bundesverfassung gelegen ist. Man wird der Verfassung aber schwerlich abgewinnen können, daß darin auch die Bedeutung einer offenen Ermächtigung an den einfachen Gesetzgeber zu sehen sei, nicht nur beliebige neue Selbstverwaltungskörper zu schaffen[136], sondern bestehende, verfassungsgesetzlich vorgezeichnete Selbstverwaltungskörper auch beliebig abzuschaffen[137]. Diese Feststellung führt wieder zu den speziellen Fragen des Themas: „Rechtspersönlichkeit", „Autonomie – Satzungsrecht" und „Weisungsfreiheit – Staatsaufsicht" als zentrale Prüfungskriterien. Zur Beschließung der rechtsdogmatischen und der rechtstheoretischen Erörterung des Hauptthemas sei nur noch darauf hingewiesen, daß der Verfassungsgesetzgeber des Jahres 1920 sogar mit Selbstverständlichkeit von einer Allgemeinvorstellung der Selbstverwaltung ausging (Art 115 u 116 B-VG), da er vorschrieb, die Gemeinden „nach dem Grundsatz der Selbstverwaltung" einzurichten, offensichtlich weil er zahlreiche, rechtlich längst existierende, bekannte und anerkannte Selbstverwaltungskörper in ihrer Eigenart vorgefunden hatte, als selbstverständlich voraussetzte und insofern, aber auch *nur insoweit, dh nach und mit ihren wesentlichen gesetzlichen Gegebenheiten in seinen Organisationsplan richtungweisend einbezog.*

Im Mittelpunkt der positivrechtlichen Regelungen der einzelnen Institutionen der Selbstverwaltung stehen auf verfassungsgesetzlicher und auf einfachgesetzlicher Ebene vorrangig die hier hervorgehobenen Wesensmerkmale der Institutionen der personalen Selbstverwaltung und damit auch die Kriterien ihres rechtlichen Begriffes oder einer rechtlichen Gesamtvorstellung von ihr: die Rechtspersönlichkeit, die Autonomie und das Satzungsrecht sowie die Weisungsfreiheit und die Staatsaufsicht.

---

135 Selbstverwaltung und Bundesverfassung, ÖJZ (1950) 442. Siehe zum Recht auf Existenzerhaltung des Selbstverwaltungskörpers, MERKL, Allgemeines Verwaltungsrecht (1927) 352 f.

136 VfSlg 2072/1950, 3151/1957, 8136/1977, 8215/1977; siehe dazu weitere Belege für die Universitäten, WINKLER, Die Rechtspersönlichkeit der Universitäten (1988) 211 ff.

137 Kritisch dazu PERNTHALER, Entscheidungsbesprechung, ÖZW (1978) 123 ff; MAYER H., Entwicklungstendenzen in der Rechtsprechung des Verfassungsgerichtshofes, ÖJZ (1980) 340 ff.

VIII. Vom institutionellen Rechtsdenken

In den rechtswissenschaftlichen Darstellungen von Staat und Recht kommen neben den „Grundbegriffen" des Rechts, neben Wissenschaftsbegriffen der „Norm", des „Tatbestandes" und des „Typus" immer wieder zwei Wissenschaftsbegriffe vor: das „Institut" des Rechts und die rechtliche „Institution".

Im Zusammenhang mit Rechtsvorschriften materiellrechtlichen Inhaltes ist in der Rechtswissenschaft immer wieder vom „Rechtsinstitut" die Rede[138]. Obwohl dieser Begriff in der Zivilrechtswissenschaft gängiger ist als etwa in der Wissenschaft vom Verwaltungsrecht, kommt diesem Begriff dennoch eine allgemeine rechtswissenschaftliche Bedeutung zu. Man verwendet diesen Begriff zumeist zur Kennzeichnung materiell-rechtlicher Regelungseinheiten und der ihnen gemäßen objektivierten rechtserheblichen komplexen Lebenslagen.

Im Zusammenhang mit Rechtsvorschriften organisatorisch-funktionellen Inhalts ist vor allem im Staatsrecht immer wieder von der „Institution" die Rede. Man verwendet diesen Begriff zumeist zur Kennzeichnung des Staates, sowohl in seinen rechtlich geregelten organisatorischen Einheiten als auch in seinen real-sozial-kulturell existierenden rechtserheblichen Verbandseinheiten, also rechtlich-normativ und sozial-real, ähnlich dem „Typus".

Offensichtlich infolge der Begrenztheit der Sprache wird das Denken mit beiden nicht selten mehrdeutig verwendeten Begriffen durchwegs als „institutionelles Rechtsdenken" bezeichnet. Man meint damit vielfach ein rechtswissenschaftliches Denken, das sich entweder des einen oder des anderen Begriffs in seinen mehrfachen Bedeutungen bedient, um dem wissenschaftlichen Orientierungsbedürfnis im Gegenstand und zum Gegenstand „Staat" und „Recht" Genüge zu tun. Doch was mit demselben Wort

---

[138] Vgl dazu mit zahlreichen weiterführenden Literaturhinweisen WINKLER, Begriffe der Rechtswissenschaft. Formen des Denkens und der Anschauung vom positiven Recht, in diesem Band; ferner WINKLER, Die Entscheidungsbefugnis des österreichischen Verwaltungsgerichtshofes im Lichte der Gewaltentrennung (1963), abgedruckt in: Winkler, Orientierungen im öffentlichen Recht (1979) 105 ff unter Berufung auf BÄHR, Der Rechtsstaat (1864/1963); FORSTHOFF, Lehrbuch des Verwaltungsrechts[10] (1973) 166 f mit Hinweisen auf O. MAYER, Deutsches Verwaltungsrecht I[3] (1923) 113 ff; sowie LARENZ, Methodenlehre der Rechtswissenschaft[5] (1983) 14, 65, 360, 348 f, mit Hinweisen auf ENGISCH, Die Idee der Konkretisierung in Recht und Rechtswissenschaft unserer Zeit[2] (1968) ua; BYDLINSKI, Juristische Methodenlehre und Rechtsbegriff[2] (1991/1982) 13 ff, 32 ff; F. MÜLLER, Juristische Methodik[4] (1990) 103 f und ZIPPELIUS, Die Verwendung von Typen in Normen und Prognosen, FS Karl Engisch zum 70. Geburtstag (1969) 224 - 242.

bezeichnet wird, ist nicht dasselbe. Das Prädikat „institutionell" verweist nämlich auf die wissenschaftliche Kategorisierung entweder von materiellrechtlichen oder von formellrechtlich-organisatorischen Zusammenhängen im Recht und in der sozialen Wirklichkeit. Die Folge davon ist nicht selten eine unkritische Vermischung oder gar eine Gleichsetzung von „Institut" und von „Institution" und darüber hinaus auch ein Synkretismus des Rechtlichen und des Faktischen. Der Erklärungsgrund für die Vertauschung und Vermischung der beiden Begriffe mag wohl darin gelegen sein, daß Zivilrechtler nicht gewohnt sind, in organisationsrechtlichen Kategorien zu denken und daß Staatsrechtler in ihrem Interesse mehr dem Organisationsrecht als dem materiellen Recht zugewendet sind. Deshalb kommt es auch wohl nicht von ungefähr, daß das „Institut" primär in der Privatrechtswissenschaft, die „Institution" hingegen vorwiegend in der Staatsrechtswissenschaft beheimatet ist und daß man es mit der Unterscheidung zwischen organisatorisch-funktionellen und materiell-funktionellen Anwendungen nicht so genau nimmt. Der Erklärungsgrund für die weiteren Synkretismen des Rechtlichen und des Faktischen in beiden Wissenschaftsbereichen mag wohl darin liegen, daß sowohl das Institut als auch die Institution abstrakt und konkret, normativ teleologisch und sozial-real teleologisch zugleich gesehen werden können und müssen, nicht zuletzt wohl deshalb, weil das Recht erst in seiner Verwirklichung seinen aktuellen rechtserheblichen Sinn erfährt.

In der Privatrechtswissenschaft werden das Eigentum, das Pfandrecht, die Servitut, die Miete, die Ehe etc als Rechtsinstitute verstanden. Man stellt sich dabei unter Rechtsinstitut eine wissenschaftlich-begriffliche Kennzeichnung von aufeinander bezogenen Rechtsvorschriften als einen Rechtskomplex vor, der einem einheitlichen Regelungszweck dient, durch den Rechte und Pflichten zu Rechtsverhältnissen miteinander verbunden sind, die durch das Institut als eine materiellrechtliche Einheit gekennzeichnet werden. BYDLINSKI, der sich im Anschluß vor allem an LARENZ und durch diesen wohl auch im Anschluß an SAVIGNY mit diesem Begriff befaßt, meint dazu: „Typische, im menschlichen Zusammenleben immer wieder gleicher Art auftretende Lebensverhältnisse, die rechtlich geregelt sind ... bezeichnet man mit ihrer rechtlichen Regelung zusammen als Rechtsinstitute"[139]. BYDLINKSI wählt also einen soziologischen Ansatz, verknüpft ihn mit der rechtlichen Regelung und weist diesem real-sozial angelegten normativ-teleologischen Begriff eine wichtige Funktion für die

---

[139] BYDLINSKI, Juristische Methodenlehre und Rechtsbegriff^2 (1991/1982) 13 f.

Rechtsdogmatik zu. Einerseits lassen sich Institute durch ihren Bezug auf bestimmte Arten von als Einheit verstandenen Lebenslagen oder Lebensverhältnissen, andererseits aber auch durch sachlich zusammengehörige Rechtsvorschriften erkennen und kennzeichnen.

Das „Institut“ kann als Denkform für die systematische Auslegung von Bedeutung sein. „Institute“ sind aber auch Denkansätze für ergänzende Rechtsausformungen durch Interpretation. „Institute“, als wissenschaftliche Hilfsbegriffe, werden sogar zur Erschließung von Sinn und Grenzen der „Natur einer Sache“ verwendet. BYDLINSKI stellt in Gefolgschaft nach LARENZ und SAVIGNY das „Institut“ im Grunde dem sozialempirischen Begriff des „Typus“ gleich und erstreckt ihn aus der rechtswissenschaftlichen Denk- und Anschauungsform in die reale Gegenstandsbetrachtung. Als Beispiele für „Institute“ nennt BYDLINSKI überdies unterschiedslos materiellrechtliche und organisationsrechtliche Einrichtungen und meint in einer Fußnote dazu, daß diejenigen Institute, die über eine nach außen abgrenzende Organisation und daher auch über Mitglieder verfügen, „manchmal“ auch als Institutionen bezeichnet werden. BYDLINSKI handelt aber letztlich nur vom Institut und nicht von der Institution im hier verstandenen Sinn und scheint sich dabei im wesentlichen an allgemeine Gepflogenheiten der Zivilisten zu halten. Die materiell-rechtlichen Beispiele BYDLINSKIS wie Ehe, Familie, Besitz und Eigentum zeigen aber deutlich, daß diesen privatrechtlichen Beispielen, wenn auch mit einer anderen Grundbedeutung, auch vergleichbare öffentlichrechtliche an die Seite gestellt werden können, wie Personenstand, Namen, Lenkerberechtigung, Autonomie, Weisung, Aufsicht[140] etc.

In der Staatsrechtswissenschaft ist immer wieder von der „Institution“ oder von „Institutionen“ die Rede. Man spricht vom Staat als „Institution“ und von den „Institutionen“ des Staates[141]. In erster Linie ist zweifellos die als eine juristische Person, genauer als eine Gebietskörperschaft organisierte Gemeinschaft von Menschen in Recht und in rechtserheblicher so-

---

140 WENGER, Die Wirtschaftsaufsicht als Rechtsinstitut des Wirtschaftsrechts, FS Fröhler (1980) 373 ff.

141 JELLINEK, Allgemeine Staatslehre[3] (1960) 10 f. Vgl dazu auch ROMANO, Die Rechtsordnung (1975), ferner HAURIOU, Die Theorie der Institution und der Gründung, in: Schnur (Hg), Institution und Recht (1968) 35 ff; BURDEAU, Der Staat als Institution, in: Schnur (Hg), Institution und Recht (1968) 294 f. Siehe auch die weiteren Abhandlungen in: SCHNUR (Hg), Institution und Recht (1968) und in: SCHELSKY (Hg), Zur Theorie der Institution (1970).

Für die jüngere Zeit siehe dazu PERNTHALER, Allgemeine Staatslehre und Verfassungslehre (1986) 92 ff und ERMACORA, Allgemeine Staatslehre II (1970) 875 ff.

zialer Wirklichkeit damit gemeint. Vergleichbare organisatorische Einheiten sind die Personalkörperschaften und andere juristische Personen öffentlichen Rechts. In Frage kommen aber auch Teilbereiche von juristischen Personen, wie die obersten Organe im Konzept der Gewaltenteilung, das Ministerium, die Regierung, die Minister, die Gerichtshöfe öffentlichen Rechts und andere Gesamtorgane oder Einzelorgane des Staates. G. JELLINEK verwendet den Begriff der „Institution", um danach die Arten der Staatslehre zu bestimmen. In den Lehren vom Staatsrecht und vom Staat dominiert letztlich der Begriff der „Institution" als eine Art formalisierter Allgemeinvorstellung für komplexe Regelungszusammenhänge von Vorschriften für organisatorisch-funktionelle Einheiten, letztlich auch als Zusammenfassungen von subjektiven Rechten und Pflichten zu Rechtsverhältnissen organschaftlichen Verhaltens bezogen auf diese Einheiten.

In der Verwaltungsrechtswissenschaft ist aber auch von den „Institutionen des Verwaltungsrechtes" die Rede[142]. Damit meint man nicht nur eine begriffliche Kennzeichnung, sondern auch die sachlich geordnete Aufbereitung von Haupt- und Leitgedanken des materiellen Verwaltungsrechtes zur systematischen wissenschaftlichen Einheit in Lehrbuchform (zB FLEINER).

Bei aller möglichen Unterschiedlichkeit der Begriffsverwendung, sei es alternativ oder kumulativ-normativ und sozial-real, teleologisch, sei es organisatorisch und materiell, synkretistisch, ist allen Arten gemeinsam, daß sie zuallererst dem wissenschaftlichen Erkenntnis- und Ordnungsbedürfnis dienen und daß es sich dabei um wissenschaftliche Denk- und Anschauungsformen handelt und nicht um eigentliche Gegenstandsbegriffe. Die Denk- und Anschauungsformen „Institut" und „Institution" haben Ordnungsfunktion für die Rechtswissenschaft, um vergleichbare Regelungseinheiten zu kennzeichnen und mit ihnen eine besondere Qualität und einen Standort von Rechtsgebieten im System wissenschaftlicher Darstellungen zu signalisieren. Diese wissenschaftlichen Denk- und Anschauungsformen sind nur scheinbar Gegenstandsbegriffe. Sie sind in Wahrheit gegenstandstranszendent und beziehen sich nur formal auf kompakt angelegte Gegenstände wissenschaftlichen Denkens. Sie geben den Gegenständen in ihrer Darstellung einen wissenschaftlichen Standort und eine wissenschaftliche Eigenart. Der Gesetzgeber schafft keine Institutionen als Institutionen, sondern er schafft Regelungszusammenhänge von organisatorisch-funktio-

---

[142] FORSTHOFF, Lehrbuch des Verwaltungsrechts[10] (1973) 160 f. Siehe aber auch WINKLER, Die Entscheidungsbefugnis des österreichischen Verwaltungsgerichtshofes im Lichte der Gewaltentrennung, in: Staatsbürger und Staatsgewalt (1960) 279 ff.

neller Einheitlichkeit zum Zweck des Aufbaus der Rechtsgemeinschaft, welche die Wissenschaft zum Behuf der Ordnung und der Systematisierung ihrer Vorstellungen vom Gegenstand mit den Art- oder Gattungsbegriffen „Institutionen“ bedenkt. Dennoch und gerade deshalb besteht die Gefahr der Hypostasierung, dh der Vergegenständlichung dieser wissenschaflichen Denk- und Anschauungsformen oder Ordnungsbegriffe. Man sucht die „Institution“ oder das „Rechtsinstitut“ im Recht und vergißt mitunter, daß diese Denk- und Anschauungsformen nur formale Wegweiser zu den konkreten rechtlichen Regelungseinheiten sind, die unter den Art- oder Gattungsbegriffen der wissenschaftlichen Ordnung mit anderen vergleichbaren Regelungseinheiten in einer wichtigen Hinsicht als vergleichbar verstanden werden. Daher braucht es auch nicht zu verwundern, daß in der Lehre beide Denk- und Anschauungsformen in völlig unterschiedlicher Weise verwendet werden, nicht selten kumulativ synkretistisch und gleichbedeutend. Die begrenzte Leistungsfähigkeit der Sprache ist neben der mangelnden kritischen Reflexion der Wissenschafter über ihre Art, gegenstandsgebunden zu denken und besondere Denk- und Anschauungsformen dafür bereitzuhalten, ein wichtiger Erklärungsgrund für die Unklarheiten. Da die Denk- und Anschauungsformen des „Rechtsinstituts“ und der „rechtlichen Institution“ wissenschaftliche Arbeitsbegriffe zur Kennzeichnung von komplexen positiv-rechtlichen Art- und Gattungsbegriffen sind und nicht Gegenstandsbegriffe, also keine Rechtsbegriffe sind, besteht für die Lehre scheinbar auch keine besondere Nötigung, aus dem Gegenstand und aus dessen „Autorität“ ein besonderes kritisches und selbstreflektives Bewußtsein zur Begriffsbildung zu aktivieren.

Nach alledem folgt aus den Denk- und Anschauungsformen bzw Ordnungsbegriffen „Institut“ und „Institution“ gar nichts für den Gegenstand „Recht“ selbst, wohl aber einiges Erhebliche für die wissenschaftliche Aufbereitung und Systematisierung des Rechtsstoffes und für den systematisch geordneten wissenschaftlichen Zugang zum Gegenstand Recht mit deren Hilfe. Die beiden Begriffe werden daher auch als *wissenschaftliche Denkformen* bezeichnet, wenn sie sich auf abstrakte Regelungsinhalte des Rechtes beziehen. Sie werden in der Lehre aber auch als *wissenschaftliche Anschauungsformen* verstanden, wenn sie sich auf rechtlich erhebliche komplexe Gegenstände rechtserheblicher sozialer Wirklichkeit beziehen. Ihnen kommt daher für das rechtswissenschaftliche Denken sowohl auf der Ebene abstrakter Regelung als auch auf der Ebene der Konkretheit ihrer rechtlich erheblichen sozialen Wirklichkeit nur eine Hilfsfunktion zu. Sie dienen der Kategorisierung, Ortung, Ordnung und Systematisierung des

Gegenstandes in einem dogmatisch-systematisch angelegten Gedankengefüge. Sie sind insofern Denkbehelfe zur besseren synthetischen Erfassung des Gegenstandes Recht in seinen Komplexitäten und in seinen differenzierten inneren Zusammenhängen, Verwirklichungen und Bedeutungen. Schon O. MAYER[143] stellte fest: „Das Rechtsinstitut ist ein Hilfsmittel der Rechtswissenschaft zur Beherrschung der Fülle von Stoff, welche die Rechtsbeziehungen der von ihr beobachteten Rechtssubjekte darbieten. Sie führt darin das Ganze zurück auf gleichbleibende Einheiten, in deren ständiger Wiederholung es besteht". Der Wissenschaft weist O. MAYER die Aufgabe zu, „Rechtsinstitute" aus dem Rechtsstoff „herauszuarbeiten".

Die beiden Denk- und Anschauungsformen dienen der Lehre darüber hinaus aber auch als gedankliche Hilfen für die Vorstellung von der Einheit rechtlicher Regelungskomplexe im Dienst an der Interpretation des Rechts. Sie signalisieren Einheitsbezüge von Regelungszusammenhängen des Rechts von unterschiedlicher Art und auf unterschiedlichen Konkretisierungsebenen. Sie verweisen auf einheitliche und kennzeichnende verbindliche rechtliche (rechtserhebliche) Gesamtteleologien und Zwecke im Recht. „Institut" und „Institution" in diesem Sinn signalisieren für die Interpretation *komplexe zweckhafte normative und reale Einheiten* als ihren Gegenstand. Sie geben der kritischen wissenschaftlichen Analyse die Denkrichtung zu jenen Synthesen an, in denen die Regelungsziele und -zwecke des Gesetzgebers angelegt sind. Die beiden Denk- und Anschauungsformen sind als wissenschaftliche Ordnungsbegriffe aber dennoch nur theoretische Denkhilfen der teleologischen Interpretation[144]. Sie fordern zu einem Gesamtverständnis von Regelungszusammenhängen nach den ihnen vom Gesetzgeber verbindlich zugrundegelegten Gesamt- oder Einheitszwecken in Recht und in rechtserheblicher Wirklichkeit heraus. Der Gesetzgeber erläßt nicht bloß Vorschriften, sondern er schafft Einheiten von Regelungszusammenhängen, die entweder als „Institutionen" oder als „Institute" uam wissenschaftlich charakterisierbar sind. Diese Regelungszusammenhänge sind in ihrer jeweiligen Einheit und Homogenität Gegenstand der Interpretation und nicht etwa eine abstrakte „Wesenhaftigkeit" von „Institut" und „Institution" etwa als „Natur der Sache" oder als eine „materiale Wesenhaftigkeit" an sich.

Neben der Verwendung zur Klassifizierung und Systematisierung und neben der Hilfsfunktion für die Synthese teleologischer Interpretation von

---

[143] Deutsches Verwaltungsrecht I^3 (1923) 113.

[144] Siehe oben FN 138.

rechtlichen Regelungszusammenhängen dienen diese Denk- und Anschauungsformen aber auch noch rechtspolitischen Erörterungen sowie Motivationen und Vorbehalten in der Rechtspolitik[145]. Obzwar bloß wissenschaftlicher Herkunft wird ein solches institutionelles Denken mitunter geradezu zum dogmatisierten Leitbild. Regelungseinheiten werden zu Instituten und Institutionen vergegenständlicht; sie werden in der Rechtsdogmatik zu Inhalten von Dogmen, von unverrückbaren Glaubenssätzen, nicht nur von deren Verbindlichkeit, sondern auch von deren inneren Wahrheiten. Durch wissenschaftliche Klassifizierung und Qualifizierung als Institut oder als Institution erhalten Regelungszusammenhänge im rechtspolitischen Denken ein Beharrungsvermögen, das sich Reform- und Verbesserungsbestrebungen auch entgegenstellt. Der Institution wird mitunter die Wesenhaftigkeit einer Regelungseinheit beigelegt, die nicht nur ihre Eigenart zum Ausdruck bringt, sondern der sogar ein Ewigkeitswert anzuhaften scheint. Mitunter mag diese Fixiertheit auf die Verbindlichkeit und Wesenhaftigkeit von Instituten und von Institutionen sogar Reformen zu verhindern oder doch zu verzögern. So gesehen werden Wissenschaftsbegriffe in den Dienst der Ideologie genommen, entweder der Dogmatisten oder der Reformer. Hier kommt der Sache des politischen Handelns und der Weltanschauung unter Umständen sogar eine theoretische Begrifflichkeit zu Hilfe. Gewiß, für die Erforderlichkeit und Sinnhaftigkeit von Reformen geben die beiden Denk- und Anschauungsformen kein Kriterium ab, sie signalisieren aber sehr wohl die Notwendigkeit, auch bei „Reformen" von „Instituten" und „Institutionen" auf die jeweiligen Zweckeinheiten der Regelungen und auf die in sie als Erwartung gelegte einheitliche Sinnhaftigkeit und Funktionsfähigkeit gemäß der ihnen verbindlich beigelegten Zweckhaftigkeiten zu achten.

Nun bleibt noch die Frage des sozialempirischen Ansatzes der beiden Denk- und Anschauungsformen zu erörtern. Anschaulich tritt diese Problematik nicht nur bei BYDLINSKI, sondern auch bei LEENEN, LARENZ, FORSTHOFF, O. MAYER und SAVIGNY zu Tage. BYDLINSKI geht von typischen Lebensverhältnissen aus und setzt sie in Bezug zu rechtlichen Regelungen. Rechtswissenschaftliche Vorstellungen sollten eigentlich beim Recht ansetzen und erst durch das Recht auf die Welt der Fakten als eine andere Erfahrungs- und Denkebene verweisen. Diese Problematik ist von

---

145 Siehe dazu WINKLER, Die Entscheidungsbefugnis des österreichischen Verwaltungsgerichtshofs im Lichte der Gewaltenteilung, in: Staatsbürger und Staatsgewalt (1960) 279 ff. Lehrreich und grundsätzlich anschaulich RÜTHERS, „Institutionelles Rechtsdenken" im Wandel der Verfassungsepochen (1970).

grundsätzlicher Bedeutung. Sie findet ihre Erklärung im Dualismus von Sollen und Sein, im Dualismus vom Recht als Sollensordnung für das Sein und als rechtserheblicher sozial-kultureller Wirklichkeit. Dieser fundamentale Unterschied erfordert zwar eine Unterscheidung, verbietet aber die Trennung. Sollen und Sein sind in der rechtlichen Ordnung auf allen Ebenen ihrer verbindlichen Verwirklichung, auf allen ihren Erzeugungsstufen und in allen ihren Erscheinungsformen unlösbar miteinander verbunden. Daher braucht es gar nicht zu verwundern, daß sich diese fundamentale Problematik vom Dualismus des Rechts und im Rechtlichen nicht nur in den Gegenstandsbegriffen, sondern auch in den Denk- und Anschauungsformen zum Gegenstand, in den rechtswissenschaftlichen Kategorien oder Formen des Denkens in deren Beziehung auf den Gegenstand widerspiegelt[146].

Nun bliebe noch als Aufgabe, die Alternative von „Denkform“ und „Anschauungsform“ zum „Begriff“ näher zu untersuchen. ENGISCH, LARENZ, LEENEN und KORINEK messen dieser Alternative zwischen „Begriff“ einerseits und „Denk- und Anschauungsform“ andererseits für den in dieser Hinsicht mit dem „Institut“ und mit der „Institution“ vergleichbaren „Typus“ eine besondere Bedeutung bei. Diese Alternative scheint ihre Begründung im Dualismus von apriorischer „Ästhetik“ und apriorischer Logik, mit den korrespondierenden Begriffen von Anschauungen und Kategorien, in der transzendentalen Logik von KANT zu haben. Sie erweist sich aber bei näherer Betrachtung als rein akademisch. Denn die apriorischen Formen der Anschauung, wie Raum und Zeit, werden auch durch KANT mit Recht nur als Begriffe verstanden[147], denn: „Ohne Sinnlichkeit würde uns kein Gegenstand gegeben, und ohne Verstand keiner gedacht werden. Gedanken ohne Inhalt sind leer, Anschauungen ohne Begriffe sind blind. Daher ist es ebenso notwendig, seine Begriffe sinnlich zu machen (d.i. ihnen den Gegenstand der Anschauung beizufügen) als, seine Anschauungen sich verständlich zu machen (d.i. sie unter Begriffe zu bringen). Beide Vermögen, oder Fähigkeiten, können auch ihre Funktionen nicht vertauschen. Der Verstand vermag nichts anzuschauen, und die Sinne nichts zu denken. Nur daraus, daß sie sich vereinigen, kann Erkenntnis ent-

---

146 Siehe zu den erkenntnistheoretischen Voraussetzungen von Sollen und Sein im Recht und in der Rechtswissenschaft WINKLER, Rechtstheorie und Erkenntnislehre (1990), insbes 70 ff und 103 ff.

147 Siehe dazu meine Abhandlung „Begriffe der Rechtswissenschaft. Formen des Denkens und der Anschauung vom positiven Recht“, in diesem Band.

springen"[148]. Hier treffen sich und hier scheiden sich die Geister in ihren methodologischen Grundhaltungen und in ihren erkenntnistheoretischen Prämissen. Die einen identifizieren das Recht mit der „Norm" und mit dem „Sollen" und stellen es dem bloßen „Sein" der Verwirklichung gegenüber. Die anderen sehen „Sollen" und „Sein" in den Vorschriften des Rechts und in deren Verwirklichung gleichermaßen in einer notwendigen Einheit. Normative Monisten und Puristen[149] stehen rechtsempirischen Dualisten[150] gegenüber und signalisieren im wissenschaftlichen Diskurs der Theorie einen unüberbrückbaren Gegensatz zwischen Sollen und Sein. Jene im Traum von einer Perfektion des Denkens um seiner selbst willen und theoretisch puristisch, diese – in ihrer Verpflichtung gegenüber der real-sozialen Gegebenheit des Rechts in seiner tatsächlichen Unvollkommenheit und praktischen Nützlichkeit für die Ordnung des Zusammenlebens von Menschen in einer Gemeinschaft – in Übereinstimmung mit einem Heer von praktisch und rechtsdogmatisch positiv-rechtlich denkenden Juristen.

IX. Die Wurzeln des Dilemmas der Selbstverwaltung

Das Thema „Selbstverwaltung" befindet sich also allseits in einem echten Dilemma, positivrechtlich, rechtsdogmatisch und rechtstheoretisch. Das gilt vor allem für den Universitätsbereich. Worin liegen die Wurzeln dafür? In älteren Lehren, die nur literarkritisch, nicht aber juristisch analytisch und synthetisch zugleich orientiert sind? In jüngeren Lehren, die nur juristisch analytisch, formal-normativ und mitunter geradezu gesetzestexthörig angelegt sind; die nur als Recht verstehen wollen, was ausdrücklich vorgeschrieben ist und die das als selbstverständlich Vorausgesetzte nicht mehr zu erkennen vermögen? In einer Judikatur, die sich mit der Gefolgschaft einer zunehmend schematisierenden Lehre schon bald nach 1920 die Freiheit nahm, die Selbstverwaltung nach und nach in die allgemeine Staatsorganisation rechtlich und damit auch politisch einzuebnen?

Gleich den Studien KORINEKS zur *wirtschaftlichen Selbstverwaltung* spiegeln meine eigenen Untersuchungen zur *wissenschaftlichen Selbstverwaltung* der Universitäten solche Umstände wider. Vielleicht führen derart umfassend angelegte Studien letztendlich doch mehr und mehr zu einem

---

148 Kritik der reinen Vernunft 1 (Suhrkamp 1977) 98.

149 KELSEN und die Gefolgsleute eines normativ-formalen Positivismus.

150 EHRLICH, TEZNER und WURZEL als Vertreter eines sozialempirisch verstehenden Positivismus.

Durchbruch einer rechtsdogmatischen Betrachtungsweise auch für die Selbstverwaltung auf einer rechtsempirischen Grundlage, dh zu einer Orientierung an den Vorschriften des positiven Rechts, mit ihren jeweiligen institutionell verstehbaren Zweckzusammenhängen, mit ihren historisch gewordenen Sinnverfestigungen und mit den rechtserheblichen Wirklichkeitsbezügen ihres Funktionierens. Das nun zwar noch anhaltende, doch vor allem durch die hier hervorgehobene Literatur zur Selbstverwaltung wesentlich verminderte Dilemma um ein entsprechendes Sinnverständnis von Wesensmerkmalen, nicht zuletzt und vor allem für die universitäre Selbstverwaltung, hat hauptsächlich nachfolgende Erklärungsgründe:

1. In den politischen Umwälzungen und Umbrüchen dieses Jahrhunderts und in dem Hand in Hand damit gehenden veränderten politischen und verfassungsrechtlichen Staatsverständnis. Dazu gehört insbesondere die theoretische und praktische Primitivierung und Formalisierung des Legalitätsprinzips aus dem materiellen Rechtsstaatsprinzip des B-VG in ein formales, instrumentales, egalitäres Gesetzesstaatsprinzip.
2. In einer noch immer nicht aus dem politischen Leitkonzept des geschichtlich gewordenen totalitären Parlamentarismus emanzipierten Judikatur des Verfassungsgerichtshofs. Dazu gehört vor allem die heterogene Judikatur zum Legalitätsprinzip.
3. In einer auf einen zunehmend formal-reduktionistisch (ADAMOVICH – FUNK) verstandenen Gesetzestextpositivismus hin tendierenden Lehre, unter dem theoretischen Leitgedanken eines vorherrschend analytisch angelegten, alles relativierenden, normativ-schematisierten und inhaltsentbundenen, vordergründig wortverhafteten Konstruktionismus. Dazu gehört vor allem eine vielfach unreflektierte Fixiertheit auf die formale Denkform der „Norm“ und die damit verbundene methodologische Verarmung der Rechtsinhaltsbetrachtung.
4. In geradezu naturgesetzlich anwachsenden und gesetzlich geförderten bürokratischen Kollektivisierungstendenzen unter dem Druck ministerieller Aufsichtsbehörden. Dazu gehört geradezu beispielhaft die Tendenz, den Universitäten alles Verwaltungshandeln entweder konkret vorzuschreiben oder konkret zu genehmigen.
5. In vielfach distanzierten Verhaltensweisen der verantwortlichen Träger und Angehörigen der Selbstverwaltung zu den Verpflichtungsgründen, die in den „eigenen“ Angelegenheiten ihres Selbstverwaltungskörpers eingeschlossen sind. Dazu gehört vor allem eine Art von ständig vorauseilendem, ministerielle Wohlmeinungen einholendem Gehorsam,

statt Handlung aus Eigenkompetenz, in selbständiger rechtlicher Verantwortung.

1. Zum politischen Wandel, zum Wandel der Verfassung und ihrem politischen Verständnis

Aus der bereits rechtsstaatlich angelegten konstitutionellen Monarchie[151] führte der verfassungsrechtliche Weg zunächst in eine extrem parlamentarische Republik[152]. Von ihr sagte MERKL zutreffend das Folgende: „Vollends in der radikal *parlamentarischen Republik* ist, soweit sie nicht eine ausgebildete Selbstverwaltung aus der Monarchie übernommen hat, für eine starke Selbstverwaltung keine rechte Heimstatt. Nimmt das parlamentarische System für das Parlament oder die Mehrzahl von Parlamenten eine beherrschende Rolle in Anspruch – mittelbar, nämlich vermittels der parlamentarischen Regierung, auch eine beherrschende Rolle in bezug auf die Verwaltung –, dann duldet es keine allzu starken quasiparlamentarischen Einrichtungen von der Art der Selbstverwaltungskollegien, dann fordert es letztlich Unterordnung der lokalen Willenszentren der Selbstverwaltung unter den dominierenden Herrscherwillen der zentralen Volksvertretung – im Wesen nicht anders, als das absolutistische System Unterordnung unter den persönlichen Willen des absoluten Monarchen heischt. In diesem Punkte berühren sich die staatsformellen Extreme der absoluten Monarchie und der parlamentarischen Republik"[153]. Hinzuzufügen wäre noch: In diesem Punkt berühren sich aber auch die staatsformellen Extre-

---

[151] Vgl dazu Art 9 und 11 des StGG RGBl 145/1867, über die Ausübung der Regierungs- und Vollzugsgewalt.

Art 9 Abs 1: „Die Minister sind für die Verfassungs- und Gesetzmäßigkeit der in die Sphäre ihrer Amtswirksamkeit fallenden Regierungsacte verantwortlich."

Art 11: „Die Staatsbehörden sind innerhalb ihres amtlichen Wirkungskreises befugt, auf Grund der Gesetze Verordnungen zu erlassen und Befehle zu ertheilen, und sowohl die Beobachtung dieser letzteren als der gesetzlichen Anordnungen selbst gegenüber den hiezu Verpflichteten zu erzwingen.

Besondere Gesetze regeln das Executionsrecht der Verwaltungsbehörden, sowie die Befugnisse der bewaffneten Macht, die zur Erhaltung der öffentlichen Sicherheit, Ruhe und Ordnung dauernd organisirt ist oder in besonderen Fällen aufgeboten wird."

[152] Art 18 B-VG: „(1) Die gesamte staatliche Verwaltung darf nur auf Grund der Gesetze ausgeübt werden.

(2) Jede Verwaltungsbehörde kann auf Grund der Gesetze innerhalb ihres Wirkungsbereiches Verordnungen erlassen".

In der ursprünglichen Fassung des Art 18 (2) B-VG aus dem Jahr 1920 hieß es noch: „im Rahmen der Gesetze ...".

[153] MERKL, Allgemeines Verwaltungsrecht (1927) 362.

me der autoritären sowie der totalitären Republik und parlamentarischen Demokratie.

Aus dem Geist der parlamentarischen Republik des Jahres 1918 erwuchs jedenfalls das formalisierte legalistische Sinnverständnis zum Art 18 B-VG des Jahres 1920 und dessen Verstärkung durch die Novelle zum Verordnungsrecht des Art 18 Abs 2 B-VG des Jahres 1925. Dieser Geist führte in der legistischen Praxis, vor allem mit dem Außerkrafttreten des Besatzungsrechtes nach 1955, zu einem zunehmend gesetzestexthörigen Legalismus, der sich in seinen kasuistischen Überwucherungen seit Jahrzehnten bereits auf dem Weg zur Selbstzerstörung befindet. Ein derart vordergründig positivistisch formalisiertes, gesetzestextgläubiges parlamentarisch-demokratisches Staatsverständnis war offensichtlich weder im Widerspruch zur Struktur der autoritären Verfassung des Jahres 1934, noch zum organisatorischen Verfassungskonzept des totalitären NS-Staates, der von 1938 bis 1945 auch in Österreich effektiv gewesen ist. Nicht von ungefähr sah KOETTGEN für die NS-Zeit in der Selbstverwaltung, getragen von der rechtlichen Organisationsform der juristischen Person, ein Hindernis für die Entfaltung des ideologisch gebundenen totalitären Zentralstaates Hitlers[154]. An eine solche zum legalistischen Perfektionismus tendierende Denkweise schlossen im Jahr 1945 die staatlichen Zwangsmaßnahmen zur Bereinigung der autokratischen und totalitären politischen Vergangenheiten fast nahtlos an, wenn auch unter anderen Vorzeichen der Legitimierung. Begünstigt durch die Direktiven der Besatzungsmächte vertrugen sie tendenziell keine Differenzierung und keine Dezentralisation der Staatsfunktionen. Sie richteten sich in ihrer Rigidität allerdings auch gegen die Direktiven der Besatzungsmächte und wirkten dadurch – gleichsam im Gegeneffekt – insgesamt für den Gesamtstaat sogar souveränitätsverstärkend. Daran hatten die Selbstverwaltungskörper allerdings keinen Anteil. Im Gegenteil, die stärkere Zentralgewalt beeinträchtigte die dezentralisierten Selbstverwaltungsbereiche geradezu zwangsläufig. Doch was in der Notzeit der Wiedererrichtung der Demokratie unumgänglich war, wurde später zur tugendarmen Legalität eines geradezu eigengesetzlich zunehmenden bürokratischen Kollektivismus.

2. Zur Judikatur des Verfassungsgerichtshofs

Die Judikatur des Verfassungsgerichtshofs war vor allem nach 1945 jahrzehntelang den vitalen politischen Folgen vorangegangener einschnei-

---

[154] KOETTGEN, Die rechtsfähige Verwaltungseinheit (1939) 6 ff, insbes 12.

dender Verfassungsänderungen ausgesetzt. Die durch die Zeitläufte in politisches Leid geratene Richtergeneration hatte das demokratisch erneuerte Staatswesen gewissermaßen von der Vergangenheit zu lösen und bekämpfte diese fortgesetzt in der Gegenwart mit gleichartigen Mitteln und zu kontraproduktiven Effekten. Für die Selbstverwaltung ist die daraus folgende reduzierte „Toleranz" in der Judikatur des Verfassungsgerichtshofes kennzeichnend. Nur mit Mühe kämpft der Verfassungsgerichtshof, seit 1945 mehr als nach 1920, immer wieder gegen seine eigene Tendenz, die Selbstverwaltung in die allgemeine Verwaltungsstruktur der Verfassung einzuebnen. Anschaulich dafür ist die Judikatur zum Legalitätsprinzip des Art 18 B-VG. Der Verfassungsgerichtshof förderte die aus den geschichtlich gewordenen Staatsformen herrührenden Tendenzen, mit Verstärkungsschüben von 1925 – 1929 und von 1945 – 1970, durch eine über das rechtsstaatliche und grundrechtsorientiert gebotene Maß hinaus zunehmend verengende Judikatur zum Legalitätsprinzip des Art 18 B-VG, insbesondere zu der im Art 18 Abs 2 enthaltenen Verordnungsermächtigung.

Für die universitäre Selbstverwaltung hatte diese Tendenz fatale Auswirkungen. Sie wurde in Etappen der Organisations- und Taxenreformen (1953, 1966, 1971 und 1976) in ihrer Autonomie gesetzlich zunehmend eingeschränkt, ohne daß die Gesetzesvorbehalte der Grundrechte für das Satzungsrecht zu vorherrschenden und gleichzeitig einschränkenden Maßstäben gemacht worden wären. Das Grundrecht der Freiheit der Wissenschaft und ihrer Lehre wurde trotz ausdrücklicher Bekenntnisse in den jüngeren Hochschul- bzw Universitätsrechtsgesetzen mit seinen notwendigen Implikationen für Organisation und Funktion der universitären Bereiche von Lehre, Forschung und Verwaltung, geflissentlich ignoriert[155]. Im übrigen ist die Judikatur des VfGH zum autonomen Satzungsrecht der Selbstverwaltungskörper ganz allgemein auch eine vergröberte Widerspiegelung seiner Judikatur zum Legalitätsprinzip des Art 18 B-VG überhaupt. Ungereimtheiten und Inkonsequenzen sind dabei unausweichlich. Wie kann man die autonome Satzung auf eine schematisch verengt verstandene Durchführungsverordnung reduzieren und auf die enge Gesetzestextbindung individueller Vollzugsakte einschränken, ohne gleichzeitig die notwendige, wenn auch notwendigerweise gesetzlich beschränkte Gestaltungsfreiheit der Selbstverwaltung auf der Ebene generell-abstrakter administrativer Rechtsetzung und Vollziehung zu vernichten? Die Weisungsfreiheit vermag autonome Eigenständigkeit nicht zu ersetzen!

---

155 Vgl dazu das fatale Erkenntnis VfSlg 8136/1977.

Der VfGH wird nicht umhin können, schließlich und endlich jene Konsequenz zu wagen, die H. MAYER[156] in seiner Judikaturkritik negativ herausfordernd und ironisch angesprochen hat und die von RINGHOFER[157] und von HOLZER[158] so überzeugend postuliert wurde. Es wäre an der Zeit, aufgrund einer historisch fundierten verfassungsrechtlichen Analyse der wesentlichen Merkmale der Selbstverwaltungskörper als organisatorisch-funktionelle Einheiten gemäß den Kompetenztatbeständen, den Art 18 B-VG für die Selbstverwaltung ebenso differenziert zu interpretieren, wie geradezu in glückhafter Weise den Art 20 B-VG. Am besten wäre es allerdings, der Verfassungsgesetzgeber würde endlich selbst handeln, diesen problematisch erscheinenden Verfassungszustand beenden, funktionskräftige Organisationsprinzipien schaffen und die Selbstverwaltung ähnlich zu seinem Anliegen machen, wie den Föderalismus.

3. Zum Wandel in der wissenschaftlichen Lehre

Verfassungswandel und Tendenzen in der Judikatur des VfGH fanden begreiflicherweise ihren Niederschlag nicht nur in den Gesetzen, sondern auch in den wissenschaftlichen Lehren. Unter dem Einfluß der Reinen Rechtslehre KELSENS und der Judikatur des Verfassungsgerichtshofs setzten sie einerseits immer stärker zu einer Art „normlogischer" Formalisierung und andererseits zu formal und inhaltlich gesetzestextreduzierten Relativierungen an. Die Selbstverwaltung wird im Anschluß an MERKL und KELSEN zwar richtig, aber doch vereinfacht als „dezentralisierte Staatsverwaltung" verstanden. Ihre inhaltlichen, verfassungsrechtlich bedingten, historisch gewordenen Kriterien und Komponenten werden demgegenüber offenbar deshalb reichlich vernachlässigt, weil sie verfassungsgesetzlich nicht ausdrücklich vorgeschrieben sind. Die Wissenschaft vom öffentlichen Recht verfällt nicht nur in den Sog einer „logischen", reduktionistisch-normativ-formal angesetzten Rechtslehre, sondern ergibt sich auch der ahistorischen, wenn nicht sogar antihistorischen Tendenz der Reinen Rechtslehre. Formalisierung und Distanz zu vielfach nur implizierten begrifflich eingeschlossenen und stillschweigend vorausgesetzten Sinngehalten des Rechts gehen in der Lehre Hand in Hand mit einer zunehmenden „Hörig-

---

[156] H. MAYER, Entwicklungstendenzen in der Rechtsprechung des Verfassungsgerichtshofes, ÖJZ (1980) 342.

[157] Die verfassungsrechtlichen Schranken der Selbstverwaltung in Österreich, Referat, Verhandlungen des 3. ÖJT, II/3 (1967) 49 ff.

[158] HOLZER, Wirtschaftliche und berufliche Selbstverwaltung im Spannungsfeld des Legalitätsprinzips, FS Ermacora (1974) 76 ff.

keit" gegenüber dem Vordergründigen und Äußerlichen von Text und Worten der Gesetze. Nach Maßgabe der Zunahme der Gesetzestexte an Umfang und Detail verringern sich aber auch die Fähigkeit und das Bedürfnis der Lehre nach dem gebotenen, bedeutungsorientierten begrifflichen Vorverständnis der Gesetzestexte: *Quod non est in verbis non est in lege?* Die zunehmende Gleichbehandlung der oft fragmentarischen, teils verkürzten älteren Gesetzestexte, mit dem mehr und mehr überladenen jüngeren Wortlaut der Gesetze durch die Lehre, die Verminderung des Bemühens um die in die begrifflich kompakt erfaßten und verbal verkürzt eingeschlossenen oder mit ihnen und durch sie vorausgesetzten begrifflich-kompakten Sinngehalte und Gesamtzwecke gibt vor allem den Arbeiten jüngerer Vertreter der Rechtswissenschaft, aus ihrer Sicht bloß vom Schreibtisch, das Gepräge und ruft mit Recht die Frage nach der Legitimation einer solchen Denkweise auf den Plan. Daß eine auf den Gesetzestext reduzierte und die in die Vorschriften eingebundenen Regelungszwecke vernachlässigende Denkweise mit dem theoretischen, normativ-formalen Reduktionismus ebenso zusammenklingt wie mit der unübersehbaren ahistorischen Grundlegung dieser Lehre, braucht nicht zu verwundern. Eine geradezu keusche Enthaltsamkeit der Rechtswissenschaft von der gesetzesrelevanten sozial-kulturellen Wirklichkeit in ihrem geschichtlichen Gewordensein, vom mehrschichtigen Sein des Rechts in Form und Inhalt, und von seinen Vorbedingungen in der Erzeugung und im Geltungsanspruch, sowie die Fixierung auf das formal-normative Schema des Sollens wirken zweifellos noch verstärkend. In einer „Concordantia Discordantium" wirken Verfassungswandel, Verwaltungspraxis, Verfassungsgerichtshofsjudikatur und Lehre tendenziell zu einer Wirkungseinheit einer zunehmenden Einengung des Sinnverständnisses von den zweckhaften Einheiten der organisatorisch-funktionell angelegten Selbstverwaltung, das bereits bis zur Einebnung ihrer ursprünglichen Eigenart in die allgemeine staatliche Verwaltung reicht. Im Endeffekt ist jedes der ursprünglichen essentiellen Merkmale der Selbstverwaltungskörper dann nur noch mehr oder weniger und schließlich überhaupt nicht mehr wesentlich.

Dazu sei wiederum auf das österreichische Universitätsrecht als Beispiel verwiesen. Die zunehmende ahistorische und formale Denkweise in der jüngeren Lehre läßt in einer merkwürdig unreflektierten Weise Raum für fortgesetzte politische Wirkungskräfte autoritärer und totalitärer Ordnungstendenzen, des extremen Parlamentarismus ebenso wie eines entideologisierten bürokratischen Totalitarismus. Sie richten sich wesensgemäß gegen die Selbstverwaltung, weil diese in ihrer Subsidiarität gegenüber der zentralen Staatsgewalt die Autonomie und damit die demokratische Gestaltungsfreiheit von Gemeinschaften verbürgt, der zwischen Bindung an das Gesamtinteresse des Staates und der Beachtung von individueller Freiheit und Autonomie eine Vermittlerrolle zukommt. Selbstverwaltung bedeutet – wie MERKL mit Recht meinte – Demokratie von unten[159]. Sie sollte der fruchtbare Urboden des demokratischen Staates sein und ist dennoch wirkungsstarken Gegenkräften von Gesetzgebung, Praxis, Verfassungsgerichtshofs-Judikatur, für die Universitäten seit Jahrzehnten auch einem problematischen verständnisarmen Wirken des Rechnungshofs und der wissenschaftlichen Lehre ausgesetzt, zu dem noch das am Parkinson-Effekt zunehmend erstarkende bürokratische Machtstreben der Staatsverwaltung nicht unwesentlich beiträgt.

4. Zur bürokratischen Kollektivierung

Neben den formalen Komponenten des parlamentarischen Legalismus spielte im Lauf der Zeit aber auch die soziale Wirklichkeit eine erhebliche Rolle. Die beamteten Gesetzesdiener, im Wandel der Zeiten gehorsamsmäßig sogar unter verschiedene autoritäre Ideologien gestellt, schienen nicht mehr verläßlich zu sein. Ihr Handeln mußte anscheinend wohl deshalb stärker gesetzlich determiniert sein. So wurden immer wieder vor allem die Hochschulen von der Bürokratie institutionell an die Kandare genommen. Die Folge ist eine zunehmende, bis in die Kasuistik reichende Regelung des Staatshandelns – weit über die rechtsstaatliche Notwendigkeit hinaus – mit dem verheerenden Effekt einer unaufhaltsamen Tendenz zu einem kollektivistischen Bürokratismus. In dieser Tendenz wird das selbstverantwortliche Denken sogar der Träger von verfassungsrechtlich verbürgt freier wissenschaftlicher Lehre und Forschung mehr und mehr durch die fragmentarische „Weisheit“ immer umfangreicher werdender und immer weniger vollziehbarer Gesetze und Verwaltungsverordnungen zunehmend eingeschränkt oder gar substituiert. Die Regulative der Gesetze und Instruktionen behindern die Eigenverantwortung der Träger der Selbstverwaltung und nehmen vielfach bereits sogar die Kontrolle vorweg! Und wer kontrolliert dann die allzuständigen ministeriellen Wächter? Die gesetzlichen Regelungen im Universitätsbereich geben in ihrem heutigen Zustand und in den verschiedenen Etappen ihrer geschichtlichen Entwicklung ein beredtes Zeugnis davon. Es scheint, als gäbe es nur noch Ermessen und „Organautonomie“ und selbst diese werden immer enger in-

---

[159] Allgemeines Verwaltungsrecht (1927) 347.

terpretiert, von den differenzierten Autonomien der verschiedenen inneruniversitären Organisationsbereiche ganz zu schweigen! Sie werden im Grunde zu Autonomien der staatlichen Aufsichtsbehörde umfunktioniert und es kommt nicht von ungefähr, daß die Unterscheidung und die Trennung des selbständigen (autonomen) Wirkungsbereiches vom übertragenen (staatlichen) Wirkungsbereich für die Universitäten nicht nur verschwommen geregelt ist, sondern auch von der staatlichen Aufsichtsbehörde nicht mehr verläßlich angegeben werden kann. Die Staatsaufsicht stärkt ihre Autorität aus der Unklarheit der Gesetzeslage.

5. Die Selbstentpflichtung der Angehörigen der Selbstverwaltung

Kein Wunder, daß die Träger der Verantwortung und die unmittelbar betroffenen Angehörigen, vor allem der universitären Selbstverwaltung, ihren eigenen Aufgaben und persönlichen Verpflichtungen nicht selten reichlich distanziert gegenüberstehen. Die Verantwortungsfreude und der Partizipationsanreiz werden angesichts der unwiderstehlichen Gegenkräfte einer übermächtigen Staatsaufsicht und angesichts der durch sie verursachten Lähmungen von Eigenständigkeit, Initiative und Verantwortungsfähigkeit der Träger der Selbstverwaltung immer wieder verdrängt. Das findet seinen Niederschlag in der mangelhaften Organpraxis, etwa der autonomen Satzunggebung, wie auch im Grad der (Des)Interessiertheit und in einem zunehmend distanzierten Engagement des Einzelnen in Lehre, Forschung und Verwaltung.

X. Auswege aus dem Dilemma

Gibt es überhaupt Auswege aus dem Dilemma? Gewiß! Der *Verfassungsgesetzgeber* könnte die Misere leicht bereinigen. Doch es würde schon genügen, wenn der *Verfassungsgerichtshof* seine eigene Judikatur zu Gunsten der verfassungsrechtlich fundierten und in begrifflichen Wesensmerkmalen fixierten Grundkomponenten der Selbstverwaltung als organisatorisch-funktionelle Gesamtheiten im allgemeinen vereinheitlichen und verstärken würde. Dazu gehört vor allem eine differenzierte Sicht auf das Legalitätsprinzip und auf das Verordnungsrecht nach Art 18 B-VG, vergleichbar der differenzierten Deutung des Weisungsrechts nach Art 20 B-VG für die Selbstverwaltung. Dazu gehört aber auch die vorrangige Beachtung der historisch gewordenen und verfassungsrechtlich „versteinerten“ Merkmale der verschiedenen Arten von Institutionen der personalen Selbstverwaltung, insbesondere deren öffentlich-rechtlicher Rechtspersönlichkeit. Aber auch der *Verwaltungsgerichtshof* und der *Oberste Gerichtshof* müßten der Rechtspersönlichkeit, der Autonomie, dem Satzungsrecht, der Staatsaufsicht und dem Weisungsrecht die ihnen nach der Gesamtrechtsordnung gebührende, dh verfassungskonforme Beachtung schenken. Die *Lehre* müßte von ihrer formal-reduktionistischen Tendenz abrücken, ihre Einschränkung auf gesetzestextreduzierte, sprachlich-grammatikalische und logisch-formale Interpretationen aufgeben, sich mehr dem intendierten Inhalt und dem Telos des geltenden Rechtes in seinen zweckgebundenen und werthaften, strukturellen und funktionellen Zusammenhängen zuwenden und überdies einem historischen Sinnverständnis der verschiedenen Selbstverwaltungsbereiche den gebührenden Raum geben. Dann erhielten die positiv-rechtlichen Vorgaben des Gesetzgebers (des Verfassungsgesetzgebers) jenen vorherrschenden Stellenwert, den ihnen vor allem die hier hervorgehobenen Lehren zur Selbstverwaltung im allgemeinen beispielhaft abgelesen haben. Vielleicht würde das konstruktive Zusammenwirken von Verfassungsgesetzgebung, einfacher Gesetzgebung, Judikatur und Lehre dann auch für die universitäre Selbstverwaltung zu jenem Effekt führen, der ihr die wünschenswerte vitale demokratische Funktionsfähigkeit und Legitimation verleiht: die sinnhafte Verlebendigung ihrer autonomen und gesetzlich zur Eigenständigkeit verbürgten, verfassungsrechtlich grundgelegten organisatorischen Einheit, durch ein demokratisch fundiertes und gemeinschaftsverpflichtetes Verhalten ihrer Angehörigen und Träger in Freiheit aus Verantwortung, im Spannungsfeld zwischen Staat und Gesellschaft.

Literaturnachweis

ADAMOVICH, Handbuch des österreichischen Verwaltungsrechts[5], Bd 1 u 2 (1953) 60 ff, 165 ff, 244 ff.

ADAMOVICH – FUNK, Österreichisches Verfassungsrecht[3] (1985) 289 ff.

ADAMOVICH – FUNK, Allgemeines Verwaltungsrecht[3] (1987) 346 ff.

ANTONIOLLI, Die Überprüfung von Satzungen, JBl (1949) 61 ff.

ANTONIOLLI, Allgemeines Verwaltungsrecht (1954) 179 ff, 155 ff, 131 ff.

ANTONIOLLI, Begriff und Grundlagen der Selbstverwaltung in Österreich, ÖZÖR X (1959/1960).

ANTONIOLLI – KOJA, Allgemeines Verwaltungsrecht[2] (1986) 348 ff, 159 f, 163 f.

BÄHR, Der Rechtsstaat (1864/1963) 5 f.

BERNATZIK, Kritische Studien über den Begriff der juristischen Person, AÖR 5 (1890) 303 ff.

BERNATZIK, Die österreichischen Verfassungsgesetze[2] (1911).

BETTI, Der Typenzwang bei den römischen Rechtsgeschäften und die sogenannte Typenfreiheit des heutigen Rechts, FS Leopold Wenger, Bd 1 (1944) 249 – 283.

BETTI, Moderne dogmatische Begriffsbildung in der Rechts- und Kulturgeschichte, in: Studium Generale, Jg 12 (1959) 87 ff.

BINDER, Die österreichische Hochschülerschaft als gesetzliche berufliche Vertretung? JBl (1973) 128 ff.

BURDEAU, Der Staat als Institution, in: Schnur (Hg), Institution und Recht (1968) 294 ff.

BYDLINSKI, Juristische Methodenlehre und Rechtsbegriff[2] (1991/1982) 13 ff, 32 ff.

CANARIS, Systemdenken und Systembegriff in der Jurisprudenz, entwickelt am Beispiel des deutschen Privatrechts (1969).

EHRLICH, Die juristische Logik[2] (1966/1925).

EHRLICH, Grundlegung der Soziologie des Rechts[3] (1967/1913).

ENGISCH, Die Idee der Konkretisierung in Recht und Rechtswissenschaft unserer Zeit[2] (1968).

ERMACORA, Handbuch der Grundfreiheiten und der Menschenrechte (1963) 39.

ERMACORA, Allgemeine Staatslehre II (1970) 875 ff.

ERMACORA, UOG (Universitäts-Organisationsgesetz)[4] (1990) 8 FN 9.

ESSER, Einführung in die Grundbegriffe des Rechtes und Staates (1949).

ESSER, Grundsatz und Norm in der richterlichen Fortbildung des Privatrechts. Rechtsvergleichende Beiträge zur Rechtsquellen- und Interpretationslehre[2] (1964).

ESSER, Vorverständnis und Methodenwahl in der Rechtsfindung. Rationalitätsgarantien der richterlichen Entscheidungspraxis (1970).

FORSTHOFF, Lehrbuch des Verwaltungsrechts I[10] (1973) 166 f.

FRÖHLER – OBERNDORFER, Körperschaften des öffentlichen Rechts und Interessenvertretung (1974).

HASSEMER, Tatbestand und Typus. Untersuchungen zur strafrechtlichen Hermeneutik (1968).

HAURIOU, Die Theorie der Institution und der Gründung (1925), in: Schnur (Hg), Institution und Recht (1965) 27 ff.

HEMPEL, Der Typusbegriff im Lichte der neuen Logik. Wissenschaftstheoretische Untersuchungen zur Konstitutionsforschung und Psychologie (1936).

HERRNRITT, Grundlehren des Allgemeinen Verwaltungsrechtes (1921) 186 ff.

HOLZER, Wirtschaftliche und berufliche Selbstverwaltung im Spannungsfeld des Legalitätsprinzips, in: H. Stadler-Richter (Hg), Die Evolution des öffentlichen Rechts, FS Ermacora (1974) 76 ff.

JASPERS, Die Idee der Universität, Schriften der Universität Heidelberg, H 1 (1946).

JELLINEK, Allgemeine Staatslehre[3] (1913, Neudruck 1960) 9 ff, 637 ff.

JÖRGENSEN, Typologie und „Realismus" in der neueren Rechtswissenschaft. Nachrichten der Akademie der Wissenschaften in Göttingen, Philologisch-Historische Klasse (1971) Nr 3.

KANT, Kritik der Reinen Vernunft 1 (Suhrkamp III und IV, 1977).

KANT, Logik, in: Schriften zur Metaphysik und Logik 2 (Suhrkamp VI, 1977).

KAUFMANN, Analogie und „Natur der Sache", Zugleich ein Beitrag zur Lehre vom Typus (1965).

KLAGIAN, Der Rechtsträger im Verfassungsrecht. Das Zurechnungssubjekt von Handlungen und Rechtsfolgen in Amtshaftung und Rechnungskontrolle, Diss Wien (1991).

KOETTGEN, Die rechtsfähige Verwaltungseinheit (1939).

KOLLER, Grundfragen einer Typuslehre im Gesellschaftsrecht (1967).

KORINEK, Selbstverwaltung in Gemeinden und Kammern – Ein Abgrenzungsversuch, ZAS (1967) 65 ff.

KORINEK, Wirtschaftliche Selbstverwaltung (1970).

KORINEK, Selbstverwaltung in der Sozialversicherung, ZAS (1972) 163 ff.

KORINEK, Staatsrechtliche Grundlagen der Kammer-Selbstverwaltung, DRdA (1991) 105 ff.

KÖRNER, Beiträge zur Theorie der Selbstverwaltung, ÖZÖR IX (1930) 66 ff.

LARENZ, Typologisches Rechtsdenken. Bemerkungen zu v. Tuka, in: Die Rechtssysteme, ARSP 34 (1940/41) 20 ff.

LARENZ, Methodenlehre der Rechtswissenschaft[5] (1983) 14, 65, 360, 398 f.

LAURER, Zur Frage der Organisationsgewalt bei beruflichen Selbstverwaltungskörpern, ÖJZ (1970) 89 ff.

LEENEN, Typus und Rechtsfindung (1971).

MAYER H., Entwicklungstendenzen in der Rechtsprechung des Verfassungsgerichtshofes, ÖJZ (1980) 342.

MAYER O., Deutsches Verwaltungsrecht I[3] (1923) 113 ff.

MERKL, Allgemeines Verwaltungsrecht (1927) V ff, 1 ff, 342 ff.

MERKL, Die Überprüfung von Satzungen, JBl (1949) 61 ff.

MERKL, Begriff und Grundlagen der Selbstverwaltung in Österreich, ÖZÖR X (1960) 334 ff.

MÜLLER F., Juristische Methodik[4] (1990) 103 f.

OBERNDORFER, Interessenvertretung durch Körperschaften öffentlichen Rechts als gesellschaftliche Selbstverwaltung, Wirtschaft und Verwaltung (1979) 129 ff.

PERNTHALER, Die verfassungsrechtlichen Schranken der Selbstverwaltung, Gutachten, Verhandlungen des 3. Österreichischen Juristentages (ÖJT), I/3 (1967) 143 ff.

PERNTHALER, Entscheidungsbesprechung, ÖZW (1978) 123 ff.

PERNTHALER, Allgemeine Staatslehre und Verfassungslehre (1986) 92 ff.

PERNTHALER, Kompetenzverteilung in der Krise, Schriftenreihe des Instituts für Föderalismusforschung, Bd 46 (1989), insbes 69 ff.

PFEIFER, Probleme der wirtschaftlichen und sozialen Selbstverwaltung, Schriftenreihe der Bundeskammer der gewerblichen Wirtschaft, H 4 (1967).

RAISER, Rechtsschutz und Institutionenschutz im Privatrecht, in: Summum ius summa iniuria (1963) 145 – 167.

REIGER, Selbstverwaltung, in: Soziallexikon 2524 ff.

REIGER, Zur Frage der Organisationsgewalt bei beruflichen Selbstverwaltungskörpern, ÖJZ (1969) 7 ff, 177 ff.

REIGER, Pflichtmitgliedschaft zu den Kammern aufheben? WipolBl (1983) 130 ff, 132.

RHINOW, Rechtsetzung und Methodik, Basler Studien zur Rechtswissenschaft 122 (1979), Sozialwirklichkeit und Gerechtigkeit als Topoi der Rechtsgewinnung 72 ff, Rechtsetzung und Rechtsanwendung im Vorgang der Rechtsverwirklichung 195 ff, Aspekte einer juristischen Regelungstheorie 244 ff.

RINGHOFER, Die verfassungsrechtlichen Schranken der Selbstverwaltung in Österreich, Referat, Verhandlungen des 3. ÖJT, II/3 (1967) 49 ff.

ROMANO, Die Rechtsordnung (1975).

ROSSMANN, Die Entwicklung der Kammern in Österreich seit 1848, ÖNotZ (1972) 209 ff.

RÜMELIN, Juristische Begriffsbildung (1878).

RÜTHERS, „Institutionelles Rechtsdenken" im Wandel der Verfassungsepochen. Ein Beitrag zur politisch-kritischen Funktion der Rechtswissenschaft (1970).

SAVIGNY, System des heutigen Römischen Rechts I (1840) 9 ff.

SCHÄFFER, Verfassungsinterpretation in Österreich, Forschungen aus Staat und Recht 18 (1971).

SCHELSKY, Über die Stabilität von Institutionen, bes. Verfassungen, in: Jahrbuch für Sozialwissenschaft, Bd 3 (1952) 1 ff.

SCHELSKY (Hg), Zur Theorie der Institution (1970).

SCHNUR, Institution und Recht, in: Schnur (Hg), Wege der Forschung CLXXII (1968), gesammelte Aufsätze von Davy, Monaco, Jennings, Dequeyrat, Leontovich, Schelsky, Burdeau, Stone und Martin-Retortillo.

SCHWINGE, Teleologische Begriffsbildung im Strafrecht. Ein Beitrag zur strafrechtlichen Methodenlehre (1930).

SEIFFERT, Die kategoriale Stellung des Typus, in: Beihefte zur Zeitschrift für philosophische Forschung, H 7 (1953).

SPANNER, Zur Überprüfung von Satzungen durch den VfGH, JBl (1952) 151 ff.

STANGER, Das Disziplinarrecht der Rechtsanwälte, Diss Wien (1990).

STEINBACH, Die Selbstverwaltung in der österreichischen Sozialversicherung, ÖJZ (1952) 454 ff.

STEINBACH, Die Selbstverwaltung in der Sozialversicherung aus soziologischer, verwaltungstechnischer und rechtlicher Sicht, SoSi (1971), 69 ff.

STOLZLECHNER, Öffentliche Fonds, Forschungen aus Staat und Recht 60 (1982).

STRACHE, Das Denken in Standards. Zugleich ein Beitrag zur Typologik (1968).

TEZNER, Rechtslogik und Rechtswirklichkeit (Neudruck), Forschungen aus Staat und Recht 75 (1986).

TOMANDL (Hg), System des österreichischen Sozialversicherungsrechts (1978).

WALTER – MAYER, Grundriß des österreichischen Bundesverfassungsrechts[6] (1988) 289 ff, 204 ff.

WALTER, Gutachten für den 1. ÖJT, I/4 (1961) 48 ff.

WALTER, Die Stellung der Sozialversicherungsträger in verfassungsrechtlicher Sicht, SoSi (1961) 429 ff.

WEBER M., Die Objektivität sozialwissenschaftlicher und sozialpolitischer Erkenntnis, Archiv für Sozialwissenschaft und Sozialpolitik (1904), in: Winckelmann (Hg), Gesammelte Aufsätze zur Wissenschaftslehre (1973) 146 ff, insb 190 ff.

WELAN – GUTKNECHT, Selbstverwaltung, in: H. P. Rill (Red), Allgemeines Verwaltungsrecht, Festgabe für W. Antoniolli (1979) 405 ff.

WENGER, Die Wirtschaftsaufsicht als Rechtsinstitut des Wirtschaftsrechts, in: Verwaltung im Dienste von Wirtschaft und Gesellschaft, FS Fröhler (1980) 373 ff.

WENGER – WINKLER, Die Freiheit der Wissenschaft und ihrer Lehre (1974).

WERNER, Selbstverwaltung und Bundesverfassung, ÖJZ (1950) 437 ff.

WINKLER, Die Entscheidungsbefugnis des österreichischen Verwaltungsgerichtshofs im Lichte der Gewaltentrennung, in: Staatsbürger und Staatsgewalt, FS dt Verwaltungsgerichtsbarkeit 1 (1963) 279 ff; abgedruckt auch in: Winkler, Orientierungen im öffentlichen Recht, Forschungen aus Staat und Recht 46 (1979) 105 ff.

WINKLER, Staat und Verbände, VVDStRL 24 (1966) 34 ff.

WINKLER, Die Rechtspersönlichkeit der Universitäten, Forschungen aus Staat und Recht 80 (1988).

WINKLER, Gesetzgebung und Verwaltung im Wirtschaftsrecht (1970); abgedruckt auch in: Winkler, Theorie und Methode in der Rechtswissenschaft, Forschungen aus Staat und Recht 85 (1989) 75 ff.

WINKLER, Gesetzgebung und Verwaltungsrecht (1981), in: Gesetzgebung (1981), abgedruckt auch in: Winkler, Theorie und Methode in der Rechtswissenschaft, Forschungen aus Staat und Recht 85 (1989) 40 ff.

WINKLER, Die Autonomie der Universität. Eine Problemanalyse am Beispiel Österreichs, Keio Law Review No 6 (1990), Festschrift zum 100jährigen Jubiläum der Keio Universität in Tokyo, 523 ff.

WINKLER, Rechtstheorie und Erkenntnislehre, Forschungen aus Staat und Recht 90 (1990).

WINKLER – RASCHAUER, Die Pflichtmitgliedschaft zur Gewerbe- und Wirtschaftskammer im Fürstentum Liechtenstein, LJZ (1991) im Druck.

WITEK, Die verfassungsrechtlichen Schranken der Selbstverwaltung in Österreich, Verhandlungen des 3. ÖJT, II/3 (1967) 5 ff.

WOLF E., Kritik der institutionellen Rechtsauffassung, in: Schelsky (Hg), Zur Theorie der Institutionen (1970) 77 ff.

WURZEL, Das juristische Denken, neu abgedruckt in: Wurzel, Rechtswissenschaft als Sozialwissenschaft, Forschungen aus Staat und Recht 92 (1991).

ZIPPELIUS, Die Verwendung von Typen in Normen und Prognosen, FS Karl Engisch zum 70. Geb (1969) 224 – 242.

ZIPPELIUS, Rechtsphilosophie^{2}, Kurzlehrbücher für das Juristische Studium (1989).

ZIPPELIUS, Juristische Methodenlehre^{5}, Schriftenreihe der Juristischen Schulung, H 93 (1990).

ZIPPELIUS, Allgemeine Staatslehre^{11}, Kurzlehrbücher für das Juristische Studium (1991).

Die Autonomie der Universität

Eine Problemanalyse am Beispiel Österreichs *)

I. Die Themenstellung

Die Behandlung des Themas kann auf unterschiedliche Weise erfolgen. Dient sie der *Rechtsvergleichung*, dann bietet sich entweder eine globale oder eine regional begrenzte internationale Perspektive an.

Unter dieser Voraussetzung kann die Rechtsvergleichung nach den Gepflogenheiten der allgemeinen Staatslehre jedenfalls auf zwei Arten erfolgen. Einerseits durch ausgewählte Einzeldarstellungen der Universitäten als nationale Institutionen der verschiedenen Staaten im übernationalen Vergleich. Die Vielzahl der Gemeinsamkeiten und charakteristischen Eigenarten von rechtlichen Strukturen und der in sie eingeschlossenen Rechtsinstitute der nationalen Institutionen gibt die Möglichkeit der Vergleichung nach einheitlichen organisatorischen und funktionellen Gesichtspunkten. Die Vergleichung von charakteristischen Eigenarten und von Gemeinsamkeiten verschiedener nationaler Institutionen öffnet auf diese Weise den Blick auf das Grundsätzliche und auf das Wesentliche des Themas in seiner Differenziertheit[1].

Eine andere Art der Vergleichung bietet sich aber auch aus einer nationalen Sicht an, wenn man ein nationales Universitätskonzept oder eine singuläre Universität als Institution in ihrer eigenen historischen Dimension sieht. Die europäischen Länder – allen voran Italien und Frankreich – verfügen jeweils über eine jahrhundertealte, reichhaltige Universitätengeschichte. Jede der Landesgeschichten zeigt für sich, in ihren Etappen, in ihren Wandlungen und in ihren letztendlichen Tendenzen zu einer nationalen Vereinheitlichung, verschiedene Ausprägungen der Institution „Uni-

---

*) Die nachfolgenden Gedanken waren Inhalt eines Vortrages, gehalten auf der Tagung der Italienischen Vereinigung der Verfassungsrechtler an der *Universität von Bologna*, am 26. November 1988, und wurden in einer nur geringfügig veränderten Fassung in der Festschrift zum hundertjährigen Bestand der *Keijo-Universität* in Tokyo erstmals veröffentlicht.

1 Zur Universität als Institution siehe ganz grundsätzlich JASPERS, Die Idee der Universität (1946/1980).

versität". Das zumeist über Jahrhunderte reichende nationale Vergleichsmaterial ermöglicht daher – ähnlich der internationalen Vergleichung – die Feststellung von Verschiedenheiten, Besonderheiten, Gemeinsamkeiten und grundsätzlichen organisatorischen und funktionellen Eigenarten einer nationalen Institution „Universität" in ihrem historischen Wandel. Aus einer solchen Sicht wird durch die Vielfalt der Erscheinungen der Blick auf die wesentlichen Aspekte des Themas ähnlich frei, wie durch einen internationalen Vergleich.

Den folgenden Gedanken liegt eine nationale, eine positiv-rechtlich österreichische, eine historisch akzentuierte Sicht zu Grunde. Den historischen Hintergrund liefert vorwiegend die mehr als sechshundert Jahre alte Wiener Universität. Sie war von Anbeginn an eine relativ selbständige „staatliche" Universität. Als solche war sie beispielgebend für die Errichtung aller anderen österreichischen Universitäten, die heute nach einem einheitlichen Gesetz eingerichtet sind[2]. Seit ihrer Gründung im Jahr 1365 zeigt vor allem die Wiener Universität in den historischen Stufen ihrer Entwicklung, beispielhaft auch für die anderen, wesentlich jüngeren Universitäten Österreichs, nahezu alle möglichen Ausprägungen des *Rechtsinstituts der Autonomie* der Universität in seinen organisatorischen Voraussetzungen und funktionell, qualitativ und quantitativ. Der Vergleich des Bleibenden und der Veränderungen macht deutlich sichtbar, daß die österreichische universitäre Autonomie in ihrer großen historischen Spannweite fast alle Erscheinungsformen europäischer universitärer Autonomie staatlich beherrschter Universitäten darbietet. Sie reicht von einer weitgehenden Unabhängigkeit zur Gründungszeit bis zu einer höchst differenzierten Abhängigkeit in unserer Zeit. Rechtlich und faktisch, ökonomisch und politisch erstreckt sich das Spektrum in der historischen Dimension und aus heutiger Sicht von der Abhängigkeit einer nahezu unselbständigen staatlichen Lehr- und Forschungsanstalt bis an die Grenze der Staatsunabhängigkeit im 14. Jahrhundert, annähernd vergleichbar der rechtlichen Selbständigkeit einer modernen Privatuniversität. Die historische Entwicklung zeigt dabei den Trend von einer relativen Selbständigkeit zu einer relativen Unselbständigkeit und zur nationalen Vereinheitlichung der ganzen Universitätsorganisation in einer in sich strukturierten Institution mit den Rahmenbedingungen für die Autonomie der einzelnen Universitäten.

---

[2] Universitäts-Organisationsgesetz, BGBl 1975/258, 1978/443, 1981/341, 1986/254, 1987/654, 1988/745, 1990/364.

II. Die Dimensionen des Themas

Die Frage nach der Autonomie ist aber nicht nur aus historischer Sicht, sondern auch in der Gegenwart noch von grundsätzlicher Bedeutung und erscheint insofern zeitlos. Historisch gesehen zeigt sie die kontinuierliche Zurückdrängung der Autonomie durch den Staat. Dennoch prägt die rechtliche Eigenschaft der Autonomie auch heute noch den Rechtscharakter der Universität[3].

Grundsätzlich und in einer Definition ausgedrückt, bedeutet *Autonomie als Rechtsinstitut auch heute noch die rechtliche Macht und die rechtliche Befugnis der Universität, ihre eigenen Angelegenheiten in rechtlicher und wirtschaftlicher Gebundenheit an den Staat selbständig und eigenverantwortlich zu besorgen*. Diese Angelegenheiten, deutbar als differenzierte Handlungsmacht oder Kompetenzen, bestehen aus drei Aufgabenkomplexen:

- aus der wissenschaftlichen Lehre
- aus der wissenschaftlichen Forschung
- und aus der Verwaltung von Lehre und Forschung.

Die ersten beiden Aufgabenkomplexe umfassen primäre Angelegenheiten der Universität. Dem dritten Aufgabenkomplex kommt gegenüber den beiden ersten eine sekundäre, eine Hilfs- oder Dienfunktion zu.

In dieser definitorischen und charakteristischen Vereinfachung eines materiell-funktionellen Autonomiebegriffs zeichnet sich aber auch eine Differenziertheit des Themas in den organisatorischen Voraussetzungen ab. Mit der materiell-funktionellen Unterscheidung in

- die Autonomie der wissenschaftlichen Lehre und in
- die Autonomie der wissenschaftlichen Forschung

ist auch eine weitere Unterscheidung unlösbar verbunden:

- in die Autonomie der Verwaltung der Lehre und in
- die Autonomie der Verwaltung der Forschung.

Darin wird ein weiterer Dualismus der mehrseitigen und sachgebietsmäßig differenzierten Autonomie sichtbar. *Die Autonomie hat eine materiell-funktionelle Seite und organisatorische Voraussetzungen*. Die drei Arten von Aufgaben- und Tätigkeitsbereichen bringen auch ihnen gemäße organisatorische Zusammenhänge mit sich und zeigen die Universität als

---

[3] § 1 Abs 2 lit f des Universitäts-Organisationsgesetzes 1975 idgF und § 1 Abs 1 lit f des Allgemeinen Hochschul-Studiengesetzes 1966 idgF: „die Universitätsautonomie nach Maßgabe der gesetzlichen Vorschriften". Vgl dazu WINKLER, Die Rechtspersönlichkeit der Universitäten, Forschungen aus Staat und Recht 80 (1988); WINKLER, Die Institutionen personaler Selbstverwaltungskörper in der Ordnung des Rechts, in diesem Band.

eine strukturierte Institution mit differenzierten Autonomiebereichen. Die materiell-funktionelle Seite und die organisatorischen Voraussetzungen der Autonomie seien nun im folgenden näher bestimmt.

1. Die Autonomie als Funktion

Die Autonomie als Funktion nimmt vor den organisatorischen Voraussetzungen den ersten Rang ein. Die Organisation hat gegenüber der Autonomie eine Dienfunktion. Die Autonomie umfaßt zunächst die primären Aufgaben der Universität. Diese bestehen in der *wissenschaftlichen Lehre* einerseits und in der *wissenschaftlichen Forschung* andererseits. Sekundär gehört dazu als Hilfsfunktion aber auch die unmittelbare Verwaltung dieser beiden Aufgaben. Die primären Aufgaben von Lehre und Forschung sind schon ihrem Wesen nach autonom. Sie standen aber seit jeher auch unter staatlichem Einfluß. Die sekundären Aufgaben, dh die Aufgaben ihrer Verwaltung wurden und werden vom Staat, mitunter unter weitgehender Verdrängung der Selbstverwaltung, bis zur Unselbständigkeit der Universität mannigfach und maßgeblich (mit)bestimmt.

Die Universität Wien wurde vor mehr als 600 Jahren vom Landesfürsten eingerichtet und erhielt ursprünglich (im 14. und im 15. Jahrhundert) ihre Lehrerlaubnis vom Papst. Die Aufgabe der wissenschaftlichen Forschung stand anfangs zwar im Hintergrund, sie war darin aber wohl schon eingeschlossen. Die wissenschaftliche Lehre stand im Vordergrund. Bereits im 16. Jahrhundert wurde die Universität als korporative Lehranstalt von der staatlichen Herrschaft grundsätzlich in die Pflicht genommen. Die Universität hatte von da an nicht nur dem zeitgenössischen Bildungsbedürfnis, sondern mehr und mehr auch der Heranbildung der staatlichen Beamten und der kirchlichen Amtsträger zu dienen.

Am Anfang konnte die Universität ihre Studienordnungen selbst erlassen. Sie hatte auf der Grundlage und im Rahmen der Stiftungsurkunde ein uneingeschränktes autonomes Satzungsrecht zur „Selbstgesetzgebung" und das Recht auf „Selbstregierung" unter Staatsaufsicht. Doch im Lauf der Jahrhunderte übernahm der Staat auch die Aufgabe der Gesetzgebung. Das Recht auf satzungsförmige untergesetzliche „Selbstgesetzgebung" wurde mehr und mehr gesetzesabhängig und das Recht auf „Selbstregierung" wurde enger in die Staatsaufsicht eingebunden. Neben der Schaffung des Organisationsrechts behielt sich der Staat ab dem 16. Jahrhundert nämlich auch die Erlassung von Studienordnungen vor. In der Zeit des Polizeistaates, an der Wende vom 18. zum 19. Jahrhundert, waren für eine längere Zeit sogar die Texte der Lehrbücher verordnungsmäßig vorgeschrieben. Lehrautonomie und Lehrfreiheit waren auf ein Minimum reduziert.

In der zweiten Hälfte des vergangenen Jahrhunderts wurde die Lehrautonomie wieder vergrößert. Der Staat zog sich auf die Rahmenregelung zurück. Lehr- und Prüfungsordnungen wurden aber weiterhin in Gesetzesform durch den Staat erlassen. Die Gegenstände der Lehre wurden erweitert und neu festgelegt. Die Lehre selbst wurde nun aber unter die Garantie des Grundrechtes der Freiheit der Wissenschaft gestellt[4]. Die Lehre entfaltete sich von da an, mit Unterbrechungen, im Raum freier fachlicher Selbstbestimmung.

Diese Freiheit war im Lauf der Zeit immer wieder in höchstem Maß gefährdet. Während der NS-Zeit von 1938 bis 1945 erfuhr die Lehre eine ähnliche Bevormundung wie schon im Polizeistaat. Der totale Staat, der auch ein totalitärer, dh ein weltanschaulich gebundener Staat war, vertrug keine freie Selbstbestimmung über die Lehrinhalte. Die Universität durfte nur Vermittler von Wissen sein, das gleichzeitig der Staatsideologie diente. Darin unterschied sich die Universität des „Dritten Reiches" kaum von der Universität in den Zeiten der Inquisition und der Jesuitenherrschaft, des Polizeistaates oder der Intoleranz totalitärer Diktaturen des 20. Jahrhunderts. Abweichungen von der ideologieabhängigen „wissenschaftlichen" Lehre waren denunzierbar, kontrollierbar und strafbar. Manch eine zeitgenössische Forderung nach gesellschaftsrelevanter Tätigkeit der Universität ruft daher fatale Assoziationen hervor.

Die Universität von heute hat zwar noch immer einen gegenstandsgebundenen staatlichen Lehrauftrag zu erfüllen, sie ist aber als rechtlich eigenständige Institution in der Gestaltung der Lehrinhalte autonom. *Die damit in einer unlösbaren Verbindung stehende Wissenschaftsfreiheit des akademischen Lehrpersonals bedeutet daher zwangsläufig eine echte Sicherung der Autonomie der Lehre aus dem Innenbereich der Universität. Diese Autonomie findet ihre administrative Abstützung in einer beschränkten Autonomie der Verwaltung des Lehrgeschehens und der Prüfungen durch die Fakultäten*. Der Staat schafft heute durch seine Gesetze der wissenschaftlichen Lehre im wesentlichen also rechtliche und administrative Rahmenbedingungen. Die Lehre selbst ist nicht weisungsgebunden, sondern nur wissens- und gewissensgebunden. Sie findet ihre Grenzen im Organisations-

---

4 Staatsgrundgesetz über die allgemeinen Rechte der Staatsbürger, RGBl 1867/142 idF BGBl 1988/684.

recht der Selbstverwaltung, im Studienrecht und in der allgemeinen Rechtsordnung und insbesondere im Strafrecht. Sie ist aber inhaltlich weder rechtlich kontrollierbar noch rechtsförmlich bekämpfbar. Das hat seine Bedeutung vor allem auch für die Prüfungen als Voraussetzungen für die Erlangung von Universitätsdiplomen.

Die wissenschaftliche *Forschung* stand am Beginn der Universitätsgeschichte gewiß im Hintergrund. Sie unterlag aber im Lauf der Zeit denselben Bedingungen wie die Lehre. Am Anfang war die Forschung Sache des einzelnen Wissenschafters. Kirche und Staat setzten ihr zwar dann und wann ideologische Ziele und Grenzen[5], sie gaben ihr aber, vor allem im naturwissenschaftlichen Bereich, der vorwiegend als ideologieneutral aufgefaßt wurde, letztlich doch immer wieder einen relativ großzügigen Rahmen zur freien Selbstentfaltung. Nur während der Herrschaft des totalen und totalitären Staates – wie schon zur Zeit der Inquisition – war die Forschung in allen ihren Bereichen der Ideologie untergeordnet und unfrei.

Zum Unterschied von der Lehre war die Forschung bis weit in das vergangene Jahrhundert nicht organisiert. Sie kam nur langsam zur Entfaltung und erfuhr innerhalb der Universität erst mit dem industriellen Zeitalter, das mit dem 19. Jahrhundert einsetzte, einen Aufschwung. Dieser zeichnete sich in der Errichtung von Forschungs- und Lehrinstituten zunächst in den Naturwissenschaften ab. Heute sind die Universitätsinstitute als Organisations- und Funktionseinheiten eine allgemeine Erscheinung. Sie bilden innerhalb der Fakultäten einen organisatorischen und administrativen Rahmen für die noch immer mit dem einzelnen Wissenschafter als Lehrstuhlinhaber wesensgemäß verbundene wissenschaftliche Forschung, die gleich der wissenschaftlichen Lehre seit dem vergangenen Jahrhundert unter dem Schutz des verfassungsgesetzlich gewährleisteten Grundrechts der Freiheit der Wissenschaft steht.

2. Die organisatorischen Voraussetzungen

Die funktionelle Seite der Autonomie erfaßt das Wesentliche der Zielsetzung der Universität: die wissenschaftliche Lehre und die wissenschaftliche Forschung als primäre Aufgaben und Zwecke sowie die relativ selbständige Verwaltung der Erfüllung von beiden als eine sekundäre Aufgabe. Doch darin liegt nur ein Teil der vorliegenden Fragestellung. Das Thema umschließt noch die ebenso wichtigen *organisatorischen Komponenten als unabdingbare Voraussetzungen der Autonomie*. Die Autonomie der Universität erfährt

[5] Ein Beispiel dafür ist die Verfolgung GALILEO GALILEIS.

zwar ihre Legitimation aus den Aufgaben und Zwecken sowie aus deren relativ selbständiger Verwaltung. Sie findet ihre tragende Grundlage und Gewährleistung jedoch in der Organisationsform der Universität als Selbstverwaltung und in ihrem organisatorischen Verhältnis zum Staat. Autonomie bedeutet nicht nur eine materiell-funktionelle Freiheit und Unabhängigkeit der Universität in Lehre und Forschung. Sie ist auch die tragende rechtliche Eigenschaft der Universität als Institution, als organisatorisch-funktionelle Einheit. Diese rechtliche Eigenschaft prägt das Rechtsverhältnis zu jenem Träger der Rechtsmacht, der die Universität eingerichtet hat, bzw der sie erhält. In aller Regel ist dies das rechtliche Verhältnis der Gebundenheit der Universität an den Staat oder an staatsgleiche Träger von Rechts- und Organisationsmacht, wie Kirchen und politische Parteien. Das gilt in erster Linie für staatliche Universitäten; das gilt aber mutatis mutandis auch für Privatuniversitäten, die im europäischen Raum allerdings kaum vorkommen, für welche der Staat vor allem nach Maßgabe seiner finanziellen Beiträge ein stärkeres oder schwächeres Aufsichtsrecht beansprucht.

In der Rechtswissenschaft hat man mitunter – mehr theoretisch als positiv-rechtlich – zwischen *ursprünglicher* und *abgeleiteter Autonomie der Universität* nach der Art ihrer Entstehung unterschieden. Die ursprüngliche und in diesem Sinn „echte" Autonomie gründet sich danach auf die Eigeninitiative der Errichtung durch die Universitätsangehörigen selbst. Sie bedeutet nicht nur Unabhängigkeit, sondern auch rechtlich eigenständige, gesetzgebungsbefugte „Körperschaft". Die abgeleitete und in diesem Sinn „unechte" Autonomie gründet sich demgegenüber auf die Initiative zur Errichtung der Universität von Seiten des Staates und bedeutet rechtlich relativ abhängige Staatsanstalt und relativ selbständige Körperschaft in einer Einheit, mit beschränkter Satzungsbefugnis und einer ebenso beschränkten Selbstregierung.

Nach der Vorstellung von einer ursprünglichen Autonomie in diesem Sinn ist vor allem die klassische Universität selbst Erzeuger und Träger ihrer eigenen Organisation und Studienordnung und daher auch völlig selbständiger Träger der als Autonomie bezeichneten Rechtsmacht gewesen. Im Lauf der Zeit wurde die Universität darin von der äußeren, sie mehr und mehr tragenden Rechtsmacht verstärkt abhängig und in diesem Sinn zugleich eine rechtlich relativ abhängige autonome Staatsanstalt und relativ selbständige Körperschaft.

Die ursprüngliche Universitätsentstehung ist für Mitteleuropa wohl weitgehend nur eine Legende. Sie findet ihre prominenten Beispiele in der neunhundert Jahre alten Universität Bologna und in der fast eben so alten Universität von Paris. In Mitteleuropa gibt es nur wenige Beispiele für eine derartige Ursprünglichkeit in Organisation und Rechtsetzungsautonomie.

Die Universität Wien, die nach dem Vorbild der Universität von Paris im Jahr 1365 errichtet worden ist, besaß von Anfang an keine originäre, dh aus der Universität selbst erzeugte, organisatorisch fundierte Autonomie und Selbständigkeit. Sie war in Initiative und Rechtsgrundlage abgeleitet. Der Landesfürst stiftete die Statuten für die Organisation und dotierte das Vermögen, der Papst erteilte die Lehrerlaubnis. Nur die Studienordnungen wurden zunächst von der Universität selbst erlassen. Sie war daher von allem Anfang an eine Mischung von rechtlich relativ eigenständiger Körperschaft und rechtlich relativ abhängiger Staatsanstalt unter der geteilten Schirmherrschaft von Staat und Kirche.

In dieser Verbindung der materiell-funktionellen mit der organisatorischen Seite wird das Wesentliche des Themas sichtbar: *Die Autonomie ist eine charakteristische rechtliche Eigenschaft der Universität als relativ selbständige (unselbständige) organisatorische Einrichtung (Körperschaft, Anstalt, Stiftung) im Hinblick auf die Erfüllung ihrer eigenen Aufgaben in Forschung und Lehre.* Die Autonomie bedeutet nicht notwendigerweise eine rechtliche Ursprünglichkeit. Sie verkörpert aber eine qualitative Art von rechtlicher Selbständigkeit der Universität, als organisatorische und funktionelle Einheit, als Institution, mit gleichzeitiger rechtlicher Bindung an den Träger der Rechtsmacht, der sie eingerichtet hat.

Organisatorisch gesehen zeichnen sich darin mehrere mögliche institutionelle Voraussetzungen der Autonomie ab. Diese umschließen:

- relativ selbständige Organisationsbefugnisse
- relativ selbständige Rechtssetzungsbefugnisse (Satzungsrechte)
- relativ selbständige Verwaltungsbefugnisse (Entscheidungshoheiten)
- relativ selbständige Haushaltsführung (autonome Gebarung)

als Organkompetenzen, bezogen auf die wissenschaftliche Lehre und Forschung.

Weil die *Autonomie* nicht *ursprünglich (originär)*, sondern *abgeleitet (derivativ)* ist, bedeutet die *relative rechtliche Selbständigkeit* gleichzeitig auch eine *relative rechtliche Abhängigkeit* von ihrem Träger, dh von der sie einrichtenden Rechtsmacht durch Unterwerfung unter die gesetzliche Ordnung:

- organisatorisch (Organbestellung)
- in der Rechtssetzungsbefugnis (autonomes Satzungsrecht)
- in der Verwaltung der eigenen Angelegenheiten

- in der Finanzierung und in der Haushaltsführung

und zwar:

- durch den Errichtungsakt
- durch die Vorgabe der Rahmenordnung von Organisation und Funktion (Organisationsgesetze, Studienordnungen, Prüfungsordnungen, Institutsordnungen)
- durch die rechtliche Aufsicht in Permanenz, hauptsächlich in der Form von allgemeinen und konkreten Genehmigungsakten und repressiven Kontrollmaßnahmen
- schließlich durch die Bereitstellung von Vermögen, von regelmäßigen Finanzleistungen mit Zweckbindung (ordentliche und außerordentliche Dotationen) und von Personal durch den Staat, als dem übergeordneten Rechtsträger der Universität.

In der Spannweite der Offenheit des rechtlichen Verhältnisses zwischen den Trägern der die Universität einrichtenden Rechtsmacht und der Universität als Selbstverwaltungskörper liegt *der qualitative Aspekt der Autonomie: die größere oder geringere rechtliche Selbständigkeit der Universität in Erfüllung ihrer Aufgaben von wissenschaftlicher Lehre und Forschung und damit in Verbindung auch ihrer eigenen und eigenständigen Verwaltung, dh in der relativen institutionellen Selbständigkeit der Selbstverwaltung gegenüber ihrem Träger und dessen Aufsicht.* Die Autonomie reicht im Satzungsrecht, im Entscheidungsrecht und im Verwaltungsbereich vom selbständigen Beschluß- und Entscheidungsrecht auf Grund staatlicher Gesetze bis zum beschlußförmigen bloßen Antragsrecht für aufsichtsbehördliche Bewilligungen. So gesehen bedeutet die Autonomie die Rechtsmacht oder Kompetenz und die rechtliche Befugnis der Universität, sich unter der Aufsicht der sie tragenden Rechtsmacht (Staat), in einem durch diese rechtlich vorgegebenen Rahmen zur Erfüllung ihrer Aufgaben selbst zu verwalten.

Damit wird ein weiterer wesentlicher Aspekt sichtbar. Die Autonomie findet ihre Zweckerfüllung zwar in den Funktionen der Universität, dh in der wissenschaftlichen Lehre, in der wissenschaftlichen Forschung und in der Verwaltung beider, sie setzt aber als Grundlage zunächst ein organisationsrechtliches Phänomen, eine Institution voraus. So gesehen ist die *Autonomie die charakteristische materielle und substantielle Eigenschaft der Organisationseinheit „Universität", das zentrale Rechtsinstitut der Selbstverwaltung.* Autonomie ist danach das rechtliche Wesenselement der Institution Universität als ein organisiertes Verwaltungskollektiv, als relativ selbständiger bzw relativ unselbständiger Träger und Verwalter der Funktionen von wissenschaftlicher Lehre und Forschung unter der Aufsicht eines vorgeordneten Rechtsträgers. Autonomie bedeutet daher qualitative und quantitative, organisatorisch abgesicherte, materiell-funktionelle rechtliche Selbständigkeit und zugleich eine spezifische Abhängigkeit, in der Regel vom Staat.

In dieser Hinsicht ist die Universität durch das Kriterium der Autonomie als eine echte Selbstverwaltungseinheit der neuzeitlichen Gemeinde vergleichbar. Sie ist – historisch gesehen – jedenfalls älter als die Gemeinde unserer Zeit. Und nicht nur das. Trotz der Wechselfälle vielfacher Mißbildungen in verschiedenen historischen Epochen und unter verschiedenen politischen Machtkonstellationen und trotz der zunehmenden Verstärkung ihrer staatsabhängigen anstaltlichen Einrichtungen zeigt sogar die österreichische Universität heute noch unverkennbare Merkmale ihrer demokratischen Grundkomponenten als autonome körperschaftlich-anstaltliche Gemeinschaft von Lehrenden und Lernenden in grundrechtlich gesicherten Freiheiten.

Aus diesen Gründen ist die Feststellung gerechtfertigt, daß die Autonomie eine rechtliche Eigenschaft der Universität als Institution ist, die für die Erfüllung der Aufgaben nicht nur relative Selbständigkeit und gleichzeitig relative Abhängigkeit vom Staat bedeutet, sondern auch körperschaftliche Selbstverwaltung, Demokratie und individuelle Freiheit.

III. Die Organisationsform der Universität

In der Spannweite von der Pluralität der Funktionen zum differenzierten organisatorischen Aspekt zeigt sich nun eine größere Komplexität des Themas. Damit ist aber auch die gedankliche Voraussetzung für eine weitere Unterscheidung aufbereitet. Das Thema der Autonomie verweist in seiner Gesamtheit nämlich auf die Rechtsperson als deren Träger. Die Universität ist als Institution und als organisatorische Einheit eine juristische Person. Sie ist ein personaler Selbstverwaltungskörper, genauer gesagt eine Körperschaft öffentlichen Rechts mit anstaltlichem Charakter[6]. Doch darin liegt nur eine Vereinfachung aus der Sicht von außen. Denn in Wahrheit verdeckt dieser Tatbestand die unausweichliche Frage nach der inneren Organisationsform der Universität. Die Universität ist nämlich kein monolithischer, zentralisierter organisatorischer Komplex. Seit Jahr-

---

[6] WINKLER, Die Rechtspersönlichkeit der Universitäten, Forschungen aus Staat und Recht 80 (1988). Siehe dazu aber auch die Abhandlung in diesem Band: Die Institutionen personaler Selbstverwaltungskörper in der Ordnung des Rechts.

hunderten zeigt sich die Universität als eine Art föderale Verbandseinheit mit eingegliederten und teils nachgeordneten, satellitenhaft eingerichteten organisatorischen Substrukturen rechtlich relativ eigenständiger organisatorischer Einheiten als strukturierte Rahmenbedingungen für Autonomie und Freiheit, die durch die Gesamtuniversität zu einer organisatorischen Einheit institutionell zusammengeschlossen sind:

- Die umfassende organisatorische Einheit ist die *Gesamtuniversität*, dominierend als Organisations- und Verwaltungskomplex, mit ihren Einrichtungen: Sonderinstituten, Universitätskursen, Stiftungen, Fonds, Unternehmungen etc. Die Gesamtuniversität hat eigene Organe und Rechtspersönlichkeit. Innerhalb dieser kommt aber auch den Sondereinrichtungen je und je für sich Rechtspersönlichkeit zu.
- Die Gesamtuniversität gliedert sich in *Fakultäten*, mit ihren Einrichtungen: Sonderinstituten, Fakultätskursen, Stiftungen, Fonds und Unternehmungen. Die Fakultäten und ihre besonderen Einrichtungen haben eigene Organe und Rechtspersönlichkeit.
- Die Fakultäten ihrerseits sind in *Institute* gegliedert. Die Institute haben ebenfalls eigene Organe sowie je und je für sich eine gesetzlich garantierte Rechtspersönlichkeit sowohl im Rahmen der Fakultät als auch innerhalb der Universität als Gesamtperson.
- Die Institute setzen sich aus *Fachabteilungen* zusammen. Diese können über zweckgebundene Fonds und Mittel verfügen. Den Fachabteilungen fehlt zwar die Rechtspersönlichkeit, sie haben aber Anteil an der Rechtspersönlichkeit der übergeordneten organisatorischen Einheiten (Institute und Fakultäten).
- Innerhalb der Fachabteilungen gibt es die *Lehrstuhleinheiten* mit ihren zweckgebundenen Fonds und anderen Zweckvermögen. Ihnen fehlt die Rechtspersönlichkeit. Sie sind gleichfalls den übergeordneten institutionellen Einheiten zugeordnet. Insofern haben sie teil an deren Rechtspersönlichkeit. Die Lehrstuhlinhaber sind noch immer die beherrschenden Einzelorgane. Sie tragen in Wahrheit das Lehr- und Forschungsgeschehen. Innerhalb der organisatorisch strukturierten Gesamtperson der Universität genießen sie einen qualifizierten, dh mit ihren Aufgaben verbundenen grundrechtlichen Schutz der Freiheit der Wissenschaft und ihrer Lehre.

Historisch gesehen verkörpern heute noch die Gesamtuniversität und die Fakultäten die ursprüngliche tragende Föderalstruktur des Selbstverwaltungskörpers Universität. Besondere Universitätseinrichtungen, Fakultätseinrichtungen, Institute, Universitätskurse, Stiftungen, Fonds, Zweckvermögen und Unternehmungen sind als organisatorische Einheiten nach und nach entstandene, nachgeordnete Dezentralisierungen des dualistischen Föderalgefüges der Universität, das seit eh und je bis hin zu den kleinsten organisatorischen Einheiten der Lehrstühle reicht.

Die differenzierte innere Organisationsstruktur der Universität zeigt deutlich, daß die Frage der Autonomie nur vereinfachend auf die Universität schlechthin bezogen sein kann. Da die Universität mit den Fakultäten nicht nur eine dualistisch-föderale, sondern auch noch weitere dezentralisierte Organisationsstrukturen aufweist, hat die Autonomie nicht nur einen einzigen organisatorischen Einheitsbezug, sondern auch eine der universitären Organisationsstruktur gemäße Differenziertheit. Die Autonomie ist demgemäß nicht nur eine rechtliche Eigenschaft der Gesamtuniversität und der Fakultäten, sondern auch der Institute, der Lehrstühle und aller jener besonderen zentralen und dezentralen organisatorischen Einheiten, die entweder der Gesamtuniversität, den Fakultäten oder den Instituten zugeordnet sind.

Dabei wird ein wichtiger Pluralismus sichtbar. Einerseits ist nämlich die Universität in ihrer komplexen und dezentralisierten organisatorischen Gesamtheit der dominierende Träger der differenzierten Autonomie nach außen. Andererseits sind aber auch die dezentralisierten Einheiten von Fakultäten, von Instituten und besonderen Einrichtungen Träger dieser universitären Wesensart nach außen. Trotz organisatorischer Einheit, nicht nur dem Namen nach, sondern auch gemäß der Rechtsträgerschaft der Gesamtuniversität und der einheitlichen Vertretungsbefugnis des Rektors und der Dekane, gibt es einen differenzierten öffentlich-rechtlichen Autonomiestatus auch der inneren dezentralisierten Organisationsstrukturen (Institute, Kurse, Fonds, Stiftungen, etc). Sie genießen neben der Gesamtuniversität und neben den Fakultäten noch einen Außenstatus[7]. Daher stehen nicht nur die Gesamtuniversität, sondern auch ihre organisatorischen Teileinheiten dem Träger von Organisation und Aufsicht, regelmäßig dem Staat, unmittelbar gegenüber und pflegen neben der Gesamtuniversität eigenständige rechtliche Kontakte auch nach außen.

Das bedeutet, daß die Universität und ihre organisatorischen Einheiten, mit unterschiedlicher und differenzierter Selbständigkeit und Intensität nach außen, dh dem Staat und der Öffentlichkeit gegenüber, rechtlich

[7] § 2 Abs 3 UOG: „Die Universität wird durch den Rektor, die Fakultät durch den Dekan, das Institut durch den Vorstand und die besondere Universitätseinrichtung durch den Leiter nach außen vertreten. Für Verbindlichkeiten, die im Rahmen der Vermögensfähigkeit gemäß Abs. 2 entstehen, trifft den Bund keine Haftung."

sowohl einheitlich als auch pluralistisch in Erscheinung treten. Das bedeutet aber – wenigstens im Prinzip – daß auch nach innen, zwischen der Gesamtuniversität einerseits, den Sondereinrichtungen der Gesamtuniversität, den Fakultäten und den in sie eingeschlossenen organisatorischen Teileinheiten andererseits, ein ähnliches Verhältnis von Autonomie und Aufsicht herrschen kann wie nach außen, zwischen den rechtlichen Einheiten der Gesamtuniversität und dem Staat. Die qualitativen und quantitativen Komponenten dieser auch universitätsintern differenzierten Autonomie sind dabei voneinander völlig verschieden und zeigen sich in vielfachen Abschichtungen und Nuancen bis hin zur rechtlichen Unselbständigkeit. Die Universität ist demgemäß eine einheitliche juristische Person ebenso wie ein Komplex von unterschiedlich bedeutenden weiteren juristischen Personen, ausgestattet mit differenzierten Autonomien. Diesem Aspekt wurde bisher weder in der Lehre noch in der Praxis gebührende Beachtung geschenkt. Der Gesetzgeber selbst unterzog zwar die Außenbeziehungen der autonomen Bereiche bis ins Einzelne gehenden Regelungen. Den Innenbeziehungen zwischen den verschiedenen organisatorischen Einheiten schenkte er aber kaum Beachtung. Eine kompakte Ordnung der Binnenstruktur und damit eine Stärkung der Selbstverwaltung war ihm eigentlich kaum einmal ein echtes Anliegen.

IV. Die Rechtsnatur der Universität

So gesehen erscheint die Autonomie zunächst als eine komplexe Thematik. Diese muß und kann aber dennoch nur aus einer differenzierten Sicht verstanden werden; einerseits funktionell (Lehre, Forschung, Verwaltung) und andererseits organisatorisch. Damit ist aber noch keineswegs die grundsätzliche Frage nach der Rechtsnatur der Universität als Institution beantwortet, die durch das differenzierte Rechtsinstitut der Autonomie nur impliziert ist. Zunächst erscheint es einfach, die Universität als eine dezentralisierte Verwaltungseinheit des Staates (oder eines anderen Rechtsträgers) zu bezeichnen, die ihre eigenen Angelegenheiten relativ unabhängig besorgt und relativ selbständig verwaltet und die als demokratischer Selbstverwaltungskörper in rechtlicher Abhängigkeit vom Staat eingerichtet ist. Doch welcher rechtliche Status kommt diesem gegliederten Selbstverwaltungskörper zu:

- der einer eigenständigen juristischen Person als körperschaftlich angelegte eigenständige Anstalt oder

– der einer relativ selbständigen oder relativ unselbständigen staatlichen Anstalt?

Diese Problematik sei hier nicht näher erörtert[8]. Hier genügt die Feststellung, daß die klassische Universität Mitteleuropas im Mittelalter bereits als eine föderalistische Einheit von Körperschaft und Anstalt in relativer Staats(un)abhängigkeit eingerichtet und in ihrem gegliederten „föderalistischen" Korporationscharakter als Selbstverwaltungskörper unbestritten war. Während sie jedoch ursprünglich mit ihren Funktionen durch den Staat nicht unmittelbar verpflichtend in Anspruch genommen war, begann der Landesherr im 16. Jahrhundert, die Universität als Lehranstalt ähnlich in Pflicht zu nehmen, wie es die katholische Kirche schon vorher getan hatte. Die Universität hatte für den Staat und für die Kirche die Beamten auszubilden. Sie wurde materiell-funktionell zur staatlich-kirchlichen Lehranstalt. In der Zeit des Absolutismus wurde sie vom Landesherrn so eng in Anspruch genommen, daß man sie schlechthin auch als eine „staatliche" akademische *Lehranstalt* apostrophierte. Darin scheint auch die immer wieder einsetzende historische Tendenz der Staatsmacht begründet zu sein, die rechtliche Struktur der Universität zu einer verstärkten Unselbständigkeit zu verändern. Der Eindruck von einer grundsätzlichen Unselbständigkeit trügt jedoch. Einerseits war die Universität immer schon eine staatliche Lehranstalt und andererseits wurde ihr Korporationscharakter dadurch keineswegs aufgehoben.

Auf der anderen Seite scheint eine weitere Veränderung der Aufgabenstellung der Universität mit dem Ende des 18. Jahrhunderts ähnlich bedeutsam zu sein. Neben die *Lehre* trat sichtbar die *Forschung* als Aufgabe. Die Einrichtung selbständiger Akademien der Wissenschaften neben den Universitäten in Frankreich, Deutschland, Österreich etc seit dem 18. Jahrhundert ist symptomatisch dafür. Die Forschung trat als Aufgabe in den Vordergrund und begann die Universität besonders in der Einrichtung von Lehr- und Forschungsinstituten auch als eine dezentralisierte Forschungsanstalt zu prägen. Doch selbst diese zweite autonome Komponente war schon von Anfang an in die Aufgaben der Universität eingeschlossen. Wie die Lehre, so prägte auch die Forschung seit jeher den anstaltlichen Charakter der Universität, ohne den Körperschaftscharakter zu berühren oder zu verändern oder der *Hohen Schule* („Hochschule") in ihren Funktionen

---

[8] Siehe dazu des näheren meine Studie: Die Institutionen personaler Selbstverwaltungskörper in der Ordnung des Rechts, in diesem Band.

als Lehr- und Forschungsanstalt den Charakter der Rechtsperson zu nehmen.

Trotz der Beschränkung auf Andeutungen sei hier aber nicht unerwähnt gelassen, *daß die Universität in Geschichte und Gegenwart als ein organisatorisch und funktionell gegliederter personaler Selbstverwaltungskörper im Spannungsfeld zwischen selbstverantwortlicher und eigenständiger Körperschaft einerseits und zwischen begrenzt abhängiger Anstalt andererseits unter Staatsaufsicht steht.* Das geltende österreichische Recht zeigt durch seine Verbindung von herkömmlichen Selbständigkeiten und modernen Staatsabhängigkeiten durch eine schier unüberschaubare Vielzahl und Vielfalt von aufsichtsbehördlichen Genehmigungs- und Kontrollrechten die Spannweite dieser rechtlichen Problematik ganz deutlich. Sie macht erkennbar, wie sehr die Universität einerseits in rechtlicher Selbständigkeit beharrt und andererseits wie sehr sie durch die immer weiter fortschreitende Einbindung in unmittelbare und stärkere Staatsabhängigkeiten in ihrer organisatorischen Struktur einem kontinuierlichen Auflösungs- und Beschränkungsprozeß ausgesetzt ist. Die Rechtspersönlichkeit wurde mehr und mehr relativiert. Die Frage nach der Rechtspersönlichkeit der Universität ist offensichtlich durch die Frage nach der Autonomie impliziert, sie überschreitet aber das Thema und muß daher auf eine gesonderte Erörterung verwiesen werden[9].

V. Autonomie und die individuelle Freiheit zur Wissenschaft

Nach dem bisher Ausgeführten ist die Autonomie als Rechtsinstitut, dh als eine materiell-funktionelle zweckhafte Regelungseinheit, eine besondere rechtliche Eigenschaft (Befugnis und Kompetenz) der Universität als gegenüber der Staatsorganisation dezentralisierte Institution, als dem Staat angegliederte Verwaltungseinrichtung, deren Rechtscharakter hier nur angedeutet wird, weil die Autonomie in ihrem historischen Sinn ohne öffentlich-rechtliche Rechtspersönlichkeit weder positiv-rechtlich noch grundsätzlich sinnvoll vorstellbar ist. Das gilt zumindest für jene demokratischen Rechtsstaaten, in denen die Freiheit der Wissenschaft und ihrer Lehre ein fundamentales Grundrecht, ein Freiheitsrecht, ein Menschenrecht ist. In dieser Hinsicht erfährt die Autonomie eine weitere substantielle Bestätigung in den primären Aufgaben der Universität. *Die Autonomie der Universität setzt die organisatorisch-funktionelle Gewährleistung der Frei-*

---

[9] Die Institutionen personaler Selbstverwaltungskörper in der Ordnung des Rechts, in diesem Band; ferner WINKLER, Die Rechtspersönlichkeit der Universitäten (1988).

heit der Wissenschaft in Lehre und Forschung für ihre Organe in Ausübung und Verwaltung ihrer Aufgaben voraus. In der rechtlich-organisatorischen Einheit der Universität als körperschaftlich-anstaltliche Rechtsperson erfährt sie geradezu eine existentielle Gewährleistung.

„Wissenschaft" bedeutet individuelles Erkenntnisstreben in Lehre und Forschung. Und dieses steht in erster Linie unter der Verpflichtung gegenüber der Wahrheit als Zielrichtung des Denkens, mit der Verpflichtung zur Wahrhaftigkeit und zur intellektuellen Redlichkeit der Wissenschafter. Dieses eigenverantwortliche Erkenntnisstreben bedarf geradezu wesengemäß der Eigenständigkeit in wirksamer Unabhängigkeit nach außen und nach innen. Dennoch ist es durch unmittelbare Staatseingriffe, nicht nur in den Wechselfällen der Geschichte, sondern auch in unseren Tagen, nicht zuletzt durch anonyme Sachgesetzlichkeiten ständig gefährdet. Vor allem die administrativen Bevormundungstendenzen unserer Zeit, mit ihrem Trend zum formalen, bürokratischen, administrativen Kollektivismus, der immer mehr zum Selbstzweck wird, bedrohen Autonomie und Rechtspersönlichkeit in ihrem unerläßlichen Mindeststandard.

Von da her mag es dem Verfassungsjuristen unmittelbar einleuchtend erscheinen, wie wichtig die Frage nach den verfassungsrechtlichen Garantien der Autonomie der Universität und ihrer organisatorischen Voraussetzungen einerseits sowie der Freiheit der wissenschaftlichen Lehre und Forschung andererseits auch in unserer Zeit ist. Autonomie, gewährleistet durch die organisatorische Selbständigkeit der Institution, und Wissenschaftsfreiheit, als individuelle Unabhängigkeit der dieser Institution angehörenden Wissenschafter in Forschung und Lehre, sind nicht nur durch Kollektivisierungsideologien und parteipolitische Einflüsse, sondern ungleich mehr noch durch den unideologischen Trend unserer Zeit zum bürokratischen Kollektivismus und zur Vermassung auf das äußerste gefährdet. Gemessen daran erscheinen die tagespolitischen Einflußnahmen und Manipulationen aus Staat und Gesellschaft in die Autonomie der wissenschaftlichen Forschung und Lehre und deren Verwaltung in unserer Zeit verhältnismäßig geringfügig.

VI. Die wirtschaftliche Autonomie

Die bisherigen Ausführungen sind Voraussetzung für eine weitere verständnismäßige Orientierung durch die Frage nach der wirtschaftlichen Autonomie. In ihr kann man mehrere Hauptgesichtspunkte erkennen:

- das Verwaltungsvermögen und den Verwaltungsaufwand,

- den Personalhaushalt,
- das Lehr- und Prüfungsbudget (tuition-budget) für Ausbildung und Fortbildung,
- das Forschungsbudget,
- Stipendien und andere Fürsorgen für Studenten.

1. Das Verwaltungsvermögen und der Verwaltungsaufwand

Die österreichische Universität war im Verlauf ihrer Geschichte wirtschaftlich und finanziell niemals völlig unabhängig und autonom. Ihr Vermögen wurde mit den Statuten (Stiftbrief) durch den Landesfürsten gestiftet; Liegenschaften sowie externe und interne hoheitliche Einkünfte gleichermaßen. Der Universität waren Liegenschaften in das Eigentum übertragen, einerseits zur Erfüllung ihrer Zwecke und andererseits zur Erzielung von Einkünften. Dazu kamen Stiftungen und Pfründen mit ihren Erträgnissen sowie reguläre und irreguläre landesfürstliche (staatliche) ordentliche und außerordentliche Dotationen als unentgeltliche, aber zweckgebundene Mittelzuweisungen. Heutzutage sind die Liegenschaften und Gebäude, die den Universitätszwecken dienen, weitgehend Eigentum des Staates.

Während die österreichische Universität noch vor einigen Jahrzehnten ihren *Verwaltungsaufwand* aus eigenen zweckgebundenen Einnahmen (Taxen, Gebühren, Sporteln, Abgaben) selber bestritt, wurden im Lauf der letzten Jahrzehnte die selbständigen hoheitlichen Einnahmen der Universität vom Staat weitgehend beseitigt und durch staatliche Zuwendungen in der Form von ordentlichen und außerordentlichen Dotationen, dh zweckgebundenen unentgeltlichen Zuwendungen für den Verwaltungsaufwand aus dem Staatshaushalt ersetzt. Das *Verwaltungsvermögen* der Universität steht heute überwiegend im Eigentum des Staates. Der Verwaltungsaufwand der Universität wird heute überwiegend vom Staat bestritten. Nach dem geltenden Recht erstellt die österreichische Universität jährlich einen Haushaltsplan, den sie dem zuständigen Ministerium in Form eines Antrages zukommen läßt, der sodann durch das Parlament bewilligt werden muß. Auf Grund der bewilligten Budgetmittel hat die Universität die Mittel sodann universitätsintern zweckgebunden autonom zu verteilen.

2. Der Personalhaushalt

In älterer Zeit entlohnte die Universität ihr Verwaltungspersonal aus eigenen hoheitlichen Einkünften (Taxen, Gebühren etc). Einkünfte der

Professoren bestanden teils in Pfründen, teils in landesfürstlichen Stipendien; ab dem 17. Jahrhundert schließlich in landesfürstlichen Gehältern (Stipendien). Ein wichtiger Teil der Einkünfte des Lehr- und Verwaltungspersonals ergab sich aus Taxen, vornehmlich für Prüfungen, Diplome, Zeugnisse, Formulare, Promotionen, Graduierungen etc und aus Unterrichtsgeldern der Studenten. Im 17. Jahrhundert übernahm der Landesfürst die Professorengehälter in seine Leistungspflicht und beanspruchte damit auch einen stärkeren Einfluß auf die Professorenbestellung. Das Verwaltungspersonal wurde teils über universitätseigene Vermögenseinkünfte, teils über Stiftungs- und Wertpapiererträgnisse sowie über Taxen und andere autonome Einkünfte finanziert. Ab 1849 übernahm der Staat nach und nach auch die wichtigsten Kosten für das Verwaltungspersonal. Die Universität Wien finanzierte aber dennoch bis in die jüngere Vergangenheit auch noch ihre Verwaltungskosten aus ihren eigenen zweckgebundenen Einnahmen (Kollegiengelder, Taxeneinnahmen etc). Taxenerträgnisse und Kollegiengelder blieben bis heute überdies zusätzliche Einkünfte des Lehrpersonals. Die Pedellen, einmal die wichtigsten und bestbezahlten Bediensteten der Universität, wurden nach und nach gänzlich auf feste Gehälter und Trinkgelder umgestellt.

Derzeit erhalten der Lehrkörper und das Verwaltungspersonal feste staatliche Gehälter. Der Lehrkörper erhält überdies als Ersatz für die aufgelassenen Taxeneinnahmen pauschale Kolleggelder- und unechte Prüfungstaxenabgeltungen sowie besondere Lehrauftragsentschädigungen aus dem Staatshaushalt. Es gibt kaum noch Sondereinkünfte des Personals aus ursprünglich autonomen Einnahmen. Der Staat hat die Leistungspflicht aus den autonomen Einnahmen fast zur Gänze übernommen. Kolleggelder, Lehrauftragsentlohnungen und Prüfungsgebühren sind heute substituierte Sonderleistungen des Staates. Die Kollegiengeld- und Prüfungstaxenentschädigungen erfolgen durch den Staat nach Maßgabe erbrachter Leistungen von Semester zu Semester.

Nach dem derzeit geltenden Recht hat die Universität jährlich einen Dienstpostenplan dem Ministerium zur Aufnahme in den Staatshaushalt antragsmäßig vorzulegen. Die Finanzierung bewilligt letztlich das Parlament mit seiner Zustimmung zum Staatshaushalt. Die Personalergänzung erfolgt auf Grund von universitären Vorschlägen durch den Staat.

3. Das Lehr- und Prüfungsbudget

Früher war das Lehrbudget völlig autonom. Kollegiengeldeinnahmen und zweckgebundene Taxen bildeten einerseits ein besonderes Entgelt für das Lehrpersonal. Andererseits wurde der Sachaufwand für die Lehre von der Universität aus Anteilen an Taxen, Gebühren und Kolleggeldern selbständig bestritten (Vorlesungsverzeichnisse, Diplome, Zeugnisse, Inskriptionsgebühren). Im Jahr 1972 wurden in Österreich die meisten Taxen aufgehoben. Die Studenten wurden von vielen Zahlungspflichten befreit (freies Studium) und der Staat verpflichtete sich teilweise auch zu pauschalen Leistungsabgeltungen an den Lehrkörper für Kolleggelder, Prüfungstaxen und besondere Lehraufträge. Der Staat übernahm konsequenterweise aber auch den Sachaufwand für die Lehre, ausgenommen für die Vorlesungsverzeichnisse und Diplome, und verwandelte die klassischen studentischen Zahlungspflichten einerseits in eine Studentenfürsorge, andererseits aber in einen zusätzlichen Besoldungshaushalt, unter Beibehaltung des autonomen Einkommenscharakters dieser Beiträge für den Lehrkörper.

4. Das Forschungsbudget

Ein Forschungsbudget hat als festes Budget an der Universität nie bestanden. Immer wieder gab es zweckgebundene staatliche ordentliche und außerordentliche Dotationen vor allem für die Bibliotheken, Gerätezuweisungen und staatliche Aufträge. Im übrigen lag und liegt auch heute noch die Initiative zur Beschaffung von Forschungsmitteln beim einzelnen *Lehrstuhlinhaber.* Dieser forscht entweder im Rahmen seiner Wissenschaftsfreiheit aus Eigeninitiative und auf eigene Rechnung. Er muß dann für die Benutzung öffentlicher Mittel ein Entgelt leisten. Oder aber er forscht mit dem Institut und mit den Institutsangehörigen auf Grund von Aufträgen Dritter (Drittmittelforschung) oder des Staates selbst. Es gibt aber auch noch Forschungen auf Grund zweckgebundener Geschenke von Privaten und auf Grund von unentgeltlichen Einnahmen aus Stiftungen und Fonds. Im Forschungsbereich zeichnen sich bereits neue Unternehmensformen universitärer Tätigkeiten ab, deren rechtliche Ordnung bisher keineswegs ausreichend geregelt ist und die daher rechtlich noch ungelöst sind. Erschwerend kommt hinzu, daß die Frage der Rechtspersönlichkeit der Universität noch immer umstritten ist.

Aus solchen Gründen, ferner wegen des Massenbetriebes in der Lehre, aber auch aus Gründen allzu vieler und allzu konkreter staatlicher Einflußnahmen einerseits und wegen des Dranges der Forscher und Lehrer nach Wissenschaftsfreiheit andererseits *zeigt die Forschung heute bereits überwiegend eine Tendenz zur Verlagerung aus der Universität hinaus*. Der Forschung fehlt an der Universität ein ausreichender rechtlicher Freiraum mit entsprechenden Absicherungen: zeitlich, finanziell und rechtlich. Viele Schwergewichte der Forschung liegen daher bereits außerhalb der Universität:

- in der Akademie der Wissenschaften und in deren Instituten
- in den Forschungsfonds der Wissenschaft und der Wirtschaft
- in privaten Forschungsinstituten (Boltzmann-Institute ua), bestehend in Vereinsform und schließlich
- in den verschiedenen privaten Wirtschaftsunternehmungen.

Diese außeruniversitären Einrichtungen sind voll handlungsfähige juristische Personen und mit ungleich größerer Rechts- und Handlungsfähigkeit ausgestattet als die Universität. Sie leiden überdies nicht unter den Belastungen eines in den Massenbetrieb zum Ersticken eingebundenen Lehrbetriebes und sind daher in der Durchführung, im Management und in der Finanzierung der Forschungsorganisation der Universität haushoch überlegen.

5. Stipendien und andere Fürsorgen für Studenten

Früher wurden Stipendien, Mensen und Studentenheime aus autonomen Stiftungen finanziert, die von der Universität verwaltet oder beaufsichtigt wurden. Das Stipendienwesen der Universität ist heute stark geschrumpft und es gibt keine echten universitären Mensen und Studentenheime mehr. Der Staat finanziert die Stipendien für mehr als 20 % der real und nicht bloß karteimäßig inskribierten Studenten. Das Studium selbst ist für Inländer gebührenfrei. Es gibt nur mehr für Ausländer Gebühren. Gebührenbefreiungen und Ermäßigungen durch die Universität gelten für Ausländer als indirekte Stipendien. Studentenheime, Mensen-, Wirtschaftsbetriebe und sogar Verlage werden heute von der Österreichischen Hochschülerschaft geführt. Ihr wird als selbstverwaltungsmäßiger Körperschaft öffentlichen Rechts vom Staat mehr Autonomie zugebilligt als der Universität selbst, obwohl auch sie, gleich der Universität, nur durch staatliche Dotationen (Subventionen) wirtschaftlich gesichert ist.

6. Allgemeine Aspekte der Finanzautonomie

Die Universität Wien erzielte im Jahr 1987 etwa 160 Millionen öS eigene hoheitliche (autonome) Einnahmen aus ihren autonomen Tätigkeiten. Diese Einnahmen wurden für den Verwaltungsaufwand verwendet. Dem autonomen Haushalt standen darüberhinaus etwa 300 Millionen öS Zuwendungen für den Verwaltungsaufwand der Universität aus Budgetmitteln des Bundes gegenüber. Das Gesamtbudget der Universität Wien betrug im Jahr 1987 mehr als 2.5 Milliarden öS; davon entfielen etwa zwei Milliarden auf den Personalaufwand und etwa 500 Millionen auf den Sachaufwand. Der autonome Finanzierungsbereich der Universität wurde im Lauf der Jahrzehnte vom Staat ständig zurückgedrängt und erstreckt sich derzeit hauptsächlich nur noch auf Sonderbereiche: Kurse, Stiftungen, Institute etc. Dabei ergibt sich die begründete rechtliche Frage, ob die durch den Staat im Lauf der Zeit ersetzten autonomen Einnahmen der Universität durch den staatlichen Widmungsakt nicht selbst wiederum autonomen Charakter erhalten, zumal da sie dem traditionellen autonomen Verfügungsrecht der Universität zugewiesen sind (§ 4 UOG). Ungeprüft blieb bis heute auch die Frage, ob die staatlichen ordentlichen und außerordentlichen Dotationen nicht als zweckgebundene unentgeltliche Zuwendungen im Sinn des § 2 Abs 2 lit a UOG zu verstehen sind und daher ein Grund für die Rechtspersönlichkeit der Universität sind.

Das Baubudget der Universität ist nicht in die erwähnten Mittel einbezogen. Der Bund finanziert aus diesem seine eigenen Gebäude, die er der Universität zweckgebunden und unentgeltlich zur Verfügung stellt.

Die Zuweisung von Gebäuden, Liegenschaften, Personal und Budgetmitteln erfolgt durch die Staatsverwaltung, entweder allgemein oder mit Sonderwidmungen. Allgemein durch den Staat zugewiesene Gebäude, Liegenschaften, Gelder und Personal werden durch die Universität den internen autonomen Aufgabenbereichen konkret gewidmet. Dabei erscheint für das Verständnis der Autonomie die Verknüpfung bereits vorhandener Vermögenswerte und jeweils bereits vorhandenen Personals mit den neu zuzuweisenden Finanzmitteln, Dotationen und Personal wesentlich. Für sie ergibt sich die Frage der Endgültigkeit der Zweckwidmung bzw der Einflußmöglichkeit der Universität auf Widmungsänderungen. Solche sind jedenfalls für Liegenschaften, Gebäude und Räume begrenzt möglich. Widmungsänderungen von zugewiesenem Personal sind nicht ausdrücklich geregelt, sie liegen daher rechtens in der autonomen Disposition der Universität und sind über den jährlichen Haushaltsantrag mit der Entscheidungsmacht des Staates beeinflußbar.

Die vom Staat zugewiesenen ordentlichen und außerordentlichen Dotationen, die Sachmittel und das Personal sind zweckgebunden und stehen in der autonomen Verfügungsmacht der Universität auf Grund von unzähligen antrags- und beschlußmäßig vorgegebenen und vom Staat bewilligten Zweckwidmungen. Die Zweckwidmungen schaffen zwar Zweckbindungen. Zweckbindungen bedeuten zwar Beschränkung der Dispositionsfreiheit, sie geben aber der Autonomie auch Bestandskraft, obwohl und weil sie ihr gleichzeitig die Dynamik eigenständiger Entscheidungen gewährleisten und versperren. Trotzdem sind die staatlichen Einflußnahmen auf die Dienstpostenbewirtschaftung zu autoritären Bevormundungen ausgeufert.

VII. Die politische Autonomie

Unter der politischen Autonomie kann man die Unabhängigkeit von der Möglichkeit des politischen (staatlichen, gesellschaftlichen und parteipolitischen) Einflusses von außen auf die Universität verstehen. Die österreichische Universität stand nie völlig außerhalb eines solchen Einflusses. Ihr tragendes Verwaltungsvermögen stammte seit jeher weitgehend vom Staat. Der Personalhaushalt wurde im Lauf der Jahrhunderte mehr und mehr vom Staat finanziert. Schließlich wurde auch der überwiegende Verwaltungsaufwand vom Staat übernommen. Finanzielle Sonderbedarfe wurden über Sonderdotationen finanziert: von Sachgütern der Forschung über Buchbestände bis zu finanziellen Mehr- und Sonderbedarfen. In diesem Bereich war und ist die Universität nicht nur autonomer Geldempfänger (Geschenknehmer), sondern auch willfähriger Umsetzer politischer Einflüsse in ihre autonomen Bereiche. In der Disposition über das überlassene Vermögen ist die Universität mehrfach der staatlichen Aufsicht unterstellt. Neben dem Wissenschaftsminister kommt auch dem Finanzminister ein erheblicher Einfluß zu. Diese doppelte Staatsaufsicht ist durch zahlreiche vorgegebene Zweckbindungen verstärkt. Derartige Zweckbindungen sind entweder materiell-funktionelle oder organisatorische. Sie reichen in alle Verästelungen der Organisation und der Tätigkeiten der Universität und ermöglichen unmittelbare politische Einflüsse:

1. funktionell:
   - in den Vermögenserhaltungskosten
   - im Verwaltungaufwand
   - im Unterrichtsaufwand (Lehr- und Prüfungsaufwand)
   - im Forschungsaufwand
   - in den Sozial- und Leistungsbereichen für Studenten (Stipendien, Heime, Mensen, Gebühren)
2. organisatorisch:
   - für die Gesamtuniversität und deren Sondereinrichtungen

- für die Fakultäten und deren Sondereinrichtungen
- für die Institute, Abteilungen und Prüfungsämter
- für die Lehrstühle
- für die universitätskonform gegliederte Hochschülerschaft.

Der politisch dem Parlament verantwortliche Minister ist Aufsichtsbehörde. Die Beamten seines Ministeriums sind in der Erledigung ihrer Aufsichtsaufgaben gegenüber der Universität dem Minister weisungsgebunden. Da die Universität in Finanzangelegenheiten, Gebäudefragen (Widmung und Erhaltung) und in Personalsachen weitgehend nur Antragsrechte hat, ist die politische Handhabung der Staatsaufsicht grundsätzlich immer möglich. Die Aufsicht des Staates ist daher schon von jeher, heutzutage nur ungleich intensiver, ein potentielles und aktuelles Instrument des staatlichen Dirigismus. Von dem Umstand ganz zu schweigen, daß die Universität die Forschungsmittel aus dem jährlichen Staatshaushalt im selben Ressort mit außeruniversitären Institutionen teilen muß.

Die Universität ist aber auch dem politischen Einfluß von innen her ausgesetzt. Ihre körperschaftlich-gemeinschaftliche und zugleich anstaltliche Organisation gründet sich auf Professoren, Assistenten, Studenten und Personal, die parteipolitisch organisiert sein können. Vor allem die politisch strukturierte Hochschülerschaft hat als Parallelorganisation zur Universität Entsendungsrechte in alle kollegialen Entscheidungs- und Beratungsgremien der Universität (Mitbestimmungsrechte):

- in den akademischer Senat und in dessen Kommissionen, in die Universitätsversammlung;
- in die Fakultätskollegien und in deren Kommissionen (Personalkommissionen, Habilitationskommissionen, Berufungskommissionen);
- in die Institutskonferenzen und in die Institutsversammlungen.

Den organisatorischen Hintergrund der Kollegialorgane bilden die Kurien der Professoren, der Assistenten und der Studenten nach Grundsätzen einer hypertrophen Gruppen- und Mitbestimmungsuniversität. Dabei intensiviert sich die Politisierung in den Beratungen und Willensbildungen im Gefälle von den Professoren zu den Assistenten und von diesen zu den Studenten, von Universität zu Universität und von Gruppe zu Gruppe punktuell und unterschiedlich. Neuralgische Punkte sind:

- die Berufung der Professoren
- die Habilitation des wissenschaftlichen Nachwuchses
- die Bestellungen von Assistenten.

Relativ neutral sind – von innen gesehen – Baufragen, Gebäudeerhaltungsprobleme, allgemeiner Verwaltungsaufwand, Studien- und Lehraufwand. Sensibilisiert sind aber Sonderdotationen und Forschungsaufträge für die einzelnen autonomen Bereiche durch den Staat; vor allem soweit Assistenten in den Instituten mitbeteiligt sind. Relativ frei sind die Forschungsaufträge Dritter. Hier gilt die Vertragspflicht und das offene Konkurrenzverhältnis der Lehrstuhlinhaber von Leistung und Tüchtigkeit gegeneinander und gegenüber anderen Forschungsstellen. Die Forschungsanliegen der Universität sind im Grunde unbegrenzt. Die administrativen Beschränkungen durch den Staat sind unverhältnismäßig groß. Gleichwohl können alle Wissenschafter Forschung betreiben und stehen im Hinblick auf die dafür erforderlichen finanziellen Mittel auch in einem freien Wettbewerb zueinander.

Das Politische hat in Personalsachen und in zweckgebundenen Geldzuweisungen (Dotationen) seine besonders wirksamen Ansatzpunkte. Hier trifft der Einfluß von außen häufig mit dem natürlichen Egoismus der begünstigten Universitätsangehörigen zusammen. Von ihnen hängt es ab, ob sie sich im Hinblick auf die Finanzmittel an die Pflicht zur Objektivität gebunden fühlen oder ob sie sich durch ein gewünschtes „gesellschaftsrelevantes" Verhalten zu opportunistischen Dienern der Politik oder/und ihrer eigenen Interessen machen.

Das Politische spielt in der Gruppen- und Mitbestimmungsuniversität eine große Rolle auch bei der Personalergänzung und Neubestellung von Professoren, von Assistenten und des Verwaltungspersonals. Während sich der politische Einfluß im Bereich des Verwaltungspersonals im üblichen Rahmen hält, führt die Gruppenuniversität bei der Ergänzung des wissenschaftlichen Personals immer wieder zu ideologisch gebundenen Entscheidungen. Gruppenegoistischer Protektionismus entfaltet sich daneben aber auch weitgehend jenseits der Parteipolitik zu bloßen Versorgungsaktionen für Günstlinge aus dem Unversitätsbereich. Die nivellierenden Folgen für wissenschaftliche Unabhängigkeit und für die Qualität von Forschung und Lehre sind unausweichlich.

Die österreichische Universität von heute befindet sich im Wandel und im qualitativen Niedergang: von der Gelehrtenuniversität zur Lehreruniversität, mit einem katastrophalen Verstärkungseffekt durch den Massenbetrieb und durch sogenannte gesellschaftliche Orientierungszwänge. Vielleicht wird die *Zukunft eine neue institutionelle und personelle Gliederung, eine vertikale Zweiteilung der Universität nach Forschung und Lehre* erzwingen. Vielleicht kommt es zu einer ablaufsmäßigen *Zweiteilung in ein Ausbildungsstudium einerseits und in ein Forschungsstudium andererseits*. Vielleicht aber bringt die Zukunft für die Universität wirklich nur mehr den Rang einer höheren staatlichen Lehranstalt, die den politischen Staatsverantwortlichen willfähig zu Diensten steht. Die Folge wäre schließlich eine vollständige Aussiedlung der Forschung aus der Universität in andere Institutionen sowie eine Einschränkung der Autonomie auf ein Minimum. Die weitere Folge wäre die Verarmung der Lehre um die Anschauung kraft Erfahrung aus eigenverantwortlicher Forschung. Sollte es dazu kommen, dann wäre das nur die Bestätigung einer modern gewordenen *Demokratietendenz zur Nivellierung, in welcher der Sachverstand und der Sachverständige keinen Raum mehr finden, weil sie jenseits des Durchschnittsmaßes gesellschaftspolitisch geforderter egalitärer und kollektivistischer Gleichheit liegen.* Egalitäre und elitäre Tendenzen werden in einer politisierenden Dialektik geradezu als unvereinbar einander gegenübergestellt.

VIII. Schlußbemerkung

In den großen deutschsprachigen Büchern, die der Staatslehre gewidmet sind, werden der Staat und seine Einrichtungen in vielen verschiedenen Definitionen und aus unterschiedlichen Perspektiven dargestellt:

- rechtlich
- soziologisch
- politologisch
- historisch und
- philosophisch.

Die Staatslehren stammen durchwegs von Juristen. Daher bleibt vor allem der ökonomische Aspekt vernachlässigt. In den meisten dieser Bücher findet man keine Definition vom Staat, die den Haushalt, das Budget miteinbezieht. Zu den wenigen Ausnahmen zählt der österreichische Verwaltungsrechtswissenschafter ADOLF MERKL (für die Institution der Universität pflegt auch der deutsche Philosoph KARL JASPERS eine ähnlich komplexe Denkweise[10]). MERKL definiert den Staat wie folgt: *Staat im engeren Sinn ist ein von einem zentralen, aus rechtlich geregelten Einnahmsquellen gespeisten Fonds in Funktion erhaltener Organkomplex*[11]. Was hat das aber mit dem Thema *Autonomie* zu tun? Sehr viel. Die Qualität der Universität ist mit ihrem Budget und mit ihren autonomen Verfügungsbereichen in Funktion und in Organisation genauso essentiell und untrennbar verbunden wie der Staat mit seinem Budget. Nur eine weite und nach den

---

[10] Die Idee der Universität (1946/1980).

[11] Allgemeines Verwaltungsrecht (1927) 295.

Aufgaben differenzierte Finanzautonomie der Universität gibt der gesamten Institution Stärke und Vitalität. Sie bedeutet effektive wirtschaftliche Unabhängigkeit. Sie überschreitet die rechtliche Unabhängigkeit in ihren materiellen Bedingungen und schafft der Freiheit der Wissenschaft echte Entfaltungsvoraussetzungen. Dabei ist es unerheblich, ob der Finanzbedarf aus eigenen Einnahmen erzielt wird oder ob ihn der Staat durch Dotationen zweckgebunden abdeckt und zur autonomen Verfügung bereitstellt.

Nicht weniger bedeutsam ist aber auch die Frage des politischen Einflusses auf die Universität, von innen und von außen. Mag daher die Universität rechtlich auch weitgehend noch autonom und selbständig sein, die substantiellen Autonomiekriterien ergeben sich für eine autonome Forschung jedenfalls maßgeblich aus einer wirtschaftlichen oder finanziellen Eigenständigkeit und aus der Unabhängigkeit von der Gesellschaftspolitik. Das richtige Maß ihrer Gewährleistung verbürgt die Qualität und die Vitalität der Universität als autonome Lehr-, Bildungs- und Forschungsstätte für das Erkenntnisstreben in Staat und Gesellschaft aus einer existentiell wesentlichen Freiheit. Die Universität bedarf der rechtlichen, der wirtschaftlichen und der politischen Freiheit und Autonomie, um ihren Wissenschaftsauftrag in Lehre und Forschung objektiv eigenverantwortlich und leistungsstark erfüllen zu können. Darin erweist sich die Frage nach der Qualität der Autonomie aber letztlich auch als das moralische Anliegen der individuellen Verpflichtung des einzelnen universitären wissenschaftlichen Lehrers und Forschers zur Wahrheit, zur Wahrhaftigkeit, zur intellektuellen Redlichkeit und zur Objektivität im Dienst an der wissenschaftlichen Erkenntnis. Darin liegt nicht zuletzt und vor allem ein Nutzen für die staatliche Gemeinschaft, von der die wissenschaftliche Lehre und Forschung getragen ist.

Begriffe der Rechtswissenschaft *)

Formen des Denkens und der Anschauung vom positiven Recht

I. Die Rechtsdogmatik und ihre Abhängigkeit von wissenschaftlichen Begriffen

Die Rechtswissenschaft bedient sich neben den allgemeinen Begriffen „Sollen" und „Norm", neben den verschiedenartigsten „Grundbegriffen" unter anderem auch der Begriffe „Tatbestand", „Typus", „Institut" und „Institution" für ihr auf den Gegenstand „Recht" gerichtetes kritisches Erkenntnisstreben und Ordnungsdenken. Lehrbücher wurden sogar „Institutionen" genannt, dh sie wurden nach wissenschaftlich erfaßten Gebilden oder Einrichtungen des Rechts benannt, deren Darstellung ihr Anliegen war (zB „Institutionen des Römischen Rechts" – SOHM, wohl im Anschluß an GAJUS; oder „Institutionen des Verwaltungsrechts" – FLEINER).

Üblicherweise verwendet man in der Rechtswissenschaft die Begriffe „Sollen", „Norm", „Grundbegriff", „Tatbestand", „Typus", „Institut" und „Institution" als Denkformen. Als Leitbegriffe für ein gegenstandsbezogenes synthetisches Denken dienen sie der Aufbereitung und Systematisierung des Rechtsstoffes. Man bedient sich ihrer aber auch als Interpretationshilfen und vertauscht dann die begrifflich-formale Außenperspektive der Systematisierung mit der Innenperspektive des begrifflich-inhaltlichen Sinnverständnisses vom Recht. Der Begriff der „Norm", nicht selten unbedacht mit dem „Sollen" gleichgesetzt, wird in formalen Rechtslehren sogar zum Rechtsbegriff erhoben. Die Begriffe „Grundbegriff", „Tatbestand", „Typus", „Institut" und „Institution" werden häufig ununterschieden sowohl auf normativ-ideale als auch auf reale, sozial-kulturelle Objekte des Denkens angewendet. In der Rechtswissenschaft werden sie demgemäß sowohl in den Dienst des primär-normativen als auch des primär-explikativen Rechtsdenkens genommen.

---

*) Die Hauptgedanken zu dieser Abhandlung habe ich verschiedentlich in meinem der Rechtstheorie gewidmeten Seminar dargetan, zuletzt auch in einem Gastvortrag, den ich im Sommer dieses Jahres an der Universität Krakau gehalten habe.

Auf den Ebenen der Rechtstheorie, der Rechtsphilosophie und der Erkenntnislehre wird über diese Begriffe reichlich nachgedacht[1]. Mitunter findet man aber auch in den Bereichen einer systematisch angelegten Rechtsgebietserfassung, also auf der rechtsdogmatischen Ebene Überlegungen dazu. Dennoch verwenden viele Rechtswissenschafter diese von der Wissenschaft in erster Linie für ihren Darstellungs- und Erklärungsbedarf erdachten Begriffe oft unkritisch und synkretistisch. Sie folgen dabei zumeist nicht hinterfragten herkömmlichen wissenschaftlichen Gepflogenheiten. Das braucht nicht zu verwundern. Viele Rechtswissenschafter arbeiten kaum selbstreflektiv. Vor allem praxisorientierte Rechtsdogmatiker sind regelmäßig mehr Handwerker und Techniker als theoretisch Gebildete, deren Muße sich auch auf die Selbstreflexion erstreckt. In diesem Sinn sind Juristen ganz allgemein ungleich mehr Handwerker und Techniker. Sie denken in erster Linie praktisch und arbeiten lege artis, dh nach allen Regeln der von ihnen erlernten Kunst praxisbezogenen Rechtsdenkens. Sie benützen allgemein-wissenschaftliche, rechtswissenschaftliche und rechtliche Begriffe mit der Selbstverständlichkeit erlernter Fertigkeit, zumeist gegenstandsorientiert und konsequent, mitunter aber auch mehrdeutig und synkretistisch, formal und gegenständlich, wie etwa die Begriffe „Sollen", „Norm", „Grundbegriff", „Tatbestand", „Typus", „Institut" und „Institution", zumeist ohne sie auf ihre Funktion im Rechtsdenken und auf ihre Bedeutung für den Gegenstand „positives Recht" zu hinterfragen.

Wissenschaftliches Denken ist in seinem Gegenstandsbezug zwangsläufig nicht nur gegenstandsbewußt, sondern auch methodenbewußt. Dh es bezieht sich zunächst auf das „positive Recht" als seinen Gegenstand – kritisch. Es bezieht sich sodann aber auch auf das Denken über den Gegenstand und dessen Darstellung – ebenfalls kritisch. Es ist daher mehrfach analytisch, es ist aber auch mehrfach synthetisch. Letztlich führt auch rechtswissenschaftliches Denken, wie jedes gegenstandsgebundene wissenschaftliche Denken, zu voneinander verschiedenen und dennoch notwendigerweise aufeinander bezogenen Begriffen und Gedankeneinheiten. Es führt aber auch zu Gesamtsynthesen von gegenstandsgebundenem Denken und kritischer Selbstreflexion über dieses Denken, mit deren Widerspiegelungen im Zusammenspiel von Rechtsbegriffen, von Rechtswissenschafts-

---

1 Siehe dazu die zahlreichen weiterführenden Hinweise in den Fußnoten und im Literaturverzeichnis am Ende dieser Studie.

begriffen und von allgemeinen Wissenschaftsbegriffen, in der Systematik ihrer gegenstandsgebundenen Verwendung[2].

Ist wissenschaftliche Begriffsbildung nur eine Frage der Rechtstheorie, der Rechtsphilosophie, der Erkenntnislehre? Keineswegs. Auch Rechtsdogmatiker, die sich mit dem Gegenstand „Recht" unmittelbar befassen, die den Gegenstand kennen, die Anschauung aus Rechtserfahrung zur begrifflich gefaßten Erkenntnis fügen und darstellen, müssen über die „Werkzeuge" (Wissenschaftsbegriffe, Rechtswissenschaftsbegriffe, Rechtsbegriffe) ihres wissenschaftlichen Tuns Bescheid wissen. Demgemäß muß es auch ein selbstreflektives, methodenbewußtes Denken in der Rechtsdogmatik, also im gegenstandsgebundenen systematischen Rechtsdenken geben. Dieses Denken vollzieht sich zumindest in drei voneinander verschiedenen und wegen der Gegenstandsbindung dennoch nicht trennbaren Bereichen des Denkens:

- zunächst im Bereich der *Rechtsdogmatik* in Beziehung auf den Gegenstand, dh auf allen Ebenen der Betrachtung von Erzeugung, von Form und Inhalt, von Struktur und Funktion, von Geltung, von schichtenmäßiger Konkretisierung und Verwirklichung des positiven Rechts
- sodann aber auch im Bereich der *Rechtstheorie* in Beziehung auf den Gegenstand, dh auf der Ebene einer allgemeinen und begrifflich abstrakten Lehre vom Recht, in seinen differenzierten sollenshaften Seinsbindungen
- und schließlich im Bereich der *Erkenntnistheorie*, im Kategorialen von Raum und Zeit, von Sollen und Sein, in Beziehung auf die Eigenarten des Rechtsdenkens, dh auf der Ebene der formalen und der transzendentalen Logik, sowie der Hermeneutik, also in den Bereichen der formalen und der materiellen Erkenntnislehre, im Hinblick auf ihre Anwendung im Rechtsdenken.

---

2 Vgl dazu EHRLICH, Die juristische Logik[2] (1925) 133 ff, 252 ff; EHRLICH, Grundlegung der Soziologie des Rechts[3] (1967/1913) 248 ff, 261 ff und 281 ff. Die theoretischen Arbeiten EHRLICHS wurden und werden völlig zu Unrecht in die „Rechtssoziologie" als „Soziologie" verwiesen. Bei näherer Betrachtung erweisen sie sich aber als echte rechtstheoretische Studien mit einem empirischen Denkansatz, in welchem Sein und Sollen aus reicher Gegenstandserfahrung und mit Meisterschaft zur Synthese geführt werden. Durch den Denkansatz der „Reinen Rechtslehre" irregeleitet, blieb mir die große Qualität und die Brauchbarkeit der Gedanken EHRLICHS für eine am Recht in seiner dualistischen Eigenart orientierte Arbeitsweise lange Zeit verborgen.

Siehe zu dieser Thematik auch RENNER, Die Rechtsinstitute des Privatrechts und ihre soziale Funktion (1929) 5 ff; ferner ENGISCH, Begriffseinteilung und Klassifikation in der Jurisprudenz, in: Beiträge zur Rechtstheorie (1984) 126 ff und aus der jüngeren Zeit auch ROTTLEUTHNER, Rechtstheorie und Rechtssoziologie (1981) 31 ff.

Der Verzicht auf eine bewußte Unterscheidung und Verknüpfung dieser jeweils schon in sich differenzierten Denkrichtungen führt zwangsläufig zu Verwirrungen und Synkretismen und nicht zur unerläßlichen Homogenität im rechtswissenschaftlichen Denken.

In der *Rechtsdogmatik* sind Verwirrungen und Synkretismen verständlich, wenn auch kritikwürdig. Hier herrscht nicht die theoretische Perspektive der Selbstreflexion über das Denken vor, sondern die praktische, die wirklichkeitsbezogene empirische, die gegenstandsgebundene. Man bemüht sich um das Verstehen und um die systematische Darstellung des Gegenstandes „positives Recht" aus Erkenntnis durch erfahrungsgebundene Anschauung von Rechtsvorschriften mit ihren Inhalten und deren Verwirklichung, in Verfolgung entweder einer bestimmten theoretischen oder einer konkreten praktischen Zielsetzung[3], mit einem mehr oder weniger reflektierten „theoretischen" Vorverständnis[4].

Auf der Ebene der *Rechtstheorie* hingegen sind Verwirrungen und Synkretismen höchst befremdlich. Hier herrscht die selbstreflektive abstraktere Perspektive vor. Der Rechtstheorie wird ein den Gegenstand transzendierendes, selbstreflektives Denken mit Selbstverständlichkeit abverlangt. KELSEN ist mit seiner Rechtslehre sowohl ein wegweisendes als auch ein beunruhigendes Beispiel dafür. Das zeigt sich anschaulich in seiner „Reinen Rechtslehre"[5]:

- „Sollen" und „Sein" werden in Verbindung mit den Begriffen „Recht" und „Geltung" mehrdeutig verwendet.
- Der „Rechtsnorm" und dem „Rechtssatz", als sanktioniertem bedingtem „Imperativ" bzw als normativem „hypothetischem Urteil", wird sowohl erkenntnistheoretische als auch positivrechtliche Bedeutung beigelegt. Ihr Sinn wird letztlich aber auf eine formal-logische Bezie-

---

[3] Siehe dazu WINKLER, Die Wissenschaft vom Verwaltungsrecht, Festgabe Antoniolli (1979) 1 ff.

[4] Grundlegend und richtungweisend zur Bedeutung des Vorverständnisses im Rechtsdenken ESSER, Vorverständnis und Methodenwahl in der Rechtsfindung[2] (1972). Siehe aber auch ESSERS Werk „Grundsatz und Norm in der richterlichen Fortbildung des Privatrechts"[4] (1990). Dieses Werk zählt wohl zu den niveauvollsten Hervorbringungen einer selbstreflektiven Rechtswissenschaft. Es wurde in seiner erkenntnistheoretischen und rechtstheoretischen Fundierung durch spätere Publikationen zum selben Thema trotz großer Eloquenz nicht annähernd erreicht.

[5] Am ausgeprägtesten findet man seine eigenartige Denkweise in der ersten Auflage aus dem Jahr 1934, 19 ff und 62 ff dargeboten. Die zweite Auflage dieses Werkes aus 1960 und die Allgemeine Theorie der Normen aus 1979 sind zwar noch dieser Denkweise verhaftet, die zunehmende Annäherung an das traditionelle Rechtsdenken führte aber zu einer erheblichen Veränderung der ursprünglichen Konzeption der „Reinen Rechtslehre".

hung zwischen Bedingung und Folge reduziert. Sie umfassen neben dem imperativen „Müssen“ auch das rechtliche „Können“ und „Dürfen“.

- Die „Zurechnung“, im Rechtsdenken als Verbindlichkeitszuordnung von rechtlichen Handlungen und deren Folgen zu Rechtssubjekten verstanden, wird auf die formal-logische *Dependenz* von Bedingung und Folge (Sanktion) reduziert und die transzendental-logische und substantiell teleologische *Konsequenz* der wechselseitigen Abhängigkeit von Rechtsinhalten in deren grundsätzlich verhaltensbedingter Aufeinanderfolge wird als Denkform ignoriert.
- Die formale Denkfigur einer scheinbar a priorischen „Grundnorm“ wird als „Verfassung im rechtslogischen“ Sinn konstruiert etc.

Diese Beispiele aus KELSENS Lehre kommen nicht von ungefähr. KELSENS Lehre ist eine Normenlehre, in der Frühzeit als Lehre vom reinen Sollen und als Rechtslogik (Normenlogik) und am Ende dann als bloße Normentheorie konzipiert. Die Reine Rechtslehre ist formal-logisch und konstruktionistisch. Sie ist auf ihre eigene und höchst problematische Weise „transzendental“, dh sie erzeugt ihre eigenen Formen des Denkens vom Recht vorweg und setzt diese dann als quasi a priorische Bedingungen der Gegenstandsbetrachtung voraus. Ein derartiger vorurteilshaft konstruktionistischer Denkansatz hat in seiner Anwendung auf die Betrachtung vom Recht eine Gegenstandsverfremdung zur Folge. Er führt zu einer künstlichen Formalisierung im Einzelnen und im Ganzen des Systems, im Dienst an einer erkenntnistheoretisch verfehlten Reinheitsideologie. Es ist ein Unding, den Gegenstand von seinem Inhalt „rein“ halten zu wollen und ihn auf eine bloße Denkform zu reduzieren.

Nicht nur von der Reinheitsideologie, sondern vielfach auch von der häufig mehrdeutigen Nomenklatur der Reinen Rechtslehre irregeleitet, kommt die Gepflogenheit nicht weniger Rechtsdogmatiker, immer wieder schlechthin vom „Sollen“ und von „Normen“ zu handeln, wenn sie sich bloß auf das positive Recht oder auf Vorschriften des positiven Rechts beziehen. Dabei kann man oft kaum feststellen, ob sie primär das formale Denkschema meinen oder die normativen Sätze, die Rechts-Sätze, die Vorschriften des positiven Rechts. Die formale normentheoretische Terminologie hat sich geradezu modisch eingebürgert. Das bleibt nicht ohne Auswirkungen auf die Lehre. Die Rechtsvorschriften werden häufig nicht in ihrer empirisch erfaßbaren Erscheinung und Sinnhaftigkeit angesprochen, sondern einheitlich durch das formale Denkschema „Norm“. Die Folge davon liegt auf der Hand. Sowohl der Begriff „Norm“ als auch der mitunter gleichbedeutend verwendete Begriff „Rechtsnorm“ und der Begriff „Rechtssatz“ verdecken in der jüngeren Sprache der Rechtswissenschaft mehr und mehr die durch unterschiedliche Rechtsquellen differenziert und geschichtet erzeugten Inhalte des Rechts; sie verdecken aber auch das jeweils spezifische sozial-kulturelle Sein des normativen Ideellen des Rechtsinhalts und des diesem zugeordneten wirklichen Realen der sozialen Verhaltenswelt die im komplexen und differenzierten Begriff vom Gegenstand „Recht“, wie er in den sprachlich formulierten, intellektuell erfahrbaren sollenshaften Inhalten der Rechtsvorschriften und in deren Verwirklichung (Konkretisierung durch Rechtserzeugung) erkennbar in Erscheinung tritt, zu einer Einheit verbunden sind. In Wahrheit „existieren“ nämlich weder das „Sollen“ noch die „Norm“. Das „Sollen“ ist eine a priorische gegenstands(anschauungs)bezogene Denkform. Aber auch die „Norm“ ist zunächst nur ein Denkschema und bedeutet keine sozial-kulturell existierende zweckhafte Regelungseinheit. Die „Norm“ ist ein formaler Begriff. Sie ist ein bloßes Denkschema, erdacht von der Wissenschaft zur formal-logischen Erfassung der Eigenart des Sollens im Recht als das charakteristische Grundelement aller Verhaltensordnungen. Die „Norm“ als Denkform kann daher keine positivrechtlichen Eigenschaften haben. In den Vorschriften des positiven Rechts gibt es nur die konditionalen, intentionalen, teleologisch-finalen Sätze, die Sollsätze (ENGISCH), die Sätze mit Sollensbedeutung, in verschiedenen Formen; mit unterschiedlichen Inhalten möglicher Seinszusammenhänge und deren Zweck- und Werthaftigkeiten, gerichtet auf Verwirklichung. Diese Soll-Sätze werden mißverständlich und äquivok auch als „Normen“ bezeichnet. Ihre gewollt gesollten Inhalte und ihr notwendiger Zusammenhang mit der sozialen Wirklichkeit werden aus dem Rechtsbegriff ausgeklammert. Auf diese Weise wird entweder der Normbegriff hypostasiert oder die Begriffe der Regelungsinhalte von Rechtsvorschriften werden formalisiert und logifiziert.

II. Die Begriffe „Norm“ und „Vorschrift“

„A norm is a norm, is a norm, is nothing else but a norm“ soll der achtzigjährige KELSEN seinem Diskussionspartner HART in Stentoren-Stimme zugerufen (und mit der Faust auf den Tisch geschlagen haben, berichtet die Legende), geradeso als hätte er um die Schwäche einer solchen

Argumentation gewußt. Der erschrockene HART fiel darob buchstäblich in seinen Stuhl zurück[6].

Die „Norm“ ist ein singulärer wissenschaftlicher Allgemeinbegriff von kategorialem Rang, der auch in der Rechtswissenschaft verwendet wird. Sie findet ihre transzendental-logische Erklärung in der notwendigen Verknüpfung von Sollen und Sein, in der allgemeinen a priorischen Denk- und Anschauungsform der Kausalität bzw im Satz vom zureichenden Grund[7]: ein menschliches Verhalten ist gesollt. Als bloße Denkform eignet sie sich zweifellos auch zur Erfassung, Kennzeichnung und Darstellung der formal-logischen Mikrostruktur des Rechts im sprachlichen Ausdruck:

- als formaler Imperativ (KANT) oder als Direktive
- als unbedingter Imperativ
- als bedingter Imperativ der Sanktion
- als unechtes (normatives) hypothetisches Urteil (KELSEN)
- als echtes hypothetisches Urteil, dh als Darstellung von zwei Imperativen in teleologischer Verknüpfung.

Die „Norm“ ist eine bloße Denkform. „The norm is a form, is a form, is nothing else but a form“, würde ich KELSEN gerne entgegnet haben. Sie dient der Wissenschaft zur analytischen und formal-logischen Charakteristik des Rechts in der Darstellung seiner Eigenart nach Struktur und Funktion. Das positive Recht selbst kennt nur gewollte Sätze mit Sollensbedeutungen, regelhafte Inhalte von Vorschriften in größter Vielfalt, gerichtet auf menschliches Verhalten in der sozialen Wirklichkeit. Das positive Recht umfaßt als komplexe Einheit aber auch die Sollensbedeutungen seiner schichtenmäßig angelegten, gewollten Konkretisierungen, einschließlich seiner immer wiederkehrenden Verwirklichungen. Das Recht findet seinen eigentümlichen sprachlichen Ausdruck schlechthin in aufeinander bezogenen, verhaltensgetragenen und verhaltensbestimmenden Wenn-Dann-Sätzen (Rechts-Sätzen im wahrsten Sinn des Wortes) auf den verschiedenen Ebenen seiner Erzeugung und in den Beziehungen zwischen diesen. Die Wenn-Dann-Sätze finden als Sätze des Rechts ihre formal-logische Erklärung in horizontalen und vertikalen formal-logischen *Depen-*

---

[6] HART, Kelsen Visited, UCLA (University of California Los Angeles) Law Review 10 (1962/1963) 710: „Towards the end of our debate when upon Kelsen emphasizing in stentorian tones, so remarkable in an octogenerian (or in anyone), that ‚Norm was Norm‘ and not something else, I was so startled that I (literally) fell over backwards in my chair.“ Die Faustschläge auf den Tisch stammen aus mündlich überlieferten Erzählungen über HARTS persönlichen Erlebnisbericht.

[7] Vgl dazu WINKLER, Rechtstheorie und Erkenntnislehre (1990) 111 ff, 120 ff, 130 ff und 153 ff.

denzen des rechtsquellenförmig in Schichten erzeugten (konkretisierten) Rechts. Diese Dependenzen sind Denkvoraussetzungen für transzendental-logisch deutbare *Konsequenzen* in den verschiedenartigen und dennoch zusammengehörigen abstrakten und konkreten, zweckhaften Sinnbezügen des sprachlich ausgedrückten Rechts.

Als logische Form des „Sollens" wird die „Norm" von KELSEN zunächst als ein zweigliedriger Bedingungs- und Folgesatz, als eine urteilsartig gegliederte, hypothetisch formulierte normative „Aussage" konstruiert, obwohl sie in ihrer sollensgebundenen Aussageform logisch bloß als ein unbedingter oder bedingter Imperativ faßbar ist. Für die Rechtsbetrachtung wird die Norm von KELSEN als reines Sollen vom Sein ihrer Erzeugtheit grundsätzlich abgelöst gedacht und in den Plural versetzt. KELSEN spricht in späterer Zeit allerdings mehr und mehr vom Imperativ, vom Wollen, sowie von vollständigen und von unvollständigen Normen, je nachdem, ob sie auch eine Sanktion beinhalten. Die „Norm" als „sollenshaftes" Deutungsschema wird zur „Rechtsnorm". Rechtsnorm wird an Rechtsnorm gereiht. Das ergibt eine formale Rechtsnormenhierarchie (= die Rechtsordnung), gekrönt von der sogenannten Grundnorm. Dadurch wird der sprachliche Ausdruck und die eigentümliche Bedeutung der in den Vorschriften enthaltenen Regeln des positiven Rechts, das in geradezu endlos miteinander verbundenen verschiedenartigen Bedingungssätzen (Rechtssätzen) in Erscheinung tritt und das eine zielgerichtete und zweckgebundene vielfältige Potentialität der Wirklichkeit, ein gesolltes, ein mögliches Sein zum Inhalt hat, zugleich durchstoßen und formal-logisch verdeckt. Da der Begriff der Norm, im Plural verwendet, dem formalen Begriff des Sollens und des Rechts gleichgesetzt wird, werden sogar Funktionen des Rechts zu Normenarten erklärt. In den Rechtsvorschriften enthaltene verschiedenartige Funktionen des Rechts werden in der wissenschaftlichen Terminologie sowohl zu Rechtsnormen schlechthin als auch zu vollständigen und unvollständigen Rechtsnormen, zu Erlaubnis-, zu Ermächtigungs- und zu Derogationsnormen. Aus dem solcherart funktionell verfremdeten Normbegriff wird das formal-logisch akzentuierte Gedankengebäude einer „Reinen Rechtslehre" gefügt. Man spricht in der Rechtsdogmatik sogar von zu bildenden Normhypothesen[8], meint aber wohl nur für den konkreten Auslegungsbedarf hypothetisch konstruierte

---

[8] ADAMOVICH – FUNK, Österreichisches Verfassungsrecht[3] (1985) 31 ff im Gefolge anderer. Zur älteren Vorstellung der Bildung von „Rechtssätzen", vor allem im Case-Law-System, siehe EHRLICH, Die juristische Logik[2] (1925) 1 ff, 121 ff, 252 ff, insbes 258 ff; EHRLICH, Grundlegung der Soziologie des Rechts[3] (1967/1913) 248 ff, 261 ff und 281 ff.

Regelungsinhalte und vergißt dabei auf das Problematische von Äquivokationen.

In diesem Sinn wird das „Recht“ in der Rechtsdogmatik vielfach unreflektiert als eine „Normenordnung“ verstanden. Das Recht wird dem Sollen gleichgesetzt und besteht danach bloß aus „Normen“, nicht aus „Rechts-Sätzen“ und Regelungsinhalten von Vorschriften, schon gar nicht aus den Rechtserheblichkeiten ihrer schichtenmäßigen Verwirklichung. Der Rechtsbegriff wird solcherart auf der Ebene formal-logischer und a priorischer Abstraktheit angesiedelt. In das formalisierte Normschema wird das Recht unterschiedslos eindimensional hineinprojiziert, unbeschadet seiner Differenziertheit in Form und Inhalt (Organisation, Verfahren, Materie), unbeschadet seiner Schichtungen, unbeschadet seines Doppelcharakters von gesollter Idealität und von verwirklichtem Sollen als sozialkulturelle Realität. Das Sinnhafte in der tatsächlichen Existenz des Rechts und die vielfältigen bedeutungsvollen und zweckhaften Inhalte der Vorschriften werden für die rechtswissenschaftliche Begriffsbildung sekundär. *Der Inhalt und die Rechtsqualität seiner schichtenmäßigen Verwirklichung werden methodologisch ausgeklammert. Der Mensch als Adressat des Rechts wird vernachlässigt*. Unter Berufung auf die a priorische Kategorie des „Sollens“ und auf das formal-logische Denkschema der „Norm“ wird die Rechtslehre auf eine „analytische Normenlehre“ reduziert, darin grundgelegt, und insofern zu einer bloßen formalen Struktur- und Funktionslehre gemacht. Die Differenziertheit von Form und Inhalt des positiven Rechts, in seinem sozial-kulturellen Sein und damit in seiner empirischen Erfahrbarkeit und Erfaßbarkeit, wird methodologisch ausgeklammert. „Geltung“, „Delegationszusammenhang“ und „Konkretisierung“, „Zentralisierung“ und „Dezentralisierung“, „Determinierung“ und „Determiniertheit“, „Bedingung“ und „Bedingtheit“ sowie „Subordination“ und „Superordination“ von „Normen“ werden unter den Aspekten von „Statik“ und „Dynamik“ zu einem intelligenten, schematisierten, „normativen“ System formal miteinander verknüpft. Neben der „Norm“ und ausgerichtet auf diese sind sie insgesamt die zentralen Begriffe im Denken der formal-logisch angelegten Lehre von einem reinen rechtlichen Sollen. Norm wird an Norm gereiht, Normenketten werden zur Hierarchie des Rechts gefügt. Die Formalstruktur der Denkform „Norm“, als bedingter Sanktionssatz, wird in der Mehrzahl und im hierarchischen System zur Gesamtheit der Rechtsordnung, gleichsam additiv zum Rechtsbegriff, obwohl sie als ein Denkschema, als eine Sollsatzform nur singulär und individuell konzipiert sein kann. Das formal-logische Element „Norm“ wird demgemäß nicht bloß als inhaltsneutraler Raster (Paradigma oder Deutungsschema) verstanden. Er dient der Bestimmung des Wesens des höchst komplexen Gegenstandes Recht geradeso, als würde es damit sein Bewenden haben.

Diese Art eines methodologisch inhaltsentbundenen, auf das Denkschema der „Norm“ fixierten analytischen Denkens geht am Gegenstand „positives Recht“ in seiner Komplexität und Schichtung, in seiner Differenziertheit von Idealität und Realität vorbei. Die *adaequatio rei et intellectus* wird nicht gesucht, sie wird vielmehr ignoriert. Die Wahrheitsfrage dieser Art von Rechtswissenschaft richtet sich nicht auf die Inhalte des Gegenstandes, sondern auf ein konstruiertes formales Mikroelement seiner formal-logischen Deutung und auf ein darauf aufgebautes Gedankengefüge oder System. Dabei verstrickt man sich sogar in die durch diesen Denkansatz unlösbar gemachte Thematik des Widerspruchs oder „Konflikts von Normen“, den es gar nicht gibt, weil es ihn logisch nicht geben kann. Es gibt nur den Widerspruch der Regelungsinhalte von Vorschriften des Rechts, im seinsgebundenen Gesolltsein ihrer Erzeugtheit. Nur sollensgebundene Inhalte, als potentielle Wirklichkeit, als gesolltes Sein und als sozial-kulturell verwirklichtes Sollen können an und für sich miteinander verglichen werden, nur sie können einander analog sein und zueinander im Widerspruch stehen. In der Rechtswissenschaft heißt es im Derogationsprinzip mit Recht „*lex posterior derogat legi priori*“. Darin ist vom „*Gesetz*“, dh von der erzeugten „*Rechtsvorschrift*“ die Rede und nicht von der „*Norm*“. „Gesetz“ bedeutet nicht nur Erzeugungsform, sondern auch Inhalt. Die synthetische Überhöhung der singulären, formal-logischen Mikrostruktur „Norm“ zur pluralistisch angelegten „Normenhierarchie“ der Rechtsordnung und ihre Identifizierung mit der Rechtsvorschrift in der Rechtstheorie machen den Begriff der „Norm“ als analytisch konzipierte Grundkomponente des Rechts zum schematischen Einheitsbegriff für das Gesamtsystem. Dadurch wird die Reine Rechtslehre ausweglos zu einer bloß formalen analytischen Theorie ihrer eigenen Denkformen, der zu einer gegenstandsgebundenen inhaltlichen Synthese von vornherein die Eignung fehlt[9]. Derogation und Subsumtion werden rational unerklärlich, weil die formal-logische Denkform den logischen Zugang zu den Inhalten des Rechts und ihren möglichen und notwendigen Zusammenhängen versperrt.

---

9 Siehe dazu WINKLER, Rechtstheorie und Erkenntnislehre (1990).

III. Die unterschiedlichen Begriffe im rechtswissenschaftlichen Denken

Im wissenschaftlichen Denken im allgemeinen und im rechtswissenschaftlichen Denken im besonderen sind unterschiedliche Formen des Denkens und der Anschauung aus Erfahrung (Begriffe) bedeutsam.

a) Zunächst sind es die *a priorischen Urteile und Kategorien der transzendentalen Logik, als Logik der Erfahrung und wissenschaftlichen Erkenntnislehre im Sinn von* KANT: der Anschauung, des Verstandes, der Vernunft; die fundamentalen Kategorien von Raum und Zeit, Sein und Sollen einerseits, die kategorialen Haupt- und Unterformen der Qualität, der Quantität, der Relation und der Modalität – affirmativ oder negativ – andererseits sowie schließlich die Vernunftbegriffe Wert, Gut und Zweck.

b) Sodann sind es die *allgemeinen Urteile und Kategorien des wissenschaftlichen Denkens und der Anschauung, bezogen auf Gegenstände der Erfahrung*. Damit meine ich Denkformen im Dienst an der Erkenntnis von Gegenständen, wie:
   - *Axiome* und *Hypothesen* als Erkenntnisformen, bezogen auf gegebene und erfahrbare Gegenstände als Objekte des Denkens, entweder aus Evidenz oder aus Hypothese
   - ferner Denkformen für die Erkenntnis aus Anschauung, bezogen auf Erfahrung aus Wahrnehmung, in ihrer kategorischen Zuordnung zu Raum und Zeit, Sein und Sollen, in der Gestalt von *Urteilen*
   - schließlich *Denkformen der formalen Logik und der transzendentalen Logik*, bezogen auf Form und Inhalt bedeutungsvollen möglichen und verwirklichten menschlichen Verhaltens als Gegenstand der Erfahrung, mit den Aspekten von *Dependenz* und *Konsequenz*, sowie von *Teleologie*, von *Intentionalität* und von *Finalität*.

c) Ferner sind es die *gleichfalls formalen wissenschaftlichen Denk- und Anschauungsformen im Dienst an der empirischen Erkenntnis von Gegenständen*, wie:
   - Form und Inhalt
   - Struktur und Funktion
   - Statik und Dynamik
   - Einzelheit (Individualität) und Allgemeinheit (Generalität)
   - Art und Gattung

- Spezialität und Homogenität
- Realität und Idealität.

d) Dazu gehören aber auch die entsprechenden *Denkweisen und deren begriffliche Objektivationen* für sprachlich-gedankliche Funktionen der Wissenschaft allgemein und der Wissenschaft vom Recht im besonderen:
- absolut und relativ
- abstrakt und konkret
- deduktiv und induktiv
- problematisch und assertorisch
- axiomatisch und hypothetisch
- affirmativ und negativ
- strukturell und funktionell
- statisch und dynamisch
- spekulativ und empirisch
- wertend und beschreibend
- verstehend und erklärend
- systematisch und aporetisch
- methodisch und synkretistisch
- theoretisch und praktisch.

Diese Begriffe sind selbstreflektive Begriffe der Methodologie. Sie dienen der kritischen Standortbestimmung und dem Verfahren des gegenstandsbezogenen wissenschaftlichen Denkens.

Alle diese Begriffe dienen dem wissenschaftlichen Erkenntnis- und Ordnungsbedürfnis bezogen auf Gegenstände der Erfahrung. Sie dienen der Denkökonomik und geben in ihrem grundsätzlich möglichen Gegenstandsbezug dem wissenschaftlichen Denken seinen reflektiven Erkenntniswert.

e) Sodann sind es die eigentlichen *rechtswissenschaftlichen Begriffe*, dh die Begriffe, die sich unmittelbar auf die zweckhaften Inhalte des Gegenstandes „Recht“ beziehen, die der Darstellung seiner Eigenarten dienen und die das Faktische zum Gegensatz haben:
- Recht
- Rechtsordnung
- Rechtsnorm
- Rechtsregel, Rechtsgrundsatz, Rechtsprinzip
- Rechts-Satz, Rechtsvorschrift
- Tatbestand des Rechts
- Rechtsbedingung

- Rechtsfolge
- rechtliche Sanktion
- rechtlicher Status
- rechtlicher Typus
- Rechtsinstitut
- Institution des Rechts
- Rechtsgut
- Rechtswert
- Rechtszweck
- Rechtsgeltung
- Rechtskraft
- Rechtswirksamkeit
- Sachverhalt
- Rechtserheblichkeit uam.

f) Des weiteren gibt es die von der Rechtswissenschaft verwendeten, spezifisch rechtlichen Allgemeinbegriffe aus dem Gegenstand, also a posteriorische allgemeine *Gegenstandsbegriffe oder Rechtsbegriffe* wie beispielsweise:
- Urteil, Bescheid, Satzung, Verordnung, Gesetz
- Sache, Eigentum, Vertrag, Rechtsverhältnis
- Recht, Pflicht, Zurechnung, Haftung, Schadenersatz
- Autonomie, Weisung, Aufsicht, Instanzenzug
- Rechtsperson, Organ, Kompetenz
- Adressat des Rechts uvam.

Sie sind durchwegs allgemeine Rechtsbegriffe, teils formaler, teils inhaltlicher Provenienz. In diesem Sinn sind sie Gegenstandsbegriffe, Begriffe der Rechtsanschauung und Rechtserfahrung, durch die das Konkret-Gegenständliche des Rechts in seiner Eigenart und Pluralität abstrakt erfaßt wird. Sie finden ihre Entsprechung in den zahllosen konkreten Begriffen der Vorschriften des positiven Rechts. Daher werden sie mit ihren spezifischen Inhaltsbindungen jeweils auch als abstrakte Rechtsbegriffe qualifiziert.

g) Schließlich und endlich gibt es noch die sachgebietsgebundenen eigentlichen *Inhaltsbegriffe des Rechts* von schier unbegrenzter Zahl. In ihrer relativen Abstraktheit und in ihrer Individualität tragen sie die verbindlichen Regelungsinhalte der Rechtsvorschriften in ihrer Beziehung zu den abstrakt-typisiert erfaßten Lebenssachverhalten in deren Realitätsbindung, sowie in deren Wert- und Zweckhaftigkeit. In der Lehre unterscheidet man seit LAUN vereinfacht zwischen *deskriptiven* Begriffen einerseits und zwischen *normativen* Begriffen andererseits. In diesen materiengebundenen Begriffen liegt das substantiell Inhaltliche des Rechts, das als eine inhaltlich höchst differenzierte Ordnung für das Zusammenleben der Menschen in der sozial-kulturellen Wirklichkeit verstanden werden muß. In ihrer relativen Abstraktheit und Individualität bedeuten sie mögliche Wirklichkeit, gerichtet auf Verwirklichung. Ihnen entsprechen die unzähligen rechtserheblichen Sinngehalte tatsächlichen menschlichen Verhaltens. Bezogen auf diese substantiellen Rechtsinhaltsbegriffe vollziehen sich die wichtigsten juristischen Denkvorgänge von Interpretation und Subsumtion.

Alle diese Arten von Begriffen stehen aus unterschiedlicher Gegenstandsnähe im Spannungsfeld zwischen Gegenstandserkenntnis und wissenschaftlicher Selbstreflexion. Sie gehören zu den Formen und Verfahren wissenschaftlichen Denkens über den Gegenstand und zum Gegenstand (formal und inhaltlich) sowie zum Denken aus dem Gegenstand auf verschiedenen Ebenen:

- auf den jeweiligen Metaebenen zur Gegenstandsbetrachtung und zum Denken darüber, aus der Spontaneität des selbstkritischen Denkens, in den Kategorien des Verstandes und der Vernunft
- auf den verschiedenen Ebenen des Gegenstandes nach Inhalt und Form, in der Mehrschichtigkeit seiner rechtsquellenförmigen Erzeugtheit, zur differenzierten Gegenstandserfassung und -betrachtung aus Anschauung durch Erfahrung von normativen Zusammenhängen und deren Verwirklichung.

Soweit sie unmittelbar auf den Gegenstand „Recht" formal oder inhaltlich Bezug haben, sind sie von unterschiedlichem Abstraktionsniveau. Sie sind entweder Allgemeinbegriffe oder individuelle Begriffe.

Begriffe der Metaebenen zum Rechtsdenken finden in der Rechtswissenschaft ihre Spezifizierung durch gegenstandsgebundene Anwendung. Dabei ist die Rechtswissenschaft mit dem Dilemma konfrontiert, daß einerseits das Denken über das Recht und andererseits das Recht als sein Gegenstand, beide als Produkte des Denkens, den gleichen Regeln und Begriffen des Denkens unterliegen. Man spricht daher zutreffenderweise von der „Logik des Rechts" in der Bedeutung von „Logik im Recht" oder vom „Logischen im Recht"[10] einerseits und von der „Juristischen Logik"[11]

---

[10] MOOR, Das Logische im Recht, Revue Internationale de la Theorie du Droit II (1927/28) 157 ff.

[11] EHRLICH, Die juristische Logik² (1925/1966); WURZEL, Das juristische Denken² (1924/1991); TEZNER, Rechtslogik und Rechtswirklichkeit (1924/1986); WEINBERGER,

als einer den allgemeinen Regeln des richtigen Denkens verpflichteten Art von rechtswissenschaftlicher Denkweise andererseits. Dabei sind mehrere Bezugsebenen aus dem Gegenstand Recht beachtlich: Einerseits die bedeutungsvollen Rechtsvorschriften für menschliches Verhalten in Form und Inhalt, auf verschiedenen Ebenen ihres Gesetztseins und ihrer Abstraktion, als Teil der sozial-kulturellen Wirklichkeit; andererseits die sozial-kulturelle Wirklichkeit tatsächlichen (konkreten) sinnhaften sollensgeprägten rechtserheblichen menschlichen Verhaltens. Schließlich das Rechtsdenken über den so gearteten Gegenstand in dessen Idealität und Realität, sowie das Denken über das so geartete Denken.

In der mehrschichtigen, selbstreflektiven wissenschaftlichen Gegenstandsbetrachtung und Gegenstandsdarstellung finden die Begriffe, als Bedeutungsgehalte aus verschiedenen Denkebenen und aus verschiedenen Denkansätzen zum Gegenstand, ihre Synthese zu systematisch angelegten, differenzierten Vorstellungen von Strukturen, Funktionen und Bedeutungszusammenhängen des Rechts. Unkritische Verwendungen und willkürliche Formalisierungen von Begriffen führen zur Gegenstandsverschleierung und zu Synkretismen. Aus der kritischen Verknüpfung von Gegenstandsbegriffen und Wissenschaftsbegriffen in ihren Verschiedenheiten hingegen versteht die Rechtswissenschaft nicht nur die Einheit des ihr vorgegebenen Gegenstandes als differenziertes System, sondern sie bestimmt auch den Gegenstand, in seiner wissenschaftlichen Erfassung und Darstellung als Vorstellung parallel dazu, gleichfalls als ein entsprechend differenziertes System. Ein besonderer Stellenwert zwischen dem Gegenstand und dem wissenschaftlichen Denken darüber, also auf den Metaebenen der Lehre über das wissenschaftliche Denken und im Hinblick auf den Gegenstand „Recht", kommt dabei neben den Begriffen „Sollen" und „Norm" sowie neben den „Grundbegriffen" in einer besonderen Weise und in ihrer spezifischen Ausrichtung auf den Gegenstand Recht sowie in ihrer gegenseitigen Bezogenheit im wissenschaftlichen System den Begriffen „Typus" und „Tatbestand" einerseits sowie den Begriffen „Institut" und „Institution" andererseits zu.

IV. Der Typus und der Tatbestand

In der *Staatslehre* unterscheidet man:

- Staatstypen und Herrschaftstypen als Idealtypen und Realtypen

---

Rechtslogik[2] (1989) insbes 38 f; WINKLER, Rechtstheorie und Erkenntnislehre (1990) insbes 153 ff und 198 ff.

- Strukturtypen und Funktionstypen
- Juristische (rechtlich-normative) und soziologische (sozial-reale) Typen.

In der *Strafrechtswissenschaft* unterscheidet man hingegen:
- Tatbestandstypen
- Sachverhaltstypen und typische Lebenslagen.

Für das *Zivilrecht* unterscheidet LARENZ geradezu richtungweisend den
- empirischen Typus und den normativen Typus.

Im normativen Typus unterscheidet er:
- den normativen Realtypus und
- den normativen Gestalt- oder rechtlichen Strukturtypus.

In der *Verwaltungsrechtswissenschaft* hat der Typusbegriff noch keine feste methodologische Heimstatt gefunden. Er kann dort aber wohl ähnlich verwendet werden wie in den Wissenschaften vom Zivilrecht und vom Strafrecht.

Das Strafrecht mit seinen materiell-rechtlichen Tatbestandstypen und Begriffstypen (Gestalttypen) sowie das Zivilrecht und das Verwaltungsrecht mit vergleichbaren Tatbestands- und Begriffstypen seien hier zunächst ausgeklammert[12]. Bemerkt sei hier nur, daß vor allem für das Strafrecht „Typus" und rechtlicher „Tatbestand" häufig gleichbedeutend verwendet werden, weil der Tatbestand als generell-abstrakt typisierter Lebenssachverhalt einer gesollten, einer möglichen sozial-kulturellen Wirklichkeit konzipiert ist und gleichzeitig den ihr gemäßen Realitätsbezug vermittelt. G. JELLINEK, M. WEBER, H. J. WOLFF, H. HENKEL, R. ZIPPELIUS einerseits und K. ENGISCH, A. KAUFMANN, K. LARENZ, K. H. STRACHE, D. LEENEN, W. OTT andererseits befassen sich mit dem Typus, zumeist theoretisch differenziert, mitunter aber auch organisationsrechtlich und materiellrechtlich in voneinander völlig verschiedenen Denkrichtungen. In diesem Sinn wird der „Typus" weiter unten auch in den Systemzusammenhang der Begriffe „Institution des Rechts", „Rechtsinstitut", „Tatbestand" und „Grundbegriff" gestellt.

Die Herkunft des „Typus" der Staatsrechtslehre aus den Erfahrungswissenschaften, im besonderen aus den empirischen Sozialwissenschaften, ist offenkundig. Man findet ihn schon in der vergleichenden Verfassungs-

---

[12] Siehe dazu die prägnante Charakteristik von PAWLOWSKI, Einführung in die juristische Methodenlehre (1986) „Typus" und „Fallnorm" 119 ff, grundsätzlich vor allem aber LARENZ, Methodenlehre der Rechtswissenschaft[5] (1983), Wertorientiertes Denken in der Jurisprudenz 205 ff, Typen und Typenreihen 443 ff.

lehre von ARISTOTELES. Der „Typus“ der Staatsrechtslehre umfaßt spezifische sozial-kulturelle Zusammenhänge in ihrer jeweiligen homogenen rechtlichen und/oder sozialen Einheit zumeist nur äußerlich. Die Staatsrechtslehre individualisiert sie abstrakt, systematisiert sie und setzt sie rechtlich-normativ und sozial-kulturell in eine dialektische Beziehung zueinander. Der Begriff „Typus“ ist naturgemäß ein pluraler Begriff, dh er setzt eine Mehrzahl von Objekten voraus, die er als eine Einheit erfaßt. Man spricht aber auch von einer Mehrzahl von „Typen“. Die konkrete Individualität und Singularität von Objekten der Erfahrung liegt außerhalb des Typusbegriffs. Das konkret Singuläre kann nicht in einer Allgemeinbedeutung typisch sein.

Für die Staatsrechtslehre ist der „Typus“ zumeist ein Einheitsbegriff für mehrere Phänomene in ihrer normativen und/oder realen äußerlichen Gleichartigkeit, in ihrer Gleichzeitigkeit, in ihrer Dauerhaftigkeit und in der Gleichartigkeit ihrer Wiederholung. Daher gibt es den „Typus“ und verschiedenartige „Typen“ in Statik und Dynamik zugleich. Der Begriff des „Typus“ wird in der Staatsrechtslehre im Kantischen Sinn zumeist als eine Form der Anschauung, bezogen auf das Äußerliche empirisch erfaßbarer und erfahrbarer Gegenstände (sozial-kultureller und normativer Realitäten) verwendet. „Typen“ ressortieren zu umfassenden typologischen Gesamtbegriffen, wie etwa Staatstypen zu Staatsformen oder etwa berufliche, wirtschaftliche, soziale und kulturelle Körperschaften, als Typen von Selbstverwaltungskörpern, zum Typus des personalen Selbstverwaltungskörpers im Unterschied zum Typus des territorialen Selbstverwaltungskörpers. Die Unterschiede liegen dabei in der Art oder in der Gattung, also in der Stufe der Abstraktion, nicht aber in der Qualität.

Für die Staatsrechtslehre verweise ich auf die vielzitierte Abhandlung von H. J. WOLFF[13] und auf die dortigen weiterführenden Hinweise. Von erkenntnisfördernder Anschaulichkeit für den organisatorisch-funktionellen Anwendungsbereich sind gewiß auch die privatrechtlichen Denkansätze OTTS zur Typologie im Gesellschaftsrecht[14]. Stellvertretend für andere Beispiele und zur Veranschaulichung der Problematik sei hier aber nur der von mir an anderer Stelle[15] eingehend analysierte Versuch einer Anwen-

---

[13] Typen im Recht und in der Rechtswissenschaft, Studium Generale 5 (1952) 195 ff.

[14] OTT, Die Problematik einer Typologie im Gesellschaftsrecht, dargestellt am Beispiel des schweizerischen Aktienrechts (1972).

[15] Die Institutionen personaler Selbstverwaltungskörper in der Ordnung des Rechts, abgedruckt in diesem Band.

dung des „Typus" durch KORINEK[16] in der Verfassungsrechtsdogmatik hervorgehoben. KORINEK handelt vom „Typus der Selbstverwaltung" – nicht von den „Typen der Selbstverwaltungskörper". Der Typus ist in seinen Elementen offen, meint KORINEK im Anschluß an LARENZ und LEENEN. Der typologische Begriff der Selbstverwaltung hat „einen festen Kern, aber keine festen Grenzen, so daß von den für einen Typus charakteristischen Zügen auch der eine oder andere fehlen kann, ohne daß damit die Typizität eines bestimmten *Sachverhaltes* in Frage gestellt sein braucht"[17]. Der Typus habe also keine festen Grenzen. Ein Begriff hingegen sei geschlossen (ENGISCH, LARENZ, LEENEN). Im Typus gebe es eine Schwankungsbreite, im Begriff angeblich nicht.

KORINEK ist sich dabei offensichtlich des Umstandes nicht bewußt, daß er den Typus-Begriff in seiner spezifischen materiell-rechtlichen Verwendung durch LARENZ, LEENEN und ENGISCH, dh unter der Perspektive eines zivil- oder strafrechtlichen „Tatbestandes", in die staatsrechtliche Analyse von komplexen organisatorischen Strukturen unkritisch hineinzieht. Das wörtliche Zitat von LARENZ, mit dem Hinweis auf die „Typizität des Sachverhaltes", signalisiert ein völlig anderes Anwendungsgebiet, nämlich das materielle Recht und dessen Wirklichkeitsbezug. Wer die Selbstverwaltung organisatorisch sieht, muß sich einer organisatorisch-funktionellen Denkfigur bedienen. Ein materiell-rechtlicher Typusbegriff paßt nur für Rechtsinhalte wie etwa die „Autonomie". KORINEK hätte sich daher für seinen Untersuchungsgegenstand an den Typusbegriff von JELLINEK und M. WEBER halten sollen, der primär auf das Äußerliche des Organisatorischen abgestellt ist. Wegen des völlig anders gearteten Anwendungsgebietes, nämlich der organisatorisch-funktionellen Einheiten, fungiert daher der „Typus-Begriff" nach KORINEK weder in der Anwendungsart der Staatsrechtslehre noch in den Anwendungsarten der Zivil- und Strafrechtslehre typologisch, sondern in Wahrheit bloß als ein Gesamtbegriff für die Erscheinungsformen der Selbstverwaltung schlechthin, zum Zweck der wissenschaftlichen Orientierung. Der Typus dient KORINEK letztlich als eine gedankliche Brücke zu einem offenen Wesensbegriff. Diesen Begriff gewinnt KORINEK aus der Analyse und Vergleichung der konkreten, für vergleichbare Institutionen geltenden Rechtsvorschriften. Er setzt ihn also nicht als Form der Anschauung aus Erfahrung voraus, weder

[16] Selbstverwaltung in der Sozialversicherung, ZAS 7 (1972) 164 ff. Vgl dazu WINKLER, Die Rechtspersönlichkeit der Universitäten (1988) 207 ff.

[17] KORINEK, Selbstverwaltung in der Sozialversicherung, ZAS (1972) 165 (Hervorhebung von mir).

a priorisch-spekulativ noch a posteriorisch-empirisch, sondern erschließt ihn institutionell-induktiv aus wesentlichen Elementen von vergleichbaren Regelungszusammenhängen als einen positivrechtlichen Wesensbegriff. Dieser Begriff, den er „Typus" nennt und den er durch Analogien verfestigt, verwendet er dann als eine offene Denkform für organisationsrechtliche Gegenstände. Auf diese Weise glaubt KORINEK dem Dilemma zu entrinnen, das sich daraus ergibt, daß die verschiedenen Arten von Selbstverwaltungskörpern Österreichs auch in ihren Hauptmerkmalen unterschiedliche Ausprägungen haben.

Der so erarbeitete „Typologische Begriff" nach KORINEK, der in Wahrheit keinen materiell-rechtlichen Typus darstellt, bietet in seiner Synthese sieben typische „Elemente". Diese „Elemente" oder Merkmale sind für das rechtliche Phänomen der Selbstverwaltung offensichtlich kennzeichnend und wesentlich, aber nicht notwendigerweise von gleicher Intensität, und nicht alle sind im Hinblick auf die davon erfaßten Arten von Selbstverwaltungskörpern gleich wesentlich:

„1. Die Einrichtung als juristische Person, und zwar als Körperschaft durch einen Hoheitsakt.
2. Die obligatorische Zugehörigkeit.
3. Die Bestellung der Organe aus der Mitte der Verbandsangehörigen.
4. Die Kompetenz zur Besorgung öffentlicher Aufgaben.
5. Eine Befehls- und Zwangsgewalt gegenüber den Mitgliedern.
6. Eine relative Unabhängigkeit durch Weisungsfreiheit, aber Bindung an die Aufsicht durch den Staat.
7. Eine finanzielle Selbständigkeit".

Der materiell-rechtliche „Typus" wird bei KORINEK zum organisatorischen „Begriff". Die empirisch fundierte „Anschauungsform" wird zur normativen „Denkform", gebunden an formale organisationsrechtliche Kriterien als (Wesens)Merkmale oder Elemente. Der Gegenstand als sozial-kulturelle Erscheinung ist dabei unerheblich und die rechtliche Konzeption davon wird in den organisationsrechtlichen Vorschriften gesucht, die begrifflich ineinander verwoben werden. Dabei fragt man sich unwillkürlich, ob der Typus-Begriff, wenigstens nach seinem üblichen staatsrechtlichen Gebrauch, nicht eher als eine Art von gegenstandsgebundener Anschauungsform zu verwenden wäre. Er erfaßt in seinem üblichen wissenschaftlichen Gebrauch nämlich zuvörderst das Äußere, das Äußerliche des zugleich Normativen und Realen von gegebenen sozial-kulturellen, zweckhaften Einheiten. Der von KORINEK im Anschluß an Zivilrechtler verwendete Typusbegriff ist demgegenüber für materiell-rechtliche „Tatbestände" mit ihren typologischen Realitätsbezügen konzipiert. Er ist daher für soziale Körper als rechtlich geregelte organisatorische Gesamtphänomene in ihren kennzeichnenden äußeren Eigenschaften gar nicht entsprechend.

Wie könnte man sich den „Typus" und eine Typologie von sozialen Körpern oder organisatorischen Einheiten gemäß den häufigsten Denkgepflogenheiten der Staatsrechtslehre vorstellen? Eine Probe aufs Exempel bietet eine mögliche Typologie der Staatsrechtslehre vom Aufbau der Verwaltung im Staat:

Organisation der Selbstverwaltung
(im Gegensatz zur Organisation der Staatsverwaltung)

Typen der organisierten territorialen Selbstverwaltung	Typen der organisierten personalen Selbstverwaltung
Gemeinden, Gemeindeverbände	wirtschaftliche, berufliche, soziale, kulturelle und künstlerische Selbstverwaltungskörper

Diese Typenhierarchie der Verwaltung von der Gattung zur Art, von der Art zu vergleichbaren Individualitäten und umgekehrt, knüpft an äußere kennzeichnende (plakative) Merkmale von rechtlich und sozial existierenden organisatorischen Gesamtphänomenen an. Die volle gegenständliche Begrifflichkeit einzelner Typen ist in diesem Zusammenhang nicht gefragt. Die Typen werden nur äußerlich charakterisiert. Dennoch erhebt sich auch dabei die Frage, ob mit dem „Typus" die *Anschauungsform* für eine sozial-kulturelle Wirklichkeit, ob also die Anschauung von einer Realität oder die Realität selbst gemeint ist, oder ob man darunter nur eine *Denkform*, eine formale Begrifflichkeit der normativen Idealität von rechtlich geregelten Gegenständen oder ob man darunter beides versteht. Ist der Realitätsbezug des Gesollten sinnvollerweise gleichzeitig mit der Idealität des Normativen denkbar oder sogar als notwendig vorzustellen? Das sind nicht nur erkenntnistheoretische, sondern auch wissenschaftssoziologische und wissenschaftsökonomische Fragen.

Der Staatsrechtslehre dient der Typus-Begriff jedenfalls zur wissenschaftlichen Ordnung und Systematisierung von vergleichbaren Gegenständen der sozial-kulturellen Erfahrung, nicht ihrer begrifflichen Durchdringung. Gegenstand und Anschauung oder Form des Denkens scheinen in der wissenschaftlichen Darbietung vom Gegenstand unlösbar ineinander verstrickt. Beim traditionellen „Typus“ der Staatsrechtslehre ist das Äußere und das Äußerliche sozial-kulturell existierender Phänomene entscheidend.

Völlig anders zeigt sich die Problematik in den Wissenschaften vom Strafrecht, vom Zivilrecht und vom Verwaltungsrecht, wo der „Typus“ entweder im Begrifflichen von abstrakt typisierten „Lebenssachverhalten“, von „Tatbeständen“ oder in „Grundbegriffen“ geortet wird[18]. In der Staatsrechtslehre kennzeichnet der „Typus“ einen Stellenwert in der Außenperspektive der Systematisierung, in der Strafrechts-, in der Verwaltungs- und Zivilrechtswissenschaft hingegen den Stellenwert der Innenperspektive eines materiell-rechtlichen Sinnverständnisses von als Einheit begriffenen Inhalten des Rechts in ihren gesollten Seinsbeziehungen. Wenn weiter unten immer wieder vom „Typus“ die Rede ist, dann ist damit der Begriff des materiellen Zivilrechtes, Verwaltungsrechtes und Strafrechtes gemeint.

Die so geartete Typenlehre der Staatsrechtslehre sei abschließend noch durch einen Vergleich veranschaulicht. In einem Bienenhaus gibt es häufig unterschiedlich bunt bemalte Bienenstöcke. Die Bemalungen sind vom Imker gekennzeichnete Rahmenbedingungen für die Behausungen der verschiedenen Bienenvölker. Die Bienenvölker wohnen zwar in diesen farblich voneinander verschiedenen Bienenstöcken, sie sind aber, wie die Erfahrung zeigt, auf diese Farben gar nicht angewiesen. Die Bienenvölker orientieren sich für ihr Wohnverhalten nach ihrer Königin und sind vermutlich farbenblind. Die Farben der Bienenstöcke dienen nur dem Ordnungsbedürfnis des Imkers. Dem vergleichbar dient der Typus-Begriff in der Staatsrechtslehre weder der kritischen Durchdringung des Begrifflichen von Gegenständen des Rechts, noch der Orientierung für die Adressaten des Rechts. Er eignet sich eigentlich nur als Anschauungsform (Denkform) für das Äußerliche am Recht, zum Zweck der Systematisierung und Vergleichung durch den Wissenschafter.

---

[18] Dieser Themenbereich sei hier ausgeklammert. Für die Frage des Verhältnisses der Idealität des Rechts zur Realität seiner Verwirklichung und für die damit verbundene Unterscheidung zwischen Denkform und Anschauungsform sei im übrigen auf die abschließenden Ausführungen verwiesen.

V. Das Rechtsinstitut

Die Bestandsaufnahme von rechtswissenschaftlichen Gepflogenheiten im Umgang mit dem wissenschaftlichen Begriff „Rechtsinstitut“ (SAVIGNY, BÄHR, RENNER, O. MAYER, FORSTHOFF, LARENZ, ESSER, BYDLINSKI, MAYER-MALY) ergibt die Verwendung dieses Begriffes vorwiegend für die systematische Erfassung des materiellen Rechts. Beispiele sind: Sache, Eigentum, Namen, Kaufvertrag etc im Privatrecht; Bescheid, Satzung, Autonomie, Aufsicht, Weisung, Instanzenzug, Gewerbe, Versammlung etc im Verwaltungsrecht. Durch den Begriff „Rechtsinstitut“ werden materiell-rechtliche (funktions-rechtliche) Regelungszusammenhänge, die einzelne Tatbestände überschreiten, als zweckhafte rechtliche Einheiten wissenschaftlich gekennzeichnet. Das Naheverhältnis dieser Art von Instituts-Verständnis zur Typuslehre für das materielle Recht liegt auf der Hand. Die Begriffe „Rechtsinstitut“ und „rechtlicher Typus“ werden sowohl normativ als auch real-sozial-kulturell vergleichbar angesetzt. Der Tatbestand verweist aber auf eine singuläre Regelungseinheit abstrakt-typisierten Verhaltens, das Rechtsinstitut hingegen auf einen komplexen Zusammenhang von Tatbeständen und Begriffen.

SAVIGNY[19] meinte: „Das Urtheil über das einzelne Recht ist nur möglich durch Beziehung der besonderen Thatsachen auf eine Allgemeine Regel, von welcher die einzelnen Rechte beherrscht werden ... Manche nennen sie das Recht im objektiven Sinn. Sie erscheint in sichtbarer Gestalt besonders in dem Gesetz, welches im Ausspruch der höchsten Gewalt im Staate über die Rechtsregel ist.“ Rechtsregel und Rechtsverhältnis in ihrer gesetzlichen Ausprägung haben ihre tiefere Grundlage in der Anschauung vom Rechtsinstitut. Gemeint ist damit die organische Natur bezogen auf den lebendigen Zusammenhang von Bestandteilen (von Rechten, von Rechtsverhältnissen) in seiner fortschreitenden Entwicklung. Der Begriff des „Rechtsinstituts“ fungiert bei SAVIGNY gewissermaßen „typologisch“ für die Zuordnung von Rechten und Rechtsverhältnissen, offensichtlich in Statik und Dynamik. Darin wird die Zweischichtigkeit des Rechts deutlich sichtbar. Hier die Regel des Gesetzes als Voraussetzung, da der Vertrag als abgeleitete Rechtsquelle. Rechtsinstitute sind zu einem System verbunden. Institute und Systeme von Instituten sind strukturell und funktionell von organischer Natur, dh von einer inneren Homogenität.

---

19 System des heutigen Römischen Rechts I (1840) 9 ff.

K. RENNER[20], dessen besonderes Interesse der sozial- und wirtschaftspolitischen Bedeutung des Eigentums als Rechtsinstitut galt, charakterisierte den Begriff des Rechtsinstituts prägnant und anschaulich wie folgt: „Die Jurisprudenz ... findet die Rechtssätze in der Summe der Gesetzesbestimmungen vor, analysiert sie, ordnet sie nach ihrer inneren Natur und bringt sie ins System. Die chaotische Masse der Normen vermag sie ja nicht zu erfassen und darzustellen, auch nicht zu lehren und anzuwenden, ohne sie zu gruppieren. Sie gruppiert sie nach ihren juristischen, das ist nach jenen Merkmalen, die ihnen als Normen zukommen" (5). „Rechtsinstitute empfangen als solche, das heißt als Normenkomplexe, ihre Individuation durch die Einheitlichkeit der sie bildenden Normen. Etwas ganz anderes aber ist ihre Wirkung auf die Tatsache des Lebens, welche jenseits der Norm liegt" (8). „Der wahre Inhalt des Rechtsinstituts sind eben die Normen, die es bilden, und einen anderen Inhalt dessen gibt es nicht" (9). „Die juristische Bestimmtheit des Begriffes Rechtsausübung gibt auch ihren materiellen Inhalt wieder" (9). „Wahr ist allerdings, daß die Rechtsinstitute dadurch, daß sie zugleich nach ihrem Normbestand und nach ihrer sozialen Funktion beurteilt werden können und müssen, einen ebenso zwieschlächtigen Charakter erhalten, wie so ziemlich alles in dieser bürgerlichen Welt" (9 f).

„Die Jurisprudenz faßt eben Normenkomplexe nach formal-juristischen Merkmalen als Einheit zusammen zu dem Rechtsinstitut; sie ist dabei völlig im Recht, wenn sie die wirtschaftliche und soziale Wirksamkeit des Instituts beiseite läßt, denn sie folgt dabei der ihr eigentümlichen, der ihr gebotenen Methode" (6). „Juristisch oder, wenn man will, formal-juristisch ist jedes Rechtsinstitut Normenkomplex, eine Summe von Imperativen"(10). „Ein Rechtsinstitut ist ein Normenkomplex" (25).

Dem auf solche Weise charakterisierten Rechtsinstitut weist RENNER eine wirtschaftliche und eine soziale Funktion zu und richtet sein besonderes Interesse auf den Funktionswandel des Eigentums. Das Eigentum faßt er als die rechtliche Macht einer Person über eine körperliche Sache auf. Er versteht es als ein subjektives Recht, als ein absolutes Recht. Die das absolute Recht begründenden Imperative richten sich an alle Personen, dieses Recht zu respektieren. *Inhalt* dieses Rechts ist die *Verfügungsgewalt* über die Sache. Hinsichtlich des *Objektes* ist das Eigentum ein *universales*

---

20 RENNER, Die Rechtsinstitute des Privatrechts und ihre soziale Funktion. Ein Beitrag zur Kritik des Bürgerlichen Rechts (1929), eine Weiterentwicklung der Gedanken der Schrift aus dem Jahr 1904 mit dem Titel „Die soziale Funktion der Rechtsinstitute, besonders des Eigentums", veröffentlicht unter dem Pseudonym Dr. JOSEF KARNER.

Rechtsinstitut; ebenso hinsichtlich des *Subjektes*. Darin sieht Renner den charakteristischen Normbestand dieses Instituts (28 f), dem er vor dem Hintergrund einer realen Wirkung der Rechtsordnung einen möglichen Normwandel und einen Funktionswandel zuschreibt (34 ff).

O. MAYER[21] meinte offenbar in Anlehnung an SAVIGNY: „Das Rechtsinstitut ist ein Hilfsmittel der Rechtswissenschaft zur Beherrschung der Fülle von Stoff, welche die Rechtsbeziehungen der von ihr beobachteten Rechtssubjekte darbieten. Sie führt darin das Ganze zurück auf gleichbleibende Einheiten, in deren ständiger Wiederholung es besteht. Die Art dieser Gliederung des Stoffes im Rechtsinstitut ist durch die verschiedene Natur desselben bestimmt". – Bezugsgegenstände sind dabei nach O. MAYER das subjektive Recht (Rechte und Pflichten) und Rechtsverhältnisse, abstrakt und konkret! Dh also sowohl normativ wie auch faktisch?

Daraus ergibt sich bereits die Frage nach der Eigenart des Rechtsinstituts. Ist das Institut bloß eine abstrakte Denkform oder aber ein Art- und Gattungsbegriff für die systematische Erfassung von Inhalten des materiell-funktionellen Rechts? Ist das Institut eine Anschauungsform für die typologische Erfassung auch von funktionell mit dem Recht zur Einheit verbundenen Lebenslagen (Lebensverhältnissen)?

FORSTHOFF[22] knüpfte an O. MAYER an und hob im besonderen den teleologischen Bezug des Rechtsinstituts hervor. FORSTHOFF meinte, daß sich der institutionellen Rechtsauffassung und ihrer Methode die Rechtsordnung als ein sinnvolles Gefüge von „Institutionen", dh von gestalthaften Rechtsgebilden darstellt: „Staat, Verfassung, Selbstverwaltung, Eigentum, Enteignung, Polizei, Gesetz, Verordnung, Verwaltungsakt, Vertrag, Ehe und Familie stellen sich als solche Gebilde dar, die je ein Sinnganzes sind, zu dem sich die Vorschriften des positiven Rechts und die sie tragenden allgemeinen Rechtsgedanken zusammenfügen. Einen Rechtssatz auslegen heißt also, ihn wörtlich interpretieren und aus dem immanenten Sinnzusammenhang der Institution und der Stellung der Institution im Ganzen der Rechtsordnung verstehen". – „Institut" und „Institution" werden von FORSTHOFF, wie seine heterogenen Beispiele zeigen, synkretistisch miteinander vermengt.

LARENZ[23] meint in Anlehnung an SAVIGNY: „Diese Konzeption mußte in dem Augenblick eine tiefgehende Veränderung erfahren, in dem Sa-

---

21 Deutsches Verwaltungsrecht I^3 (1924) 113 ff.

22 Lehrbuch des Verwaltungsrechts I^{10} (1973) 165 ff.

23 Methodenlehre der Rechtswissenschaft^5 (1983) 13 f.

vigny – zuerst in der Schrift über den ‚Beruf unserer Zeit' – nicht mehr das Gesetz, sondern die gemeinsame Rechtsüberzeugung des Volkes, den ‚Volksgeist', als die ursprüngliche Quelle allen Rechtes ansah. Die Form, in der sich eine solche gemeinsame Überzeugung allein bilden kann, ist offenbar nicht die einer logischen Deduktion, sondern die der unmittelbaren Empfindung und Anschauung. Diese aber kann sich ursprünglich nicht auf die – nur als Produkt eines rationalen Denkens verständliche, weil bereits abstrakt-allgemeine – *Norm* oder *‚Regel'* beziehen, sondern nur die konkreten und zugleich typischen *Verhaltensweisen* zum Gegenstand haben, die von den Rechtsgenossen eben im Bewußtsein einer ‚inneren Notwendigkeit' im allgemeinen beobachtet werden – d.h. die in ihrer rechtlichen Bedeutung erkannten typischen *Lebensverhältnisse* selbst. Diese Lebensverhältnisse, wie z.B. die Ehe, die patria potestas, das Eigentum an einem Grundstück, der Kauf, als eine rechtlich verbindliche Ordnung gedacht und ausgestattet, sind die *‚Rechtsinstitute'*, die damit für Savigny zum Ausgangspunkt und zur Grundlage der Rechtsentwicklung werden. Demgemäß geht Savigny auch im ‚System' vom Begriff des Rechtsinstituts aus. Es zeigt, so führt er aus, eine ‚organische Natur' (S. 9), sowohl ‚in dem lebendigen Zusammenhang der Bestandteile als in seiner fortschreitenden Entwicklung' (S. 9). Das Rechtsinstitut ist ein sich in der Zeit wandelndes, sinnvolles Ganzes als typisch verstandener menschlicher Beziehungen, das als solches niemals durch die Summe der einzelnen, darauf bezüglichen Rechtsregeln erschöpfend dargestellt werden kann. Nicht die Rechtsregeln ergeben in ihrer Zusammenfassung die Rechtsinstitute, vielmehr werden die Rechtsregeln, wie Savigny betont, ihrerseits erst durch eine ‚Abstraktion' (S. 11), durch einen ‚künstlichen Prozeß', aus der ‚Totalanschauung' der Rechtsinstitute (‚in ihrem organischen Zusammenhang') herausgelöst (S. 16). Die Regeln behalten daher, unbeschadet aller begrifflichen Ausformung und Durchbildung, ‚in der Anschauung des Rechtsinstitutes ihre tiefere Grundlage' (S. 9).

Für die Auslegung der im Gesetz enthaltenen Regeln bedeutet diese Auffassung, daß die Regeln – im Gegensatz zu der von Savigny in seiner Frühschrift vertretenen Auffassung – nicht lediglich aus sich selbst heraus verstanden werden können, sondern nur aus der *Anschauung des Rechtsinstituts*, von der sich auch der Gesetzgeber bei der Formulierung der Regel hat leiten lassen."

Das „Institut" wird demnach von LARENZ als ein spezifischer Allgemeinbegriff verstanden. Innere Sinnzusammenhänge von Rechtssätzen werden dem „Institut" zugeordnet, die Institute werden zu Teilsystemen, die Teilsysteme werden dann offensichtlich zu umfassenderen Systemen von großen komplexen Lebens- und Regelungszusammenhängen des Zivilrechts; gleichermaßen wohl auch des Verwaltungsrechts, des Strafrechts, des Verfassungsrechts und des Völkerrechts, würde ich hinzufügen. Aus diesen großen Regelungszusammenhängen wird in ihren Einheiten das Gesamtsystem einer geltenden Rechtsordnung gebildet.

Nach LARENZ (SAVIGNY) erfolgt eine Ableitung von Rechtsregeln aus dem Institut und nicht umgekehrt, gewissermaßen in einem Vorverständnis. Das Rechtsinstitut gilt als vorausgesetztes Ordnungsgefüge der darauf bezüglichen Regeln[24]. Es ist nicht aus den Regeln induktiv zu gewinnen, dh zu abstrahieren, sondern diese sind als Einheit nach dem Rechtsinstitut zu deuten. – In diesem Zusammenhang ergibt sich die Frage nach der Entstehung der Rechtsinstitute (schon bei BÄHR) sowie nach ihrer Fortbildung oder Entwicklung (RENNER). Fragen der Rechtsergänzung, der Rechtsbildung, der Rechtsfortbildung und jeder Art von Rechtsgewinnung sind im Anschluß daran unausweichlich. Es geht offensichtlich um den Plan des Gesetzgebers[25]. LARENZ weist dem Rechtsinstitut widerspruchsfrei eine materiell-rechtliche Relevanz zu. Der Realitätsbezug des Rechtsinstituts und die dementsprechende Anschauung geben der LARENZschen Vorstellung ihre besondere Prägung.

BYDLINSKI[26] meint zum Rechtsinstitut: „Typische, im menschlichen Zusammenleben immer wieder in gleicher Art auftretende Lebensverhältnisse, die rechtlich geregelt sind (anders zB die Freundschaft oder das Liebesverhältnis) bezeichnet man mit ihrer rechtlichen Regelung zusammen als ‚*Rechtsinstitute*'. Beispiele sind etwa: Vertrag, Ehe, Familie, Besitz, Eigentum, Verein, Delikt, Gerichtsbarkeit, Verwaltung, Regierung, Gesetzgebung, Gemeinde, Polizei, Schule, Betrieb, Unternehmen, Arbeitsverhältnis".

Das „Institut" wird von BYDLINSKI als ein gemeinsamer Bezug von materiell-rechtlichen und organisatorisch-funktionellen Rechtsformen verstanden, vermittelt durch Lebensverhältnisse. Zwecke und Wertungen fügen Rechtsinstitute und Unterinstitute zu ganzen Rechtsgebieten[27], zum Gesamtsystem[28]. BYDLINSKI folgt damit dem Synkretismus FORSTHOFFS

---

[24] Methodenlehre 65.

[25] Methodenlehre 398.

[26] Juristische Methodenlehre und Rechtsbegriff^2 (1991) 13.

[27] Juristische Methodenlehre 14.

[28] Juristische Methodenlehre 31.

und bleibt hinter den subtileren Ausführungen von LARENZ sichtlich zurück.

BYDLINSKI beruft sich für sein „Institutionen"verständnis, das sich zumeist auf das „Rechtsinstitut" bezieht, auf die wichtigste zivilistische Literatur dazu, neben anderen auf ESSER, RAISER, CANARIS, F. V. HIPPEL, RÜTHERS und MAYER-MALY. Wie andere, so sieht auch er einen engen Zusammenhang zur „Natur der Sache". Diese versteht er als typischen Zweck, „den ein Lebensverhältnis für die daran Beteiligten normalerweise hat. Rechtsinstitute dienen aber doch auch zur Auslegung und Ergänzung der einschlägigen gesetzlichen Normen, „weil und wenn man der Rechtsordnung die grundsätzliche Anerkennung des betreffenden typischen Lebensverhältnisses als eines Rechtsinstituts entnehmen kann und die Regelung daher im Zweifel als dem Lebensverhältnis adäquat verstanden und ergänzt werden muß. In diesem Sinn läßt sich auch der ohne metaphysische Voraussetzungen nachvollziehbare methodologische Gehalt des institutionellen Rechts verstehen"[29]. An anderen Stellen ist von den typischen Zwecken und Wertungen sowie von Lebensverhältnissen die Rede[30], vom Funktionswandel von Rechtsnormen und Rechtsinstituten bei gleichbleibendem Gesetzeswortlaut[31], sowie von der „Herausbildung von Rechtsinstituten"[32] und vom teleologischen Zusammenhang[33]. Diese Grundvorstellungen finden sich auch im jüngeren Werk BYDLINSKIS[34]. Obwohl das „Rechtsinstitut" in dessen Index gar nicht aufscheint, nimmt es dort gleichfalls eine beherrschende Position ein. Aufschlußreich für BYDLINSKIS methodologischen Ansatz zur Begrifflichkeit des Instituts ist ein zustimmender Hinweis auf MAYER-MALYS Auffassung vom Rechtsinstitut. Während sich nämlich MAYER-MALY betont zu einem normativen Ansatz bekennt, knüpft BYDLINSKI primär immer wieder an das Typische der Realität an[35].

MAYER-MALY[36] schreibt unter dem Thema „Institutionen im Wandel" nach einigen geistesgeschichtlichen Hinweisen folgendes: „Wenn in diesem Abschnitt von *Institutionen im Wandel* gesprochen wird, so wird der Begriff der Institution nicht im Sinne von HAURIOU und nicht einmal im Sinn von

---

[29] Juristische Methodenlehre 54.

[30] Juristische Methodenlehre 489, 578, 581.

[31] Juristische Methodenlehre 577.

[32] Juristische Methodenlehre 578.

[33] Juristische Methodenlehre 581.

[34] Fundamentale Rechtsgrundsätze (1988) 40 ff, 45, 46, 47, 48, 49, 87, 89, 261, 258.

[35] Fundamentale Rechtsgrundsätze 40 FN 90.

[36] Rechtswissenschaft^2 (1981) 169 ff.

SAVIGNY vorausgesetzt. *Vielmehr wird vom Primat der Norm ausgegangen und die Institution – ganz anspruchslos – lediglich als soziale Verfestigung von Geregeltem begriffen.* Die dem Regelungsresultat innewohnende Tendenz zur Eigenständigkeit soll ebenso wenig unterschätzt werden, wie die pragmatische Bedeutung des Vorgefundenen für jeden vernünftigen Gesetzgeber. Was aber interessiert, ist nicht die Möglichkeit einer metapositiven Überhöhung des Institutionellen, sondern die geschichtlich manifestierte Dynamik gegenüber aller Verfestigung. Deshalb richtet sich der Blick auf den *Wandel* der Institutionen. Als Exempel wählen wir das Eigentum, den Vertrag, die Ehe, die Versicherung in ihrem Verhältnis zur sozialen Sicherheit, die Industrie als Rechtsbegriff und die Presse“[37]. Gleich LARENZ verwendet MAYER-MALY den Begriff des Rechtsinstituts für materiell-rechtliche Zusammenhänge und vermeidet die Vermischung mit dem Organisatorischen. Sein Denkansatz ist primär normativ. Das Begriffsverständnis reicht aber auch in das rechtlich Erhebliche der sozialen Wirklichkeit.

Ein Blick auf die mehrschichtige Rechtsordnung zeigt unabweislich, daß das „Rechtsinstitut“ als wissenschaftliche Denkform auf mehreren Konkretisierungsebenen des Rechts angesiedelt ist. Und zwar einerseits auf der generell-abstrakten Ebene des Gesetzes, andererseits auf der konkreteren Ebene der Individualisierung des Rechts und schließlich auf der Ebene seiner konkreten Realisierungen. Der Regelungszusammenhang im ABGB trägt das Eigentum als materiell-rechtliche und funktionale Einheit. Darauf gründet sich das je und je individuelle Eigentum einer bestimmten Person an einer bestimmten Sache. Wer Eigentümer ist, kann über sein Eigentum rechtlich disponieren. Die Verfügungsmacht ist individuell konkret und abstrakt zugleich. Eigentümer und Sache sind individuell-konkret bestimmt, die Verfügungsmacht eines bestimmten Eigentümers über eine bestimmte Sache ist jedoch ähnlich konkretisierungsoffen wie das Eigentum als Regelungszusammenhang auf der vorgeordneten generell-abstrakten Rechtsquellenebene des Gesetzes. Gemessen an diesem Regelungszusammenhang erscheint das Eigentum einer bestimmten Person an einer bestimmten Sache individuell-konkret. Gesehen von seiner Gestaltungsmöglichkeit und Dynamik gegenüber anderen erscheint das individuell-konkrete Eigentum jedoch generell-abstrakt. Der Eigentümer kann über seine Sache für und gegen jedermann verfügen. Er kann die dem Eigentum

---

37 Rechtswissenschaft 170 (von mir hervorgehoben).

als Rechtsinstitut inhärenten Gestaltungsmöglichkeiten positiv und negativ aktivieren, dh er kann sein Herrschaftsrecht erweitern oder einschränken.

Deshalb erfordert das Verständnis vom Eigentum als Rechtsinstitut auch ein mehrschichtiges Denken, jeweils für sich, innerhalb der Schicht ebenso, wie von Schicht zu Schicht im Konkretisierungszusammenhang des Rechts: vom Gesetz zum Individualrecht, mit seiner Dynamik und normativen Offenheit, bis zu seiner rechtserheblichen Umsetzung in die soziale Wirklichkeit. Mit Recht kennt daher das ABGB auch Regeln der Vertragsauslegung. Dem linearen Regelungszusammenhang auf der generell-abstrakten Ebene entspricht das abstrakt dogmatische Denken, den Konkretisierungen zum Individualrecht und zur Dynamik seiner vielfältigen und anhaltenden Verwirklichung in der Welt des rechtlichen (rechtserheblichen) Handelns entspricht das konkret dogmatische Denken.

Was für das privatrechtliche Rechtsinstitut als „Eigentum" ausgeführt wurde, gilt mutatis mutandis auch für verwaltungsrechtliche Rechtsinstitute, wie etwa das „Gewerbe". Auch das „Gewerbe" bedeutet einen materiell-rechtlichen Regelungszusammenhang auf Gesetzesebene. Seine institutionelle Umsetzung in die individuell-konkrete Ebene erfährt es, gleich dem Eigentum, gleichfalls durch Rechtsakte. Rechtsakte begründen individuell-konkrete Gewerbebefugnisse für bestimmte Personen. Diese Personen aktivieren den ihrer Dispositionsmöglichkeit individuell-konkret zugewiesenen, gesetzlich festgelegten Regelungszusammenhang anhaltend und dynamisch, in normativer Offenheit gegenüber jedermann. Das „Gewerbe" einer bestimmten Person ist gegenüber anderen generell-abstrakt und gestaltungsoffen. Das könnte ähnlich an den Beispielen der Versammlung, der Staatsangehörigkeit, der Autonomie, der Weisung uvam veranschaulicht werden.

Die öffentlich-rechtlichen Rechtsinstitute sind gewiß zahlreicher als die zivilrechtlichen. Ihre grundsätzliche Gleichartigkeit ist aber mit diesen Beispielen bereits dargetan. Wie in den materiell-rechtlichen Bereichen des Zivilrechts, so zeigen sich auch in den materiell-rechtlichen Bereichen des Verwaltungsrechts institutionelle Zusammenhänge jeweils innerhalb einer Rechtserzeugungsschicht ebenso wie auch zwischen den verschiedenen Erzeugungs- und Konkretisierungsschichten. Von der Ebene des generell-abstrakten Gesetzes zu seiner individuell-konkreten Umsetzung auf der nachgeordneten Schicht durch Rechtsakte und von dieser zu ihrer anhaltenden und dynamischen Umsetzung in die soziale Wirklichkeit ebenso, wie zwischen diesen Ebenen im Konkretisierungszusammenhang durch Rechtserzeugung. Auch im Verwaltungsrecht folgt das Rechtsdenken zwangsläufig dieser Mehrschichtigkeit des Rechts und kann, je nach dem Interpretationsbedürfnis, als abstrakt oder als konkret-dogmatisches Rechtsdenken charakterisiert werden. Daher erweist sich eine eigene Interpretationslehre auf der Ebene des Verwaltungsaktes als ebenso sinnvoll wie eine Interpretationslehre für das Rechtsgeschäft.

Bei allen hier skizzierten Lehren stellen sich unausweichlich verschiedene Fragen: ist das Rechtsinstitut eine Denkform oder eine Anschauungsform, ist es entweder ein Begriff für rechtlich-normative oder/und ein Begriff für faktische (real-soziale) Zusammenhänge? Sind danach Institut und Typus in dieser Hinsicht nicht vergleichbare Begriffe? Das Rechtsinstitut erscheint jedenfalls als der umfassendere Begriff. Es überschreitet einzelne Tatbestände. Gleich dem Typusbegriff des Zivilrechtes ist es aber auf materiell-rechtliche, komplexe Rechtsinhalte bezogen[38]. In diesem Sinn fungiert es als Wissenschaftsbegriff zur Kennzeichnung von materiell-rechtlichen Regelungseinheiten im Dualismus der Regelungsinhalte von Rechtsvorschriften und der ihnen entsprechenden rechtserheblichen Wirklichkeit. Dabei stellt sich die weitere Frage, ob das Rechtsinstitut ein Denkansatz für Deduktion oder für Induktion von rechtlichen Zusammenhängen ist oder ob es auch oder nur als eine Denkform zur rechtswissenschaftlichen Kennzeichnung von rechtlichen Zusammenhängen aus einem bloßen Ordnungs- und Systematisierungsbedürfnis fungiert. Der naturrechtliche Ansatz, der sich offenbar seit HAURIOU in manchen Lehren findet, der zumeist in der Denkform der Natur der Sache geortet wird, transzendiert den Gegenstand des positiven Rechts und wird daher hier der Rechtsethik oder Naturrechtslehre überlassen.

VI. Die Institution des Rechts

JELLINEK, M. WEBER, HAURIOU, ROMANO und viele andere[39] in deren Gefolge bieten Aufschlüsse und Wegweisungen in die Begriffsbildung, die jener zu den Begriffen „Tatbestand", „Typus" und „Rechtsinstitut", zumeist nicht nur in ihrer allgemeinen Formalisierung, sondern auch in ihren Synkretismen vergleichbar ist.

---

[38] Zur Veranschaulichung siehe die Abhandlung über die Versammlungsfreiheit in diesem Band. Das Rechtsinstitut der Versammlung wird tatbestandsgerecht analytisch aufbereitet und über induktiv erarbeitete Begriffsmerkmale zur Synthese eines Gesamtbegriffs gebracht, der die Einheit eines grundrechtlich gewährleisteten Rechtsinstituts verkörpert.

[39] Für die jüngere Zeit siehe ERMACORA, Allgemeine Staatslehre II (1970) 875 ff und 1075 ff und PERNTHALER, Allgemeine Staatslehre und Verfassungslehre (1986) 92 ff.

In der Staatsrechtslehre wird die „Institution" vorwiegend als ein Begriff zur Erfassung organisatorisch-funktioneller Sozialstrukturen und der für diese bestimmten Regelungsinhalte von Rechtsvorschriften als Einheiten verwendet. ERMACORA unterscheidet dabei im Anschluß an HENKEL und damit indirekt auch an HAURIOU zwischen unpersönlichen Sachinstitutionen und körperschaftsrechtlichen Institutionen. Damit meint er wohl den hier bereits sichtbar gemachten Unterschied zwischen Rechtsinstitut und rechtlicher Institution. Gleichwohl ordnet er den Begriff der rechtlichen Institution schlechthin der staatlichen Organisationslehre zu. HAURIOU und ROMANO bauen auf diesem Dualismus ihren mehrdeutigen Begriff von Rechtsinstitut und rechtlicher Institution auf, bezogen entweder auf das Recht oder auf den Staat als Systeme. Offensichtlich im Anschluß an HAURIOU und ROMANO glaubt WEINBERGER[40] eine ganze Rechtslehre auf derartige Gleichsetzungen von Recht und Staat einerseits, Rechtsinstitut oder rechtlicher Institution andererseits gründen zu können. Diese teils synkretistische Lehre, die er an der Normvorstellung ansetzt, nennt er „Institutionalistischen Rechtspositivismus". Solche unkritischen Verallgemeinerungen eines spezifisch wissenschaftlichen Begriffs und dessen unzureichend reflektierte Projektion in einen umfassenden Begriff entweder vom Staat oder vom Recht oder von Staat und Recht zugleich sind ebensowenig haltbar wie die Gleichsetzung der Begriffe „Sollen" und „Norm", mit „Recht" und „Staat". Der Staat ist zwar als eine rechtlich geregelte „Gesamt-Institution" verstehbar, er ist aber mehr als nur eine organisatorisch-funktionelle Einheit. Die Ordnung des Rechts, als ein Komplex von „Instituten", könnte demgegenüber gewiß auch als ein Gesamtinstitut gedacht werden. Das Recht ist aber mehr und noch etwas anderes, als nur ein materiell-rechtliches Gefüge von Rechtsinstituten.

BYDLINSKI macht derartige Synkretismen durch eine Nebenbemerkung besonders anschaulich sichtbar. Zur Institution meint er in einer Fußnote, unter Berufung auf NOLL, und durch diesen letztendlich wohl auf HAURIOU, gewissermaßen nur so nebenbei: „Diejenigen Institute, die über eine nach außen abgrenzende Organisation und daher auch über ‚Mitglieder' verfügen, werden manchmal auch als ‚Institutionen' bezeichnet; häufig werden beide Begriffe synonym verwendet"[41]. Der Zivilrechtler BYDLINSKI hat, wie seine umfangreichen theoretischen Ausführungen dartun, mit dem

---

[40] WEINBERGER, Recht, Institution und Rechtspolitik (1987); WEINBERGER, Norm und Institution. Eine Einführung in die Theorie des Rechts (1988).

[41] BYDLINSKI, Juristische Methodenlehre und Rechtsbegriff[2] (1991) 13 FN 29 und Fundamentale Rechtsgrundsätze (1988) 40 FN 90.

materiellen Recht offensichtlich mehr zu tun als mit dem Organisationsrecht. BYDLINSKI erliegt dabei mit seinem Gewährsmann aber auch dem fatalen Fehler, den Begriff des „Instituts“ in der Erscheinungsform der „Institution“ zu vergegenständlichen. Darin befindet er sich allerdings in guter Gesellschaft. Sein Synkretismus hat im übrigen auch „Vorbilder“ in der Wissenschaft vom öffentlichen Recht, wie etwa FORSTHOFF.

Unter dem Wissenschaftsbegriff „Institution“ versteht man in der Staatslehre und in der Staatsrechtswissenschaft nach allgemeiner Auffassung den Begriff für einen Ordnungszusammenhang von organisatorisch-funktioneller Provenienz, für eine zweckhafte Einheit, normativ und sozial-kulturell-real. Man spricht vom Staat als Institution und gleichermaßen von den Institutionen des Staates. Man spricht aber auch von der Institution und von den Institutionen der Selbstverwaltung, von der Institution der Gesetzgebung (des Gesetzgebers), von der Institution der Gerichtsbarkeit (der Gerichte), von der Institution der Regierung, des Bundespräsidenten etc in Recht und Wirklichkeit. So werden etwa

- Bund, Länder und Gemeinden, Gebiets-Körperschaften und andere juristische Personen öffentlichen Rechts mit doppelter Rechtspersönlichkeit als Institutionen verstanden und ähnlich werden
- berufliche Selbstverwaltungskörper, wirtschaftliche Selbstverwaltungskörper, soziale Selbstverwaltungskörper, kulturelle Selbstverwaltungskörper, wie etwa die Kammern, die Sozialversicherungsträger, die Universitäten[42] und die Akademie der Wissenschaften gleichfalls als Institutionen gedacht
- dabei versteht man sie alle sowohl in rechtlich-normativer Konzeption als auch in sozial-kultureller Wirklichkeit.

Den Staat versteht man demnach als Gesamtinstitution. Diese Gesamtinstitution des Staates sieht man in Institutionen gegliedert. Aber auch die einzelnen Institutionen innerhalb der Gesamtinstitution des Staates versteht man ihrerseits wieder in Institutionen untergegliedert. Beispielsweise unterscheidet man innere und äußere Föderationen im Bundesstaat, wie etwa den Bund und die Länder einerseits und die Innenstrukturen von föderalistisch gegliederten Kammern und Universitäten andererseits. Kammern und Universitäten erfaßt man innerhalb der Institution des Staates nicht nur in einer Pluralität, sondern man sieht in ihnen auch ihrerseits typenhafte Institutionen als Innenstrukturen. In diesem Sinn fungiert die

---

[42] Zur Universität als Institution siehe JASPERS, Die Idee der Universität (1946, Reprint 1980) 65 – 73 und meine Abhandlung „Die Institutionen personaler Selbstverwaltungskörper in der Ordnung des Rechts“ in diesem Band.

Institution in der Staatsrechtslehre als Oberbegriff und als Unterbegriff, als Gattungs- und als Artbegriff zugleich. Man unterscheidet demnach Einzelinstitutionen, Arten von Institutionen, Institutionenverbände, die Institutionengemeinschaft etwa der Selbstverwaltung und den Institutionenverband des Bundesstaates sowie schließlich die institutionell strukturierte Gesamtinstitution des Staates.

Wie beim Rechtsinstitut so zeigt auch bei der Institution des Rechts ein Blick auf die mehrschichtige Rechtsordnung, daß sie auf mehreren Konkretisierungsebenen angesiedelt ist. Und zwar einerseits auf der generell-abstrakten Ebene ihrer Regelung, auf der individuell-konkreten der Errichtung und schließlich auf der Ebene ihrer individuell gebundenen, anhaltenden Verwirklichung. Der Regelungszusammenhang eines gesetzlichen Organisationsstatuts trägt einen Selbstverwaltungskörper als organisatorisch-funktionelle Einheit. Auf diesen Regelungszusammenhang gründet sich je und je die rechtliche und tatsächliche Existenz eines bestimmten Selbstverwaltungskörpers. Die individuell-konkrete rechtliche Existenz und das Funktionieren der Universität Wien gründet sich zB auf das Universitätsorganisationsgesetz, die Existenz von Bund und Ländern gründet sich auf die Bundesverfassung etc. Die individuell-konkrete juristische Person wird durch ihre Organe funktionsfähig. Mit der Folge der Zurechnung von Rechten und Pflichten realisiert sie als individuelle Rechtsperson ihre konkrete rechtliche Existenz im Rahmen abstrakter Kompetenzen in fortgesetzten Handlungsabfolgen. Organbestellungen, Kompetenzwahrnehmungen mit Innen- oder Außenwirkung, eine Welt von rechtserheblichen Handlungen konstituiert die komplexe und dynamische Einheit der juristischen Person als individuelle Institution auf untergesetzlicher Ebene. Die eingerichtete juristische Person kann sich selbst nach innen und nach außen aktivieren. Ihr Handlungsbereich gründet sich unmittelbar auf die individuell-konkrete Existenz als Rechtsperson und ist dennoch im Sinn des gesetzlichen Organisationsstatuts ein Gefüge von zukunftsoffenen, generell-abstrakten Handlungsmöglichkeiten. Die individuell-konkrete juristische Person kann ihre zur Dynamik der Konkretisierung angelegten Kompetenzen (nur) selbst abstrakt und konkret aktivieren. Deshalb erfordert das Sinnverständnis etwa von einem bestimmten Selbstverwaltungskörper nach dem Recht ein mehrschichtiges Denken; jeweils für sich, dh innerhalb jeder Schicht des Rechts, ebenso wie von Schicht zu Schicht im Konkretisierungszusammenhang: Vom Regelungszusammenhang des Gesetzes, über den Errichtungsakt zur je und je abstrakten und konkreten Selbstaktivierung durch Rechtsakte, gerichtet auf eine anhaltende rechtserhebliche Umsetzung ihres Organisations- und Handlungsprogramms in die soziale Wirklichkeit.

Dem linearen Zusammenhang auf der generell-abstrakten Gesetzesebene entspricht das abstrakt-dogmatische Denken. Den Konkretisierungen zur individuell-konkreten Verwirklichung von Kompetenzen (Handlungsmacht, Handlungsbefugnis, Handlungsaufträge) der anhaltenden Dynamik und der immer wiederkehrenden Selbstverwirklichung der individuell-konkreten juristischen Person entspricht das konkret-dogmatische Denken. Die Institution des Rechts hat auf der Ebene ihrer generell abstrakten Regelung eine Rechtsqualität, die von der rechtlichen Ebene ihrer anhaltenden vielfachen Selbstverwirklichung zu unterscheiden ist. Die Interpretation von generell-abstrakten Regelungseinheiten folgt daher auch anderen Gesichtspunkten als die Interpretation der konkreten Vielfalt unaufhörlicher Selbstverwirklichung. Trotz dieser schichtenmäßigen Anlage der rechtlichen Institution in verschiedene Erzeugungs- und Konkretisierungsebenen des Rechts ist sie dennoch von ihrer generell-abstrakten Rechtsgrundlage bis zu den Akten ihrer Verwirklichung als eine komplexe Einheit zu verstehen. Diese Einheit ist zwar in rechtlichen Sinnzusammenhängen geschichtet und in ihrer Konkretisierung von Schicht zu Schicht immer vielfältiger (konkreter) differenziert, sie bildet aber insgesamt das komplexe normative Gefüge einer rechtlichen Institution mit ihrer differenzierten Einbindung in die sozial-kulturelle Wirklichkeit.

Bei alledem scheint bemerkenswert, daß die Begriffe „Tatbestand“, „Typus“, „Institut“ und „Institution“ nicht nur hinsichtlich ihrer begrifflichen Eigenart, sondern auch bezogen auf ihre gegenstandsgebundene Verwendung in der Rechtsdogmatik, in einem systematischen Ordnungszusammenhang zueinander stehen. Dem Begriff „Institution“ kommt gegenüber den „Grundbegriffen“, dem „Tatbestand“, dem „Typus“ und dem „Institut“ vor allem im Systemdenken der Staatsrechtslehre, deren erster Denkansatz vom Gegenstand der organisatorische ist, ein Vorrang zu. „Institutionen“ werden durch „Rechtsinstitute“ funktionell. Rechtsinstitute sind ihrerseits wiederum von den typischen Inhalten und Begriffen des materiellen Rechts sowie von den rechtlichen Tatbeständen (Tatbestandstypen) und von den Grundbegriffen getragen. Diese hinwiederum haben Bezug zu Rechtsverhältnissen, zu subjektiven Rechten und Pflichten der Adressaten des Rechts, und zwar sowohl in den Bereichen der Rechtsanwendung als auch der bloßen Rechtsbefolgung. Die wissenschaftliche Begriffskette der Systematisierung reicht also von der Gesamtinstitution zu den nach- und zugeordneten Institutionen, von diesen zu den in sie eingeschlossenen Rechtsinstituten der großen materiellrechtlichen Bereiche des Verwaltungsrechts, des Zivilrechts und des Strafrechts und von diesen wiederum zu deren typisierten Tatbeständen, zu deren abstrakten Typen von Lebenszusammenhängen und innerhalb dieser zu den tragenden und typenhaften Rechtsbegriffen in den Rechtsvorschriften. Ihrer aller Funktion richtet sich auf Rechte und Pflichten und damit auch auf Rechtsverhältnisse der Adressaten des Rechts. Dabei kommt dem Typusbegriff sowohl im öffentlichen Recht als auch im Privatrecht auch noch der Stellenwert einer formalisierten Ordnungskategorie des Äußerlichen rechtlicher Zusammenhänge zu. Trotz ihrer Gegenstandsbindung sind aber alle diese Begriffe dennoch zuallererst wissenschaftliche Ordnungsbegriffe. Sie sind demgemäß Hilfsbegriffe für die Systematisierung von mehr oder weniger umfassenden, verschiedenartigen Regelungseinheiten des positiven Rechts und deren schichtenmäßiger Verwirklichung, aus den jeweiligen Perspektiven des gewollt gesollten Seins einerseits und des rechtserheblichen realen Sozial-Kulturellen, des verwirklichten Gesollten andererseits; aber auch der Verbindung beider Bereiche in der Rechtskonkretisierung. Sie dienen dem Ordnungs- und Darstellungsbedarf der Rechtswissenschaft.

VII. Institutionelles Denken

Die Synthese sowohl von sollenshaften Bedeutungen, wissenschaftlich erfaßt durch den Grundbegriff, durch den rechtlichen Tatbestand, durch den rechtlichen Typus, durch das Rechtsinstitut wie auch die Synthese vom Rechtsinstitut zum System von Rechtsinstituten innerhalb einer rechtlichen Institution, ebenso von Elementen einer rechtlichen Institution, wie auch von den verschiedenen rechtlichen Institutionen zum System und zur rechtlichen Gesamtinstitution, führt geradezu zwangsläufig zur Frage nach dem sogenannten institutionellen Denken in der Rechtswissenschaft. Und das nicht nur für „rechtliche Institutionen“ als organisatorisch-funktionelle Einheiten, sondern auch für „Rechtsinstitute“ als materiell-rechtliche (funktionelle) Zusammenhänge. Das institutionelle Denken bezieht sich einerseits auf rechtliche Institutionen, die ihrerseits Rechtsinstitute in sich schließen. Es bezieht sich andererseits aber auch auf Rechtsinstitute, die ihrerseits wiederum rechtliche Typen, Tatbestände und Grundbegriffe in deren materiell-rechtlichen Bedeutungen und Sinnzusammenhängen umfassen. Die rechtlichen Institutionen umfassen demnach nicht nur Rechtsinstitute, sondern auch Typen, Tatbestände und Grundbegriffe. Rechtliche Institutionen, Rechtsinstitute, typenhafte Tatbestände und Grundbegriffe werden in der Lehre überdies ihrerseits teils kritisch, teils aber auch synkretistisch, nicht nur rechtlich-normativ, sondern auch sozial-kulturell, real und typologisch erfaßt.

Damit verbindet sich die Frage nach der Eigenart des sogenannten „institutionellen Denkens" mit Hilfe der wissenschaftlichen Begriffe des „Rechtsinstituts" und der „rechtlichen Institution". Begriff und Name scheinen identisch für beide. „Rechtsinstitut" und „rechtliche Institution" werden gleichermaßen in den Dienst von vergleichbaren Arten mehrfach dualistischen wissenschaftlichen Denkens genommen, das einheitlich als „institutionelles Denken" bezeichnet wird. Hier scheinen Rechtsdenken und Rechtssprache an ihrer Leistungsgrenze angelangt zu sein. Das „institutionelle Denken" bezieht sich nämlich nicht nur gleichermaßen auf die „rechtliche Institution" und auf das „Rechtsinstitut" in deren jeweils besonderem begrifflichem Gegenstandsbezug, sondern es dient der Rechts- und Staatswissenschaft auch zu grundsätzlich voneinander verschiedenen Zwecken, wenn auch in einer vergleichbaren Weise. Rechtsinstitut und rechtliche Institution findet man in der Rechtswissenschaft in Verwendung:

- Als *Formalbegriffe* (Nominalbegriffe) für die äußere, typenhaft angelegte Charakterisierung von spezifischen zweckhaften Regelungskomplexen in den Rechtsvorschriften als Einheiten; und zwar für die Ordnung und Systematisierung vergleichbarer Zusammenhänge sowohl von zweckhaften materiellen als auch von organisatorisch-funktionellen Regelungseinheiten, bis hin zur Einheit der Rechtsordnung und des Staates. In diesem Sinn werden ganze Hierarchien von institutionellen Einheiten gebildet und schließlich zu Gesamtsystemen rechtswissenschaftlicher Gegenstandsdarstellung gefügt.
- Als allgemeine *Gegenstandsbegriffe* für die Erfassung der zweckhaften Inhalte von Regelungskomplexen durch teleologische Interpretation, unter der Vorstellung von Sinn und Bedeutung dieser Regelungseinheiten; ferner zur Perfektionierung als Konsequenzdenken, bezogen auf die als prägende Einheiten verstandenen Zweckvorgaben des Gesetzgebers für begrenzte Regelungszusammenhänge, bis hin zu den Einheiten von Recht und Staat.
- Als *Gegenstandsbegriffe* für die Lückenfüllung und für die Analogie.
- Als *Formalbegriffe* und als *Gegenstandsbegriffe* für die Rechtsvergleichung in den allgemeinen Lehren.
- Als *Gegenstandsbegriffe* und als *Formalbegriffe* für die Rechtsfortbildung und für die Rechtspolitik.

Die Qualitätsunterschiede liegen auf der Hand. Nur im ersten und im vierten Fall dienen diese Begriffe primär dem wissenschaftlichen Orientierungs- und Ordnungsbedürfnis sowie der Systematisierung, in einer relativen Distanz zum Inhalt des Gegenstandes. Das wissenschaftliche Orientierungs- und Ordnungsbedürfnis nimmt die Begriffe bloß als äußere Denk- und Anschauungsformen in seinen Dienst. So wird etwa der Staat organisatorisch als ein institutionelles Gesamtgefüge verstanden. So werden die einzelnen Rechtsinstitute des Zivilrechts darstellungsmäßig zu einem materiell-rechtlichen Gesamtsystem des Rechts gefügt. Darin werden auch Denkansätze für die institutionellen Vergleichungen gefunden.

In den Fällen zwei und drei wird in diese Begriffe der Gegenstand gleichermaßen hineinprojiziert. Sie werden mehr als Werkzeuge der Gegenstandsdeutung und der Gegenstandsermittlung denn als Denkformen zur Gegenstandserfassung benutzt. Man argumentiert etwa zu einer bestimmten Art von Selbstverwaltungskörper institutionell. Die „Institution" dient als Denksansatz für die teleologische Interpretation von als Einheit gedachten organisationsrechtlichen Vorschriften. Man argumentiert andererseits aus den Regelungen des ABGB über das Eigentum institutionell. Das „Institut" dient als Denkansatz für die teleologische Interpretation von als komplexe Einheiten gedachten Bedeutungen materiell-rechtlicher Regelungszusammenhänge. Man spricht aber auch von den institutionellen Schranken und Gewährleistungen (Garantien) der Grundrechte. Das „Eigentum" gibt dafür ein besonders anschauliches Beispiel ab.

Im letzten der oben unterschiedenen Fälle dienen diese Begriffe der Denk- und Anschauungsformen sogar als Maßstäbe für die Gegenstandsveränderung und Umgestaltung, also für die schöpferische Rechtsgewinnung, Rechtsergänzung und Rechtsgestaltung. Und zwar nicht nur für rechtspolitische Forderungen[43], sondern auch für politisch-instrumentale Umdeutungen des Rechts, in Überschreitung der Leistungsgrenzen wissenschaftlicher Begriffe[44].

---

[43] Siehe zum völlig legitimen rechtspolitischen Aspekt des institutionellen Denkens für das materielle Privatrecht besonders anschaulich und scharfsinnig RENNER, Die Rechtsinstitute des Privatrechts und ihre soziale Funktion (1929). Zum entsprechenden institutionellen Denken für das organisatorisch-funktionelle öffentliche Recht vgl WINKLER, Die Entscheidungsbefugnis des österreichischen Verwaltungsgerichtshofes im Lichte der Gewaltentrennung (1963).

[44] Zur Problematik des die Legitimität des Rechtsdenkens überschreitenden spezifisch politischen Wollens im institutionellen Rechtsdenken vgl RÜTHERS, „Institutionelles Rechtsdenken" im Wandel der Verfassungsepochen. Ein Beitrag zur politisch-kritischen Funktion der Rechtswissenschaft (1970).

Bei den Fällen der Interpretation steht der rechtsimmanente Zweck der Regelungszusammenhänge im Mittelpunkt. Die Frage scheint dann aber dennoch zu sein, ob die Zweckgebilde des Rechts, gesehen als Rechtsinstitute, dh als materiell-rechtliche und Funktionseinheiten, oder gesehen als rechtliche Institutionen, dh als formal-rechtliche Organisationseinheiten, entweder als das Bleibende und Allgemeine in der Veränderlichkeit einerseits oder als das Veränderliche des Bleibenden[45] andererseits verstanden werden; vor allem aber ob sie nicht nur für normativ konzipierte, sondern auch für sozial-kulturelle, reale Zusammenhänge zu veranschlagende Allgemeinbegriffe sind. Soll ferner aus ihnen und mit ihrer Hilfe in deduktiver Weise der Zusammenhang zu den einzelnen Rechtsvorschriften, Tatbeständen und Lebenssachverhalten hergestellt werden (SAVIGNY, O. MAYER, LARENZ, ESSER)? Oder sind nicht vielmehr die Rechtsvorschriften, bezogen auf Lebenssachverhalte, in ihrem jeweiligen Bestand und in ihren jeweiligen Veränderungen das Material, aus dem auf induktive Weise nicht nur die Grundbegriffe, die Tatbestände, die Typen, sondern auch die Rechtsinstitute und die rechtlichen Institutionen zu erschließen sind (KORINEK, WINKLER)? Oder indizieren diese Begriffe bloß das allgemeine Zweckhafte in seiner normativen und sozial-kulturellen Gegebenheit? Bedeuten sie demgemäß die Deduktion von Sinngehalten aus komplexen rechtlich-zweckhaften Einheitsbezügen des Rechtlichen und des Sozialen? Oder deuten sie auf das Konkrete und Besondere als Ansatz für induktive Gewinnung ihrer Wesensmerkmale? Bedeuten sie demgemäß zunehmende Abstraktion von Sinngehalten im Rechtsdenken aus induktivem Ansatz, gerichtet auf komplexe zweckhafte Einheitsbezüge? Signalisieren also diese Wissenschaftsbegriffe entweder die Denkrichtung vom Gesamten auf das Einzelne einerseits oder vom Einzelnen zum gesamten Allgemeinen andererseits? Signalisieren sie einen Denkvorgang von der Gattung zur Art und Individualität oder von der Individualität zur Art und von der Art wiederum zur umfassenderen Gattung, also entweder vom Abstrakten der Möglichkeit des gesollten Seins zum Konkreten der sollensgebundenen Wirklichkeit (Verwirklichung des Gesollten) oder umgekehrt?

Die Annahme eines Allgemeinbegriffs von einer bestimmten rechtlichen Institution oder von einem bestimmten Rechtsinstitut schafft den Ansatz zur Systematisierung unmittelbar. Die induktive Gewinnung eines Allgemeinbegriffs hingegen setzt den Denkprozeß aus dem Konkreten der Vorschriften (Regelungen) des Gegenstandes, also vom Einzelnen zur

---

45 Vgl dazu MAYER-MALY, Rechtswissenschaft^2 (1981) 170 ff.

Sinneinheit des Grundbegriffs, des Tatbestandes, des Typus und des Rechtsinstituts, sowie von diesen jeweils zu einer alles umschließenden Sinneinheit der rechtlichen Institution voraus. Erst die Ergebnisse von solchen Abstraktionen bieten dann die Voraussetzungen sowohl für die Systematisierung als auch für die Interpretation durch Deduktion aus einer rechtlichen Sinneinheit.

Die Bestandsaufnahme in der wissenschaftlichen Lehre ergibt für den Denkansatz des „institutionellen Denkens“ mehrere Ebenen, entsprechend den verschiedenen Schichten der Erzeugung und Erzeugtheit des Gegenstandes Recht:

- die Ebene von abstrakten zweckhaften (normativen) Zusammenhängen, als Sinneinheiten möglicher gesollter Seinszusammenhänge in den Vorschriften des positiven Rechts (Gesetze und Verordnungen)
- die Ebene individuell-konkreter rechtlicher Existenz von zweckhaften Zusammenhängen (von Rechtsverhältnissen), als Geflechte von individualisierten, konkreten subjektiven Rechten und Pflichten, in Konkretisierung des Generell-Abstrakten der Vorschriften des Rechts, bezogen auf bestimmte Individuen und deren rechtlich konkret erfaßte Lebenszusammenhänge, auf der Grundlage individueller Rechtsakte (Urteile, Bescheide, Rechtsgeschäfte, Rechtshandlungen)
- die Ebene sozial-kultureller Lebenssachverhalte in ihrer realen, zweckhaften Konkretheit anhaltender oder immerwiederkehrender Verwirklichung von gesolltem Sein, in ihrer aus der Realität erfaßbaren Typizität, Dauerhaftigkeit, Wandelbarkeit und in deren konkreter Allgemeinheit. Darin ist sowohl ihre generell-abstrakte rechtliche Regelung wie auch deren individuell-konkretere Gestaltung (die anhaltende Ausübung des Eigentumsrechtes, die anhaltende Aktivierung einer Gewerbeberechtigung) eingeschlossen.

Diese Bestandsaufnahme zeigt die unausweichliche, dh notwendige Verknüpfung des abstrakten rechtlichen Sollens in jeder Schicht des Konkretisierungsgefüges der Rechtsquellen mit der Idealität des möglichen Seins. Sie zeigt aber auch die Verknüpfung dieser abstrakten Ebene des gesollten Seins in seiner schichtenmäßigen Verwirklichung, bis in die soziale Wirklichkeit, zur integrativen dualistischen Sinn- und Zweckhaftigkeit des Rechts schlechthin. Diese Bestandsaufnahme zeigt das Recht als ein normatives Konzept von schichtenmäßig zu erzeugenden und zu verwirklichenden Regelungsinhalten, bis hin zu den realen Lebenszusammenhängen von verwirklichten Tatbeständen der durch Rechtsinstitute und rechtliche Institutionen als Einheiten gedachten Regelungszusammenhänge in deren Geltung, Konkretisierung und sollensgebundener Existenz. Grundbegriff, Tatbestand, Typus, Rechtsinstitut und rechtliche Institution dienen dabei als erkenntnisvermittelnde Denkformen und/oder Anschauungsformen sowohl auf den jeweiligen Ebenen des Abstrakten als auch auf der Ebene des Konkreten einerseits und zwischen den schichtenmäßigen Ebenen der seinsgebundenen Idealität von Gesolltem und der Ebene des sollensgebundenen Seins des verwirklichten Gesollten andererseits. Diese Wissenschaftsbegriffe dienen legitimerweise der Systematisierung ebenso wie dem Auslegungsbedarf und der rechtspolitischen Forderung. Ihre politisch-instrumentale Verwendung zu einer bloß scheinbaren Interpretation bedeutet aber ihren Mißbrauch.

So gesehen verbietet es sich von selbst, den Begriff des Rechts nur auf die generell-abstrakten Regelungen abzustellen. Der Begriff des Rechts erstreckt sich auch auf die durch die Regelungen des Rechts erheblich gemachten Individualisierungen ebenso wie auf deren anhaltende Umsetzung in die sozial-kulturelle Wirklichkeit.

VIII. Spezialität und Homogenität als Denkformen

Für die Rechtsdogmatik vermitteln diese Begriffe also nicht nur den wissenschaftlichen Denkansatz zum mehrschichtigen zweckhaften Einheitsbezug von unterschiedlichen, institutionell gedachten Regelungsinhalten des Rechts, sondern auch zur Grenzziehung für teleologische Lückenschließung und Analogie, aus den Perspektiven von Spezialität und Homogenität. Implizierte Rechtsinhalte werden innerhalb der „typologisch" oder „institutionell" indizierten Grenzen der Bedeutung von Einheiten oder Gesamtheiten von Ordnungszusammenhängen des Normativen und des Sozial-Kulturellen expliziert (das Eigentum oder das Gewerbe, die Versammlung und die Autonomie materiell-rechtlich; oder die Selbstverwaltung und das privatrechtliche Gesellschaftsrecht organisationsrechtlich). Bei Schlußfolgerungen außerhalb der Dialektik von Spezialität und Homogenität der vorgegebenen Einheiten von Regelungszusammenhängen und ihren Konkretisierungen liegt nicht mehr Interpretation und Sinnergänzung, sondern bereits Rechtsveränderung oder illegitime Rechtsfortbildung vor, also eine schöpferisch gestaltende (autonome) und nicht bloß eine explizierend konkretisierende (heteronome) Rechts„gewinnung".

Trotz aller Systematisierungsbedürfnisse liegt die Aufgabe einer anspruchsvollen Rechtswissenschaft zunächst im Gegenstandsbewußtsein, dh im selbstkritisch reflektierten Wissen von den verschiedenen Regelungsinhalten und Regelungszusammenhängen im Recht, erst dann in der Auffindung der Begriffe davon, sodann aber auch in der Auffindung der dafür geeigneten Denk-(Anschauungs-)formen, der wissenschaftlichen Hilfsbegriffe zum Zweck der Systematisierung von Rechtsinhalten zu homogenen Einheiten. Verlangt sind daher auch in den Wissenschaftsbegriffen Gegenstandsorientierung und gegenstandsangemessene Differenzierung in ihrer gegenseitigen Bezogenheit. Gefordert ist die Homogenität des Spezifischen, des Konkreten und Abstrakten im Gegenstand. Verlangt ist von der Rechtswissenschaft nicht etwa eine Formalisierung, eine Schematisierung und eine Uniformierung von Begriffen, von Denkformen und Anschauungsformen. Verlangt ist vielmehr die sachgemäß differenzierte *adaequatio rei et intellectus*. Dabei scheint unwesentlich, ob der „rechtliche Grundbegriff“, der „rechtliche Tatbestand“, der „rechtliche Typus“, das „Rechtsinstitut“ und die „rechtliche Institution“ entweder als Denkformen oder/und als Anschauungsformen oder nur als äußere wissenschaftliche Hilfsvorstellungen, als bloße Ordnungskategorien zur Systematisierung verstanden werden. Die Vorstellungen vom „Grundbegriff“, vom „Tatbestand“, vom „Typus“, vom „Rechtsinstitut“ und von der rechtlichen „Institution“ dienen jedenfalls zunächst als wissenschaftliche Denkformen für die kennzeichnende Erfassung der je und je spezifischen und in ihrer Einheitlichkeit vergleichbaren Regelungsinhalte des Rechts. Sie dienen primär dem Kategorisieren und dem Systematisieren des Rechtsstoffes im Dienst an der wissenschaftlichen Erfassung und geordneten Darstellung des Gegenstandes. „Grundbegriff“, „Tatbestand“, „Typus“, „Rechtsinstitut“ und „rechtliche Institution“ bedeuten aber auch verschiedenartige wissenschaftliche Denkformen für begrifflich gewordene Inhalte von Rechtsvorschriften (Rechtssätzen) entweder materiell-rechtlicher oder organisationsrechtlicher Provenienz.

Spezialität und Homogenität sind dabei beherrschende Grundformen des Denkens für die begrifflichen Konzeptionen des „Grundbegriffs“, des „Tatbestandes“, des „Typus“, des „Rechtsinstituts“ sowie der rechtlichen „Institution“, bezogen auf die verschiedenartigen Inhalte des Rechts, bezogen auf ihre jeweiligen inneren und äußeren Zusammenhänge in einem System; und zwar jeweils für sich aber auch in ihren systematischen Zusammenhängen. Sie alle sind dialektisch aneinander gebundene, gegenstandsbezogene wissenschaftliche Begriffe, die im wissenschaftlichen Ordnungsdenken der Analyse und der Synthese für die systematische Erfassung komplexer Gegenstände dienen. „Grundbegriffe“, „Tatbestände“, „Typen“, „Rechtsinstitute“, „rechtliche Institutionen“ und deren Verbindungen im System geben die Denkansätze und die Zielrichtungen für mehrere dualistische wissenschaftliche Denkweisen ab: induktiv – vom Konkreten zum Abstrakten und umgekehrt, deduktiv – vom Abstrakten zum Konkreten; aber auch analytisch und synthetisch und umgekehrt; schließlich von der rechtlich gesollten Möglichkeit zu deren sozial-kultureller und rechtserheblicher Wirklichkeit, oder von der sozial-kulturellen realen und rechtserheblichen Wirklichkeit zu ihrer rechtlich gesollten Möglichkeit, formal und inhaltlich.

IX. Denkform und Anschauungsform oder Sollen und Sein

Alle diese wissenschaftlichen Begriffe „Grundbegriff", „Tatbestand", „Typus" „Rechtsinstitut" und rechtliche „Institution" werden in der Lehre üblicherweise sowohl als *Denkformen* als auch als *Anschauungsformen* benutzt. Sie richten sich sowohl auf gegebene rechtlich-normative Sinngehalte als auch auf wirkliche sozial-kulturelle Zusammenhänge, auf faktische rechtserhebliche Sinneinheiten in ihrem Wesen und in ihrer Erscheinung. Sie verkörpern gewiß auch Anschauungsformen. Sie sind letztlich aber samt und sonders nur Denkformen, sowohl für die Idealität als auch für die Realität des Rechts, für das Sein und das Sollen des Rechts in ihrer notwendigen Synthese, aus dem gewollt gesollten Rechtsinhalt zur entsprechenden sozial-kulturellen Wirklichkeit. Darin treffen anscheinend das „Rechtsinstitut" und die „rechtliche Institution" mit dem „Typus", mit dem „Grundbegriff" und mit dem „Tatbestand" zusammen. Das führt zu differenzierten Ansätzen für das Rechtsdenken (Interpretation) und damit zu mehreren Denkebenen, wodurch die unterschiedliche Verwendung dieser Wissenschaftsbegriffe erklärlich wird. So erscheint dieses differenzierte Denken auch plausibel, sofern es nicht synkretistisch ist:

- einerseits gerichtet auf die komplexen Teleologien oder gewollt sollenshaften Sinneinheiten (Sinnbezüge) von Inhalten der schichtenmäßig angeordneten Vorschriften des Rechts, als begrifflich geformte typisierte Sachzusammenhänge
- andererseits gerichtet auf die entsprechenden rechtserheblichen typischen Lebenslagen (Lebenszusammenhänge oder Sachverhalte) in der sozial-kulturellen Wirklichkeit, entweder je und je für sich oder in ihrer Verbindung.

Die Grundbegriffe und die typisierten Tatbestände nehmen zwischen den Regelungsinhalten mit ihren Teleologien (komplexe Einheiten von Vorschriften), gesehen als Rechtsinstitute und als rechtliche Institutionen einerseits und zwischen den abstrakten Typen und den ihnen entsprechenden realen Sachverhalten mit deren Teleologien andererseits anscheinend eine Mittelposition ein. Sie sind im System die Brücke zwischen der Vorstellung vom Recht als gesolltem Sein und vom Recht als verwirklichtem Sollen. Rechtsinstitut und rechtliche Institution bedeuten Verknüpfungen von formalen Denkformen und von begrifflichen Anschauungsformen sowie von Begriffen für rechtliche Objekte der Anschauung aus Erfahrung, in unterschiedlichen Schichten von Abstraktionen, Konkretisierungen und Individualisierungen des Rechts, vom Inhalt der generell-abstrakten Vorschrift bis zu deren Verwirklichung. Die Idealität des gesollten Seins und die Realität des verwirklichten Gesollten scheinen in ihrem wiederkehrenden Dualismus vom normativen Tatbestand zum Wesentlichen des sozialkulturellen realen Sachverhalts ineinander überzugehen. Dabei ist der zweckhafte Charakter rechtlicher Regelungszusammenhänge auf allen Ebenen, jeweils für sich aber auch zwischen diesen von Bedeutung; also innerhalb der Vorschriften, in den Tatbeständen, in den sie gestaltenden Rechtshandlungen und in den allgemeinen oder typischen realen Sachverhalten ebenso wie zwischen ihnen. Das Recht besteht nicht bloß aus generell-abstrakten Regelungen ohne einen realen Seinsbezug, es besteht auch aus seiner Verwirklichung.

Im Hintergrund der formalen Begrifflichkeiten von Grundbegriff, Tatbestand, Typus, Rechtsinstitut und rechtlicher Institution steht der durch die Rechtswissenschaft methodologisch noch immer nicht bewältigte *kategoriale Dualismus von Sein und Sollen* sowie dessen *Synthese und Integration in der Rechtsbetrachtung*. Sein und Sollen sind im Recht notwendigerweise miteinander verbunden. Demgemäß erfolgen interpretative Analysen und Synthesen durch die kritische Verbindung wissenschaftlicher Begriffe der Denk- und Anschauungsformen mit den Gegenstandsbegriffen in Art, Gattung und Individualität, abstrakt und konkret, ideal-normativ und realsozial-kulturell, induktiv und deduktiv, analytisch und synthetisch wie auch umgekehrt. Dabei ist wohl entscheidend, daß die *notwendige Verbindung von Sein und Sollen* im schichtenmäßig angelegten Erzeugungs- und Konkretisierungsgefüge einer Rechtsordnung auf jeder Ebene der Erzeugung, der Geltung, der Individualisierung und Konkretisierung von Rechtsvorschriften jeweils für sich, zunächst also horizontal, und dann auch zwischen diesen Ebenen, also vertikal gedacht wird, in jeweiliger kategorial unlösbarer Verknüpfung von Sein und Sollen. *Auf keiner einzigen Ebene des Rechts gibt es nur das bloße Sollen. Immer ist ein Sein gesollt.* Das Sein des Rechts und im Recht ist entweder gesollt, also ein mögliches Sein, oder es ist verwirklicht, also eine sollensgeprägte Wirklichkeit und bleibt dennoch gesollt. Wer den Dualismus von Sein und Sollen nur vertikal, wer – wie etwa KELSEN – das generell-abstrakte Recht als ein bloßes Sollen und wer dessen letztendliche Verwirklichung als ein bloßes Sein versteht, wer bloß das abstrakte Sollen der Regelungsinhalte von Vorschriften dem konkreten Sein von dessen Verwirklichung gegenüberstellt, kann daher weder das Recht verstehen, noch das Rechtsdenken sinnvoll erklären. Wer das Recht mit dem bloßen Sollen und wer seine Verwirklichung mit dem bloßen Sein identifiziert, wird mit allen diesen Begriffen entweder in einen heillosen Synkretismus verstrickt oder weiß mit ihnen nicht schlüssig umzugehen.

X. Die Begrifflichkeit wissenschaftlicher Denk- und Anschauungsformen

In der Lehre (ENGISCH, LARENZ, STRACHE, LEENEN, OTT ua) wird die Frage diskutiert, ob der materiell-rechtlich angelegte Typus und demgemäß wohl auch das Rechtsinstitut und die rechtliche Institution, Begriffe oder bloß Formen der Anschauung (und des Denkens) aus Erfahrung sind. Geradeso, als wäre darin eine zwingende Alternative gelegen. Sie alle sind selbstredend Begriffe. Unterschiede ergeben sich nämlich nur aus der Art ihrer Verwendung. Dienen diese Begriffe bloß der Beschreibung und der Einteilung von Gegenständen, dann sind sie abstrakt, allgemein, unbestimmt und offen als Anschauungsformen gedacht. Dienen sie hingegen der Erklärung von Gegenständen, dann werden sie zwar auch abstrakt und allgemein gedacht, aber sie gelten als begriffliche Denkformen, die bestimmt (exakt) und geschlossen sind. Der rechtliche Typus, das Rechtsinstitut und die rechtliche Institution können sowohl als Anschauungsformen wie auch als Denkformen Verwendung finden und dennoch nur begrifflich verstanden werden.

In diesem Zusammenhang scheinen mir einige Aussagen ARISTOTELES[46] bedeutsam: „Das Woher und Warum suchen wir dann, wenn wir das Daß besitzen (den Grund, wenn wir die Tatsache haben); bisweilen aber wird beides zugleich offenbar; aber es ist nicht möglich, früher das Woher und Warum als das Daß (den Grund als die Tatsache) zu erkennen. Wer nicht weiß ob etwas ist, kann nicht wissen was es ist. Der Begriff bezeugt die Erscheinungen und die Erscheinungen bezeugen den Begriff". Dazu

---

[46] ARISTOTELES, Texte zur Logik, Elemente zur aristotelischen Logik, zusammengestellt und übersetzt von Trendelenburg, neu herausgegeben von Beer, RoRo 220/221 (1967) 65.

will ich vor allem aber KANT zitieren: „Ohne Sinnlichkeit würde uns kein Gegenstand gegeben, und ohne Verstand keiner gedacht werden. Gedanken ohne Inhalt sind leer, Anschauungen ohne Begriffe sind blind. Daher ist es ebenso notwendig, seine Begriffe sinnlich zu machen (d.i. ihnen den Gegenstand der Anschauung beizufügen) als, seine Anschauungen sich verständlich zu machen (d.i. sie unter Begriffe zu bringen). Beide Vermögen, oder Fähigkeiten, können auch ihre Funktionen nicht vertauschen. Der Verstand vermag nichts anzuschauen, und die Sinne nichts zu denken. Nur daraus, daß sie sich vereinigen, kann Erkenntnis entspringen“[47]. STRACHE und OTT zweifeln daher mit Recht an der Sinnhaftigkeit einer zwingenden Alternative von Begriff und Typus, wohl im Anschluß an die kritischen Überlegungen von ENGISCH.

Offensichtlich war es aber dennoch KANT, der den Anlaß zur Unterscheidung zwischen Anschauungs- und Denkform und damit zur Frage nach deren Begrifflichkeit gegeben hat. In seiner „Kritik der reinen Vernunft“ unterscheidet er nämlich zwischen a priorischen Formen der reinen Anschauung und zwischen a priorischen Denkformen (Kategorien) des reinen Verstandes einerseits und ebensolchen der reinen Vernunft andererseits. Raum und Zeit, als Formen der reinen Anschauung von möglichen Gegenständen der Erfahrung, beziehen sich danach unmittelbar auf eine mögliche Anschauung aus Erfahrung. Die Formen des reinen Denkens sind demgegenüber Begriffe oder bloße Erkenntnisformen des Verstandes, beziehbar auf mögliche reale und ideale Gegenstände unseres Denkens. Diese Unterscheidung erweckt den Anschein, als vollziehe sich nur das Denken aus der Spontaneität und Intuition des Verstandes in den a priorischen Kategorien und Urteilen durch Begriffe, nicht jedoch auch das empirische Denken aus erfahrungsgebundener Anschauung. Dieser scheinbare Gegensatz wird durch KANT letztlich selbst aufgelöst. Wiederholt verwendet KANT selbst „Raum“ und „Zeit“ als *Begriffe* und stellt auch ihnen die oben zitierte Aussage voran, wonach alles Denken begriffliches Denken und begriffliches Denken ohne Anschauung inhaltslos sei. Die gleiche Konsequenz für die a priorischen Begriffe „Sein“ und „Sollen“ liegt auf der Hand. Maßgeblich für eine Unterscheidung zwischen den Arten von a priorischen Begriffen scheint mir daher jedenfalls sowohl ihre transzendental-logische Gegenstandsbindung als auch ihr kategorialer Charakter.

---

[47] Kritik der reinen Vernunft (Suhrkamp III u IV 1977) 98.

Doch gerade deshalb ist darin eine echte Problematik enthalten, die KANT, wohl im Anschluß an ARISTOTELES[48], im Dualismus von a priorischen und a posteriorischen Begriffen seiner transzendentalen Logik so genial zum Ausdruck gebracht hat. Unser erfahrungsorientiertes Denken vollzieht sich nämlich in Denkformen verschiedener Art: einerseits in den Formen des Denkens bezogen auf die Eigenart des Denkens im Hinblick auf mögliche Gegenstände des Denkens, und andererseits in den Formen des Denkens bezogen auf reale Gegenstände unserer Anschauung aus Erfahrung durch Wahrnehmung. Die Synthese von Formen des a priorischen, des reinen Denkens als Möglichkeit an und für sich, aber auch gerichtet auf mögliche Erfahrung von realen Gegenständen, mit den Formen des a posteriorischen Denkens aus Erfahrung, fand KANT in der sogenannten transzendentalen Logik, die er als eine Logik der Erfahrung verstand und die, gerichtet auf eine a priorische und auf eine a posteriorische, analytische und synthetische Gegenstandserfassung, die formale Logik zum abstrakten Inhaltlichen des Denkens zwangsläufig überschreitet.

Wissenschaftliches Denken ist ein mehrschichtiges und differenziertes begriffliches Denken. Da es sich einerseits mehrschichtig und differenziert auf sich selbst (a priorisch) und andererseits aber auch mehrschichtig und differenziert auf Gegenstände der Erfahrung (a posteriorisch) beziehen kann, scheint es aber dennoch vertretbar, einerseits von Formen des Denkens und andererseits von Formen der Anschauung zu sprechen. Es scheint aber ebenso auch vertretbar, schlechthin einerseits von a priorischen und andererseits von a posteriorischen Begriffen (Formen des Denkens und der Anschauung) zu sprechen. Entscheidend ist dabei jedenfalls der Umstand, daß es sich in allen Fällen gleichermaßen um begrifflich gefügte Formen des Denkens oder allgemeinste Begriffe handelt und ferner, daß nur die Objekte, auf welche sich das Denken primär bezieht, verschiedene sind: entweder bloß gedachte oder sozial-kulturell existierende, sowohl nach ihrem Wesen als auch nach ihrer Erscheinungsform. Beachtlich ist dabei vor allem der Umstand, daß nicht nur die *Natur*, sondern auch die *Kultur* in allen ihren Erscheinungsformen von gestalteter Sinnhaftigkeit ist.

---

[48] ARISTOTELES, Texte zur Logik: „Von einem gibt es einen fremden Grund von andern nicht. Offenbar also sind auch von den Erklärungen (was etwas ist) einige unmittelbar und Ursprung. Diese Begriffe muß man voraussetzen, und zwar sowohl daß sie sind, als auch was sie sind, aber man muß sie auf eine andere Weise anschaulich machen. So tut es der Arithmetiker. Denn er setzt die Einheit voraus, und zwar sowohl, was sie ist, als auch, daß sie ist. Diejenigen Begriffe aber, die eine Vermittlung und eine fremde Ursache des Wesens haben, kann man durch einen Beweis deutlich machen." 69 ff; siehe dazu auch 53 über das durch sich selbst Evidente.

Auch die Kultur hat auf ihre Weise Seinscharakter. Sie kann daher gleichfalls Gegenstand der Erfahrung sein. In diesem Sinn ist das ganze Recht mit allen seinen Ebenen und Schichten der Regelungsinhalte von Vorschriften, von der abstrakten Ebene der Verfassung bis zur individuell-konkreten Ebene von Rechtsanwendung und Rechtsbefolgung, eine Art geschichteter und differenzierter, gewollter und sollensgebundener sozialkultureller Wirklichkeit, die auf jeder ihrer Ebenen inhaltlich und formal von Sein und Sollen in deren unlösbaren Verknüpfung beherrscht ist. Dabei mag verwirrend scheinen, daß auch die sozial-kulturelle Welt, als Hervorbringung des menschlichen Denkens, nicht nur erkenntnismäßig so gedacht wird, sondern wesensgemäß auch selbst von allen jenen Formen des Denkens geprägt ist, deren sich der Mensch bei der Gestaltung seiner bedeutungsvollen kulturellen Hervorbringungen bedient.

So gesehen scheint es nicht nur vertretbar, sondern sogar richtig, im Grundbegriff, im Tatbestand, im Typus, im Rechtsinstitut und in der rechtlichen Institution Begriffe zu sehen, die zunächst als reine Formen sowohl des Denkens als auch der Anschauung, als allgemeinste Begriffe des Denkens, sowohl für das Denken über sich selbst als auch für das idealitäts- und realitätsbezogene sollens- und seinsgerichtete Denken aus erfahrungsbezogener Anschauung vom Gegenstand verstanden werden. Ihrer bedient sich vor allem die Rechtswissenschaft als Hilfsmittel, um Gegenstände der Erfahrung erkenntnismäßig, dh analytisch und synthetisch zu erfassen, zu ordnen und schließlich mit allen ihren allgemeinen und speziellen Substrukturen im wissenschaftlichen System zu einer homogenen Einheit zu bringen.

Dabei sind die a priorischen Formen des Denkens (Kategorien), bezogen auf mögliche allgemeinste Inhalte als solche, von jenen Begriffen zu unterscheiden, die im wissenschaftlichen Denken der Erfassung der Formen und Inhalte des vorgegebenen Gegenstandes „Recht" dienen[49]. Andernfalls besteht die Gefahr, daß Denkformen hypostasiert werden und eine Gegenständlichkeit erlangen, obwohl sie nur deren erkenntnismäßiger Erfassung aus wissenschaftlichem Ordnungsbedürfnis dienen und daher nur eine sekundäre, nur eine Dienfunktion haben. Die erkenntnistheoretischen Denk- und Anschauungsformen (Begriffe oder Kategorien) für Gegenstände möglicher Erfahrung von Raum und Zeit, von Sein und Sollen haben a priorischen Charakter, die Begriffe von den Formen und Inhalten des vom wissenschaftlichen Denken erfaßten, bereits gegebenen Gegen-

---

49 Siehe dazu EHRLICH, Die juristische Logik[2] (1925) 258 ff.

standes „Recht“ haben hingegen a posteriorischen Charakter. Nicht nur Raum und Zeit, sondern auch Sein und Sollen sind jeweils in beiden Denkbereichen miteinander notwendigerweise zu einer Synthese verbunden, entweder a priorisch oder a posteriorisch. In diesem Sinn haben die Begriffe der Denk- und Anschauungsformen Grundbegriff, Tatbestand, Typus, Institut und Institution zunächst a priorischen Charakter. Sie dienen als solche einem wissenschaftlichen Erkenntnis- und Ordnungsbedürfnis und vermitteln an und für sich keine Information über Inhalt und Bedeutung der von ihnen erfaßten Gegenstände. Inhalt und Bedeutung der von diesen wissenschaftlichen Begriffen erfaßten Gegenstände, damit aber auch die empirisch feststellbaren Verknüpfungen von Sein und Sollen durch deren Vermittlung, ergeben sich nur a posteriorisch aus den begrifflich erfaßbaren Inhalten und aus den verbindlichen Sinnzusammenhängen jeweils zusammengehörender, zweckgeprägter Regelungsinhalte von Rechtsvorschriften und deren Verwirklichungen im geltenden Recht. Diese vom Recht konzipierten Regelungseinheiten werden von der Wissenschaft entweder als „Grundbegriff des Rechts“, als „rechtlicher Tatbestand“, als „rechtlicher Typus“, als „Rechtsinstitut“ oder als „rechtliche Institution“ gleichsam bloß etikettiert. Alle diese Begriffe signalisieren in ihrer Anwendung auf das Recht, bezogen auf Inhalte des Rechts, nur die Eigenschaft der Einheit verschiedener Sinnganzer in Art und Gattung, nicht jedoch deren eigentlichen Inhalt und deren Zuordnung entweder zum Sein oder zum Sollen. Aus dem „Rechtsinstitut“ und aus der „rechtlichen Institution“ kann daher auch kein Prinzip der „Natur der Sache“ des positiven Rechts abgeleitet werden. Die „Natur der Sache“ des positiven Rechts ergibt sich für die Rechtsdogmatik aus der vom Gesetzgeber intendierten Zweckhaftigkeit von Regelungszusammenhängen als differenzierte Inhalte des Rechts, konzipiert als sinnvolle Ordnungseinheiten, gerichtet auf die sozial-kulturelle Wirklichkeit, als mögliche oder wirkliche Hervorbringung menschlicher Handlungen und Willensbekundungen. Der positiv-rechtliche Begriff der Natur der Sache ist vom naturrechtlichen Begriff der Natur der Sache verschieden und daher von diesem auch zu unterscheiden.

Literaturnachweis

ADAMOVICH - FUNK, Österreichisches Verfassungsrecht[3] (1985).

AKZIN, Analysis of State and Law Structure, in: Law, State, and International Legal Order (1964) 1 ff.

ALEXY, Theorie der juristischen Argumentation[2] (1991).

ARISTOTELES, Texte zur Logik. Elemente der aristotelischen Logik, zusammengestellt und übersetzt von A. Trendelenburg, neu hg von R. Beer in Rowohlts Klassiker der Literatur und Wissenschaft. Griechische Philosophie 11 (1967) RoRo 220/221.

BERGFELD, Der Begriff des Typus. Eine systematische und problemgeschichtliche Untersuchung (Diss Bonn 1933).

BETTI, Der Typenzwang bei den römischen Rechtsgeschäften und die sogenannte Typenfreiheit des heutigen Rechts, FS Leopold Wenger, 1. Bd (1944) 249 283.

BETTI, Moderne dogmatische Begriffsbildung in der Rechts- und Kulturgeschichte, in: Studium Generale, Jg 12 (1959) 87 ff.

BURDEAU, Der Staat als Institution, in: Schnur (Hg), Institution und Recht (1968) 294 ff.

BYDLINSKI, Fundamentale Rechtsgrundsätze (1988).

BYDLINSKI, Juristische Methodenlehre und Rechtsbegriff[2] (1991). Zum Rechtsinstitut 13 ff, 32 ff. Zum Typus 543 ff.

CALLIESS, Eigentum als Institution. Aspekte zur Theorie der Institution, in: Schelsky (Hg), Zur Theorie der Institution (1970) 119 ff.

CANARIS, Systemdenken und Systembegriff in der Jurisprudenz, entwickelt am Beispiel des deutschen Privatrechts (1969).

DAVY G., Das objektive Recht der Institution und die Ableitung des subjektiven Rechts, in: Schnur (Hg), Institution und Recht (1968) 1 ff.

DESQUEYRAT, Die Institution. Ihre Natur, ihre Arten, ihr Probleme, in: Schnur (Hg), Institution und Recht (1968) 118 ff.

DUBISCHAR, Grundbegriffe des Rechts (1968)

EHRLICH, Die juristische Logik[2] (1925/1966, erste Auflage 1918).

EHRLICH, Grundlegung der Soziologie des Rechts[3] (1967/1913).

ENGISCH, Die Idee der Konkretisierung in Recht und Rechtswissenschaft unserer Zeit[2] (1968).

ENGISCH, Begriffseinteilung und Klassifikation in der Jurisprudenz, in: Beiträge zur Rechtstheorie (1984).

ERMACORA, Allgemeine Staatslehre II (1970). Die Institutionelle Qualität des Staates, 875 - 911. Die Ordnung der Gesellschaft durch Institution und Recht, 1075 - 1105.

ESSER, Vorverständnis und Methodenwahl in der Rechtsfindung[2] (1972).

ESSER, Dogmatik zwischen Theorie und Praxis, in: Bauer, Esser, Kübler, Steindorff (Hg), Funktionswandel der Privatrechtsinstitute, FS Raiser (1974) 517 ff.

ESSER, Grundsatz und Norm in der richterlichen Fortbildung des Privatrechts. Rechtsvergleichende Beiträge zur Rechtsquellen- und Interpretationslehre[4] (1990) 14 ff, 189 ff, 244 ff, 248 ff u insbes 321 ff.

FIKENTSCHER, Maurice Hauriou und die institutionelle Rechtslehre, in: Bauer, Esser, Kübler, Steindorff (Hg), Funktionswandel der Privatrechtsinstitutionen, FS Raiser (1974) 559 ff.

FIKENTSCHER, Methoden des Rechts in vergleichender Darstellung I (1975) Maurice Hauriou und die institutionelle Rechtslehre 504 ff, IV (1977) Rechtsordnung und Rechtssatz. Der Begriff der Fallnorm 129 ff, 202 ff.

FORSTHOFF, Lehrbuch des Verwaltungsrechts I^{10} (1973).

GURVITCH, Die Hauptideen Maurice Haurious, in: Schnur (Hg), Institution und Recht (1968) 23 ff.

HÄBERLE, Die Wesengehaltstheorie des Artikel 19 Abs. 2 GG (1962)

HART, Kelsen Visited, UCLA (University of California Los Angeles) Law Review 10 (1962 – 1963) 709 ff.

HASSEMER, Tatbestand und Typus. Untersuchungen zur strafrechtlichen Hermeneutik (1968).

HAURIOU, Die Theorie der Institution und der Gründung (1925), in: Schnur (Hg), Institution und Recht (1965) 27 ff.

HEMPEL, Der Typusbegriff im Lichte der neuen Logik. Wissenschaftstheoretische Untersuchungen zur Konstitutionsforschung und Psychologie (1936).

HENKEL, Einführung in die Rechtsphilosophie (1964) § 23: Das Recht und die Institutionen 260 ff; § 32: Typus und Individualität im Recht 351 ff.

HEYDE, Typus. Ein Beitrag zur Typologik, Studium Generale 5 (1952) 235 ff.

HIPPEL F. V., Zur Gesetzmäßigkeit juristischer Systembildung (1930).

ISAY, Rechtsnorm und Entscheidung (1970/1929).

JASPERS, Die Idee der Universität, Schriften der Universität Heidelberg, H 1 (1946, Reprint 1980).

JENNINGS, Die Theorie der Institution, in: Schnur (Hg), Institution und Recht (1968) 99 ff.

JELLINEK, Allgemeine $Staatslehre^3$ (1913, 7. Neudruck 1960)

JÖRGENSEN, Typologie und „Realismus" in der neueren Rechtswissenschaft, Nachrichten der Akademie der Wissenschaften in Göttingen, Philologisch-Historische Klasse (1971) Nr 3.

KANT, Kritik der reinen Vernunft (Suhrkamp III u IV, 1977).

KANT, Schriften zur Metaphysik und Logik 2 (Suhrkamp VI 1977).

KAUFMANN, Analogie und „Natur der Sache". Zugleich ein Beitrag zur Lehre vom Typus (1965).

KELSEN, Reine $Rechtslehre^2$ (1960, 1. Aufl 1934).

KELSEN, Allgemeine Theorie der Normen (1979).

KOLLER, Grundfragen einer Typenlehre im Gesellschaftsrecht (1967).

KORINEK, Selbstverwaltung in der Sozialversicherung, ZAS 7 (1972) 163 ff.

KUHLEN, Typuskonzeption in der Rechtstheorie (1977).

KUHLEN, Die Denkform des Typus und die juristische Methodenlehre, in: Koch (Hg), Juristische Methodenlehre und analytische Philosophie (1976) 53 ff.

LARENZ, Methodenlehre der $Rechtswissenschaft^5$ (1983) 14, 65, 360, 398 f.

LARENZ, Typologisches Rechtsdenken. Bemerkungen zu v. Tuka. Die Rechtssysteme. ARSP Bd 34 (1940/41) 20 ff.

LEENEN, Typus und Rechtsfindung (1971).

LEONTOVITSCH, Die Theorie der Institution bei Maurice Hauriou, in: Schnur (Hg), Institution und Recht (1968) 176 ff.

LUHMANN, Institutionalisierungs-Funktion und Mechanismus im sozialen System der Gesellschaft, in: Schelsky (Hg), Zur Theorie der Institution (1970) 27 ff.

MARSCH, Das Institutionen-Gespräch in der evangelischen Kirche. Rückblickender Bericht über die Entwicklung eines interdisziplinären Problems, in: Schelsky (Hg), Zur Theorie der Institution (1970) 127 ff.

MARTIN-RETORTILLO, Die Lehre Santi Romanos von der Rechtsordnung und einige ihrer Anwendungen im Bereich des Verwaltungsrechts, in: Schnur (Hg), Institution und Recht (1968) 370 ff.

MAYER-MALY, Rechtswissenschaft^2 (1981) 169 ff.

MAYER O., Deutsches Verwaltungsrecht I^3 (1924).

MONACO, Solidarismus und Institutionentheorie in der Lehre vom Völkerrecht, in: Schnur (Hg), Institution und Recht (1968) 73 ff.

MOOR, Das Logische im Recht, Revue Internationale de la Theorie du Droit II (1927/28) 157 ff.

MÜLLER F., Juristische Methodik^4 (1990) 103 f.

NAWIASKY, Allgemeine Rechtslehre^2 (1948) § 16 Die Rechtstatsachen 296 ff.

OPALEK, Theorie der Direktiven und der Normen, Forschungen aus Staat und Recht 70 (1989).

OTT, Die Problematik einer Typologie im Gesellschaftsrecht, dargestellt am Beispiel des schweizerischen Aktienrechts, Abhandlungen zum Schweizerischen Recht 412 (1972).

PAWLOWSKI, Einführung in die juristische Methodenlehre (1986) Typus und Fallnorm 119 ff.

PAWLOWSKI, Methodenlehre für Juristen^2 (1991) „Typus" und „Fallnorm" 75 ff RZ 146 ff.

PERNTHALER, Allgemeine Staatslehre und Verfassungslehre (1986) § 30: Der Staat als Institution 92 ff und § 94: Die reinen Typen der Verbands- und Wirtschaftsorganisation 329 ff.

RADBRUCH, Rechtsphilosophie^8 (1973) System und Institut 214 ff.

RAISER, Rechtsschutz und Institutionenschutz im Privatrecht, in: Summum ius summa iniuria (1963) 145 – 167.

RENDTHORFF, Das Problem der Institution in der neueren Christentumsgeschichte. Ein Diskussionsbeitrag, in: Schelsky (Hg), Zur Theorie der Institution (1970) 141 ff.

RENNER, Die Rechtsinstitute des Privatrechts und ihre soziale Funktion. Ein Beitrag zur Kritik des Bürgerlichen Rechts (1929).

RHINOW, Rechtsetzung und Methodik, Basler Studien zur Rechtswissenschaft 122 (1979) Sozialwirklichkeit und Gerechtigkeit als Topoi der Rechtsgesinnung 72 ff, Rechtsetzung und Rechtsanwendung im Vorgang der Rechtsverwirklichung 195 ff, Aspekte einer juristischen Regelungstheorie 244 ff.

RITTER, Institution „ethisch". Bemerkungen zur philosophischen Theorie des Handelns, in: Schelsky (Hg), Zur Theorie der Institution (1970) 59 ff.

ROMANO, Die Rechtsordnung, Schriften zur Rechtstheorie Bd 44 (1975).

ROSS, Towards a realistic Jurisprudence. A Criticism of the Dualism in Law (1989/1946).

ROTTLEUTHNER, Rechtstheorie und Rechtssoziologie, Kolleg Rechtstheorie, Bd IV, 2 (1981).

RÜMELIN, Juristische Begriffsbildung (1878).

RÜTHERS, „Institutionelles Rechtsdenken" im Wandel der Verfassungsepochen. Ein Beitrag zur politisch-kritischen Funktion der Rechtswissenschaft (1970).

SAVIGNY, System des heutigen Römischen Rechts I (1840) 9 ff.

SCHELSKY, Über die Stabilität von Institutionen, besonders Verfassungen. Kulturanthropologische Gedanken zu einem rechtssoziologischen Thema (1949), in: Schnur (Hg), Institution und Recht (1968) 265 ff.

SCHELSKY, Über die Stabilität von Institutionen, besonders Verfassungen, in: Jahrbuch für Sozialwissenschaft, Bd 3 (1952) 1 ff.

SCHELSKY, Zur soziologischen Theorie der Institution, in: Schelsky (Hg), Zur Theorie der Institution (1970) 9 ff.

SCHELSKY (Hg), Zur Theorie der Institution (1970), gesammelte Aufsätze von Schelsky, Luhmann, Willms, Ritter, Taubes, Wolf E., Steiger, Calliess, Marsch und Rendtorff.

SCHILD, Die Institutionentheorie Maurice Haurious, ÖZÖR 25 (1974) 3 ff.

SCHNUR (Hg), Institution und Recht, Wege der Forschung CLXXII (1968), gesammelte Aufsätze von Davy G., Monaco, Jennings, Dequeyrat, Leontovich, Schelsky, Burdeau, Stone und Martin-Retortillo.

SCHMITT C., Über die drei Arten des rechtswissenschaftlichen Denkens (1934)

SCHÜLEIN, Theorie der Institution. Eine dogmengeschichtliche und konzeptionelle Analyse (1987).

SCHWINGE, Teleologische Begriffsbildung im Strafrecht. Ein Beitrag zur strafrechtlichen Methodenlehre (1930).

SEIFFERT, Die kategoriale Stellung des Typus, in: Beihefte zur Zeitschrift für philosophische Forschung, H 7 (1953).

STEIGER, Institutionalisierung der Freiheit? Zur Rechtsprechung des Bundesverfassungsgerichts im Bereich der Grundrechte, in: Schelsky (Hg), Zur Theorie der Institution (1970) 91 ff.

STONE, Die Abhängigkeit des Rechts: Die Institutionenlehre, in: Schnur (Hg), Institution und Recht (1968) 312 ff.

STRACHE, Das Denken in Standards. Zugleich ein Beitrag zur Typologik (1968).

STRATENWERTH, Das rechtstheoretische Problem der „Natur der Sache", Recht und Staat 204 (1957).

TAUBES, Das Unbehagen an den Institutionen. Zur Kritik der soziologischen Institutionenlehre, in: Schelsky (Hg), Zur Theorie der Institution (1970) 67 ff.

TEZNER, Rechtslogik und Rechtswirklichkeit (1924); neu abgedruckt in: Forschungen aus Staat und Recht 75 (1986).

WEBER M., Die Objektivität sozialwissenschaftlicher und sozialpolitischer Erkenntnis, Archiv für Sozialwissenschaft und Sozialpolitik (1904), in: Winckelmann (Hg), Gesammelte Aufsätze zur Wissenschaftslehre (1973) 146 ff, insb 190 ff.

WEINBERGER, Recht, Institution und Rechtspolitik (1987).

WEINBERGER, Norm und Institution. Eine Einführung in die Theorie des Rechts (1988).

WEINBERGER, Rechtslogik^2 (1989).

WENGER, Die Wirtschaftsaufsicht als Rechtsinstitut des Wirtschaftsrechts, in: Verwaltung im Dienste von Wirtschaft und Gesellschaft, FS Fröhler (1980) 373 ff.

WESTERMANN, Vertragsfreiheit und Typengesetzlichkeit im Recht der Personalgesellschaften (1970).

WILLMS, Institutionen und Interesse. Elemente einer reinen Theorie der Politik, in: Schelsky (Hg), Zur Theorie der Institution (1970) 43 ff.

WINKLER, Die Entscheidungsbefugnis des österreichischen Verwaltungsgerichtshofes im Lichte der Gewaltentrennung, in: Staatsbürger und Staatsgewalt, FS dt Verwaltungsgerichtsbarkeit 1 (1963) 279 ff; abgedruckt auch in: Winkler, Orientierungen im öffentlichen Recht, Forschungen aus Staat und Recht 46 (1979) 105 ff.

WINKLER, Die Wissenschaft vom Verwaltungsrecht, in: Festgabe für Antoniolli (1979).

WINKLER, Die Rechtspersönlichkeit der Universitäten, Forschungen aus Staat und Recht 80 (1988).

WINKLER, Rechtstheorie und Erkenntnislehre, Forschungen aus Staat und Recht 90 (1990).

WOLF E., Kritik der institutionellen Rechtsauffassung, in: Schelsky (Hg), Zur Theorie der Institutionen (1970) 77 ff.

WOLFF H. J., Typen im Recht und in der Rechtswissenschaft, Studium Generale 5 (1952) 195 ff.

WURZEL, Das juristische Denken (1924); neu abgedruckt in: Wurzel, Rechtswissenschaft als Sozialwissenschaft, Forschungen aus Staat und Recht 92 (1991).

ZIPPELIUS, Die Verwendung von Typen in Normen und Prognosen, FS Karl Engisch zum 70. Geb (1969) 224 - 242.

ZIPPELIUS, Der Typenvergleich als Instrument der Gesetzesauslegung, Jbf Rechtssoziologie und Rechtstheorie II (1972) 482 ff.

ZIPPELIUS, Juristische Methodenlehre[5] (1990) § 12: Der Typenvergleich 65 ff.

Forschungen aus Staat und Recht

Herausgegeben von Univ.-Prof. Dr. DDr. h. c. GÜNTHER WINKLER im Zusammenwirken mit Univ.-Prof. Dr. Dr. h. c. WALTER ANTONIOLLI und Univ.-Prof. Dr. BERNHARD RASCHAUER, Universität Wien.

1: **Das Verfassungsrecht der österreichischen Bundesländer.** Von Univ.-Prof. DDr. FRIEDRICH KOJA. XIV, 389 Seiten. 1967. Vergriffen

2: **Die Weisung.** Eine verfassungs- und verwaltungsrechtliche Studie. Von Univ.-Prof. DDr. WALTER BARFUSS. VIII, 117 Seiten. 1967. Geheftet DM 24,–, S 168,–

3: **Die Problematik der Reinen Rechtslehre.** Von Dr. KARL LEIMINGER. VIII, 102 Seiten. 1967. Vergriffen

4: **Die Entscheidungsbefugnis in der Verwaltungsgerichtsbarkeit.** Eine rechtsvergleichende Studie zum österreichischen und deutschen Recht. Von Univ.-Prof. DDr. GEORG RESS. XII, 282 Seiten. 1968. Geheftet DM 58,–, S 398,–

5: **Die Fehlerhaftigkeit von Gesetzen und Verordnungen.** Zugleich ein Beitrag zur Gesetzes- und Verordnungskontrolle durch den Verfassungsgerichtshof. Von Univ.-Prof. Dr. RICHARD NOVAK. VIII, 218 Seiten. 1967. Geheftet DM 43,–, S 294,–

6: **Norm, Recht und Staat.** Überlegungen zu Hans Kelsens Theorie der Reinen Rechtslehre. Von DDr. RAIMUND HAUSER. 7 Abbildungen. VIII, 168 Seiten. 1968. Geheftet DM 35,–, S 240,–

7: **Ressortzuständigkeit und Vollzugsklausel.** Eine verfassungs- und verwaltungsrechtliche Untersuchung zur Zuständigkeit der Bundesminister. Von Univ.-Prof. DDr. WALTER BARFUSS. VIII, 130 Seiten. 1968. Geheftet DM 28,–, S 192,–

8: **Die völkerrechtliche Verantwortlichkeit internationaler Organisationen gegenüber Drittstaaten.** Von Univ.-Prof. Dr. KONRAD GINTHER. VII, 202 Seiten. 1969. Geheftet DM 42,–, S 288,–

9: **Der Bundespräsident.** Eine Untersuchung zur Verfassungstheorie und zum österreichischen Verfassungsrecht. Von Univ.-Doz. Dr. KLAUS BERCHTOLD. XIV, 354 Seiten. 1969. Geheftet DM 69,–, S 475,–

10: **Die öffentliche Unternehmung.** Ein Beitrag zur Lehre von der Wirtschaftsverwaltung und zur Theorie des Wirtschaftsverwaltungsrechts. Von Univ.-Prof. DDr. KARL WENGER. XVII, 673 Seiten. 1969. Vergriffen

11: **Die Identität der Tat.** Der Umfang von Prozeßgegenstand und Sperrwirkung im Strafverfahren. Von Univ.-Prof. Dr. CHRISTIAN BERTEL. X, 208 Seiten. 1970. Geheftet DM 45,–, S 312,–

12: **Wertbetrachtung im Recht und ihre Grenzen.** Von Univ.-Prof. Dr. DDr. h. c. GÜNTHER WINKLER. VIII, 59 Seiten. 1969. Vergriffen

13: **Rechtslogik.** Versuch einer Anwendung moderner Logik auf das juristische Denken. Von Univ.-Prof. DDr. OTA WEINBERGER. 21 Abbildungen. XVIII, 396 Seiten. 1970. Vergriffen

14: **Umfassende Landesverteidigung.** Eine verfassungsdogmatische und verfassungspolitische Grundlagenuntersuchung für den Bundesstaat Österreich. Von Univ.-Prof. Dr. PETER PERNTHALER. VIII, 172 Seiten. 1970. Vergriffen

15: **Materiales Verfassungsverständnis.** Ein Beitrag zur Theorie der Verfassungsinterpretation. Von Univ.-Prof. Dr. NORBERT WIMMER. VIII, 141 Seiten. 1971. Geheftet DM 38,– S 260,–

16: **Versicherungsaufsichtsrecht.** Eine Studie zum deutschen und zum österreichischen Recht. Von Dipl.-Ing. Dr. HEINZ KRAUS. XVIII, 329 Seiten. 1971. Geheftet DM 64,–, S 440,–

17: **Gliedstaatsverträge.** Eine Untersuchung nach österreichischem und deutschem Recht. Von Univ.-Prof. Dr. HEINZ PETER RILL. XIX, 711 Seiten. 1972. Geheftet DM 144,–, S 990,–

18: **Verfassungsinterpretation in Österreich.** Eine kritische Bestandsaufnahme. Von Univ.-Prof. Dr. HEINZ SCHÄFFER. XI, 228 Seiten. 1971. Geheftet DM 55,–, S 380,–

19: **Gemeindeaufsicht.** Von Univ.-Doz. Dr. KLAUS BERCHTOLD. X, 223 Seiten. 1972. Geheftet DM 46,–, S 320,–

20: **Vereine als öffentliche Unternehmen.** Voraussetzungen und Folgen organisatorischer Beherrschung öffentlicher Unternehmen durch den Staat; dargestellt am Beispiel der Landesversicherungsanstalten. Von Univ.-Prof. Dr. GERHARDT PLÖCHL. XXIII, 387 Seiten. 1972. Geheftet DM 86,–, S 590,–

21: **Parlamentarische Kontrolle im politischen System.** Die Verwaltungsfunktionen des Nationalrates in Recht und Wirklichkeit. Von Univ.-Prof. Dr. PETER GERLICH. XV, 354 Seiten. 1973. Geheftet DM 84,–, S 580,–

22: **Handbuch des Gemeinderechts.** Organisation und Aufgaben der Gemeinden Österreichs. Von Univ.-Prof. Dr. HANS NEUHOFER. XVIII, 449 Seiten. 1972. Geheftet DM 86,–, S 590,–

23: **Der völkerrechtliche Vertrag im staatlichen Recht.** Eine theoretische, dogmatische und vergleichende Untersuchung am Beispiel Österreichs. Von Univ.-Prof. Dr. THEO ÖHLINGER. XV, 397 Seiten. 1973. Geheftet DM 97,–, S 670,–

24: **Förderungsverwaltung.** Gesamtredaktion: Univ.-Prof. DDr. KARL WENGER. XVII, 434 Seiten. 1973. Geheftet DM 125,–, S 862,–

25: **Ordinale Deontik.** Zusammenhänge zwischen Präferenztheorie, Normlogik und Rechtstheorie. Von Univ.-Prof. Dr. THOMAS CORNIDES. 41 Abbildungen. X, 210 Seiten. 1974. Geheftet DM 79,–, S 565,–

26: **Die Zuständigkeit der Verwaltungsbehörden im Vollstreckungsverfahren.** Von Univ.-Prof. DDr. HEINZ MAYER. XII, 120 Seiten. 1974. Geheftet DM 36,–, S 258,–

27: **Die internationale Konzession.** Theorie und Praxis der Rechtsinstitute in den internationalen Wirtschaftsbeziehungen. Von Univ.-Prof. Dr. PETER FISCHER. 2 Abbildungen. XXI, 594 Seiten. 1974. Geheftet DM 165,–, S 1180,–

28: **Der verfahrensfreie Verwaltungsakt.** Die „faktische Amtshandlung“ in Praxis und Lehre. Eine Integration von Ordnungsvorstellungen auf dem Gebiete des Verwaltungsaktes. Von Univ.-Prof. Dr. BERND-CHRISTIAN FUNK. XV, 247 Seiten. 1975. Geheftet DM 82,–, S 566,–

29: **Repräsentation und Identität.** Demokratie im Konflikt. Ein Beitrag zur modernen Staatsformenlehre. Von Univ.-Prof. Dr. WOLFGANG MANTL. X, 391 Seiten. 1975. Geheftet DM 129,–, S 890,–

30: **Die Gehorsamspflicht der Verwaltungsorgane.** Eine verfassungsrechtliche Untersuchung zum Dienstrecht. Gleichzeitig ein Beitrag zur Lehre vom Verwaltungsakt. Von DDr. KARL LENGHEIMER. X, 124 Seiten. 1975. Geheftet DM 42,–, S 290,–

31: **Neutralität und Neutralitätspolitik.** Die österreichische Neutralität zwischen Schweizer Muster und sowjetischer Koexistenzdoktrin. Von Univ.-Prof. Dr. KONRAD GINTHER. X, 168 Seiten. 1975. Geheftet DM 65,–, S 446,–

32: **Rechtstheorie und Rechtsinformatik.** Voraussetzungen und Möglichkeiten formaler Erkenntnis des Rechts. Gesamtredaktion: Univ.-Prof. Dr. DDr. h. c. GÜNTHER WINKLER. 39 Abbildungen. XVI, 248 Seiten. 1975. Geheftet DM 66,–, S 455,–

33: **Die Völkerrechtssubjektivität der Unionsrepubliken der UdSSR.** Von Univ.-Prof. Dr. HENN-JÜRI UIBOPUU. XV, 341 Seiten. 1975. Geheftet DM 118,–, S 814,–

34: **Staatsmonopole.** Von Univ.-Prof. DDr. HEINZ MAYER. XVI, 424 Seiten. 1976. Geheftet DM 89,–, S 612,–

35: **Logische Verfahren der juristischen Begründung.** Eine Einführung. Von Univ.-Prof. Mag. Dr. ILMAR TAMMELO † und Dr. GABRIËL MOENS. VIII, 111 Seiten. 1976. Geheftet DM 23,–, S 160,–

36: **Rechtsphilosophie und Gesetzgebung.** Überlegungen zu den Grundlagen der modernen Gesetzgebung und Gesetzesanwendung. Gesamtredaktion: Univ.-Prof. DDDr. JOHANN MOKRE und Univ.-Prof. DDr. OTA WEINBERGER. 4 Abbildungen. VII, 199 Seiten. 1976. Geheftet DM 84,–, S 580,–

37: **Internationale Konflikte – verbotene und erlaubte Mittel ihrer Austragung.** Versuche einer transdisziplinären Betrachtung der Grundsätze des Gewalt- und Interventionsverbots sowie der friedlichen Streitbeilegung im Lichte der UN-Prinzipiendeklaration 1970 und der modernen Sozialwissenschaften. Von Univ.-Prof. Dr. HANSPETER NEUHOLD. XX, 598 Seiten. 1977. Geheftet DM 123,–, S 850,–

38: **Juristische Entscheidung und wissenschaftliche Erkenntnis.** Eine Untersuchung zum Verhältnis von dogmatischer Rechtswissenschaft und rechtswissenschaftlicher Grundlagenforschung. Von Univ.-Prof. DDr. WERNER KRAWIETZ. XXI, 316 Seiten. 1978. Geheftet DM 127,–, S 878,–

39: **Grundfragen der Philosophie des Rechts.** Von Univ.-Prof. Dr. VLADIMÍR KUBEŠ †. VIII, 87 Seiten. 1977. Geheftet DM 35,–, S 240,–

40: **Dauernde Neutralität und europäische Integration.** Von Univ.-Prof. Dr. MICHAEL SCHWEITZER. XVI, 347 Seiten. 1977. Geheftet DM 120,–, S 828,–

41: **Politische Planung im parlamentarischen Regierungssystem.** Dargestellt am Beispiel der mittelfristigen Finanzplanung. Von Univ.-Prof. Dr. CHRISTIAN BRÜNNER. XVI, 395 Seiten. 1978. Geheftet DM 139,–, S 960,–

42: **Freiheit und Gleichheit.** Die Aktualität im politischen Denken Kants. Von Univ.-Prof. Dr. GERHARD LUF. VII, 197 Seiten. 1978. Geheftet DM 76,–, S 524,–

43: **Strukturierungen und Entscheidungen im Rechtsdenken.** Notation, Terminologie und Datenverarbeitung in der Rechtslogik. Gesamtredaktion: Univ.-Prof. Dr. ILMAR TAMMELO † und Dr. HELMUT SCHREINER. 6 Abbildungen. VIII, 316 Seiten. 1978. Geheftet DM 57,–, S 394,–

44: **Die Staatslehre des Han Fei.** Ein Beitrag zur chinesischen Idee der Staatsräson. Von Univ.-Prof. Dr. GENG WU. X, 108 Seiten. 1978. Geheftet DM 48,–, S 332,–

45: **Namensrecht.** Eine systematische Darstellung des geltenden österreichischen und des geltenden deutschen Rechts. Von Univ.-Prof. Dr. BERNHARD RASCHAUER. XIX, 356 Seiten. 1978. Geheftet DM 138,–, S 952,–

46: **Orientierungen im öffentlichen Recht.** Ausgewählte Abhandlungen. Von Univ.-Prof. Dr. DDr. h. c. GÜNTHER WINKLER. 2 Abbildungen. VII, 300 Seiten. 1979. Geheftet DM 65,–, S 448,–

47: **Die Prüfung von Gesetzen.** Ein Beitrag zur verfassungsgerichtlichen Normenkontrolle. Von Univ.-Prof. Dr. HERBERT HALLER. X, 300 Seiten. 1979. Geheftet DM 98,–, S 680,–

48: **Denkweisen der Rechtswissenschaft.** Einführung in die Theorie der rechtswissenschaftlichen Forschung. Von Univ.-Prof. Dr. AULIS AARNIO. XVI, 246 Seiten. 1979. Geheftet DM 84,–, S 580,–

49: **Grundrechtsverständnis und Normenkontrolle.** Eine Vergleichung der Rechtslage in Österreich und in Deutschland. Kolloquium zum 70. Geburtstag von H. Spanner. Gesamtredaktion: Univ.-Prof. Dr. KLAUS VOGEL. 1 Porträt. XX, 106 Seiten. 1979. Geheftet DM 46,–, S 330,–

50: **Gesetzgebung.** Kritische Überlegungen zur Gesetzgebungslehre und zur Gesetzgebungstechnik. Gesamtredaktion: Univ.-Prof. Dr. DDr. h. c. GÜNTHER WINKLER und Univ.-Prof. Dr. BERND SCHILCHER. IX, 285 Seiten. 1981. Geheftet DM 91,–, S 648,–

51: **Der Staat als Träger von Privatrechten.** Von Univ.-Prof. Dr. BRUNO BINDER. XIX, 400 Seiten. 1980. Geheftet DM 95,–, S 678,–

52: **Verfassungswirklichkeit in Osteuropa.** Dargestellt am Beispiel der Präsidia der obersten Vertretungsorgane. Von Univ.-Doz. Dr. HANS-GEORG HEINRICH. 2 Abb. XII, 389 Seiten. 1980. Geheftet DM 105,–, S 754,–

53: **Perspektiven zur Strafrechtsdogmatik.** Ausgewählte Abhandlungen. Von Univ.-Prof. Dr. FRIEDRICH NOWAKOWSKI. VII, 327 Seiten. 1981. Geheftet DM 86,–, S 620,–

54: **Die Vertretung der Gebietskörperschaften im Privatrecht.** Von Univ.-Prof. Dr. GEORG WILHELM. XVI, 295 Seiten. 1981. Geheftet DM 96,–, S 690,–

55: **Rundfunkfreiheit.** Öffentlichrechtliche Grundlagen des Rundfunks in Österreich. Von Univ.-Doz. Dr. HEINZ WITTMANN. XVI, 246 Seiten. 1981. Geheftet DM 108,–, S 770,–

56: **Das Ermessen im Spannungsfeld von Rechtsanwendung und Kontrolle.** Von Univ.-Doz. Dr. HERBERT HOFER-ZENI. VIII, 179 Seiten. 1981. Geheftet DM 69,–, S 494,–

57: **Methodik der Gesetzgebung.** Legistische Richtlinien in Theorie und Praxis. Gesamtredaktion: Univ.-Prof. Dr. THEO ÖHLINGER. 1 Abbildung. XIV, 260 Seiten. 1982. Geheftet DM 70,–, S 490,–

58: **Die Rechtspflicht.** Von Univ.-Prof. Dr. VLADIMÍR KUBEŠ †. VIII, 140 Seiten. 1981. Geheftet DM 54,–, S 390,–

59: **Mehrdeutigkeit und juristische Auslegung.** Von Univ.-Doz. Dr. MICHAEL THALER. VII, 187 Seiten. 1982. Geheftet DM 79,–, S 553,–

60: **Öffentliche Fonds.** Eine Untersuchung ihrer verfassungs- und verwaltungsrechtlichen Hauptprobleme. Von Univ.-Prof. Dr. HARALD STOLZLECHNER. XVII, 389 Seiten. 1982. Geheftet DM 114,–, S 795,–

61: **Der internationale Regionalismus.** Integration und Desintegration von Staatenbeziehungen in weltweiter Verflechtung. Von Univ.-Doz. Dr. WINFRIED LANG. XIII, 217 Seiten. 1982. Geheftet DM 98,–, S 686,–

62: **Rechtsstaat und Planung.** Gesamtredaktion: Dr. JOSEF AZIZI und Univ.-Prof. Dr. STEFAN GRILLER. XII, 124 Seiten. 1982. Geheftet DM 49,–, S 343,–

63: **Medienfreiheit und Persönlichkeitsschutz.** Die Freiheit der Medien und ihre Verantwortung im System der Grundrechte. Von Univ.-Doz. Dr. WALTER BERKA. XIII, 375 Seiten. 1982. Geheftet DM 134,–, S 940,–

64: **Grundlagen der juristischen Argumentation.** Von Univ.-Prof. Dr. ALEKSANDER PECZENIK. 5 Abbildungen. XIII, 266 Seiten. 1983. Geheftet DM 120,–, S 840,–

65: **Evolution des Rechts.** Eine Vorstudie zu den Evolutionsprinzipien des Rechts auf anthropologischer Grundlage. Von Univ.-Doz. Dr. HERBERT ZEMEN, M. C. L. (Columbia). XIII, 135 Seiten. 1983. Geheftet DM 56,–, S 390,–

66: **Bereicherung im öffentlichen Recht.** Von Univ.-Doz. Dr. FERDINAND KERSCHNER. XVI, 158 Seiten. 1983. Geheftet DM 68,–, S 480,–

67: **Das Disziplinarrecht der Beamten.** Von Univ.-Doz. Dr. GABRIELE KUCSKO-STADLMAYER. XVII, 622 Seiten. 1985. Geheftet DM 164,–, S 1150,–

68: **Freiheit und Gleichgewicht im Denken Montesquieus und Burkes.** Ein analytischer Beitrag zur Geschichte der Lehre vom Staat im 18. Jahrhundert. Von Honorarprofessor DDr. THOMAS CHAIMOWICZ. XI, 202 Seiten. 1985. Geheftet DM 82,–, S 580,–

69: **Rohstoffgewinnung in der Antarktis.** Völkerrechtliche Grundlagen der Nutzung Nichtlebender Ressourcen. Von Dr. ULRICH J. NUSSBAUM. 1 Abb. XIII, 236 Seiten. 1985. Geheftet DM 98,–, S 686,–

70: **Theorie der Direktiven und der Normen.** Von Univ.-Prof. Dr. KAZIMIERZ OPAŁEK. VII, 178 Seiten. 1986. Geheftet DM 84,–, S 590,–

71: **Die seerechtliche Verteilung von Nutzungsrechten.** Rechte der Binnenstaaten in der ausschließlichen Wirtschaftszone. Von Univ.-Prof. Dr. GERHARD HAFNER. XV, 533 Seiten. 1987. Geheftet DM 172,–, S 1200,–

72: **Der Landeshauptmann.** Historische Entwicklung, Wesen und verfassungsrechtliche Gestalt einer Institution. Von Univ.-Doz. Dr. WOLFGANG PESENDORFER. 1 Abb. XIV, 243 Seiten. 1986. Geheftet DM 104,–, S 730,–

73: **Das Bewegliche System im geltenden und künftigen Recht.** Gesamtredaktion: Univ.-Prof. Dr. FRANZ BYDLINSKI, Univ.-Prof. Dr. HEINZ KREJCI, Univ.-Prof. Dr. BERND SCHILCHER und Univ.-Prof. Dr. VIKTOR STEININGER. X, 327 Seiten. 1986. Geheftet DM 112,–, S 780,–

74: **Rechtsregeln und Spielregeln.** Eine Abhandlung zur analytischen Rechtstheorie. Von Univ.-Prof. Dr. GREGORIO ROBLES. Aus dem Spanischen übersetzt von Dr. ULRIKE STEINHÄUSL und HEDWIG CIUPKA. IX, 230 Seiten. 1987. Geheftet DM 96,–, S 670,–

75: **Rechtslogik und Rechtswirklichkeit.** Eine empirisch-realistische Studie. Von Sen.-Präs. tit. a. o. Univ.-Prof. Hofrat Dr. FRIEDRICH TEZNER †. Unveränderter Nachdruck der ersten Auflage 1925. Mit einem Geleitwort von Univ.-Prof. Dr. DDr. h. c. GÜNTHER WINKLER. XI, 194 Seiten. 1986. Geheftet DM 82,–, S 570,–

76: **Theorie der Gesetzgebung.** Materiale und formale Bestimmungsgründe der Gesetzgebung in Geschichte und Gegenwart. Von Univ.-Prof. Dr. VLADIMÍR KUBEŠ †. XII, 299 Seiten. 1987. Geheftet DM 129,–, S 900,–

77: **Die Sicherheitspolizei und ihre Handlungsformen.** Von Dr. WOLFGANG BLUM. XII, 181 Seiten. 1987. Geheftet DM 82,–, S 570,–

78/79: **Politische Grundrechte.** Von Univ.-Doz. Dr. MANFRED NOWAK. XXIV, 585 Seiten. 1988. Geheftet DM 197,–, S 1380,–

80: **Die Rechtspersönlichkeit der Universitäten.** Rechtshistorische, rechtsdogmatische und rechtstheoretische Untersuchungen zur wissenschaftlichen Selbstverwaltung. Von Univ.-Prof. Dr. DDr. h. c. GÜNTHER WINKLER. XVI, 451 Seiten. 1988. Geheftet DM 119,–, S 830,–

81: **Reine Rechtslehre im Spiegel ihrer Fortsetzer und Kritiker.** Gesamtredaktion: Univ.-Prof. DDr. OTA WEINBERGER und Univ.-Prof. DDr. WERNER KRAWIETZ. VII, 393 Seiten. 1988. Geheftet DM 172,–, S 1200,–

82: **Organgewinnung zu Zwecken der Transplantation.** Eine systematische Analyse des geltenden Rechts. Von Univ.-Ass. DDr. CHRISTIAN KOPETZKI. XIV, 294 Seiten. 1988. Geheftet DM 84,–, S 585,–

83: **Rechtsphilosophie zwischen Ost und West.** Eine vergleichende Analyse der frühen rechtsphilosophischen Gedanken von John C. H. Wu. Von Dr. MATTHIAS CHRISTIAN. VIII, 220 Seiten. 1988. Geheftet DM 98,–, S 690,–

84: **Islam und Friedensvölkerrechtsordnung.** Die dogmatischen Grundlagen der Teilnahme eines islamischen Staates am modernen Völkerrechtssystem am Beispiel Ägyptens. Von Dr. DIETRICH F. R. POHL. XXI, 174 Seiten. 1988. Geheftet DM 74,–, S 520,–

85: **Theorie und Methode in der Rechtswissenschaft.** Ausgewählte Abhandlungen. Von Univ.-Prof. Dr. DDr. h. c. GÜNTHER WINKLER. XII, 282 Seiten. 1989. Geheftet DM 69,–, S 485,–

86: **Die einstweilige Verfügung im schiedsgerichtlichen Verfahren.** Von Dr. CHRISTIAN HAUSMANINGER. XII, 182 Seiten. 1989. Geheftet DM 55,–, S 385,–

87: **Reine Rechtslehre und Strafrechtsdoktrin.** Zur Theorienstruktur in der Rechtswissenschaft am Beispiel der Allgemeinen Strafrechtslehre. Von Dr. RAINER LIPPOLD. XII, 458 Seiten. 1989. Geheftet DM 115,–, S 805,–

88: **Die Übertragung von Hoheitsrechten auf zwischenstaatliche Einrichtungen.** Eine Untersuchung zu Art 9 Abs 2 des Bundes-Verfassungsgesetzes. Von Univ.-Prof. Dr. STEFAN GRILLER. XXVIII, 558 Seiten. 1989. Geheftet DM 134,–, S 935,–

89: **Entwicklungstendenzen im Verwaltungsverfahrensrecht und in der Verwaltungsgerichtsbarkeit.** Rechtsvergleichende Analysen zum österreichischen und deutschen Recht. Gesamtredaktion: Univ.-Prof. DDr. GEORG RESS. V, 333 Seiten. 1990. Geheftet DM 104,–, S 728,–

90: **Rechtstheorie und Erkenntnislehre.** Kritische Anmerkungen zum Dilemma von Sein und Sollen in der Reinen Rechtslehre aus geistesgeschichtlicher und erkenntnistheoretischer Sicht. Von Univ.-Prof. Dr. DDr. h. c. GÜNTHER WINKLER. XXI, 249 Seiten. 1990. Geheftet DM 69,–, S 485,–

91: **Gefahrenabwehr im Anlagenrecht.** Von Univ.-Doz. Dr. BENJAMIN DAVY. XXV, 865 Seiten. 1990. Geheftet DM 178,–, S 1246,–

92: **Rechtswissenschaft als Sozialwissenschaft.** Juristisches Denken und Sozialdynamik des Rechts. Von RA Dr. KARL GEORG WURZEL. XI, 223 Seiten. 1991. Geheftet DM 69,–, S 485,–

93: **Devisenbewirtschaftung.** Eine verfassungs- und verwaltungsrechtliche Untersuchung unter Berücksichtigung des Völker- und Europarechts. Von Univ.-Doz. DDr. MICHAEL POTACS. XVIII, 566 Seiten. 1991. Geheftet DM 115,–, S 805,–

94: **Das Wesensgehaltsargument und der Grundsatz der Verhältnismäßigkeit.** Von Univ.-Doz. Dr. MANFRED STELZER. VIII, 333 Seiten. 1991. Geheftet DM 82,–, S 570,–

95: **Studien zum Verfassungsrecht.** Das institutionelle Rechtsdenken in Rechtstheorie und Rechtsdogmatik. Von Univ.-Prof. Dr. DDr. h. c. GÜNTHER WINKLER. XVIII, 455 Seiten. 1991. Geheftet DM 108,–, S 756,–